Daniela Eiletz-Kaube,
Steffi Kordy, Diana Schreiber

Kenia Tansania

DUMONT
REISE-HANDBUCH

Inhalt

Wissenswertes über Kenia und Tansania

Wissenswertes für die Reise

Unterwegs in Kenia und Tansania

Kapitel 1 – Nairobi und das Hochland von Kenia

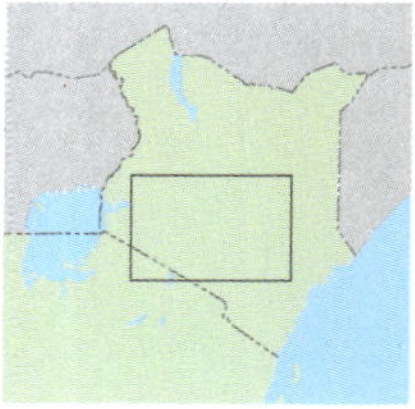

Kapitel 2 – Der Norden und Westen Kenias

Kapitel 3 – Kenias Süden und die Küste

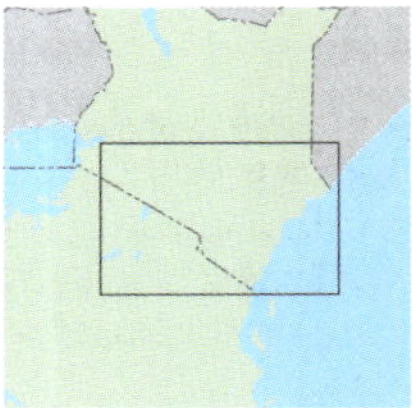

Kapitel 4 – Tansanias Küste, Sansibar, Pemba und Mafia

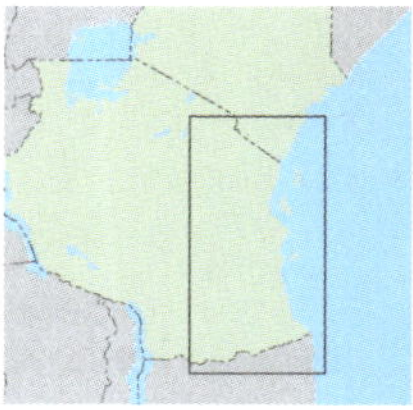

Kapitel 5 – Tansanias Norden

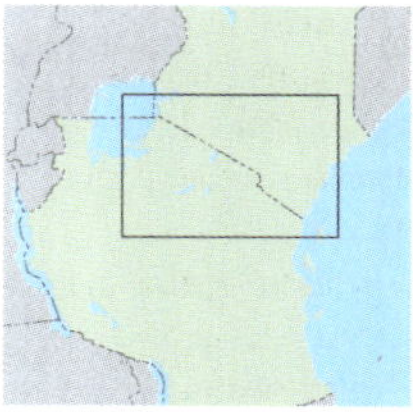

Kapitel 6 – Tansanias Westen und Süden

Themen

Alle Karten auf einen Blick

Diesseits von Eden – willkommen in Ostafrika

Ostafrika fasziniert einfach. Zwei Länder stehen als Synonyme für Safari, für Bergsteigen in Afrika und für die weißesten Sandstrände weit und breit. Freilich, das, was Besucher erleben wollen, ist nur die halbe Wahrheit über Kenia und Tansania, aber gerade die Ambivalenz und die Andersartigkeit der beiden Länder machen ihre Faszination aus.

Oft sind die ersten Eindrücke von Ostafrika eher zwiespältig. Nach der Landung in Nairobi oder Dar-es-Salaam fährt man durch dicht besiedelte Wohngegenden, der Verkehr staut sich, Müll und holprige Straßen dominieren die ersten Meter, das pralle Leben am Straßenrand ist für Europäer überwältigend – und das nicht unbedingt nur im positiven Sinn. Aber genau diese ›Liebe auf den zweiten Blick‹ ist symptomatisch für Afrika. Die Begeisterung kommt meist erst später.

Später, wenn man angesichts der Landschaften vor lauter Staunen den Mund nicht mehr zu bekommt. Wenn der erste mächtige, stolze Löwe den Weg kreuzt. Wenn man plötzlich feuchte Augen bekommt, weil die Fernsicht vom Berggipfel so erhebend ist. Wenn man sich nach dem Ende der Safari nichts sehnlicher wünscht, als bald wieder auf Safari gehen zu dürfen.

Hinter den schönen Safari-Kulissen sind die Länder im Umbruch. Das Stadt-Land-Gefälle ist augenscheinlich. In den Städten strömen die Jungakademiker und Geschäftsleute in schicke klimatisierte Kaffeehäuser, die auch in New York oder London stehen könnten. Auf dem Land plagen sich die Menschen, um durchzukommen, um ihre Kinder zum Arzt oder auf eine gute Schule schicken zu können. Vom Wirtschaftswachstum in Ostafrika profitiert hauptsächlich die städtische Gesellschaft, auf dem Land geht es noch immer ums nackte Überleben. Der Safari-Tourismus erreicht bei Weitem weniger Menschen, als zu wünschen wäre. Kenia verzeichnete in den letzten Jahren stark rückläufige Besucherzahlen, nach den Anschlägen auf den Flughafen, das Einkaufszentrum in Nairobi und andere Einrichtungen. Leider sind auch Touristen zu Schaden gekommen, obwohl sie nicht das eigentliche Ziel waren.

Die nächsten Jahren werden zeigen, wie die Länder mit den Herausforderungen umgehen. In Kenia gilt es, das Vertrauen der Touristen wiederzugewinnen, denn an den Naturwundern und -schönheiten hat sich nichts geändert, sie zählen nach wie vor zu den Safari-Highlights des Kontinents. Tansania hat weniger Höhen und Tiefen erlebt, es setzt ohnehin auf moderates Wachstum, auch im Tourismus. Auf dem Prüfstand steht allerdings die Hochpreispolitik. Denn Besucher weichen nach Südafrika oder Namibia aus, weil Safaris in Tansania ein kleines Vermögen kosten. Dafür sind die Nationalparks hier im Vergleich noch weniger überlaufen und die Wildtiere werden weniger gestört. Nach wie vor ungelöst sind die Probleme mit der Wilderei – obwohl die Regierungen sie gerne totschweigen, bedroht die Jagd nach Elfenbein und Rhinozerus-Horn nicht nur ganze Arten, sondern langfristig auch den Tourismus.

Dennoch, die Faszination bleibt. Wer sich einmal den Afrika-Virus eingefangen hat, kann nicht mehr geheilt werden. Es fällt Besuchern oft schwer, mit Worten zu beschreiben, was sie so beeindruckt. Aber häufig hat es mit den Menschen zu tun. Anders sozialisiert und aufgewachsen, halten sie uns Westlern den Spiegel vor und lassen die Frage aufkommen, ob die Dinge, denen wir nachhetzen, wirklich so erstrebenswert sind. Afrika zwingt dazu, gelassener mit Ärgernissen umgehen. Pläne gibt es meist nicht einmal auf Papier, weil jeder Tag so viele, nicht kalkulierbare Überraschungen bringt. Der Ressourcenmangel ist ein Problem, aber kein Hindernis. Im Gegenteil: Er beflügelt das Improvisationstalent. Da wird schon einmal eine Blechdose an einem Stock befestigt, um Suppe zu schöpfen, oder ein Autoreifen zu Sandalen umfunktioniert. Ihren oft schwierigen Alltag meistern die Menschen mit Kreativität, Witz und Lebensfreude – viele Besucher erzählen, dass ein Besuch in Ostafrika ihre Wahrnehmung der Welt nachhaltig verändert hat.

Uns drei Frauen ist es so ergangen. Trotz ganz unterschiedlicher Erfahrungen und Erlebnisse hat uns Ostafrika gleichermaßen gefangen genommen. Jeder, der nach Ostafrika reist, ohne zu bewerten, ohne zu vergleichen, wird reich beschenkt. Wer eine Portion Flexibilität, Toleranz, Geduld und Offenheit mitbringt, wird viel Freude mit den Menschen und Gegebenheiten vor Ort haben. Er wird wiederkommen und für die Naturwunder jedes Mal aufs Neue dankbar sein.

Die Autorinnen

Daniela Eiletz-Kaube
www.safari-insider.com
Steffi Kordy
www.cocoonincentives.com
Diana Schreiber
www.adventureandexpeditions.com
www.dumontreise.de/magazin/autoren

Daniela Eiletz-Kaube hat von 2005 bis 2008 in Tansania gelebt und dort mit ihrem Mann ein Safari-Camp geleitet. Nach ihrer Rückkehr gründete sie ihren eigenen Reiseveranstalter für individuell geplante Privat-Safaris nach Tansania und Sambia. Zur Recherche und um Neues zu entdecken, reist sie nach wie vor regelmäßig nach Ostafrika. Diana Schreiber und ihr Mann führen ein Safariunternehmen mit Sitz in Nairobi. Auf dem Programm stehen neben den klassischen Kenia-Destinationen auch individuelle Abenteuer abseits des touristischen Mainstream, z. B. am Turkana- oder Viktoria-See. Großer Wert wird auf nachhaltigen Tourismus und eine kompetente Betreuung gelegt. Steffi Kordy hat Kenia und Tansania über viele Jahre als Reiseleiterin, Swahili-Stipendiatin und Journalistin kennen- und lieben gelernt. Sie lebt jetzt mit ihrem Mann und zwei Kindern in Florida, wo sie eine Event-Agentur für außergewöhnliche Reisen – auch nach Ostafrika – leitet.

Reisen in Kenia und Tansania

Die Vielfalt der beiden Länder ist selbst in Afrika einzigartig. Wo sonst kann man die höchsten Gipfel des Kontinents besteigen, danach ein paar Tage in den tierreichsten Naturschutzgebieten auf Safari gehen und zum Abschluss an blütenweißen Sandstränden unter rauschenden Palmen relaxen? Die Highlights Kenias und Tansanias reichen für mindestens zehn aufregende, abenteuerliche und unvergessliche Urlaube. So vielfältig ist Ostafrika nämlich in Wahrheit.

Savanne und Safaris

Das Gros der Touristen kommt der Safaris wegen nach Ostafrika. Bernhard Grzimek hat die Serengeti in Deutschland unsterblich gemacht, viele Menschen reisen hierher, um sich einen lange gehegten Traum zu erfüllen: die Große Migration hautnah zu erleben. Der lange Tiertreck durchquert im ewigen Kreislauf der Trocken- und Regenzeiten eines der weltweit größten zusammenhängenden Naturschutzgebiete, das aus der **Serengeti** und der **Masai Mara** in Kenia besteht.

Darüber hinaus bieten mehr als 30 Regionen geschützten Lebensraum für afrikanische Savannentiere, Vögel, Reptilien und seltene Pflanzen. Ostafrika ist ein Paradies für Naturliebhaber und Fotografen!

In Kenia locken der **Amboseli** und der **Tsavo National Park** mit zauberhafter Lage am Fuß des Kilimanjaro. Einsame Tierbeobachtungen fernab großer Touristengruppen versprechen die Wildschutzgebiete in **Laikipia.** Ornithologen bevorzugen die Natron- und Frischwasserseen im Rift Valley, wie **Naivasha, Nakuru, Baringo** und **Bogoria.**

Zu den tierreichsten und außergewöhnlichsten Parks in Tansania zählen **Tarangire, Manyara** und **Ruaha National Park,** der abgelegene **Katavi National Park** und das **Selous Game Reserve.** Vor allem Letzteres hat in den vergangenen Jahren massiv unter kommerzialisierter Wilderei gelitten, der traurigen Realität Afrikas. Für einen weiteren Safari-Höhepunkt in Tansania muss man in ein Kraterloch fahren, genau genommen in den größten nicht mit Wasser gefüllten Krater der Welt. Im **Ngorongoro Crater** ist die Fauna ungeheuer vielfältig. Die Tiere werden hier durch die steilen Kraterwände geschützt.

Berge und Wandern

5895 m – das ist eine magische Zahl für viele Bergfans. Der höchste Berg Afrikas, der in Tansania liegende **Kilimanjaro,** lockt sie, weil er mit ein wenig Training ohne große technische Schwierigkeiten erklommen werden kann. Einzig die Höhe fordert bei den meisten Bergsteigern ihren Tribut: Unter normalen Umständen nicht in Europa trainierbar, hängt die Höhentauglichkeit auch sehr von der Tagesverfassung ab.

Der kleine Bruder im Nachbarland, der 5300 m hohe **Mount Kenya,** erfordert hingegen gute Kondition und ist bergsteigerisch interessanter – ebenso wie der tansanische **Mount Meru.** Beide geizen nicht mit grandiosen Panoramen.

Im vulkanreichen Ostafrika lassen auch der geruhsam erwanderbare **Mount Longonot** sowie der anspruchsvolle **Ol Doinyo Lengai** Bergsteigerherzen höher schlagen. Lohnende Wanderungen locken in den **Usambara Mountains,** den **Aberdares** und den **Loita Hills** sowie in den **Udzungwa Mountains.**

Sonne, Sand und Meer

Die Hochglanzbilder lügen nicht: Die Sandstrände sind in der Realität genauso blütenweiß, nur das Meer ist noch viel türkisblauer, als es ein Foto jemals einfangen könnte. Ob **Diani** und **Watamu Beach** oder die Inseln im **Lamu-Archipel** in Kenia oder Sansibar, **South Beach** und **Ushongo Beach** in Tansania – wer nach Safari und Bergbesteigung am Meer ausspannen möchte, findet in Ostafrika beste Voraussetzungen. Es wird für jeden Geschmack etwas geboten: einsame Strandabschnitte, Halligalli, Pauschal- und All-inclusive-Großhotels, intime luxuriöse Hideaways und familiäre Gästehäuser mit Lokalkolorit. Taucher finden beste Bedingungen, insbesondere dort, wo die Korallenriffe sich wieder erholen konnten, u. a. auf **Mafia Island, Pemba Island,** an einigen Stellen auf **Sansibar** und an der nördlichen Festlandküste. Reizvoll für Segler und Angler sind die meerähnlichen Seen **Turkana** im Norden Kenias und **Tanganyika** im Westen Tansanias – vor allem aber auch der die Länder Ostafrikas verbindende **Lake Victoria.**

Land und Leute erleben

So bunt und abwechslungsreich wie der Urlaub in Ostafrika sind die Begegnungen mit den Menschen. Man kennt sie aus Film und Fernsehen, die rot gewandeten **Masai** oder die mit ihnen verwandten und ähnlich gekleideten **Samburu.** Doch in Wahrheit leben in Ostafrika fast 180 verschiedene Volksgruppen, die sich in Sprache, Kultur, Mentalität, Kleidung oder gar im Alltag oder den Berufen unterscheiden. Wer sich länger in Ostafrika aufhält, wird die Unterschiede erkennen. Diejenigen, die kurz bleiben, können aber einer Volksgruppe entlang ihrer Reiseroute einen Besuch abstatten. Kenianer und Tansanier haben keine Berührungsängste und freuen sich über ausländische Besucher. Stolz präsentiert man sich und freut sich über die Möglichkeit, zusätzlich ein paar Shilling zu verdienen. Die angebotenen Kulturtourismus-Aktivitäten reichen von Dorfbesuchen über geführte Wanderungen mit Samburu oder Masai und Angelausflügen an den Lake Victoria bis zu Kaffeeplantagen-Führungen oder Kochkursen.

Auf eigene Faust in Kenia und Tansania unterwegs

Touren in die Nationalparks und Wildreservate setzen ein Geländefahrzeug (in Tansania) bzw. einen geländegängigen Minibus (Kenia) und entsprechende Fahrkenntnisse voraus. Eine sorgfältige Planung ist unerlässlich, denn einige Faktoren erschweren spontanes Reisen: In den Parks und auch außerhalb gibt es so gut wie keine Beschilderung und die Unterkünfte (insbesondere die mobilen Camps) sind ohne detaillierte Anfahrtsbeschreibung oft nicht ganz einfach zu finden. Die Lodges haben ein begrenztes Platzangebot und brauchen ausreichend Vorlaufzeit, um Einkäufe und die Logistik zu organisieren – aus all diesen Gründen empfehlen sich eine Reservierung und Kontaktaufnahme vorab.

Einer der Hauptgründe, warum es Urlauber nach Kenia und Tansania zieht …

Öffentliche Verkehrsmittel schränken die Flexibilität und Reichweite auf Reisen ein. Man verbleibt entlang der Hauptverkehrsrouten und lernt die Zentren kennen, nicht aber kleinere Orte oder abseits gelegene Natursehenswürdigkeiten. Man kann nicht auf Safari gehen. Wer öffentlich in Ostafrika unterwegs ist, benötigt viel mehr Zeit – vier Wochen sind das Minimum. Pufferzeiten sind stets einzuplanen: Es gibt keine verlässlichen Fahrpläne, und Busse starten oft erst dann, wenn der letzte Platz besetzt ist. Diese Art des Reisens eignet sich vor allem für Menschen, die den Kontakt zur einheimischen Bevölkerung suchen und authentisch in den Alltag eintauchen möchten.

Grundsätzlich ist es auch noch vor Ort – vor allem in den großen Städten – möglich, Safaris und Aktivitäten zu buchen. Ausreichend zeitlicher Vorlauf ist aber immer von Vorteil. Beim Anheuern von Guides fragt man am besten nach einer Lizenz. Sie ist zwar keine Garantie für gute Orts- und Sprachkenntnisse, macht diese aber wahrscheinlicher.

Die bequeme Alternative – Pauschalreisen

Der Großteil der Touristen besucht Kenia und Tansania im Rahmen von Pauschalreisen oder maßgeschneiderten Touren, bei denen schon im Vorfeld die Route, die Camps und die Aktivitäten festgelegt werden. Dabei ist man meist im Geländewagen unterwegs, einzelne Touretappen werden mit Kleinflugzeugen angeflogen. Man wird begleitet von erfahrenen Guides, die in vielfacher Hinsicht Mehrwert für den Reisenden bringen: Sie ersparen das Suchen von Unterkünften und Sehenswürdigkeiten und wissen, zu welcher Uhrzeit man abfahren muss, um die nächste Etappe rechtzeitig zu erreichen. Guides erleichtern die Kommunikation mit Einheimischen bzw. ermöglichen sie – z. B. bei Dorfbesuchen – überhaupt erst. Eine Safari können sie durch ihre Kenntnisse der Flora und Fauna sehr bereichern. Sie haben geschulte Augen und erkennen Tiere schneller und aus größerer Distanz.

WICHTIGE FRAGEN VOR DER REISE

Welche **Dokumente** braucht man für die Einreise? s. S. 80

Wo und wie lässt man am besten das **Visum** ausstellen? s. S. 80

Wie gut sind die **Flugverbindungen** innerhalb Ostafrikas? s. S. 81

Wo bucht man vorab spezielle **Aktivitäten** wie Bergbesteigungen? s. S. 94

Sollte man **Geschenke** für Kinder mitnehmen? s. S. 101

Wie kommt man vor Ort an **Bargeld**? s. S. 105

Werden **Kreditkarten** angenommen? s. S. 105

Welche **Impfungen** werden empfohlen, welche **Medikamente** sollte man unbedingt dabeihaben? s. S. 105, 107

Welche **Kleidung** gehört in den Koffer? s. S. 108

Wie hoch sind die **Kosten** für einen Urlaub in Ostafrika? s. S. 116

Wie steht es um die **Sicherheit**? s. S. 117

Was muss man zum Thema **Trinkgeld** wissen? s. S. 119

Planungshilfe für Ihre Reise

Angaben zur Zeitplanung

Bei den folgenden Zeitangaben handelt es sich um Empfehlungswerte für Reisende, die ihr Zeitbudget eher knapp kalkulieren. Die hier gemachten Angaben verstehen sich ohne Anreise.

Kulturerlebnis *Naturerlebnis*

1. Nairobi und das Hochland von Kenia

Nairobi empfängt mit kultureller Vielfalt, einem Mix aus Tradition und Moderne, Armenvierteln und Businesspalästen. Das Hochland zieht sich nördlich als fruchtbarer Kragen um die Hauptstadt mit ertragreichem Farmland, dem tierreichen Laikipia-Plateau und Afrikas zweithöchsten Berg: dem Mount Kenya.

Die Kapitel in diesem Buch

Nairobi

• *Mt. Kenya National Park*
• *Laikipia-Plateau*

Gut zu wissen: Nairobi kann man ganzjährig besuchen, den Mt. Kenya am besten von Dez. bis Ende Febr., das Hochland von Dez. bis Ende März und Juni bis Ende Okt.
Transport: mit Taxi und Bussen durch die Hauptstadt, zum Mt. Kenya und ins Hochland mit dem Auto (ca. 4 Std. bzw. 3–4 Std. von Nairobi), mit Buschfliegern aus allen Landesteilen. Das Hochland ist eine gute Zwischenstation für Reisende in den Norden nach Samburu und Turkana.
Unterkunft: in Nairobi Stadthotels, im Hochland Camps und Farmhäuser.

Zeitplanung

Nairobi:	2–3 Tage
Mt.-Kenya-Wanderung mit Aufstieg zum Point Lenana:	3–5 Tage
Durchquerung der Aberdares:	3–4 Tage
Hochland und Laikipia-Plateau:	ca. 3 Tage
Mehrtageswanderungen und Reitsafaris mit Unterkunft in Buschcamps:	3–5 Tage

2. Der Norden und Westen Kenias

Reizvoll karge Landschaft, traditionell lebende Menschen (mit Handy und Fernsehen als Verbindungen in die Welt) prägen noch immer das Bild im Norden. Hingeworfene Felsen, Spuren unserer Vorfahren in den Wüsten aus Stein, Salz und Sand – mit dem jadegrün schimmernden Lake Turkana. Im Westen verknüpft der Lake Victoria Kenia mit seinen Nachbarn Uganda und Tansania.

Kakamega Forest National Reserve

Gut zu wissen: Der Norden lässt sich ganzjährig bereisen, im Grabenbruch und am Lake Victoria ist die beste Reisezeit Juni–Ende Okt. und Anfang Dez.–Ende März.
Transport: in den Norden mit dem Jeep (ca. 3 Tage von Nairobi) oder mit privatem Charter (Buschflieger oder Hubschrauber) von Nanyuki, in den Westen mit dem Auto oder Bus; per Zug (ca. 12 Std.) oder Flugzeug (ca. 1 Std.) von Nairobi, Busverbindung mit Uganda.
Unterkünfte: im Norden Zeltplätze und Luxuscamps, im Westen eher einfache und landestypische Gäste- und Farmhäuser.

Zeitplanung

Für den Norden:	ca. 3 Tage
Im Grabenbruch:	ca. 3–4 Tage
Um den Lake Victoria:	ca. 3–4 Tage

3. Kenias Süden und die Küste

Im Süden Kenias grenzt in abwechslungsreicher Vulkan- und Savannenlandschaft ein Tierparadies an das nächste. Das Land der Masai und Kamba geht in die arabisch geprägte Küstenregion der Swahili über. Strandtage zum Akklimatisieren oder zur Entspannung am Ende der Reise sind eine Typfrage. Blütenweißer Sand, türkisblaues Meer und im Wind rauschende Palmen sind reale Klischees – gespickt mit historisch interessanten Spuren.

Altstadt Lamu Town

• *Masai Mara National Reserve*
• *Tsavo National Park*

Gut zu wissen: Tierbeobachtungen sind ganzjährig interessant (eingeschränkt April/Mai und Nov. in den Regenzeiten), beste Reisezeit für die Küste: Juli–April.
Transport: in die Nationalparks mit Jeep (und erfahrenem Guide) in 3–5 Std. von Nairobi oder per Buschflieger von allen Landesteilen, an die Küste mit Auto (ca. 6 Std.), Bus (ca. 8 Std.) oder Zug (ca. 12 Std.) von Nairobi, per Flugzeug direkt aus den südlichen Parks (1–2 Std.) und Nairobi (1,5 Std.), es gibt internationale Flüge nach/von Mombasa.

Unterkunft: In den Parks gibt es einfache und luxuriöse Zelt-Camps sowie Safari Lodges, an der Küste Zeltplätze, einfache und komfortable Gästehäuser, Hotels, luxuriöse Paläste.

Zeitplanung

Auf dem Landweg für die Mara:	mind. 3 Tage
Amboseli und Tsavo:	je 2–3 Tage
Reiner Strandurlaub an der Küste:	3–4 Tage
Für Aktive:	6–7 Tage
Um den Lake Victoria:	ca. 3–4 Tage

4. Tansanias Küste, Sansibar, Pemba und Mafia

Die Küste von Tansania ist geprägt von wunderbaren Stränden, fischreichen Tauchgründen und historischen Relikten, viele davon aus der Zeit der Kolonialisierung ab 1830. Wer Interesse an Geschichte hat, sollte Stone Town, Bagamoyo oder Kilwa besuchen. Action am Strand findet man eher an der Ost- und Nordküste Sansibars. Alle anderen Küstenabschnitte sind beschaulich und frei von Trubel. Sie sind ideal für Reisende, die Ruhe und Entspannung suchen.

- *Bagamoyo*
- *Stone Town auf Sansibar*

Gut zu wissen: Die Küste und die vorgelagerte Inseln eignen sich am besten als Start oder als Abschluss einer Rundreise. Sansibar und die Nordküste sind vergleichsweise gut erreichbar (Straßen, Flug, Fähren), die Südküste, Mafia und Pemba Island hingegen liegen isolierter und lassen sich am besten mit dem Flugzeug erreichen.

Zeitplanung

Die Zeitplanung ergibt sich vor allem aus der Kosten-Nutzen-Rechnung für die teuren Inlandsflüge. Es zahlt sich nicht aus, beispielsweise für 230 US-$ von Arusha nach Sansibar zu fliegen und dann nur 2 Tage auf der Insel zu bleiben.

Sansibar, Pemba, Mafia:	mindestens 4 Tage
Ushongo Beach:	2–3 Tage
Kilwa:	mindestens 3–4 Tage

5. Tansanias Norden

Ein Höhepunkt jagt den anderen im Norden Tansanias. Beim Anflug blitzt der Kilimanjaro unterm Flugzeug auf, einen Tag später sieht man massenhaft Elefanten im Tarangire National Park, und tags darauf, auf dem Weg in die unvergessliche Serengeti, steht man mit feuchten Augen am Kraterrand des Ngorongoro Crater. Ganz nebenbei lernen Besucher den Masai-Alltag kennen oder gehen mit den Hadzabe am Lake Eyasi jagen. Die Region ist gespickt mit lohnenden Zielen und Angeboten für Kulturtourismus-Aktivitäten, sodass man gut und gerne 20 Tage unterwegs sein könnte.

- *Mt. Kilimanjaro*
- *Ngorongoro Crater*
- *Serengeti National Park*

Gut zu wissen: Die Vorteile von Tansanias Nordens sind relativ kurze Distanzen, eine unermessliche Vielfalt unterschiedlicher Landschafts- und Vegetationsformen sowie eine große Auswahl von Unterkünften.

Zeitplanung

Es empfiehlt sich, direkt zum Kilimanjaro Airport zu fliegen, auch wenn Flüge nach Dar-es-Salaam oder Nairobi verlockend günstig erscheinen. Meist erfordern solche Flüge eine weitere Übernachtung, man hat zusätzliche Taxikosten, benötigt einen Transfer oder Flug nach Nord-Tansania und verliert einen Tag nur mit Logistik.

Mini-Safari:	3 Tage
Klassische Nordroute:	5–7 Tage
Kilimanjaro, reine Gehzeit:	5–8 Tage
Usambara Mountains:	2 Tage
Lake Natron, Lake Eyasi:	2 Tage

6. Tansanias Westen und Süden

Im Süden Tansanias gehen die Uhren anders, zumindest wenn man auf Safari ist. Wegen der in vielen Monaten herrschenden Hitze verweilt man länger an einem Ort, man hat größere Distanzen zurückzulegen und fährt mehr ›Leerkilometer‹ ohne spektakuläre Highlights. Rundreisen im Süden sind deshalb um 20 bis 30 % teurer als im Norden. Der Westen ist und bleibt Tansanias unentdeckter Wilder Westen. Dorthin zu kommen, gelingt nur Leute mit unendlich viel Zeit oder gut gefüllter Reisekasse.

- *Selous Game Reserve*
- *Ruaha National Park*
- *Lake Malawi*

Gut zu wissen: Billigangebote für den Mahale-Park wird man vergeblich suchen, die gibt es nämlich nicht. Die Anreise dorthin, Übernachtungen und Exkursionen zu den Schimpansen sind gleichermaßen teuer.

Zeitplanung

Selous und Ruaha:	5–6 Tage
Kreative Südroute:	8–12 Tage
Mahale National Park:	3 Tage

Tipp: Der Süden Tansanias ist besonders für Reisende interessant, die zuvor schon den Norden Tansanias bereist haben oder drei, vier Nächte an einem Ort verbringen möchten. Der Ruaha National Park kann übrigens durch einen der täglichen Linienflüge von Arusha nach Ruaha gut mit dem Norden kombiniert werden. Das Selous Game Reserve punktet dadurch, dass Buschwanderungen und Boat Safaris erlaubt sind.

Nach endlosen Fahrten im Jeep durch staubgraue, morastrote und grasgrüne Landschaft kann man auf Sansibar sein blaues Wunder erleben

Vorschläge für Rundreisen

Aufgrund der Anbindung an internationale Flughäfen beginnen die meisten Safaris in Mombasa oder Nairobi, in Dar-es-Salaam oder Arusha. Wegen der großen Distanzen und des miserablen Zustands vieler Straßen ist es üblich, Teilstrecken zu fliegen. Während der Regenzeit sind einige Parks wegen verschlammender Pisten nur auf dem Luftweg erreichbar. Viele Lodges in den Nationalparks verfügen über eigene Landebahnen und stellen bei Ankunft Jeeps und Fahrer zur Verfügung. Je nach Größe des Fahrzeugs unternimmt man die Pirschfahrten zusammen mit anderen Gästen des Camps. Individualreisende sollten wissen, dass die Überquerung der Grenze zwischen Kenia und Tansania mit einer Yellow Card Insurance (Comesa) zwar grundsätzlich möglich, aber nicht anzuraten ist. Kenianische Fahrzeuge gelten in Tansania als ›ausländisch‹ und werden mit hohen Einreisegebühren belegt (je nach Gewicht 150–300 US-$ zzgl. zu den Gebühren für die Personen im Fahrzeug). Umgekehrt gilt dasselbe für tansanische Fahrzeuge in Kenia. Ohnehin sind Mietwagen relativ teuer und das Fahren auf den holprigen Straßen ist gewöhnungsbedürftig – für Tagestouren lohnt es sich, einen Wagen mit Fahrer anzumieten, was auch verhältnismäßig günstig ist.

Wer auf eigene Faust reist, sollte unbedingt einen gefüllten Ersatzkanister Benzin, einen Ersatzreifen (Reifenpannen sind beinahe an der Tagesordnung) sowie ausreichend Trinkwasser bei sich haben. Wer auf Safari geht, sollte darauf achten, dass ein Abschleppseil und ein Spaten (zum Freischaufeln des Rads) im Wagen sind.

Rundreise Kenia (14 Tage)

1. Tag: frühmorgens Ankunft in Nairobi, Frühstück in einem Stadthotel und Fahrt nach Laikipia (ca. 4 Std.)

2. Tag: Pirschfahrt im Solio Game Reserve, nachmittags geführte Buschwanderung, Reiten in der Savanne oder Besuch einer Kaffee- bzw. Teeplantage

3. Tag: Tagesausflug mit Mittagspicknick und geführten Kurzwanderungen im Aberdare National Park

4. Tag: Fahrt ins Rift Valley zum Lake Elmentaita (ca. 4 Std.), Mittagessen unterwegs, nachmittags geführte Wanderung am See

5. Tag: Tagespirschfahrt mit Mittagspicknick in den Nakuru National Park

6. Tag: morgens Bootstour auf dem Lake Naivasha, Mittagspause unterwegs, Fahrt in die Masai Mara (ca. 4 Std.) mit erster Pirschfahrt en route

7. Tag: Pirschfahrten in der Masai Mara

8. Tag: evtl. frühmorgens Ballonsafari, Pirschfahrt(en) in der Masai Mara

9. Tag: Flug in den Amboseli National Park, Pirschfahrt im Nationalpark mit Sundowner und Blick zum Mt. Kilimanjaro

10. Tag: Walking Safari am Morgen, Flug nach Ukunda (Diani Beach) und Transfer nach Galu Beach (ca. 30 Min.)

11. bis 13. Tag: Entspannen am Strand, evtl. Ausflüge
14. Tag: Transfer nach Ukunda oder Mombasa und Heimflug

Rundreise Tansania (15 Tage)

1. Tag: Ankunft in Dar-es-Salaam, Übernachtung in einem Stadthotel
2. Tag: Weiterfahrt in den Mikumi National Park (ca. 4–5 Std.), nachmittags Pirschfahrten
3. Tag: Pirschfahrten im Mikumi National Park
4. Tag: Wanderung zu den Sanje Falls in den Udzungwa Mountains, Transfer nach Mangula ca. 2 Std., Wanderung ca. 2 Std.
5. Tag: Weiterfahrt nach Ruaha via Iringa, Mittagessen in Iringa (ca. 7–8 Std. Fahrt)
6./7. Tag: Pirschfahrten im Ruaha National Park
8. Tag: Weiterflug in das Selous Game Reserve, Boots-Safari in den Abendstunden am Rufiji River
9./10. Tag: Walking Safari am Morgen, Pirschfahrten im Selous Game Reserve
11. Tag: Flug zurück nach Dar-es-Salaam, Transfer zum South Beach (ca. 1,5–2 Std.)
12. bis 14. Tag: Entspannen am Strand, South Beach südlich von Dar-es-Salaam
15. Tag: Rückfahrt nach Dar-es-Salaam und Heimflug

Rundreise Kenia und Tansania (15 Tage)

1. Tag: Ankunft in Nairobi und Übernachtung im Stadthotel
2. Tag: geführte Stadttour mit Besuch des Giraffencenters und des David-Sheldrick-Elefanten-Waisenhauses, nachmittags Fahrt ins Rift Valley nach Naivasha
3. Tag: Tagesausflug in den Nakuru National Park
4. Tag: morgens Bootstour auf dem Lake Naivasha, anschließend Weiterfahrt ins Masai Mara National Reserve
5. Tag: Pirschfahrt(en) in der Masai Mara
6. Tag: frühmorgens Ballonfahrt und Nachmittagspirschfahrt in der Masai Mara zum Siria Escarpment
7. Tag: Fahrt über die Grenze nach Tansania zur Speke Bay (Lake Victoria)
8. Tag: Bootstour auf dem Lake Victoria
9. Tag: in die Serengeti nach Tansania
10./11. Tag: Pirschfahrten in der Zentral-Serengeti
12. Tag: Pirschfahrten am Vormittag, nach dem Lunch Weiterfahrt zum Ngorongoro Crater (ca. 4 Std. Fahrt)
13. Tag: Pirschfahrten im Ngorongoro Crater
14. Tag: Transfer nach Arusha (ca. 5 Std.), evtl. Zwischenstopp in weiterem Park (Manyara oder Tarangire National Park)
15. Tag: Rückfahrt nach Nairobi und Flug an die kenianische Küste oder von Arusha Flug nach Sansibar

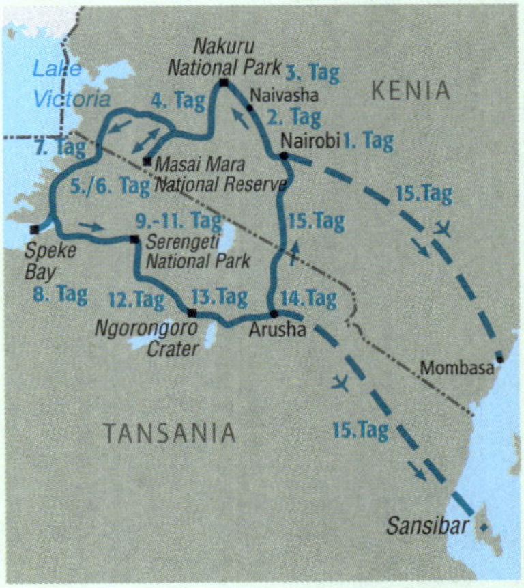

Wissenswertes über Kenia und Tansania

»Die Europäer haben die Uhr, wir haben die Zeit.«
Afrikanisches Sprichwort

Er wurde bekannt als Heimat der Löwin Elsa – der Meru National Park zählt zu den wildreichsten und landschaftlich schönsten Schutzgebieten in Kenia

Steckbrief Kenia

Daten und Fakten

Name: Republic of Kenya
Fläche: 582 646 km²
Hauptstadt: Nairobi
Amtssprache: Englisch, Kiswahili (weitere Sprachen: Luo, Maa u. a.)
Einwohner: ca. 50 Mio. (2018)
Bevölkerungswachstum: 2,6 %
Lebenserwartung: 64 Jahre
Analphabetenrate: 13 %

Währung: 1 Kenia-Schilling (Kenyan Shilling, KSh) = 100 Cent; 1 € = ca. 119 KSh, 100 KSh = 0,83 € (Stand Mai 2018)
Zeit: MEZ + 2 Std.
Landesvorwahl: +254
Internet-Kennung: .ke

Landesflagge: Die Flagge Kenias besteht aus drei waagerechten Streifen und einem Schild in der Mitte. Die drei Streifen symbolisieren das schwarze Volk (schwarz), das vergossene Blut im Unabhängigkeitskampf (rot) und die Natur des Landes (grün). Die weißen Trennlinien zwischen den Balken stehen für den Frieden und die Einheit der Völker Kenias. Der Masai-Schild mit den gekreuzten Speeren steht für den wehrhaften Freiheitswillen und Kenias Unabhängigkeit. Die Flagge wurde am 12. Dezember 1963, dem Tag der Unabhängigkeit von Großbritannien, zum ersten Mal gehisst.

Geografie

Kenia liegt zwischen 24° und 42° östlicher Länge sowie zwischen 5° nördlicher und 5° südlicher Breite; der Äquator teilt das Land also fast genau in der Mitte. Die Umrisse des Landes erinnern an ein Fünfeck (vergleichbar in Form und Größe mit Frankreich), das im Norden an Somalia, Äthiopien und Südsudan, im Westen an Uganda und im Süden an Tansania grenzt. Im Osten bilden die 500 km lange, durch zahlreiche Buchten und vorgelagerte Inseln gegliederte Küste des Indischen Ozeans und im Südwesten der riesige Viktoria-See natürliche Grenzen. Durch die gesamte Länge Westkenias zieht sich der gewaltige, bis zu 100 km breite Ostafrikanische Grabenbruch mit einer Reihe von Salzwasserseen und Vulkanbergen, von denen der Batian im Mt.-Kenya-Massiv mit 5199 m der höchste ist.

Naturschutzgebiete: 22 National Parks, 28 National Reserves, fünf National Sanctuaries, zehn Marine Parks und Marine Reserves auf ca. 8 % der Landesfläche.

Geschichte

Paläontologen nehmen an, dass im heutigen Staatsgebiet Kenias, an der Grenze zu Äthiopien, vor fast 16 Mio. Jahren die Wiege der Menschheit stand. Die heutigen Staatsgrenzen wurden im Jahr 1884 auf der Kongokonferenz in Berlin festgelegt. Danach regierten die Briten rund 80 Jahre lang die Kolonie British East Africa. 1950 begann mit dem Mau-Mau-Aufstand ein blutiger Kampf gegen das Joch der Kolonialherrschaft, 1952 riefen die Briten den Ausnahmezustand aus. Die Rebellion wurde 1956 niedergeschlagen, führte aber 1963 zur Unabhängigkeit Kenias.

Staat und Politik

Mit der Unabhängigkeit erlangte Kenia den Status einer präsidialen Republik. Die Kenia African National Union (KANU) regierte das Land von 1963 bis 2002, bis 1978 unter Führung von Jomo Kenyatta. Auf Druck der Opposition hin fand 1992 die erste demokratische Vielparteienwahl statt. Nach einer von Unruhen und Todesopfern begleiteten Wahl im Jahr 2007 wurde die Verfassung grundlegend geändert. Das 2010 verabschiedete Dokument schränkt u. a. die Macht des Präsidenten ein, der nur noch einmal wiedergewählt werden darf (maximale Amtszeit zehn Jahre). Um der Korruption vorzubeugen, muss der Präsident seine Personalentscheidungen vom Parlament bewilligen lassen.

2013 kam es zu einer umfassenden Neuorganisation der Verwaltung, wobei 47 dezentral regierte Counties entstanden sind. Ihnen stehen Gouverneure vor, die ebenso wie der Präsident, der neu geschaffene Senat und andere Amtsträger 2013 zum ersten Mal in der Geschichte Kenias direkt gewählt wurden. Uhuru Kenyatta ging aus den Wahlen als Präsident hervor und wurde 2017 im Amt bestätigt. Er regiert von der Hauptstadt Nairobi aus. Uhuru ist der Sohn von Jomo Kenyatta, der Kenia in die Unabhänigkeit führte und das Land anschließend 24 Jahre lang regierte.

Wirtschaft und Tourismus

Landwirtschaft und Bergbau tragen mit 30 % zum Bruttoinlandsprodukt (BIP) bei. Wichtigste landwirtschaftliche Produkte sind Tee, Kaffee, Blumen, Gemüse, Obst, wichtigste Abbauprodukte Bauxit und Zement. Der Anteil der Industrie am BIP beträgt ca. 20 %, es werden vor allem Textilien, Zement, Brenn- und Schmierstoffe hergestellt, Kraftfahrzeuge montiert sowie Nahrungs- und Genussmittelproduziert. Rund 50 % nimmt der Dienstleistungssektor ein. Hier spielt neben den Bereichen Presse-, Telekommunikations- und Finanzwesen der Beamtenapparat eine wichtige Rolle. Kenia ist Sitz des Umweltprogramms der Vereinten Nationen (UNEP) und Gastgeber wichtiger Umweltkonferenzen. Der Tourismus ist mit Einnahmen von ca. 1,2 Mrd. US-$ ein wichtiger Devisenbringer. Die Wirtschaftskrise 2008, Terroranschläge und Ebola-Gerüchte hatten dem einst blühenden Sektor jedoch schwere Schäden zugefügt. Kenia arbeitet an seinem Comeback, verstärkte die Sicherheitsmaßnahmen und verzeichnete 2016 erstmals wieder steigende Besucherzahlen. 2017 besuchten 1,4 Mio. Touristen das Land, das in Blütejahren fast 2 Mio. Gäste willkommen geheißen hatte.

Das Bruttoinlandsprodukt pro Kopf stieg von 406 US-$ im Jahr 2000 auf 1700 US-$ im Jahr 2018, dennoch leben 42 % der Bevölkerung unter der Armutsgrenze. Die Arbeitslosenrate liegt bei 22 %, sie berücksichtigt allerdings weder den informellen *jua-kali*-Sektor (das Heer der fliegenden Händler) noch die Subsistenzler, die sich durch den Anbau von Lebensmitteln zum Teil selbst versorgen können. Die Jugendarbeitslosigkeit ist die höchste in Ostafrika. Das Einkommensgefälle zwischen Arm und Reich ist enorm hoch.

Bevölkerung und Religion

Knapp 75 % der Bevölkerung leben auf dem Land und sind in der Landwirtschaft tätig. In Kenia gibt es etwa 50 verschiedene Ethnien, zu den bevölkerungsreichsten zählen Kikuyu, Masai, Luo, Kamba und Mijikenda. Die großen Städte sind ethnische Schmelztiegel, allen voran Nairobi mit etwa 3,5 Mio. und Mombasa mit rund 1,2 Mio. Einwohnern.

Die Lebenserwartung auf dem Land hat sich im letzten Jahrzehnt deutlich verbessert und liegt bei ca. 64 Jahren. Rund 42 % der Kenianer sind unter 15 Jahre alt. Das Bevölkerungswachstum liegt bei gesunden 2,6 %. Rund 40 % der Bevölkerung sind Protestanten; etwa 30 % Katholiken, rund 20 % bekennen sich zu anderen (Natur-)Religionen und 10 % zum Islam.

Steckbrief Tansania

Daten und Fakten

Name: United Republic of Tanzania
Fläche: 945 087 km^2
Hauptstadt: Dodoma (Regierungssitz: Dar-es-Salaam)
Amtssprache: Kiswahili
Einwohner: ca. 55 Mio. (2018)
Bevölkerungswachstum: 3 %
Lebenserwartung: 63 Jahre
Analphabetenrate: 25 %

Währung: 1 Tansania-Schilling (Tanzanian Shilling, TSh) = 100 Senti/Cent; 1 € = 2708 TSh, 1000 TSh = 0,37 € (Stand Mai 2018)
Zeit: MEZ + 2 Std.
Landesvorwahl: +255
Internet-Kennung: .tz

Landesflagge: Die Flagge Tansanias symbolisiert das fruchtbare Land (grün), den Indischen Ozean (blau), die reichen Bodenschätze (goldgelb) und die Menschen (schwarz). Sie kombiniert die Flaggen Sansibars und Tanganyikas, die sich 1964 zur Republik Tansania zusammenschlossen.

Geografie

Tansania liegt zwischen 29° und 40° östlicher Länge und 1° und 12° südlicher Breite. Das Land ist fast dreimal so groß wie die Bundesrepublik Deutschland. Es besitzt gemeinsame Grenzen mit Kenia, Uganda, Ruanda, Burundi, der Demokratischen Republik Kongo, Sambia, Malawi und Mosambik.

Im Osten bildet der Indische Ozean mit den vorgelagerten Inseln Sansibar, Pemba und Mafia eine natürliche Grenze. Der weitaus größte Teil des Staatsgebiets liegt auf einem 1000–1500 m hohen Plateau, dem eine 15–70 km breite Küstenebene vorgelagert ist. Im Norden und entlang der Westgrenze durchziehen mehrere Arme des Rift Valley mit einer Reihe von Seen dieses Hochland. Es wird von zahlreichen vulkanischen Bergen gesäumt. Dazu zählen der Mt. Kilimanjaro – mit 5895 m Afrikas höchster Berg –, der Mt. Meru (4566 m) und die über 30 Mio. Jahre alte, aus den Uluguru, Usambara und Pare Mountains bestehende Bergkette.

Geschichte

Bis zum Zusammenschluss zur Vereinigten Republik Tansania 1964 gingen das Festland Tanganyika und der Inselstaat Sansibar verschiedene Wege. Tanganyika stand um die Jahrhundertwende zum 20. Jh. als Deutsch-Ostafrika unter dem ›Schutz‹ des Deutschen Reiches, nach dem Ersten Weltkrieg unter britischer Verwaltung und erlangte am 9. Dezember 1961 die Unabhängigkeit. Sansibar wurde am 10. Dezember 1963 von den Briten unabhängig. Die neu errichtete konstitutionelle Monarchie mit einem Sultan an der Spitze hatte nur kurze Zeit Bestand. Schon nach wenigen Wochen kam es zum Sturz des Sultanats, und Abeid Karume erklärte Sansibar zur Volksrepublik. Drei Monate später, am 26. April 1964, schlossen sich Sansibar und Tanganyika zur United Republic of Tanzania zusammen – mit dem charismatischen Julius Nyerere als erstem Staatspräsident und Abeid Karume als Vizepräsident.

Staat und Politik

Nyerere verkündete 1967 die Arusha-Deklaration, die die Ära des Afrikanischen Sozialismus einleitete. Nachdem sich die wirtschaftliche Misere dieses Modells abzeichnete, legte Nyerere 1985 sein Präsidentenamt nieder und ebnete für seinen Nachfolger Ali H. Mwinyi den Weg in eine liberale Marktwirtschaft. Auf internationalen Druck hin fanden 1995 die ersten demokratischen Wahlen statt. Dabei stellten neben der bis dahin regierenden Revolutionspartei (CCM) weitere Parteien Kandidaten. Doch bis heute konnte sich die gut organisierte CCM stets durchsetzen. Derzeitiger Präsident ist John Magufuli, sein Stellvertreter Ali Mohammed Shein aus Sansibar. Laut Verfassung stellen stets die Wahlgewinner vom Festland und Sansibar das Führungsteam. Tansania ist eine föderative Präsidialrepublik. Das Festland ist aufgeteilt in 30 Verwaltungsbezirke, die durch die Zentralregierung verwaltet werden. Der Teilstaat Sansibar wählt ein eigenes Parlament und eine eigene Regierung, die außer für die Steuer-, Außen- und Verteidigungspolitik für sämtliche Belange zuständig ist. International ist das Land Mitglied im Commonwealth, der UN und der East African Cooperation (EAC).

Wirtschaft und Tourismus

Wichtige Standbeine der Ökonomie sind Landwirtschaft und Bergbau. Sie bringen ca. 80 % der Exporterlöse ein (46 % des BIP). Kaffee, Tee, Baumwolle, Sisal, Cashewnüsse, Gewürznelken und Tabak gehören zu den Hauptexportgütern. Tansania verfügt über große Kapazitäten an Bodenschätzen, z. B. Erdgas, Kohle, Diamanten, Tanzanit, Phosphate, Salze und Gold. Letzteres wird in jüngster Zeit intensiver genutzt. Wichtige Zweige der Industrie (17 % des BIP) sind die Verarbeitung und Verpackung von Nahrungsmitteln, Tabak-, Textil-, Zementproduktion sowie die Verwertung von ausrangierten Autos aus Industrieländern. Viele Güter müssen eingeführt werden. Der Anteil des Dienstleistungssektors am BIP liegt bei 37 %. Einer der größten Wachstumssektoren ist der Tourismus. Hier wurde in den letzten Jahren enorm investiert. 2017 überschritten die Besucherzahlen die 2-Mio.-Marke, Tansania hat somit Kenia als Safari-Destination überholt. Rund ein Drittel der arbeitenden Bevölkerung ist direkt oder indirekt im Tourismus beschäftigt. Es gibt eine gute Auswahl an Unterkünften und die touristische Infrastruktur insbesondere in Nord-Tansania ist für afrikanische Verhältnisse gut ausgebaut.

Vor allem die Öffnung für den Tourismus und die graduelle Privatisierung mit Raum für internationale Investitionen verhalfen dem Land seit 1990 zu einem Wachstum des BIP von jährlich über 6 %. Tansania kämpft mit hoher Inflation (5–12 %), daher werden Devisen gerne als Zahlungsmittel entgegengenommen. Der IWF zählt Tansania zu den zehn am schnellsten wachsenden Volkswirtschaften Afrikas. Trotzdem gehört es immer noch zu den ärmsten Ländern der Welt mit einem jährlichen Pro-Kopf-Einkommen von durchschnittlich 900 US-$ (2016). Rund ein Drittel der Bevölkerung lebt unter der Armutsgrenze.

Bevölkerung und Religion

In Tansania leben 136 Ethnien, zu den größeren zählen Sukuma, Gogo, Swahili und Chagga, wobei kein Volk dominant ist. Etwa drei Viertel der Tansanier leben auf dem Land, die Stadtbevölkerung konzentriert sich in Dar-es-Salaam. Etwa 40 % der Tansanier bekennt sich zum Christentum, ca. 35 % zum Islam. Die Übrigen sind Anhänger von Naturreligionen. Im Teilstaat Sansibar sind fast 100 % der Bevölkerung Muslime. Die meisten Zanzibaris sind Sunniten, und anders als auf dem Festland folgt der Lebensrhythmus den Regeln des Islam. So werden die vorgeschriebenen Gebetszeiten eingehalten, der Freitag ist der wöchentliche Feiertag.

Natur und Umwelt

Es ist, als hätte sich das gesamte Kaleidoskop der Natur in Ostafrika ausgebreitet. Nirgendwo sonst auf der Erde gibt es eine solche Fülle von Tieren und Pflanzen. Zwischen Meer und Moos, Gebirge und Gletscher, Savanne und Strand trifft der Reisende auf eine Artenvielfalt, die von 1000 Jahre alten Affenbrotbäumen bis zu ebenso alten Korallenriffen reicht, von Affenhorden über Löwenrudel bis zu Zebraherden.

Naturraum Ostafrika

Zum geografischen Raum Ostafrika zählen neben den Staaten Kenia und Tansania auch Uganda, Ruanda, Burundi, das südliche Äthiopien, Somalia sowie das nördliche Sambia, Mosambik und Malawi. Erst mit der Aufteilung des afrikanischen Kontinents durch die Kolonialmächte Ende des 19. Jh. wurden die heutigen Landesgrenzen festgelegt. Sie verlaufen wie mit dem Lineal gezogen, natürliche Grenzen wie Flüsse, Seen, Gebirge wurden kaum berücksichtigt. So kommt es, dass ein Teil des Kilimanjaro in Kenia liegt, der Gipfel allerdings in Tansania. Der Malawi-See (oder Lake Nyasa) gehört ganz zu Malawi, während die Grenze zwischen Tansania, Sambia und der Demokratischen Republik Kongo mitten durch den Tanganyika-See verläuft. Den riesigen Viktoria-See teilen sich Uganda, Kenia und Tansania zu unterschiedlich großen Abschnitten. Diese Grenzen trennen aber nicht nur landschaftlich zusammenhängende Regionen, sondern auch ethnisch verwandte Volksgruppen voneinander. So müssen Angehörige der Masai oder der Luo, um ihre Verwandten zu besuchen, ihre Pässe an den Grenzen vorzeigen.

Die Landschaftsräume von Kenia und Tansania gliedern sich topografisch in drei große Bereiche: die Küstenregion, die Inselwelt und das Hinterland, wozu der Ostafrikanische Grabenbruch, das Hochland, die ausgedehnten Plateaulandschaften und die großen Seen gehören. Insgesamt nehmen Kenia und Tansania eine Fläche von mehr als 1 500 000 km^2 ein – ein Gebiet fünfmal so groß wie die Bundesrepublik Deutschland und so vielfältig, dass man es kaum in ein Schema fassen kann. Die Topografie variiert stark und reicht von der tiefsten Stelle Afrikas auf dem Grund des Tanganyika-Sees (660 m unter dem Meeresspiegel) bis zum höchsten Punkt Afrikas, dem legendären Gipfel des Kilimanjaro (fast 6000 m über dem Meeresspiegel). Das Spektrum der Vegetation reicht von Kakteen bis hin zu Flechten, die man auch in den Alpen findet – das Klima variiert zwischen Wüste und ewigem Eis.

Küste des Indischen Ozeans

Entlang der 1300 km langen Küstenlinie erstrecken sich weiße Korallenstrände, die oft von Palmen gesäumt werden, einsame Buchten, an die die azurblauen Wellen plätschern, sowie Mangrovensümpfe, Fischerdörfer und Hafenstädte. In einigen hundert Metern Abstand deuten weiße Schaumkronen auf das fast durchgängig vorgelagerte Korallenriff. Dieses Riff bietet der Küste natürlichen Schutz vor den wilden Launen des Indischen Ozeans und bildet einen natürlichen Schutzwall, durch den Raubfische wie Haie, Wale, Rochen oder Barrakudas ferngehalten werden. Am Riff mit seinen imposanten Korallengärten leben unzählige Muschel- und Krustentiere sowie bunte Fische wie Anemonen-, Juwelen- oder Schmetterlingsfische wie in einem überdimensionalen Aquarium – ideale Schnorchel- oder Tauchgründe.

Mangrovenwälder und Creeks

Hinter der Küstenlinie, an der sich streckenweise moderne Ferienresorts angesiedelt haben, liegt der zwischen 15 und 80 km breite Küstengürtel, mit hoher Bevölkerungsdichte und fruchtbaren Böden. Das Klima ist tropisch, mit Temperaturen von 20–30 °C und ausreichend Niederschlagsmengen. Früher wuchs hier ein dichter Urwald, heute wird ein Großteil der Region intensiv bewirtschaftet. Hauptsächlich handelt es sich dabei um Anpflanzungen von Sisal, Kokos-, Cashew- und Macadamianüssen, Mangos, Apfelsinen, Limonen, Mais, Maniok und Baumwolle. An den Flussmündungen, im Brackwasser, gedeihen **Mangrovenwälder.** Sie zeichnen sich durch niedrige, 1–5 m hohe, besonders

Die Liste der Traumstrände an der Küste Ostafrikas ist lang – und auch unter Wasser wird einiges geboten

harte und widerstandsfähige Bäume aus, die im Salzwasser stehen und durch ihre spargelartigen Stech- oder Atemwurzeln auffallen. Sie gelten als Katalysator für den Wasserhaushalt; mit ihren Wurzelgeflechten stabilisieren sie Schlammbänke und Sanddünen.

Mangroven findet man auch häufig entlang der sogenannten **Creeks.** Die ungeheure Kraft des Meeres hat diese Wasserwege ins Inland gegraben, sie ähneln aus der Luft einem Fluss, tatsächlich handelt es sich jedoch um salzwasserhaltige Naturbuchten. Diese geschützen Creeks sind hervorragende Anlegestellen für Schiffe. Seefahrer wissen seit über 1000 Jahren die Buchten von Malindi, Mombasa, Tanga, Kilwa und Dar-es-Salaam zu schätzen.

Der **Nordost-Monsun** *(kaskazi)* blies die Dhaus (Segelschiffe) zwischen Oktober und März vom Persischen Golf, Indien oder China an die ostafrikanische Küste, der **Südwest-Monsun** *(kuzi)* gab den Schiffen den nötigen Rückenwind, um wieder in ihre Heimat zu segeln. Beide Monsunarten bedingen die **Trocken- und Regenzeiten** (s. S. 110).

Inselwelt

Viele Inseln vor der Küste Ostafrikas, wie Sansibar und Lamu, weisen noch eine weitaus längere und turbulentere Geschichte auf als die Küstenregion (s. S. 57). Andere Inseln sind bis heute kaum oder gar nicht bewohnt, viele blieben von Reisenden unberührt. Diese Inseln sind vor allem im Norden Kenias und im Süden Tansanias zu finden.

Einige Inseln wurden ganz oder teilweise unter Naturschutz gestellt, so z. B. Whale Island im Malindi/Watamu Marine Park, die Insel Kisite im Süden Kenias sowie Bat und Pungume Island bei Sansibar. Diese häufig von Mangrovenwäldern gesäumten Eilande sind vor allem Vogelschutzgebiete. Die Wurzeln der Mangroven bieten ideale Lebensräume für Krabben und andere wirbellose Tiere und dienen so einer artenreichen Vogelwelt als Nahrungsquelle. Raubvögel finden in dem parallel zur Küste verlaufenden Korallenriff reiche Beute.

Einige der Inseln im Indischen Ozean sind auf der Basis eines Korallengartens entstanden, andere, wie Sansibar, haben vulkanische Ursprünge. Die unterschiedlichen geologischen Voraussetzungen beeinflussen die Art der Vegetation. Während auf den trockenen, kalkhaltigen Korallenböden nur wenige Pflanzen gedeihen, strotzt der eisenhaltige Vulkanboden vor Fruchtbarkeit. Begünstigt durch das tropische Klima wachsen hier begehrte Kulturpflanzen. Viele davon wurden von Seefahrern und Händlern aus Arabien, Asien und Europa, selbst aus Mittel- und Südamerika eingeführt: Maniok, Mango, Mais, Kakao, Kaffee, Gewürze wie Pfeffer, Kardamom, Nelken und Zimt, weiterhin Zierpflanzen wie Frangipani, Bougainvillea oder der Weihnachtsstern.

Vielseitig verwendbar: die Kokosnuss

Die **Kokosnuss,** so nehmen Botaniker an, trieb von Indonesien über den Indischen Ozean, landete schließlich auf Sansibar, wo sie spross und gedieh. Heute ist die Kokospalme aus dem Landschaftsbild Afrikas nicht mehr wegzudenken. Die Kokospalme wird in nahezu unbegrenzter Weise genutzt. Charakteristisch sind die großen Steinfrüchte, die Kokosnüsse. In den ausgewachsenen, aber noch unreifen Früchten sammelt sich eine wasserhelle Flüssigkeit, die Kokosmilch. Sie wird getrunken, das weiße Kokosfleisch wird gekocht oder roh gegessen, aus dem Nährgewebe wird Kopra bzw. Speiseöl gewonnen. Die harte, getrocknete Innenschicht dient als Aktivkohle, aus der harten Schale werden kunstvolle Schmuckstücke und Gefäße hergestellt, aus den Fäden der äußeren Faserschicht Seile gedreht. Doch nicht nur die Nüsse, auch der Stamm und die Blätter sind nutzbar: Das Holz des Stammes eignet sich zum Haus- und Schiffsbau, mit den langen Blättern werden Dächer gedeckt oder Körbe und Matten geflochten. Als ›Bonbon‹ liefert die Kokospalme sogar Alkohol, den Palmwein, der bei vielen einheimischen Festen gereicht wird. Dazu werden die Blütenstände angezapft, der Saft in Behältern gesammelt, wo er dann in der Sonne gärt und nach wenigen Tagen konsumiert werden kann.

In Ostafrika ist eine Vielzahl weiterer **Palmenarten** anzutreffen, am häufigsten kommen neben der Kokospalme die majestätische Königspalme, die Dattelpalme, die Hanfpalme, die hohe Ölpalme, deren gefiederter Blütenschopf wie ein Feuerwerk am Himmel züngelt, und die Borassuspalme vor, die durch ihre gefächerten Blätter auffällt.

Andere Vegetationsformen, wie dichte Wälder, gehören kaum zum gängigen Bild der Inselwelt Afrikas, obwohl einige Inseln wie Pemba und Unguja (bekannter als Sansibar) früher ganz mit Urwald bedeckt waren. Heute zeugen nur noch winzige Restbestände wie der Jozani Forest oder Ngezi Forest vom einst üppigen Bewuchs.

Gewürze und tropische Früchte

Dank des tropischen Klimas entlang der ostafrikanischen Küste gedeihen Früchte wie Bananen, Mangos, Avocados oder Kokosnüsse ganzjährig, z. T. mit mehreren Ernten oder, wie die Bananenstauden, kontinuierlich ohne Saison.

Gewürznelken dagegen, die wohl typischste Pflanze für Sansibar und Pemba, haben nur eine Erntezeit, dann jedoch schwebt ihr starkes Aroma über der gesamten Insel. Der Duft geht von den etwa 1,5 cm langen, nagelförmigen Blütenknospen am Ende der Äste aus. Gewürznelken sind zunächst olivgrün, dann rot und nehmen erst im getrockneten Zustand die braune Farbe des Gewürzes an, das wir in Lebkuchen, Glühwein und Likören zu schätzen wissen. Nelken enthalten über 21 % ätherisches Öl, das vielfach Verwendung in der Kosmetikindustrie und in der Medizin (als Antiseptikum und in der Zahnheilkunde) findet. Sansibar und Pemba gehören neben Indonesien zu den wichtigsten Anbaugebieten der Welt für Gewürznelken und produzieren zudem erstklassige Qualität (andere typische Früchte des Landes s. S. 90).

Kleine und Große Regenzeit

Die üppige Vegetation wird begünstigt durch Temperaturen, die so gut wie nie unter 15 °C fallen. Somit stellt die Küste Ostafrikas ein ideales ganzjähriges Urlaubsgebiet dar. Lediglich in den beiden Regenzeiten (die Große Regenzeit dauert von März bis Juni, die Kleine Regenzeit von Mitte Oktober bis Dezember) müssen Urlauber mit platzregenartigen Schauern rechnen, die meist nach ein bis zwei Stunden vorbei sind. Vor jedem Regen baut sich eine sehr hohe Luftfeuchtigkeit auf, die sich dann mit dem Regenguss entlädt. Diese Luftfeuchte, bei der man, ohne sich zu bewegen, schwitzt, macht manchem Urlauber zu schaffen. Wer Herzprobleme oder Durchblutungsstörungen hat, sollte diese Zeiten meiden oder aber auf Safari ins Hinterland gehen, wo die Luftfeuchtigkeit deutlich geringer ist (s. auch S. 110).

Großer Afrikanischer Grabenbruch

Great Rift Valley

Wie ein gewaltiger Riss zieht sich der **Große Afrikanische Grabenbruch** (Great Rift Valley) durch den afrikanischen Kontinent: Vom Jordantal in Südasien über das Rote Meer, quer durch Kenia und Tansania bis nach Mosambik. Dieser im Schnitt 700 m tiefe Graben ist Zeuge gewaltiger geologischer Prozesse, die in den letzten 18 Mio. Jahren stattgefunden haben und die sich heute an den steilen Rändern des Bruchs wie in einem aufgeschlagenen Buch ablesen lassen.

Aktive Vulkane

Tobende Vulkane haben die Erdkruste mit einer tiefen Narbe versehen, die so gewaltig ist, dass Astronauten sie selbst vom Mond deutlich ausmachen können. Der Bruch ist fast

Die Großen Fünf – von Elefant bis Nashorn

Zu den legendären ›Großen Fünf‹ gehören Elefant, Löwe, Büffel, Leopard und Nashorn. Den Namen ›Big Five‹ erhielten sie nicht, weil sie zu den größten Wildtieren Afrikas gehören, sondern weil sie Großwildjägern vergangener Zeiten die begehrtesten Trophäen lieferten. Heute führen sie die Liste der Sichtungen an, die Touristen sich wünschen.

Bis auf einige Ausnahmen in Tansania, wo die Großwildjagd für viel Geld noch erlaubt ist, rücken seit den 1950er-Jahren die Safari-Reisenden den Tieren zum Glück nur noch mit der Kamera und dem Fotoapparat auf den Pelz. Diese Bewusstseinsänderung zusammen mit Jagdverboten und Gesetzen zum Artenschutz (z. B. die Konvention über den Internationalen Handel mit gefährdeten Arten, kurz CITES) hatten zur Folge, dass sich der Wildbestand zumindest dieser fünf Tierarten weitgehend – wenn auch nicht ausreichend – erholt hat. Die zunehmende Verstädterung sowie organisierte Wilderer, die es oftmals lediglich auf das Horn der Nashörner und das Elfenbein der Elefanten abgesehen haben, stehen dieser positiven Entwicklung in den jüngsten Jahren leider wieder entgegen.

Finanziert von Hintermännern aus China und Arabien, mit modernster Waffentechnik ausgestattet, rücken diese Wilderer den Tieren auf den Leib, schneiden mit Kettensägen das Horn ab und lassen die Tiere dann oftmals noch lebend zurück, sodass sie qualvoll sterben (s. auch S. 40).

Die Großen Fünf im Einzelnen:

Der **Elefant** – mit 6 t Gewicht schwerstes Landtier der Erde – verbringt fast 16 Stunden am Tag mit der Nahrungsaufnahme. Rund 300 kg an Gräsern, Blättern, Früchten, Wurzeln und Baumrinden wandern täglich durch seinen bis zu 80 m langen Darm (zum Vergleich: Der Darm des Menschen ist zwischen 6 und 8 m lang). Die auffälligsten Merkmale des Elefanten sind sein langer Rüssel – eine Verschmelzung aus Nase und Oberlippe –, seine riesigen Ohren, über die er seine Körpertemperatur reguliert, und die bis zu 3,5 m langen und 100 kg schweren Stoßzähne.

Ähnlich wie Elefanten sind afrikanische **Büffel** gesellige Herdentiere. Elefanten leben in Herden zwischen 20 und 80 Tieren – angeführt von einer Kuh, Büffelherden dagegen umfassen bis zu 2000 Tiere und werden von einem Bullen geleitet. Ein Büffelbulle kann bis zu 800 kg schwer werden und strotzt nur so vor Kraft. Büffel sehen und hören sehr schlecht, dagegen ist ihr Geruchssinn – man sollte es bei ihrem Körpergeruch kaum meinen – besonders gut ausgeprägt. Charakterisches Merkmal sind die massigen Hörner, die durch einen Knochenschild verbunden sind.

Gleiches gilt für das **Nashorn,** das einen sehr ausgeprägten Geruchssinn und ein gutes Gehör hat, dafür aber nicht gut sieht, im Sprint schon mal sein Ziel verfehlt, stattdessen aber Wasserquellen über Meilen riecht. In Ostafrika leben zwei Nashornarten: Das Spitzmaulnashorn (auch Schwarzes Nashorn) unterscheidet sich vom Breitmaulnashorn (auch Weißes Nashorn) durch die pointierte Form seiner Oberlippe. Außerdem sind Spitzmaulnashörner wesentlich kleiner als die bis zu 3,5 t schweren Breitmaulnashörner. Charakteristisch für beide sind die zwei Nasenhörner. Sie bestehen aus miteinander verbackenen Haaren (Keratin), das in pulverisierter Form gern von potenzschwachen Männern in Asien gekauft wird. Dafür wurden und werden die Tiere gejagt. Zu ihrem Schutz sägen Wildhüter ihnen die Hörner ab, damit die grauen Pflan-

Der König der Tiere zählt natürlich zu den Großen Fünf

zenfresser für Wilderer wertlos sind. In Kenia und Tansania erholen sich die Bestände langsam, dennoch ist ihr Vorkommen auf wenige Nationalparks beschränkt. Einige Unterarten sind nach wie vor vom Aussterben bedroht. Im März 2018 starb in der Ol Pejeta Conservancy in Kenia das letzte männliche Nördliche Breitmaulnashorn der Welt.

Im Gegensatz dazu kommen **Löwen** in fast allen Nationalparks vor. Männliche Löwen lassen sich leicht von den Weibchen durch ihre ›Krone‹, die majestätisch wirkende Mähne, unterscheiden. Oftmals wird der König der Tiere gleich von einem ganzen Harem umgeben – Rudel mit mehr als zehn Weibchen und ihren Jungen sind keine Seltenheit. Gehen die Löwinnen auf Pirsch, bleibt oftmals eine Mutter zurück und versorgt als Amme auch die Jungen der anderen Löwinnen mit Milch. Kehren die Löwen von der Jagd zurück, wird die Beute geteilt. Die männlichen Jungtiere gründen mit Erreichen der Geschlechtsreife (d. h. im Alter von etwa 18 Monaten) ihre eigenen Rudel. Mit einer Körperlänge von ca. 2 m und einem Gewicht von rund 100 kg ist der Löwe die kräftigste aller Raubkatzen.

Weitaus zierlicher ist im Vergleich der **Leopard.** Mit einer Schulterhöhe von etwa 60 cm und einem Gewicht von ca. 45 kg ist er kleiner, aber etwa genauso schwer wie sein schneller Verwandter, der Gepard. Wie dieser ist der Leopard ein Einzelgänger, der sich nur während der Paarungszeit mit einem Partner sehen lässt. Mütter ziehen ihre Jungen allein groß; nach etwa zwei Jahren sind die Jungen selbstständig und gehen eigene Wege. Der Leopard ist ein ausgezeichneter Kletterer, der sich gern im Geäst von Bäumen aufhält. Dort, vom Licht- und Schattenspiel der Blätter getarnt, können Feinde die gefleckte Katze kaum erkennen – es sei denn, der etwa 1 m lange Schwanz baumelt vom Ast und verrät sein Versteck.

5000 km lang, bis zu 300 km breit (nur unter den Weltmeeren gibt es noch breitere Gräben) und schwankt zwischen einigen hundert und 1500 m Tiefe. Seine niedrigste Stelle liegt im Tanganyika-See (Südtansania), seine breiteste Stelle am Turkana-See (Nordkenia). Geologen sind sich einig, dass die Geschichte des gigantischen Grabenbruchs keineswegs abgeschlossen ist, denn heiße Quellen, Dämpfe und auch gelegentlich Vulkanausbrüche treten immer wieder auf und zeugen von lebhafter Aktivität unter der Erdoberfläche. Zuletzt brach der Vulkan Ol Doinyo Lengai in Tansania 2006 aus, und bis heute brodelt es im Krater. Viele der Seen und Berge im Tal des Grabenbruchs sind das Ergebnis von gewaltiger vulkanischer Tätigkeit.

Der Graben bildet in Ostafrika zwei Arme: Der **Zentralafrikanische Grabenbruch** zieht sich von Uganda über die Westgrenze Tansanias, durch den Tanganyika-See bis zum Malawi-See (Nyasa-See). Der **Ostafrikanische Grabenbruch** reicht von Nord-Kenia bis Nord-Tansania. In diesem Einschnitt reihen sich die Seen Turkana, Baringo, Bogoria, Nakuru, Elmenteita, Naivasha und Magadi sowie die tansanischen Seen Natron, Manyara und Eyasi wie eine Perlenkette aneinander.

Das Klima, das maßgeblich von der Oberflächengestaltung und der geografischen Lage beeinflusst wird, ist entsprechend variantenreich. Auch lokale Gegebenheiten wie die Bodenbeschaffenheit oder die Nähe zu Gewässern beeinflussen die Temperaturen und Niederschläge.

Große Grabenseen

Alkalische Seen

Die meisten Flüsse Afrikas führen in den Trockenzeiten wenig oder gar kein Wasser, weswegen sie für die Ökologie eine weit-

Die Färbung des Salzsees Lake Natron beruht auf Algen

aus geringere Rolle spielen als die Seen. Die Mehrzahl der Seen liegen im Ostafrikanischen Grabenbruch und sind Salzwasserseen, d. h. alkalisch. Zu ihnen gehören der **Turkana-, Elmenteita-** und **Nakuru-See** in Kenia sowie der **Eyasi-, Natron-, Manyara-** und **Rukwa-See** in Tansania. Durch die starke Sonneneinstrahlung verdunsten dort täglich große Mengen Wasser, was die hohe Konzentration von Mineralien in den Seen erklärt; häufig zeugt ein weißer Uferrand vom starken alkalischen Gehalt des Wassers. Der Salzgehalt fördert das Wachstum bestimmter **Algenarten,** die wiederum für die unterschiedlichen Verfärbungen der Seen verantwortlich sind. Je nach Salzgehalt bzw. Algenart schimmern die Salzseen mal in roten, mal in grünen oder gar lilafarbenen Schattierungen. Aus der Vogelperspektive betrachtet erinnern diese Seen weniger an Wasserreservoire, sondern aufgrund ihrer untypischen Farbgebung eher an abstrakte Kunstwerke der Natur.

Idealer Lebensraum für Flamingos

Viele der Seen haben keinen Abfluss und werden auch nur periodisch von Zuflüssen gespeist. So kann es zu jahreszeitlich bedingten Schwankungen des Wasserstands kommen; manche Seen trocknen in regenarmen Jahren sogar ganz aus. Dann kann es passieren, dass man beim Blick auf den Nakuru-, Eyasi- oder Natron-See nicht vom Wasser, sondern von einer silbrig-glänzenden Salzwüste geblendet wird. Einige Fische, wie der Afrikanische Lungenfisch, haben sich dementsprechend auf ihre Umwelt eingestellt: Sobald der Wasservorrat knapp wird, gräbt er sich im Schlamm ein und umhüllt seine Schuppen mit körpereigenem Schleim. Über ein Atmungsloch erhält er Sauerstoff und überbrückt so die Trockenzeit. Andere Bewohner der Seen, wie die Vögel, wechseln ihre Lebensräume mit dem Kommen und Gehen des Wassers. So findet man am Lake Nakuru gegen Ende der Trockenzeiten im Februar/März bzw. September kaum einen Flamingo, während sich zu anderen Zeiten bis zu 1 Mio. grazile Zwergflamingos auf dem flachen See tummeln und den See in eine einzigartige Naturschauspielbühne verwandeln. Unter den rosabeinigen Ballerinas Afrikas unterscheidet man den **Zwergflamingo** vom **Gemeinen Flamingo,** der eine Größe von 1,40 m erreicht. Obschon beide Arten den gleichen Lebensraum besetzen, nutzen sie unterschiedliche ökologische Nischen: Der Zwergflamingo fischt nach Algen, der Gemeine Flamingo ernährt sich von Krebsen und Weichtieren. Je nach Wasser- und Nahrungsvorkommen wechseln die Flamingos zwischen den alkalischen Seen, in einem Jahr mag der Bogoria-See die Bühne für das ›Flamingo-Festival‹ sein, im nächsten der Elmenteita-See. Noch hält die Natur den Schlüssel über den Turnus beim Bühnenwechsel in der Hand – Ornithologen wie Klimatologen stehen hier vor einem Rätsel.

Gigantische Frischwasserseen

Die drei größten Seen Ostafrikas sind Süßwasserseen. Auch hier verdunsten durch die starke Sonneneinstrahlung täglich enorme Wassermengen, jedoch ist speziell der Viktoria-See so groß, dass die verdunsteten Wassermengen gleich wieder in Form von Regen in den See bzw. auf die Uferregion zurückfallen. Deswegen sind auch die Uferzonen um die großen Seen besonders grün, fruchtbar und stark besiedelt. Die Uferregionen mit ihrer natürlichen ›Sprinkleranlage‹ bieten ideale Anbauflächen für die **Schnittblumenindustrie,** die in den vergangenen Jahren insbesondere in Kenia boomt. Die Kehrseite: Düngemittel, die für den Anbau dieser Blumen verwendet werden und letztendlich wieder in die Seen fließen, verschmutzen die Frischwasserreservoire.

Viktoria-See

Der größte See – er wird auch als das Mittelmeer Ostafrikas bezeichnet – ist der Lake Victoria. Mit seiner enormen Fläche von

68 800 km^2 bedeckt er ungefähr die Fläche Schottlands und hält damit den Rekord als größter See Afrikas und zweitgrößter der Welt. Das Gewässer verfügt nur über einen einzigen Abfluss, der gleichzeitig als wichtigster Quellfluss des Nil gilt; gespeist wird der Viktoria-See von mehreren Zuflüssen. Die Wirtschaft wird von der Fischerei sowie vom Anbau von Mais, Weizen und Baumwolle in der Uferregion bestimmt.

Tanganyika-See

Nach dem Viktoria-See ist der Tanganyika-See mit einer Fläche von 32 880 km^2 der zweitgrößte See Afrikas. Der 676 km (!) lange See bildet die Grenze zwischen Tansania, Sambia, Burundi und der Demokratischen Republik Kongo. Seine tiefste Stelle misst 1470 m, womit er nach dem Baikalsee der tiefste Süßwassersee der Erde ist. Der frühere Staat Tanganyika hatte seinen Namen vom Tanganyika-See übernommen. Über den etymologischen Ursprung des Namens herrscht kein Konsens; die plausibelste Erklärung ist, dass der See eine verwirrend große Anzahl von Namen besaß, weswegen ihn Fremde, vermutlich arabische Karawanenhändler, als ›Ort der Verwirrung‹ bezeichneten (das Kiswahili-Wort ›Changanyika‹ bedeutet übersetzt Durcheinander, Konfusion, Ratlosigkeit). Durch sprachliche Lautverschiebung entwickelte sich der Name ›Tanganyika‹.

Malawi-See

Der drittgrößte See Afrikas ist der Malawi-See (auch Lake Nyasa genannt) im Süden Tansanias. Er erstreckt sich über eine Fläche von 29 600 km^2, ist bis zu 704 m tief und trennt Tansania von Malawi. Seine bewaldeten Uferregionen – die bis zu 2500 m hohen Livingstone Mountains – sind bislang kaum erschlossen. Der Malawi-See ist extrem fischreich, in seinem klaren Wasser tummeln sich bis zu 1500 verschiedene Fischarten, darunter Nilhechte, Welse und maulbrütende Buntbarsche. Letzere sind wegen ihrer Farbenpracht als Aquarienfische beliebt.

Tana River und Galana River

Viele der Flüsse Ostafrikas trocknen während der Trockenzeiten aus. Zu den ganzjährigen Flüssen gehören der rund 700 km lange Tana River und der 400 km lange Galana River in Kenia, die von Gletscherbächen der höheren Gebirgslagen des Mt. Kenya bzw. des Kilimanjaro gespeist werden. Nach der Regenzeit tragen die Flüsse genügend Wasser, um eine wilde Whitewater Rafting Tour zu unternehmen, gegen Ende der Trockenzeit jedoch kann man fast durch den Fluss waten.

Hochland und höchste Gipfel Afrikas

Die ›Goldminen‹ der Landwirte

Die Hochlandregionen, also die Gebiete über 800 m Höhe, weisen ein gemäßigtes Klima auf, das dem Frühsommer in Mitteleuropa ähnelt. Deshalb waren sie seit der Ankunft der Europäer bevorzugtes Gebiet der Siedler. Wegen der hohen Konzentration an Weißen erhielt die Region nördlich von Nairobi in der Region des Mt. Kenya den Namen White Highlands. Andere bevorzugte Siedlungsgebiete mit mildem Klima waren die Gegenden um den Kilimanjaro – Arusha und Moshi – oder auch die Usambara Mountains, Morogoro, Iringa und Mbeya. Die fruchtbaren Böden erlauben den Anbau von devisenbringenden Sonderkulturen wie Getreide, Gemüse, Früchten, Blumen sowie insbesondere von Kaffee und Tee (s. S. 46).

Kilimanjaro, Mt. Kenya und Mt. Meru

Für Wanderer und Kletterer bietet Ostafrikas Berglandschaft gleich mehrere Höhepunkte an: Der höchste Gipfel Afrikas, der schneebedeckte **Kilimanjaro,** ragt 5895 m über dem Meeresspiegel in den Himmel. Die weiße Kuppe des legendären Berges ist weitaus steiler, als sie aussieht. Sein etwa 100 km weit entfernter Nachbar, der **Mt. Meru,** liegt mit 4566 m bereits unter der Schneegrenze. Beide Berge sind vulkanischen Ursprungs. Ihre spitzen Kegel sind, nachdem die Lava erkaltete und sich zusammenzog, in sich zusammengefallen und bilden nun eine Caldera. Ursprünglich waren beide Berge um ein beträchtliches Maß höher. Das kenianische Pendant zum Kilimanjaro ist der **Mt. Kenya** (5199 m). Sein gezackter Gipfel macht ihn unverwechselbar. Der zweithöchste Berg Afrikas liegt genau auf dem Äquator und kann wie der 4322 m hohe **Mt. Elgon** in West-Kenia bestiegen werden.

Für die einheimische Bevölkerung sind alle Berge mit Legenden und (Schöpfungs-) Mythen verbunden. In den Bergmassiven leben die Geister der Ahnen. Für die Kikuyu, die aus der Region des zentralen kenianischen Hochlandes kommen, ist der Mt. Kenya eine heilige Stätte. Hier wohnt ihr Gott Mwene-Nyaga, weswegen sie den Berg ›Kirinyaga‹ nennen. Als der deutsche Missionar Krapf im Jahr 1849 den Berg als einer der ersten Europäer zu Gesicht bekam, und nach seinem Namen fragte, verstand er anstelle von ›Kirinyaga‹ Kenia oder Kegnia. Sein Hörfehler bescherte dem Berg und dem ganzen Land seinen heutigen Namen.

Vegetationszonen am Berg

Die kontinuierlich ansteigenden Hänge der hohen Berge Ostafrikas, insbesondere des Kilimanjaro, der von nahezu null Höhenmetern auf 5895 Höhenmeter ansteigt, bieten Klimatologen eine Paradestudie zum Thema Klimakontinuum. Als Faustregel gilt, dass pro 100 m Höhe die Temperatur im Schnitt um 0,5 °C abnimmt, während die Niederschlagsmenge steigt. Wobei der jeweilige Osthang (die Wetterseite) deutlich mehr Niederschlag als die westliche Flanke erhält.

Auch Botaniker haben ihre Freude an dem graduellen Anstieg des Berges und der entsprechend lehrbuchartig wechselnden Vegetation: Ist die Region rund um den Berg eine Nutzlandschaft für die **Plantagenwirtschaft,** findet man am Fuß des Berges Relikte des **Tropischen Regenwalds,** gefolgt von **Montanem Regenwald** (bis ca. 2700 m Höhe). Die Vegetation dieser Wälder ist auf ständige Niederschläge angewiesen (nicht weniger als 100 mm im Monat). Wie im Tropischen Regenwald gibt es auch im Montanen Regenwald keinen periodischen Austrieb, keine Massenblüte oder Blattfall. Die Pflanzen erneuern stetig, aber etappenweise – beispielsweise Ast für Ast – ihr Laub.

Mit zunehmender Höhe werden die Baumbestände lockerer, und immer häufiger treten Zedernarten, Kampferbäume (Lorbeergewächse) und Johannisbrotgewächse auf. Die Stämme und Äste der Bäume besetzen Epiphyten (Farne, Orchideen und Bromelien), nicht um die Bäume parasitär zu schädigen, sondern um das Licht besser ausnutzen zu können. In Regionen mit besonders wasserreichen Böden (Moorland) durchziehen **Bambuszonen** den Bergwald, hier herrschen Bambus, Schilf und einige Palmenarten vor. Beispiele dafür findet man am Mt. Elgon und Mt. Kenya, in den Aberdares und am Kilimanjaro.

Auf über 3000 m Höhe beginnt die Region der **Erikazeen-Gesellschaft,** in der Büsche und in höheren Lagen Heidefelder dominieren. Auffällig große Erikagewächse, wilde Gladiolen, Orchideen- und Aloearten werden auf 4000 m Höhe von meterhohen Senezien und Lobelien abgelöst. Sie sind typisch für die **Afroalpine Zone,** deren Bewuchs in gewisser Weise dem der alpinen Tundren ähnelt, wenn auch wegen der hohen UV-Strahlung die Pflanzen gigantische Ausmaße annehmen.

Spätestens bei 4500 m Höhe geht der afroalpine Gürtel in eine Art Mondlandschaft über – die vegetationslose **Gletscherzone** mit grauem Gebirgsschutt, Geröll und ewigem Eis. Letzteres ist in den letzten Jahren zunehmend geschmolzen. Umweltschützer befürchten, dass das Phänomen der schmelzenden Gletscherkuppe der zunehmenden Erwärmung der Erde zuzuschreiben ist. Einige Ansässige meinen, dass es im Lauf der Geschichte immer wieder zu periodischen Abnahmen der Gletscherkuppe kam. Es fehlen

Langzeitstudien, doch ist das Abschmelzen des ewigen Eises sicherlich nie so schnell vorangeschritten wie in den letzten 15 Jahren. Es ist durchaus möglich, dass die heranwachsende Generation den Kilimanjaro mit seiner charakteristischen weißen Kuppe nur noch von Bildern kennen wird.

Plateaus

Savannen

Den größten Teil Ostafrikas nehmen großflächige Ebenen ein, deren Höhen zwischen 150 und 1200 m liegen. Charakteristisch sind flache **Savannenlandschaften** mit vereinzelten Hügeln und niedrigen Bergzügen. Die größte Plateaulandschaft Ostafrikas bildet das Nyika-Plateau, das sich vom Norden Kenias bis zu Tansanias Südgrenze erstreckt. In diesem Gebiet befinden sich eine Reihe von großen Naturschutzgebieten wie die **Nationalparks Meru** und **Tsavo** in Kenia oder das **Selous Game Reserve** sowie der **Ruaha National Park** in Tansania. Der dichte Bewuchs mit Savannengras und die Schatten spendenden Schirmakazien stellen für viele Wildtiere die wichtigsten Futterpflanzen dar.

Akazien

Botaniker unterscheiden über 800 Akazienarten, wovon die **Schirmakazien** in Ostafrika am weitesten verbreitet sind. Charakteristisch für die 5–10 m hohen Bäume sind

Typisch für Ostafrikas Hochebenen: Fieberakazien in der Savanne

die flachen Kronen, die sich wie Schirme aufspannen. Das Wurzelwerk breitet sich über eine große Fläche aus, damit der oft spärliche Regen effizient aufgenommen werden kann. Allerdings lassen die weitreichenden Wurzeln keinen anderen Bewuchs (außer Gräsern) zu, weswegen Akazien immer vereinzelt stehen.

Eine Unterart der Schirmakazie ist die **Fieberakazie,** die man leicht an ihrer gelben Rinde erkennt. Die frühen Siedler hielten sie für den Verursacher der Malaria, weswegen sie im Englischen *fever tree* heißt.

Außer auf Schirmakazien wird man häufig auf die **Flötenakazie** stoßen. Diese Art ist sehr dornig und hat sich gut an das Leben in der wasserarmen Halbwüste angepasst. An den Enden der Zweige bauen winzige Ameisen kugelige Nester. Wenn der Wind durch die Löcher dieser hohlen Kugeln weht, entsteht ein Pfeifton, dem der Baum seinen Namen verdankt.

Galerie- und Miombowälder

Die Wälder, die sich unmittelbar an die Flussläufe schmiegen, heißen Galeriewälder. Sie bestehen überwiegend aus Akazien, vor allem der gelbrindigen Fieberakazie, wilden Feigenbäumen und vereinzelt auch Affenbrotbäumen. Im dichten Geäst nistet eine vielfältige Vogelwelt, Leoparden und Affen suchen hier Schutz vor der sengenden Mittagssonne. Die besten Chancen, auf einer Mittagspirsch Tiere zu entdecken, bestehen in der Nähe von Galeriewäldern.

In Südtansania hat die weite Verbreitung von Bäumen der Gattung Brachystegia, die von der Bevölkerung als Miombo bezeichnet werden, den Begriff Miombowald entstehen lassen. Die feuerresistenten, maximal 20 m hohen Bäume bilden einen aufgelockerten, am Boden nur spärlich mit Unterholz bewachsenen Trockenwald, der an eine Obstplantage erinnert.

Affenbrotbaum

Das Wahrzeichen der ostafrikanischen Savanne ist für viele der imposante Affenbrotbaum (Baobab). Sein Stamm erreicht einen Umfang von bis zu 12 m, die meiste Zeit sind die Äste kahl und weisen wie Wurzelwerk in den Himmel. Etwa vier Wochen vor dem Einsetzen der Regenzeit beginnt der Baum, etwa 20 cm große Laubblätter zu treiben und kündigt den (oft ersehnten) Regen an. Während der Regenzeit wachsen dann große, porzellanweiße Blüten, die nur einen Tag lang blühen und auffällig riechen.

Seinem merkwürdigen Äußeren und anderen Eigenschaften hat er es zu verdanken, dass sich zahlreiche Überlieferungen und Anekdoten um den Mbuyu ranken, wie der Baum auf Kiswahili genannt wird. So heißt es z. B., dass der Teufel nach der Erschaffung der Welt so wütend über das Werk Gottes war, dass er den Baobab ausriss und ihn umgekehrt, mit der Wurzel nach oben, wieder eingrub. Sicher könnte der mächtige Baum Anekdoten aus seiner Sicht erzählen, denn manche der urzeitlich anmutenden Gewächse haben bis zu 1000 Jahre afrikanische Geschichte miterlebt. Da einige Ältere glauben, durch den Baum zu Gott sprechen zu können, dürfen Baobabs nicht gefällt werden.

Halbwüsten und Wüsten

Die Plateaus sind mitunter auch durch kahle Halbwüsten- und Wüstenregionen geprägt, insbesondere der Norden Kenias und ein Großteil des nördlichen und zentralen Tansania werden von halbwüstenartigem Trockenbuschland bedeckt. Ausgedehnte Dürreperioden lassen lediglich eine karge, dornige Vegetation zu. In ihrem Fortpflanzungsverhalten haben sich die Pflanzen der (Halb-)Wüste perfekt ihrer Umgebung angepasst. Viele der Samen von Blumen und Gräsern bleiben über Jahre keimfähig und lagern so lange unter der sandigen Bodendecke, bis Regen sie zum Leben erweckt. Nach den meist sintflutartigen Regenfällen beginnt die Wüste zu blühen – scheinbar aus dem Nichts sprießt ein beeindruckendes Blumenmeer.

Wirkliche **Wüsten,** wo der Niederschlag ein ganzes Jahr lang ausfallen kann, sind jedoch selten; die Chalbi Desert, das lebensfeindliche Gebiet östlich des Lake Turkana in Kenia, ist als solche klassifiziert. Entsprechend ist diese Region äußerst dünn besiedelt; Kamele und Kakteen haben sich wohl von allen Lebewesen am besten an diese rauen Gegebenheiten angepasst. Eine Wüste ähnlich einer Mondlandschaft findet man nahe dem Gipfel des Kilimanjaro, die Kibo-Wüste.

Im Garten Eden

Der ostafrikanische Raum wird wegen seiner artenreichen Flora gerne als Garten Eden bezeichnet – nicht zu Unrecht, denn es gibt kaum einen Platz auf der Welt, wo so viele Zier- und Nutzpflanzen beheimatet sind, wo es Leberwurstbäume gibt und der nach Honig duftende Nektar aus Blüten tropft. Neben der einheimischen Vegetation bereichern importierte Nutzpflanzen wie Mais, Kartoffeln, Äpfel, Kaffee, Tee, aber auch Zierpflanzen wie die farbenprächtige Bougainvillea und der Tulpenbaum die bunte Pflanzenwelt Ostafrikas. Viele in unseren Breiten als exotisch geltende Pflanzen wachsen hier in Hülle und Fülle. Einige erreichen im tropischen Küstenklima Dimensionen, die der Fantasiewelt in »Jurassic Park« entstammen könnten, so etwa der Weihnachtsstern, der meterhohe Hecken bildet.

Die Vielfalt der Pflanzen ist enorm, noch beeindruckender als ihr imposantes Äußeres ist oftmals das, was in ihnen steckt. Viele moderne Pharmaunternehmen finden hier natürliche Heilmittel, und die westliche Welt hat neuen Respekt für lokale ›Medizinmänner‹ entwickelt. Auch die Küche Ostafrikas kann auf eine Vielzahl von erntefrischen Zutaten zurückgreifen (s. S. 88).

Ostafrikas Tierwelt

Nichts machte Ostafrika bekannter als seine Tierwelt. Unzählige Säugetiere, Reptilien, Amphibien, Fische, Insekten und Vögel bevölkern Luft, Land und Gewässer. In faszinierender Weise sind sie an ihre Lebensräume angepasst, weswegen man zumindest am Anfang einer Safari den getarnten Löwen im goldgelben Savannengras schnell übersehen wird. Unübersehbar dagegen sind die großen Herden von Hunderten von Büffeln, Gnus oder Impalas, die häufig in langen Trecks durch die Savanne streifen.

Nicht alle Tiere sind groß und lassen bei ihrem Anblick den Adrenalinspiegel in die Höhe schnellen. Manche sind klein und unscheinbar, etwa die rund 1300 Vogelarten (zum Vergleich: In ganz Europa existieren lediglich 500 Arten!) oder aber die Termiten, Insekten, Schlangen, Spinnen und Fische in den Flüssen und Seen sowie im Meer.

Die im folgenden genannten Tiere (in Klammern ergänzt jeweils der englische Begriff) repräsentieren nur einen winzigen Bruchteil der atemberaubenden Vielfalt der ostafrikanischen Tierwelt – auf jeder Safari darf man auf Hunderte von kleinen und großen Tieren gespannt sein, keine Safari gleicht der anderen, kein Tier dem anderen – Wildhüter achten auf die Zeichnungen im Gesicht, die Maserungen im Fell oder die unterschiedliche Form der Hörner.

Kleines Glossar der großen Welt der Tiere

Dikdik *(Kirk's dikdik)*: Die niedlichen, hasengroßen Dikdiks sind die kleinste Antilopenart der Welt. Sie tragen kurze, nur 6 cm lange Hörner. Dikdiks sind äußerst scheu. Wenn sie sich bedroht fühlen, stoßen sie einen schrillen Laut aus, der sich wie »zik ... zik« anhört – daher rührt ihr Name. Meist trifft man Dikdiks zu zweit an, denn sie leben in dauerhafter Partnerschaft. Wenn das Junge geschlechtsreif wird, trennt es sich von den Eltern, um eine eigene Familie zu gründen.

Flusspferd *(hippo)*: Die walzenförmigen Hippos führen eine Art Doppelleben: Tagsüber dösen die 2–3 t wiegenden Schwergewichte im seichten Gewässer, nachts gehen sie an Land, um mit ihrem breiten Maul in gemächlichem Tempo bis zu einen Zentner Gras abzurupfen. Hippos können nicht schwimmen, sondern tasten sich mit ihren kurzen Beinen auf dem Grund entlang. Deswegen wird man sie immer nur in Hippo-Pools – in flachen Gewässern – antreffen. Das tiefe Brüllen der Flusspferde kann leicht mit der Lautstärke (115 Dezibel) einer voll aufspielenden Heavy-Metal-Band mithalten.

Geier *(vulture)*: Wenn Löwen und Hyänen ihre Beute vertilgt haben, kommen die Aasgeier zum Einsatz. Als ›Müllmänner‹ der Savanne räumen sie den Schauplatz eines Beutezugs stets sorgfältig auf und hinterlassen vom Kadaver nur noch das blanke Skelett. Sitzen viele Geier beisammen auf einem Baum, ist dies ein guter Indikator für einen vollstreckten Raubzug.

Gepard *(cheetah)*: Das schnellste Säugetier der Welt (mit Spitzengeschwindigkeiten von 120 km/h) unterscheidet sich vom Leoparden durch seinen athletischen Körperbau. Geparden haben längere Hinter- als Vorderbeine, wodurch sie ungeheuer sprintstark sind. Auch ihr Fell – dunkle Flecken auf gelb-braunem Grund, also keine Rosetten – unterscheidet sich bei näherem Hinsehen deutlich von dem des Leoparden.

Giraffe *(giraffe)*: Die Grande Dame Afrikas ist die bis zu 6 m große Giraffe. Wegen ihrer langen Glieder, den auffallend geschwungenen Wimpern und ihrer eleganten Gangart erscheint sie als tierisches Pendant zu einer eleganten Lady. Ein ausgewachsenes Exemplar wiegt zwischen 500 und 800 kg. Die typischsten Merkmale einer Giraffe sind ihre langen Beine und ihr bis zu 3 m langer Hals. Trotz der außergewöhnlichen Länge wird der Hals nur von sieben Wirbelknochen getragen – genauso viele wie beim Menschen und allen anderen Säugetieren. Um Blut bis in die letzten Ecken des Körpers zu pumpen, schlägt ein 50 cm großes Herz im Rumpf des Tieres. Giraffen leben in kleinen Gruppen von 2 bis 20 Tieren. In Ostafrika werden drei Giraffenarten unterschieden: Die **Masai-Giraffe** kommt am häufigsten vor. Ihr Fell weist hellbraune, sternförmige Flecken auf, die von dicken beigen Linien umrahmt werden. Ihr Verbreitungsgebiet reicht von Zentralkenia bis ins südliche Tansania. Das Fell der **Rothschild-Giraffe** (auch Baringo-Giraffe) hat dunkelbraune Flecken. Sie kommt hauptsächlich im Nordwesten Kenias vor. Die **Netzgiraffe** unterscheidet sich von den anderen Arten durch ein gleichmäßig verteiltes Karomuster mit schmalen, weißen Streifen dazwischen, die wie ein Netz aussehen. Sie ist in Nord- bzw. in Nordost-Kenia heimisch.

Gnu *(wildebeest)*: In Ostafrika wird man sowohl dem Weißbartgnu als auch dem Streifengnu begegnen. Die bärtigen Antilopen treten in riesigen, bis zu 100 000 Tiere zählenden Herden auf – man könnte sie auch als das Fußvolk der Savanne bezeichnen (s. auch S. 376, 397). Zu ihnen gesellen sich gerne Zebras und kleinere Gazellen wie die Thom-

Trophäenjäger kontra Tierschützer

Die einzigartige Tierwelt ist der Reichtum Ostafrikas. Doch dieser unbezahlbare Schatz wird von Wilderern bedroht, die die Tiere in immer rücksichtsloserer Weise verfolgen und Tierschützer ständig vor neue Herausforderungen stellen.

Solange die ansässige Bevölkerung für den Eigenbedarf mit Speeren, Pfeil und Bogen jagte oder aber rituelle Jagdzüge unternahm, bestand für das natürliche Gleichgewicht in der Tierwelt Afrikas keine Gefahr. Erst mit der Einführung von Feuerwaffen durch die Europäer wurden nicht nur vermehrt Tiere getötet, sondern das Jagdverhalten änderte sich grundlegend: Tiere wurden nicht mehr der Nahrung wegen, sondern als Trophäen gejagt. Bevorzugte Objekte waren zunächst die Großen Fünf, also Löwen, Nashörner, Büffel, Elefanten und Leoparden. Nachdem die ungebändigte Jagdlust der europäischen Pioniere die einst größten Wildbestände der Welt drastisch reduziert hatte, erkannte die britische Kolonialregierung die drohende Gefahr und begann mit der Einrichtung von Wildschutzgebieten. 1946 entstand mit dem Nairobi National Park die erste Schutzzone in Kenia, gefolgt vom Amboseli (1947), der Masai Mara und dem Tsavo (beide 1948). In Tansania erhielt die Serengeti 1951 den Status eines Schutzgebietes. Heute gibt es in Kenia und Tansania insgesamt 100 Nationalparks, Reservate und Sanctuaries.

Die Großwildjagd ist in Kenia seit 1977 gänzlich verboten, in Tansania darf mit besonderer Erlaubnis noch gejagt werden. Doch es sind nicht die wenigen Hobbyjäger, sondern professionell ausgestattete Banden, die im Auftrag geldgieriger Hintermänner aus den Industrienationen systematisch Jagd auf begehrte Trophäen machen. Hinter dem illegalen Trophäenhandel steht ein von seinen Strukturen her mit der Mafia vergleichbares, bestens organisiertes Syndikat, dessen Drahtziehern in der Regel nichts nachgewiesen werden kann. Die Schmutzarbeit verrichten meist mittellose Männer aus ländlichen Gegenden Kenias und Tansanias, aus angrenzenden Ländern oder aus Flüchtlingslagern. Verlockt von der Hoffnung aufs große Geld lassen sich Wilddiebe auf diesen kriminellen Handel ein. Mit Kettensägen schneiden sie den oft noch nicht toten Tieren Stoßzähne, Hörner, Füße und Schwänze ab und überlassen sie dann sich selbst. Bestechliche Nationalparkbeamte, Polizisten und sogar Soldaten decken den Transport von den Schutzgebieten in die Städte. Zum größten Abnehmer für Elfenbein und Rhinozeroshorn sind in den letzten Jahren die Chinesen avanciert, die gemeinsam mit Dealern aus dem Nahen Osten, den USA oder Europa Regierungs- und Zollbeamte im großen Stil bestechen, um die erforderlichen Zertifikate und Ausfuhrgenehmigungen zu erhalten. Produkte von geschützten Tierarten bringen den Hintermännern auf dem Schwarzmarkt Millionenbeträge ein. So wird z. B. 1 kg Rhinozeroshorn für über 40 000 Euro gehandelt – das entspricht in etwa dem Marktwert von Gold.

Infolge der erbarmungslosen Jagd sank die Elefantenpopulation in Kenia von 130 000 Tieren 1973 auf etwa 16 000 Exemplare 1989. Von 20 000 Spitzmaulnashörnern, die Ende der 1960er-Jahre in Kenia gezählt wurden, überlebten nur rund 400 (das entspricht gerade einmal 2 %) die Jagd auf ihr Horn. Ähnlich sah die Lage in Tansania aus. Betrachtet man das gesamte Afrika, so sind die Zahlen noch düsterer: 100 000 Elefanten sollen im Jahr der Trophäenjagd zum Opfer fallen. Damit liegt die Sterberate erstmals über der Neugeborenenrate. Die Zahlen für abgeschlachtete Berggorillas und andere Affenarten in den Bergwäldern Ruandas und Ugandas wurden niemals veröffentlicht.

Wegen seines begehrten Horns wurde das Rhinozeros nahezu ausgerottet

Nachdem sich der Tierbestand in den 1990er-Jahren dank großzügig finanzierter Tierschutzprogramme erholt hatte, hat die Wilderei in Afrika in den letzten fünf Jahren bisher ungekannte Ausmaße erreicht. Betroffen sind alle Länder südlich der Sahara. Auch Kenia und Tansania sehen massenweise Abschlachtungen von Elefanten, Nashörnern oder Nilpferden, deren Zähne ebenfalls als Elfenbein gelten.

Genaue Zahlen gibt es nicht. Sowohl in Kenia als auch Tansania ist die Elefantenpopulation zurückgegangen, in einigen Gebieten wie dem Selous Game Reserve sogar drastisch. Nashörner werden von Wilderern inzwischen so erbarmungslos gemetzelt, dass Ranger den Tieren die Hörner absägen, um sie zu schützen. CITES, die Organisation für den Schutz gefährdeter Tierarten, vermutet, dass der illegale Elfenbeinhandel sich seit 2007 verdoppelt hat. Auf 8 Mrd. Euro soll sich sein Volumen belaufen. Mindestens 20 000 Elefanten pro Jahr davon stammen Schätzungen zufolge aus Tansania.

Gegen die gut organisierten Syndikate sind die ostafrikanischen Naturschutzgebiete machtlos. Zwischenzeitliche Schutzprogramme, meist von privaten oder Nichtregierungs-Organisationen in Zusammenarbeit mit den Regierungen Kenias und Tansanias, waren vor Jahren erfolgreich. Doch mit wachsendem Bevölkerungsdruck, steigenden Lebenshaltungskosten und dem zunehmenden Einfluss der Chinesen in Ostafrika haben sich die Rahmenbedingungen geändert. Wie Kenia und Tansania diese Herausforderungen meistern wollen, steht in den Sternen. Im Moment besteht bei den Tierschützern Einigkeit darüber, dass die Aussichten düster sind.

Einen positiven Akzent immerhin setzt die Initiative ›Tusk‹ (www.tusk.org) unter der Schirmherrschaft des britischen Prinzen William. In einem Ansatz, der die lokale Bevölkerung mit einbezieht, werden verschiedene Kleinprojekte unterstützt, die als Ganzes großen Erfolg versprechen. Dabei geht es nicht nur um Elefanten, sondern auch um Schimpansen, Gorillas, Afrikanische Wildhunde und Meeresschildkröten.

songazelle oder die Schwarzfersenantilope (Impala).

Grantgazelle *(Grant's gazelle):* Sie sieht ihrer Verwandten, der Thomsongazelle, sehr ähnlich, unterscheidet sich von dieser jedoch durch den fehlenden Balken auf der Flanke und ist etwas größer.

Pavian *(baboon):* Während Menschenaffen, Gorillas und Schimpansen nur noch in wenigen Parks überlebt haben, trifft man in fast allen Schutzgebieten auf Paviane – entweder auf den olivgrünen Anubispavian oder auf den Steppenpavian mit seinem gelblichen Fell. Die struppigen Affen mit den hundeartigen Köpfen leben in Familienverbänden mit etwa zehn Mitgliedern und werden bis zu 30 Jahre alt. Paviane sind kontaktfreudig und neugierig – nicht selten kommen sie bis an die Terrassentür des Hotelzimmers oder durch das Sonnendach des Safaribusses. Wenn sie ihr Interesse verlieren oder nichts zum Essen finden, können sie aggressiv werden, weswegen man sie nicht anlocken sollte. Von Pavianen verursachte Biss- oder Kratzwunden können beim Menschen schwerwiegende Krankheiten hervorrufen.

Schimpanse *(chimpanzee):* Primaten wecken bei ihren nächsten biologischen Verwandten, den Menschen, stets besonderes Interesse. Sie bevorzugen dichte, ungestörte Wälder als Habitat; Gorillas kommen in Ostafrika eigentlich nur noch in Uganda, Kongo und Ruanda vor, während Schimpansen in den Nationalparks Mahale Mountains und Gombe Stream (Südwesttansania) leben. Ausgewachsene Gorillas sind zu schwer, um auf Bäume zu klettern, Schimpansen hingegen sind feingliedriger und führen ihr Dasein sowohl am Boden als auch auf den Bäumen. Menschenaffen in freier Wildbahn aufzuspüren und zu beobachten ist ohne einen ortskundigen Spezialisten fast unmöglich.

Schirrantilope, Buschbock *(bush buck):* Die dunkelbraune, ca. 1–1,5 m große Gazelle zeichnet sich durch einen robusten Körperbau und ein zotteliges Fell aus. Nur der Bock, das Männchen, ist gehörnt.

Schwarzfersenantilope *(impala)*: Sie hat gewöhnlich keine Zeichnung im Gesicht; ihr Kopfschmuck besteht aus zwei S-förmig gebogenen langen Hörnern. Sie ist eine großartige Athletin, denn sie erreicht im Sprint Spitzengeschwindigkeiten von 60 km/h und springt bis zu 3 m hoch und 10 m (!) weit.

Termiten *(termites):* Termiten sind ungeheuer fleißige Tiere. Sie können spielend ihr mehrfaches Körpergewicht tragen und legen bei einer Beinlänge von wenigen Millimetern täglich mehrere Kilometer zurück. Erstaunlicherweise sind die 130 verschiedenen Termitenarten näher mit Schaben (Kakerlaken) verwandt als mit Ameisen. Sie bauen in emsiger Arbeit gewaltige, meterhohe Schlösser aus Sand. Der obere – für uns sichtbare – Teil ist der kleinere Teil des Termiten-Imperiums, die Behausung geht unterirdisch weiter. Tausende von kleinen Gängen sind wie ein gigantisches Labyrinth miteinander verbunden; es gibt Kammern für die neugeborenen und noch blinden Larven, Luftschächte, Vorratsräume und einen Thronsaal, in dem die Königin haust. Die Königin ist permanent damit beschäftigt, Eier zu produzieren. Stirbt die Königin, stirbt auch ihr Staat. Termiten verbessern das Erdreich im Umfeld ihrer Bauten übrigens nachhaltig, indem sie es luft- und wasserdurchlässiger machen.

Thomsongazelle *(Thomson's gazelle):* Die auch als Zwerggazelle bekannte Art ist klein (ca. 1 m Höhe) und muskulös, immer zum Sprung bereit. Sie lässt sich leicht von anderen Gazellen unterscheiden: Ein schwarzer Balken auf weißem Grund ziert ihre Flanken sowie ihren Allerwertesten. Ein weißer Ring umrahmt die Augen. Sowohl die Männchen als auch die Weibchen sind gehörnt. Männchen sind etwa 10 cm größer als Weibchen. Pro Herde gibt es immer nur einen Bock, der einen Harem mit bis zu 60 Weibchen um sich scharen kann.

Strauß *(ostrich):* Der größte Vogel der Welt ist ein hervorragender Langstreckenläufer, seine langen Beine tragen ihn in nur 30 Minuten 20 km weit, die schweren Flügel allerdings taugen nicht zum Fliegen. Das Männchen lässt sich durch sein schmuckes schwarz-weißes Federkleid leicht vom grau-braunen des Weibchens unterscheiden.

Warzenschwein *(warthog):* Die kurzbeinigen, aber äußerst flinken wilden Schweinchen verkriechen sich gerne mit dem Hinterteil voran in Erdhöhlen oder in ausgedienten Termitenbauten. Auffällige Merkmale sind die warzenähnlichen Hauthöcker an der Schnauze, auf die ihr Name zurückgeht, messerscharfe, etwa 20 cm lange Eckzähne, eine lange Nacken- und Rückmähne sowie die ›Antenne‹, der bei Aufregung steil in die Luft gestreckte Schwanz.

Zebra *(Grevy- und Burchell's zebra):* In Ostafrika kommen zwei der drei afrikanischen Zebraarten vor: das fein gestreifte **Grevy-Zebra,** das in Nord-Kenia beheimatet ist, und das kleinere, breiter gestreifte **Steppen- oder Burchell-Zebra.** Letzteres lebt oft in großen Herden mit Weißbartgnus und anderen Antilopen zusammen, wobei jedes von diesen Huftieren bezüglich der Nahrungsquelle eine eigene ökologische Nische besetzt. Die Gnus fressen das höhere Gras, die Zebras das etwas niedrigere und die Gazellen das bodennahe Gras oder die Blätter niedrig wachsender Büsche.

Naturschutzgebiete

Ostafrikas größter Reichtum ist seine vielfältige und artenreiche Natur. Viele Pflanzen und Tiere, die wir nur aus Filmen oder Büchern kennen, sind hier zu Hause. Um diesen einmaligen Naturschatz zu pflegen, haben die Regierungen von Kenia und Tansania jeweils etwa 10 % ihrer Landfläche zu Schutzzonen erklärt. Derzeit stehen rund 100 Gebiete – unter Wasser, auf den Inseln, an der Küste, im Hochland und in den weiten Ebenen der Plateaus – unter Naturschutz. Die jeweiligen Gebiete werden bezüglich ihres Status in unterschiedliche Kategorien eingeteilt. Es werden **National Parks** (im Meer: **Marine Parks)** von **National Reserves** (in Tansania **Game Reserves)** und **National Sanctuaries** (in Tansania: **Conservation Areas)** unterschieden. Die beiden letztgenannten Schutzgebiete dürfen für bestimmte Zwecke von der einheimischen Bevölkerung genutzt werden – z. B. als Weideland, Wasserquelle und in beschränktem Maß für die Forst- und Landwirtschaft. Nationalparks hingegen stehen unter strengem Schutz und dürfen in keiner Weise (einzige Ausnahme bildet der Tourismus) genutzt werden. Abseits der Wege zu fahren ist hier strikt untersagt, um das Ökosystem zu schützen.

Nationalparks als Touristenziel

Die geschützten Regionen sind quer über das Land verteilt, werden aber nicht in gleichem Maß besucht. Hohe Besucherzahlen verzeichnen etwa die Nationalparks Tsavo und Amboseli in Kenia oder der Ngorongoro-Krater und die Serengeti im Norden Tansanias.

Die Nationalparks und Reservate sind allgemein ganzjährig von 6 bis 18 Uhr geöffnet. Wer nicht im Park übernachten will, muss das Schutzgebiet bei Einbruch der Dämmerung verlassen, denn im Dunkeln herrscht Fahrverbot. Die Höchstgeschwindigkeit beträgt 30 km/h, ein Fahrzeug mit Allradantrieb ist empfehlenswert, wenn nicht sogar Pflicht. Die Straßen durch die Naturschutzgebiete sind mit Ausnahme des Rings um den Ngorongoro-Krater nicht asphaltiert. Die mitunter sandigen Pisten wirbeln viel Staub auf, daher ist helle Kleidung, wie sie Meryl Streep im Film »Out of Africa« trug, nicht zu empfehlen, eine Sonnenbrille, ein Hut mit Band zum Befestigen und ein Halstuch als Atemschutz dagegen sehr. Einige Pisten sind löchrig oder gleichen Wellblech und man wird beim Fahren ordentlich durchgeschüttelt.

Pisten und Wege

Während der Regenzeit sind manche Parks wegen Unbenutzbarkeit der Pisten geschlossen. Je nach Bodenbeschaffenheit fährt es sich dann wie auf Schmierseife, nicht selten müssen die Fahrzeuge unerfahrener Safaritouristen mit Seilwinden aus dem Schlamm gezogen werden. Wer einen Fahrer anheuert, vermeidet dieses Risiko und kann sich mehr auf das Beobachten der Tiere konzentrieren als auf den oft abenteuerlichen Straßenzustand (Eintrittspreise u. a. Details s. S. 117). In Kenia ist der Kenya Wildlife Service (KWS), in Tansania Tanzania National Parks (TANAPA) für die Verwaltung der Naturschutzgebiete zuständig. Einige Schutzgebiete wie die Masai Mara werden von der ansässigen Bevölkerung verwaltet. Detaillierte Infos im Internet (s. S. 112).

Die Rolle der Park Ranger

Die Park Ranger, leicht erkennbar an ihrer grünen oder khakifarbenen Uniformen, fungieren gleichzeitig als Naturschützer, Mentoren und Polizei vor Ort. Früher standen die Parkwächter in dem Ruf, für Schmiergelder ein Auge zuzudrücken, wenn jemand von den vorgeschriebenen Wegen abfährt oder mit Wilderern kollaboriert. Inzwischen sind beide Regierungen bemüht, diesem Übel einen Riegel vorzuschieben. Die Ranger bekommen einen höheren Sold und werden besser mit Waffen und technischem Gerät ausgerüstet, um Wilderern wirkungsvoll entgegentreten zu können. Als Besucher sollte man sich an die Anweisungen der Parkwächter halten, sind sie es doch, die ihren Arbeitsplatz am besten kennen.

Umwelt

Ostafrika hat mit zahlreichen Umweltproblemen zu kämpfen, darunter auch mit den Auswirkungen der Erderwärmung. Noch strahlt der monumentale Mt. Kilimanjaro mit seiner weißen Schneekuppe als Symbol Ostafrikas von vielen Katalogtiteln, doch dieser Anblick könnte schon bald Seltenheitswert haben, denn das ewige Eis auf dem fast 6000 m hohen Berg schmilzt mit jedem Jahr ein wenig mehr. Viele Geologen befürchten, dass der Schnee auf dem Kilimanjaro möglicherweise bereits im Jahr 2025 ›Schnee von gestern‹ sein könnte. Seit geraumer Zeit erregt ein geplanter Serengeti Highway die Gemüter der Umweltschützer. Diese geteerte Straße soll quer durch die Serengeti (und damit die jährliche Wanderung der Gnus) schneiden, im Gegenzug aber den Zugang zum Viktoria-See, einem wichtigen Wirtschaftszentrum, verbessern.

Eine Belastung für die Umwelt ist neben der zunehmenden Verstädterung auch der Tourismus. Zu viele Parkbesucher halten sich nicht an die Regeln, fahren von den Wegen ab und zerstören dabei die empfindliche Grasnarbe. Dies hat dazu geführt, dass die tansanische Regierung die Eintrittsgelder im Ngorongoro Crater Conservation Area pro Fahrzeug drastisch erhöht hat. Auf diese Weise sollen weniger Fahrzeuge mit mehr Insassen (quasi Carsharing im Busch) den Vorzug erhalten. Besucher werden zudem von den Rangern ermahnt, nicht die Wege zu verlassen, um ein gutes Foto aus der Nähe zu schießen: Ein aus größerer Entfernung geschossenes Foto von einer Löwenfamilie zeugt von mehr Respekt für die Natur als manche Nahaufnahme!

Obwohl eine Müllabfuhr jenseits der Städte so gut wie nicht existiert, wird zum Teil auf ganz praktische Art Umweltschutz betrieben: Plastiktüten (mit Ausnahme von biologisch abbaubaren) wurden vor einigen Jahren zunächst auf Sansibar, dann in ganz Tansania und nun auch in Kenia vollständig verboten. Vieles, was in Industrieländern im Abfall endet, wird wiederverwertet bzw. zweckentfremdet. Beispiele hierfür sind Autoreifen, aus denen die Masai und Samburu robuste Sandalen fertigen, oder Blech- und Getränkedosen, aus denen bunte Spielzeuge entstehen. Küchenabfälle werden an Tiere verfüttert und Kuhdung zum Hausbauen oder zum Feuerschüren eingesetzt. Die Initiative »Give« (www.givevolunteers.org) baut Häuser und Schulen aus sog. *eco bricks*, mit nicht recycelbarem Abfall gefüllten Plastikflaschen.

Anlagen für erneuerbare Energie wie etwa Afrikas größter Windpark in Laisamis in der Nähe des Lake Turkana oder Solarfelder in Tansania wurden kürzlich beschlossen. Ein positives Signal setzte der tansanische Präsident, als er versprach, bis 2017 rund 1 Mio. Häuser mit Solarstrom zu versorgen.

Wirtschaft, Soziales und aktuelle Politik

Wirtschaftlich und politisch gelten Kenia und Tansania als stabile Länder mit demokratischem Mehrparteiensystem, die das Vertrauen der Industrieländer sowie der Weltbank gewonnen haben. Entsprechend fördern verschiedene Geberländer die Infrastruktur, etwa durch den Ausbau des Straßen- oder Kommunikationssystems, und tragen damit wie der wachsende Tourismus zum wirtschaftlichen Aufschwung bei.

Einzigartige Ressourcen

Die wirtschaftliche Entwicklung Kenias und Tansanias ist im Vergleich zu anderen schwarzafrikanischen Ländern fortschrittlich, hinkt jedoch deutlich hinter dem westlichen Standard her. Dies ist kaum verwunderlich, da die Industrialisierung Ostafrikas knapp 100 Jahre nach der europäischen einsetzte und der Rohstoffabbau – unter oftmals schweren Bedingungen – weitaus weniger hohe Renditen erwirtschaftet als das weiterverarbeitete Endprodukt.

Kenia galt seit seiner Unabhängigkeit lange als das wirtschaftliche Musterland Afrikas; Tansania zählte mit einem Pro-Kopf-Einkommen von 100 $ pro Monat bis 1990 zu den ärmsten Ländern der Welt, jedoch brachte die Liberalisierung im Handel sowie die Privatisierung von ehemals genossenschaftlichen Institutionen in den letzten Jahren einen wirtschaftlichen Aufschwung, den Wirtschaftsbeobachter als Boom auf niedrigem Niveau bezeichnen. In beiden Ländern floriert der informelle Sektor der fliegenden Händler, *jua kali* genannt, der von keiner Statistik erfasst wird, aber allein in Kenia nach Schätzungen 5 Mio. Menschen beschäftigt. Die Händler bieten alles nur Erdenkliche an: von Kaugummis über Zigaretten bis zu gefälschten Cartier-Uhren, sie putzen Schuhe am Straßenrand, tragen Koffer und stellen als selbsternannte Reiseführer ihre Dienste Touristen zur Verfügung. In den Slums wird illegal Schnaps gebrannt, an Busständen wird *mira'a* verkauft, eine Spinatblättern ähnelnde Droge. Den Schwarzmarkthändlern steht die Regierung zwiespältig gegenüber: Einerseits kämpfen viele von ihnen um die nackte Existenz, weil der Staat wenig soziale Unterstützung bietet, andererseits unterlaufen sie das Steuersystem und unterstützen den Schmuggel, eventuell sogar vorsätzlichen Diebstahl, denn billige, gestohlene Gegenstände finden auf dem Schwarzmarkt immer einen Abnehmer. Die Sicherheitsbehörden drücken in vielen Fällen ein Auge zu, wenn ihnen ein wenig *chai* (Schmiergeld) zugeschoben wird.

Korruption, ganz gleich auf welchem Niveau, ist ein weitverbreitetes Phänomen in Afrika und hier weitaus offensichtlicher als in anderen Teilen der Welt. Fast bei jeder Parlamentswahl gehört es zu den Wahlversprechen, Korruption unter Beamten strenger ahnden zu wollen – meist mit wenig Erfolg in der späteren Umsetzung. Die Korruption ist so stark verbreitet, dass selbst Touristen mitunter unverhofft mit ihr in Berührung kommen – beispielsweise bei einer kurzerhand eingerichteten Straßensperre oder an einem Grenzposten.

Des Weiteren gilt sowohl für Kenia als auch für Tansania der wirtschaftliche Dualismus zwischen den wachsenden großstädtischen Zentren und der oft verarmten Bevölkerung auf dem Land, die an oder unterhalb der Armutsgrenze lebt. Doch können Statistiken, die in ausbalancierten Industrieländern mit einer breiten Mittelschicht Aussagekraft haben mögen, unter solchen Voraussetzungen kaum als Messlatte angelegt werden. Die ländliche Bevölkerung hat zwar oft kein Jahreseinkommen, lebt aber als Subsistenzler, als Selbstversorger von den selbst angebauten Produkten oder Tauschgeschäften mit diesen. Ihr ›Einkommen‹ ist nicht immer monetär und lässt sich entsprechend nicht mit unserem Wertesystem vergleichen.

Wirtschaft in Kenia

Landwirtschaft zwischen Subsistenz und cash crops

Nach wie vor spielt die Landwirtschaft in Kenia eine bedeutende Rolle. Obwohl nur weniger als ein Fünftel der jeweiligen Landesfläche intensiv nutzbar ist, wird etwa ein Drittel des Bruttosozialproduktes in diesem Bereich erwirtschaftet. Rund 75 % der Bevölkerung leben von der Landwirtschaft, wobei die meisten auf der eigenen *shamba* Feldfrüchte wie Mais, Maniok, Hirse, Kartoffeln und an der Küste Kokospalmen für den Eigenbedarf anbauen (Subsistenzwirtschaft). Etwa 15 % der Bevölkerung verdienen darüber hinaus an den sogenannten *cash crops,* also den für den Export bestimmten Produkten. Hierzu zählen Tabak, Baumwolle, das aus Wucherblumen (Margeriten) gewonnene Insektengift Pyrethrum und neuerdings Schnittblumen, Setzlinge und tropische Früchte, vor allem Ananas, Mangos und Cashewnüsse in großen Mengen. Die Exportschlager jedoch sind Kaffee und Tee – Kenia ist, gefolgt von Sri Lanka, der weltgrößte Teeproduzent!

Kaffee- und Teeplantagen benötigen mildes Hochlandklima ohne Frost. Die wechselfeuchten Berghänge des ostafrikanischen Hochlandes bieten den empfindlichen Kaffee- bzw. Teesträuchern ideale Anbaugebiete. Der Kaffeestrauch entwickelt bereits nach dem dritten Lebensjahr kleine Steinfrüchte, in deren fleischigem Inneren sich die uns bekannten Kaffeebohnen befinden. Bis zu 30 Jahre lang liefern die Sträucher gute Erträge. In Ostafrika wachsen vor allem die beiden Arten Arabica und Robusta. Weniger bekannt, doch nicht minder gut ist die Qualität kenianischen Tees. Die kultivierten, halbrunden Büsche werden in kilometerlangen Reihen angebaut und auf Hüfthöhe getrimmt, damit die Teepflücker an die wertvollen Teeblätter herankommen. Für die Ernte werden die jungen Triebspitzen mit den Endknospen abgepflückt. Das anschließende Trocknen und Fermentieren setzt Aromastoffe frei, die den Charakter des späteren Teegetränks bestimmen. Ähnlich wie Sommeliers für den Wein gibt es Tee- und Kaffeespezialisten. Nicht selten erhalten kenianische Tees und Kaffeebohnen von ihnen Bestnoten.

Viehzucht und Fischerei

Neben der traditionellen Viehhaltung existiert in Kenia auch die kommerzielle Viehzucht auf Großfarmen. Sie liefert Fleisch, Leder und Milchprodukte hauptsächlich für den eigenen Markt. Ebenso deckt der Fischereisektor vor allem den eigenen Bedarf. Neben der Küstenfischerei (Großfische und Krustentiere) hat dabei auch die Binnenfischerei auf dem Viktoria-See eine relativ große Bedeutung. Insbesondere der Tilapia, der Futterfisch des Nilbarsches (Viktoriabarsch), aus dem Viktoria-See ist ein Produkt, das weltweit auf Fischmärkten verkauft wird.

Bodenschätze

Kenia verfügt über weniger Bodenschätze als Tansania. Zu den mineralischen Bodenschätzen zählen Sodaasche, Flussspat und Salz, daneben Magnesit, Saphire, Bimsstein und Rohsoda. Weitere Rohstoffe sind Kochsalz, Gold und Diatomit, ein Grundstoff nicht nur für Dynamit, sondern auch für Putzmittel und Filteranlagen. Derzeit laufen Vorbereitungen, Tiomin an der Küste abzubauen, wovon man sich hohe Renditen ausrechnet. Die auch als Titanweiß bekannte Verbindung dient als Pigment für Sonnencreme und Farben. Ebenso werden momentan die Öl- und Erdgasvorkommen im Indischen Ozean vor der kenianischen Küste auf ihre Erschließungsfähigkeit getestet.

Holzwirtschaft

Die Forstwirtschaft dient vor allem der Gewinnung von Holzkohle, die in den meisten Haushalten zum Kochen verwendet wird. Nicht selten gibt es in ländlichen Küchen einen Elektroherd, doch dient er mehr als Statussymbol als dem praktischen Gebrauch. Beim Kochen wird gerne auf die traditionelle Zubereitungsmethode über dem Feuer zurückgegriffen. Die Papierindustrie nutzt Bambuswälder bzw. das Holz der schnell wachsenden Kasuarinen. Große Teile Kenias wurden jahrelang gerodet. Dem Engagement von Umweltschützern wie Wangari Maathai (s. S. 174) oder René Haller vom Bamburi Nature Trail (s. S. 246) ist es zu verdanken, dass die Bevölkerung aus eigenem Interesse immer mehr darauf achtet, gerodete Flächen neu zu bepflanzen. Internationale Kampagnen haben dafür gesorgt, dass entsprechende Mittel zur Verfügung stehen.

Fortschrittlicher Industriestandort

Der Industriesektor ist im Vergleich zu anderen Entwicklungsländern in Kenia sehr fortschrittlich. Rund ein Viertel der Bevölkerung sind in den Industriestandorten Nairobi,

Gemüse aus eigenem Anbau ist gut für die Haushaltskasse

Mombasa, Nakuru, Thika, Eldoret und Kisumu beschäftigt. Viele der dort produzierten Waren für den Alltagsgebrauch wie Papier, Kleidung, Autoreifen, Batterien, Zigaretten und Lebensmittel decken zunehmend den eigenen Bedarf; gleichwohl ist Kenia abhängig von kostspieligen Importen, insbesondere von Fahrzeugen und Maschinen.

Der bedeutendste Umschlagplatz in ganz Ostafrika für Im- und Export ist neben den beiden internationalen Flughäfen der große Hafen von Mombasa. Er dient gleichzeitig als Transithafen für die Binnenländer Uganda, Burundi, Ruanda und Republik Kongo, die über die Bahnlinie Mombasa–Kisumu und von dort über den Viktoria-See mit dem Hafen verbunden sind.

Devisenquelle Tourismus

Wichtigster Devisenbringer für Kenia ist der Tourismus. Nachdem infolge von Terroranschlägen die Besucherzahlen vor allem an der Küste stark zurückgegangen waren, stiegen sie 2016 erstmals wieder, liegen aber noch immer deutlich unter dem bisherigen Maximum von 1,8 Mio.

Deutsche und Briten stellen dabei mehr als die Hälfte aller Touristen. Urlaubsreisende halten sich vor allem an der Küste sowie in den Naturschutzgebieten auf, während Geschäftsreisende, Hilfsorganisationen, Journalisten und Politiker Nairobi aufgrund seiner relativ guten Infrastruktur und seiner zentralen Lage in Ostafrika ansteuern. Dass der Tourismus sehr sensibel auf die aktuelle interne Sicherheitslage reagiert, hat man in Kenia schon mehrmals erfahren – etwa während der Somaliakrise oder nach dem Attentat auf die US-Botschaft in Nairobi. Auch die Unruhen bei den Wahlen 2008, 2013 und 2017 sowie die von Al Shabaab verübten Terroranschläge gegen Nicht-Muslime in Nairobi, Garissa und Mandera schreckten viele Reisende ab. Als Reaktion auf diese Vorfälle verstärkte Kenia die Sicherheitsmaßnahmen, so wurde die Überwachung von Hotelanlagen und Gästehäusern forciert und die Zahl der Polizeikräfte erhöht.

Wirtschaft in Tansania

Landwirtschaft für den Eigenbedarf

Der Landwirtschaft in Tansania kommt im Vergleich zu Kenia eine noch bedeutendere Rolle zu. Fast jeder Tansanier baut Feldfrüchte für den eigenen Bedarf an, knapp 80 % der Bevölkerung leben davon. Nur etwa 8 % der Landfläche werden intensiv für den Ackerbau genutzt. Von dort stammen u. a. die *cash crops* Kaffee, Tee, Baumwolle, Schnittblumen und Cashewnüsse. Während die Biodieselproduktion in letzter Zeit einen Zuwachs registriert, besteht für Sisal – einst das wichtigste Exportprodukt – immer weniger Bedarf, da Seile, Körbe etc. heute aus Kunstfasern hergestellt werden. Gewürznelken sind das wichtigste landwirtschaftliche Produkt von Sansibar. Mais, Reis und Weizen werden nicht exportiert, decken aber mittlerweile weitgehend den Eigenbedarf der Bevölkerung. Das Gleiche gilt für den Fischfang und die Forstwirtschaft.

Bodenschätze, Industrie und Energiewirtschaft

Tansania ist reich an Bodenschätzen, vor allem an industriell genutzten Mineralien wie Blei, Kupfer, Meerschaum und Grafit, aber auch an Edelmetallen wie Gold (Tansania ist zusammen mit Mali zum drittgrößten Goldproduzenten Afrikas aufgestiegen) sowie Edelsteinen wie dem weinroten Rubin oder dem grünen Tsavolit. Allerdings schmälern Schmuggler die Einnahmen aus den Gold- und Diamantenminen.

Der industrielle Sektor hinkt dem Agrarsektor weit hinterher. Über das Land verteilt gibt es nur wenige Fabriken, die die lokalen Rohstoffe verarbeiten; diese befinden sich vor allem in Dar-es-Salaam, Arusha, Moshi, Tanga und Mwanza. Nachdem nahezu alle der zuvor genossenschaftlich geführten Betriebe in den letzten zwei Jahrzehnten privatisiert wurden, zeichnet sich nunmehr eine

Expansion ab, nicht zuletzt auch aufgrund neuer Absatzmärkte und von Investoren aus dem Ausland (zunehmend aus China), die noch vor wenigen Jahren nicht in Tansania investieren durften oder wollten.

Stark abhängig ist der tansanische Markt von der Einfuhr fast aller technischen Geräte, Fahrzeuge sowie Konsumgüter und Brennstoffe. Noch verstrickter ist die Lage in der Energiewirtschaft; Strom- oder Wasserausfälle sind nahezu an der Tagesordnung und unterbrechen immer wieder die Produktionleistung der Industrie, anderer Wirtschaftszweige und privater Haushalte. Die Versorgungsleitungen für Wasser und Strom sind stark veraltet und nicht flächendeckend – es wird noch einige Zeit dauern, bis das System modernisiert ist.

Tourismus als Wachstumsmotor

Als Tourist bekommt man von dieser Energiekrise wenig mit, handelt es sich doch bei den meisten Hotels um moderne Anlagen mit Stromgenerator und eigenen Wasserreservoirs. Entsprechend floriert auch der Tourismus: Während Kenia in den 1970er-Jahren eine Hochburg des Tourismus war, blieben im damals sozialistischen Tansania die Grenzen außer für Genossen aus China und Ostdeutschland so gut wie geschlossen. Erst Anfang der 1990er-Jahre etablierte sich in Tansania der Tourismus, heute eine der am stärksten wachsenden und wirtschaftlich lukrativsten Branchen. Die Regierung scheint verstärkt auf gehobenen Ökotourismus zu setzen; dies hat zur Folge, dass viele Parkgebühren höher als beispielsweise im benachbarten Kenia sind.

Positiv – nicht nur für den Tourismus – wirkt sich auch die stabilisierte Lage des Währungsmarktes aus. Auch die makroökonomische Lage ist vergleichsweise gut. Unter diesen Voraussetzungen ist Tansania ein Land, das ausländische Investoren anlockt, deren Kapitalanlagen – solange korrekt verwaltet – wesentlich zum wirtschaftlichen Aufschwung beitragen.

Bildungs- und Gesundheitswesen

Während in vorkolonialer Zeit Wissen und kulturelle Traditionen in ritualisierter Form innerhalb der Großfamilie weitergegeben wurden, und während der Kolonialzeit Bildung vor allem durch Missionarsschulen vermittelt wurde, liegt heute das Ausbildungswesen weitgehend in der Hand des Staates. Sowohl in Kenia als auch in Tansania ist der Besuch von Grund- und Hauptschule schulgeldfrei, allerdings müssen oftmals Uniformen und Unterrichtsmaterialien von den Eltern gestellt werden. Den Hauptschulabschluss erreichen Schüler in Tansania nach sieben, in Kenia nach acht Schuljahren. Nach weiteren vier Jahren erhält man den Sekundarabschluss; dieser berechtigt zum Studium auf einer der zahlreichen Universitäten in Tansania und Kenia. Der Unterricht während der ersten Schuljahre findet in Tansania in Kiswahili statt, Englisch wird als Fremdsprache erlernt.

In Kenia wird dagegen bereits in der Grundschule in Englisch unterrichtet, sodass zumindest die jüngere Generation über gute Englischkenntnisse verfügt. Auffallend ist das Verhältnis männlicher und weiblicher Schüler: Während die Grundschulen noch zu etwa gleichen Anteilen besucht werden, ist an den Universitäten nur jeder achte Studierende weiblich. Dank der allgemeinen Schulpflicht ist die Analphabetenrate in den letzten Jahren auf ca. 13 % gesunken.

Das Gesundheitswesen ruht in Ostafrika auf drei Säulen. Offiziell zuständig ist der Staat, doch übersteigt der Bedarf bei Weitem die Kapazitäten. Die Folge: überbelegte Krankenhäuser, mangelhaft entlohntes und ausgebildetes Personal sowie unzureichende Ausstattung. Die Behandlung in den staatlichen Krankenhäusern (gleichzeitig Arztpraxen) ist für Patienten weitgehend kostenfrei, die Medikamente müssen jedoch selbst bezahlt werden.

Neben den staatlichen gibt es kirchliche und von Entwicklungsorganisationen geförderte Krankenhäuser. Dort hat es sich be-

Schule in Tansania – wie in Kenia ist der Besuch von Grund- und Hauptschule frei

währt, Personal aus der ansässigen Bevölkerung auszubilden, um das Vertrauen der Patienten in die moderne Medizin zu stärken. Viele Menschen aus ländlichen Gegenden stehen der westlichen Medizin ebenso skeptisch gegenüber wie umgekehrt wir ihren traditionellen Heilmethoden.

Außerdem gibt es private Ärzte und Krankenhäuser, die sich jedoch nur die Oberschicht leisten kann. Die privaten Institutionen findet man fast nur in den größeren Städten. Je weiter man sich von den Ballungsgebieten entfernt, desto schlechter wird die medizinische Versorgung. In ländlichen Gebieten kommt darum traditionellen Heilkundigen große Bedeutung zu. Sie kennen Kräuter, Wurzeln und andere Naturheilmittel und stellen so einen Ersatz für die Apotheken der Städte dar.

Soziale Herausforderungen

Die größten Herausforderungen, mit denen Kenia und Tansania sich konfrontiert sehen, sind die Geißeln auch vieler anderer heutiger Entwicklungsländer: Die hohe Arbeitslosenquote, die zwar sinkende, aber immer noch große Zahl von Analphabeten, die klaffende soziale Schere zwischen Arm und Reich sowie die schleichend zunehmende Aids-Problematik, die Kleinkinder zu Waisen macht und Familien zerrüttet (s. S. 52). Hinzu kommen die unberechenbaren Auswirkungen der globalen Erwärmung und anderer Naturkatastrophen wie extreme Dürre oder Überschwemmungen, die zu Hungersnöten führen und Flüchtlingswellen auslösen.

Verglichen mit der immens hohen Verschuldung scheinen die Schuldenerlasse von Industrienationen in Millionenhöhe wie ein Tropfen auf den heißen Stein. Dennoch: Steter Tropfen höhlt den Stein – und das kombinierte System aus internationaler staatlicher und nichtstaatlicher Unterstützung sowie die Sensibilisierung der betroffenen Bevölkerung für Themen wie Aids, Bildung oder Umweltschutz sind langfristig erfolgversprechend.

Abgesehen von finanziellen Zuwendungen der sogenannten Geberländer gibt es zahlreiche Nichtregierungsorganisationen (NROs), deren Projekte nicht durch Steuergelder, sondern durch private Spenden finanziert sind. Zu den bekanntesten NROs gehört das Rote Kreuz, das vor allem bei akuten Katastrophen wie Überschwemmungen Soforthilfe leistet oder aber Brot für die Welt und Misereor, die sich im Bereich Armutsbekämpfung und Bildung engagieren. Im medizinischen Bereich leisten die Ärzte ohne Grenzen freiwillig Dienste in Gegenden, wo es sonst nur einen Arzt für Tausende von Patienten gibt.

Neben diesen weltweit operierenden Organisationen agieren andere NROs auf regionaler Basis und sind weniger bekannt. Der Vorteil dieser basisorientierten Gruppen (oft sind es Privatiniativen wie Schulpatenschaften o. Ä.) liegt in ihrem geringen Aufwand für Verwaltungs- und Öffentlichkeitsarbeit, wodurch Spenden ungeschmälert den Projekten zugutekommen. Mehr und mehr scheint sich zudem eine auch als Charitainment bezeichnete neue Richtung der Entwicklungshilfe zu etablieren, bei der bekannte Persönlichkeiten mit gutem Beispiel vorangehen, und Spenden oder zumindestens Aufklärungsarbeit initiieren. Hierzu gehören die Live-Aid-Konzerte von Bob Geldof oder Bono oder die Adoption von Waisenkindern durch Stars wie Madonna oder Angelina Jolie. Namhafte Künstler nutzen ihren Ruhm, um Aufmerksamkeit und Unterstützung für ein sonst eher unpopuläres Thema zu wecken und – wie im Fall von Live Aid – Millionen ins Rollen zu bringen.

Kein Konzept der Welt wird jedoch helfen, wenn die Samen der Entwicklungshilfe nicht auf fruchtbaren Nährboden fallen oder – besser noch – aus Eigeninitiative wachsen. Verständnis, Sensibilisierung und ein großes Maß an Eigenverantwortlichkeit der Betroffenen machen ein Projekt erst langfristig erfolgreich. Wangari Maathai und ihr Green Belt Movement, das sich für den Umweltschutz in Kenia einsetzt, ist ein Musterbeispiel für eine Initiative, die aus eigener Erfahrung gewachsen ist und die letztendlich zu einer Lösungsfindung aus eigenen Mitteln geführt hat (s. S. 174). Hierfür erhielt Maathai 2004 den Friedensnobelpreis.

Grenzprobleme

Kenia und Tansania sind relativ stabile Länder in einer Region, die von Kriegen, Despoten und Naturkatastrophen heimgesucht wird. Entsprechend sehen Flüchtlinge aus dem kriegsgeplagten Somalia und Sudan, Ruanda, Kongo oder Burundi in diesen Ländern einen Felsen in der Brandung, einen Ort, wo sie Sicherheit finden.

Das sehen auch die westlichen Regierungen so, nicht immer jedoch die lokale Bevölkerung, die ihre Wasservorräte oder oft ohnehin einfache Infrastruktur mit den Flüchtlingen teilen muss. Kenia und Tansania haben in den wenigsten Fällen die Mittel, der großen Schare von Flüchtlingen gerecht zu werden. Ihre Integration ins Alltagsleben ist schwierig, wenn die meisten Einheimischen selbst am Existenzminimum leben.

Die Schlupflöcher entlang der nur teilweise überwachten Grenzen, die Flüchtlinge nutzen, stehen auch Waffen- und Trophäenschmugglern offen. Das gilt auch für islamische Extremisten, die 1998 die US-Botschaften in Nairobi und in Dar-es-Salaam zur Zielscheibe von Attentaten gemacht hatten. Im Nordosten Kenias kommt es immer wieder zu Angriffen der Al-Shabaab-Miliz. In einigen islamischen Enklaven – etwa auf Lamu und Pemba – ist der westliche Einfluss schon seit Langem extremistischen Imamen ein Dorn im Auge. Das deutsche Auswärtige Amt empfiehlt daher allen Reisenden ein sicherheitsbewusstes und situationsgerechtes Verhalten. Andererseits trägt

Tumaini letu – unsere Hoffnung

Tumaini letu – die Buchstaben prangen über etlichen der Initiativen, Projekte, Dorfgemeinschaften, genauso groß geschrieben wie die Krankheit Aids – eine Art Beschwörung? Eher soll das Motto Kraft geben, um den Alltag meistern zu können. Die Krankheit ist das eine, das andere sind die sozialen Folgen für den Einzelnen und für die Gemeinschaft.

Genaue Zahlen über Aids existieren in Kenia nicht. UNAids schätzt, dass bisher mehr als 1,2 Mio. Kinder einen oder beide Elternteile durch Aids verloren haben. 2016 waren 1,6 Mio. Kenianer an Aids erkrankt sind, 59 % davon Frauen. Im gleichen Jahr kamen 62 000 Neuinfektonen hinzu, 36 000 Menschen starben an der Krankheit. Im Vergleich zu den 1990er-Jahren sind die Zahlen glücklicherweise rückläufig.

Mathare, einer der größten Slums Nairobis, macht aus nackten Zahlen lebendige Schicksale. ›Das Getto‹, wie die dort Lebenden es selbst nennen, hat eine Fläche von 4 km², schätzungsweise 600 000 Menschen leben gedrängt zusammen. Die ganz Armen, die nichts haben, schlafen unter den Planen eines Verkaufsstandes, verdienen sich als nächtliche Wache ein paar *shillingi* für den Tee am nächsten Tag. Wer etwas mehr verdient, wohnt in einem Wellblechkonstrukt, ›Hütte‹ genannt, geschützt gegen die Kälte der Nacht und den Schmutz der Straße. Wer ein kleines Einkommen hat, leistet sich einen Raum im steinernen Massenquartier für ca. 2000 KSh, mit Strom für 2500 KSh. Wasser gibt es nur in Kanistern, 400 Menschen benutzen eine Toilette. Wohlhabend ist, wer am Rand des Slums in einem beinahe ›normalen‹ Haus ein Zimmer mietet, für 3000 bis 4000 KSh, mit der Hoffnung auf den Sprung ins normale Leben.

Atieno ist zwölf Jahre alt und die Älteste von vier Kindern, ihre Mutter Akoro ist positiv getestet. Nach langen inneren Kämpfen geht sie nun regelmäßig in die Klinik, nimmt die dort von der Regierung ausgegebenen kostenfreien Medikamente, um ihre Symptome eindämmen zu können. Sie will die Last verringern, die bereits jetzt auf ihrer Tochter Atieno liegt. Oft fühlt sie sich so matt, dass dann Atieno die kleine *duka,* den Laden draußen vor der Hütte, betreuen muss. Unter der heißen Sonne des Januar und an kalten Julitagen schleppt sie die schweren Kisten vor Sonnenaufgang aus dem Verschlag und in der Nacht wieder zurück. Erst wenn es ganz still wird im Slum kommt niemand mehr, um Tomaten, fein geschnittenen Spinat und Kerosin im Plastiktütchen für den Kocher zu kaufen.

Eigentlich besteht Schulpflicht, und die Grundschule ist gebührenfrei, aber es ist kein Geld für die teure Sekundarschule da, und warum soll sie noch zwei Jahre in ihre Ausbildung investieren, wenn sie doch jetzt schon für das Familieneinkommen sorgen muss? Wie gut, dass sie den armseligen Stand haben. Aber wie lange wird das noch der Fall sein? Werden Armut und Sorge für die Kleinen Atieno in die Prostitution zwingen, wenn die Mutter gestorben ist? Möglicherweise ist auch sie längst infiziert.

Gibt es keinen Vater? Orao starb vor Monaten an einer Lungenentzündung, nein, nicht an Aids … Nie hatten sie darüber gesprochen, als er vor Jahren abmagerte und oft krank war. Ja, sie hätte ihn verlassen aus Angst vor Ansteckung, vor der Verantwortung, vor der Pflege. Genauso wie die Nachbarin von ihrem Mann allein gelassen wurde, als sie ihm sagte, er habe sie angesteckt.

Aufklärung ist die wichtigste Grundlage für den Kampf gegen Aids

Hilft Flucht? Aus Angst gehen viele gar nicht erst zum Test, aus Ignoranz nehmen sie nicht regelmäßig die Medikamente ein, die den Körper stabilisieren, wenn auch nicht retten. Aber dann sind die Kinder vielleicht schon groß, können selbst für sich sorgen. Man ist alten Traditionen verbunden, und es wird nicht über die Krankheit gesprochen, die wie ein Damoklesschwert über der Familie hängt. Sonst könnte man die kostenlosen Kondome benutzen, Übertragungen verhindern, sich testen lassen, um nicht dem Ungeborenen den Virus mit auf den Lebensweg zu geben.

Auf dem Land ist alles noch viel schlimmer: Ganze Dörfer bestehen bald nur noch aus Alten, die die Enkel großziehen. 1980 lag die Lebenserwartung bei 60 Jahren, 2005 war sie auf 47 Jahre gesunken. Wenngleich sie 2011 wieder auf 59 und 2012 sogar auf 64 Jahre stieg, so stellt sich doch die Frage: Wer pflügt das Land und sichert die Ernährung? Nicht nur die Familie und die dörfliche Gemeinschaft, die gesamte Wirtschaft ist betroffen. Kinder gehen nicht mehr zur Schule, was sie an Lesen und Schreiben gelernt haben, vergessen sie wieder beim Ackern, Wasserschleppen, Feuerholzsammeln. Was für eine Zukunft erwartet sie?

Zahlreiche Selbsthilfegruppen, genannt Community Based Organizations (CBO), versuchen den Aids-Waisen eine hoffnungsvolle Zukunft zu bieten, das Leiden zu verringern und das Leben wieder lebenswert zu machen. In enger Zusammenarbeit mit Nichtregierungsorganisationen engagieren sie sich bei der aufklärenden Gesundheitserziehung, in Initiativen zur Verbesserung von Allgemein- und Berufsausbildung, im Aufbau und in der Betreuung von Wohngruppen, Kinderheimen, Nicht alle Projekte sind erfolgreich, aber sie sind »Tumaini letu«.

auch das respektvolle Verhalten von Touristen dazu bei, das Feuer nicht zu schüren – hierzu gehört etwa auch das korrekte Kleiden in Gebetshäusern aller Art oder in sehr traditionellen Gegenden, etwa der Altstadt von Sansibar oder Mombasa (weitere Empfehlungen zur eigenen Sicherheit s. S. 117).

Präsidentenwahlen, Vetternwirtschaft

Kenia nach der Ära Moi

Kenia galt seit der Unabhängigkeit 1963 als demokratisches Land, wobei sich ein echtes Mehrparteiensystem erst 30 Jahre später etablierte, dann jedoch so vehement, dass die Dutzenden von Splitterparteien die Wähler eher verunsicherten und doch wieder der etablierten Führungspartei Platz machen mussten. Die Parteienlandschaft Kenias lässt sich nicht mit europäischen Parteien vergleichen, da sie viel mehr personen- und in noch stärkerem Maß stammesgebunden ist. Das soll nicht heißen, dass es keine ideologischen Parteigruppierungen gibt, etwa die Brückenpartei Safina, Kenias ›grüne‹ Partei, oder die sozialistische CCU, doch letztendlich wählen viele Kenianer den Kandidaten, der der eigenen Ethnie am meisten Vorteile verspricht. Präsident Moi, der aus der Gegend um Eldoret stammte, sorgte z. B. dafür, dass seine Heimatstadt im Westen Kenias einen internationalen Flughafen und andere strategische Vorteile erhielt. Ganz zu schweigen von der Vetternwirtschaft, die sowohl sein Vorgänger Jomo Kenyatta als auch Moi exzessiv betrieben. Die Bekämpfung von Vetternwirtschaft und Korruption waren deswegen auch die großen Schlagworte für Mois Nachfolger Mwai Kibaki, der der 30-jährigen Dominanz der KANU-Partei mit seinem Erfolg bei den Wahlen 2002 ein Ende bereitete. Es ging regelrecht ein Ruck durch die Gesellschaft, als Kibaki mit großer Mehrheit siegte. Man erhoffte sich vom Parteiwechsel ›Gold am Ende des Regenbogens‹ – der Regenbogen war das Symbol von Kibakis NARC-Partei. Nach anfänglichem Enthusiasmus verebbte bald die Hoffnung, die die Gesellschaft in die Regenbogenpartei gesetzt hatte. Innerparteiliche Skandale und eine Spaltung der Partei sowie ein blutiger Wahlkampf sorgten dann dafür, dass Kibaki sich von 2008 an mit seinem Erzrivalen Raila Odinga die Macht teilte. Diese »Große Koalition« funktionierte wider Erwarten gut und setzte sogar eine neue Verfassung durch. 2013 ging Odinga erneut als Verlierer aus der Wahl hervor. Der Vorwurf Wahlbetrug stand im Raum. Uhuru Kenyatta, der älteste Sohn von Jomo Kenyatta, wurde als Präsident vereidigt – obwohl er beim Internationalen Strafgerichtshof in Den Haag wegen Anstiftung zum Mord, Vertreibung und Raub während der Wahlen 2007 angeklagt war. Aus Mangel an Beweisen wurde die Anklage jedoch fallengelassen. Bei der Wahl 2017 konkurrierten erneut Uhuru Kenyatta und Raila Odinga um die Präsidentschaft. Nach schwerem Betrugsvorwurf annullierte das Oberste Gericht das Ergebnis. Die von der Opposition boykottierte Neuwahl bestätigte Kenyatta bis 2022 im Amt.

Kenya Vision 2030

Der herausragendste Programm der Kenyatta-Regierung ist die Kenya Vision 2030. Es hat drei Säulen (Wirtschaft, Soziales und Politik) und sieht eine erhebliche Verbesserung der Infrastruktur vor: So soll z. B. jeder Kenianer Zugang zu sauberem Trinkwasser haben. Ein bereits von Präsident Kibaki initiiertes Megaprojekt ist die Modernisierung der maroden Uganda-Bahn (›Lunatic Express‹) – die geschätzten Kosten belaufen sich auf 3,4 Mrd. Dollar und werden zu 90 % mit einem chinesischen Kredit finanziert. Die erste Teilstrecke von Mombasa nach Nairobi wurde 2017 fertiggestellt und verkürzt die Fahrzeit von zwölf auf sechs Stunden. Umstritten ist der nächste Abschnitt von Nairobi nach Naivasha: Die Gleise sollen auf 6 km den Nairobi National Park durchqueren – auf 20 m hohen Stelzen, die auch für Giraffen hoch genug sind. Umweltschutzer laufen Sturm dagegen – bislang vergebens.

Ein weiteres großes Vorhaben ist das Lake Turkana Wind Power Project im Norden Kenias, das zusammen mit anderen erneuerbaren Energiequellen auch entlegene Winkel des Landes mit Strom versorgen soll. 2017 wurde die letzte Windturbine errichtet, die Inbetriebnahme ist für 2018 geplant. Bei dem Windpark handelt es sich um die größte private Investition in Kenias Geschichte, auch Google ist daran mit 12,5 % beteiligt.

Ein weiterer Ausbau ist für den Tourismussektor vorgesehen, hier will man entlegene Gebiete wie die Turkana-Region leichter zugänglich und sicherer machen. Politisch möchte sich das Land vom Personenkult lösen und in Richtung einer Parteienlandschaft entwickeln. Der Masterplan hat viele internationale Befürworter und Unterstützer. Gelingt er, wird dies in Kenia ein neues politisches Kapitel eröffnen.

Tansanias Weg in die Demokratie

Tansanias Weg in die Demokratie führte von der kolonialen Abhängigkeit über afrikanischen Sozialismus unter Julius Nyerere zu einer Mehrparteiendemokratie. Dieser gemäßigte, von westlichen Demokratien nicht immer bevorzugte Weg hat sich für Tansanias innenpolitische Stabilität als sehr positiv erwiesen. Nyerere, der das Land 14 Jahre lang, 1961–1985, regierte, sorgte dafür, dass Tansania eine gemeinsame afrikanische Sprache (Kiswahili) spricht und bis heute von ethnischen Rivalitäten verschont blieb, die in anderen afrikanischen Ländern oftmals von politischen Führern geschürt wurden.

Weiterhin sorgte Nyerere für eine Basis-Schulausbildung und eine allgemeine Gesundheitsvorsorge. Mit seinem freiwilligen Rücktritt stellte er die Weichen für einen afrikanischen Liberalismus. Sein Nachfolger, der gemäßigte Ali Hassan Mwinyi, begann damit, die staatlichen Institutionen schrittweise zu privatisieren. Der liberalisierte Handel ebnete den Weg für den internationalen Markt und den Einzug des Tourismus in den 1990er-Jahren. Staatliche Güter wie Banken, Fabriken und Hotels wurden schrittweise privatisiert, die Infrastruktur mit Hilfe internationaler Hilfsorganisationen ausgebaut. Diesen Trend setzte der 1995 gewählte Präsident Mkapa fort. Seine Politik richtete sich gegen korrupte Regierungsangestellte und verfolgte den Ausbau der Wirtschaft und der East African Community (EAC), einer Art Mini-EU. Als einer der ersten Präsidenten Afrikas sprach er sich gegen den Präsidentenkult aus, konsequenterweise verzichtete er auch darauf, neue Geldnoten mit seinem Konterfei drucken zu lassen – was sonst in afrikanischen Ländern üblich ist. Trotz seiner Bemühungen um eine Politik der freien Marktwirtschaft konnte er die tief verwurzelte Korruption und die Steuerflucht nicht unterbinden.

Den Kampf gegen die Korruption hatte sich auch sein Nachfolger Jakaya Kikwete auf die Fahne geschrieben, dem das Thema Umweltschutz sehr am Herzen lag. So wurde auf Sansibar ein Verbot von Plastiktüten, die oft im Meer landen und den Korallen und Fischen schaden, gesetzlich verankert. Weitere innenpolitische Probleme, die noch immer einer Lösung harren, sind die schleppende Privatisierung der maroden Wasserwirtschaft, der Drang Sansibars nach Unabhängigkeit (s. u.), steigende Aids-Zahlen und die Flüchtlinge, die in Scharen aus Ruanda oder Zentralafrika nach Tansania kommen. Dieses schwere Erbe trat 2015 Präsident John Magufuli an.

Unabhängiges Sansibar?

Als sich Sansibar mit Tanganyika vor einem Vierteljahrhundert zu einem Staat vereinigte, gab es bereits Stimmen, die ein unabhängiges Sansibar forderten. Die Bewegung wurde von der Unabhängigkeitspartei CUF (Civic United Front) angeführt, die gegen die Mehrheitspartei des Festlandes CCM agierte. Während der zwischenparteiliche Konflikt um den Status Sansibars in den letzten Jahren deutlich deeskaliert ist, ist die radikale islamistische Splittergruppe UAMSHO auf den Plan getreten. Spirituell und finanziell von Saudi-Arabien unterstützt, verleiht sie ihren Zielen notfalls auch mit Gewalt Nachdruck. Ihr sind jedoch weniger christliche Touristen als die liberalen Muslime vor Ort ein Dorn im Auge.

Geschichte

Ostafrikas Historie ist äußerst wechselvoll und bedeutsam. Am Turkana-See in Nord-Kenia stand die ›Wiege der Menschheit‹, in der Oldupai-Schlucht unweit des Ngorongoro-Kraters scheint der aufrecht gehende Mensch erste Schritte unternommen zu haben, am Baringo-See kamen die ältesten Funde eines Homo sapiens ans Tageslicht. Seitdem haben die Menschheit und Ostafrika eine bewegte Geschichte durchlebt.

Ur- und Frühgeschichte

Wiege der Menschheit

Anthropologischen Untersuchungen gemäß stand die ›Wiege der Menschheit‹ im ostafrikanischen Raum, wichtige Schritte der Menschheitsentwicklung lassen sich hier anhand von Fossilien und Werkzeugen nachvollziehen. Eine aufschlussreiche Fundgrube für Paläanthropologen stellt dabei der Ostafrikanische Graben dar. In dem gewaltigen Riss lässt sich nicht nur anhand von Gesteinsschichten die Erdgeschichte ablesen, es wurden auch viele aussagekräftige Fossilien freigelegt.

Frühe Werkzeuge

So entdeckte man am westlichen Grabenbruch, bei Fort Tenan in Kenia, Spuren von Hominoidea (= Menschenähnlichen), wozu Menschen und alle Menschenaffen zählen. Die freigelegten Fossilien von Hominiden, die vor 15,9 Mio. Jahren im heutigen Westkenia lebten, werden nach ihrem Fundort als Keniapithecinen bezeichnet. 4 bis 5 Mio. Jahre später entwickelten sich aus den Keniapithecinen die Vormenschen, die frühen Australopithecinen. Im Gegensatz zu den Hominoidea gingen sie bereits aufrecht, was Archäologen anhand von freigelegten Fußabdrücken bei Laetoli in Nord-Tansania nachweisen konnten. Diese Vormenschen waren höchstens 1,50 m groß und wogen bis zu 40 kg; ihr Gehirnvolumen betrug allerdings nur etwa 400 cm^3. Ihr Nachfolger, der Homo habilis, besaß ein doppelt so großes Gehirnvolumen, und man nimmt an, dass er bereits sprachfähig war. Dies scheint auch der berühmte Schädelfund mit der Nummer 1470 zu bestätigen, den man bei Koobi Fora am Turkana-See ausgrub. Weitere Knochen sowie eine Menge von Steinwerkzeugen, die der ›geschickte‹ Mensch‹ herstellte, fand man in der Schlucht von Oldupai (Tansania). An der gleichen Stelle, nur in höher gelegenen, d. h. jüngeren Gesteinsschichten, stießen Archäologen auf Relikte des Homo erectus, darunter Reste von Mahlzeiten, Faustkeile und andere Steinwerkzeuge.

Vom Homo erectus zum Homo sapiens

Moderne DNA-Tests scheinen die These zu belegen, dass sich der Homo erectus von Ostafrika aus in einem Zeitraum von mehreren Millionen Jahren über den Rest der Welt ausgebreitet hat. Aus dem Homo erectus entwickelte sich schließlich der ›wissende‹ Mensch, der Homo sapiens. Die ältesten Funde eines Homo sapiens aus Europa sind nur 40 000 Jahre alt, wohingegen man am Baringo-See in Kenia 200 000 Jahre alte Werkzeuge unseres Vorfahren gefunden hat. Auf seine Spuren stießen Forscher neben den Ausgrabungen beim Baringo-See auch am Lukenia Hill in Südkenia sowie in Oldupai und am Eyasi-See in Nord-Tansania.

Vorkolonialzeit

Blütezeit der Swahili

Ostafrikas Geschichte beginnt für viele Europäer erst mit der Zeit der Entdeckungen, der Eroberer und der Missionare. Die Geschichte des ostafrikanischen Raums reicht allerdings sehr viel weiter zurück, wie vor- und frühgeschichtliche Funde zeigen, jedoch fehlen darüber schriftliche Quellen oder zumindest solche, die wir dechiffrieren können, wie z. B. die Höhlenmalereien von Kondoa in Tansania, die 2006 in die Liste der UNESCO World Heritage Sites aufgenommen worden sind. Sicher weiß man nur, dass es vor ungefähr 2500 Jahren massive Wanderbewegungen gegeben haben muss. Die eingewanderten Völker waren Bantu und Niloten (hierzu gehören z. B. die Masai).

Auch gab es bereits regen Handelskontakt mit den Küstenregionen des Indischen Ozeans, vor allem mit Arabien und Indien. Die Handelswaren wurden mit Segelschiffen (Dhaus) transportiert. Arabische und indische Seeleute lieferten Datteln, Stoffe, Keramiken und Gewürze, dafür nahmen sie Mangrovenholz, Gold, Tierfelle und später auch Elfenbein und Sklaven mit zurück. Einen gewaltigen Aufschwung erfuhr der Tauschhandel durch die Ausbreitung des Islam ab dem 8. Jh. Viele Küstenbewohner bekannten sich zum Islam, der bis heute führenden Religion in der Küstenregion. Überhaupt entstand das, was man heute als ›Swahili‹ beschreibt, eine Kultur, die eine gemeinsame Sprache (das Swahili) sowie eine gemeinsame Religion (Islam, oft gemischt mit anderen Weltanschauungen) und das Leben entlang der Küste auszeichnet.

Handel und Kulturaustausch

Etwa aus der gleichen Zeit ist die Existenz dauerhafter Siedlungen aus Stein belegt, die vermutlich von Arabern und Shirazi (aus Persien) errichtet wurden. Einige der Siedlungen sind heute nur noch Ruinenstädte, z. B. Manda im Lamu-Archipel und Mtambwe Mkuu auf Pemba. Andere Siedlungen wie Lamu, Mombasa oder Sansibar sind auch heute noch bedeutende Küstenstädte. Aufgrund des regen Handels und kulturellen Austauschs gilt die Zeit zwischen 800 und 1500 als Blütezeit der Swahili.

Mit der Ankunft europäischer Schiffe, allen voran die Flotte von Vasco da Gama, dem die lang ersehnte Umseglung des Kaps der Guten Hoffnung im Jahr 1498 gelang, begann sowohl für Europa als auch für Ostafrika eine neue Ära. Seitdem erlauben auch schriftliche Quellen einen genaueren Blick in die lebendige Vergangenheit Ostafrikas.

Kolonialzeit

Europa ›entdeckt‹ Afrika

Als die Portugiesen unter der Führung Vasco da Gamas am 15. April 1498 den Hafen von Mombasa ansteuerten, wurden sie nicht mit Pauken und Trompeten, sondern stattdessen mit Pfeil und Bogen empfangen; daraufhin stach da Gama wieder in See und segelte nach Malindi, dem Rivalen Mombasas, wo man ihm große Gastfreundschaft erwies. Als da Gama mit schwerbeladenen Schiffen nach Europa zurückkehrte, sorgten die exotischen Waren, die er an Bord hatte, für Aufsehen; nun galt es, die ostafrikanische Küste zu erobern. Das versprach zum einen strategische Vorteile, denn dadurch schien der Weg nach Indien gesichert, zum anderen lagerten in Ostafrika wie in Indien wertvolle Rohstoffe.

Portugiesische Herrschaft

Bis zur Mitte des 16. Jh. hatten die Portugiesen dank ihrer militärischen Überlegenheit, die hauptsächlich auf Feuerwaffen beruhte, eine lange Kette von Niederlassungen entlang der ostafrikanischen Küste etabliert. Alle Städte mussten die Oberhoheit der Portugiesen anerkennen und sich zu Tributzahlungen verpflichten – davon ausgenommen war nur der freundliche Verbündete Malindi.

Diese Zölle und der eingeschränkte Handel mit Arabien führten binnen kurzer Zeit zu einer Verarmung der Küstenstädte. Die Bewohner der besetzten Städte begannen zu rebellieren, vor allem in Mombasa widersetzte man sich immer wieder vehement der Fremdherrschaft. Um diese zu sichern, errichteten die Portugiesen dort zwischen 1593 und 1596 eine Festung, das bis heute gut erhaltene Fort Jesus.

Omani und Mazrui

Nach mehr als 100-jähriger Herrschaft über die ostafrikanische Küste begann die portugiesische Vormachtstellung jedoch zu wanken. Nach einer Reihe von kriegerischen Auseinandersetzungen fielen 1652 die Hochburgen Pate und Sansibar an Herrscher aus dem Oman auf der Arabischen Halbinsel, und auch die letzte Bastion, Mombasa, musste 1698 nach grausamer, dreijähriger Belagerung geräumt werden. Nach 200 Jahren portugiesischer Herrschaft begann nun die Zeit der Omani und Mazrui.

Die Omani erlangten spätestens mit der Eroberung von Mombasa die unbestrittene Herrschaft über die Küste Ostafrikas. Nun kontrollierten sie die Handelswege und forderten ihrerseits Tribute von den Swahili. Während der Sultan von Oman zunächst Probleme im eigenen Land lösen musste, übernahm die einflussreiche omanische Familie Mazrui 1744 die Herrschaft über Mombasa und dehnte ihren Einfluss auf weite Teile der Swahili-Küste aus. Erst 1837 kümmerte sich der neue Sultan des Oman, Sayid Sayid bin Sultan, wieder um seine Herrschaftsansprüche in Ostafrika; er verbannte die Mitglieder der Familie Mazrui aus Mombasa und besetzte die Stadt. Auch auf Sansibar und Pemba entmachtete er die ansässige Shirazi-Elite und verlegte 1832 seine offizielle Residenz aus dem Oman nach Sansibar. In den folgenden 50 Jahren avancierte Sansibar zur Handelsmetropole des Indischen Ozeans. Der natürliche Tiefseehafen bot hervorragende Ankerplätze für die immer größer werdenden Schiffe aus Asien und Europa.

Abenteurer und Missionare

Berichte von sagenhaften Reichtümern im Inneren von Afrika weckten das Interesse von Händlern und Politikern, die abschreckenden Berichte über den Sklavenhandel und die ›Barbarei‹ lockten Missionare, unerforschtes Gelände reizte Entdeckungsreisende. So begann allmählich die Ära der europäischen Pioniere im Osten Afrikas. Zu den ersten gehörten die Missionare Ludwig Krapf und Johannes Rebmann und die abenteuerlustigen Entdeckungsreisenden Speke, Burton, Stanley und Livingstone (s. S. 406). Indem sowohl Missionare als auch ›Entdecker‹ das Innere Ostafrikas erforschten, bereiteten sie – wenn auch nicht bewusst – das Vordringen der europäischen Siedler in Ostafrika vor. Der Begriff ›Entdecker‹ steht deshalb in Anführungen, weil ihre ›Entdeckungen‹ nicht nur den ansässigen Völkern, sondern auch arabischen und asiatischen Händlern seit Langem bekannt waren. Um es mit den Worten eines kenianischen Anthropologen zu sagen: »Niemand hat jemals vorgeschlagen, den ersten Afrikaner, der die Alpen oder die Themse sah, Entdecker zu nennen.«

Koloniale Aufteilung Afrikas

Die ›Entdeckung Afrikas‹ kam den europäischen Machthabern wie gerufen, denn die rasch fortschreitende Industrialisierung im 19. Jh. gierte nach neuen Rohstoff- und Absatzmärkten. Zunächst sicherten sich die Briten, die damals führende Industrienation, exklusive Handelsrechte in Ostafrika, indem sie entsprechende Verträge mit Oman bzw. dem Sultan von Sansibar schlossen.

Als die Vereinigten Staaten und das industriell aufsteigende Deutschland begannen, den Briten ihre Handelsrechte streitig zu machen, bauten diese ihre Flottenpräsenz und militärischen Stützpunkte am Indischen Ozean aus. Um diese Aktionen zu rechtfertigen, nutzten sie die dank der Missionare in Ver-

Ein dunkles Kapitel der Geschichte

Zu den grausamsten Kapiteln der Menschheitsgeschichte gehört zweifellos der afrikanische Sklavenhandel. Vom 16. Jh. bis zum späten 19. Jh. wurden mindestens 20 Mio. Menschen vom Schwarzen Kontinent verschleppt. Ungezählte andere starben während der Transporte oder durch Hunger und Seuchen.

Die Sklavenjäger brannten ganze Dörfer nieder und massakrierten ›ungeeignet‹ erscheinende Alte, Kranke, Schwangere oder Kinder. Die übrigen menschlichen ›Beutestücke‹ wurden mit Ketten und hölzernen Halsjochen aneinandergefesselt und in wochenlangen Märschen unter Peitschenhieben zu den Sklavenmärkten getrieben. Diejenigen, die den Strapazen nicht gewachsen waren, ließen die Sklaventreiber erschlagen oder hilflos im Busch zurück oder lieferten sie dem Schicksal aus, von Wildtieren gefressen zu werden.

Am schlimmsten vom Sklavenhandel betroffen war der Westen Afrikas, aber auch in Ostafrika hinterließ das schmutzige Geschäft blutige Spuren. Ab dem frühen 19. Jh., als die Franzosen Zuckerrohrfelder auf ihren Besitzungen Île de France (Mauritius) und Bourbon (Réunion) anlegten und ihr Bedarf an Arbeitskräften stieg, begannen die Sklavenexporte auch in Ostafrika zu boomen. Die vorgelagerte Insel Sansibar entwickelte sich um 1840 zu einem der größten Sklavenmärkte der Welt. Um den stets wachsenden Bedarf zu decken, organisierten die Händler Karawanen, schwer bewaffnete Trupps aus arabischen bzw. swahilischen Händlern sowie angeworbenen Söldnern und Trägern – in das Innere Ostafrikas. Sie verschleppten zwischen 10 000 und 70 000 Sklaven im Jahr. Dabei folgten die Sklavenjäger bestimmten Routen – die wichtigsten führten von Kilwa durch Süd-Tansania zum Malawi-See und von der nahe Sansibar gelegenen Festlandsküste (u. a. Bagamoyo) über Tabora zum Viktoria-See nach Ujiji. Die Nordroute von Tanga, Pangani und Mombasa ins Innere des heutigen Kenia diente dagegen überwiegend dem Elfenbeinhandel – einem anderen blutigen Kapitel in der Geschichte Afrikas. Die Schließung des sansibarischen Sklavenmarktes 1873 markierte das offizielle Ende des Sklavenhandels in Ostafrika, allerdings ging der illegale Handel noch bis zum Beginn des 20. Jh. weiter. Das endgültige Aus für dieses grausame Kapitel der Geschichte Afrikas kam erst nach der kolonialen Machtergreifung: 1897 erhielten die Sklaven im britischen Einflussbereich ihren offiziellen ›Freiheitsbrief‹.

Die Freigelassenen, oft mittellos und Hunderte Kilometer von ihrem Ursprungsort entfernt, gründeten teilweise neue Städte – etwa bei Bagamoyo oder Freretown bei Mombasa, das Sir Bartle Frere, der britische Gouverneur von Bombay, initiierte. Während Orte wie Freretown heute nichts mehr von der dunklen Ära der Sklaverei ahnen lassen, tragen andere noch deutliche Spuren jener Zeit, etwa Kelele Square in Stone Town auf Sansibar am Ort des letzten Sklavenmarkts oder die Mangapwani-Höhlen, wo einem noch heute eine Gänsehaut über den Rücken läuft. Im Dunkel der Nacht wurden die Menschen einst aus den Höhlen auf die Schiffe verladen.

Bei der Kongokonferenz 1884 wurde Afrika wie ein Kuchen unter den Kolonialmächten aufgeteilt

ruf geratene Sklaverei: Im Jahr 1873 setzten die Briten das sofortige Verbot des Sklavenhandels durch. Diese heroische Leistung hatte also nicht nur ethische, sondern durchaus machtpolitische Motive.

Ein ›Platz an der Sonne‹

Schließlich mussten sich die Briten doch dem Druck der anderen europäischen Industrienationen beugen, die alle ein Stück vom ›afrikanischen Kuchen‹ abhaben wollten. Da es bereits im Vorfeld zu Unstimmigkeiten bezüglich der Aufteilung kam, rief Otto von Bismarck auf Veranlassung Belgiens 15 Delegierte aus Europa, den USA und dem Osmanischen Reich zur Kongokonferenz Ende 1884 in Berlin zusammen. Diese Konferenz und weitere Verhandlungen hatten zur Folge, dass die Grenzen innerhalb Afrikas regelrecht am Reißbrett festgelegt wurden. Die willkürliche Grenzziehung mit dem Lineal hat weitestgehend bis heute Gültigkeit. Bei der Verteilung wurden große Teile Westafrikas den Franzosen zugesprochen, das Kongogebiet den Belgiern, die Briten erhielten Südafrika und teilten sich mit den Deutschen (die außerdem die Kolonien Togo, Kamerun und Südwestafrika gründeten) Ostafrika. British East Africa umfasste das heutige Kenia. Zu Deutsch-Ostafrika gehörte das Festland von Tansania, das damalige Tanganyika. Nach anfänglichen Kontroversen einigten sich die beiden Staaten im Helgoland-Sansibar-Vertrag vom 1. Juli 1890: Das Deutsche Reich akzeptierte Uganda und Sansibar als britisches Protektorat (allerdings besaßen die Deutschen niemals Sansibar, wie es oft heißt). Im Gegenzug erhielten sie das bis dahin britische Helgoland sowie das Recht, dem Sultan von Sansibar die Tanganyika-Küste abzukaufen.

Aufstände gegen die Kolonialherren

Im Zuge ihrer Expansionsbestrebungen ignorierten die Kolonialherren rücksichtslos jeglichen Anspruch der einheimischen Herrscher, seien es Sultane, Klanältere oder andere Autoritäten. Auch ethnische Zugehörigkeiten wurden bei der Grenzziehung völlig außer Acht gelassen, sodass bis heute z. B. das Volk der Masai teils in Tansania und teils in Kenia lebt. Diese rigorose koloniale Inbesitznahme verlief dementsprechend nicht ohne den erbitterten Widerstand seitens der einheimischen Bevölkerung. Dabei konnten sich die Kolonialherren durch ihre militärische Überlegenheit stets durchsetzen. Dennoch fügte beispielsweise der Aufstand der Hehe (1891–1894) oder der Maji-Maji-Aufstand bei Kilwa (1905–1907) den Deutschen empfindliche Verluste zu.

Steuereintreiber und Eisenbahnbauer

Danach hielten die neuen Machthaber ihre Kolonien weitgehend in Schach, indem sie die Bevölkerung abhängig machten. Sie forderten beispielsweise Steuern ein, die nicht etwa in Naturalien, sondern in Geld zu zahlen waren. Das zwang die Afrikaner, als Lohnarbeiter auf den Ländereien der Weißen zu arbeiten. Andere wurden direkt zur Zwangsarbeit verpflichtet, u. a. beim Bau ehrgeiziger Eisenbahnprojekte. Zwischen 1896 und 1901 wurde die Uganda-Bahn gebaut, die die Küste des Indischen Ozeans mit dem Viktoria-See verbindet. Zehn Jahre später, zwischen 1911 und 1914, errichtete man in Tansania die Bahnstrecken Tanga–Moshi und Dar-es-Salaam–Tabora–Kigoma. Da viele der zwangsweise Rekrutierten sich weigerten, unter sklavenähnlichen Bedingungen zu arbeiten, holten die Kolonialherren Arbeitskräfte aus Indien. Nachdem der Bau der Eisenbahnstrecken beendet war, verzeichnete Ostafrika einen enormen Zustrom an weißen Siedlern aus Europa und Südafrika. Dieser Siedlerboom hatte zur Folge, dass viele Afrikaner von ihren fruchtbaren Ländereien vertrieben wurden, da sie das Land nicht ›angemessen‹ nutzten. Damit wurde der einheimischen Bevölkerung nach und nach ihre natürliche Lebensgrundlage entzogen, wurden ihre Rechte im Lauf der Jahre weiter beschnitten. So untersagte man ihnen z. B. in Kenia, gewinnträchtige *cash crops* wie Kaffee anzubauen und bestimmte traditionelle Riten auszuüben (z. B. Beschneidungsrituale). Sie wurden angehalten, Pässe bei sich zu tragen und durften sich in bestimmten Stadtvierteln nicht niederlassen.

Die Rassenpolitik eskalierte schließlich nach den beiden Weltkriegen im Kampf um die Unabhängigkeit. Zuvor verloren die Deutschen durch den Vertrag von Versailles (1919) ›Deutsch-Ost‹, das fortan unter dem Mandat des Völkerbunds stand. Damit gehörte das gesamte Ostafrika bis zur Unabhängigkeit zum britischen Imperium, allein der Status der Gebiete variierte: Kenia war ab 1920 britische Kronkolonie, Tanganyika stand als Mandat des Völkerbundes unter britischer Verwaltung, Uganda und Sansibar blieben unverändert Protektorate.

Der Weg in die Unabhängigkeit

Nach dem Zweiten Weltkrieg begann Ostafrikas steiniger Weg in die Unabhängigkeit. Während sich die Rassentrennung zunehmend verstärkte, begannen sich politische Gruppen zu formieren.

In Kenia wurde 1946 die Kenya Africa Union (KAU) gegründet, an deren Spitze der Kikuyu Jomo Kenyatta stand. Ab 1950 sorgte die Kenya Land and Freedom Army für Aufregung unter den Weißen. Die Freiheitskämpfer, die von den Siedlern Mau-Mau genannt wurden, kämpften während der folgenden sieben Jahre in einem hartnäckigen Guerillakrieg gegen die Beschneidung ihrer Rechte und für die Rückgabe ihres Landes. Jomo Kenyatta, der von der britischen Regierung als Mau-Mau-Kämpfer angeklagt und verurteilt wurde, musste ebenso wie andere Oppositionsführer viele Jahre in Arbeits- und Internierungslagern zubringen. 1959 erreichte der Mau-Mau-Aufstand bei der Lancaster House Conference in London schließlich die offizielle Aufhebung der strikten Rassentrennung sowie das ersehnte Zugeständnis politischer Einflussnahme. Diese war zunächst gering, doch gelangen dem jungen Luo-Führer Oginga Odinga und Tom Mboya die Bildung der Partei Kenya African National Union (KANU). Nachdem Kenyatta am 14. August 1961 aus der Haft entlassen wurde, wählte man ihn als Symbolfigur des nationalen Widerstandes zum Präsidenten der KANU, deren Druck auf die Siedlerparteien so stark war, dass am 12. Februar 1963 Kenia schließlich die Unabhängigkeit zugebilligt wurde.

In Tansania verlief der Weg zur Unabhängigkeit im Vergleich zu Kenia unkomplizierter. Das lag u. a. auch daran, dass die Briten hier keine Siedlerkolonie angestrebt hatten und Kleinbauern nicht wie in Kenia vom Anbau der *cash crops* ausgeschlossen waren. Das Festland, Tanganyika und die Insel Sansibar durchliefen allerdings verschiedene Entwicklungen. Tanganyika feierte am 9. Dezember 1961 seine Unabhängigkeit von der Kolonialmacht, Sansibar wurde am 10. Dezember 1963 zur konstitutionellen Monarchie unter dem vorerst letzten Sultan (Sayid Jamshid bin Abdullah bin Khalifa) erklärt. Erst 1964 schlossen sich beide zur Vereinigten Republik Tansania zusammen, mit Mwalimu Julius Nyerere als Präsident und Abeid Karume aus Sansibar als Vizepräsident.

Unabhängiges Ostafrika

Uhuru – so lautet das Kiswahili-Wort für Unabhängigkeit und Freiheit – wurde überall begeistert begrüßt. In den Folgejahren ging es darum, diese neu erworbene Freiheit zu nutzen. Kenia und Tansania wählten dabei zwei völlig unterschiedliche Wege.

Kenias Weg zum ›Musterland Afrikas‹

Kenias charismatischer Präsident, Jomo Kenyatta, entschied sich für eine privat-kapitalistische Wirtschaft. Das Motto seiner Regierungsperiode (1964–1978) hieß *harambee*, was so viel bedeutet wie ›Zusammenarbeit‹, ›an einem Strang ziehen‹. Der Beginn seiner Amtszeit war nicht einfach, denn zwischen 1964 und 1967 wüteten im Nordosten Kenias somalische Rebellen, die Shifta, deren brutale Überfälle Angst und Terror verbreiteten.

Vor der Machtübernahme hatte Kenyatta eine neue Strukturierung der Ländereien angekündigt, die er nun umzusetzen versuchte. Die weißen Siedler wurden nicht – wie befürchtet – enteignet, sondern konnten ihr Farmland der Regierung abkaufen. Das verbleibende Land wurde an etwa 50 000 Kleinbauern verteilt. Kenia entwickelte sich in den Folgejahren zum ›afrikanischen Musterland‹ im Sinne europäischer Beobachter. Die politische Lage schien stabil, die Wirtschaft verzeichnete vielversprechende Zuwachsraten, die Industrialisierung schritt voran, und in den 1970er-Jahren entwickelte sich zudem der Tourismus als lukratives Geschäft. Hinter der glänzenden Fassade gärten jedoch soziale Missstände. Während eine kleine Elite, vornehmlich die Weißen und die Kikuyu, vor allem der Klan um Kenyatta, die Fäden in der Hand hielt, änderte sich für die Masse der Bevölkerung wenig. Das Problem der sozialen Gegensätze, das bereits in den 1920er-Jahren begonnen hatte, wurde auch von Kenyatta nicht gelöst. Im Gegenteil, das Mosaik aus Klassen, Schichten und ethnischen Zwiespältigkeiten prägt bis heute die politischen Auseinandersetzungen, die soziale Schere klafft immer weiter auseinander und trennt nicht mehr nur zwischen Schwarz und Weiß.

Tansanias Weg zum Afrikanischen Sozialismus

Im Gegensatz zu Kenia setzte Tansania auf eine sozialistische Entwicklung. Die Amtszeit von Julius Nyerere (1961–1985) stand unter dem Motto *ujamaa,* worunter ein Gemeinschaftsgefühl im Sinn der traditionellen afrikanischen Großfamilie zu verstehen ist. In der Familie wie im Dorf waren die einzelnen Mitglieder zur Arbeit verpflichtet, jegliches Eigentum galt als Gemeinbesitz. Die Eigenständigkeit und das Vertrauen in die eigene Kraft sollten das Land stärken und unabhängig von anderen Ländern machen. Das zunächst Erfolg versprechende Rezept des Afrikanischen Sozialismus, der dem Land politische Stabilität sowie bedeutende soziale Errungenschaften wie kostenlose Schulbildung und medizinische Grundversorgung bescherte, scheiterte letztlich an der Wirtschaftlichkeit. In der berühmten Arusha-Deklaration von 1967 wurden alle ausländischen Banken und Industrien verstaatlicht, um den Kapitalabfluss ins Ausland zu verhindern. Daraufhin reagierten die Industrienationen mit einem Abnahmestopp von Gütern aus Tansania. Aus Mangel an Devisen konnten kaum noch Ersatzteile importiert werden, Treibstoffmangel brachte die Infrastruktur mehrfach zum Erliegen. Als es auch an wichtigen Gütern des täglichen Bedarfs wie Speiseöl, Salz oder Zucker fehlte, begann die Bevölkerung zu protestieren; damit bröckelten die Säulen des *ujamaa*-Konzepts. In den 1970er-Jahren wandte man sich in Tansania vom Afrikanischen Sozialismus ab und wählte den stärker marktwirtschaftlich orientierten Weg des Afrikanischen Liberalismus.

Durch Bündnisse zur Eigenständigkeit

Nach der ersten Euphorie über die Unabhängigkeit erkannten die Präsidenten die Bedeutung von *self-reliance* (Eigenständigkeit), zu der die wirtschaftliche Unabhängigkeit von den Industrienationen zählt. Darum gründeten die Staatsführer aus Kenia, Tansania und Uganda am 1. Dezember 1967 die Ostafrikanische Gemeinschaft EAC (vergleichbar mit der Europäischen Gemeinschaft), um die Zusammenarbeit der ostafrikanischen Staaten zu fördern. Im Wesentlichen bestand die Gemeinschaft aus einer Zollunion sowie der gemeinsamen Verwaltung von Post, Telekommunikation, Flug-, Hafen- und Eisenbahnwesen. Zehn Jahre später scheiterte der gut gemeinte Versuch einer ostafrikanischen Wirtschaftsvereinigung, nachdem es zu Differenzen (u. a. wegen der Beitragszahlungen) zwischen den Mitgliedern gekommen war. Die Streitigkeiten gipfelten darin, dass Tansania die Grenze zu Kenia schloss (bis 1983) und der machtbesessene ugandische Präsident Idi Amin 1978 mit Truppen in Tansania einmarschierte. Es schien, als wollten die noch jungen Länder zunächst ihre eigene Stärke erproben, bevor sie sich mit anderen solidarisierten.

Seitdem alle drei Länder eine liberalere Politik verfolgen, haben die Präsidenten von Uganda, Kenia und Tansania 1996 in Arusha die Idee des Wirtschaftsabkommens von 1967 wieder aufgenommen und die East African Community (EAC) neu ins Leben gerufen. Diesmal scheint die Union unter einem besseren Stern zu stehen.

Ostafrikanische Union

Die East African Community zwischen Kenia, Tansania und Uganda vertritt ähnliche Ziele wie die Europäische Union (EU): Währungsunion, Zoll- und Handelserleichterungen sowie wirtschaftliche Integration. Wie beim europäischen Pendant gibt es viele bürokratische Hürden zu nehmen, der Zeitplan und die Vorschussleistungen eines stärkeren Staates zugunsten eines schwächeren sind immer wieder diskutierte Themen.

Im Januar 2005 wurde schließlich nach langen Verhandlungen die Zollunion verwirklicht. Binnenzölle zwischen den drei Ländern sind abgeschafft, und man verspricht sich ein Erstarken der ostafrikanischen Wirtschaft.

Inzwischen gehören auch die Länder Ruanda, Burundi, Uganda und Südsudan zur EAC. An einer Währungsunion wird gefeilt, möglicherweise gibt es ab 2020 den East African Shilling – auch hier die Parallele zum Euro –, der das Reisen innerhalb der sechs Länder erheblich vereinfachen würde.

Sitz der EAC ist Arusha in Nord-Tansania – es ist also nicht verwunderlich, dass in dem kleinen Städtchen neben Touristen in khakifarbener Safarikluft auch jede Menge Politker in Nadelstreifen durch die Straßen eilen und stattliche Limousinen mit Leibwächtern neben verstaubten Jeeps mit Masaibewachung parken. Hier unterscheidet sich Straßburg dann doch deutlich von Arusha!

Zeittafel

vor 7,5 Mio. – 200 000 Jahren	Entwicklung des Menschen vom Keniapithecus über die Vormenschen zum Homo sapiens.
500 v. Chr.–500	Niloten (heute z. B. Masai) und Bantu besiedeln Ostafrika.
12.–15. Jh.	Blütezeit der Swahili-Kultur. Malindi, Mombasa, Kilwa und Sansibar Town wachsen zu einflussreichen Städten heran.
1498	Vasco da Gama und die portugiesische Flotte erreichen Mombasa und Malindi, sie übernehmen die Vormacht an Ostafrikas Küste.
1652–1698	Omani erobern Pate und Sansibar (1652), dann Mombasa (1698).
1741	Die Mazrui ernennen sich selbst zum Herrscher von Mombasa.
ab 1820	Expansion des Sklavenhandels; Beginn britischer Dominanz.
1837	Der gesamte Küstenstreifen fällt unter die Herrschaft von Sultan Sayid aus Oman.
1844 und 1846	Missionare (Johannes Rebmann und Ludwig Krapf) dringen ins Innere Ostafrikas vor.
1858	Speke stößt auf die Quellen des Nil; europäische Expeditionen.
1870	Sayid Bargash wird Sultan von Sansibar.
1873	Offizielles Verbot des Sklavenhandels auf Sansibar.
1884/1885	Kongokonferenz in Berlin; Aufteilung der Kolonien.
1890	Deutsch-Britischer Helgoland-Sansibar-Vertrag.
1891	Deutsch-Ostafrika wird Kolonie des Deutschen Reiches.
1895	British East Africa wird Hoheitsgebiet der Britischen Krone.
1896–1902	Bau der Uganda-Bahn, Zustrom europäischer Siedler nach Kenia.
1905–1907	Maji-Maji-Aufstand in Deutsch-Ostafrika.
1914–1918	Erster Weltkrieg mit heftigen Kämpfen in Deutsch-Ostafrika.
1919	Das Deutsche Reich verliert Tanganyika, Kenia wird britische Kronkolonie.

Mau-Mau-Aufstand in Kenia.	**1950–1957**
Tanganyika wird unabhängig, erster Präsident ist Julius Nyerere.	**1961**
Sansibar wird unabhängig (10. 12.), ebenso Kenia (12. 12.).; erster Präsident ist Jomo Kenyatta (KANU-Partei).	**1963**
Revolution auf Sansibar; Vereinigung von Tanganyika und Sansibar, Gründung von Tansania, erster Präsident ist Julius Nyerere.	**1964**
Shifta-Krieg in Nordost-Kenia.	**1964–1967**
Gründung der East African Community (EAC); 1967 bis Ende 1970 Arusha-Deklaration; Afrikanischer Sozialismus unter Nyerere.	**1967**
Zusammenbruch der EAC, Schließung der Grenze zwischen Tansania und Kenia (bis 1983).	**1977**
22. August: Tod Kenyattas, Daniel arap Moi folgt ihm im Amt.	**1978**
Hassan Mwinyi übernimmt das Präsidentenamt von Nyerere.	**1985**
Krieg in Somalia: Zehntausende Somalis fliehen nach Kenia.	**1991–1994**
Krieg in Burundi/Ruanda: Fast 1 Mio. Menschen fliehen nach Tansania, 1995 kurzfristige Schließung der Grenze in West-Tansania.	**1993/1994**
Attentate auf die US-Botschaften in Nairobi und in Dar-es-Salaam.	**1998**
Mwai Kibaki und die Regenbogenkoalition gewinnen die Wahl in Kenia; Ende der Regierung Moi (KANU-Partei) nach fast 30 Jahren.	**2002**
Beginn der Ostafrikanischen Zollunion. Blutige Wahlen in Kenia: Regierung durch eine »Große Koalition« von Kibaki und Odinga.	**2008**
Uhuru Kenyatta, der Sohn von Jomo Kenyatta, wird zum Präsidenten von Kenia gewählt.	**2013**
John Pombe Magufuli (CCM) wird Präsident von Tansania.	**2015**
Annullierung der Präsidentschaftswahl wegen Rechtsverstößen. Die von der Opposition boykottierte Neuwahl gewinnt Uhuru Kenyatta, allerdings geben nur etwa 30 % der Wähler ihre Stimmen ab.	**2017**
Im Oktober stehen in Tansania Wahlen an.	**2020**

Gesellschaft und Alltagskultur

Ostafrika ist im wahrsten Sinne des Wortes mannigfaltig, was die Anzahl seiner Bevölkerungsgruppen betrifft. Rund 180 verschiedene Völker – 50 in Kenia und 130 in Tansania – mit ihren eigenen Sprachen, Weltanschauungen und Traditionen leben hier nebeneinander. Entsprechend bunt ist die kulturelle Vielfalt – ob es regionale Speisen sind, die Musik, die Rituale oder die Art der Begrüßung oder Kleidung.

Bevölkerung und Lebensweise

Insgesamt leben in Tansania knapp 55 Mio. Menschen oder etwa 50 Personen pro km^2, in Kenia ungefähr 50 Mio., das sind 70 Personen pro km^2 (zum Vergleich: Bundesrepublik Deutschland = 225 Einw. pro km^2). Davon sind insgesamt etwa 50 000 Europäer sowie 200 000 Inder und Araber, also deutliche Minderheiten. Die afrikanische Bevölkerung besteht zu über 60 % aus Bantu-Gruppen, Niloten und einer kleinen Gruppe von Kuschiten und Khoisan. Die Gruppen unterscheiden sich in Bezug auf Herkunft, Sprachen, soziale Organisation und kulturelle Traditionen. Keine repräsentiert einen Urzustand, wie es häufig in den Reiseprospekten heißt, alle blicken auf eine lange und wechselvolle Herkunftsgeschichte zurück.

Reisende sollten daher keinen Purismus und kein romantisiertes ›Out of Africa‹ erwarten, sondern offen für neue Eindrücke und Lebensstile sein. Seit Jahrhunderten beeinflussen sich die Völker Afrikas untereinander, und im Zeitalter der Globalisierung halten die Stars von Reality-TV und Hollywood-Blockbustern auch Einzug in Afrikas Wohnzimmer – hier verschwimmt, was manch ein Tourist lieber traditionell sehen würde. Man sollte daher nicht verwundert sein, wenn im roten Gewand eines Masai ein Smartphone steckt oder Coca-Cola auch in den letzten Winkel Afrikas Einzug gehalten hat.

Herausforderung Stadt

Viele ostafrikanische Städte sind ein quirliges Potpourri aus Farben, Gerüchen und Küchen, die die Bezeichnung ›multikulti‹ sehr wohl verdienen. Wie in vielen Entwicklungsländern wachsen die Städte überproportional schnell und ziehen vor allem die jüngere Bevölkerung vom Land an, die sich wirtschaftlichen Wohlstand erhofft – durch einen Job in der Verwaltung, in einer Fabrik oder im Servicebereich – sowie ein Leben mit modernen Annehmlichkeiten. Die Folgen: Die Städte sind sehr verjüngt (fast drei Viertel der Bevölkerung sind unter 25 Jahre alt), den ländlichen Regionen fehlt hingegen die leistungsfähige Generation.

Nicht jeder Stadtneuling kommt indes mit den neuen Herausforderungen klar, die das Leben in der Großstadt mit sich bringt, und Schätzungen zufolge landen drei von vier Neuankömmlingen in einem der Slums, die insbesondere in Nairobi und Dar-es-Salaam tagtäglich wachsen. Die Landflucht ist enorm, die Konkurrenz um Arbeitsplätze in den Städten groß, und es besteht kaum ein soziales Netz, welches diejenigen auffängt, die keine Arbeit finden. Scheitert der Anschluss an das erhoffte Wohlstandsleben der Stadt, fehlt diesen jungen Menschen oftmals das nötige Geld und vor allem der Mut, zurück in ihr Dorf zu gehen – der Ausbruch aus dem Schoß der Familienstrukturen auf dem Dorf ist für viele eine Einbahnstraße, die nicht selten in einem Slum endet. Es bedarf viel Eigeninitiative, Kraft und Glück, sich hier am eigenen Schopf aus der Misere zu ziehen.

Stadt-Land-Gefälle

Während das Leben in der Stadt neue wirtschaftliche Möglichkeiten und Wertvorstellungen mit sich bringt, werden auf dem Land Traditionen weitaus mehr gepflegt – das hat nicht nur sein Gutes. In ländlichen Gegenden sind die Menschen oftmals noch in ihren seit Jahrhunderten tradierten Wirtschaftsformen tätig – sei es als Ackerbauer, Viehzüchter oder Fischer – und die Rollen von Frau, Mann und Kindern sind weitgehend festgelegt.

Da Wege lang sind und es so gut wie kein öffentliches Verkehrsnetz auf dem Land gibt, bestehen zwar nachbarschaftliche Kontakte, im Großen und Ganzen jedoch vermischen sich die einzelnen Ethnien wenig und geben somit ihre Werte von einer Generation an die nächste weiter. Ehebündnisse unterstehen gesellschaftlichen, aber auch wirtschaftlichen und sozialen Zwecken und sind deshalb oft arrangiert. Brautpreise – oftmals in Form von Naturalien wie Kühen oder Kamelen – sind vielerorts üblich. Staatliche Renten oder gar gesetzlich garantierte Urlaubstage sind ein Produkt der westlichen Wohlstandsgesellschaft und in afrikanischen Dörfern unbekannt; die Kinder sorgen für die Älteren, weswegen Kinderreichtum die Altersvorsorge darstellt. Wandert ein Kind in die Stadt ab, wird erwartet, dass es ein Teil seines Einkommens an die Eltern schickt.

Das Zugehörigkeitsgefühl zur Ethnie ist stark ausgeprägt und beeinflusst das Leben der Menschen maßgeblich, auch dann, wenn jemand aus den traditionellen Strukturen der Familie ausbricht, etwa, um in der Stadt zu leben. Dies hat neben sozialen auch politische Konsequenzen, insbesondere in Kenia, wo Wahlkämpfe nicht unwesentlich von ethnischen Bündnissen geprägt sind.

Auch der Mangel an sauberem Trinkwasser bringt auf dem Land Nachteile. Frauen laufen oft kilometerlang, um Wasserkanister an Brunnen aufzufüllen. Und Strom ist Luxus. Wenn diese Grundbedürfnisse nicht ge-

Der informelle Sektor blüht: Auf den Masai-Märkten gibt es buchstäblich alles

180 Sprachen und kein Kauderwelsch

So vielfältig wie seine Völker sind auch die Sprachen Ostafrikas. Häufig werden Sprachen als Kriterien verwendet, um verschiedene Völker voneinander zu unterscheiden. Insgesamt gehen Sprachforscher von rund 180 verschiedenen Sprachen in Kenia und Tansania aus!

Dass aufgrund dieser Vielfalt kein zweites Babel entstanden ist, liegt daran, dass sich einige Sprachen als Verkehrssprachen durchgesetzt haben. In den letzten Jahrhunderten avancierte das Kiswahili (oder Swahili), das von der Küste stammt und von arabischen Händlern ins Hinterland eingeführt wurde, zur ostafrikanischen Verkehrs- oder Handelssprache.

Wenn auch zum Teil erst als Zweitsprache erlernt, verbreitete sich das Kiswahili von der somalischen Küste über Nairobi bis nach Uganda, über ganz Tansania bis nach Südafrika. In Kenia sprechen mehr als zwei Drittel der Bevölkerung neben ihrer Muttersprache auch Kiswahili; in Tansania hat es sich sowohl als Nationalsprache als auch in der Verwaltung (gleichberechtigt mit dem Englischen) etabliert. Insgesamt sprechen 90 Mio. Menschen in Afrika diese Sprache. Dank Walt Disney sind einige Phrasen aus dem Kiswahili auf dem ganzen Erdball bekannt: *hakuna matata* (kein Problem), *simba* (Löwe), *rafiki* (Freund) oder *safari* (Reise) sind auch uns vertraute Vokabeln.

Das Kiswahili weist viele regional unterschiedliche Dialekte auf. Der Dialekt, der aus Sansibar stammt, wurde zum Standard-Kiswahili (vergleichbar mit dem Hochdeutschen) erklärt. Das Kiswahili gehört zu den Bantu-Sprachen, einer Unterfamilie der Niger-Kordofanischen Sprachfamilie. Die Bantu-Sprachen bilden die größte linguistische Unterfamilie in ganz Afrika (dazu gehört u. a. auch das Kikuyu, das Kikamba, das Taita sowie das Makonde). Die Niger-Kordofanische Sprachfamilie ist eine der vier Sprachfamilien, in die der Linguist J. Greenberg die Sprachen Afrikas eingeteilt hat. Die anderen sind die nilotischen Sprachen (etwa das Dholuo, das von den Luo gesprochen wird), das Kuschitische (z. B. das Somali) sowie das Khoisan, zu dem die Schnalz- oder Klicksprachen gehören, darunter das Sandawe und Hadza in Tansania. Zum Vergleich: In Westeuropa existiert mit wenigen Ausnahmen im Grunde nur eine Sprachfamilie, nämlich die indoeuropäische. Vertreter aller vier Sprachfamilien kommen in Ostafrika vor. Die Sprachen einer Sprachfamilie unterscheiden sich in etwa so wie das Deutsche vom Chinesischen, und viele Afrikaner sind zweier oder mehrerer derart unterschiedlicher Sprachen mächtig!

Die eine oder andere Sprache Ostafrikas ist vom Aussterben bedroht, so etwa das El Molo der gleichnamigen Ethnie in Nord-Kenia, von denen nur noch weniger als 10 Sprecher leben. Umso eindrucksvoller ist eine Entwicklung in anderer Richtung, die aus dem Schmelztiegel Nairobi kommt. Hier haben die Jugendlichen eine Sprache entwickelt, das Sheng, das ein Gemisch aus vielen anderen Sprachen Kenias ist und äußerst kreative Wortformen bildet. In gewisser Weise ist es der ›Rap‹ der jungen Bevölkerung, ein Ausdruck ihrer rauen Lebensumstände.

deckt sind, fehlen oft Bildung und Gesundheit. Fortschritt bleibt damit ein Privileg der städtischen Gegenden.

Herausforderung Land

Abseits von den Städten bestimmt die Landwirtschaft den Alltag der Menschen, sei es beim Feldbau, in Viehzucht oder Fischerei. Die traditionelle Form der Landwirtschaft entspricht nicht der westlicher Großfarmen und Plantagen, die die weißen Siedler aus Europa eingeführt hatten. Im Gegenteil, die afrikanischen Landwirte hatten sich an die jeweiligen klimatischen und geografischen Gegebenheiten durch Wanderfeldbau oder Nomadentum ökologisch und ökonomisch angepasst. Nach der Einführung des Konzepts von Landbesitz, der Parzellierung und dem Entstehen urbaner Zentren durch die Kolonialherren ist heute der Raum, den beispielsweise Nomaden nutzen können, stark begrenzt, und viele traditionelle Viehzüchter haben eine Mischform entwickelt.

Viehzüchter

Zu den bekanntesten traditionellen Viehzüchtern zählen die **Masai,** die die offenen Savannengebiete im Süden Kenias (Masai Mara) und im Norden Tansanias bewohnen. Sie halten Ziegen, Kühe und mitunter Kamele – diese Reihenfolge entspricht auch der Wertestruktur (z. B. hat eine Kuh in etwa den Wert von fünf Ziegen, ein Kamel entspricht mehreren Kühen etc.). Wer viele Rinder besitzt, hat den Status eines Bankiers: Seuchen in der Herde sind ebenso verheerend wie ein Börsencrash, stehlen Diebe einen Teil der Herde, kommt dies einem Banküberfall nahe. Tiere werden gut gehütet und beschützt – jeden Abend nach dem Grasen werden sie zum Schutz vor Wildtieren und Dieben in den Kraal (das Runddorf der Masai) gebracht. Mag das Vieh auf den ersten Blick mager aussehen – es geht ihm sicherlich besser als in den Mastfarmen der Industrienationen!

Auch andere Ethnien sind traditionelle Viehhüter, die **Turkana** z. B., die den (semi-)ariden Nordwesten Kenias bewohnen, hüten neben Kühen vor allem Ziegen, Schafe und Kamele. Letztere sind ideal angepasst an die wüstenähnliche Landschaft, die immer wieder von extremer Hitze (bis zu 60 °C), Dürren oder aber sintflutartigen Überschwemmungen heimgesucht wird.

Die Turkana haben feste Heiratstraditionen und ehelichen selten jemanden außerhalb ihrer Ethnie. Brautpreise sind üblich, weswegen es wichtig ist, eine möglichst große Anzahl von Tieren zu besitzen. Das Ansehen eines Mannes steigt mit der Anzahl seiner Frauen, für die jeweils ein abgesprochener Brautpreis (eine bestimmte Anzahl von Rindern, Ziegen oder Kamelen) gezahlt werden muss. Wer viel Vieh besitzt, kann sich entsprechend viele Frauen ›leisten‹ – das Prestige entspricht dann etwa dem von Donald Trump und anderen reichen Männern im Westen, die oftmals auch mehrere Frauen heiraten – nur nacheinander.

Fischer und Händler

Andere ostafrikanische Völker sind traditionell Fischer. So die **Luo,** die am Viktoria-See leben, die **El Molo** am Turkana-See, die **Fipa** am Tanganyika-See und natürlich die **Swahili,** die den gesamten Küstenstreifen Ostafrikas von der Juba-Mündung in Somalia bis zum Kap Delgada an der Grenze zwischen Tansania und Mosambik bewohnen. Ihr Name leitet sich vom arabischen Wort *swahil* ab, das so viel wie ›Küste‹ bedeutet, und ist im Grunde eine Sammelbezeichnung für die Völker der ostafrikanischen Küste sowie der vorgelagerten Inseln. Die Swahili-Hochburgen sind Sansibar und Lamu. Allen gemeinsam ist die Sprache, das Kiswahili (s. S. 68), sowie die Bindung als Fischer und Händler an das Meer sowie der frühe Kontakt mit arabischen Kaufleuten, die sich bereits im 9. Jh. an der Küste niedergelassen hatten und sich im Laufe der Zeit mit den dort ansässigen Bantu vermischten.

Die Araber führten etwa im 10. Jh. den Islam in Ostafrika ein, der sich schnell als führende Religion entlang der Küste durchsetzte und bis heute die dominante Religion der

Küstenregion ist. Die Vorschriften des Koran bestimmen das Leben der Swahili, selbst ihre Kleidung ist stark religiös geprägt. Männer tragen häufig ein weites, weißes Baumwollhemd *(kanzu)* und dazu eine individuell bestickte Mütze *(kofia)*. Frauen werfen, bevor sie sich in der Öffentlichkeit sehen lassen, oft einen schwarzen Umhang *(buibui)* über die bunten *kangas* (s. S. 305).

Ackerbauern

Im Gegensatz zu den Viehzüchtern, Fischern und Händlern betreiben die **Kikuyu** traditionell Ackerbau und halten Kleinvieh wie Hühner und Ziegen. Sie machen etwa 20 % der kenianischen Bevölkerung aus, und als zahlenmäßig größte Ethnie besitzen sie großen Einfluss in Staat und Gesellschaft. Der erste Präsident des unabhängigen Kenia, Jomo Kenyatta alias Johnstone Kamau, war Kikuyu. Seine Doktorarbeit »Facing Mount Kenya« ist eine Hommage an die Kultur der Kikuyu, in der er die Traditionen, Sitten und Gebräuche seines Volkes festgehalten hat.

Einen ähnlichen wirtschaftlichen Status nehmen in Tansania die **Chagga** ein. Sie haben den Ruf, die ›Schwaben‹ Tansanias zu sein: Sie gelten als clevere und fleißige Anbauer von Kaffee und anderen landwirtschaftlichen Produkten wie Mais, Yams, Zuckerrohr, Bananen und Bohnen. Die Chagga sind früh missioniert worden, weswegen sie fast sämtlich dem christlichen Glauben angehören – der Anteil von Kirchen europäischen Stils ist auffallend hoch in der Region um Moshi. Da die Missionare oftmals in Schulen und Erziehung investiert haben, ist die Analphabetenrate unter den Chagga extrem niedrig, entsprechend hoch ihr Anteil an Universitätsabsolventen und in höheren Wirtschaftsetagen.

Künstler und Handwerker

Viele der handwerklichen (Haus-)arbeiten sind den Frauen überlassen. Einige Ethnien sind jedoch besonders bekannt für ihr handwerkliches und künstlerisches Geschick. Hierzu zählen in Tansania die **Makonde,** in Kenia die **Kisii** sowie die **Akamba,** die aus den Rohstoffen ihrer unmittelbaren Umgebung – Stein oder Holz – sowohl praktische Haushaltsgegenstände als auch eindrucksvolle Kunstwerke herstellen (s. S. 75).

Missionare, Manager, ›Gastarbeiter‹

Die rund 50 000 Europäer, die sich selbst als *expats* (kurz für Englisch *expatriates*) oder aber – in Kenia – als *Kenya cowboys* bezeichnen, leben entweder als Großgrundbesitzer auf dem Land, verdienen ihren Lebensunterhalt als Besitzer von Lodges und Hotels oder als Manager in den Städten.

Die knapp 200 000 Asiaten sind in erster Linie Inder und Pakistani. Inder kamen Anfang des 20. Jh. als (Zwangs-)Arbeiter, vor allem für den Bau der Uganda-Bahn. Etwa ein Drittel von ihnen blieb in Ostafrika, wo sie wegen ihrer Schreib- und Lesekenntnisse bevorzugt als Kolonialbeamte angestellt wurden. Den bereits Ansässigen folgte ein steter Zustrom vom indischen Subkontinent. Die Geschäfte der Inder blühten, in erster Linie waren sie als Geldleiher tätig oder betrieben kleine Läden *(dukas)*. Aufgrund ihres endogamen Heiratssystems vermischten sich die Asiaten weder mit den Afrikanern noch mit den Weißen. So beschränkte sich ihr gesellschaftlicher Einfluss auf Handel und Industrie, ihre Traditionen blieben weitgehend erhalten. Heute sind sie oft Inhaber von Geschäften, Supermärkten und Restaurants – ihre Stoffe und Speisen sind weit über ihren Kulturkreis hinaus beliebt.

Neu zum Mix der Kulturen hinzugekommen sind in den jüngsten Jahren Chinesen. Tansania wie Kenia profitieren von großen Infrastrukturprojekten, die vom chinesischen Staat mit der Auflage gefördert werden, dass ein nicht unerheblicher Anteil der Arbeiter aus China stammt. So bleibt es nicht aus, dass sich einige der chinesischen Gastarbeiter ein neues Zuhause in Ostafrika schaffen und dem kulturellen Regenbogen eine weitere Farbe hinzufügen.

Religionen und Kulte

Drei Hauptreligionen sind in Ostafrika vertreten: das Christentum, der Islam und die Naturreligionen. In Kenia bekennen sich gut zwei Drittel der Bevölkerung zum christlichen Glauben (30 % Katholiken, 40 % Protestanten und viele Splittergruppen, darunter mit einer Anhängerschaft von rund 100 000 die größte Quäker-Gemeinde der Welt, noch vor den USA), in Tansania sind es 45 %. Dem Islam gehören in Kenia 10 % der Bevölkerung an, in Tansania etwa 40 %. Die übrigen folgen den traditionellen Vorstellungen und Bräuchen ihres Volkes. Daneben existiert eine hinduistische Minderheit.

Christentum und Islam

Staat und Kirche sind offiziell getrennte Einheiten, jedoch gibt es Überschneidungen. Bildung und medizinische Versorgung oblagen vor der Unabhängigkeit häufig den religiösen Institutionen, und trotz der Verstaatlichung haben Missions- und Koranschulen nach wie vor bedeutenden Einfluss auf Erziehung und medizinische Versorgung, vor allem in abgelegenen Gebieten, wo sich neben den etablierten Religionen die protestantischen Splitterreligionen (Presbyterianer, Adventisten, Baptisten usw.) engagieren. Das Christentum hat sich weiträumig über ganz Ostafrika verbreitet, der Islam konzentriert sich an der Swahili-Küste. In den islamischen Hochburgen Lamu, Mombasa und Sansibar liegt der Anteil der Muslime bei fast 100 %. Dort werden neben den staatlichen auch islamische Feiertage eingehalten. Diese Feiertage gelten für alle muslimischen Glaubensrichtungen, egal ob es sich um Sunniten (die in Ostafrika in der Mehrheit sind), Ismaeliten (die Anhänger des Aga Khan) oder Schiiten handelt.

Traditionelle Religionen

In den traditionellen Religionen spielt die Ahnenverehrung eine bedeutende Rolle. Die Genealogien von den erst kürzlich Verstorbenen bis hin zu den mythischen Urvätern oder -müttern sind allen Mitgliedern der Gemeinschaft bekannt. Durch rituelle Feste, zu denen traditionelle Musik und Tänze gehören, werden die Genealogien und (Ursprungs-) Mythen an die nachfolgende Generation weitergegeben. Schriftliche, mit der Bibel oder dem Koran vergleichbare Überlieferungen gibt es nicht.

Die Weltanschauungen variieren stark zwischen den einzelnen Ethnien. Zentral ist der Ahnenkult, die Vorfahren gelten nicht als tot, sondern man nimmt an, dass sie weiterhin in die Geschicke der Gemeinschaft eingreifen, weswegen man um ihr Wohlwollen bemüht sein muss. Daneben existiert der Glaube an gute und böse Geister oder Dämonen. Die umgebende Natur gilt als beseelt, d. h. Bäumen, Quellen, Felsen, Bergen u. a. wird ein heiliges Wesen zugesprochen – wie etwa dem Mt. Kenya, in dessen Schluchten Ngai (Mwene-Nyaga), der Gott der Kikuyu, lebt. Im Zusammenhang mit diesen Vorstellungen stehen häufig Meidungstabus, d. h. Gebote, bestimmte Tiere oder Pflanzen nicht zu essen, bestimmte Orte nicht zu betreten oder zu bestimmten Zeiten auf gewisse Tätigkeiten zu verzichten. Vor bestimmten Aktivitäten wie dem Bestellen des Feldes, dem Gang zum Markt oder dem Bau eines Hauses werden die Geister um ihren Schutz gebeten.

Als Mittler zwischen den Menschen einerseits und den Ahnen, Geistern und der Natur andererseits fungieren zumeist ältere Personen. Damit erklärt sich auch die hohe Wertschätzung, die den älteren Mitgliedern einer Gemeinschaft zuteil wird. Manche der Älteren verfügen noch dazu über hervorragende Kenntnisse der Heilkunde, des Wettergeschehens oder sind begnadete Erzähler, und es werden ihnen besondere magische Fähigkeiten zugeschrieben. Aus westlicher Sicht werden sie oft mit Begriffen wie Medizinmann, Seher oder Regenmacher bezeichnet.

Der Glaube an die Mythen und Ahnen der eigenen Religion schließt nicht aus, dass viele Afrikaner auch gleichzeitig ›Christen‹ oder ›Muslime‹ sind. Viele Kikuyu beispielsweise sind christianisiert und pflegen parallel dazu weiterhin ihren Ahnenkult.

Architektur, Kunst und Kultur

Ostafrika ist sehr reich an Kultur und Kunst – schon im europäischen Mittelalter bestand ein reger Kulturaustausch mit Asien, insbesondere China und Indien – und dem Nahen Osten. Die Musik integriert seit Langem orientalische, indische und europäische Instrumente und Rhythmen und die Töpfer-, Textil- und Schnitzkunst sind ebenfalls kulturelle Highlights mit langer Tradition.

Architektur

Die traditionell afrikanische Architektur erweist sich als äußerst umweltfreundlich: Die Rohstoffe stammen aus der unmittelbaren Umgebung, sind biologisch abbaubar und passen optisch optimal ins Umfeld. Aufgrund der klimatischen Bedingungen dienen Häuser meist lediglich als Schlafstätte und sind entsprechend klein, das Leben spielt sich vor allem draußen ab.

Die verschiedenen Ethnien integrieren ihre Wertvorstellungen in die Architektur, so sind beispielsweise die Hütten der Kikuyu immer rund, da in den Ecken böse Geister hausen könnten. Die Masai ordnen ihre Häuser stets kreisförmig an, ihr Dorf – der Kraal – ist von einem Zaun aus Dornbüschen umgeben, um Wildtiere und Diebe fernzuhalten. Ihre Häuser aus einem Gerüst aus Geäst werden mit einer Mischung aus Erde und Kuhdung verspachtelt, das hält sie kühl, macht sie windresistent und schützt vor aufgewirbeltem Staub. Sind die Weidegründe erschöpft, wird das Dorf sich selbst überlassen, und in kurzer Zeit hat die Natur die menschlichen Spuren wieder verwischt.

Im krassen Gegensatz hierzu steht die Bauweise der Städte. Die ältesten, heute noch existierenden Städte Ostafrikas sind Mombasa, Lamu und Sansibars Stone Town, wo Häuser aus weißem Korallenstein das Stadtbild dominieren. In den filigran gearbeiteten Holztüren ist teilweise das Alter der Häuser eingeritzt (s. S. 313). Die Altstädte von Sansibar oder Mombasa wurden bewusst eng bebaut – zum einen, um sie schattig zu halten, zum anderen, um Windschneisen einzubauen, die eine Art natürliche Klimaanlage bilden. Die schmalen Gassen lassen Platz für Menschen, Fahrräder und Esel – an Autos hingegen war nicht gedacht, weswegen sich moderne Häuser, Fabrikanlagen etc. immer außerhalb der alten Stadtkerne angesiedelt haben. In diesen Stadtteilen dominieren Häuser aus Beton (sowohl Kenia als auch Tansania sind große Betonexporteure) mit Wellblechdächern.

Musik

Musik und Tanz haben für die Menschen in Ostafrika einen hohen Stellenwert, jede Ethnie hat ihren eigenen Musikstil und wenn das Wort *ngoma* (übersetzt: Trommel) fällt, ist damit nicht unbedingt Trommelmusik, sondern Musik oder Tanzen ganz allgemein gemeint. *Ngoma* kann die Disco sein, eine Live-Percussion-Session oder Musik aus dem Radio.

Trommeln

Trommeln sind in Afrika allgegenwärtig, weswegen das Trommeln oftmals als der Puls Afrikas bezeichnet wird. Allein in Ostafrika existieren mindestens so viele Trommelarten, wie es in Frankreich Käsesorten gibt.

Manche dieser Instrumente sind sanduhrenförmig, manche flach, andere hoch, wieder andere zweiseitig bespannt. Die meisten sind aus massiven Holzklötzen geschnitzt, aber manchmal dienen auch Kürbisse und Blechbüchsen als Trommeln. Je nach Volumen und Bespannung erzeugen die Trommeln unterschiedlichste Töne, und auch die Spielarten – ob mit Händen oder Stöcken – sind vielfältig. Fast allen Trommeln gemein ist die Bespannung mit Tierhäuten, die oft mit Rasierklingen oder scharf geschliffenen Steinen in Handarbeit enthaart werden. So variantenreich wie die Trommel selbst ist auch der Einsatz dieses Instruments. Das Spektrum reicht vom spontanen Spiel vor der Haustür bis zur Begleitung des Hochzeitstanzes oder einer Totenzeremonie.

Taarab

Eine wichtige Rolle übernehmen die Trommeln im Taarab, einer an der ostafrikanischen Küste verbreiteten Musikrichtung. Das Taarab-Orchester besteht aus Instrumenten – neben Trommeln auch Rika (Tamburin), Oud (Laute), Nai (Flöte), Ganun (Zither), Taishokoto (ein dem Banjo ähnliches Instrument), Akkordeon, Gitarre und Bass – sowie einem gemischten Chor. Letzterer singt entweder in Kiswahili oder Arabisch, weswegen sich die Musik sehr orientalisch anhört.

Der Taarab soll von Sultan Said Barghash bin Said in der zweiten Hälfte des 19. Jh. eingeführt worden sein. Seitdem hat diese Musikrichtung viele Veränderungen durchlebt, mehr Instrumente wurden hinzugefügt und die Texte kritischer, teils sogar anzüglich. Auch wird Taarab heute nicht mehr nur zu gesellschaftlichen Anlässen wie Hochzeiten gespielt, sondern hallt mittels Radio durch die Gassen von Sansibar, Mombasa und Lamu, entlang der Küste bis nach Uganda und Zaire, von wo es in neuartigen Formen zurückschallt. Es hat sich geradezu ein künstlerischer Wettstreit zwischen populären Taarab-Sängern entwickelt, der beim Kulturfestival auf Sansibar (s. S. 104) ausgetragen wird.

Was wäre Afrika ohne seine Trommeln?

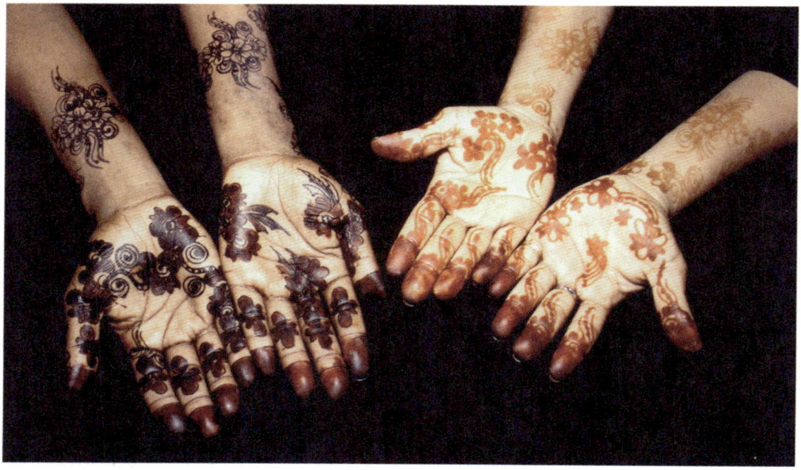

Vergängliche Kunstwerke: Henna-Tattoos schmücken die Handflächen

Literatur

Kenia und Tansania haben wie fast alle afrikanischen Länder eine umfangreiche Oralliteratur. Das bedeutet, dass eine Fülle von überlieferten Geschichten und Mythen erzählend oder singend weitergegeben wurden. Die Sprachen Afrikas weisen zudem ein schier unendliches Repertoire von Gedichten und Sprichworten auf, die Weisheiten und Belehrungen pointiert und spielerisch weitergeben – eine Art ›Literaturspiel‹.

Erst seit der Einführung der Schrift – zunächst der arabischen und später der europäischen – etablierte sich eine Literaturszene. Nach und nach werden viele der bislang nur mündlich tradierten Erzählungen in Büchern festgehalten, afrikanische Märchenbücher mit authentischer Bebilderung findet man heute in den Buchläden. Viele der Geschichten handeln von Tieren und Fabelwesen und haben eine versteckte Botschaft.

Bei der Literatur Ostafrikas, zumindest der auf Englisch geschriebenen, steht die Sozialkritik im Mittelpunkt. Autoren wie **Ngugi wa Thiong'o** (geb. 1938) bezeichnen sich selbst als antikoloniale und aufklärerische Schriftsteller. Seine gesellschaftskritischen Stellungnahmen und der Widerstand zunächst gegen die britische Kolonialpolitik und später die postkoloniale Herrschaft der Moi-Regierung brachten Ngugi wa Thiong'o sogar vorübergehend ins Gefängnis, sodass er sich gezwungen sah, Asyl im Ausland zu beantragen – er lebte einige Zeit in London und Kalifornien. Seine vom Volk geschätzten Werke, darunter auch viele Theaterstücke (die Lesekultur ist in Ostafrika weitaus weniger ausgeprägt als die dramatische Inszenierung von Literatur) waren in Kenia zeitweise verboten. Viele seiner Bücher sind ins Deutsche übersetzt worden, darunter die Romane »Abschied von der Nacht« (1969), »Verbrannte Blüten« (1982), »Der gekreuzigte Teufel« (1988), »Matigari« (1991) oder »Herr der Krähen« (2011). Sie vermitteln tiefe Einblicke in das postkoloniale soziale Gefüge Kenias, abseits der Strand- und Safariidylle. Zuletzt erschien mit »Die Geburt eines Traumwebers« (2016) der dritte Teil von Ngugi wa Thiong'os Memoiren. Auch einige seiner Kinder haben sich der Literatur verschrieben; auf Deutsch erschienen bisher die Krimis »Nairobi Heat« (2014) und »Black Star Nairobi« (2015) seines Sohnes **Mukoma wa Ngugi** und der Roman »Die Scheinheiligen« (2014) seiner Tochter **Wanjiku wa Ngugi.**

Jomo Kenyatta (1891–1978), der erste Präsident des freien Kenia, verfasste als Student in London eine Hommage an sein Volk, die Kikuyu, unter dem Titel »Facing Mount Kenya«, ein bis heute wertvolles Werk, wenn man mehr über die größte Ethnie Kenias erfahren möchte. Die eher romantischen und weniger kritischen Romane über Kenia und Tansania stammen meist aus der Hand nichtafrikanischer Autoren (s. S. 113).

Malerei und Kunsthandwerk

Tingatinga-Malerei

Der Malstil ist benannt nach dem in den 1970er-Jahren verstorbenen tansanischen Maler Edward Saidi Tinga Tinga. Er stellte Tiere und Pflanzen in einer bilderbuchartigen Art unter Verwendung kräftiger Lackfarben dar. Sein Stil wird von vielen Künstlern in immer neuen Formen weitergepflegt.

Henna-Tattoos

Zu besonderen Anlässen, etwa zu einer Hochzeit, schmücken viele Frauen Ostafrikas ihre Finger- und Fussnägel – und die Hände und Füsse gleich mit – in filigraner Arbeit mit kunstvollen Henna-Malereien. Es entstehen rotbraune bis schwarze ›Tätowierungen‹, deren Intensität und Haltbarkeit zum einen von der Mischung des Henna-Pulvers abhängt und zum anderen von der Anzahl der aufgetragenen Schichten. Oft werden zwei oder gar drei Lagen mit einem dünnen Holzstäbchen aufgetragen, die Hautgemälde halten dann mitunter einige Wochen.

Gewöhnlich kann man sich anhand von Bildern die gewünschten Ornamente (häufig sind es stilisierte Blumen) aussuchen. Urlauber wählen dabei die Muster meist nach rein ästhetischen Gesichtspunkten, während für die Einheimischen auch die Symbolik eine Rolle spielt. Ursprünglich wurde dieser Hautschmuck nur von erwachsenen muslimischen Frauen getragen und ist Teil einer Hochzeitszeremonie. Der Braut werden dabei – nicht selten in tagelanger Feinarbeit – ganz besonders aufwendig gestaltete Muster an ihren Hand- und Fußgelenken aufgemalt. Vergleichbar mit den Tätowierungen westlicher Frauen, die ihre Hautbilder oft an unkeuschen Körperstellen platzieren, sollen diese temporären Tätowierungen erotisierend auf das andere Geschlecht wirken.

Schnitzereien aus Speckstein (Soapstone)

Speckstein, in Ostafrika als Soapstone bekannt, stammt größtenteils aus der Gegend von Kisii im Westen von Kenia. Die englische Bezeichnung, übersetzt als Seifenstein, beschreibt die relativ weiche Textur. Die Oberfläche des Steins wird oft von einem weißen Puder aus Magnesiumsilikat, dem Hauptbestandteil des Steins, ›eingemehlt‹. Speckstein ist Sportlern als Talk oder Steatit bekannt und wird darüber hinaus auch industriell genutzt, etwa als Puder zur Haltbarmachung von Gummi. Als Reisender in Kenia wird einem Speckstein vor allem in seiner grünlichen Grundform begegnen, aus der in liebevoller Handarbeit z. B. Tiere, Schachfiguren oder Aschenbecher geschnitzt werden.

Schnitzereien der Makonde und Akamba

Ähnliche Figuren wie aus Speckstein werden auch aus Holz gefertigt. Hier reicht die Palette von Wildtieren über Krieger bis hin zu Gebrauchsgegenständen: Kämme, Löffel, Hocker, Brieföffner oder gar Nackenstützen (die die Turkana als Kopfkissen benutzen, um ihre Ohren vor Staub und Insekten zu schützen). Oftmals haben die traditionellen Gegenstände der ›Souvenir-Kunst‹ Platz gemacht – ein Plastikkamm aus China ist billiger für die einheimische Bevölkerung und die Touristen ziehen Figuren als Souvenir vor.

Besonders bekannt für die Bearbeitung von Holz sind in Kenia die Akamba mit einem großen Workshop gleich in der Nähe des Moi

International Airport in Mombasa und vielen Niederlassungen auf Märkten und Stränden. Da Reisende bereit sind, für tropisches Ebenholz wesentlich mehr zu zahlen, gibt es nunmehr viele gewiefte Händler, die einfaches Holz mit Gewichten und schwarzer Schuhcreme präparieren, um Ebenholz vorzutäuschen. Hochwertiges Holz wird selten von fliegenden Händlern angeboten, am ehesten wird man in den Läden von Selbsthilfegruppen mit angeschlossener Werkstatt fündig.

Gleiches gilt für original Makonde-Schnitzereien. Sie werden seit Jahrhunderten von der gleichnamigen Küstenbevölkerung aus dem Süden Tansanias gefertigt. Traditionell handelt es sich hierbei um Masken, Figuren und sogenannte ›Familienbäume‹. Vor der Kolonialisierung verkörperten viele ihrer Schnitzereien satanische Geister- und Fabelwesen mit grässlichen Fratzen, die das Böse fernhalten sollten. Die Familienbäume entstanden erst nach der Befreiung Tansanias. Es sind bis zu 2 m hohe, konvexe Skulpturen, die oft auf einer Ahnenfigur aufbauen, über deren Kopf sich reliefartig hervortretende, ineinander verschlungene stilisierte Menschen aufeinander stützen. Sie symbolisieren den Gemeinschaftsgedanken *ujamaa* (s. S. 62). Die Makonde-Skulpturen sind immer aus einem Stück Holz gefertigt, meist lassen sich die Künstler von den Maserungen und der Form des Materials inspirieren und ›beleben‹ das entsprechende Stück. Die ›Beseelung‹ von irdischen Dingen ist tief verwurzelt in der Weltanschauung der meisten afrikanischen Völker und wird insbesondere von den Makonde sehr ernst genommen. Moderne Makonde-Schnitzer von internationalem Ruhm sind der 2005 verstorbene George Lilanga und Mbangwende Moris. Außerhalb von Ostafrika kann man die Kunst der Makonde in ausgewählten privaten Galerien bewundern, etwa in der Hamburg Mawingu Collection (www.makonde-museum.de) oder bei Afrikanische Kunst in Leipzig (www.kunstausafrika.de).

Beim Kauf von Holzschnitzereien als Souvenir ist das Problem nicht mangelndes Angebot, sondern eher die Gewichtsbegrenzung beim Fluggepäck

Welterbe in Ostafrika

Alles in allem hat die UNESCO 13 Orte in Kenia und Tansania zum Welterbe erklärt – eine Auszeichnung, die die historische und kulturelle Bedeutung Ostafrikas untermauert. Doch mit der Auszeichnung sind für die beiden Länder nicht nur Lorbeeren und Reputation verbunden, sie übernehmen damit auch eine große Verantwortung.

Seit 1972 wacht die UNESCO, eine Organisation der Vereinten Nationen, über das Weltkultur- und -naturerbe. 1007 Kultur- und Naturdenkmäler wurden in 161 Ländern bislang unter ihren Schutz gestellt. Doch nur wenn bestimmte Kriterien erfüllt werden, wird einem Antrag stattgegeben. In Kenia entsprachen sechs Stätten den Kriterien, nämlich der Mt. Kenya National Park, der Lake Turkana National Park, die Altstadt von Lamu (s. Bild oben), das Fort Jesus in Mombasa, der Mijikenda Kaya Forest entlang der Küste und die Seenregion im Great Rift Valley.

Bereits 1979 wurde hingegen die Ngorongoro Conservation Area in Tansania in die Liste des Weltnaturerbes aufgenommen. Es folgten die Serengeti und die Ruinen von Kilwa 1981, das Selous Game Reserve 1982, der Kilimanjaro National Park 1987 und 2000 die Altstadt von Stone Town auf Sansibar. 2006 wurden die Felsmalereien von Kondoa in die Liste aufgenommen. Schon seit einigen Jahren warten die Ostafrikanische Sklaven- und Elfenbeinhandelsroute (mit Bagamoyo als zentraler Station) und der Gombe Stream National Park auf den begehrten Titel.

Die UNESCO stellt zwar fachliche, aber nur wenig finanzielle Hilfe bei der Erhaltung ihrer Kultur- und Naturdenkmäler zur Verfügung. Denn mit einer Aufnahme verpflichten sich die Länder, selbst die Verantwortung für den kontinuierlichen Schutz der Stätten zu übernehmen – ein schier aussichtsloses Unterfangen in Staaten wie Kenia und Tansania, deren Wirtschaft größtenteils von der Entwicklungshilfe fremder Länder abhängt. Ohne internationale Hilfe kämen die wenigsten Denkmäler aus; deutsche, schweizerische oder amerikanische Organisationen engagieren sich intensiv für ihren Erhalt.

Hinzu kommen weitere Herausforderungen, denen die Länder nicht gewachsen sind, wie z. B. der Klimawandel, Naturkatastrophen, der Abbau von Bodenschätzen, die Bevölkerungszunahme oder fehlende Managementpläne. Eine Bedrohung stellt auch der Hoffnungsträger Tourismus dar. Zwar ist der Hinweis auf die Liste des UNESCO-Welterbes für die jeweiligen Länder ein wichtiger Faktor im Tourismusmarketing, doch mangels Instrumentarien oder Knowhow können Naturräume durch ein Zuviel an Tourismus unwiederbringlich geschädigt werden. Über kurz oder lang würden letztendlich die Touristen ausbleiben und dann fallen wichtige Deviseneinnahmen weg.

Den meisten Menschen in Kenia und Tansania ist das Welterbe wohl auch einerlei – ist es doch verständlich, dass zuallererst die Grundbedürfnisse gestillt werden müssen, bevor an den Schutz von einzigartigen Naturlandschaften oder steinernen Zeitzeugen gedacht werden kann.

Infos

Wissenswertes für die Reise

Anreise und Verkehr
Übernachten
Essen und Trinken
Outdoor
Feste und Veranstaltungen
Reiseinfos von A bis Z

Kangas mit Kamel am Diani Beach

Komfortabel wohnen:
in einer Lodge im Rift Valley

Besteigung des Uhuru Peak,
höchster Gipfel des Kilimanjaro

Anreise und Verkehr

Ein- und Ausreisebestimmungen

Visum, Reise- und Impfpass

Deutsche, Österreicher und Schweizer benötigen in Kenia und Tansania zur Einreise einen **Reisepass**, der noch mindestens 6 Monate nach Einreise gültig ist, und ein **Visum.** Die entsprechenden Formulare stehen auf den Websites der Botschaften zum Download bereit (s. S. 99). Grundsätzlich geht die Visumsbeschaffung schnell (2 Wochen), empfohlen wird jedoch, das Visum ca. 6 Wochen vor Reisebeginn zu beantragen. Seit 2015 kann man für Kenia online ein e-Visum beantragen (www.evisa.go.ke), daneben werden an den offiziellen Grenzstationen, z. B. an den Flughäfen Nairobi und Mombasa, weiterhin Visa erteilt. Letzteres gilt auch für Tansania. Die Visa für beide Länder kosten jeweils 50 US-$, (einmalige) Verlängerungen vor Ort sind möglich. Für Kenia benötigen Kinder unter 16 Jahren kein Visum, wenn sie in Begleitung ihrer Eltern reisen, in anderen Fällen erhalten sie ihr Visum seit 2016 kostenfrei. Unbedingt vor der Reise aktuelle Informationen zu den Einreisebedingungen bei den Botschaften einholen!

Wer zwischen Kenia und Tansania hin- und herreist, muss ein *multiple entry visum* beantragen (6–12 Monate gültig, ca. 80 US-$). Das East Africa Tourist Visa berechtigt zur mehrfachen Einreise nach Kenia, Ruanda und Uganda (90 Tage gültig, 100 US-$). Wer nur auf der Durchreise ist, kann im jeweiligen Land auch ein Transitvisum erwerben (20–30 US-$, nur mit gültigem Weiterreiseticket erhältlich). Kenianische Tourveranstalter dürfen nicht nach Tansania fahren, am Grenzübergang muss man aus dem kenianischen Fahrzeug aussteigen und in ein tansanisches umsteigen.

Bei Direktflügen sind keine **Impfungen** vorgeschrieben. Eine Impfbescheinigung gegen Gelbfieber wird von Reisenden verlangt, die aus einem Infektionsgebiet einreisen bzw. eine Transitzeit von mehr als 12 Stunden im Flughafen eines Endemiegebiets verbracht haben. Auskunft über aktuelle Impfbestimmungen geben die zuständigen Botschaften und das Auswärtige Amt (www.auswaertiges-amt.de). Zu Gesundheit s. auch S. 105).

Für die Ausreise wird eine **Ausreisekarte** verlangt (sie wird meist bei der Einreise zusammen mit der Einreisekarte ausgehändigt). Eventuell bei der Einreise vermerkte Luxusgüter wie Videokamera müssen bei der Ausreise vorgezeigt werden, eine Maßnahme zur Bekämpfung des Schwarzmarkts.

Zollbestimmungen

Zollfrei ist die Einfuhr von 200 Zigaretten, 50 Zigarren, 250 g Tabak, 1 l Alkohol und 0,25 l Parfüm. Devisen können in unbegrenzter Höhe eingeführt werden, Kenia-Schilling nur bis zu einem Gegenwert von 6000 US-$. Die Einfuhr von Waffen, Drogen und pornografischem Material ist untersagt. In beiden Ländern besteht ein striktes Ausfuhrverbot für Häute, Felle, Tiertrophäen, Elfenbein und Rhinozeroshorn, sofern sie ohne offizielle Lizenz erworben wurden. Die Ausfuhr von Korallen, Schildkrötenpanzern sowie der meisten Schnecken- und Muschelarten unterliegt dem Washingtoner Artenschutzabkommen, bei Verstößen drohen empfindliche Strafen (s. auch S. 244).

Anreise

Mit dem Flugzeug

Reisende haben die Wahl zwischen Charter- und Linienflügen; Preisvergleiche lohnen sich, denn die Tarife für die Economy Class schwanken zwischen 500 und 1500 € (für den Hin- und Rückflug). Die Hochsaison deckt sich mit den Terminen der europäischen Schulferien.

Nairobis internationaler Jomo Kenyatta Airport bildet das Luftverkehrskreuz Ostafrikas.

Hier landen fast alle Flüge aus Europa, auch wenn ihr Endziel ein anderer Flughafen ist. Der zweite internationale Flughafen in Kenia ist der Moi International Airport in Mombasa; er wird vor allem von den Chartergesellschaften Condor und Edelweiss Air angeflogen.

In Tansania gibt es drei internationale Flughäfen: Dar-es-Salaam, Sansibar und den Kilimanjaro Airport zwischen Arusha und Moshi. Sie werden aus Europa von den Fluglinien Condor, Emirates, Ethiopian Airlines, Gulf Air, Kenya Airways, KLM, Oman Air, Qatar Airways, Swiss und Turkish Airlines angeflogen.

Websites der Fluglinien:
www.condor.com
www.flyedelweiss.com
www.emirates.com
www.ethiopianairlines.com
www.gulfair.com
www.kenya-airways.com
www.klm.com
www.omanair.com
www.qatarairways.com
www.swiss.com
www.turkishairlines.com

Flughafensteuer: Tansania verlangt eine Airport Tax von 40 US-$ bei der Ausreise, von Sansibar aufs Festland 10 000 TSh, in Kenia sind 40 US-$ zu zahlen. Oft ist diese Steuer im Ticketpreis bereits enthalten – wer sich nicht sicher ist, hält am besten für alle Fälle diese Summe bereit, denn die Gebühr ist Pflicht.

Auf dem Landweg

Zwischen den großen Städten Nairobi und Arusha, Mombasa und Tanga/Dar-es-Salaam verkehren zahlreiche Busunternehmen, mit denen man die Grenzen auf dem Landweg überqueren kann. Viele der Busse bieten einen guten Standard und legen kaum Zwischenstopps ein, weswegen der Fahrplan meist eingehalten wird.

Die Hauptgrenzübergänge liegen bei Lunga Lunga an der Küste, Taveta, Namanga und Isebania beim Viktoria-See. Seitdem die East African Community (EAC) ein gemeinsames Zoll- und Grenzabkommen geschaffen hat, vollziehen sich Grenzüberquerungen relativ zügig und problemlos. Über die aktuellen Grenzvorschriften sollte man sich bei der Botschaft informieren (s. S. 99).

Der Grenzübertritt mit einem Mietwagen ist nur dann erlaubt, wenn der Fahrer die schriftliche Genehmigung des Verleihers und eine spezielle Versicherung vorweisen kann. Allerdings muss der gleiche Grenzübergang auf der Rückfahrt wieder benutzt werden, da die Originalfahrzeugpapiere an der Grenze hinterlegt werden müssen (s. S. 84).

Mit dem Schiff

Es besteht die Möglichkeit, im Rahmen einer Kreuzfahrt oder per Frachtschiff (Fahrtzeit: mehrere Wochen) anzureisen. Da die Routen sich häufig ändern, fragt man am besten in einem Reisebüro nach, welcher Veranstalter zum gewünschten Reisetermin die Häfen Mombasa, Dar-es-Salaam, Tanga oder Sansibar ansteuert.

Verkehrsmittel

Der größte Teil Ostafrikas lässt sich gut mit öffentlichen Verkehrsmitteln bereisen, neben Busverbindungen gibt es eine Reihe von Eisenbahnlinien und ein recht dichtes Binnenflugnetz. Lediglich innerhalb der Nationalparks ist man auf organisierte Touren oder einen Mietwagen angewiesen.

Flugzeug

Das ostafrikanische Binnenflugnetz ist recht gut ausgebaut. Neben den internationalen Flughäfen von Nairobi, Mombasa, Dar-es-Salaam, Kilimanjaro und Sansibar gibt es in fast jeder größeren Stadt einen Regionalflughafen sowie unzählige Landebahnen (Airstrips), insbesondere innerhalb der Nationalparks, um den Gästen die mühsame Anreise zu erleichtern. Über diese Landebahnen kann man selbst in die entlegensten Winkel Kenias und Tansanias gelangen. Zahlreiche lokale Fluggesellschaften, darunter Air Kenya, Coastal Aviation, Fastjet, Fly 540, Precision Air, Safarilink oder ZanAir, bedienen die Strecken zwischen Kenia, Tansania und San-

GRENZVERKEHR KENIA–TANSANIA

Seit dem Zusammenschluss der Staaten Kenia, Tansania und Uganda zur Ostafrikanischen Union ist die Grenzüberquerung relativ unkompliziert. Soll die Reise z. B. in Kenia beginnen, dann nach Tansania gehen und der Rückflug nach Europa wieder von einem kenianischen Flughafen starten, benötigen EU-Bürger sowohl für Kenia als auch für Tansania (auch für einen eintägigen Grenzübertritt!) ein Visum oder ein Multiple-Entry-Visum. Einst war es üblich, Bestechungsgelder an die Grenzbeamten zu zahlen, um den Grenzübertritt zu ermöglichen oder zu beschleunigen, doch das gehört heute der Vergangenheit an. Lassen Sie keine Geldscheine im Pass, dies könnte sehr wohl als Bestechungsgeld verstanden werden.

sibar. Zwischen Dar-es-Salaam und Sansibar verkehren darüber hinaus alle Inlandfluglinien Tansanias, was die Anreise nicht nur schnell, sondern auch verhältnismäßig günstig macht.

Websites der Fluglinien:
www.airkenya.com
www.coastal.co.tz
www.fastjet.com
www.fly540.com
www.precisionairtz.com
www.flysafarilink.com
www.zanair.com

Bahn

Die Züge in Ostafrika sind mit denen in Europa nicht vergleichbar. Zum einen sind sie viel langsamer – die Durchschnittsgeschwindigkeit liegt bei 35 km/h. Zum anderen gibt es drei Klassen, wobei die Wagen der 3. Klasse extrem preiswert, aber überfüllt und schmutzig sind. In der 2. Klasse teilt man sich ein Abteil mit 4 bis 8 Fahrgästen (in manchen Zügen wird dabei nach Geschlechtern getrennt). In der 1. Klasse ist das Reisen recht angenehm (vor allem auf der Strecke Mombasa–Nairobi); nachts werden die Sitze zu Betten umfunktioniert. Reservierungen für die 1. und 2. Klasse müssen im Voraus getätigt werden. Zwischen Kenia und Tansania besteht keine Zugverbindung. In beiden Ländern wurden die Schienenstrecken in den letzten Jahren stark vernachlässigt, das System ist marode und die Fahrpläne sind unzuverlässig. Im Rahmen der Zollunion der EAC soll in naher Zukunft wieder in das Schienennetz investiert werden. Bis dahin sind Bahnfahrten nur Reisenden mit flexiblem Zeitplan und Abenteuerlust zu empfehlen.

Eine Ausnahme ist die Strecke zwischen Mombasa und Nairobi, die u. a. den Tsavo National Park durchquert. Hier verkehrt seit 2017 der moderne Madaraka Express, der die Distanz von 472 km in etwa 6 Std. zurücklegt. Ein Intercounty Service mit mehr Zwischenstopps ist in Planung. Zugtickets kann man 30 Tage im Voraus kaufen (Infos unter www.krc.co.ke). Die Bahnfahrt ist eine empfehlenswerte Alternative zum Straßen- oder Luftverkehr, weil man unterwegs einiges von der Landschaft sieht.

In Tansania gibt es mehr oder weniger regelmäßige Verbindungen zwischen Dar-es-Salaam und Kapiri-Moshi in Sambia sowie zwischen Dar-es-Salaam und Kigoma. Weitere Infos und Fahrpreise unter www.tazarasite.com.

Busse, Dalladallas und Matatus

In Ostafrika werden zwei Bustypen unterschieden: Neben den großen Bussen, die meist die Fernstrecken bedienen, existieren Kleinbusse oder Pick-ups, die **Matatu** (in Tansania häufig auch **Dalladalla**) genannt werden. Diese Matatus befahren fast alle Strecken in Ostafrika, vielerorts stellen sie das einzig verfügbare Verkehrsmittel dar. Sie sind sehr preiswert, jedoch – vor allem in Tansania – meistens hoffnungslos überfüllt und unbequem; dafür stellt die Reise im Matatu gewiss ein Abenteuer dar. Da Matatus oft anhalten, um Passagiere abzusetzen oder aufzunehmen, muss man mit langen Fahrzeiten rechnen. Matatus fahren selten ab, bevor alle Plätze doppelt belegt sind, einen festen Fahrplan gibt es nicht. Etwas teurer, aber deutlich schneller sind **Express-Matatus,** bei denen die Plätze in der Regel nur einfach belegt werden.

Relativ komfortabel und schnell (manchmal zu schnell!) sind **Langstreckenbusse,** die auf einigen Hauptrouten verkehren. Sie halten nur in größeren Städten und dürfen nur so viele Passagiere mitnehmen, wie Sitzplätze vorhanden sind. Diese müssen deshalb im Voraus gebucht werden. Die jeweiligen Büros der Busgesellschaften findet man am Busbahnhof. Die Busstationen liegen in der Regel zentral, nur in wenigen größeren Orten wie Nairobi, Mombasa oder Dar-es-Salaam gibt es verschiedene Abfahrtplätze für unterschiedliche Fahrtrichtungen oder Gesellschaften. Überlandbusse haben feste Abfahrtszeiten, an die man sich halten sollte.

Eine schnelle und preiswerte Alternative auf kurzen Strecken sind die dreirädrigen **Tuktuks,** die Platz für 1 bis 3 Personen bieten, und **Bodabodas** (auch Pikipikis), Motorradtaxis. Nachts sollte man allerdings besser ein Taxi nehmen, da häufig die Scheinwerfer defekt sind.

KLEINES FLUGGEPÄCK

Kleinere Fluggesellschaften erlauben lediglich ein Gepäckstück von max. 10–15 kg in sogenannten Soft Bags, d. h. keine Hartschalenkoffer. Dies gilt insbesondere für Cessnas oder andere Propellermaschinen mit Kapazitäten von 3–20 Pers., die für Flüge in die Nationalparks eingesetzt werden. Wer vorhat, vom Küstenhotel für ein paar Tage auf Safari zu fliegen, sollte ein kleines Gepäckstück für diesen Zweck mitbringen und den Koffer (mit einem Schloss versehen) im Hotel deponieren.

Taxi

Für europäische Verhältnisse sind Taxis sehr preiswert, aber oft auch in kläglichem Zustand. Man hält entweder ein Taxi auf der Straße an oder nimmt ein wartendes Taxi (an Bahnhö-

Matatus kommen und gehen – am Fire Station Roundabout in Nairobi

fen, Busstationen und vor größeren Hotels). In Hotels kann man sich nach den aktuellen Richtpreisen erkundigen; vor jeder Fahrt muss der Tarif ausgehandelt werden – insbesondere für Stadtrundfahrten oder längere Ausflüge.

Mietwagen

Neben den renommierten internationalen Firmen wie Hertz, Avis, Interrent oder Budget existieren in jedem größeren Ort lokale Agenturen, die meist billiger sind. Im Schnitt kostet ein Kleinwagen 70 €, ein Jeep/4WD 140 € pro Tag, plus gefahrene Kilometer und ohne Vollkaskoversicherung, die man aber auf jeden Fall abschließen sollte. Wer nicht selbst fahren will, kann auch einen Fahrer engagieren (ca. 40 €/Tag) – in Anbetracht der oft miserablen Straßenzustände und mitunter katastrophalen Fahrweisen eine durchaus sinnvolle Investition. Nicht alle Mietwagenfirmen erlauben Grenzübertritte, hierfür ist unbedingt eine Yellow Card Insurance (Comesa) erforderlich sowie eine offizielle Bestätigung der Mietfirma, die die Grenzüberquerung legitimiert.

Für die Anmietung gelten folgende Bedingungen: Mindestalter 23 Jahre, Reisepass, Internationaler Führerschein und eine Kreditkarte als Kaution. Man sollte jedoch niemals den Reisepass als Sicherheit bei der Leihfirma hinterlegen, sondern ihn immer bei sich tragen.

Einige Firmen (z. B. Tough Trucks, www.toughtruckskenya.com) haben sich darauf spezialisiert, für Campingsafaris voll ausgestattete 4WD-Wagen zu vermieten. Die Preise hierfür fangen bei 150 € plus Versicherung an. Vor dem Ausleihen unbedingt das Fahrzeug auf eventuelle Mängel untersuchen und sie der Agentur mitteilen, damit man hinterher nicht dafür verantwortlich gemacht wird.

Autofahren

Grundsätzlich sollte man wissen, dass die Distanzen in Ostafrika groß sind und dass 200 km nicht in zwei Stunden zurückgelegt werden können. Oftmals muss man hierfür einen ganzen Tag oder mehr einrechnen, denn viele Straßen sind ungeteerte Pisten und auch das Vorankommen auf den besseren Straßen ist unberechenbar: Man muss stets mit Schlaglöchern, Wildwechsel und handgezogenen Karren, in abgelegenen Gebieten mit Engpässen in der Treibstoffversorgung sowie an Ersatzteilen rechnen. Hinzu kommt, dass während der Regenzeit viele Pisten verschlammen, in der Trockenzeit dagegen kann es passieren, dass plötzlich Elefantenherden vielbefahrene Straßen überqueren auf der Suche nach Wasser und Futter. Straßenverhältnisse in Ostafrika sind immer ein Gesprächsthema und eine bleibende Urlaubserinnerung!

Verkehrsregeln: Sowohl in Kenia als auch in Tansania herrscht Linksverkehr. Das Tempolimit auf Landstraßen beträgt 100 km/h, in Städten und Nationalparks 30 km/h. Zur Verkehrsberuhigung werden häufig Schwellen in die Straßen eingebaut, bisweilen stellt die Polizei auch spitze Metallbarrikaden auf, um die man langsam herumfahren muss.

Schiff/Fähre

Regelmäßiger und zuverlässiger Küstenschiffsverkehr besteht von Dar nach Sansibar (mehrmals tgl.) und Pemba. Azam Marine bietet die Route auf mehreren Fähren an. Das Unternehmen gilt als sicherster Fährbetreiber Tansanias. In den letzten Jahren gab es einige schwere Fährunglücke mit mehreren Hundert Todesopfern, weshalb der Betreiber sorgsam ausgewählt werden muss. Aktueller Fahrplan und Preise unter www.azammarine.com. Eine Überfahrt kostet je nach gebuchter Klasse 35–60 US-$ plus 5 US-$ Hafensteuer.

Binnenschiffslinien existieren auf dem Lake Victoria (zwischen Kenia, Tansania und Uganda), Lake Tanganyika (zwischen Tansania, Burundi und Sambia) und Lake Malawi (zwischen Tansania und Sambia). Für private Ausflüge kann man auf verschiedenen Seen und an der Küste kleine Boote, sogenannte Galawas oder kleine Dhaus, mieten.

Mombasa ist von der Südküste nur über eine Fähre zu erreichen. Die Likoni Ferry verbindet Mombasa mit der kenianischen Südküste im ständigen Pendelverkehr. Diese Verbindung ist kostenlos für Fußgänger, für Fahrzeuge muss man eine Gebühr zwischen 120 und 280 KSh bezahlen (www.kenyaferry.co.ke).

Mit dem Jeep lassen sich unbefestigte Pisten am besten befahren – und die Aussicht ist auch gut

Übernachten

Vom Hostel bis zum Homestay

In Ostafrika gibt es fünf Unterkunftsarten: Hotels, Guesthouses, Lodges, Tented Camps und Camping. Die Palette reicht von der schäbigen Absteige bis zur Luxusherberge.

Hotels und Guesthouses

Viele **Stadt-** und **Strandhotels** in den Metropolen entsprechen internationalem Standard; insbesondere in den Strandhotels reichen die Annehmlichkeiten vom Pool mit Swim-up-Bar bis zu Tennisplatz, Wassersportzentren und Restaurants. In kleineren **Landhotels** und **Guesthouses** darf man bei Komfort und sanitären Anlagen nicht den gleichen Standard erwarten. Diese Mängel werden durch zuvorkommenden Service meist ausgeglichen (drei Angestellte kommen hier im Schnitt auf einen Gast).

TIPPS FÜR DIE BUCHUNG

Unterkünfte in den Naturschutzgebieten sollten im Voraus gebucht werden. Viele Lodges oder Camps haben nur zehn oder 20 Zimmer, und zur nächsten Lodge ist es mitunter weit. Für die Campsites, die von KWS oder TANAPA gemanagt werden, muss unbedingt vorher ein Permit beantragt werden. In den meisten Fällen erhält man bessere Tarife, wenn man die Lodges/Camps über einen Safariveranstalter bucht, der günstige Tarife ausgehandelt hat. Als Individualreisender erhält man bei Ad-hoc-Buchungen vor Ort – zumindest was die besseren Unterkünfte betrifft – oftmals nur die Rack Rate, den normalen Preis, der bis zu 50 % höher ist als jener der Reiseveranstalter. In den Städten besteht diesbezüglich mehr Verhandlungsspielraum.

Hotelketten

Besonders schöne Unterkünfte in beiden Ländern unterhalten die lokalen Ketten Serena (www.serenahotels.com) und das sehr hochpreisige südafrikanische Hotelunternehmen & Beyond (www.andbeyond.com), außerdem in Kenia Sarova (www.sarovahotels.com) und in Tansania Elewana Luxuslodges (www.elewanacollection.com) sowie die halbstaatlichen Hotels and Lodges Tanzania (www.hotelsandlodges-tanzania.com).

Lodges und Luxuscamps

Die oftmals schön in die Landschaft eingebetteten Hotels innerhalb der Nationalparks heißen **Lodges.** Hierbei handelt es sich nicht etwa um kleine Hütten, sondern um luxuriös ausgestattete Herbergen mit 4- oder sogar 5-Sterne-Standard. Badewannen oder Duschen (mit heißem Wasser), große Betten, Weingläser aus Kristall und Early Morning Tea, der ins Zimmer serviert wird, bevor es zur Frühpirsch geht, gehören hier zum Standard. Daneben gibt es **Tented Camps,** dauerhaft aufgestellte Canvaszelte mit zum Teil gemauerten Elementen, die in Ausstattung, Verpflegung und Service den Lodges in nichts nachstehen, in denen man sich aber noch mehr mit der Natur verbunden fühlt.

Öko-Lodges

Nirgends ist die Natur so bedeutend für den Tourismus wie in Ostafrika. Eine wachsende Zahl von Öko-Lodges setzt deswegen auf nachhaltigen Tourismus, d. h. eine Lodge oder ein Camp integriert die Umwelt. Dazu gehören auch die Menschen, die in der Region leben und oftmals durch den Tourismus Einschnitte in ihrer Lebensweise hinnehmen müssen, aber ökonomisch in keiner Weise davon profitieren. Die Angestellten einer Öko-Lodge sind besonders gut geschult, was den Service, aber auch was Umweltbelange angeht: Abfall wird recycelt und es werden energiesparende Methoden angewandt. Heißes Wasser und Strom werden beispielsweise durch Solarenergie erzeugt, auf Feuerholz wird verzichtet, um die stark dezimierten Wälder zu schützen, stattdessen produzieren Frauen der Umgebung Briketts aus Dung von ihren Tieren und Abfällen. Abwässer werden in einem Auffangbecken geklärt und nicht in einen Fluss oder See geleitet. Leicht abbaubare Waschmittel werden genutzt, um das Grauwasser schneller zurück in den Kreislauf zu führen.

Unterkünfte und Safariveranstalter, die sich bewusst für den Erhalt der Natur einsetzen, listen die Websites www.ecotourismkenya.org (Kenia) und www.eco-resorts.com (Ostafrika).

Camping

In einigen Naturschutzgebieten besteht die Möglichkeit zu zelten. Man unterscheidet zwischen **Public Campsites** (öffentlich ausgewiesene Plätze) und **Special Campsites** (mit der Parkverwaltung abgesprochene Privatplätze). Beide sind für Selbstversorger eingerichtet, häufig fehlen sanitäre Einrichtungen. Public Campsites werden in Kenia vom KWS verwaltet bzw. in Tansania von TANAPA. Es besteht die Möglichkeit, über deren Internetseiten Buchungen zu tätigen (www.kws.go.ke, www.tanzaniaparks.com). Die Preise variieren je nach Gebiet und liegen bei 25–50 US-$/Pers. und Nacht.

Die Parkverwaltungen beider Länder bieten eine begrenzte Zahl einfacher Unterkünfte an, die wesentlich preiswerter, aber auch weniger luxuriös ausgestattet sind als die privaten Lodges (ebenfalls über die Websites buchbar).

Private Unterkünfte

In Kenia kann man private Unterkünfte über die Agentur Langata Link Holidays mieten, die in den Kategorien ›Bush‹ oder ›Beach‹ meist **Farm- oder Ferienhäuser** am Strand, quer übers Land verteilt, vermittelt (http://holidays.langatalink.com). Interessenten geben die Personenzahl und Region ein und können online anhand von Fotos und Beschreibungen ihre Unterkunft aussuchen. Fast immer sind ein Koch und ein Hausbediensteter, der Einkäufe erledigt und die Zimmer reinigt, inklusive.

Zimmer, Apartments und andere Privatunterkünfte sind über die Websites www.airbnb.com und www.homeaway.co.uk buchbar.

Eine Alternative sind **Homestays.** Hier ist man Gast im Haus einer Familie, die Besucher an ihrem Alltagsleben teilhaben lässt.

HOTELI OHNE ZIMMER

Für Missverständnisse mag das Kiswahili-Wort *hoteli* sorgen, das einem immer wieder als Aufschrift an Häusern auffallen wird. Damit ist allerdings nicht etwa eine Herberge gemeint, sondern ein einfaches Restaurant. Wer sich hier nach einem Zimmer erkundigt, wird sicherlich für ein Schmunzeln sorgen!

Buchung und Preise

Zahlreiche Lodges sind über das Internet zu buchen, Empfehlungen finden sich im Reiseteil des Buches bei den jeweiligen Zielen.

Preise

Preislich variieren die Unterkünfte stark, je nach Saison, Standard und Lage. Hotels werden üblicherweise in US-$ bezahlt, Steuern (VAT) und Service Charge sind inklusive. In Tansania wird auf Hotelübernachtungen eine Gebühr von 1,50 US-$ erhoben. Sie ist meist im Übernachtungspreis enthalten, wird manchmal aber auch separat berechnet. Sehr preiswerte Unterkünfte gibt es ab 15 US-$, bessere Strandhotels schlagen mit 100–250 US-$ zu Buche, Luxus-Lodges und -hotels liegen preislich teils noch weit darüber. Die Übernachtungspreise verstehen sich in der Regel pro Zimmer inklusive Frühstück, pro Person wird ein Aufschlag verlangt, wenn Verpflegung inklusive ist. Die meisten Lodges und Camps sowie einige Strandhotels bieten Vollpension an, manche auch all-inclusive.

Essen und Trinken

Ostafrikas Küche bietet ein Potpourri aus afrikanischer, indischer, arabischer, portugiesischer, britischer und – zählt man die neuen Fastfoodketten dazu – auch amerikanischer Kost. Die Märkte zeigen, was der Boden von ›Mutter Afrika‹ alles hervorbringen kann, und Tierfarmen produzieren ›Wild‹: Krokodil-, Antilopen- oder Straußenfleisch.

Typisches und Spezialitäten

Generell ist die afrikanische Küche sehr stärkehaltig, nahezu überall bilden *ugali* (fester Mais- oder Hirsebrei, ähnlich wie Kartoffelpüree), *mtoke* (Kochbananen) und *maharagwe* (rote Bohnen) bzw. *sukuma wiki* oder *mchicha* (spinatähnliches Gemüse) die Grundlage. Dazu reicht man *nyama* (Fleisch), manchmal auch nur *mchuzi* (eine Fleischsoße), *kuku* (Huhn), *mbuzi* (Ziege) oder *samaki* (Fisch). Letzterer ist besonders gut am Viktoria-See und natürlich fangfrisch aus dem Indischen Ozean.

Auf keinen Fall entgehen lassen sollte man sich die köstlichen Meeresfrüchte. Die Hummer aus Lamu und die Krebse aus Wasini zählen zu den besten Schalentieren der Welt. In den besseren Restaurants entlang der Küste werden sie delikat mit Knoblauch, Zitronenpfeffer oder auf indische Art mit Ingwer oder Curry zubereitet.

Der jahrhundertelange Kulturaustausch zwischen Indern, Arabern und Afrikanern hat seine Spuren in Form von exotischen Gewürzen in vielen Speisen hinterlassen. Insbesondere entlang der Küste oder in den kulturellen Schmelztiegeln Nairobi, Mombasa, Dar-es-Salaam oder Sansibar erfreuen Kardamom, Zimt, Nelken, Ingwer *(ginger)* und viele andere Gewürze den Geschmackssinn. Einige Gerichte, die ursprünglich aus Indien oder Arabien stammen, wie schmackhafte Currys, *samosas* (gefüllte Teigtaschen), *chapati* (Fladenbrot) oder *mandazi* (ein süßes krapfenartiges Gebäck), gehören mittlerweile fest zum Speiseplan.

Beliebt insbesondere bei Reisenden ist auch *game meat,* Fleisch von afrikanischen Wildtieren. Einige Restaurants mit Sondergenehmigung in Nairobi und Mombasa haben sich hierauf spezialisiert und bieten Krokodilspieße, Keulen vom Dikdik (eine kleine Gazellenart) oder Straußenfilets an. Hier sei angemerkt, dass dieses Fleisch von Tierfarmen kommt –die Tiere in den Nationalparks dürfen nicht gejagt werden. *Game meat* ist also nicht (zumindest nicht legal) auf Märkten oder beim Metzger erhältlich.

Esskultur und Restauranttypen

Die Restaurants der ostafrikanischen Touristenhotels und der Nobelherbergen bieten im Allgemeinen eine gehobene internationale Küche mit stark britischem, oft auch mit indischem Einschlag – Frühstücksbuffets, Afternoon Tea sowie Mittags- und Abendmenüs (oft in Buffetform). Neben den teuren Hotels gibt es insbesondere in Nairobi, Mombasa, Malindi, Sansibar sowie Dar-es-Salaam weitere Luxusrestaurants und eine breite Palette von Restaurants, die hinsichtlich Ausstattung und Service europäischen Normen entsprechen und moderate Preise haben.

Einfache Restaurants und Hoteli

Einfache Restaurants, d. h. Lokale mit sehr bescheidener Einrichtung, begrenztem Speisenangebot und äußerst niedrigen Preisen, findet man in allen größeren Orten in Hülle und Fülle. Oftmals sind es asiatische (indische) Restaurants, die meist eine Mischung aus indischen und afrikanischen Gerichten anbieten, oder Snackbars englischen Stils.

Noch unter der Kategorie der einfachen Restaurants rangieren die *hoteli:* Bescheidene

Bretterbuden (keine Unterkünfte!), die auf dem Land meist die einzig verfügbare Verpflegungsmöglichkeit darstellen und in den Städten hauptsächlich auf Märkten und in Busbahnhöfen sowie in den Armenvierteln zu finden sind. Hier werden einfache afrikanische Gerichte, Tee, (Leitungs-)Wasser und Erfrischungsgetränke angeboten. Die Qualität der Speisen (bei niedrigen Preisen) ist verblüffend gut – auch wenn die Räumlichkeiten teilweise nicht sehr hygienisch wirken. Da aber oftmals das Auge mitisst, muss jeder für sich selbst entscheiden, ob ihn die angebotenen Speisen ansprechen. Herrscht gerade Wasserknappheit – insbesondere in Dar-es-Salaam ist die städtische Wasserversorgung oft schlecht –, sollte man auf ungekochte Speisen verzichten.

Mobile Küchen

Am Straßenrand findet man überall mobile Küchen, die afrikanische Variante von Fastfood, wo es geröstete Maiskolben, *nyama choma* (gegrilltes Fleisch) und *kassava*-Chips (aus Maniok) auf die Hand gibt. Eine besonders schöne Stimmung und eine große Auswahl an lokalen Speisen bieten das allabendliche Stelldichein an den Forodhani Gardens in Stone Town oder auch an Wochenenden an Mombasas Küste, wenn die Anwohner zum Flanieren bei Sonnenuntergang kommen. Der frischgepresste Zuckerrohrsaft oder *nyama choma* schmecken hier besonders gut!

Bunte (Super-)Märkte

Wohlbestückte Märkte oder Straßenverkauf gibt es fast überall. Hier findet man alles für den täglichen Bedarf: Obst und Gemüse, Gewürze, Getreide, Fisch, Fleisch, Dosen, Plastikutensilien, Handarbeiten, Kleidung – dem Angebot sind fast keine Grenzen gesetzt. Der Geruch des angebotenen Fleischs ist nicht jedermanns Sache, dafür sind die bunten und hübsch drapierten Früchte eine wahre Augenweide. Lästig können mitunter selbsternannte *guides* werden, die Reisende auf den Märkten für ein Trinkgeld begleiten wollen.

Rund um dem eigentlichen Markt haben sich oftmals *hoteli* angesiedelt, die fertige Speisen zu äußerst niedrigen Preisen anbieten.

Liebevoll gedeckt – in einer Lodge im Tsavo National Park

Daneben gibt es sogenannte *dukas* (Krämerläden) und Straßenkioske, die praktisch alles führen, was verfügbar ist. In größeren Orten findet man auch Supermärkte.

Die Versorgung mit Lebensmitteln hat sich in Kenia und Tansania in den letzten Jahren stark verbessert. Dennoch kann es dann und wann an Butter, Zucker, Milch, Eiern, ja aufgrund eines schlechten Erntejahres sogar an gewissen Gemüse- und Obstsorten oder Bier mangeln. In den Hotels fallen diese Engpässe den Gästen meist nicht auf, Selbstversorger müssen diesbezüglich mitunter flexibel sein.

Typische Früchte des Landes

Unbedingt sehenswert sind die Märkte Ostafrikas vor allem wegen ihrer Fülle an exotischen Früchten, Gewürzen und Gemüsesorten. Einige davon bekommt man mittlerweile auch in besser sortieren Supermärkten in Europa – jedoch niemals so frisch und wohlschmeckend wie im Herkunftsland. Da Früchte immer von einer Schale umgeben sind, ist das Innenleben völlig keimfrei und somit unbedenklich. Im Folgenden einige Früchte und Gemüsesorten unter der Lupe:

Große, wenig bekannte und wohlschmeckende Frucht – die Jackfruit

Ananas

Die Ananas wächst nicht etwa an einem Baum oder Strauch, sondern ist eine bodennahe Sprosspflanze und gehört zur Gattung der Bromelien. Aus einem kurzen, harten Schaft entwickelt sich ein ährenförmiger Blütenstand. Selbstbefruchtend, also ohne vorherige Bestäubung, wachsen daraus die essbaren Ananasfrüchte, die überdimensionalen Tannenzapfen ähneln. Fleischige Tragblätter bilden einen Schopf, der der vegetativen Vermehrung dient. Die Ananaspflanze liefert zwei Ernten pro Jahr. Ananasplantagen findet man im kenianischen Hochland, bei Moshi in Tansania und auf Sansibar.

Bananen

In Europa kennt man meistens die längliche (Chiquita-)Banane und bestenfalls noch die braunen Minibananen. In Ostafrika gibt es dagegen über 50 verschiedene kultivierte Bananenarten, die je nach Verwendung ihrer Früchte als Obst- oder Mehlbanane bezeichnet werden. Mehlbananen sind sehr stärkehaltig und müssen vor dem Verzehr gekocht, gebraten oder gebacken werden. Sie bilden zusammen mit den Wurzelfrüchten Yams, Maniok und (Süß-)Kartoffeln das wichtigste Grundnahrungsmittel in Ostafrika. Besucher, die das erste Mal in die Tropen reisen, werden ihre Freude daran haben, die vielen verschiedenen Bananensorten zu kosten. Zu den bekanntesten gehören die honigsüßen Zwergbananen, die roten, etwas trockenen *mzungus* und die dicken Braunbananen, in denen man bisweilen auf kleine Samenkerne beißt, die eigentlich nur noch in den Wildarten vorkommen.

Jackfruit

Diese riesige, 30–90 cm lange Frucht (Swahili: *fenesi)* kann bis zu 50 kg schwer werden und wird wegen ihrer Größe oftmals portionsweise verkauft. Die Fruchtschale ist grün, gelb oder braun und pockenartig. Das Fruchtfleisch im Innern besteht aus 100 bis 500 gelben Einzelfrüchten mit 1–3 cm langen, glatten Samen. Man kann diese Frucht wie ein Bonbon vom Kern ablutschen oder auch kochen. Roh schmeckt Jackfruit wie eine Mischung aus Banane und Ananas, ist aber nicht säuerlich.

Mango

Mangofrüchte gibt es in Ostafrika in Dutzenden Formen, Farben und Geschmacksrichtungen. Es gibt grüne, rote, gelbe, kleine, große, herzförmige, harte, weiche, fasrige, glatte – es ist eine Lust, sie alle zu probieren! Die riesigen Mangobäume, die oftmals einen Radius von 20 m haben, geben reichhaltige Ernte. Zu den beiden Erntezeiten im Jahr ›regnet‹ es regelrecht Mangos, und sie sind für wenige Cent eimerweise zu haben. Mangos werden in Ostafrika nicht nur roh gegessen, sondern auch zu Saft, Marmelade, Eiscreme oder Chutneys verarbeitet.

Maniok

Was für einen Mitteleuropäer die Kartoffel ist, ist für einen Ostafrikaner der Maniok (*kassava*). Unter einer 2–5 m hohen Pflanze wachsen rettichartige Wurzelknollen mit einer Länge von 30–50 cm und einem Gewicht von 2–5 kg. Die Knollen sind ausgesprochen stärkehaltig und gehören, nachdem sie gekocht und gestampft wurden, als *ugali* (Maniokbrei) bei der Landbevölkerung zu jeder anständigen Mahlzeit. Roher Maniok ist wegen seines Linamarin-Gehaltes giftig, zu Brei oder Mehl verarbeitet verliert er jedoch das toxisch wirkende Blausäureglykosid.

Papaya

Die Papaya gehört zu den Melonenbaumgewächsen und ihre melonenartigen Früchte sind mal lang, mal kugelrund und je nach Reifegrad grün, gelb oder orange. In der Mitte des butterweichen Fruchtfleisches befinden sich pfefferkorngroße Samen, die von Heilkundigen als Medizin (z. B. gegen Durchfall) verwendet werden. Die reife Frucht ist orangefarben und schmeckt am besten pur mit einem Spritzer Zitronensaft. Die halbreife, grüne Frucht wird als Salat gegessen. Der Milchsaft unreifer Pflanzen enthält eine hohe Konzentration an Papain, ein Eiweiß spaltendes Enzym, das in Medikamenten gegen Verdauungsschwäche oder auch in Kaugummis und als Fleischzartmacher Verwendung findet. Übrigens: Wenn man unvorsichtigerweise in einen Seeigel getreten ist, hilft es, die betroffene Stelle mit dem Saft der Papaya zu betupfen. Danach lassen sich die Stacheln meistens leichter entfernen!

Passionsfrucht

Die Passionsfrucht ist verwandt mit der Maracuja und botanisch gesehen eine Beere. Die eiförmige Frucht hat eine braun-lila Haut, die im reifen Zustand runzlig wird, und in ihrem Inneren liegen viele Samen, die von saftig-geleeartigem, gelborangem Fruchtfleisch umgeben sind. Es schmeckt süßlich-sauer und ist reich an Vitamin C. Oft werden die Früchte auch zu Saft verarbeitet.

Rambutan

Die struppige, pflaumengroße Rambutan ist verwandt mit der Litschi, nur sind die Schalen, die die glitschige weiße Frucht umhüllen, stacheliger. Zur Erntezeit (Mai bis Juli und Dezember) werden die kugeligen Früchte einzeln oder am Ast – ähnlich wie überdimensionale Weintrauben – auf den Märkten angeboten. Rambutan verdirbt schneller als Litschi und eignet sich daher nicht für den Export, die Frucht kann man nur auf den Märkten in der Nähe der Anbaugebiete, z. B. auf Sansibar, finden.

Stafeli (Stachelanone)

Die Stafeli gedeiht in vielen tropischen Ländern, sie hat jedoch 80 Unterarten und schmeckt daher überall ein wenig anders. Leider wird die Stafeli nicht ausgeführt, da sie reif geerntet werden muss. Sie schmeckt wie Erdbeeren mit Sahne. Das schneeweiße Fruchtfleisch ist mit glatten pechschwarzen Samen bestückt, die wiederum für medizinische Zwecke genutzt werden. Die grüne Schale ist mit spitzen Pocken versehen, die jedoch nicht stechen. Zur Erntezeit wird aus der ca. 10 cm großen Stafeli auch Saft gemacht.

Tamarinde

Diese säuerliche Hülsenfrucht stammt ursprünglich aus Afrika, obwohl ihr arabischer Name ›Indische Dattel‹ bedeutet. Sie wird als Frucht gegessen oder aber zu einem erfrischenden Saft verarbeitet. Die Tamarinde hat leicht abführende Wirkung. In der ca. 8 cm langen Schote befinden sich mehrere Fruchtkerne, um die herum das Fruchtfleisch liegt. Die harte Schale muss zunächst entfernt werden, das Fruchtfleisch wird meist wie ein Lolli gelutscht und ist reich an Vitamin A, C, Eisen und Kalzium. In der Medizin wird sowohl den Blättern als auch der Frucht fiebersenkende Wirkung zugesprochen.

Getränke

Von Hochlandtees bis zu Papayawein

Die ›Cocakolanisierung‹ ist mittlerweise auch bis in den letzten Winkel Afrikas vorgedrungen, d. h. Erfrischungsgetränke wie Cola, Fanta oder Sprite sind überall erhältlich. Man sollte aber ruhig auch einmal das ebenfalls von Coca-Cola lizenzierte, aber nur in Ostafrika erhältliche Ginger-Ale Tangawizi probieren, das noch mit richtigem Ingwer hergestellt wird und im Rachen bitzelt. Wasser ist überall in Flaschen erhältlich, vom Genuss ungekochten Leitungswassers ist abzuraten.

Trotz der Fülle an Früchten werden frisch gepresste Fruchtsäfte außerhalb der Touristenzentren nur selten angeboten. Auf Märkten erhält man manchmal Säfte aus Avocados, Mangos oder Stafelis, allerdings sollte man darauf achten, dass der Saft nicht mit Leitungswasser in Berührung kommt. Man kann selbst eine Flasche Wasser mitbringen, um den eventuell püreeartigen Fruchtsaft damit zu verdünnen.

Kaffee und Tee

Vielerorts erhältlich ist der in Ostafrika angebaute *chai* (Tee) oder *kahawa* (Kaffee) – beides meist mit viel *maziwa* (Milch) und *sukari* (Zucker). Obwohl sowohl Kenia als auch Tansania Spitzenkaffee anbauen, der bei Starbucks teuer verkauft wird, bleibt meist nur der lösliche Nescafé im Land. Der ebenfalls in den Höhenlagen angebaute Tee wird zwar auch exportiert, doch bleibt genügend für den eigenen Markt. Typischerweise wird Tee mit viel Milch serviert, mitunter auch mit Gewürzen wie Ingwer, Kardamom und Zimt als *chai masala* (zum Anbau s. S. 46).

Bier, Wein und andere alkoholische Getränke

Unter den alkoholischen Getränken ist das bei Weitem beliebteste Getränk **Bier** – sogar in recht guter Qualität. Die bekanntesten Marken sind »Tusker« und »White Cap«. Bier wird außerhalb der Touristenresorts lauwarm serviert, wenn man es nicht ausdrücklich kalt *(baridi)* bestellt.

Wein stammt hauptsächlich aus der Umgebung von Naivasha in Kenia oder aus dem tansanischen Dodoma. Vor allem in Kenia wird Wein auch aus Papayas, Mangos oder Pflaumen gekeltert. Gut gekühlt, sind diese Weine eine interessante Abwechslung zu denen, die wir aus Europa kennen. Europäische und sehr gute südafrikanische Weine sind ebenfalls erhältlich.

An **Spirituosen** werden in Kenia in Lizenz Wodka, Gin, Brandy und Whiskey hergestellt, außerdem der berühmt-berüchtigte Kenya Cane (ein Zuckerrohrschnaps) und Kenya Gold (ein Kaffeelikör). Tansania produziert Konyagi, dessen Geschmack eher dem Gin als einem Kognak gleichkommt. Die lokal hergestellten Produkte sind relativ preiswert, Importspirituosen dagegen sehr teuer.

Traditionelle alkoholische Getränke sind in erster Linie die verschiedenen Formen von *pombe,* einem Gebräu, das aus Hirse, Mais, Bananen oder anderen Früchten hergestellt wird. Es spielt bei zahlreichen Zeremonien eine wichtige Rolle und wird vor allem in Lokalen auf dem Land ausgeschenkt.

An der Küste gibt es gelegentlich **Palmwein.** Da dieses Getränk hochprozentiger ist als Wein oder Bier, ist sein Genuss offiziell verboten. Nicht erlaubt ist auch der in den Slums oft aus Abfallprodukten gewonnene Schnaps.

Outdoor

Der Indische Ozean lädt zu jeder Wassersportart ein, die man sich nur denken kann: Windsurfen, Kitesurfen, Tauchen, Hochseefischen oder Schnorcheln gehören sicherlich zu den beliebtesten. Viele der besseren Hotels bieten neben einem Wassersportzentrum auch Tennisplätze und ein Gym (hier darf man in Kenia mehr erwarten als in Tansania). Kenias Golfplätze sind sehr gepflegt – ob an der Küste oder im Binnenland. Im Hochland gibt es zahlreiche Möglichkeiten zum Trekking. Whitewater Rafting und Kanufahren sind weitere beliebte Sportarten.

Angeln

Für Freunde des **Hochseeangelns** zählt die ostafrikanische Küste zu den attraktivsten Revieren der Welt. Die beste Zeit, um die bis zu 400 kg schweren Schwertfische, Segelfische und Barracudas zu angeln, sind die Monate von November bis März. Hochseefischer sind in Malindi, Watamu, Shimoni (Kenia) sowie auf Mafia und Pemba (Tansania) gut aufgehoben; dort kann man Ausrüstung und Boote mieten.

Nicht nur das Meer, auch die großen Seen und Gebirgsbäche der Aberdares und am Mt. Kenya eignen sich hervorragend zum **Sportangeln.** Verschiedene Herbergen haben sich auf Angler eingerichtet und beschaffen auch die obligatorischen Angelscheine. Der Verzehr von Fisch aus den oben genannten Gewässern birgt keine Gefahren.

Golf

Golf ist ein gut gehütetes Geheimnis, obwohl verteilt über Ostafrika Dutzende von ausgezeichneten Golfplätzen liegen. Allein in Kenia gibt es 40 Courts, viele davon zwischen Palmen mit Blick auf den Indischen Ozean oder auf die imposante Hochlandkulisse mit dem Mt. Kenya oder Kilimanjaro im Visier. Nicht alle Golfklubs stehen Reisenden offen, genaue Informationen erhält man über die Rezeptionen in den Hotels.

Besonders gute und Gastspielern offen stehende Golfplätze gibt es in Mombasa, Diani und Nairobi. Der Muthaiga Golf Club bei Nairobi ist die Basis der Kenya Open Golf Championship, die mit der europäischen P.G.A. assoziiert ist. Er liegt wie viele andere auf einer Höhe von über 1500 m, was Golfern einen extra 10-%-Bonus in der Schlagweite gibt. Weitere Infos zum Golfen in Kenia erteilt Tobs Kenya Golf Safaris, Nairobi, Tel. +254 20 271 08 25, www.kenya-golf-safaris.com.

Großwildjagd

Die Großwildjagd ist auf wenige Naturschutzgebiete in Tansania (vor allem die im Süden gelegenen Parks) beschränkt, in Kenia ist sie verboten. Im Voraus bezahlt man für die Lizenz, ein bestimmtes Tier (z. B. ein Zebra) erlegen zu dürfen. Diese Art von Safari wird nur über Spezialanbieter durchgeführt.

Safari

Wer Ostafrika bereist, ohne auf Safari zu gehen, hat ein einmaliges Erlebnis verpasst. Dabei gleicht keine Safari der anderen, und weil auf Swahili *safari* einfach nur ›Reise‹ bedeutet, lassen sich Safaris in 1001 Variationen durchführen. Im Folgenden ein kleiner Einblick in die Safariwelt.

Flugsafaris

Um sich die teilweise mühsame Anfahrt zu den Nationalparks zu ersparen, bieten viele Veranstalter Flugsafaris mit kleinen Propellermaschinen an, die zwischen grasenden Gnus und davongaloppierenden Giraffen in der Nähe der

Lodges landen. Von den teilweise abenteuerlichen Landebahnen werden die Gäste dann mit dem Geländewagen abgeholt – und die eigentliche Safari beginnt.

Mit dem Geländewagen

Erst die holprigen, unasphaltierten Pisten vermitteln das echte Safarigefühl. Da diese unbefestigten Wege je nach Wetterlage entweder völlig verstauben oder verschlammen, ist ein geländetüchtiges Fahrzeug Pflicht. Die meisten Kleinbusse und Geländewagen der Safariveranstalter sind mit Allradantrieb (*four-wheel-drive*, kurz 4WD) und Winde ausgestattet; ein Ersatzreifen klemmt obligatorisch am Heck eines jeden Wagens. Meist lassen sich die Dächer sowohl der Busse als auch der 4WD öffnen, sodass man sich auf der Pirschfahrt hinstellen und die Tiere wie von einem mobilen Hochsitz aus beobachten kann.

Mit dem Heißluftballon

Ein unvergessliches Erlebnis sind Safaris in einem Heißluftballon. Man steigt mit den ersten Sonnenstrahlen in einem Weidekorb über den Savannen auf und beobachtet, wie die Flusspferde von ihrer ›Nachtschicht‹ an Land zurück in die Hippo Pools marschieren, Gazellen grazil ihre Morgentoilette vornehmen und Warzenschweine vorwitzig ihre Nasen aus den Erdlöchern stecken ... Nach knapp zwei Stunden endet dieses himmlische Vergnügen wieder auf der Erde, wo auf umfunktionierten Bunsenbrennern ein köstliches Frühstück gezaubert wird.

Ballonsafaris kosten pro Person ca. 500 € und können in der Masai Mara, am Lake Elmentaita, in Amboseli (Auge in Auge mit dem Kilimanjaro), in der Serengeti und im Tarangire National Park über die Lodges oder vorab bei den Safariveranstaltern gebucht werden.

Aktivsafaris

Wer Interesse an einer Spezialsafari hat, plant diese am besten schon vor der Anreise, denn nur in Ausnahmefällen kann man sie ad hoc vor Ort buchen. Safaris variieren in der Länge zwischen einem Tag und einem Monat.

Es gibt viele Möglichkeiten, auf direkte Tuchfühlung mit der Natur zu gehen. Wer dazu eine Portion Abenteuerlust mitbringt, der kann den Busch im Rahmen geführter **Wandersafaris** (Fußsafaris) erkunden, etwa am Rand der Masai Mara oder bei der Schimpansenpirsch im Gombe Stream National Park in Südtansania. Etwas mehr Puste braucht man für **Mountainbiketouren** am Lake Bogoria oder für **Reitsafaris** am Rand der Masai Mara.

Kamel-/Wandersafaris: www.wildfrontiers kenya.com, www.karisia.com

Mountainbiketouren: www.phoenix-safaris.com, www.mountainbikesafaris.com, www.tan zaniajourneys.com

Reitsafaris

Besser noch als im Wilden Westen ist eine Reitsafari durch die afrikanische Savanne. Denn wo sonst auf der Welt reitet man durch nahezu unberührte Landschaft und Kopf an Kopf mit Wildtieren wie Zebras, Gazellen oder Gnus? Übernachten kann man in Lodges, Farmen oder Plantagenanwesen aus der Kolonialzeit. Diese Art von Safaris ist etwas für fortgeschrittene Reiter, zu buchen über den Spezialveranstalter ReitSafari Travel (Kenia und Tansania), www.reit-safari.de. Weitere Reitmöglichkeiten: in Kenia in der Nähe der Masai Mara und in Amboseli (www.offbeatsafaris.com) oder Naivasha (www.dumaafrikatreks.com, www.africanspicesafaris.com), in Tansania am Fuß des Kilimanjaro auf der Makoa Farm (www.makoa-farm.com).

Wandern, Trekking

Schimpansen-Trekking in den Nationalparks Gombe Stream und Mahale Mountains bieten alle seriösen Tour Operators an; Camps vor Ort betreibt z. B. Mbali Mbali, Tel. 0739 97 88 79, www.mbalimbali.com. Eine großartige Gelegenheit, abseits der Hauptrouten gelegene Regionen Tansanias zu erwandern – etwa die Usambara-Berge oder die Pare Mountains – bietet das Cultural Tourism Programme, das die ansässige

Unvergesslich: die Ballonfahrt über einer Hartebeest-Herde

Super Sicht: der mäandernde Mara River aus dem Heißluftballon betrachtet

Bevölkerung mit einbezieht (www.tanzania culturaltourism.go.tz). Der **Mt. Kenya** ebenso wie der **Kilimanjaro** sind traumhafte Trekkingziele. Je nach gewählter Route benötigt man keine Klettererfahrung, um ›Schnee am Äquator‹ zu berühren – dennoch sollte man in guter körperlicher Verfassung sein und über Ausdauer verfügen. Weitere Berge, die weniger bekannt, doch deswegen nicht minder interessant sind und sich zum Trekking anbieten, sind Mt. Elgon im westlichen Kenia, Mt. Meru und Ol Doinyo Lengai im Norden Tansanias oder aber die wenig bereisten Udzungwa Mountains in Südtansania.

Besteigung des Mount Kenya: Mount Kenya Climbing Expeditions (www.mount kenyaclimbing.com; unter dieser Webadresse sind auch andere Bergbesteigungen buchbar wie etwa Chyulu Hills oder Mt. Meru).

Mt. Kenya, Kilimanjaro und andere Trekkingtouren (Kenia und Tansania):
www.climbingkilimanjaro.com
www.teamkilimanjaro.com
www.thomsontreks.com
www.hoopoe.com
www.ultimatekilimanjaro.com
www.peakplanet.com

PARADIES FÜR TAUCHER

Die Meerenge zwischen Wasini in Süd-Kenia und der in Tansania gelegenen Insel Pemba gehört zu den fischreichsten Gewässern Ostafrikas (hier lassen sich auch häufig Delfine beobachten). Teile dieses Gebiets haben Nationalparkstatus, was sie vor Fischern schützt. Die Inseln, die in diesem Bereich liegen – Kisite, Pemba und Mafia – werden fast ausschließlich von Tauchenthusiasten aufgesucht und einige Resorts bieten mehrtägige Tauchsafaris an, bei denen man in Booten auf dem Indischen Ozean übernachtet und von dort aus unterschiedliche Tauchreviere erkundet.

Wassersport

Angesichts einer 1300 km langen Küstenlinie verwundert es nicht, dass Reisende beim Wassersport voll auf ihre Kosten kommen. Die Wassertemperaturen im Indischen Ozean fallen selten unter 20 °C, sodass **Baden** meist ein Vergnügen ist (s. S. 111). Das der Küste vorgelagerte Riff hält große Fische und starke Wellen ab.

Die einzige Möglichkeit zum **Wellenreiten** besteht bei Malindi und an wenigen Stellen, wo das Riff unterbrochen ist.

Das Korallenriff ist zum **Schnorcheln** und **Tauchen** ideal. Da die Sonneneinwirkung knapp unter der Wasseroberfläche besonders intensiv ist, sollte man beim Schnorcheln als Sonnenschutz am besten ein T-Shirt tragen.

Wer sich die einzigartige Unterwasserwelt ansehen möchte, ohne dabei nass zu werden, kann an einer **Fahrt mit dem Glasbodenboot** teilnehmen.

Ausflüge und Surfboards (auch zum Kitesurfen) sowie Tret- und Segelboote lassen sich über die Wassersportzentren der Hotels buchen. Den meisten Küstenhotels sind Tauchschulen angeschlossen, die Kurse (PADI Open Water), begleitete Tauchgänge und längere Tauch-Safaris anbieten.

Nichts bringt den Adrenalinspiegel in Sekundenschnelle so in die Höhe wie eine **Wildwassertour** im kenianischen Hochland oder eine **Kanufahrt** auf dem Rufiji River in Tansania, wenn urplötzlich ein riesiges Flusspferd auftaucht oder ein bemooster Baumstamm sich als Krokodil entpuppt. Kanufahrten, z. B. auf den Momela-Seen oder im Selous auf dem Rufiji River, sind über die entsprechenden Lodges zu buchen. Die kenianischen Flüsse Tana, Sagana Mathioya, Athi und Ewaso Ng'iro bieten sich (saisonbedingt) für aufregende Rafting- und Kajaktouren an. Gruppen werden entsprechend den Vorkenntnissen eingeteilt. Im Folgenden eine Auswahl von Anbietern:
www.savagewilderness.org
www.raftinginkenya.com
www.africanspicesafaris.com
www.africanmeccasafaris.com

Feste und Veranstaltungen

Traditionelle und religiöse Feste

Viele Feste sind an die Traditionen und die Religion der jeweiligen Ethnie gebunden. In den wenigsten Fällen haben Touristen die Gelegenheit, hieran teilzuhaben. Je nach Religion jedoch haben diese Feierlichkeiten Auswirkungen auf die Infrastruktur. So sind auf Sansibar und an der Küste viele Geschäfte während des Ramadan zumindest tagsüber geschlossen, ebenso am Freitag, dem heiligen Tag der Muslime.

Die **islamischen Feiertage** können im gregorianischen Kalendersystem nicht genau datiert werden, weil der islamische Kalender sich nach dem Mond richtet und das Jahr nur 354 Tage zählt. Als Faustregel kann man auf den jeweiligen Feiertag schließen, indem man elf Tage vom Datum des Vorjahres abzieht. Maulidi, der Geburtstag des Propheten, wird 2019 an 8./9. Nov. gefeiert, 2020 am 28./29. Okt. Der Fastenmonat Ramadan beginnt 2019 am 5. Mai, 2020 am 23. April. Eid al Fitr, der Tag des Fastenbrechens, fällt auf den 4. Juni 2019 bzw. den 23. Mai 2020. Das Ende des Ramadan wird besonders ausgiebig gefeiert. Auf Sansibar wird darüber hinaus noch **Mwaka Kogwa,** das Austreiben böser Geister mit Stöcken und Feuer zu Beginn des Neuen Jahres der persischstämmigen Shirazi begangen. In Orten mit hoher indischer Präsenz, etwa in Nairobi, wird das Lichterfest **Diwali,** das indische Pendant zu Weihnachten/Neujahr, gefeiert.

Sport- und Kulturveranstaltungen

Februar

Sauti za Busara Swahili Musik Festival: Einmalige Gelegenheit, in die Klänge der Swahili-Musik einzutauchen und Instrumente der Swahili kennenzulernen. Vier Tage lang werden Musik-, Theater- und Tanzaufführungen geboten. Eines der besten Musikfestivals in Ostafrika (www.busaramusic.com).

März

East African Art Festival: dreitägige Ausstellung traditioneller und moderner Kunst im National Museum in Nairobi.

Juni

Rhino Charge: *Der* Höhepunkt im Jahr für Tierschützer und 4WD-Rallye-Enthusiasten. Wo genau das Rennen stattfindet, wird erst kurzfristig bekannt gegeben. Es siegt das Fahrzeug, das den kürzesten Weg von A nach B erfolgreich bewältigt hat. Der Erlös kommt

KILIMANJARO MARATHON & KILIMAN

Wem ein gewöhnlicher Marathon nicht anstrengend genug ist, der kann sich für den Marathon rund um den Kilimanjaro samt fünftägiger Besteigung und Safari bewerben! Und wer noch eine Steigerung braucht, der wagt den Kiliman – einen Triathlon, der die Besteigung des Kilimanjaro, einen Marathon bei Moshi und ein 148 km langes Radrennen am Fuß des Mount Meru vorsieht. Marathon und Kiliman finden im Juni statt; Letzterer ist eine Verlängerung des Kilimanjaro Marathon. Wenn auch die besten Marathonläufer aus Kenia und Äthiopien kommen, so findet man hier Amateur-Extremsportler aus aller Welt, die diesen Parcours als einen der herausforderndsten und extremsten in jederlei Hinsicht ansehen. Infos unter www.mtkilimanjaromarathon.com.

Tierschutzprojekten in Kenia zugute (www.rhinocharge.co.ke).

Lewa Marathon: Das zweite wichtige Event in Kenia, bei dem auf Gesundheits-, Tierschutz-, Bildungs- und Entwicklungsprojekte aufmerksam gemacht und Fundraising betrieben wird. Die Marathonläufe haben ihren besonderen Reiz: mit Blick auf Mt. Kenya, auf etwa 1800 m Höhe mitten im Lewa-Wildschutzgebiet, beäugt von Zebras, Giraffen und Elefanten (www.lewa.org/support-lewa/safaricom-marathon).

Offroad-Rallye: Meist im Juni und Juli wirbeln die Offroad-Rallyefahrer in Tansania und Kenia viel Staub auf – und das auch im übertragenen Sinne: Insbesondere die Kenia Rallye gilt als schwierigste Crosscountry-Rallye der Welt und wird von Motorsportfreunden weltweit mit großem Interesse verfolgt. Sie beginnt im Rift Valley und es gilt, insgesamt 3000 Pistenkilometer binnen 4 bis 5 Tagen in der schnellstmöglichen Zeit hinter sich zu bringen (www.africanrallychampionship.com).

Juli

Zanzibar International Film Festival: jedes Jahr in Stone Town. Das Zanzibar International Film Festival zeigt vor allem Filme aus der Region um den Indischen Ozean, oder ›so weit die Dhaus segeln‹ (www.ziff.or.tz).

Zanzibar Cultural Festival: Das Event schließt sich direkt dem Filmfestival an und umfasst Veranstaltungen auf dem gesamten Sansibar-Archipel. Ensembles von überallher entlang der ostafrikanischen Küste finden sich ein, um traditionelle Musik – darunter Taarab und Tänze – aufzuführen. Zum Programm gehören Workshops, Kulturveranstaltungen und ein Umzug. In Pemba wird gleichzeitig der **Bull Fight** aufgeführt, ein mit viel Spannung erwarteter Stierkampf.

August/September

Camel Derby: Das internationale Kamelrennen findet jedes Jahr an einem Wochenende im August oder September in Maralal, einem Outpost im Norden von Kenia statt. Hier geben sich Kameljockeys aus aller Welt ein Stelldichein, um die Kamelstärken zu testen und um auf das Vordringen der Wüsten in dieser Region aufmerksam zu machen. Touristen können teilnehmen – auf Kamelen oder Eseln.

November/Dezember

Mombasa und Nairobi Carnival: Eine farbenfrohe Parade durch das Herz von Mombasa bzw. Nairobi, die das bunte kulturelle Potpourri der beiden Städte veranschaulicht. Das jeweilige Kulturprogramm wird in der lokalen Presse bekannt gegeben.

Traditionelle Tänze wie hier bei den Masai-Frauen in Siana gehören zu vielen Festen dazu

Reiseinfos von A bis Z

Alkohol

Wer in Ostafrika Alkohol genießen möchte, muss 18 Jahre alt sein. Alkohol ist in Hotels, Restaurants und Bars nahezu überall zu haben. In kenianischen Geschäften jedoch darf Alkohol lediglich zwischen 18 und 23 Uhr verkauft werden. In muslimisch geprägten Regionen wie Sansibar und Lamu wird Alkohol oftmals nur in Hotels ausgeschenkt. Alkohol auf den Straßen zu trinken ist verpönt. Ein Problem stellt selbst gebrannter Spiritus dar, der jedes Jahr Todesopfer fordert. Als Tourist sollte man von derlei Selbstgebranntem die Finger lassen. Zu Getränken s. S. 92.

Auskunft

Das Kenya Tourist Board unterhält eine gute englischsprachige Website unter der Adresse www.magicalkenya.com. Unter www.tanzaniatourism.go.tz findet man das tansanische Fremdenverkehrsamt. Über die Webseiten können auch Broschüren bzw. ein Newsletter angefordert werden. Bei Facebook findet man unter den Stichworten Kenia, Tansania oder Sansibar mitunter hilfreiche und aktuelle Infos bzw. kann Erfahrungen austauschen.

Baden

Das Schwimmen im Meer entlang der Küstenhotels ist unbedenklich, denn das vorgelagerte Riff hält gefährliche Fische und starke Wellen ab. Seegrasanschwemmungen können saisonal unangenehm sein. Das Baden in den großen Seen (Victoria und Tanganyika) ist aufgrund von Bilharziose-Gefahr nicht zu empfehlen. Ebenso wenig kann man in den Salzseen (Nakuru, Natron) baden. Auch vom Baden in Flüssen und Flussmündungen ist aufgrund von Krokodilvorkommen abzuraten.

Barrierefrei reisen

Die gehobeneren Hotels in den Städten und an der Küste sind auf Reisende mit Handicap eingestellt. Lodges und Camps jedoch haben in den seltensten Fällen Vorkehrungen etwa für Rollstuhlfahrer getroffen. Grundsätzlich begegnet man behinderten Menschen jedoch mit sehr viel persönlicher Zuwendung und Fürsorge, auch wenn die Infrastruktur nicht vergleichbar ist mit dem, was in vielen Ländern Europas üblich ist.

Beachboys

Etwas lästig können bisweilen die Strandverkäufer (Beachboys) werden. Insbesondere an Kenias Stränden, aber auch in Tansania breiten sie ihre Warenpalette – Schnitzereien, Gemälde, Gürtel – im Sand aus. Auf Wunsch personalisieren sie auch Gegenstände, wie Schlüsselanhänger, mit eingraviertem Namen. Mitunter ist ihre Verkaufstaktik lästig, und Vorsicht ist geboten, wenn es um dubiose Dinge geht wie Massagen und Geldwechsel oder wenn selbsternannte Safarianbieter ohne festen Firmensitz ihre Dienste offerieren. Wer sichergehen will, dass sein in Auftrag gegebenes Souvenir auch angefertigt wird, sollte niemals im Voraus den gesamten Betrag zahlen. Um die Zahl unseriöser Strandverkäufer einzuschränken, wurde an Kenias gesamter Küste ein Projekt gestartet, bei dem Beachboys auf eigens eingerichteten Märkten ihre Souvenirs verkaufen können.

Botschaften und Konsulate

Die Botschaften von Kenia und Tansania sind u. a. für die Ausstellung von Visa für das jeweilige Land zuständig (Formulare für Besuchervisa können von den jeweiligen

Websites heruntergeladen und online oder per Post eingereicht werden).

Die Botschaften und Konsulate in Ostafrika haben für Reisende vor allem die Aufgabe, Ersatzdokumente auszustellen, wenn der Reisepass abhandengekommen ist.

Darüber hinaus vermitteln sie Rechtsbeistand und gewähren im Notfall einen Kredit für den Heimflug. Zu weiteren Hilfeleistungen (z. B. Geld zur Verlängerung des Urlaubs, reisetechnische Informationen etc.) sind sie nicht verpflichtet.

Von Kenia

Botschaft der Republik Kenia
Die Botschaft in Deutschland ist auch für Bulgarien und Rumänien zuständig.
Markgrafenstr. 63, 10969 Berlin
Tel. 030 259 26 60
visa@kenyaembassyberlin.de
www.kenyaembassyberlin.de

Permanent Mission of the Republic of Kenya to the UN Office in Geneva
1–3, Avenue de la Paix, 1202 Geneva
Tel. 022 906 40 50/73
geneva@mfa.go.ke
www.kenyamission.ch

Kenianische Vertretung in Österreich
Andromeda Tower, 16th Floor
Donau-City-Straße 6, 1220 Wien
Tel. 01 712 39 19/20
vienna@mfa.go.ke
www.kenyaembassyvienna.at

In Kenia

Botschaft der Bundesrepublik Deutschland
Riverside Drive 113
Ludwig Krapf House, P. O. Box 30180
00100 Nairobi
Tel. +254 20 426 21 00
info@nair.diplo.de, www.nairobi.diplo.de
Termine nur nach Vereinbarung, Buchung über die Website
In Notfällen außerhalb der Öffnungszeiten:
Tel. +254 721 32 24 4

Botschaft der Republik Österreich
Limuru Road 536, gegenüber Muthaiga Mini Market
P. O. Box 30560, 00100 Nairobi (Muthaiga)
Tel. +254 20 406 00 22/23/24
nairobi-ob@bmeia.gv.at
www.bmeia.gv.at/botschaft/nairobi
Öffnungszeiten: Mo, Mi, Do 9–12 Uhr
Notfall-Tel. +254 733 63 56 51

Österreichisches Honorarkonsulat
Ivory House, Dedan Kimathi Avenue, gegenüber Mombasa Law Courts
P. O. Box 86779, 80100 Mombasa
Tel. +254 733 614 072, +254 736 800 166
ghalia@austrianconsul.com
Antragsstelle nur für Notpässe

Schweizerische Botschaft
Rosslyn Green Estate, Rosslyn Green Drive, off Red Hill Road
P. O. Box 2600, 00621 Nairobi
Tel. +254 730 69 40 00
nai.vertretung@eda.admin.ch
www.eda.admin.ch/nairobi
Öffnungszeiten: Mo–Fr 8–12 Uhr

Schweizerisches Konsulat
c/o Orion Hotels Ltd., Shanzu/Saga
off Mombasa Malindi Road, next to Seahaven Restaurant
P. O. Box 10283, 80101 Bamburi/Mombasa
Tel. +254 727 69 54 52
mombasa@honrep.ch

Von Tansania

Botschaft der Vereinigten Republik Tansania (auch zuständig für Österreich und die Schweiz)
Eschenallee 11, 14050 Berlin
Tel. 030 30 30 80-0
www.tanzania-gov.de
Schalterzeiten Visumstelle: Mo–Fr 10–13 Uhr

Tanzania Mission to the UN Office Geneva (mit Visabefugnis)
47, Avenue Blanc
1202 Genf

Tel. 022 731 89 20
ubalozi@tanzania-mission.ch
www.tanzania-mission.ch

In Tansania

Botschaft der Bundesrepublik Deutschland
Umoja House
Hamburg Avenue/Mirambo Street
P. O. Box 9541, Dar-es-Salaam
Tel. +255 222 21 23 00
info@daressalam.diplo.de
www.daressalam.diplo.de
Öffnungszeiten: Mo–Fr 8–12 Uhr
In Notfällen unter folgenden Nummern außerhalb der Öffnungszeiten:
Tel. +255 786 97 16 92

Deutsches Honorarkonsulat
Ulf A. Kusserow
Sabel Square Shopping Village, next to ISM Arusha Campus, Ground Floor, Main Wing
P. O. Box 15066, Arusha
Tel. +255 754 78 96 03, +255 787 78 96 03, +255 787 98 17 97, +255 742 66 08 12
arusha@hk-diplo.de

Deutsches Honorarkonsulat
Jens-Dominic Warth
Pamoja Vocational Centre (coming from Town turn right towards Chukwani, just before Mazizini Police Station)
P. O. Box 3722, Sansibar
Tel. +255 772 06 17 31, +255 774 70 07 18
sansibar@hk-diplo.de

Botschaft der Republik Österreich
Die Botschaft in Kenia (s. S. 100) ist auch zuständig für Tansania.

Schweizerische Botschaft
Kinondoni Road, Plot 79
P. O. Box 2454, Dar-es-Salaam
Tel. +255 22 266 60 08/09
dar.vertretung@eda.admin.ch
www.eda.admin.ch/daressalaam
Öffnungszeiten: Mo–Fr 8–12 Uhr

Dos and Don'ts

FKK

FKK und Oben-ohne-Baden sind mit Rücksicht auf den hohen muslimischen Bevölkerungsanteil an der Küste verboten. Das gilt aus Respekt vor den Bediensteten auch für die Touristenresorts. Bei Verstößen drohen hohe Bußgelder, manchmal wird man auch direkt zur nächsten Polizeidienststelle gebracht.

Die Einheimischen gehen oft in voller Montur baden – sie praktizieren also das genaue Gegenteil von FKK.

Chai (Schmiergeld)

Pauschalreisende werden weniger in die Zwangslage von Schmiergeldforderungen kommen, Individualreisende, insbesondere mit eigenem Wagen, sollten dagegen darauf vorbereitet sein, dass manche Polizisten sich ein Zubrot durch Bestechungsgelder verdienen. Es ist daher wichtig, alle vorgeschriebenen Papiere und Utensilien im Auto (Warndreieck, First-Aid-Kid) und einen aktuellen Versicherungssticker an der Frontscheibe zu haben. Ansonsten muss man die Situation mit gesundem Menschenverstand einschätzen, denn Bestechungsgelder sind eine heikle Angelegenheit. Sie können einem den Weg frei räumen, aber auch dazu führen, dass man wegen Korruptionsversuch auf der Polizeistation endet.

Geschenke

Geschenke an Kinder zu verteilen ist keine gute Idee. Schulmaterial ist zwar willkommen, gibt es jedoch auch vor Ort zu kaufen. Der Kauf unterstützt die lokale Produktion und verhindert Neid auf Westliches, vermeintlich Besseres. Süßes sind die Kinderzähne nicht gewohnt, zumal es weit und breit keinen Zahnarzt gibt. Plastik und Wegwerfartikel vergrößern die Müllberge. Geschenke vom Auto aus zu verteilen lehrt die Kinder, Touristen anzubetteln. Besuchen Sie besser Projekte, Schulen oder Heime und unterstützen diese. Viele Reiseveranstalter engagieren sich für soziale und/oder ökologische Projekte; fragen Sie nach den Möglichkeiten.

Pole pole

Grundsätzlich wird die Zeit in Ostafrika nicht mit der sprichwörtlichen Schweizer Uhr gemessen. Aufgrund des Klimas und der Mentalität ist in Ostafrika der Lebensrhythmus relaxter, immer wieder wird man »pole pole« hören, was so viel bedeutet wie »langsam, immer mit der Ruhe« oder aber »Haraka haraka haina baraka« (Eile mit Weile!). Dieses Motto hat schon so manchen in der schwülen Tropenhitze vor einem Herzinfarkt bewahrt!

Prostitution

Während der 1970er- und 1980er-Jahre galt Kenia als Ziel für Sextouristen, die allerdings inzwischen eher andere Länder ansteuern. Dennoch ist Prostitution nach wie vor verbreitet – sowohl unter Touristen als auch unter Einheimischen (s. S. 271).

Diverse Nachtbars in Mombasa, Malindi, Nairobi und Dar-es-Salaam entpuppen sich schnell als Bordelle; auch am Strand bieten Frauen und Männer ihre Liebesdienste an, oftmals getarnt als ›Massagen‹.

Grundsätzlich ist Prostitution sowohl in Kenia als auch in Tansania gesetzlich verboten. Wer sich dennoch darauf einlässt und dabei erwischt wird, muss mit Geld- und Gefängnisstrafen rechnen.

Verhalten

Viele Afrikaner empfinden es als unpassend, wenn Menschen in der Öffentlichkeit ihre Zuneigung zeigen. Händchenhalten (auch unter Gleichgeschlechtlichen) ist akzeptiert, Küssen jedoch ist vielerorts tabu.

Drogen

Der Genuss von *mira'a*-Blättern ist in Ostafrika nicht wirklich legal, wird aber geduldet, da tief verwurzelt im Alltagsleben vieler Menschen – alt und jung. Die jungen Blätter, die wie Spinat aussehen, enthalten einen Wirkstoff, der euphorisch macht, nach Abklingen der Wirkung aber apathisch und depressiv.

Haschisch (*bhang, ganja*), Heroin oder Kokain sind illegal. Gleiches gilt für Palmwein und selbstgebrannten Schnaps, jedoch werden Verstöße hier kaum geahndet – im Gegensatz zu Genuss bzw. Besitz der übrigen Drogen.

Einkaufen

Utensilien, die sowohl für den Urlaub als auch zu Hause praktisch, aber gleichzeitig exotisch sind, findet man auf lokalen Märkten und natürlich in den Souvenirläden.

Textilien

Zweckmäßige Souvenirs sind **Kanga und Kikoi,** große bunte Tücher, die die Landesbevölkerung als Kleidung nutzt. Am Strand oder beim Schwimmbadbesuch dienen sie als Bade- oder Wickeltuch, zu Hause auch als Tischdecke oder gerahmt als Bild.

Vor Ort besteht auch eine gute Auswahl an **Safariausstattung,** allen voran khakifarbene Kluft, Hüte und allerlei Utensilien wie Moskitonetze, Stiefel *(boots)* etc. In den Städten findet man Safariausstatter, vielfach sind ihre Artikel günstiger als in unseren Breiten.

Lebensmittel

Importwaren wie **Hochlandtee** aus Kenia oder **Massala-Tee** aus Sansibar, Nelken und andere frisch geerntete **Gewürze** erhält man auf Sansibar oder auf den Märkten viel günstiger als in Europa. **Kaffeebohnen** dagegen sind teurer – doch Originalbohnen sind natürlich trotzdem ein beliebtes Mitbringsel.

Kunst und Kunsthandwerk

Beliebte Souvenirs aus Ostafrika sind **kunsthandwerkliche Gegenstände:** farbenfroher Perlenschmuck der Masai, Figuren aus Speckstein und Schnitzereien aus (Eben-) Holz (s. auch S. 75). Der ein oder andere fliegende Händler wird sich auch auf Tauschgeschäfte einlassen, nicht selten wird ein Schachbrett aus Speckstein gegen eine Armbanduhr oder ein anderes Objekt mit hohem Prestige in Afrika eingetauscht. Kunsthandwerk ist

Tingatinga-Malerei aus Tansania

grundsätzlich preiswert – hier ist es eine Frage des Geschmacks, ob einem das entsprechende Kunstwerk gefällt. Grundsätzlich ist der Stundenlohn sehr gering, weswegen mit großem Aufwand gefertigte Handarbeiten vergleichsweise günstig sind. Hierzu zählen die hübschen geflochtenen Körbe und Taschen, aber auch die oben genannten ›typischen‹ Souvenirs.

Edelsteine wie Tanzanit, Tsavorit oder Amethyst stammen aus Ostafrika und können vergleichsweise preiswert erstanden werden. Allerdings sind solche Geschäfte nur Kennern zu empfehlen.

›Recycled Art‹ findet man zunehmend bei Strand- und Marktverkäufern: aus Altmaterial wie Blechdosen oder Kabeln gefertigte kleine Kunstwerke. In europäischen Breiten haben diese Objekte Galeriestatus und einen entsprechend hohen Preis. Beliebt sind **Tingatinga-Malereien,** die auf Baumrinde aufgetragen wurden – etwa als Lesezeichen oder als Wandbild (s. S. 75).

Handeln

Hotels, Restaurants und Geschäfte europäischen Stils haben festgelegte Preise, desgleichen öffentliche Verkehrsmittel. Auf **Märkten** und bei **Straßenhändlern** ist es üblich zu feilschen. Tarife für Dienstleistungen von Taxifahrern, Schuhputzern, Gepäckträgern, Fremdenführern sollte man immer im Voraus aushandeln. Handeln will gekonnt sein, denn schließlich sollte man niemanden ausbeuten, möchte aber auch nicht skrupellos ausgenommen werden. Am besten erkundigt man sich bei Reiseleitern oder Einheimischen über gängige Preise. Tauschgeschäfte sind ebenfalls nicht unüblich, gefragt ist Markenware wie Designertextilien – hier wechselt schon einmal ein T-Shirt gegen einen Löwen aus Holz seinen Besitzer.

Elektrizität

Die **Netzspannung** beträgt 240 Volt Wechselstrom. Europäische Elektrogeräte können somit verwendet werden, falls sie über einen Adapter für die britischen Zwei- oder Drei-Loch-Stecker verfügen (entsprechende Adapter sind oft auch in den Souvenirshops der Hotels erhältlich).

Anders als in Europa ist die Stromversorgung in Kenia und Tansania nicht sehr effizient. In abgelegenen Gebieten muss sogar damit gerechnet werden, dass die Ortschaften noch nicht ans Stromnetz angeschlossen sind. Selbst in größeren Städten und auch in Hotelanlagen gibt es von Zeit zu Zeit Unterbrechungen der Stromzufuhr (die besseren Hotels besitzen Notstromgeneratoren, um solche Engpässe zu vermeiden). Besonders in der Regenzeit muss man aufgrund der schlechten Isolierung der Kabel mit häufigen Stromausfällen rechnen. In den Safari-Camps wird der Strom oft nur zu bestimmten Zeiten angestellt. Eine mitgebrachte Taschenlampe ist bei Stromausfällen hilfreich.

Feiertage

Nationale Feiertage in Kenia

1. Mai – Tag der Arbeit
1. Juni – Madaraka Day (Jahrestag der Selbstverwaltung)
10. Okt. – Moi Day
20. Okt. – Mashujaa Day (zur Ehre derer, die sich für die Unabhängigkeit eingesetzt haben)
12. Dez. – Jamhuri Day (Unabhängigkeitstag)

Nationale Feiertage in Tansania

12. Jan. – Revolution Day
5. Febr. – Jahrestag der CCM-Gründung
26. April – Union Day (Jahrestag der Vereinigung von Tanganyika und Sansibar)
1. Mai – Tag der Arbeit
7. Juli – Saba Saba Day (TANU Day)
8. Aug. – Nane Nane Day (Tag der Bauern)
9. Dez. – Siku ya Uhuru (Unabhängigkeitstag)
Fallen die Feiertage auf einen Sonntag, so bleiben öffentliche Einrichtungen wie Banken, Schulen und Postämter am nächsten Tag geschlossen. Neben **Neujahr** (1. Jan.), **Weihnachten** (25./26. Dez.) und **Ostern** existieren an der Küste weitere religiöse Feiertage, die sich nach dem **islamischen Kalender** richten (s. auch S. 97).

Fotografieren

Ostafrikas Landschaften, Wildtiere, Pflanzen und Menschen sind traumhafte und exotische Motive. Die Lichtintensität, insbesondere während der Mittagszeit, ist allerdings so hoch, dass die reproduzierten Farben ohne **Filter** blass erscheinen. Die beste Zeit zum Fotografieren ist ein bis zwei Stunden vor/nach Sonnenauf- bzw. untergang. **Foto- und Filmmaterial** ist in Lodges, Hotels und in Städten erhältlich, oft wird es aber mangelhaft gelagert und ist zudem überteuert. Am besten deckt man sich vor der Abreise ausreichend mit Speicherkarten und Ersatzbatterien ein bzw. sorgt dafür, dass auf dem Smartphone genügend Speicherplatz zur Verfügung steht.

Es ist von Vorteil, wenn die Kamera einen **Filmmodus** hat – so kann man, wenn man z. B. einen Geparden bei der Pirsch erwischt, diese atemberaubende Minute festzuhalten. Wertvolle Tipps zur Safarifotografie findet man unter www.safarifoto.de.

Beim **Fotografieren bzw. Filmen von Menschen** sollte man vorher um Erlaubnis bitten. Vor allem Muslime lassen sich nicht gern ablichten, was man respektieren sollte. Andere, etwa die fotogenen Masai, haben hier keine Scham – auch nicht, wenn es darum geht für das Modellstehen ein Trinkgeld zu verlangen. Ein striktes **Fotografier-/Filmverbot** gilt für Angestellte bzw. Gebäude von Militär und Polizei, Flugplätze, Gefängnisse, Häfen, Bahnhöfe und die Präsidentenresidenz.

Frauen

Allein reisende Frauen sollten – wie überall auf der Welt – gesunden Menschenverstand walten lassen, wenn sie Bekanntschaften machen. In Ostafrika ist die männliche Prostitution stark verbreitet. Hierbei lassen sich die jungen Männer meist nicht bar bezahlen, sondern von den Freundinnen ›aushalten‹.

Als Frau allein zu reisen ist grundsätzlich nicht gefährlich, sorgt aber für Aufsehen, denn Frauen aus traditionellen afrikanischen Familien tun dies in der Regel nicht. So kann es schon einmal passieren, dass man bei der Frage nach dem Weg zum Ziel begleitet wird, weil sich das in den Augen der Menschen so gehört. Wer als Frau öffentlich Sport treibt, z. B. am Strand joggt, muss mit Kommentaren und Pfiffen rechnen.

Geld

Währung

Offizielle Währungen sind der Kenia-Schilling (KSh) und der Tansania-Schilling (TSh). Im Umlauf befinden sich Münzen zu 1, 2, 5, 10, 20 und 100 Schilling sowie Banknoten zu 50, 100, 200, 500, 1000, 5000 und 10 000 Schilling. Die Inflationsraten sind zum Teil hoch, sodass es kurzfristig zu erheblichen Kursschwankungen kommen kann. Zwar haben sich die Wechselkurse in beiden Ländern in jüngster Zeit weitgehend stabilisiert, dennoch werden die Preise vieler reiserelevanter Leistungen, wie etwa Safaris, in US-Dollar oder Euro angegeben und die Bezahlung in Fremdwährung wird in der Regel vorgezogen. Die Ausfuhr von Schilling ist nicht erlaubt.

Da die Banknoten das Konterfei des Präsidenten zeigen, wird ihre mutwillige Zerstörung oder Verunstaltung rigoros bestraft.

SPERRUNG VON BANK- UND KREDITKARTEN

bei Verlust oder Diebstahl*:
+49 116 116
* Diese Nummer gilt als Notrufnummer für American Express, MasterCard, VISA- und Giro-Karte.
Übersicht: www.sperr-notruf.de
Bitte halten Sie Ihre Kreditkartennummer, Kontonummer und Bankleitzahl bereit! Nehmen Sie eine Kopie der Karte mit oder speichern Sie ein Foto davon auf dem Smartphone.

Wechselkurse

1 € = 119 KSh, 1 CHF = 99 KSh, 100 KSh = 0,83 € bzw. 0,99 CHF; 1 € = 2708 TSh, 1 CHF = 2267 TSh, 1000 TSh = 0,37 € bzw. 0,44 CHF (Stand Mai 2018). Tagesaktuelle Kurse unter www.oanda.com, Links »Währungsrechner«, »Umrechner«.

Geldbeschaffung und Kreditkarten

Sowohl Euro als auch US-Dollar werden in Ostafrika zur Bezahlung touristischer Dienstleistungen wie Hotelübernachtungen oder Safaris akzeptiert. Man sollte Banknoten in kleineren Stückelungen mitnehmen, Scheine im Wert von 100 € und mehr werden häufig nicht angenommen. Gleiches gilt für ältere, beschriebene oder zerrissene Banknoten. Dinge des täglichen Gebrauchs wie Lebensmittel oder Busfahrten müssen in Landeswährung bezahlt werden.

An den Flughäfen, in Banken, in größeren Hotels und in Wechselstuben (Forex-Büros) lässt sich vor Ort Geld in Landeswährung umtauschen. In Wechselstuben sind die Kurse am besten. Das Geldwechseln bei Beachboys ist nicht nur illegal, sondern auch gefährlich.

Bargeld wird akzeptiert, größere Banknoten (100 € und mehr) allerdings nur gegen Vorlage eines Reisepasses. Reiseschecks werden fast nirgendwo mehr angenommen.

In größeren Städten kann man mit Kreditkarte und PIN Geld an Bankautomaten (ATMs) abheben (u. a. bei Barclays, Standard-Chartered). Man sollte sich aber zuvor bei der kartenausgebenden Bank über die anfallenden Gebühren erkundigen. Auch ist der Rahmen abzuklären, bis zu dem man Barbeträge abheben kann – eventuell muss vor der Reise das Kartenlimit angepasst werden.

In besseren Hotels und bei größeren Safariveranstaltern werden Kreditkarten (meist Master- und Visa-Card) als Zahlungsmittel akzeptiert (mit Disagio von 5–10 %). Die Eintrittsgebühren für die Nationalparks (s. S. 117) sind in US-Dollar ausgewiesen und müssen oft per Kreditkarte beglichen werden.

Öffnungszeiten von Banken: s. S. 116.

Gesundheit

Vorsorge und Impfungen

Grundsätzlich sind bei der direkten Einreise aus der EU keine Schutzimpfungen vorgeschrieben. Die Gelbfieberimpfung ist nur zwingend, wenn man über ein Gelbfiebergebiet einreist (z. B. Kenia, Äthiopien) und dort länger als zwölf Stunden Aufenthalt hatte. Je nach Reiseart, -zeit und -ziel sowie individuellen Faktoren (z. B. Allergien) empfehlen sich jedoch u. U. weitere Impfungen und Vorkehrungen. Wichtig für eine wirksame Vorsorge ist das Wissen darüber, wie bestimmte Krankheiten übertragen werden, um dann zu entscheiden, ob Impfschutz in Frage kommt. Auskünfte erhält man bei Gesundheitsämtern und Tropeninstituten, z. B. den Abteilungen für Infektions- und Tropenmedizin in München, Leipzig und Hamburg, oder im Internet, z. B. unter www.fit-for-travel.de, www.tropeninstitut.de und www.gesundes-reisen.de.

Malaria

Gegen die **Malaria** gibt es leider noch keine Impfung, lediglich eine Prophylaxe. Da verschiedene Stämme der Anopheles-Mücke (Malariaüberträger) sich gegen einige Malariamittel als resistent erwiesen haben, bleiben zwei Alternativen: Die Einnahme von Meflo-

HINWEIS

Malaria kommt nicht überall in Ostafrika vor. Regionen über 1800 m Höhe sind malariafrei (weitgehend malariafrei, wenn auch nicht ganz sicher sind die Hochlandregionen um Nairobi und Moshi). Ein erhöhtes Risiko besteht in der Regenzeit (April–Juni, Okt.–Dez.), besonders an der Küste und entlang der großen Süßwasserseen.

quin (Handelsname Lariam), das jedoch häufig Nebenwirkungen hervorruft. Oder die Kombination von Proguanil (Handelsname Paludrine), das auch Schwangere einnehmen können, mit Chloroquin (Handelsname Resochin bzw. Weimerquin). Die beste Vorsorge ist der Schutz vor Stichen. Deswegen sollte man in der Dämmerung möglichst helle, Arme und Beine bedeckende Kleidung tragen, ungeschützte Körperstellen (Hände, Gesicht, Hals, Ohren) mit Insektenschutzmitteln einreiben und unter einem Moskitonetz schlafen.

Treten die typischen (erkältungsähnlichen) Symptome wie Fieber, Kopf- und Gliederschmerzen sowie Appetitlosigkeit auf, sollte sofort ein Arzt konsultiert oder ein Selbsttest auf Malaria unternommen werden. Malaria-Test-Kits sind in den Apotheken *(duka la dawa)* für wenige Dollar erhältlich und geben nach nur 10 Minuten Auskunft über das Bestehen einer Infektion. Je früher die Krankheit behandelt wird, desto schneller klingt sie ab oder verläuft glimpflich. Die Ärzte vor Ort wissen in der Regel besser mit einer Infektion umzugehen als die Mediziner in der Heimat. Sollten die Symptome erst zu Hause auftreten (die Inkubationszeit liegt bei 2–8 Wochen), den Arzt unbedingt über den Tropenaufenthalt informieren!

Von Aids bis Typhus

Die gravierenden sozialen Folgen von **Aids** sind in Ostafrika ein Problem, um dessen Lösung man sich bemüht (s. Thema S. 52). Wie bei der Malaria gibt es noch keine Immunisierung gegen den HI-Virus. Allerdings kann man sich leicht vor ihm schützen. Die größte Gefahr besteht beim ungeschützten Geschlechtsverkehr; Kondome verringern das Risiko deutlich.

Die Erreger der **Bilharziose,** Würmer der Gattung Schistosoma, kommen in Süßwasser vor, z. B. im Viktoria- oder Tanganyika-See. Hier sollte der Hautkontakt mit Wasser (z. B. beim Baden) vermieden werden.

Cholera wird vor allem über unreines Wasser übertragen; abgekochtes Wasser verringert die Ansteckungsgefahr.

Reisende sollten stets sorgfältige Nahrungsmittel- und Trinkwasserhygienemaßnahmen durchführen, um das Risiko von **Durchfallerkrankungen** aller Art zu minimieren. Durchfall (engl. *diarrhea)* wird im Wesentlichen durch verunreinigtes Trinkwasser verursacht. Es ist wichtig, viel zu trinken (Mineralwasser aus Flaschen), um den Feuchtigkeitsverlust auszugleichen. Dauert der Durchfall länger als 24 Stunden an, sollte man einen Arzt aufsuchen. Medikamente wirken meist schnell.

Gelbfieber (engl.: *yellow fever)* wird durch Mücken vor allem in den frühen Morgenstunden übertragen. Der Impfschutz hält zehn Jahre.

Hepatitis A: Die ansteckende Leberentzündung wird durch verunreinigtes Wasser und Schmierinfektion übertragen. Die aus insgesamt drei Injektionen bestehende Impfung bietet Schutz für 5 bis 10 Jahre.

Hepatitis B: Die Krankheit ist nur über Blutkontakt übertragbar. Die Immunisierung dauert etwa ein Jahr und kommt z. B. für Ärzte in Betracht.

Typhus wird durch schlechte hygienische Verhältnisse verbreitet. Der Impfschutz hält bis zu drei Jahre und empfiehlt sich vor allem für Rucksackreisende.

Trinkwasser

Als Trinkwasser sollte man immer das in Flaschen abgefüllte benutzen und darauf achten, dass der Verschluss intakt ist. Das Leitungswasser kommt oft aus veralteten Leitungen und entspricht nicht dem europäischen Hygienestandard (s. S. 103).

Reiseapotheke

Eine gut ausgestattete Reiseapotheke sollte so viel wie nötig und so wenig wie möglich enthalten. Die Medikamente sollen in erster Linie dazu beitragen, leichte Beschwerden zu bessern oder größeren Gesundheitschäden vorzubeugen. So ist die Mitnahme von Verbandmaterial und Desinfektionsmitteln ein unbedingtes Muss. Auch fiebersenkende Mittel oder Medikamente gegen Durchfall können auf der Reise hilfreich sein. Bei anhaltenden Beschwerden jeder Art empfiehlt es sich jedoch immer, einen Arzt zu konsultieren, um gefährliche Infektionskrankheiten auszuschließen oder ggf. gleich behandeln zu lassen. Chronisch Kranke sollten vor jeder Reise ausrechnen, wie groß die Menge der benötigten Medikamente ist, und eine Reserve mit einplanen. Natürlich dürfen persönliche Medikamente (z. B. bei Diabetes oder Allergien) oder auch Verhütungsmittel nicht vergessen werden. Sie gehören ins Handgepäck!

Individualreisende sollten zusätzlich mitführen: Micropur-Tabletten (zur Desinfektion von Wasser), Mittel zur akuten Malariabekämpfung (z. B. Halfan) und Einwegspritzen.

Die medizinische Versorgung in den Ferienzentren ist recht gut. Sobald man aber diese Gebiete verlässt, sind Medikamente ebenso wie Sonnencreme und Mückenschutz Mangelware.

Krankenversicherung

Krankenversichert ist in Afrika nur, wer vor der Abreise im Heimatland eine private Reisekrankenversicherung abschließt. Sie sollte auch einem medizinisch notwendigen Rücktransport einschließen. Eventuelle Arzt- und Krankenhauskosten müssen dabei meist in Vorkasse vor Ort beglichen werden. Gegen Vorlage einer detaillierten Quittung erstattet die Versicherung die Auslagen zurück, je nach Police aber nicht immer in vollem Umfang. Vor Ort lohnt sich eine Zusatzversicherung über die Safariveranstalter (15–50 US-$/Pers. für 2–8 Wochen) bei den **Flying Doctors** (www.flydoc.org), die im Notfall per Kleinflugzeug Krankentransporte auch aus entlegenen Winkeln des Landes durchführen.

Internetzugang

In Sachen Internet zeigt sich Ostafrika sehr fortschrittlich: In den Städten, in den Hotels entlang der Küste und sogar in vielen Lodges und Camps in den Naturschutzgebieten gibt es Anschluss an das weltweite Netz. In den Städten sowie dort, wo viele Hotels liegen, gibt es außerdem Internetcafés.

Die besseren Unterkünfte verfügen oftmals über WLAN-Anschlüsse. Auch in den Städten Nairobi, Dar-es-Salaam oder Arusha gibt es Möglichkeiten, etwa in Cafés, seinen Laptop zu benutzen. Wer nicht unbedingt muss, sollte seinen Laptop nicht mit auf Safari nehmen, denn der feine Staub und der Morgentau dringen möglicherweise ins Gehäuse.

Karten

In Europa sind vor allem traditionelle Landkarten erhältlich, die sich für die Routenplanung eignen, aber nicht immer genügend ins Detail gehen. Detailkarten z. B. für die Nationalparks, in denen die Orientierung nicht einfach ist, werden fast nur vor Ort in Kenia und Tansania angeboten, einige sind online bestellbar.

Für Selbstfahrer: Da das Mobilnetz in Ostafrika recht gut ausgebaut ist, kommt man gut voran, wenn man ein Smartphone mit GPS-Funktion hat. Trotzdem sollte immer eine Karte im Gepäck sein!

Vor der Reise lassen sich über http://maps.google.com am Computer Routen ausarbeiten; unterwegs bietet die Google-Maps-App auf dem Handy die Möglichkeit, nützliche Informationen etwa zu an der Strecke liegenden Tankstellen, Restaurants, Werkstätten etc. anzeigen zu lassen. Vorsicht: Bei den Lodges in den Parks wird man oft zur postalischen Verwaltungsadresse in Mombasa oder Nairobi geleitet!

Detailkarten Kenia

Für Selbstfahrer empfehlen sich die lokal erhältlichen Detailkarten, die die Straßenzustände besonders genau wiedergeben. Wer gern schon vor der Reise über gutes Kartenmaterial verfügen möchte, kann es online bestellen, z. B. über den Harms-ic-Verlag (www.harms-ic-verlag.de). Alternativ kann man ein Navigationsgerät mitbringen und das lokale Kartenmaterial vorab herunterladen, etwa auf www.garmin.com.

Nationalparks: Kenya Wildlife Service (KWS) hat diverse Karten zu kenianischen Nationalparks herausgegeben, die an den Park Gates, im Kifaru Shop beim Nairobi National Park und in gut sortierten Buchläden in Mombasa und Nairobi erhältlich sind. Evtl. anfragen bei kws@kws.org.

Road Atlas of Kenya: New Holland Verlag. Praktisch für Individualreisende, mit detaillierten Karten zu Städten, Nationalparks und allen Teilregionen Kenias.

Map of Greater Nairobi: 1 : 25 000, Tourist Maps. Englische und deutsche Ausgaben, nur in Nairobi erhältlich.

Mt. Kenya – Map & Guide: 1 : 50 000, M. Savage/A. Wielochowski. Eine topografische Karte mit ausführlicher Beschreibung der verschiedenen Routen.

Marco Polo Länderkarte Kenia: Traditionelle Landkarte (Faltkarte 1 : 1 Mio.) mit landschaftlich schönen Strecken, wichtigen Reiseinformationen, Tankstellen, Rasthäusern und Kilometerangaben.

Guide to Mt. Kenya & Kilimanjaro: Mountain Club of Kenya (Iain Allan). Praktisches Handbuch mit Karte zu den einzelnen Bergen. Erhältlich in Kenia.

Detailkarten Tansania

Kilimanjaro National Park Tourist Map & Guide: 1 : 100 000, ISBN 978-3-927468-29-0. Erhältlich bei www.harms-ic-verlag.de.

Ngorongoro Conservation Area Tourist Map & Guide: Ngorongoro Conservation Area 1 : 230 000, mit Detailkarte Ngorongoro Crater 1 : 60 000, ISBN 978-3-927468-28-3. Erhältlich bei www.harms-ic-verlag.de.

Zanzibar Tourist Map & Guide: 1 : 100 000, ISBN 978-3-927468-30-6. Erhältlich bei www.harms-ic-ver lag.de. Karte von Unguja, Pemba und Stadtplan von Stone Town. Die Legende und zusätzliche Reiseinfos gibt es ebenfalls auf Deutsch.

Vom Harms-ic-Verlag gibt es auch Karten vom Lake Manyara National Park und von Arusha. Gute Tansania-Karten existieren weiterhin von Freytag Berndt.

In Tansania gibt es von Hand gezeichnete Landkarten, die zunächst vielleicht etwas gewöhnungsbedürftig, aber sehr akkurat sind. Die Faltkarten von Giovanni Tombazzi gibt es u. a. von Sansibar, Arusha, Arusha NP, Kilimanjaro NP, Ngorongoro Crater, Serengeti NP oder Lake Manyara NP. Die Karten der Parks zeigen die Pisten und Flussläufe sowie Wasserstellen auf der Vorderseite für die Trockenzeiten, auf der Rückseite für die Regenzeiten an. Dies kann für Selbstfahrer sehr hilfreich sein, überdies sind die Karten grafisch schön gestaltete Souvenirs.

Mit Kindern unterwegs

In den Küsten- und Stadthotels sind Kinder, auch Kleinkinder, immer willkommen, viele Lodges jedoch erlauben Kinder erst ab einem gewissen Alter. Das liegt daran, dass die Zimmer teilweise nur über Holzbrücken mit der Lobby verbunden sind oder die Anlagen aus anderen Sicherheitsgründen nicht geeignet sind für kleinere Kinder. Vor der Buchung einer Safari also unbedingt auf das Alter der Kinder hinweisen. Auch sollten sich die Eltern bewusst sein, dass eine Safari oft stundenlange Autofahrten – in großer Hitze – mit sich bringt.

Kleidung und Ausrüstung

Für den Aufenthalt in den Tropen hat sich leichte und helle Kleidung aus Naturfasern bewährt. In feinen Hotels und Restaurants wird mitunter zum Abendessen auf elegantes Auftreten geachtet. Auf Safari trägt man am besten strapazierfähige, bequeme und leicht waschbare Kleidung. Auch eine Kopfbedeckung (zum Festbinden) und geschlossene, aber luftdurchlässige Schuhe sollten nicht fehlen. Auch ein wärmerer Pulli oder eine Windjacke gehören ins Gepäck, da es sich in den Parks morgens und abends ohne die heiße Tropensonne stark abkühlt bzw.

Gut ausgerüstet unterwegs im Mount Kenia National Park

viele Restaurants ihre Klimaanlage auf Hochtouren laufen lassen. Während der Regenzeit empfiehlt sich ein Regenschutz. Außerhalb der Strandhotels stellen Badekleidung, kurze Hosen, Miniröcke und schulterfreie Kleider eine Provokation dar, weshalb man auf freizügige Kleidung verzichten sollte.

Viele Hotels bieten einen Wäscheservice an, und in den Guesthouses waschen häufig die Zimmermädchen gegen ein kleines Taschengeld die Kleidung (per Hand).

Wer den Kilimanjaro oder Mt. Kenya besteigen möchte, sollte zudem entsprechende Wanderausrüstung mitbringen. Eingelaufenes Schuhwerk, Regen- und Daunenjacke, eine Trinkflasche, Sonnenbrille und ein Schlafsack für Minusgrade sind die Minimalausstattung.

Nicht vergessen ...

- eine kleinere Tasche für einen Safariaufenthalt mit Übernachtung (Safaribusse und Kleinflugzeuge erlauben keine größeren Gepäckstücke, s. Tipp S. 83)
- Strandtücher (sind in einigen Hotels inklusive, vor Abreise erfragen!)
- Sonnenbrille und -hut, ausreichend Sonnen- und Mückenschutzmittel
- Fernglas, Fotoapparat, Kamera, Speicherchip
- Adapter (s. S. 103)
- kleine Kofferschlösser
- Taschenlampe, Batterien (für Digitalkamera und Taschenlampe) bzw. Akkus
- Malaria-Prophylaxe und andere Medikamente
- Feuchttücher und antibakterielles Handgel
- verschließbare Plastiktüten *(ziplocks)*, die empfindliche Utensilien wie Uhren oder Kameras vor Staub, Sand und Wasser schützen

Klima und Reisezeit

Regenzeit und Trockenzeit

Kenia und Tansania gelten als ganzjährige Reiseziele. Die angenehmsten Phasen sind die ›kühle Trockenzeit‹ von Juli bis Oktober und die ›heiße Trockenzeit‹ von Dezember bis Februar. Dann liegen die Temperaturen an der Küste zwischen 25 und 30 °C, nachts kühlt es ab, und die Luftfeuchte ist geringer als gegen Ende der Trockenzeiten. Kurz vor Beginn der Regenzeiten (Große Regenzeit April–Juni, Kleine Regenzeit Mitte Okt.–Dez.) wird es beinahe unerträglich schwül, der einsetzende Regen bringt frische und kühlere Luft.

Am Äquator

Der Äquator verläuft mitten durch Kenia. Wenn die Sonne zweimal im Jahr – am 21. März und am 23. September – direkt über dem Äquator im Zenit steht, dann zählen dort die Tage genau zwölf Stunden, die Temperaturen erreichen den absoluten Höchststand. Je weiter nördlich bzw. südlich man sich von Äquator entfernt, desto mehr variieren die Sonnenstunden pro Tag, desto mehr schwanken Tages- und Nachttemperaturen. Im Fall von Kenia und Tansania macht dies max. 1–2 Std. aus, im Gegensatz zu Mitteleuropa, wo die Tageslänge im Winter beträchtlich von der im Sommer abweicht. Die Tage am Äquator sind das ganze Jahr über fast gleich lang. Um 6 Uhr morgens geht die Sonne auf und um 18 Uhr geht sie wieder unter. Die Dämmerungsphasen sind sehr kurz.

Vom Äquator aus wandert die Sonne saisonal zu den jeweiligen Wendekreisen; die Wanderung bedingt in Europa die vier Jahreszeiten. Der klimatische Jahreszyklus in Ostafrika lässt sich nicht mit den uns bekannten Jahreszeiten vergleichen, vielmehr haben wir es mit besonderen klimatischen Phänomenen zu tun – **Regen-** und **Trockenzeit.** Wenn die Sonne ihren Zenitstand über dem Äquator erreicht und die Landmassen entsprechend aufgeheizt sind, herrschen enorme Temperaturgefälle zwischen Ostafrika und dem kühleren Südwestasien. Um die Luftdruckunterschiede auszugleichen, entstehen heftige Winde, die als Monsun bezeichnet werden.

HOCHSAISON GROSSE MIGRATION

Abgesehen von den Schulferien gilt die Zeit der Großen Migration als Hochsaison. Zu diesem Naturspektakel, das sich nicht an einem Datum, sondern an der Witterungslage orientiert, kommen Menschen aus der ganzen Welt in die Masai Mara/Serengeti, um dem Wildwechsel von Abertausenden von Tieren beizuwohnen (s. S. 397). Wegen der begrenzten Kapazitäten der Lodges bucht man am besten im Voraus eine Safari. Die Migration beginnt im Jan./Febr. in der Süd-Serengeti, wo die Gnus und Zebras ihre Jungen zur Welt bringen. Bis Juni/Juli ziehen sie weiter in die West- und Nordwest-Serengeti. Im Aug./Sept. wandern die Tiere über den Mara-Fluss in die kenianische Masai Mara, um dann zwischen Okt. und Dez. wieder in Richtung Süd-Serengeti zu ziehen.

Auf dem Höhepunkt der etwa 1000 km langen Migration wandern mehrere Hunderttausend Tiere in bis zu 40 km langen Tierketten durch die Naturschutzgebiete. Der von ihnen aufgewirbelte Staub ist weithin sichtbar, die zu durchquerenden Flüsse sind eine Festtafel für die Krokodile und ein Augenschmaus für Safarianer.

Nordost- und Südostmonsun

Der Nordostmonsun oder *kaskazi,* der die kleine Regenzeit bedingt, beeinflusst das Klimageschehen der ostafrikanischen Küste von Oktober bis Mitte Dezember. Der Südostmonsun oder *kuzi,* der die große Regenzeit bringt, herrscht von März bis Juni und ist niederschlagsreicher als der *kaskazi.*

In der Nähe der Wendekreise, wo die Sonne nur einmal pro Jahr im Zenit steht, gibt es nur eine Regenzeit, wie es auch im Süden Tansanias der Fall ist (Regenzeit Nov.–April).

Kleine und Große Regenzeit

Viele Reisende empfinden die Regenzeit als durchaus angenehm, denn sie gilt nicht als Hochsaison und ist daher preiswerter. Die Regenschauer sind nur von kurzer Dauer (wohl aber sehr heftig). Die Wassertemperatur liegt ohnehin das ganze Jahr über bei 20 °C. An der Küste bricht nach einem Schauer die Wolkendecke gewöhnlich gleich wieder auf, das Sonnenbaden kann fortgesetzt werden. Lediglich im Landesinnern verursachen die heftigen Regenfälle bisweilen Überschwemmungen und unpassierbare Straßen. Dann muss man damit rechnen, die Reiseroute kurzfristig umzustellen.

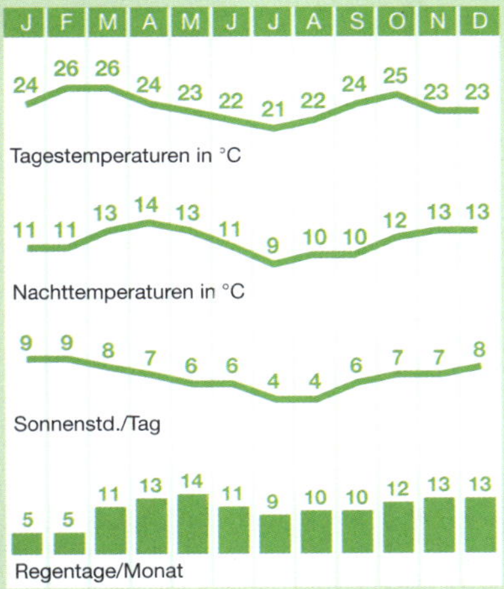

Klimadaten Nairobi

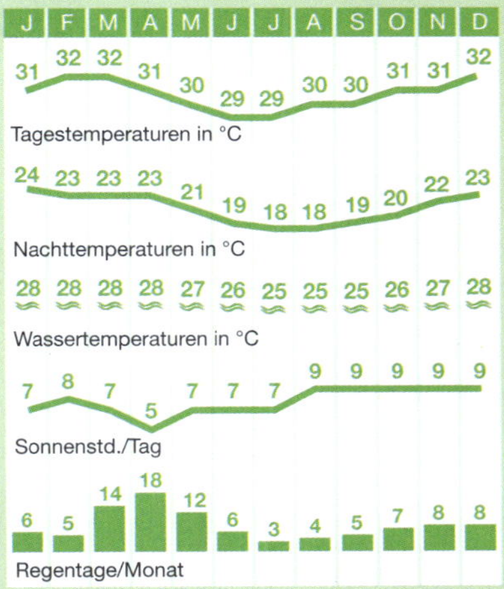

Klimadaten Dar-es-Salaam

Die Regenzeiten im Landesinnern decken sich zeitlich nicht ganz mit denen an der Küste. Nördlich und westlich von Nairobi beginnt die Große Regenzeit bereits 4–6 Wochen früher, im Süden Tansanias tritt sie schon im Dezember ein. Dagegen ist sie in der Wüstenregion im Norden Kenias zwischen den Monaten Mai und Oktober nur ein kurzes Intermezzo.

Für Touren im Hochgebirge und die Besteigung von Kilimanjaro, Mt. Kenya, Mt. Elgon oder ähnlich hohen Bergen eignen sich vor allem die Monate Dezember bis Februar, während sich die kalten und nassen Monate März, April und Mai nicht empfehlen. In dieser Zeit sind viele Wege vereist bzw. mit Schnee zugeweht.

Das aktuelle Wetter in Ostafrika und die Vorhersage für die Region findet man auch im Internet, z. B. unter www.wetter.net.

Gezeiten und Seegras

Der Indische Ozean wechselt etwa im Sechs-Stunden-Rhythmus zwischen Ebbe und Flut. Besonders exteme Unterschiede herrschen bei Voll- und Neumond. Dann sowie während der Regenzeiten sind vermehrt Seegrasanspülungen zu beobachten. Das zeigt, dass die Meeresflora vor der ostafrikanischen Küste noch intakt ist. Angeschwemmtes Seegras wird üblicherweise vor den Hotelstränden regelmäßig entfernt.

Links

Ostafrika

www.transafrika.org
Das deutschsprachige Internetportal richtet sich an Afrika-Reisende und vermittelt praktische Tipps und Erfahrungen. Mit Links zu Reiseveranstaltern und -angeboten.

www.theeastafrican.co.ke
Das Online-Portal der Wochenzeitung »East African« behandelt vor allem Tagespolitik, Wirtschaftsthemen und auch Sport, z. B. aktuelle Rugby- und Fußballergebnisse, in den Ländern Kenia und Tansania. Englisch.

www.eac.int
Die offizielle Website der East African Community (EAC) informiert über die Belange der Mitgliedsstaaten – von den Zollbestimmungen über Themen wie Recht und Politik, Gesundheit und Naturschutz bis hin zu Einwanderungsregelungen und neuen Entwicklungen bezüglich Infrastruktur und Tourismus. Englisch.

www.fit-for-travel.de
Nach Ländern sortiert kann man medizinische Empfehlungen und Vorbeugungsmaßnahmen zu Tansania und Kenia abfragen sowie evtl. Warnungen vor Gesundheitsgefahren, etwa im Fall eines akuten Choleraausbruchs. Deutsch.

www.africatravelresource.com
Wenn man in die Suchmaske die Begriffe Kenia, Serengeti oder Sansibar eingibt, werden auf dieser hübsch aufgemachten Website eines Reiseanbieters Informationen sowie fantastische Fotos von Unterkünften und Naturräumen geliefert. Englisch.

Kenia

www.magicalkenya.com
Die offizielle Website der kenianischen Tourismusbehörde ist sehr umfassend und bietet Hintergrundwissen sowie viele nützliche Tipps und Verweise auf lokale Anbieter.

www.kenya-information-guide.com
Sehr umfassende Website mit Hintergrundwissen zu Kenia und praktischen Reisetipps, gegliedert nach Städten und Regionen. Mit vielen Details und Insider-Informationen.

www.kws.go.ke
Der offizielle Link zum Kenya Wildlife Service (KWS), der die Naturschutzgebiete in Kenia managt. Die Website bietet entsprechend gute Übersichten zu den Schutzgebieten, zu den vom KWS betreuten Unterkünften sowie zu den Parkgebühren. Englisch.

www.katokenya.org
Offizielle Website von Safariveranstaltern in Kenia (Kenya Association of Tour Operators). Hier geben die »Profis« ihre Empfehlungen und Reisende profitieren von detailliertem Infomaterial inklusive Karten. Auch kann man sich Reiseangebote schicken lassen und eine Liste von seriösen Veranstaltern einsehen.

www.eatout.co.ke
Internetportal für alle Arten von Restaurants, Cafés und Bars – gelistet nach Orten, Preisen, Speisen- und Getränkeangeboten mit der Möglichkeit für Reservierungen.

www.sleepout.com
Das Portal bietet für die verschiedenen Regionen, Nationalparks und Städte eine Vielzahl von Unterkünften aller Preisklassen mit Fotos, Kurzbeschreibungen, Links zur Website und Buchungsmöglichkeit.

www.ecotourismkenya.org
Unter dem Link ›Resources‹ findet man einen nahezu kompletten Katalog von Safariveranstaltern sowie Hotels und Lodges, die nachhaltigen Tourismus praktizieren.

Tansania

www.tanzania-gov.de
Die offizielle Website der tansanischen Botschaft in Deutschland. Mit allgemeinen Länderinformationen, praktischen Reisetipps, Verweisen und Visa-Antragsformular zum Download. Englisch.

www.tanzaniaparks.com
Tansanias Nationalparks auf einen Klick besuchen, wenn auch zunächst nur virtuell: Gebühren oder Regelungen betreffende Neuigkeiten werden aktuell gehalten, während die allgemeinen Informationen über die Parks teilweise veraltet sind. Die deutsche Version wird leider maschinell übersetzt, daher ist die englische Version zu bevorzugen.

www.tanzania-network.de
Ein Online-Podium für verschiedene deutschsprachige tansanische Initiativen und Institutionen, die Beziehungen nach Tansania haben und entsprechend über ihre Aktivitäten in Deutschland bzw. in Tansania berichten. Es gibt einen Adressen- und Expertenpool, Foren und die Möglichkeit, den Newsletter »Habari« zu abonnieren. Deutsch.

www.tansania.de
Ein umfassendes Informationsportal auf Deutsch für alle Tansaniafreunde mit nützlichen Kommentaren und Reiseinfos.

www.allafrica.com/tanzania
Aktuelle Nachrichten über Tansania. Das Portal bezieht die News von allen wichtigen Tageszeitungen in Tansania. Englisch.

www.facebook.com/goetheinstitut.tanzania
Hier informiert das Goethe-Institut Tansania unter anderem über bilaterale Kulturveranstaltungen. Deutsch sprechende Besucher sind immer gern gesehen!

Sansibar

www.zanzibar.net
Hier findet man ausführliche Infos zu Sansibar, von einem geschichtlichen Abriss über Infos zur Kultur bis hin zu reisepraktischen Tipps. Englisch.

www.zanzibartourism.go.tz
Die offizielle Website des Tourismusbüros von Sansibar beschreibt ausführlich alle Möglichkeiten für Unternehmungen auf den beiden Archipelen Sansibar und Pemba. Wer auf dieser attraktiven Seite stöbert, wird seinen Aufenthalt auf Sansibar sicherlich verlängern wollen! Englisch.

Literatur und Filme

Belletristik und Biografien

Einstimmende Romane afrikanischer Autoren s. S. 74. Des Weiteren listet das Literaturportal www.afrikaroman.de ein gut sortiertes Verzeichnis ostafrikanischer Literatur.

Joy Adamson: Frei geboren. Die Geschichte der Löwin Elsa. München 2002. Bestseller aus der Feder der 1980 von Wilderern ermordeten Löwenforscherin.

Yvonne Adhiambo Owuor: Der Ort, an dem die Reise endet. Köln 2016. In ihrem Debütroman verarbeitet die kenianische Autorin mit starken Bildern und großer erzählerischer Kraft in einer Familiengeschichte die jüngere Vergangenheit des Landes.

Ellen Alpsten: Die Schwestern der roten Sonne. München 2009. Drei Freundinnen, drei Leben, eine Heimat – ein Freundschaftsepos so weit und bewegend wie das Land, in dem drei Freundinnen gemeinsam aufwachsen: Kenia.

Karen Blixen: Jenseits von Afrika. München 2010. Schildert eher unkritisch die Wildheit und Unverdorbenheit der Afrikaner und glorifiziert die Kolonialzeit.

Wolf-Ulrich Cropp: Wie ich die Prinzessin von Sansibar suchte. Köln 2016. Ein Gedenkstein auf dem Ohlsdorfer Friedhof in Hamburg für Emily Ruete, geborene Salme, Prinzessin von Sansibar, ist Anlass zu einer spannenden Spurensuche in Ostafrika.

Kuki Gallmann: Ich träumte von Afrika. München 2000. Wie viele der Romane über Afrika aus nichtafrikanischer Hand verarbeitet dieser die Erfahrungen der Autorin während ihrer Zeit in Ostafrika.

Aniceti Kitereza: Die Kinder des Regenmachers. Wuppertal 2016. Das bekannteste Buch des tansanischen Schriftstellers und Theologen schildert Traditionen, Mythen und Gesetze des vorkolonialen Afrika.

Beryl Markham: Westwärts mit der Nacht. München 2001. Ein autobiografischer und einfühlsamer Bericht über die Pionierin der Luftfahrt und ihr Leben in Kenia.

Wangari Maathai: Afrika, mein Leben – Erinnerungen einer Unbeugsamen. Köln 2012. Die Friedensnobelpreisträgerin Wangari Maathai (s. S. 174) war eine charismatische Kämpferin für die Umwelt und die Rechte der Frauen. Autobiografie.

Meja Mwangi: Das Buschbaby. Wuppertal 2007. Meja Mwangis Roman um zwei vertauschte Neugeborene liest sich wie das Drehbuch zu einer intelligenten afrikanischen Komödie, das die Klischees von Schwarz und Weiß sowie Mann und Frau gehörig durcheinanderwirbelt. Weitere auf Deutsch erschienene Romane: »Big Chiefs« (2009), »Rafiki« (2014) und »Warten auf Tusker« (2017).

Auma Obama: Das Leben kommt immer dazwischen. Bergisch Gladbach 2010. Ein bewegend erzählter Bericht von Präsident Obamas Halbschwester, die 16 Jahre in Deutschland lebte, über Herkunft, Familie und den Mut, seine Ziele zu verfolgen.

Emily Ruete: Leben im Sultanspalast. Memoiren aus dem 19. Jahrhundert. Hamburg 2007. Emily Ruete, geb. Salme, Prinzessin von Oman und Sansibar, beschreibt den exotischen Alltag ihrer Jugend im Sultanspalast bis zur heimlichen Flucht mit dem Hamburger Kaufmann Heinrich Ruete 1866.

Binyavanga Wainaina: Irgendwann schreib ich drüber. Heidelberg 2013. Der kenianische Journalist und Autor, Herausgeber des Literaturmagazins »Kwani«, nimmt den Leser mit auf die Reise durch sein Leben von den 1970er-Jahren bis in die Gegenwart.

Barbara Wood: Rote Sonne, schwarzes Land. Frankfurt/Main 2003. Dieser Roman schildert die sich wandelnde Gesellschaft Kenias aus der Sicht der britischen Kolonistenfamilie Treverton – über drei Generationen hinweg erzählt.
Stefanie Zweig: Nirgendwo in Afrika. München 2007. Die literarische Vorlage des Oscar-prämierten Films über eine nach Kenia ausgewanderte jüdische Familie.

Sachbücher

Christoph Friedrich: Kisuaheli Wort für Wort. Bielefeld 2017. Wer zur Reisevorbereitung ein wenig Kiswahili lernen möchte, dem sei dieser Band aus der Reihe Kauderwelsch empfohlen. Mit QR-Codes und Aussprachebeispielen fürs Smartphone. Auch als E-Book.
Collins Field Guide: National Parks of East Africa, Larger Mammals of Africa und Tropical Plants. Ein altbewährter Klassiker auf Safari sind diese Handbücher zur Naturkunde, ständige Begleiter der meisten Fahrer von organisierten Safaris und aufgrund der zahlreichen Abbildungen und wissenschaftlichen Angaben wertvolle Handbücher.
Jens Rohwer: Pflanzen der Tropen. München 2000. In diesem Bestimmungsbuch findet man auch die Pflanzen Ostafrikas.

Filme

Serengeti darf nicht sterben und **Kein Platz für wilde Tiere.** Berühmte Tierfilmklassiker des renommierten Prof. Dr. B. Grzimek.
Out of Africa/Jenseits von Afrika: Sozial unkritischer, aber wegen seiner Landschaftsaufnahmen sehenswerter Oscar-gekrönter Spielfilm mit Meryl Streep und Robert Redford in den Hauptrollen (1986).
Auf der Fährte der Löwen, Beauty and The Beasts, A Leopard's Story. Alle drei Filme sind Produktionen von National Geographic im IMAX Format. Die sehenswerten Naturfilme wurden mit Spezialkameras aufgenommen.
Serengeti. Die Kinodokumentation des Tierfilmers und Zoologen Reinhard Radke ist eine eindrucksvolle Hommage an die Seregenti und die Große Migration.
Serengeti – Circle of Life. Ein filmisches Epos über den Kreislauf des Lebens in der ostafrikanischen Savanne.

Maße und Gewichte

Sowohl in Kenia als auch in Tansania verwendet man das metrische System (wie in Europa). Entfernungen werden teils auch in Meile *(mile)*, Fuß *(foot)* und Zoll *(inch)* angegeben.

Medien

Fernsehen und Radio

Die Hotels sind meist mit Fernsehgeräten ausgestattet, und viele der größeren Hotels empfangen CNN und Deutsche Welle. Das Programm ist stark an das US-amerikanische angelehnt. Es gibt Game Shows, Lifestyle-Serien und vor allem Seifenopern, sogar Reality-TV. In ländlichen Regionen hat nicht jeder einen Fernseher oder gar Strom, in einer Lehmhütte wird man in der Regel keinen Fernseher finden.

Bei weltbewegenden Ereignissen wie etwa der Fußball-WM sieht man oft Trauben von Menschen vor Geschäften stehen, in denen ein Fernseher läuft. Aus einem Transistorradio folgt dann der Ton. Radios sind recht weit verbreitet. Über WLAN-Anschluss lassen sich auch deutschsprachige Radioprogramme hören.

Zeitungen, Zeitschriften

In **Kenia** erscheinen u. a. die englischsprachigen Tageszeitungen »Daily Nation« (www.nation.co.ke), »The Standard« (www.standardmedia.co.ke) und »Kenya Star« (www.kenyastar.com). Daneben gibt es diverse Wochenzeitungen, u. a. »Coastweek« (www.coastweek.com) mit Infos und Veranstaltungstipps für Urlauber und Bewohner der Küstenregion.

In **Tansania** erscheinen die englischsprachigen Tageszeitungen »Daily News« (www.dailynews.co.tz) und »The Guardian« (www.ippmedia.com).

Die Wochenzeitung »East African« (www.theeastafrican.co.ke) bringt Nachrichten aus Tansania, Kenia und Uganda. Sie lässt sich wie die meisten anderen Tages- und Wochenzeitungen im Internet einsehen.

In den Touristenzentren und Nairobi findet man auch deutschsprachige Zeitungen und Illustrierte. Nairobi gilt übrigens als Medienmetropole Afrikas: Hier arbeiten Korrespondenten aus über 150 (!) Nationen.

Nachtleben

Die meisten Hotels der Urlaubsorte bieten abends ein Unterhaltungsprogramm, in größeren Städten gibt es eine Reihe von Restaurants, Bars, Nachtklubs und Kinos.

Nachtklubs und Diskotheken

Unter den Night Clubs gibt es welche, die vor allem von der ärmeren Bevölkerung Ostafrikas aufgesucht werden – auch wenn manch ein Tourist meint, dass dies ideale Orte sind, um einen ›bevölkerungsnahen‹ Kulturaustausch zu suchen. Hier wird vielfach Swahili-, Sheng- oder Rap-Musik gespielt.

Dann gibt es Klubs, zu deren Publikum sowohl Touristen als auch Afrikaner zählen, wobei es hier auch immer eine große Anzahl von Prostituierten gibt. Und dann findet man noch solche Klubs, in denen die jungen *Kenya Cowboys* oder aber Jugendliche indischer Abstammung die Nacht zum Tag machen. Vor allem in Nairobi, Mombasa und Malindi gibt es supermoderne Discos. Sie spielen die topaktuellen Charts und stehen in Ausstattung und Design amerikanischen oder europäischen Night Clubs in nichts nach.

Bars

Einfache Bars gibt es in fast jedem Ort. Manche Bars sind mit ›Boarding & Lodging‹ verbunden und fungieren dann zugleich als Bordell. Gehobene Bars sind allen Hotels der mittleren und oberen Kategorie angeschlossen. Insbesondere in Kenia haben viele eine gediegene Einrichtung, die an britische Pubs erinnert. In vielen Bars zeigt die Klimaanlage, was sie kann, man sollte etwas zum Überziehen mitbringen.

Casinos

In Nairobi, Mombasa und Malindi sowie in Dar-es-Salaam, Arusha und Mwanza gibt es Casinos. Einige sind Resorts angeschlossen, wie in der Leisure Lodge an Kenias Südküste, und entsprechend ist adrette Kleidung angebracht. Die meisten jedoch gleichen eher Spielhöllen. Hier kann man für ein paar Schilling sein Glück versuchen.

Theater und Kino

Theater, besonders Volkstheater im wörtlichen Sinn, spielt eine große Rolle im Leben der Ostafrikaner. Die Aufführungen finden oft unter freiem Himmel und nicht in opulenten Theaterhäusern statt. Auf dem Land, wo Fernsehgeräte noch nicht in jedermanns Wohnzimmer stehen, sind Theateraufführungen eine beliebte Art der Unterhaltung und Teil der afrikanischen Oraltradition von Geschichten, Weisheiten und sogar politischer Propaganda. Da diese Theaterstücke jedoch vielfach auf Swahili sind, sind sie für die wenigsten Urlauber von Interesse. Gleiches gilt für Kinofilme (meist ›Bollywood‹-Streifen), die jedoch oft mit englischen Untertiteln versehen sind.

Stilvoll: die Bar in der Amboseli Serena Lodge

Folkloreveranstaltungen

Fast alle größeren Hotels der Küste bieten abends Folkloredarbietungen, von afrikanischer Musik bis zu traditionellen Tänzen und dem Anfertigen von Kunsthandwerk.

Notfälle

In **Kenia** erreicht man **Polizei** und **Ambulanz** landesweit unter Tel. **999, 911** oder **112.** In **Tansania** lautet die Notfallnummer **112.**

Öffnungszeiten

Geschäfte: Mo–Fr 9–12, 14–18, Sa 8–12 Uhr, So geschl.; viele kleine Läden *(dukas)* und manche Supermärkte haben auch abends und an Wochenenden geöffnet, jedoch selten nach 20 Uhr. Einige große Supermärkte wie Carrefour und Shoprite laden rund um die Uhr zum Einkauf ein. An der Küste wird meist bis 15 Uhr oder länger Mittagspause gemacht; manche Läden mit muslimischen Besitzern schließen nicht sonntags, sondern freitags nachmittags.
Banken: Mo–Sa 8–12 Uhr, in größeren Orten zum Teil länger. An den Flughäfen von Mombasa und Nairobi sind die Banken 24 Stunden geöffnet.
Post: Mo–Fr 8–11/12, 14–17, Sa 8.30–11 Uhr; die Hauptpostämter in Mombasa und Nairobi öffnen auch über Mittag.

Post

Postämter gibt es in allen größeren Orten; Briefmarken sind häufig auch in Souvenirläden erhältlich, frankierte Post kann man in den meisten Hotels abgeben. Briefe und Karten sollten deutlich mit »Air Mail« gekennzeichnet werden. Luftpost nach Europa benötigt 1 bis 2 Wochen. Postlagernde Sendungen aus der Heimat sind möglich, jedoch nicht unbedingt zuverlässig. Alles was größer ist als ein Brief muss durch den Zoll, weswegen es zu langen Verzögerungen kommen kann.

Rauchen

Das Rauchen in öffentlichen Einrichtungen, auf Plätzen und in Lokalen ist in Kenia und Tansania mit Ausnahme ausgewiesener Raucherbereiche verboten. Seit Kurzem werden die gesetzlichen Bestimmungen zum Nichtraucherschutz durch die Behörden strenger verfolgt.

Reisekasse

Die Preise in Ostafrika liegen weit unter dem europäischen Standard, d. h. die Ausgaben für Nebenkosten sind deutlich geringer. Das gilt jedoch nur für einheimische Produkte und Dienstleistungen, importierte Waren sind teurer. Wer von einheimischen Produkten lebt, in den kleinen *hoteli* isst, mit öffentlichen Verkehrsmitteln fährt und in einfachen Unterkünften übernachtet, der wird im Durchschnitt nicht mehr als 30–40 € pro Tag ausgeben.

Safaripreise

Vergleichsweise hoch sind die Kosten für Safaris. Die Preise variieren beachtlich – je nach Saison sowie dem Komfort von Transport (Bus- oder Flugsafari) und Unterkunft (einfaches Zelt oder Luxuscamp): Für Budget-Touren sollte man mindestens 100 €/Tag einkalkulieren, für Flugsafaris mit entsprechender Unterkunft ab 300 €/Tag und aufwärts. Pauschalarrangements sind günstiger als separate Bausteine.

Im Schnitt sind Safaris in Tansania teurer als in Kenia, zum einen weil die Eintrittspreise für die Parks höher sind, aber auch weil es weniger Lodges gibt, sodass höhere Übernachtungspreise gefordert werden können. Stadthotels, die einer internationalen Kette angehören, wie etwa Hilton, haben entsprechend hohe Preise. Lokale Ketten oder Hotels bieten hier oft eine günstigere Alternative zu ähnlicher Qualität. Dies gilt auch für Mietwagenfirmen.

Die Preisspanne bei Safari- und Ausflugsveranstaltern ist groß. Das spiegelt sich vor allem in der Qualität der Übernachtungsmöglichkeiten als auch der Fahrzeuge und Guides wider. Vergleiche lohnen, sollten aber nicht nur anhand der Route angestellt werden, sondern eben auch die Bewertung von Lodges sowie ihre Lage berücksichtigen. Wer sparen will, kann in Lodges außerhalb der Parks übernachten, die meist günstiger sind. Viele dieser Unterkünfte bieten auch Pirschfahrten außerhalb der Naturschutzgebiete an, was zudem die Eintrittsgebühren einspart. Da die meisten Parks nicht eingezäunt sind, sieht man häufig ähnlich viel Wild außerhalb der offiziellen Grenzen.

Ob man Safaris besser von zu Hause aus bucht oder aber vor Ort, hängt auch davon ab, wieviel Zeit überhaupt zur Verfügung steht. Wer nur ein oder zwei Wochen Urlaub hat, bucht Safaris besser mit dem Pauschalarrangement – insbesondere zur Hauptsaison oder aber während der Großen Migration (s. S. 110). Auf der anderen Seite hat man vor Ort eine größere Auswahl unter den Safari-Anbietern.

Nationalparkgebühren

Die Gebühren *(conservation fees)* für Nationalparks und andere Schutzgebiete rangieren zwischen 15 US-$ (für die Marine Parks) und 100 US-$ (Gombe Stream National Park) pro Person/24 Std. Meist liegen sie zwischen 50 und 75 US-$ (z. B. Tsavo, Serengeti). Hinzu kommt eine Gebühr pro Fahrzeug, die ebenfalls gestaffelt ist. Beide Gebühren sind bei Pauschalangeboten inbegriffen, Selbstfahrer entrichten sie an den Parktoren per Kreditkarte (nur Master-/Visa-Card). Bargeldzahlungen sind wegen der herrschenden Korruption offiziell nicht erlaubt, werden aber manchmal dennoch akzeptiert – ob sie dann aber tatsächlich dem Park zugutekommen, ist ungewiss.

Wer mehrere Parks besuchen möchte, kann sich in Kenia eine aufladbare Safari Card besorgen. Sie ist für 24 Std. erhältlich oder personalisiert für unbegrenzte Dauer gegen eine Gebühr von 1000 KSh. Individualreisende sollten sich vor Reisebeginn unter www.kws.go.ke/content/kenya-wildlife-service-safari-card informieren, bei welchen Parks diese Möglichkeit besteht. Aktuell gilt die Safari Card für folgende Nationalparks: Nairobi, Lake Nakuru, Aberdare, Tsavo East und West, Amboseli und Malindi Marine. Unter der gleichen Webadresse sind auch die Verkaufsstellen gelistet. In Tansania gibt es die von der Exxim Bank ausgegebene TANAPA Prepaid Card – ein Angebot, sich aber hauptsächlich an Tourveranstalter richtet. Für Schüler und Einheimische gelten vergünstigte Eintrittspreise. Aktuelle Gebühren für Kenia unter www.kws.go.ke, für Tansania unter www.tanzaniaparks.go.tz.

Zur Buchung von Unterkünften in den Nationalparks s. S. 86.

WMA-Gebühren (Tansania)

Da die Behörden im Kampf gegen die Wilderei durch Anrainer machtlos waren, holte man die Menschen in den Pufferzonen rund um die Parks und in den bekannten Tierkorridoren ins Boot und schuf sog. Wildlife Management Areas (WMAs). Sie zielen darauf ab, Naturschutz- und menschliche Interessen unter einen Hut zu bekommen. Es gibt keine einheitliche Preisgestaltung, die Gebühren rangieren zwischen 15 und 40 US-$ zzgl. 18 % Mehrwertsteuer. Zahlbar sind sie im Voraus bei WMA-Büros in Arusha und anderen Städten. Barzahlung am Gate ist in aller Regel nicht möglich.

Schwule und Lesben

In streng gläubigen und traditionellen Regionen von Kenia und Tansania – insbesondere in Mombasa und Sansibar (obwohl kein Geringerer als Freddy Mercury hier geboren wurde!) – sollte man das öffentliche Zurschaustellen von Zuneigung vermeiden. Dies gilt gleichermaßen für heterosexuelle Paare. Sieht man Einheimische Hand in Hand (mehr ein Berühren der Fingerkuppen) laufen, so ist dies nicht ein Zeichen von Intimität, sondern von reiner Freundschaft.

Sicherheit

In den meisten Fällen wird man von der zuvorkommenden Freundlichkeit der Afrikaner beeindruckt sein; allerdings sollte man eine gewisse Vorsicht walten lassen, denn die Kriminalitätsrate in Ostafrika (vor allem in den Großstädten) ist relativ hoch. Besonders betroffen sind Nairobi und Arusha, gefolgt von Mombasa, Malindi, Dar-es-Salaam und zunehmend auch Sansibar. Mitunter gibt es Meldungen von Überfällen auf Busse aus den entlegenen Regionen im Norden Kenias in Richtung Somalia, wo dann nur im Konvoi gefahren wird. Auch nach Lamu fliegt man am besten.

Die Ursachen für die Kriminalität liegen im wirtschaftlich-sozialen Bereich: Viele Menschen strömen in die Städte, finden dort aber keine Arbeit; sie kämpfen um die nackte Existenz, ohne die soziale Kontrolle durch einen Familienverband zu haben. Wie wichtig gerade der letztgenannte Faktor ist, zeigt die Tatsache, dass die Verbrechensraten bei traditionsgebundenen städtischen Gemeinschaften wie Muslimen oder Indern selbst dann weit unter dem Durchschnitt liegen, wenn Armut herrscht.

Als Tourist läuft man vor allem Gefahr, Opfer von Diebstählen zu werden. Daher sollte man einsame Strände meiden, wertvollen Schmuck am besten zu Hause lassen und Geld bzw. Reisekodumente stets verdeckt am Körper tragen oder im Hotelsafe deponieren. Größere Geldbeträge sollten nicht in der Öffentlichkeit gezeigt werden, am besten trägt man etwas Kleingeld in der Hosentasche. Vor allem im Gedränge sollte man auf der Hut sein. Besondere Vorsicht ist beim Einsatz von Bankkarten geboten.

Geschichten von ›armen Schülern‹ oder ›kranken Müttern‹ sind in aller Regel erlogen – wer es ehrlich meint, wäre zu stolz oder zu zurückhaltend, um einen fremden Weißen um Hilfe zu bitten. Phasenweise treiben auch als Polizisten verkleidete Betrüger ihr Unwesen. Sie versuchen, Reisenden ein Delikt anzuhängen, und geloben gegen ein bisschen *chai* (Bestechungsgeld) Stillschweigen. Wichtig ist hier, dass man nie seinen Pass aus der Hand gibt (einzige Ausnahme ist der Zoll).

Sowohl Kenia als auch Tansania waren in den letzten Jahren Opfer von Terroranschlägen. Das Auswärtige Amt rät, große Ansammlungen von Menschen zu meiden und verdächtiges Verhalten von Personen den örtlichen Polizei- oder Sicherheitsbehörden zu melden. So dramatisch das alles klingen mag: Anlass zu Panik besteht nicht, wenn man etwas Vorsicht walten lässt und sich situationsgerecht verhält.

Alle deutschen Staatsangehörigen haben die Möglichkeit, sich online in die Krisenvorsorgeliste des Auswärtigen Amtes einzutragen. Hierüber werden im Bedarfsfall Sicherheitshinweise versandt. Insbesondere Individualreisenden wird geraten, von dieser Möglichkeit Gebrauch zu machen. Pauschalreisende werden ggfs. über die Reiseveranstalter über die Sicherheitslage im Reiseland informiert.

Telefonieren

Afrika ist der zurzeit weltweit am schnellsten wachsende Markt für Mobilfunk. In Kenia ist der Empfang fast überall gut, in Tansania gibt es noch einige weiße Flecken, im Großen und Ganzen aber ist das Mobilnetz wesentlich besser ausgebaut als das Festnetz. Sofern das Handy weltweit kompatibel ist, kann man aus Ostafrika Gespräche nach Hause führen. Das hat natürlich seinen Preis, und wer öfter anrufen muss, sollte sich sein Telefon freischalten lassen und eine SIM-Karte vor Ort kaufen (erhältlich ab 3 US-$).

Wer vom Festnetz aus anrufen möchte, kann entweder Telefonkarten kaufen und damit in Postämtern telefonieren (Telefonzellen sind selten und funktionieren kaum). Andernfalls gibt es private Telefonzentren bzw. Internetcafés, von wo man aus günstiger als von den Hotels ins Ausland telefonieren kann. Hotels berechnen oftmals ein Gesprächsminimum von drei Minuten.

Die günstigste Methode ist es, über einen Internetanschluss zu telefonieren, etwa via Skype, Messenger oder WhatsApp.

Telefonvorwahlen (Landeskennzahlen)

für Deutschland +49
für Österreich +43
für die Schweiz +41
für Kenia +254
für Tansania +255

Toiletten

In Flughäfen, Hotels und Restaurants gibt es öffentliche Toiletten, die meist dem Niveau der Einrichtung entsprechen. Unterwegs, etwa an Tankstellen, findet man, wenn überhaupt, Plumpsklos. Man tut gut daran, immer etwas **Toilettenpapier** bei sich zu haben. Bei Safaris muss man strategisch geplante Stopps einlegen – etwa in einer Lodge oder einer Rangerstation –, da man hier nicht ›in den Busch‹ gehen kann.

Trinkgeld

In Restaurants, Bars und Hotels sind Trinkgelder *(service charge)* in der Regel im Preis enthalten, dennoch sollte man etwa 10 % des Rechnungsbetrags als *tip* geben. Viele Servicekräfte verdienen nur 50–100 € im Monat, sind also auf ein Trinkgeld angewiesen. In kleinen Lokalen und *hoteli* auf dem Land wird *tip* weniger erwartet, das Personal freut sich über den Zuverdienst. In manchen Hotels steht eine Box, wo man am Ende des Aufenthalts Trinkgeld einwerfen kann. Es wird an alle Mitarbeiter verteilt. Auch Gepäckträger, Fahrer und Fremdenführer erwarten *tip* – einem Safari-Guide gibt man ca. 5–10 US-$ pro Tag/Person.

Tagsüber Guide, abends Viehzüchter – die Masai freuen sich über ein Trinkgeld

Wasser

Die **Wasserversorgung** ist mangelhaft in Ostafrika: Insbesondere in Tansania, wo die Wasserwerke gerade erst privatisiert wurden, gibt es häufig Engpässe aufgrund eines maroden Leitungssystems. In abgelegenen Regionen wird Wasser aus Brunnen geholt. Grundsätzlich ist Wasser ein kostbares Gut in Afrika und man sollte sorgsam damit umgehen, haben doch große Teile der Bevölkerung keinen Zugang zu fließendem Wasser aus der Leitung. Die besseren Hotels verfügen über eigene Brunnen, um Engpässe zu vermeiden (zu Trinkwasser s. auch S. 106).

Wellness

Viele der Resorts entlang der Küste sind Wellnessoasen. Schließlich haben die Araber schon vor vielen Hundert Jahren die Wohltat regelmäßiger Badehausbesuche für Körper und Seele erkannt, und sie brachten diese Tradition mit nach Ostafrika. Alle besseren Hotels bieten Massagen und Körperbehandlungen an. Man sollte dabei ruhig nach *karafuu* fragen, dem Öl der Zimtnelke.

Zeit

In Ostafrika ticken zwei Uhren: Zum einen schlägt die Weltzeit, d. h. GMT plus 1 Std. während der europäischen Sommerzeit bzw. plus 2 Std. während der Winterzeit, und zum anderen die Swahili-Zeit, die sich nach dem Sonnenstand richtet. Der Tag beginnt mit Sonnenaufgang um 7 Uhr (= 1 Uhr Swahili-Zeit) und endet mit Sonnenuntergang um 18 Uhr (= 12 Uhr). Als Eselsbrücke addiert bzw. subtrahiert man also jeweils 6 Stunden zu unserer Zeit. Gewöhnlich werden Touristen gegenüber die europäischen Zeitangaben benutzt – im Zweifel (etwa bei den Abfahrzeiten von Eisenbahn und Bussen) sollte man aber besser nachfragen.

Unterwegs in Kenia und Tansania

»Mir scheint, einer der glücklichsten Momente im Leben eines Menschen ist der Aufbruch zu einer weiten Reise in unbekannte Länder.«
Tagebucheintrag des britischen Afrikaforschers
Sir Richard Francis Burton (1821–1890)

Bei Segeltörns mit einer traditionellen Dhau entdeckt man die Küste Ostafrikas aus der Sindbad-Perspektive

Mt. Kenya
5199 m
Nairobi

Kapitel 1

Nairobi und das Hochland von Kenia

Kenias Herz schlägt in Nairobi – hier wird die Politik des Landes bestimmt, hier strömen Menschen aller Hautfarben, Kulturen und Sprachen zusammen. Am besten beginnt man seinen Urlaub daher in der Hauptstadt. So lernt man das urbane Kenia kennen, bevor man in die Wildnis aufbricht.

Die *safari* (Kiswahili für Reise) führt also zunächst durch Nairobi, zeigt die Facetten dieser ungewöhnlichen Metropole und erkundet die nahe Umgebung in Tagesausflügen. Anschließend geht es entgegen dem Uhrzeigersinn um den Heiligen Berg, der dem Land den Namen gab: Mt. Kenya. Nicht nur für Wanderfreunde und Kletterbegeisterte ist der 5199 m hohe Bergriese – seit 1997 UNESCO-Weltnaturerbe – ein lohnendes Ziel. Von dort sieht man Höhenzüge, Städte und Hochebenen in der Ferne.

Kleinere und größere Sehenswürdigkeiten am Weg bieten Einblicke in die Geschichte des Landes, das so eng mit seiner Landschaft verbunden ist. Beim Anblick der ersten frei lebenden Wildtiere spürt man, dass man in Afrika angekommen ist. Man trifft mit Kenianern der unterschiedlichsten Ethnien und anderen *wazungu* (Weißen) zusammen – und lernt die ersten Worte in Kiswahili, der Verkehrssprache des Landes, wenn einem ein freundliches »Jambo!« (sei gegrüßt!) entgegenschallt und man noch etwas zögerlich mit »Jambo!« (sprich: dschambo) antwortet.

Für die Kikuyu ist der Mt. Kenya ein heiliger Berg – deshalb bauen sie traditionell ihre Hütten so, dass der Eingang in seine Richtung zeigt

Auf einen Blick: Nairobi und das Hochland von Kenia

Sehenswert

Nairobi: Kenias Hauptstadt ist nicht nur ein Schmelztiegel der Kulturen, hier kann man auch vor einer Wolkenkratzerkulisse gemächlich grasende Giraffen, Gnus und Zebras erleben (s. S. 126).

Laikipia-Plateau: Die wildreiche Hochlandsavanne ist ein Tierparadies – Afrika, wie man es sich erträumt hat (s. S. 166).

Mt. Kenya National Park: Der Heilige Berg der Kikuyu fasziniert Naturliebhaber, Wanderer und Kletterer (s. S. 169).

Schöne Routen

Von Nairobis Zentrum nach Karen: Die Hektik der Innenstadt hinter sich lassend, geht es die Langata Road entlang nach Südwesten zum einstigen kolonialen Vorort Karen. Heute erinnert er an die Kaffeefarmerin Karen Blixen (s. S. 134).

Ring Road Mt. Kenya: Die rund 250 km lange Strecke um den höchsten Berg Kenias beschert traumhafte Panoramen (s. S. 160).

Meine Tipps

Kenyatta International Conference Center in Nairobi: Vom Dach des 105 m hohen Hochhausturms schweift der Blick über die Stadt und ihre grüne Umgebung (s. S. 128).

Restaurant Bridges: Fußlahm? Dann sollte man in diesem Restaurant in der Tubman Road eine Pause einlegen. Frisch gepresste Obst- und Gemüsesäfte löschen den Durst, die Zutaten stammen aus kenianischem Ökolandbau (s. S. 129, 143).

Kenya National Museum: In der paläoanthropologischen Abteilung werden Funde gezeigt, die auf eindrucksvolle Weise die Entwicklungsgeschichte des Menschen dokumentieren. Viele stammen aus Ausgrabungen der Forscherfamilie Leakey (s. S. 133).

Bergwandern mit einer starken Frau: Die erste zertifizierte Bergführerin Afrikas führt auf die höchsten Gipfel des Mt. Kenya und des Kilimanjaro (s. S. 171).

Kamelmilch-Molkerei in Nanyuki: Bei Vital Camelmilk kann man den Verarbeitungsprozess der nährstoffreichen Milch bei einer Führung beobachten (s. S. 172).

Aktiv

Art Safari – auf Kunstpfaden durch Nairobi: Spannend für Künstler, Kunstliebhaber und Sammler (s. S. 138).

Zu Fuß durch die Ngong-Berge: Eine Halb- oder Ganztagestour mit schönem Blick, nur 20 km westlich von Nairobi (s. S. 152).

Mit dem Rad zu Giraffen und Zebras: Eine Radtour durch den Hell's Gate National Park ist ein unvergessliches Erlebnis. Der Weg führt durch buschiges Grasland, vorbei an Wasserlöchern, Baumgruppen und Felsen mit Raubvögeln (s. S. 158).

Rafting auf dem Tana River: In schlingernden Schlauchbooten oder wackelnden Kanus geht es den Tana River hinab (s. S. 163).

Hoch zu Ross durch die Savanne: Eindrucksvolle Begegnungen mit Wildtieren bei einer geführten Reitsafari (s. S. 164).

Nairobi und Umgebung

Wer Kenia kennenlernen möchte, muss auch die Hauptstadt Nairobi besuchen. Afrikanische, indische, arabische und europäische Kulturen treffen hier zusammen und prägen eine faszinierende, spannungsvolle Metropole, die entdeckt werden will. Wo sonst auf der Welt erlebt man ruhelose Geschäftswelt und gemächlich grasende Giraffen so dicht beieinander?

Nairobi ▶ 1, N 10

Cityplan: S. 130

Eine Stadt, die vor 100 Jahren noch nicht bekannt, geschweige denn als solche erkennbar war, die heute mit ihrer multikulturellen Lebendigkeit faszinierend und zugleich mitunter auch beängstigend auf den Neuankommenden wirkt – das ist Nairobi.

Stadtgeschichte

Die Masai, die mit ihren Rinderherden traditionell auch durch diese Gegend zwischen Hochland und Savanne zogen, nannten den Platz ›Ort des kühlen Wassers‹, *enkare nairobi,* und die ersten weißen Siedler wussten ihn als klimatisch angenehmen Hochlandwohnsitz zu schätzen. Entstanden um 1900 als Stützpunkt an der seit 1896 im Bau befindlichen Eisenbahnstrecke, die die Hafenstadt Mombasa mit dem afrikanischen Hinterland bis Uganda verbindet, entwickelte sich der Ort zum Verwaltungssitz und zum Verkehrszentrum Ostafrikas.

Die Fernstraße Great North Road, die zumindest gedanklich Nord- und Südafrika verbindet, und der tatsächlich existierende Trans Africa Highway von Ost- nach Westafrika, der von Mombasa nach Lagos (Nigeria) führt, treffen hier aufeinander. Der internationale Flugplatz Jomo Kenyatta Airport, benannt nach Kenias erstem Präsidenten, gilt heute als das Drehkreuz des ostafrikanischen Luftverkehrs.

Zwei bedeutende UN-Institutionen, UNEP (Umweltschutzorganisation der UN) und UN-Habitat (Wohn- und Siedlungsprogramm der UN), haben in Nairobi ihren Sitz, ebenso zahlreiche Nichtregierungsorganisationen (NROs)

und internationale Firmen. So leben Menschen aller Hautfarben, Kulturen und verschiedenster Herkunft in Nairobi. Ein Erbe vergangener Zeiten prägt noch immer das Leben: Ethnische Gruppe und sozialer Status bestimmen weitgehend das Wohnviertel – und damit auch die Lebenswelt.

Orientierung

Der Nairobi River teilt die Stadt von Nordwest nach Südost. Im Norden sowie im westlichen und südlichen Teil – also etwa auf 80 % der Stadtfläche – haben vorwiegend Angehörige der Oberklasse und ausländische *residents* ihre luxuriösen Grundstücke, z. B. in Gigiri, Muthaiga, Westlands oder Karen. Hier findet man auch die meisten exklusiven Hotels und Restaurants. Im Osten und Südosten hingegen, in Eastleigh und Mathare Valley, wohnen eher die ärmeren Schichten der stetig wachsenden Bevölkerung. Afrikas größter Slum, Kibera, befindet sich im Südwesten an der Eisenbahnstrecke Richtung Ngong. Täglich strömen neue Bewohner aus allen Landesteilen in die Hauptstadt, in der Hoffnung auf eine Arbeit z. B. als Schuhputzer, Straßenhändler oder *fundi* (Allroundhandwerker). Immer schneller entstehen Wellblechhütten und einfachste Behausungen; wenige Quadratmeter, die sich meist mehrere Leute aus einem Dorf teilen.

Dennoch oder gerade deshalb: Nairobi hat viele reizvolle Seiten, und mit wachen Augen, Ohren und sensiblem Herzen kann man in dieser Metropole mit ihren starken Kontrasten Spannendes entdecken.

Blick vom Uhuru-Park auf die Skyline Nairobis: links das Nyayo House, mittig das KICC mit Parlamentsgebäude und rechts der Times Tower

Innenstadt

Die Innenstadt von Nairobi ist zu Fuß gut zu erkunden: Etwa 30 Gehminuten trennen den Uhuru Highway im Westen von der Tom Mboya Street im Osten, dazwischen liegt das moderne Geschäfts-, Banken-, Restaurant- und Hotelviertel. Südlich begrenzt wird es durch die Haile Selassie Avenue, nördlich durch den University Way.

Kenyatta International Conference Centre (KICC) 1

Harambee Ave., Tel. 020 326 10 00, www.kicc.co.ke, Mo–Fr 7–18, Sa, So 8–17 Uhr, Erw. 500 KSh, Kinder 250 KSh

Am besten beginnt man den Rundgang am **Kenyatta International Conference Centre (KICC).** Der markante Turm wurde in den 1970er-Jahren errichtet. Von der Aussichtsplattform auf dem Dach kann man sich einen ersten Überblick über die Stadt und ihre grüne Umgebung verschaffen. Prägt man sich die architektonisch sehr unterschiedlichen Hochhäuser der City ein, fällt anschließend die Orientierung wesentlich leichter.

City Square

Durch den nördlichen Ausgang des KICC gelangt man zum **City Square.** Hier steht das **Denkmal** des Staatsgründers **Jomo Kenyatta,** sein Blick ruht auf dem in der Parliament Road gegenüber liegenden **Parliament Building** 2 mit dem Clock Tower. Nach Voranmeldung können Besucher bei den Sitzungen zusehen (Tel. 020 22 12 91, www.parliament.go.ke). Im Garten des Parlamentsgebäudes befindet sich das **Kenyatta-Mausoleum** 3, Jomo Kenyattas letzte Ruhestätte.

City Hall Way und Moi Avenue

Folgt man dem **City Hall Way** in Richtung Osten, gelangt man, vorbei am **Rathaus** und dem klassizistischen **Gerichtsgebäude,** auf dessen Parkplatz zweimal in der Woche ein Masai-Markt stattfindet (Sa, So 9–17.30 Uhr), zur **Moi Avenue.** An der Ecke steht der Rundbau des **Hilton Hotel** und auf der anderen Seite der belebten Tom Mboya Street erblickt man die strenge Fassade der **National Archives** 4, deren Fotogalerie interessante Blicke in Nairobis Geschichte gewährt (Tel. 020 222 89 59, www.archives.go.ke, Mo–Fr 8.30–17, Sa 8.30–13 Uhr, 100 KSh).

Hinter dem Gebäude in östlicher Richtung erstreckt sich das afrikanisch-muntere Viertel **River Road** mit Busplätzen, Matatu-Stationen, einfachen Unterkünften, Restaurants, preiswerten Läden und zahlreichen Straßenhändlern.

Kimathi Street

Geht man vom Hilton Hotel aus die **Kimathi Street** entlang, kommt man nach wenigen Metern zum 1902 erbauten **Hotel The Sarova Stanley** 5 mit dem legendären **Thorn Tree Café.** Die oft beschriebene uralte Akazie inmitten des Cafés, die Siedlern und Reisenden ewige Zeiten als Schwarzes Brett diente, musste 1998 durch einen jungen Baum ersetzt werden. Seit seiner Renovierung hat das Café viel an Charme verloren, ist aber immer noch ein beliebter Treff.

Die von Palmen gesäumte mehrspurige Kenyatta Avenue querend, sieht man rechter Hand das **Nation Building** mit seinen grauweiß gestreiften Rundtürmen. Das Gebäude ist u. a. Sitz der englischsprachigen kenianischen Tageszeitung »The Nation«.

Banda Street

Nach links abbiegend gelangt man in die **Banda Street** mit dem neoklassizistischen Gebäude der **McMillan Library** 6 (Tel. 0722 30 22 83, Mo–Fr 9–17, Sa 9–13 Uhr). Gleich daneben kann man die silbernen Kuppeln und Minarette der in den 1920er-Jahren erbauten **Jamia Mosque** 7 bewundern. Der Zutritt ist nur Muslimen gestattet.

City Market 8

Muindi Mbingu St., tgl. 6–18 Uhr

Von der Muindi Mbingu Street kommt man in die Halle des **City Market,** die von einem eindrucksvollen Tonnengewölbe überspannt wird. An den Längsseiten reihen sich Fleisch-, Geflügel- und Fischverkäufer, im geräumigen Mittelteil findet man Meere von Blumen sowie

Obst- und Gemüsestände, auf einer höher gelegenen Galerie Kunsthandwerk, Schmuck und Musikinstrumente. Wer hier Souvenirs kauft, muss feilschen, denn die Preise sind vergleichsweise hoch.

Tubman Road und Biashara Street

Wenn man sich durch die Händler am Hinterausgang hindurchgeschlängelt hat, steht man in der Koinange Street, in die man nach rechts einbiegt. In der **Tubman Road** besticht das **Restaurant Bridges** 12 durch frische Obst- und Gemüsesäfte, die Vielfalt afrikanischer Speisen und eine lichte offene Gestaltung. Das Restaurant verarbeitet Produkte aus kenianischem Ökolandbau.

Das Bild der **Biashara Street** haben die indischen Händler geprägt, die sich bevorzugt in dieser Straße niederließen: Säulenarkaden spenden Schatten vor Geschäften, die Textilien, Stoffe und alles, was zum Nähen gebraucht wird, zum Verkauf anbieten. Auch hier gilt es, die Preise auszuhandeln.

Jeevanjee Gardens 9

Setzt man den Weg auf der Moi Avenue nach links fort, kommt man an den **Jeevanjee Gardens** vorbei, wo man bereits von Weitem Prediger lautstark Bibelverse zitieren und Gospels singen hört. Ein Denkmal ehrt Alibhai Mulla Jeevanjee, den indischen Kaufmann, der die Grünanlage stiftete und auch die Statue der britischen Königin Viktoria aufstellen ließ.

Harry Thuku Road

Bummelt man die **Harry Thuku Road** entlang vorbei an der **Universität** 10, erreicht man linksseitig das 1952 erbaute **National Theatre** 11. Das Theater und die als Cultural Centre genutzten Nebengebäude wurden grundlegend saniert. Nicht nur das Theater hat nun eine moderne und einladende Stätte gefunden, sondern auch das Konservatorium mit seinen vielfältigen Angeboten. Vom Platz mit dem aus Shakespeares Garten stammenden alten Rosmarinstrauch lohnt der Blick auf die andere Straßenseite: Eines der ältesten Hotels der Stadt (1904), das **Norfolk Hotel** 12, verbreitet mit Fachwerkfassade und einladender Terrasse koloniales Flair. Der grüne Innenhof mit Gartencafé erinnert an die Zeiten von Karen Blixen und Lord Delamere; die Restaurantpreise sind moderater, als man vermuten würde.

Alliance Française 13

Utalii St., Tel. 020 491 70 00, www.alliancefr nairobi.org

Der Weg zurück zum Ausgangspunkt führt über den University Way in die Utalii Street zur **Alliance Française.** Das Französische Kulturzentrum zeigt sehenswerte Ausstellungen und im kleinen feinen Gartencafé gibt es Köstlichkeiten der französischen Küche. Es werden Kinofilme gezeigt sowie abends regelmäßig Konzerte und Theaterstücke von kenianischen und internationalen Künstlern aufgeführt. Besonders erlebenswert sind die Highlights of Kenyan Music im Garten. Auch **Heartstrings Entertainment** ist hier zu Hause, ein mehrfach ausgezeichnetes, junges kenianisches Schauspielensemble, das in seinen erfolgreichen Komödien dem Publikum auf unterhaltsame Weise auch schwierige Themen näher bringt.

Uhuru Park und All Saints Cathedral

Überquert man den Uhuru Highway, erreicht man den nördlichen Teil des **Uhuru Park** mit künstlichem See. Vorbei am zentral gelegenen Serena Hotel gelangt man über die Kenyatta Avenue hinweg zur imposanten neugotischen **All Saints Cathedral** 14, in der oft Konzerte stattfinden (Tel. 0732 60 04 66, www.allsaintsnairobi.org). Im südlichen Teil des Parks finden auf einer große Tribüne mit Sitzterrassen Freiluftveranstaltungen statt. Von den oberen Stufen genießt man einen schönen Blick auf Nairobis Skyline.

Nairobi Gallery 15

31 Kenyatta Ave., Tel. 020 221 65 66, www. museums.or.ke, tgl. 8.30–17.30 Uhr, Erw. 1000 KSh, Kinder 500 KSh

Am Kreisverkehr Uhuru Highway/Kenyatta Avenue fällt ein altes Gebäude ins Auge, das sich beinahe duckt neben dem markanten

Nairobi

Sehenswert

1 Kenyatta International Conference Centre (KICC)
2 Parliament Building
3 Kenyatta-Mausoleum
4 National Archives
5 Hotel The Sarova Stanley/ Thorn Tree Café
6 McMillan Library
7 Jamia Mosque
8 City Market
9 Jeevanjee Gardens
10 Universität
11 National Theatre
12 Norfolk Hotel
13 Alliance Française
14 All Saints Cathedral
15 Nairobi Gallery
16 Railway Museum
17 7th August Memorial Park
18 Kenya National Museum
19 Snake Park
20 Arboretum
21 Karura Forest
22 Nairobi National Park
23 Bomas of Kenya
24 David Sheldrick Wildlife Trust
25 Giraffe Centre
26 Karen Blixen Museum

Übernachten

1 The Giraffe Manor
2 Karen Blixen Coffee Garden & Cottages
3 Nairobi Serena Hotel
4 Windsor Hotel & Country Club
5 Macushla House
6 The Tribe Hotel
7 Silver Springs Hotel
8 Anga Africa Luxury Boutique Camp
9 Eka Hotel
10 Fairview Hotel

Fortsetzung auf S. 132

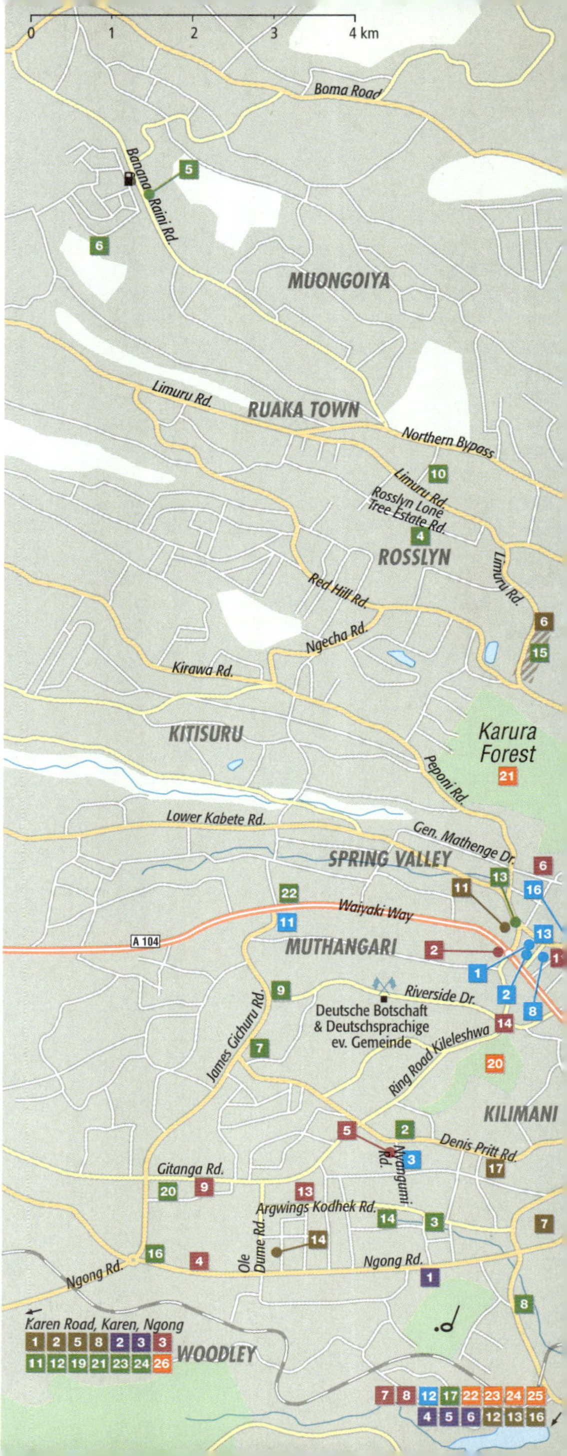

Kijabe Road
Thika, Aberdares, Mt. Kenya
Globe Roundabout
0
125
250 m
Nairobi
Kenya Cultural Centre
Slip Road
Murianga Road
River Road
University Way
Jevanjee Garden
Fire Station Roundabout
Busstation (Fernverkehr)
Ngariama Road
Kirinyaga Road
Monrovia Street
Loita Street
Moktar Daddah Street
Moi Avenue
Matatustation
Lagos Road
River Road
Busstation (Fernverkehr)
Kumasi Road
Njugu Street
Biashara Street
Tubman Road
Kigali Road
Tom Mboya Street
Uhuru Highway
Koinange Street
Muindi Mbingu St.
Nation Building
Accra Road
Loita Street
Banda Street
Kimathi Lane
Gaborone Road
Central Park
Market Street
Kenyatta Avenue
Kimathi Street
Luthuli Ave.
Standard St.
Sheik Karume Street
Wabera St.
Kaunda Street
Hilton Hotel
Nyayo Monument
Mama Ngina Street
Ronald Ngala Street
St. Peter Claver's Church
Busstation
Österreichisches Konsulat
Schweizer Botschaft
Mfangano Lane
Mfangano Street
Busstation ›Tusker‹
Kenyatta Avenue
Holy Family Cathedral
City Hall
Aga Khan Walk
Kenya Cinema Plaza
City Hall Way
Law Court
Taifa Road
Hotel Intercontinental
City Square
Ceremonial Driveway
Parliament Road
Uhuru Park
Easy Coach (Fernverkehr)
Cathedral Road
Harambee Avenue
Times Tower
Haile Selassie Avenue
Uhuru Highway
Bus- und Matatustation
NAIROBI HILL
Bahnhof
Station Road

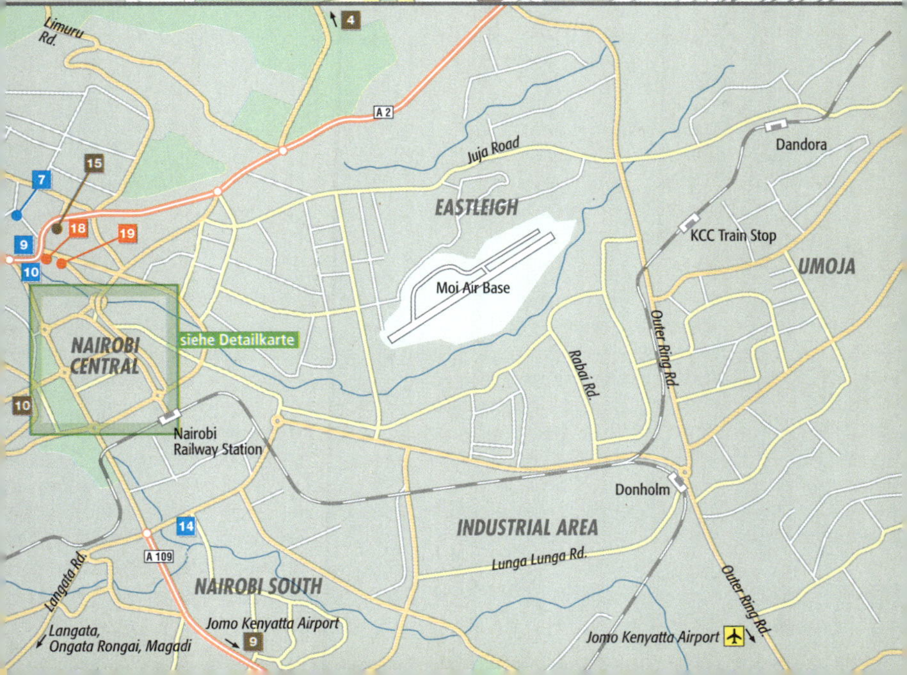
Limuru Rd.
A 2
Juja Road
Dandora
EASTLEIGH
KCC Train Stop
UMOJA
Moi Air Base
NAIROBI CENTRAL
siehe Detailkarte
Outer Ring Rd.
Rabai Rd.
Nairobi Railway Station
Donholm
INDUSTRIAL AREA
Lunga Lunga Rd.
A 109
Langata Rd.
NAIROBI SOUTH
Jomo Kenyatta Airport
Langata, Ongata Rongai, Magadi
Jomo Kenyatta Airport
Outer Ring Rd.

11 Jacaranda Hotel
12 Purdy Arm's B & B
13 Wildebeest Eco Camp
14 Ndemi Place
15 Sirona Hotel
16 Milimani Backpackers
17 Manyatta Backpackers

Essen & Trinken

1 Tamarind
2 Fogo Gaucho
3 Talisman
4 Brew Bistro & Lounge
5 The Moonflower
6 Cedars
7 Aero Club
8 Open House
9 Moniko's
10 Java House
11 Abyssinia
12 Bridges
13 Habesha
14 Amani ya Juu

Einkaufen

1 Gallery Watatu
2 Kuona Trust
3 Shifteye Gallery
4 One Off Contemporary Art Gallery
5 Banana Hill Art Gallery
6 Red Hill Gallery
7 Circle Art Agency
8 Maasai Mbili Art Centre
9 Pimbi Gallery
10 Two Rivers Mall
11 The Hub
12 Karen Shopping Centre
13 Sarit Centre
14 Yaya Centre
15 Village Market
16 Junction Shopping Centre
17 Galleria
18 Biashara Street
19 Kenya Kanga
20 Mambo Pambo
21 Utamaduni Craft Centre
22 Fair Trade Shop
23 Marula Studios
24 Kazuri Beads

Abends & Nachts

1 Havana
2 Gipsy
3 Casablanca
4 Tribeka
5 Dolce, The Club
6 Zanze Bar
7 K1 Klub House
8 Gallileo Lounge
9 Black Diamond Club
10 Tree House
11 Mercury Lounge
12 Simba Saloon
13 Budhaa Bar & Lounge
14 GoDown Arts Centre
15 Goethe Institut
16 Italienisches Kulturinstitut

Aktiv

1 Kibera Tours
2 Karen Country Club
3 Malo Stables
4 Nature Kenya Society
5 Mountain Club of Kenya
6 Glen Edmunds

---

gelben Hochhaus, dem Nyayo House (alle Verwaltungsangelegenheiten, die Verlängerungen von Aufenthalts- und Arbeitsgenehmigungen betreffen). 1913 errichtet und bekannt als The Old PC's Office, zeigt die **Nairobi Gallery** heute Wechselausstellungen zeitgenössischer kenianischer Kunst.

Vorbei am Nyayo House und durch die Parliament Road kehrt man nun zurück zum City Square.

Railway Museum und alter Bahnhof

Linksseitig geht man dann die verkehrsreiche Haile Selassie Avenue entlang, über die Fußgängerbrücke am Times Tower zum **Railway Museum** 16. Historische Fotografien, Karten und Bahnmodelle machen hier die Geschichte der Uganda-Bahn anschaulich. Dabei finden auch die »Menschenfresser von Tsavo« Erwähnung, zwei Löwen, die 1898 monatelang Jagd auf Gleisarbeiter machten und viele von ihnen töteten. Ausgediente Dampflokomotiven stehen im Freien und lassen die Herzen von Eisenbahnnostalgikern höher schlagen. Eine davon kam in »Jenseits von Afrika« zum Einsatz (Station Rd., Tel. 0724 38 09 75, www.krc.co.ke, tgl. 8–17 Uhr, Erw. 500 KSh, Kinder 250 KSh).

Gleich nebenan befindet sich der **alte Bahnhof.** Ein Zubringerzug und Matatus verkehren von hier zum neuen Bahnhof in Syokimau etwa 19 km südostlich von Nairobi. Dort beginnt die 2017 eröffnete, moderne Standard Gauge Railway (SGR) zwischen Nairobi und Mombasa. Sie ersetzt als erste normalspurige Bahnstrecke Kenias den östlichen Abschnitt der maroden Uganda-Bahn. Der Abschnitt zwischen Nairobi und Kisumu befindet sich noch in Bau (s. auch S. 54).

August 7th Memorial Park 17

Ecke Moi/Haile Selassie Ave., www.memorialparkkenya.org, tgl. 6–18 Uhr, 30 KSh, Museum Mo–Sa 9–18, So 13–17 Uhr, im Parkeintritt enthalten

Auf der anderen Seite des Kreisverkehrs findet man den **August 7th Memorial Park.** An dieser Stelle stand bis zum Bombenattentat am 7. August 1998 die US-amerikanische Botschaft. Mehr als 200 Menschen kamen bei dem Anschlag ums Leben – auf der **Memorial Wall** sind ihre Namen zu lesen. Im Visitors Centre informiert das **Peace Memorial Museum** über die Geschehnisse.

Nördlich des Zentrums

Kenya National Museum 18

Museum Hill, Tel. 020 374 21 31, www.museums.or.ke, tgl. 8.30–18 Uhr, Erw. 1200 KSh, Kinder 600 KSh

Zum **Kenya National Museum** auf einem Hügel nimmt man am besten ein Taxi. Nach umfassender Restaurierung lädt das Museum inzwischen wieder zu einem interessant gestalteten Streifzug ein: Weltruf genießt die prähistorische Abteilung, in der u. a. Originalfundstücke von den Ausgrabungen am Lake Turkana und in der Oldupai-Schlucht zu sehen sind. Reich bestückt sind auch die ethnologische und naturkundliche Sammlung, Wechselausstellungen ergänzen das Programm. Im Leakey-Auditorium (benannt nach Louis Leakey, Anthropologe und Paläontologe, Kurator des Museums von 1945–61) finden regelmäßig Vorträge und andere Kulturveranstaltungen statt. Außerdem gibt es ein nettes kleines Café und einen Souvenirladen.

Snake Park 19

Tgl. 8.30–18 Uhr, Erw. 1200 KSh, Kinder 600 KSh, Kombiticket mit Nationalmuseum Erw. 1500 KSh, Kinder 1000 KSh

Zum Nationalmuseum gehört der ebenfalls neu gestaltete **Snake Park** gleich nebenan. Er zeigt afrikanische Schlangen, darunter auch viele giftige, weiterhin Spinnen, Schnecken, Schildkröten und Krokodile. In Aquarien sind Fische und andere Meerestiere zu sehen.

Arboretum 20

Tgl. 6–18 Uhr, Eintritt 50 KSh, Kinder 20 KSh, Mi 8.45 Uhr Tour zur Vogelbeobachtung, jeden 2. Sa Führungen um 9.30 Uhr

Als immergrüne Frischluftoase der stark abgas-belasteten Stadt liegt das 30 ha große **Arboretum** zwischen State House und Kileleshwa Police Station. Die Anlage mit 100-jährigen Bäumen ist am günstigsten mit dem Taxi zu erreichen oder mit Bus 48 ab Latema Road. Am Haupteingang, Arboretum Drive, befindet sich ein kostenpflichtiger bewachter Parkplatz. Dort sind auch Handzettel mit Hinweisen zum Wegesystem und mit Infos zu Pflanzen und Tieren erhältlich. Immerhin gedeihen hier etwa 350 Baumarten, und neben Meerkatzen, Dikdiks und anderen kleinen Tieren sind im Arboretum mehr als 100 Vogelarten zu Hause. Sonntags treffen sich in dem Park religiöse Gruppen und halten ihren Gottesdienst dort im Freien ab.

Nicht weit entfernt liegt dort, wo Kileleshwa Ring Road und Riverside Drive aufeinandertreffen, in einem grünen Garten das **Café Amani Ya Juu** 15, dessen Gründung auf eine Initiative von Flüchtlingsfrauen und Gewaltopfern zurückgeht. Ein Fair-Trade-Shop bietet Kunsthandwerkliches von sehr guter Qualität (Tel. 020 444 90 71, www.amaniafrica.org, Café Mo–Sa 7.30–16.30, Shop 9–16 Uhr).

Westlands, Hurlingham und Gigiri

Im Mittelpunkt von Nairobis luxuriösen Wohnvierteln **Westlands, Hurlingham** und **Gigiri** befinden sich moderne Hotels und Einkaufszentren mit sicheren Parkplätzen, Cafés und Restaurants, Kino oder anderen Unterhaltungsangeboten sowie diversen Geschäften – sie sind Treffpunkt und Bummelmeilen beinahe rund um die Uhr. Im Preisniveau liegen sie zumeist über Geschäften des Stadtzentrums, einiges ist jedoch ausschließlich oder, zumindest in für Europäer gewohnter Qualität, nur hier zu finden. Die Einkaufszentren sind mit dem eigenem Auto, per Taxi und mit öffentlichen Verkehrsmitteln gut erreichbar (Öffnungszeiten und Anfahrt s. Einkaufen S. 143).

Shoppingmalls

Günstig gelegen ist das **Sarit Centre** 13 am Waiyaki Way in Westlands. Ostafrikas erstes modernes Shoppingzentrum wurde 1983 erbaut, das Konzept umfasst auch Unterhaltungs- und Sportangebote. In einem separaten Bereich finden regelmäßig Ausstellungen, Börsen, Messen (z. B. Tourismus, Kunsthandwerk) und andere Veranstaltungen statt.

Das 2004 erbaute **YaYa Centre** 14 in Hurlingham, zwischen Argwings Khodek Road und Ring Road Kilimani, bietet eine Reihe edler Modegeschäfte und – besonders wichtig für Reisende – einen gut sortierten Outdoor Shop. Zu empfehlen ist auch der Masai-Markt, er ist überschaubarer als die Märkte in der Innenstadt und dennoch preislich vergleichsweise günstig (So 9–17 Uhr).

Der **Village Market** 15 in Gigiri liegt an der Limuru Road gegenüber der Deutschen Schule Nairobi, jeder Taxifahrer kennt dieses großzügige Shoppingcenter. Und im German Point, einem der unzähligen internationalen Lokale, trifft man garantiert auf Einheimische oder Durchreisende deutscher Muttersprache, mit denen man im Gespräch die neuesten Informationen und Tipps austauschen kann (tgl. 9–19 Uhr).

Karura Forest 21

Eingang an der Limuru Rd., hinter der Belgischen Botschaft, Tel. 020 202 02 85, www.kenyaforestservice.org, tgl. 6–18 Uhr, Erw. 600 KSh, Kinder 300 KSh

An den Stadtteil Gigiri grenzt östlich der **Karura Forest** an, ein besonders geschütztes, 1000 ha großes Waldgebiet, für dessen Erhalt die Gründerin des Green Belt Movement und Nobelpreisträgerin Wangari Maathai gekämpft hat. Hier bietet sich die für Nairobi einzigartige Möglichkeit, Wanderungen oder Mountainbiketouren auf insgesamt 50 km langen, gepflegten Wegen zu unternehmen. Meerkatzen, Kleinantilopen und mehr als 600 Vogelarten, Wasserfälle und Mau-Mau-Höhlen sind besondere Attraktionen. Der gesamte Wald ist eingezäunt und wird bewacht, sodass Besucher sich frei und ohne Sicherheitsbedenken bewegen können.

Auf der Langata Road vom Zentrum nach Karen

Eine Tour entlang der **Langata Road** verbindet Kultur, Natur und Shopping. Die Straße führt am Nyayo-Stadion vorbei und passiert etliche Sehenswürdigkeiten (vom Zentrum Bus 24/125 ab Bahnhof oder Taxi). Linker Hand liegt der **Wilson Airport** mit Flugverbindungen von Air Kenya und Safarilink u. a. in die Masai Mara, an die Küste und sogar nach Tansania. Hier sind auch Büro und Klinik der **Flying Doctors** zu finden sowie der **Aero Club of East Africa.** Auf der rechten Straßenseite ziehen sich über weite Strecken die Wellblechdächer von **Kibera** 1 dahin, dem größten Slum Afrikas. Unter Führung eines Einheimischen kann man eine Tour durch Kibera unternehmen, dabei Projekte und Schulen besuchen und bei einer Tasse Chai (schwarzer, in Milch aufgekochter und sehr süßer Tee) ins Gespräch kommen.

Nairobi National Park 22

Linksseitig kommt man alsbald am **Nairobi National Park** (Details s. S. 151) und am Sitz des **Kenya Wildlife Service** (KWS) mit der Hauptkasse vorbei. Wer mit der Safari Card (s. S. 117) durch die Nationalparks reisen möchte, kann sie hier erwerben. Nicht immer und überall funktionieren jedoch an den Gates der Parks die Computer, daher sollte dennoch immer auch Bargeld in ausreichender Höhe mitgenommen werden.

Bomas of Kenya 23

Langata/Forest Edge Rd., www.bomasofkenya.co.ke, Tel. 020 806 84 00, tgl. 10–18 Uhr, Erw. 1000 KSh, Kinder 500 KSh

Etwa 1 km nach dem KWS-Haupteingang erreicht man die neu ausgebaute Kreuzung von Langata (Richtung Karen) und Magadi Road (Richtung David Sheldrick Wildlife Trust/Elefantenwaisenhaus). Der Langata Road folgend befindet sich links das Einkaufszentrum **Galleria** 17 und rechts das Freilichtmuse-

Gut informiert sein ist alles – über den Dächern der Metropole Nairobi

Beaten El Guerrouj wants

um **Bomas of Kenya.** Es gibt mit traditionellen Wohnstätten *(bomas)* und professionellen Tanzdarbietungen (Mo–Fr 14.30–16, Sa, So 15.30–17.15 Uhr) sowie Speisen vieler im Land lebender Ethnien im typisch kenianischen Restaurant interessante Einblicke in die unterschiedlichen Kulturen des Landes.

David Sheldrick Wildlife Trust 24

Magadi Rd./Mbagathi Gate, Tel. 0733 89 19 96, www.sheldrickwildlifetrust.org, tgl. 11–12 Uhr, Erw. 500 KSh, Kinder 250 KSh, weitere Infos u.a. zu Patenschaften für 50 US-$ im Jahr auch über den in Kerpen ansässigen Verein Rettet die Elefanten Afrikas e. V., Tel. 0700 52 62 63 54, www.reaev.de

Im **David Sheldrick Wildlife Trust** werden verwaiste Elefanten- und Nashornbabys fachkundig und liebevoll aufgepäppelt und im Alter von etwa zwei Jahren, wenn sie nicht mehr mit Milch ernährt werden müssen, in den Camps Voi oder Ithumba auf das Leben in der freien Wildbahn im Tsavo East National Park vorbereitet. Zur mittäglichen Fütterung sind Besucher willkommen. Die Auswilderungsstation wurde 1977 von Daphne Sheldrick (1934–2018) zu Ehren ihres Mannes gegründet, des langjährigen Rangers David Sheldrick (1919–1977). Ihr gelang weltweit zum ersten Mal die erfolgreiche Handaufzucht neugeborener Elefantenbabys.

Giraffe Centre 25

Gogo Falls Rd., Tel. 020 807 08 04, www.giraffecenter.org, tgl. 9–17 Uhr, Erw. 1000 KSh, Kinder 500 KSh

Das **Giraffe Centre** widmet sich dem Schutz der selten vorkommenden Rothschild-Giraffen unter Aufsicht des African Fund for Endangered Wildlife (AFEW). Auf hölzernen Plattformen kommt man den Tieren ganz nahe. Beim Parkplatz beginnt ein Naturpfad durch ein noch recht ursprüngliches Waldgebiet.

In der Nähe befindet sich das **Hotel The Giraffe Manor 1**, in dessen Garten einige der anmutigen Tiere leben. Wer mag, kann auch ohne Gast des Hotels zu sein im Gartenrestaurant einen Tee genießen – sozusagen Auge in Auge mit den Giraffen.

Karen

Der bei Europäern als Wohnadresse beliebte Stadtteil **Karen** südwestlich des Zentrums wurde nach der dänischen Schriftstellerin Karen Blixen benannt, deren Farm sich einst hier erstreckte.

Karen Blixen Museum 26

Karen Rd., www.museums.or.ke, Tel. 020 800 21 39, tgl. 9.30–18 Uhr, Erw. 1200 KSh, Kinder 600 KSh

Highlight für Nostalgiker, Literaturfreunde und Filmliebhaber ist das alte Farmhaus der dänischen Baronin Blixen, die hier von 1914 bis 1931 eher glücklos eine Kaffeeplantage betrieb. Eine Führung durch das heutige **Karen Blixen Museum** versetzt in vergangene Zeiten. Auch wenn der Film »Jenseits von Afrika« (»Out of Africa«) nicht in diesem Haus gedreht wurde, ist doch die Atmosphäre des kolonialen Kenia Anfang des 20. Jh. spürbar. Nach dem Kinoerfolg wurde das Haus von der dänischen Regierung gekauft und als Museum der Öffentlichkeit zugänglich gemacht. Im dichten Unterholz verborgen sind noch alte Gerätschaften der früheren Farm. Nach wie vor fasziniert der Blick durch knorrige alte Bäume auf die nahen blauen Ngong-Berge. Die inzwischen überwucherte und kaum noch erkennbare Grabstelle von Karen Blixens Liebhaber Denis Finch-Hatton, der nach seinem Flugzeugabsturz kurz vor ihrer Rückkehr nach Dänemark in den Ngong Hills begraben wurde, ist nur im Rahmen einer längeren Wanderung oder per Taxi zu erreichen.

Nicht weit entfernt vom Karen Blixen Museum lohnt **Kazuri Beads 24** einen Besuch, ein 1975 gegründetes kunsthandwerkliches Projekt für alleinerziehende Frauen. Die Unikate aus Tonperlen – u. a. Ketten, Anhänger und Türknäufe – sind inzwischen nicht nur in der Manufaktur käuflich zu erwerben, sondern auch in vielen der großen Einkaufszentren. Den Handwerkerinnen bei der Arbeit über die Schulter zu schauen, ist in jedem Fall interessant. Im nahen **Karen Blixen Coffee Garden 2** lässt sich romantisch verweilen und ein gutes Menü genießen.

Bevor man über die Ngong Road wieder in die Innenstadt fährt, lohnt ein Abstecher in die Marula Lane. Die Meeresbiologin Julie Church rief einst ein Projekt zum Schutz von Fauna und Flora vor Kenias Insel Kiwayu ins Leben. Heute sammeln Hunderte von Menschen Flipflops, die das Meer angeschwemmt hat. Sie werden in den **Marula Studios** 23 wiederverwertet. Neben Werkstatt und Shop laden ein Spielplatz und ein Café zum Verweilen ein.

Wo Langata und Ngong Road aufeinandertreffen, befindet sich das aus zwei Einkaufszentren bestehende **Karen Shopping Centre** 12**,** auch Crossroads oder Karen Dukas genannt, mit kleinen alteingesessenen Läden, Banken und der Bar **Que Pasa.**

2016 wurde auf der anderen Seite der Kreuzung die Mall **The Hub Karen** 11 eröffnet. Der Komplex erinnert mehr an Italien als an Kenia und beherbergt neben Geschäften auch mehrere Restaurants.

Das nahe Restaurant **Talisman** 3 zählt zu den besten Nairobis. Ambiente, Küche und Service sind mehr als einen Besuch wert.

Pferderennen auf dem **Ngong Race Course** sorgen von September bis Februar alle zwei Wochen für einen vergnüglichen Sonntag. Hier geht es nach wie vor *very british* zu. Das erste Rennen beginnt um 13.30 Uhr (Tel. 020 387 39 94, www.jockeyclubofkenya.com). Mit dem Bus 111 kehrt man über die Ngong Road in die Innenstadt zurück.

Infos

Nairobi hat derzeit keine Touristeninformation mit Publikumsverkehr. Infos zu Sehenswürdigkeiten, Übernachtungsangebote, Restaurants, registrierte Reiseanbieter, Veranstaltungen in ganz Kenia s. S. 99, 112. Jährlich erscheinen: **Kenya Tourism Guide** (www.visitkenya.com) und **Visitors Guide** (www.yellow.co.ke) sowie zweimonatlich **Go Places** (www.goplaceskenya.com). Am aktuellsten und umfangreichsten sind die wöchentlich erscheinenden Online-Newsletter, die man abonnieren bzw. mit denen man sich über Facebook vernetzen kann: www.kenyabuzz.com und www.nairobinow.wordpress.com. Die Plattform www.eatout.com bietet den besten Überblick über Restaurants und Bars, www.sleepout.com den über Unterkünfte. Von den Machern dieser beiden Magazine gibt es seit 2017 auch das Reisemagazin Nomad mit vielen Geheimtipps (www.nomadmagazine.co). Aktuelles zu Naturschutzprojekten erfährt man auf der Website der East African Wildlife Society (www.eawildlife.org).

Medizinische Hilfe/Notfälle in Ostafrika: AMREF Flying Doctors, Tel. 020 699 20 00, www.flydoc.org.

Arzt der Deutschen Botschaft: Praxis in der Botschaft, Riverside Dr. 113, Tel. 0721 32 24 35, www.nairobi.diplo.de.

Zahnarzt: Eine anerkannt gute Zahnarztpraxis (englischsprachig, Tel. 020 444 33 92/93, www.thedentalpractice.co.ke, Mo–Fr 8.30–17 Uhr) befindet sich im Havens Court am Wayaki Way in Westlands.

Übernachten

Auge in Auge mit Giraffen – **The Giraffe Manor** 1**:** Gogo Falls Rd., Tel. Tel. 020 502 08 88, www.thesafaricollection.com. 25 Min. zum Zentrum, unweit des Karen Blixen Museum, sehr ruhig, im Grünen, edles koloniales Ambiente, vornehme familiäre Atmosphäre, im Garten leben Giraffen. DZ ab 565 US-$/ Pers. inkl. VP.

Historisch – **The Norfolk Hotel** 12**:** Harry Thuku Rd., Tel. 020 226 50 00, www.fairmont.com. Es liegt im Zentrum und ist eines der ältesten Hotels der Stadt. Luxuriös-edles koloniales Ambiente und ruhige Zimmer. Im schönen Innenhof Terrassencafé, exzellente internationale Küche. DZ ab 400 US-$.

Auf Karen Blixens Farm – **Karen Blixen Coffee Garden & Cottages** 2**:** Karen Rd., Tel. 0733 63 62 06, www.karenblixencoffeegarden.com. 25 Min. zum Zentrum, ruhig, Cottages im edlen kolonialen Stil, üppiger Garten mit vielen Vögeln, sehr gute internationale Küche und Bar. DZ ab 400 US-$.

Klassisch-gediegen – **Nairobi Serena Hotel** 3**:** Processional Way, Tel. 020 282 20 00, www.serenahotels.com. 5 Min. zu Fuß zum Zentrum, im Uhuru Park, ruhig, edles panafrikanisches Ambiente, wunderschöner Innen-

Aktiv

ART SAFARI – AUF KUNSTPFADEN DURCH NAIROBI

Tour-Infos

Start: als individuelle Tour vom Hotel aus, in der Innenstadt liegt die Foundation Watatu
Dauer: je nach persönlichem Interesse zwischen 2 Std. und 2 Tagen
Wichtiger Hinweis: Am besten nimmt man sich ein Taxi (ganzer Tag um 7000 KSh).
Organisierte Touren: werden derzeit nicht angeboten
Karte: s. S. 130

Nairobi bietet nicht nur traditionelles Kunsthandwerk (Ethno-Objekte, die sogenannte *airport art*), sondern auch Werke international anerkannter oder noch zu entdeckender Künstler, die für interessierte Besucher den Weg in eine der zahlreichen Galerien und Künstlerhöfe lohnen. Bilder mit freien Motiven und in allen Formaten, Skulpturen aus Holz, Metall, Ton, Glas und Recycling-Objekte können bereits ab 5000 KSh erworben werden und sind besondere Erinnerungen, vor allem wenn man den Künstler selbst getroffen hat. Aber auch wer nicht unbedingt am Kauf interessiert ist, kommt auf seine Kosten. Denn eine Art Safari ist nicht nur ein Weg des Sehens und Entdeckens, sondern auch ein Weg zu den Kenianern.

Alle Galerien und Künstlerhöfe miteinander zu verbinden ist kaum machbar, sie sind weit über die Stadt verstreut. Man kann entweder mehrere Orte innerhalb eines Gebiets besuchen oder sich einzelne auswählen. Ein guter Start ist die älteste Galerie in der Innenstadt, die **Foundation Watatu** 1. Gegründet von Künstlern um Jony Waite, wurde die Galerie von der deutschstämmigen Amerikanerin Ruth Schaffner zu internationalem Ruhm geführt. Sie galt als große Förderin kenianischer Kunst, war geliebt und gefürchtet zugleich. Im März jeden Jahres, seit ihrem To-

destag 1996, wird ihr zu Ehren eine besondere Ausstellung gezeigt. Wer sich einen ersten Überblick über die derzeitige Kunstszene verschaffen will, ist hier genau richtig (Standard St., Lonhro House, gallerywatatu@gmail.com, Di–So 10–17 Uhr).
Nicht weit entfernt, in Hurlingham, erwartet der **Kuona Trust** 2 seine Besucher. In den Räumen haben 20 bildende Künstler ihre Ateliers. Man hat Gelegenheit, ihnen bei der Arbeit zuzuschauen und mit ihnen zu plaudern. Regelmäßig finden auch offene Workshops und Ausstellungen statt (Dennis Pritt Rd., Tel. 0733 74 27 52, auf Facebook, tgl. 10–18 Uhr).
Nicht weit entfernt befinden sich seit 2013 die Ausstellungsräume der **Shifteye Gallery** 3 mit zeitgenössischer Kunst in modernem Ambiente (Argwings Khodeck Rd., The Priory Place, Tel. 0712 91 74 26, www.studios.shifteye.net, Mo–Fr 10–17.30 Uhr). Von hier aus ist es günstig in den Norden zu fahren. In Gigiri hat eine kleine feine Galerie ihre Pforten geöffnet: die **One Off Contemporary Art Gallery** 4 **.** Die langjährige Direktorin der RaMoMA zeigt hier die Crème de la crème kenianischer Künstler (The Loft, Rosslyn Lone Tree, Tel. 0722 52 18 70, www.oneoffafrica.com, Di–So 11–17). Nur knapp zehn Minuten Richtung Limuru sind drei weitere Kunstorte einen Besuch wert: die seit mehr als 20 Jahren bestehende **Banana Hill Art Gallery** 5 (nahe Limuru Rd., Banana Hill, Tel. 0733 88 26 60, http://bananahillartgallery.com, tgl. 10–18 Uhr) und **Ngecha Artist Association** (nahe Limuru Rd., Ngecha, YMCA-Gebäude, Tel. 0734 82 49 29, auf Facebook, tgl. 8–18 Uhr). Beide organisieren Einzel- und Gruppenaustellungen, ihre Künstler stellen in ihren Bildern und Skulpturen sehr authentisch und intensiv das Alltagsleben Afrikas dar. 2012 eröffneten Erica und Hellmuth Rossler-Musch die **Red Hill Gallery** 6 **.** Gezeigt werden in vier bis sechs Ausstellungen pro Jahr Werke ihrer eigenen mehr als 25-jährigen Sammlung renommierter zeitgenössischer, vorwiegend ostafrikanischer Kunst. Doch auch noch eher unbekannte, doch hochinteressante Künstler finden hier eine Plattform. Besucher finden in Erica und Hellmuth charmante Gastgeber und haben vom Garten aus einen attraktiven Blick auf die Skyline von Nairobi (off Limuru Rd., Tel. 0700 10 89 89, www.redhillartgallery.com, tgl. 11–17 Uhr).
Ebenfalls in Lavington lockt die **Circle Art Agency** 7 Kunstsammler aus aller Welt in Ausstellungen und Auktionen mit hochkarätiger moderner Kunst Ostafrikas (James Gichuru Rd., Tel. 0790 28 99 91, www.circleartagency.com, Mo–Fr 10–17, Sa, So 12–17 Uhr). Zur Förderung junger Künstler ist die Galerie eng verbunden mit der Organisation The African Arts Trust (www.theafricanartstrust.org).
Eine separate Art Safari bietet sich im Südwesten der Stadt an. Beginnen Sie im **Maasai Mbili Art Centre** 8 und lernen Sie Künstler aus Kibera kennen, die mit ihrer ›Ghetto Art‹ soziale und politische Themen aufgreifen (Kibera Dr., Tel. 0718 19 12 86, auf Facebook, tgl. 9–20 Uhr). Von hier geht es nach Lavington in das Studio des ›Vaters‹ aller Altmetallkünstler, zu Kioko Mwtiki. In seiner **Pimbi Gallery** 9 kann man vor allem Tierskulpturen (von handlich klein bis lebensgroß) betrachten und ihm bei der Arbeit zuschauen. Häufig nutzt er die vom Kenya Wildlife Service (KWS) in den Nationalparks gesammelten und verrosteten Drahtschlingen, die von Wilddieben ausgelegt wurden (Mbambane Rd., Tel. 0722 65 06 66, tgl. 10–17 Uhr).
Nun geht es hinaus aus der Stadt nach **Kitengela** am Rand des Nationalparks. Vor über 30 Jahren gründete die aus Deutschland stammende Nani Croze hier eine Glasbläserei. Altglas wird geschmolzen und künstlerisch in neue Formen gebracht. Dem Charme dieses Platzes kann der Besucher sich kaum entziehen: Es ist ein Gesamtkunstwerk, eine Oase der Farben und des Lichts. Neben den Ateliers gibt es einen Laden und ein Café und wenn man länger verweilen oder an einem der Workshops teilnehmen möchte, steht ein Selbstversorgerhaus mit Pool zur Verfügung (empfohlen ist die Zufahrt über Magadi Road, Tel. 0720 33 08 87, www.kitengela.com, Mo–Sa 8–16.45, So 10–16 Uhr).

bereich mit Jacarandas, Akazien und Pool, guter Fitnessbereich, exquisite internationale Küche. DZ ab 250 US-$.

Golfhotel – **Windsor Hotel & Country Club** 4: Ridgeways/Kiambu Rd., Tel. 020 864 70 00, www.windsorgolfresort.com. Etwa 20 Min. vom Zentrum entfernt, inmitten von Kaffeefeldern, edles Ambiente, Zimmer mit Blick in die Landschaft und auf einen 18-Loch-Golfplatz, exquisite internationale Küche und Bar. DZ ab 250 US-$.

Liebevoll geführtes Familienhotel – **Macushla House** 5: Langata Rd., Nguruwe Rd., Tel. 020 89 19 87, www.macushla.biz. Ruhiges privates Ambiente, liebevoll eingerichtete, schöne Zimmer. Separates Cottage für Familien mit zwei Schlafräumen, privatem Garten und Küche (Selbstversorgung oder Mahlzeiten im Restaurant), Kamin, üppiger Garten. Pool, Restaurant mit exzellenter Küche, Geheimtipp! DZ ab 230 US-$.

Business-Ambiente – **Tribe Hotel** 6: Limuru Rd., Tel. 020 720 00 00, www.tribe-hotel.com. Nähe Village Market und UN im Norden der Stadt, unterschiedliche Zimmerkategorien im modern luxuriösen Stil. Das Restaurant »Epic« bietet eine handverlesen gute Auswahl an Speisen der internationalen Küche, exzellent zubereitet und serviert. Bar auf der Dachterrasse. DZ ab 220 US-$.

Transfer-Hotel nach Tansania – **Silver Springs Hotel:** 7: Hurlingham, Valley Rd./ Argwings Kodhek Rd., Tel. 020 272 24 51, www.silversprings-hotel.com. Gegenüber vom Nairobi Hospital, 15 Min. zum Zentrum, 10 Min. zum YaYa Center. Fitness, Spa, Kleinbusse des Impala Shuttle Service nach Tansania fahren direkt vom Hotel-Parkplatz ab (2 x tgl.). DZ ab 210 US-$.

Traumhaft – **Anga Africa Luxury Boutique Camp** 8: Karen, Rhino Park Rd., Tel. 0734 82 08 60, www.angaafrika.com. Stilvoll eingerichtete Luxuszelte mit Terrasse und großem, modernem Bad in einem liebevoll gepflegten Garten. Safari-Flair am Stadtrand in tollem Design mit perfektem Service. WLAN, Restaurant mit ausgezeichneter Küche. Zelt ab 210 $.

In Flughafennähe – **Eka Hotel** 9: Mombasa Rd., Tel. 0732 10 50 00, www.ekahotel.com. 3 km von JKIA, 5 km vom Wilson Airport, unterschiedliche Zimmerkategorien, modern, gut geeignet für die erste oder letzte Nacht, Transfers möglich, Restaurants und Bars, Pool. DZ ab 169 US-$.

Rustikale Klassik – **Fairview Hotel** 10: Bishop Rd., Tel. 020 28 810 00, www.fairviewhotelnairobi.co.ke. 10 Min. Fußweg ins Zentrum, edles, gemütliches, persönliches Ambiente, Zimmer mit schönem Blick, luxuriös in herrlichem Garten, Pool, Gartencafé, langfristig buchen! DZ ab 169 US-$.

Im Shopping- und Ausgehviertel – **Jacaranda Hotel** 11: Westlands, Waiaki Way, am Sarit Centre, Tel. 0711 08 90 00, www.jacarandahotels.com. Ruhige, gediegen-schöne Zimmer, herrlicher Garten mit Jacarandas und Swimmingpool, gute internationale Küche. Der Friseursalon versteht sich auf europäische Haare und Schnitte und verwendet hochwertige europäische Pflegeprodukte (Mo–Sa 9–18 Uhr). DZ ab 150 US-$.

Romantisch – **Purdy Arms B & B** 12: Karen, 61 Marula Lane, Tel. 0712 00 70 01, www.purdyarms.com. 5 liebevoll gestaltete und komfortabel ausgestattete Zimmer und Suiten in traumhafter Gartenanlage, WLAN, regelmäßig Ausstellungen zeitgenössischer Künstler, außerdem beliebtes Restaurant mit Terrasse und Bar. DZ ab 145 US-$.

Witzig – **Wildebeest Eco Camp** 13: Langata, Mokoyeti Rd. West, Tel. 0734 77 07 33, www.wildebeestecocamp.com. 45 Min. zum Zentrum, 5 Min. zum Nairobi National Park. Schöner Garten, nette Familienatmosphäre. Zelte, Cottages und Zimmer. DZ mit Frühstück ab 100 US-$.

Klein und fein – **Ndemi Place** 14: Ndemi Close/Ndemi Rd., Tel. 020 807 42 66, www.ndemiplace.com. Nahe der Adams Arcade, 15 Min. zum Zentrum, gemütliche Zimmer, schöner Garten, guter Service. Mahlzeiten auf Anfrage. DZ ab 80 US-$.

Für jedermann – **Sirona Hotel** 15: Parklands, Keiyo Rd., Tel. 0702 44 04 89, www.sironahotel.co.ke. Grüne Oase in der Nähe des Kenya National Museum, komfortable saubere Zimmer verschiedener Kategorien, Bar, BBQ-Terrasse, WLAN. Halb- oder Vollpension möglich. DZ ab 45 US-$.

Für Rucksackreisende – **Milimani Backpackers** 16: St. Helen's Rd., off Langata Rd., Karen, Tel. 0718 91 90 20, www.milimanibackpackers.com. Einfaches Hostel in ruhiger Gegend etwas außerhalb des Zentrums mit Doppel- und Mehrbettzimmern. Afrikanische Küche, WLAN, Tourenschalter. 15–45 US-$.

Einfach gut – **Manyatta Backpackers** 17: Milimani Rd./Ralph Bunche Rd., Tel. 0799 12 21 66, www.manyattabackpackers.com. Bus 46 vom/zum Zentrum, WLAN, einfache, saubere und liebevoll gestaltete Unterkunft, einladendes Restaurant mit guter Küche, Safariangebote. Im Mehrbettzimmer 15 US-$, DZ 40 US-$.

Essen & Trinken

Meeresfrüchte – **Tamarind** 1: Karen, Karen Rd., Tel. 0719 34 63 49, www.tamarind.co.ke, Mo–Sa 12–14, 18.30–22.30 Uhr. Im Karen Blixen Coffee Garden etabliertes exklusives Restaurant, spezialisiert auf Meeresfrüchte, edel-vornehmes Ambiente. Tischbestellung für den Abend erforderlich. Um 3800 KSh.

Für Fleischfans – **Fogo Gaucho** 2: Westlands, Waiyaki Way, Viking House, Tel. 020 354 40 37, www.fogogaucho.co.ke, Mo–So 12–15, 18.30–22.30 Uhr. Hervorragendes brasilianisches Steakhouse mit mehr als 15 Fleischsorten und großzügiger Salattheke (über 20 verschiedene Salate). Beste Fleischadresse in Nairobi mit einladend nettem Ambiente, freundlicher Service, Bar, an manchen Abenden Livemusik. Am Wochenende unbedingt reservieren! Festpreis 1800 KSh/Pers.

Klassiker – **Talisman** 3: Karen, Ngong Rd., Tel. 0705 99 99 97, www.thetalismanrestaurant.com, Di–Sa 8–22, So 9–21 Uhr. Exzellente orientalische und europäische Küche, rustikal-gemütliches Ambiente im halboffenen Restaurant und im Garten, Kaminecke, Bar, Ausstellungen, WLAN, Fr Livemusik. Um 1750 KSh.

Extravagant und cool – **Brew Bistro & Lounge** 4: Ngong Rd., Piedmont Plaza, nähe Junction Shopping Centre, Tel. 0719 64 81 38, www.thebigfivebreweries.com, Di–Do 17–0.30, Fr, Sa 17–3, So 11–0.30 Uhr. Exquisite Hits der internationalen Küche, Hausbier, Cocktails, modernes Ambiente mit Terrasse, Livemusik und Bierfeste. Um 1500 KSh.

Tipp

SICHERHEIT – TAG UND NACHT

Geben Sie sich nicht offensichtlich als Tourist zu erkennen: Selbstbewusstes Gehen, freundliche Blickkontakte, Ihre Route im Kopf, notwendiges Kleingeld der Landeswährung griffbereit, angemessene Kleidung und höflich-ablehnendes Reagieren, wenn Sie unerwünscht angesprochen werden, sind ein guter Schutz. Allzu schroffe verbale Reaktionen oder allzu vertrauensvolles Verhalten verraten den Landesunkundigen. Wenn Sie Märkte besuchen, sollten Sie Schmuck, Uhren, Kameras, größere Taschen und Rucksäcke im Hotel lassen.

Die Benutzung öffentlicher Busse (empfehlenswert sind die grünen Busse von City Hoppa und die blauen von KBS, beide mit Festpreisen) ist tagsüber durchaus möglich: Alle sind nummeriert und mit dem Fahrtziel beschriftet. Bezahlt wird während der Fahrt. Es gibt keine einheitlichen Preise, die Tarife sind abhängig von Route und Tageszeit.

Mit der Dämmerung sollten Sie in der City Gegenden wie das River-Road-Viertel (s. S. 128) und alle Parkanlagen meiden. Gehen Sie in kleinen Gruppen oder besser: Nehmen Sie ein gekennzeichnetes Taxi (gelber Streifen oder mit Firmenlogo, s. auch S. 149). Hotels haben oft eigene Taxis oder empfehlen Fahrer.

Afrika der Oberklasse – **The Moonflower** 5: Hurlingham, Kitale Lane, Off Dennis Pritt Rd., Tel. 020 513 40 00, www.palacina.com, Mo–So 10–23.10 Uhr. Hervorragende internationale Küche mit afrikanischen Einflüssen, edles Ambiente, gemütlich, charmanter Service, sonntags Live-Jazz. 1500 KSh.

Italienisch – **Mediterraneo** 16: Junction Shopping Centre, Ngong Rd., Tel. 0734 84 50 77, weitere Filialen United Nations Avenue, Tel. 0789 26 98 41, und Westlands, 9 West, Tel. 0733 57 66 30, www.mediterraneorestaurant.co.ke, Mo–So 12–23 Uhr. Große Auswahl italienischer Speisen und Weine, das Ambiente erinnert an Restaurants in Florenz, nicht besonders gemütlich, aber geschmacklich vorzüglich und guter Service. Um 1500 KSh.

Libanesisch – **Cedars** 6: Kilimani, Lenana Rd., Tel. 0722 51 29 16, www.cedarsnairobi.com, tgl. 12–23 Uhr. Hervorragende libanesische Küche und freundlicher Service, sehr gute Bar, rustikal gemütliches Ambiente im Restaurant und unter alten Bäumen im Garten, Feuerstellen. Um 1200 KSh.

Mit Flugshow – **Aero Club** 7: Wilson Airport, Aero Club of East Africa, Tel. 0733 83 24 88, tgl. 10–21 Uhr. Von der Kette Java House geführtes Restaurant im seit 1927 bestehenden altehrwürdigen Klub, konservativ-klassisches Ambiente, schöne Terrasse mit Blick auf den Flugplatz. Um 1000 KSh.

Gartenrestaurant – **Podo Restaurant** 12: Karen, 61 Marula Lane, Purdy Arms, Tel. 0732 00 70 01, www.purdyarms.com, tgl. 9–23 Uhr. Exotische Küche – liebevoll und delikat, sehr guter Service, romantische Atmosphäre drinnen und draußen. Beliebte Bar. Blick zu den Ngong Hills. Musikevents. Um 1000 KSh.

Indisch – **Open House** 8: Karen, Cross Roads Mall, Tel. 0737 87 66 13, Filiale Westlands, Centro House, Tel. 0735 62 18 24, www.openhouserestaurant.co.ke, Mo–So 11–14.30, 18–22.30 Uhr. Große Auswahl traditioneller indischer Gerichte, geschmacklich hervorragend, angenehm authentisches Ambiente und ausgezeichneter Service. Um 1000 KSh.

Geschmackvoll mit Stil – **Art Caffe:** Filialen **Village Market** 15, **Junction** 16, **Galleria** 17: Tel. 0708 90 65 04, www.artcaffe.co.ke, tgl. 7–24 Uhr. Exzellente Frühstücksvariationen, mediterrane Küche, leckere Desserts und frische Kuchen, umfangreiches Getränkeangebot. Brottheke! Modern-angenehmes Kaffeehaus-Ambiente, WLAN, ab und an Livemusik. Um 900 KSh.

Kenianisch nach Masai-Art – **Olpul Steakhouse** 10: River Front, Limuru Rd., Two Rivers Mall, Ground Floor, Tel. 0715 76 42 60, www.olpul.co.ke, Mo–So 10–22 Uhr. Das Restaurant transportiert die Masai-Kultur ins 21. Jh. Fleisch in bester Qualität, aber auch vegetarische Gerichte mit frischem Gemüse aus der Umgebung. Um 900 KSh.

Tipp

NACHHALTIG REISEN

Kenia ist noch immer wegen seines Massentourismus verschrien: Große Lodges in den Nationalparks, Minibuskarawanen und Bettenburgen an der Küste. Inzwischen sollte man vor seiner Reise genauer hinschauen, immerhin hat sich hier 1996 Afrikas erste Eco-Tourism Organisation gebildet. Tourismus im Einklang mit Naturschutz und zum Wohl der Einheimischen bedeutet allerdings in der Realität große Anstrengungen. Inzwischen zeigen gut ausgebildete professionelle Guides (s. Kenyan Guide Association, www.safariguides.org) dem Gast nicht nur die Big Five, um ein gutes Trinkgeld zu bekommen, sondern tragen aktiv zum Tier- und Naturschutz bei. Hotelbetreiber nutzen erneuerbare Energien. So speisen Solar- und Windanlagen Batterien zur Licht- und Warmwassererzeugung und für Kühlgeräte. Nur kleine Unterkünfte stellen sich bisher den Forderungen des verantwortlichen Tourismus. Das hat natürlich seinen Preis, daher sind diese Camps und Lodges teurer. Aber die Gäste wissen, weshalb sie mehr bezahlen. Schauen Sie sich die Energieanlagen an, zeigen Sie Interesse an den Naturschutz- und Community-Projekten, fragen Sie, wo der Müll aus dem Camp hingeht. Das ist der wirkliche Luxus Ihrer Reise: Sie tragen aktiv zum Umweltschutz bei. Weitere Infos unter www.ecotourismkenya.org.

Viele Salate – **Moniko's** 9 **:** Kileleshwa, Gitanga Rd., Valley Arcade, Tel. 0737 03 20 64, www.monikoskitchen.com, tgl. 7–23 Uhr. Große und geschmacklich hervorragende Auswahl an Salaten, außerdem Baguettes und Kuchen. Nettes Gartenrestaurant mit freundlichem Service. Brunch am Wochenende 10–15 Uhr. Preise um 800 KSh.

Café-Treffpunkt – **Nairobi Java House:** in allen Stadtteilen (u. a. ABC Plaza, **Junction Shopping Centre** 16**,** Adams Arcade, **YaYa Centre** 14**, City Koinange Street** 10**,** Flughafen, zentrale Tel. 020 445 22 73, www.javahouseafrica.com, Mo–So 7–21 Uhr. Breites Angebot an Frühstücksvariationen und Hauptgerichten, leckere Salate, Kaffee- und Teespezialitäten, modernes Kaffeehausambiente, teilweise mit Terrasse, wechselnde Ausstellungen und WLAN. Um 700 KSh.

Äthiopisch – **Abyssinia** 11**:** Westlands, Brookside Grove, Tel. 0725 15 15 15, www.abyssinianairobi.com, tgl. 11–23 Uhr. Traditionelle äthiopische Küche für Genießer, geschmacklich exzellent und frisch, freundlicher und guter Service, authentisch schlicht ausgestattet. Um 600 KSh.

Gesund und lecker – **Bridges** 12**:** City, Tubman Rd., nahe City Market, Tel. 020 223 05 78, bei Facebook zu finden, Mo–Sa 7–21 Uhr. Sehr gute Bio-Küche, frische Säfte, helles modernes Ambiente, die Zubereitung der Speisen und Getränke erfolgt in einer gläsernen Küche, besonders mittags sehr gut besucht. Preise um 600 KSh.

Äthiopisch im Garten – **Habesha** 13**:** Kilimani, Argwings Khodek Rd., Tel. 0733 73 04 69, Filiale United Nations Crescent, Gigiri, Tel. 0725 86 99 55, www.habesharestaurant.net, Mo–So 9–24 Uhr. Hervorragende äthiopische Küche in rustikalem Gartenrestaurant mit offener Feuerstelle, freundlicher Service, für abends telefonisch vorbestellen! Um 500 KSh.

Pause im Grünen – **Amani ya Juu** 14**:** Riverside, Ring Rd., Tel. 0708 59 46 98, www.amaniafrica.org, Mo–Sa 7.30–16.30 Uhr. Frische Salate, leichte Mahlzeiten, einladendes Gartencafé in Frauenhand, Shop mit Kunsthandwerk, Kinderspielplatz, vor allem mittags sehr gut besucht. Um 500 KSh.

Einkaufen

Von Supermärkten der teureren Lebensmittelketten Carrefour und Foodplus über Modeboutiquen, Schmuckgeschäfte, Apotheken, Buchhandlungen, und Kunsthandwerksläden bis zu Spezialgeschäften (u. a. Camping, Foto, Reformhaus), Internetcafés, Banken, Wechselstuben und Poststellen ist in den Einkaufszentren alles vorhanden, was Einheimische und Reisende brauchen. Öffnungszeiten der Geschäfte in der Regel tgl. 9–19 Uhr, Restaurants und Cafés bis 22 Uhr. Auch Kunstgalerien verlocken manchen zum Kauf (s. Aktiv unterwegs S. 138, 1 – 9). Ausreichend bewachte Parkplätze stehen gegen Bezahlung (Ticketautomaten) zur Verfügung. Beim Einfahren mit dem Pkw sind Sicherheitskontrollen jedes Fahrzeugs üblich, am Eingang zu den Gebäuden Personen- und Taschenkontrollen.

Große Shoppingmalls – **Two Rivers Mall** 10**:** zw. Limuru Rd. und Bypass, Runda, www.tworivers.co.ke. 2017 eröffnet, mit mehr als 100 Shops die größte Shoppingmall der Subsahara. **The Hub** 11**:** Karen Roundabout, Karen, www.thehubkaren.com. Premium-Shoppingmall, die 2016 ihre Türen öffnete. **Karen Shopping Centre** 12**:** Ngong Rd., Karen. Zwei durch eine Straße getrennte Malls mit Banken, Supermarkt und Restaurants. **Sarit Centre** 13**:** Westlands, Waiyaki Way, vom Zentrum Bus 118/119, www.saritcentre.com, mit Kino. **YaYa Centre** 14**:** zwischen Argwings Khodek Road und Ring Road Kilimani, www.yaya-centre.co.ke, in Hurlingham (vom Zentrum Bus 46 ab Hilton Hotel), u. a. mit Reformhaus und der besten französischen Bäckerei in der Stadt (Alexandre Chocolatier). **Village Market** 15**:** Limuru Rd., www.villagemarket-kenya.com, in Gigiri (vom Zentrum Bus 106/116 ab Fire Station Roundabout). Bummelmeile mit Freiluftrestaurants und mit dem professionellsten Fotoladen. **Junction** 16**:** Ngong Rd., www.thejunction.co.ke, Lavington (vom Zentrum Bus 2, 11, 4W ab Railway Station). Mit Kino und Supermarkt. **Galleria** 17**:** Ecke Langata/Magadi Rd., www.galleria.co.ke, vom Bahnhof Bus 125/126 nach Langata, Kiserian, Magadi. Neuestes Einkaufs-

zentrum mit Shops, Restaurants, Außenstelle des Nairobi Hospital mit verschiedenen Arztpraxen (Tel. 0722 20 41 14).
Supermärkte – **Carrefour** (auch Importwaren aus Europa), **Naivas, Tuskys** und **Foodplus** in allen Stadtgebieten Mo–So 8–20 Uhr.
Bekleidung – **One Way:** YaYa Centre, Sarit Centre, Village Market und Flughafen (www.lamulamu.de, www.one-way.cc, tgl. 9.30–17.30 Uhr). Schöne T-Shirts aus 100 % ostafrikanischer Baumwolle (Fair-Trade-Label), afrikanisch inspirierte Designer-Leinenbekleidung sowie große Auswahl an *kikois* aus einheimischer Baumwolle für den Strand – die man auch bei den Händlern in der **Biashara Street** 18 bekommt (Mo–Fr 9–17.30, Sa 9–14.30 Uhr).
Mode afrikanischer Designer – **Kenya Kanga** 19**:** Karen, Langata Link, Langata South Rd., Tel. 0724 53 93 42, www.kenyakangacollection.com, tgl. 9–18 Uhr, Kleidung, Accessoires und Witziges für den Alltag, frech designed aus dem klassischen farbenfrohen Kanga. **Kiko Romeo** 14**:** YaYa Centre, www.kikoromeo.com, tgl. 9.30–18 Uhr, interessante Kombinationen traditioneller Materialien, Ornamente und Stile im modernen Design, jedes Stück ist ein Unikat. **Mambo Pambo** 20**:** Mbaazi Ave. (Ende Valley Arcade), Nähe Dhanjay Apartments, Ecke Korosho/Hendred Rds., Tel. 0701 11 86 18, www.mambopambo.com. Tolle Designs, die auch von der kenianischen Boy Band Sauti Sol getragen werden. Weiterer Shop (Republi.ke) in der Garden City Mall, wo auch Kreationen anderer Jungdesigner zum Verkauf angeboten werden.
Outdoorausrüstung – **Xtreme-Outdoorshop** 14**:** YaYa Centre, www.xtremeoutdoors.co.ke, Mo–Sa 9–19, So 10–18 Uhr. Neben hochwertiger Safari-, Bade- und Wanderbekleidung auch alles fürs Camping und für Bergbesteigungen – dazu gute Infos und Ratschläge des Schweizer Besitzers Marcel Schoch. Produkte u. a. von Victorinox, Katadyn, Tatonka, Ferrino, Konus, Muela, Altus.
Schuhe – **Bata:** www.batakenya.com, in allen Shoppingmalls. Schuhe (u. a. Sandalen, Safari Boots) für Kinder und Erwachsene aus einheimischer Produktion, mit gutem Preis-Leistungs-Verhältnis.
Reisetaschen – **Sandstorm:** www.sandstormkenya.com, in allen Shoppingmalls. Taschen und praktische Accessoires in bester Qualität und klassischem Design.
Bücher – **Bookstop** 14**:** YaYa Centre, Mo–So 10–17.45 Uhr, www.bookstopltd.co.ke. Umfangreichste Auswahl an englischsprachiger Afrika-Literatur und Reisekarten, gute Beratung und Service, auch gebrauchte Bücher. **Textbook Center** 13**:** im Sarit Centre und in anderen großen Shoppingmalls, Mo–Sa 9–19, So 10–18 Uhr. Großes Angebot an Afrika-Literatur, Wörterbüchern, Postkarten und Schreibwaren. Kein Buchgeschäft mit deutschsprachiger Literatur.
Schmuck – **Maro Designs:** Workshop at Parklands off Limuru Rd., Tel. 0733 73 64 45, www.maro-designs.com. Zeitgenössischer afrikanischer Schmuck aus natürlichen und recycelten Materialien, jedes Stück von Hand gefertigt von Frauen für Frauen. Erhältlich in verschiedenen Läden und Lodges, gelistet auf der Website.
Kunsthandwerk – **Utamaduni Craft Centre** 21**:** Karen, Langata/Bogani East Rd., Tel. 0722 20 50 28, www.utamadunicraftshop.com, tgl. 9–18 Uhr, große Auswahl und gute Qualität an traditionellem Kunsthandwerk aus allen Regionen Kenias zu Festpreisen: u. a. Körbe, Figuren aus Seifenstein, Holz, Masai Perlenarbeiten. **Fair Trade Shop** 22**:** Waiyaki Way gegenüber ABC Plaza, www.apdk.org, Mo–Fr 8–16 Uhr. Breite Auswahl an Produkten aus kenianischen Werkstätten für Menschen mit Behinderung, Kunsthandwerk, aber auch Bekleidung, Taschen, Schmuck. **Masai-Märkte:** s. S. 143; Junction 16, Do 9–18 Uhr, Village Market 15, Fr 9–18 Uhr, Harambee Avenue Parkplatz Law Court, Sa, So 9–17.30 Uhr, YaYa Centre 14, So 9–18 Uhr. Handeln Sie, was das Zeug hält, steigen Sie bei einem Drittel des genannten Preises ein und überlegen Sie sich, was das Kunstwerk Ihnen wert ist. Dieses Spiel gehört zum Markttreiben, aber bedenken Sie: Ein 9 m² großes ›Haus‹ ohne Wasser und Strom kostet im Slum ca. 2500 KSh Miete pro Monat. **Marula Studios** 23**:** Karen, Marula Lane, Tel. 0726 24 87 74, www.marulastudios.co.ke, tgl. 9–17 Uhr. Witziges und Praktisches aus am

Strand angeschwemmten Flipflops, der Erlös fließt den Produzenten im Selbsthilfeprojekt zu. Außerdem viele außergewöhnliche, originell-schöne Produkte kleiner Projekte und Workshops. **Kitengela Glass:** Shops u. a. Village Market **15**, Junction **16**, Mo–Sa 9–19, So 10–17 Uhr, www.kitengela.com. Originelle Glaskunst, handgefertigte Unikate aus Altglas. **Kazuri Beads 24:** Mbagathi Ridge, www.kazuri.com, Tel. 020 232 89 05, tgl. 8.30–18 Uhr. Shops im Village Market **15**, Junction **16**, tgl. 9.30–18 Uhr. Handgemachte Keramikperlen verarbeitet zu kreativ designtem Schmuck.

Lederwaren – **Annabelle 16:** Junction, Tel. 0720 97 52 09, www.annabellethom.com, Mo–Sa 9–19, So 11–17 Uhr. Taschen, Gürtel, Accessoires aus feinstem Leder und Canvas in ansprechendem Design, qualitativ hochwertig gearbeitet. Origineller Schmuck und Damenkleidung im Ethnostil.

Fotozubehör – **Village Photoshop Ltd. 15:** Village Market, Mo–Sa 9.30–18, So bis 14 Uhr. Beste Qualität an Fotoausdrucken, Kamerazubehör. Wer Passfotos für einen Ersatzpass benötigt, ist hier genau richtig, die Mitarbeiter wissen, welche Botschaft welche Art von Fotos verlangt!

Abends & Nachts

Kinos – Kinos mit aktuellen Filmen, mehreren Sälen und guter Akustik findet man in allen großen Einkaufszentren (s. S. 143). Sie zeigen die neuesten englischsprachigen Blockbuster in modernen Filmsälen. Die Palette reicht vom indischen Bollywood bis zu Action, anspruchsvolles Programmkino ist eher bei den Filmfestivals der Kulturinstitute zu finden. Kinotage sind Dienstag und Donnerstag, Eintritt dann zwischen 250 und 500 KSh, sonst zwischen 500 und 800 KSh.

Bars – **Havana 1:** Westlands, Woodvale Grove, Tel. 020 445 06 53, bei Facebook, tgl. ab 12 Uhr Restaurant, ab 18 Uhr Bar mit bester Latin-Musik, Fr, Sa Live-Bands, fantasievolle Cocktails und leckeres Latino-Fingerfood, auch spätabends. Buntes Publikum aus Einheimischen, Expats und Reisenden. **Gipsy Bar 2:** Westlands, Woodvale Grove, gegenüber Barclays Bank, Tel. 0733 73 05 29, bei Facebook, tgl. ab 18 Uhr. Mi Musik der 1970er-Jahre, Do Live-Band, Fr, Sa Musik der 1990er-Jahre. Junges bunt gemischtes Publikum. **Casablanca 3:** Hurlingham, Nyangumi/Lenana Rd., Tel. 020 272 31 73, Di–So ab 18 Uhr. Arabisches Ambiente mit Lümmelecken und Wasserpfeifen im Beduinenzelt, Musik der 1990er-Jahre. Gute Cocktails, junges Publikum. **Tamambo Tapas Bar 15:** im Village Market, Gigiri, Limuru Rd., Tel. 020 712 40 05, www.tamarind.co.ke, tgl. ab 11 Uhr, Restaurant, ab 18 Uhr Jazzmusik, Fr, Sa Live-Jazz mit guten, auch internationalen Bands. Cocktails, Fingerfood. **Que Pasa? 12:** Karen Shopping Centre (Karen Dukas), Tel. 0728 27 29 02, bei Facebook, tgl. 10–24 Uhr, Cocktails, nette Atmosphäre, auch ideal zum Einkehren nach dem Einkaufen. **Tribeka 4:** Banda St. (off Kimathi St.), Tel. 0708 32 22 22, www.tribeka.co.ke, tgl. 24 Std. geöffnet, Restaurant, Bar & Lounge, angenehme Atmosphäre mit internationalem Publikum gemischten Alters.

Klubs & Discos – **Dolce Club 5:** City, Koinange St., Cheester House, Tel. 0721 51 21 23, bei Facebook, Di–So 18–6 Uhr. Disco. Gut situiertes, vorwiegend kenianisches Publikum. **Zanze Bar 6:** City, Cinema Plaza Kenyatta Ave., Tel. 0724 11 92 89, tgl. ab 21 Uhr Livemusik. Buntes kenianisches, aber eher älteres Publikum. **K1 Klub House 7:** Parklands, Ojijo Road, Tel. 0717 96 95 00, www.klubhouse.co.ke, tgl. ab 19 Uhr, Mo Chill Night, Di Jazz, Mi Country, Do Reggae, Fr Disco, Sa Live-Band und So Soul. **Gallileo Lounge 8:** Westlands, Chiromo Rd., Tel. 0723 82 81 80, bei Facebook, tgl. ab 17 Uhr. Kaum Parkplätze vorhanden, Anfahrt daher am besten mit dem Taxi! Tolle Musik, Publikum sind junge Einheimische der Mittelklasse und Expats. **Black Diamond Club 9:** Westlands, Mpaka Rd., Tel. 0724 59 23 56, bei Facebook, tgl. 17–24 Uhr, Cocktails, zahlreiche Biersorten, Musik, Szene-Treff. **Tree House 10:** Museums Hill Rd., International Casino Complex, Tel. 0727 68 43 23. Tgl. ab 19 Uhr Livemusik – meist afrikanische Bands – oder Disco. **Mercury Lounge 11:** Lavington, Waiyaki Way, ABC Place, Tel. 020 445 18 75, www.mercuryeastpresents.com, tgl. ab 16 Uhr, Mo Blues, Di Jazz, Mi Mix, Do Salsa, Fr

Oldies, Sa Mix, So Soul. Modernes Ambiente, gute Weine und Mixgetränke, buntes Publikum aus Einheimischen und Expats. **Simba Saloon** 12 **:** im Carnivore, Langata, Langata Rd., Tel. 0733 61 16 08, www.tamarind.co.ke, tgl. ab 18 Uhr Musik wechselnder Genres, Fr, Sa Live-Bands, auch Konzerte internationaler oder sehr beliebter einheimischer Bands. Gemischtes Publikum, viele Touristen. **Budhaa Bar & Lounge** 13 **:** Westlands, Chiromo Rd., Delta Towers, Tel. 0792 44 47 98, Di–Do 11–24, Fr, Sa 11–2.30, So 15.30–24 Uhr. Dachterrasse mit Bar und Rundum-Aussicht auf die Stadt, Livemusik und Disco, stilvoll, Publikum der oberen Mittelklasse und Expats.

Theater und Kulturzentren – **GoDown Arts Centre** 14 **:** Industriegebiet, Dunga Rd., Tel. 020 55 57 70, www.thegodownartscentre.com, Studios für Sänger, Tänzer und Akrobaten geöffnet Mo–Fr 9–17 Uhr; Ausstellungseröffnungen, Konzerte, Musicals, moderne Tanzaufführungen u. a. meist 19 Uhr, Eintritt um 300 KSh. **Goethe Institut** 15 **:** City, Ecke Loita/Monrovia St., Maendeleo House, Tel. 020 221 13 81, www.goethe.de/nairobi. Umfangreiche Bibliothek mit aktuellen Zeitschriften, Übersetzungen von Dokumenten, regelmäßig Ausstellungen, Konzerte, Tanz- und Theatervorstellungen. **Alliance Française** 13 **:** City, Monrovia St., Tel. 020 491 70 00, www.afkenya.or.ke, tgl. geöffnet 9–18 Uhr. Regelmäßig Ausstellungen im Foyer, Kino (u. a. das jährlich im Mai stattfindende European Film Festival), Konzerte, z. B. Spotlight on Kenyan Music – der Music Award, Theater- und Tanzveranstaltungen in verschiedenen Sälen und auf der beliebten Freiluftbühne im Garten. Das Kulturzentrum ist auch Spielort der freien Theatertruppe **Heartstrings Entertainment.** Zum Repertoire des jungen kenianischen Ensembles gehören Komödien, die den Alltag in der Metropole mit alle seinen Fallstricken zum Thema haben, dem Publikum aber auf unterhaltsame Weise auch gesellschaftliche und politische Themen näher bringen. **Italienisches Kulturinstitut** 16 **:** Westlands, Woodvale Close, Grenadier Tower, Tel. 0733 62 48 34, https://iicnairobi.esteri.it/iic_nairobi/it. Regelmäßige Kammerkonzerte und Ausstellungen.

Aktiv

Deutschsprachige Safaris – **Adventure Expeditions:** Nairobi, Tel 0702 18 31 69, www.adventureandexpeditions.com. Kombiniert klassisches mit unbekannterem Kenia, u. a. Touren um den Lake Victoria oder entlang aller Rift-Valley-Seen bis zum Lake Turkana. **Enchanting Africa:** in Feldkirchen und Nairobi, Tel. 020 386 75 51, www.enchantingtravels.de. Aktive Safaris durch ganz Ostafrika. **Kibo Slopes:** Nairobi, Tel. 0719 38 15 19, www.kiboslopessafaris.com. Spezialisiert auf Berge, Wandertouren in Ostafrika. **Phoenix Safaris:** Tel. 0733 26 16 46, www.phoenix-safaris.de. Klassische und aktive Safaris, auch mit Kamelen. **Sunworld Safaris :** Nairobi, Tel. 722 52 54 00, www.sunworld-safari.com. Fotosafaris mit Profis, Geländewagenvermietung (Kaution um 2500 US-$) für Selbstfahrer.

Safaris – **Gametrackers:** Tel. 020 22 27 03, www.gametrackersafaris.com. Zeltsafaris für kleines Geld. **Gamewatchers Safaris:** Tel. 0722 50 92 00, www.porini.com. Luxussafaris mit und zu den Masai. **Karisia Safaris:** Tel. 0721 83 67 92, 0721 37 16 94, www.karisia.com. Wandern, Kamelsafaris etc. **Location Africa Safaris:** Tel. 0724 92 65 71, 0722 51 98 32, www.locationafricasafaris.com. Safaris für Leute, die gern Tiere filmen. **Offbeat Safaris:** Tel. 0704 90 93 55, www.offbeatsafaris.com. Mehrtägige anspruchsvolle mobile Reitsafaris in Amboseli und der Masai Mara. **Origin Safaris:** Tel. 0724 25 38 61, www.originsafaris.com. Ornithologische Safaris. **Savage Wilderness Safaris:** Tel. 0737 83 59 63, www.savagewilderness.org. Rafting, Kanu- und Mountainbiketouren, Alpinklettern. **Trust for African Rock Art (TARA):** Tel. 0724 25 52 54, www.africanrockart.org. Archiv und aktuelle Infos über Felskunst-Fundstätten, Ausstellungen. Organisiert regelmäßig Rock Art Safaris in ganz Afrika. **Wild Frontiers:** helendd@uuplus.com, www.wildfrontierskenya.com. Kamelsafaris.

Immer mehr kleine, jüngere Safarianbieter erobern den Markt. Ein Vergleich lohnt sich – sie sind häufig innovativer, der Service persönlicher und man geht mehr auf Kundenwünsche ein. Auch die Preise sind oft günstiger.

Der Weg von der City zum Nairobi National Park ist nicht weit

Führung durch den Slum Kibera – **Kibera Tours 1:** Tel. 0723 66 92 18, www.kiberatours.com, 2500 KSh/Pers., nach Voranmeldung Treffpunkt Adams Arcade. Ausgebildete Tour Guides (Bewohner des Slums und Teilnehmer des Projekts Kibera Tours) führen interessierte Besucher durch den Slum und ermöglichen Gespräche mit den Bewohnern.

Bowling – **Superbowl 15:** im Village Market, Tel. 020 712 31 41, tgl. 8.30–24 Uhr. Moderne Bowlinganlage, zwölf Bahnen für zeitgleich 144 Spieler stehen zur Verfügung, an Wochentagen vormittags ohne Vorbuchung. 250–350 KSh/Pers.

Golf – **Kenianische Golf Union:** www.kenyagolf.co.ke. Hier erhält man die besten Infos zu Nairobis Golfplätzen, u. a. Muthaiga, Karen, Windsor. **Karen Country Club 2:** Karen Rd., Tel. 0733 60 69 50, www.karencountryclub.org. Der Klub ist bekannt für den reizvoll auf dem Areal der alten Kaffeefarm gelegenen 18-Loch-Golfplatz. Er zählt zu den ältesten und schönsten Kenias. Greenfee 9-/18-Loch am Wochenende 4000/7000 KSh, sonst 3000/5000 KSh.

Reiten – **Malo Stables: 3:** Karen, Mudodo Lane, Tel. 0704 49 44 64, www.malostables.com. Sehr gute Pferde und Guides, unterschiedlich lange geführte Ausritte in die Umgebung Nairobis.

Vogelbeobachtung – **Nature Kenya Society 4:** Tel. 020 353 75 68, www.naturekenya.org, 100 KSh. Jeden 3. So im Monat 9 Uhr und jeden Mi 8.45 Uhr Treff auf dem Parkplatz des National Museum, Kipande Rd. Allgemeine Infos unter https://kenyabirding.me.

Wandern, Klettern, Bergsteigen – **Mountain Club of Kenya 5:** im Nairobi Sailing and Sub-Aqua Club, hinter Langata Shopping Center, www.mck.or.ke. Informationen zu Routen, Guides und Touren.

Mountainbiking – **David Kinjah Kibachia:** Tel. 0722 62 06 23, dkinjah@yahoo.com. Kenias erster und einziger Profi-Radsportler führt selbst (auf Englisch) die landschaftlich erlebnisreichen, teils sehr anspruchsvollen Touren u. a. von Nairobi ins Rift Valley, an die Küste oder in die Berge der Aberdares; sehr gute Räder, super Service.

Offroad-Fahrtraining – **Glen Edmunds 6:** off Maasai Lodge Rd., near Ongata Rongai. Tel. 0725 63 56 87, www.glenedmunds.com. Verschiedene Kurse für Anfänger und Fortgeschrittene im Gelände.

Termine

Nairobi Restaurant Week (Jan.): www.eatout.co.ke. Fine-Dining-Restaurants locken mit speziellen Menüs zu Fixpreisen (Lunch ab 1000 KSh, Dinner ab 2000 KSh).

Safaricom Jazz Festival (Febr. und Dez.): www.safaricomjazzfestival.co.ke. Musikfestival mit Jazzgrößen aus der ganzen Welt, mit den Erlösen werden Musiktalente aus benachteiligten Verhältnissen gefördert.

Kenya Open Golf (April): www.kenya-opengolf.com. Vergleichbar mit der PGA European Challenge Tour.

Nairobi Cultural Festival (Mai): www.museums.or.ke. Rund um den Museumshügel mit Darbietungen, Workshops, Ausstellungen von traditionellem und modernem kulturellem Leben.

Sawa Sawa Festival (Mai): www.sawasawafestival.com. Dreitägiges Festival nationaler und internationaler Musiker und Tänzer.

Oldtimer Show (Sept.): Race Course (Pferderennbahn) an der Ngong Road. Rennen mit schönen, alten, liebevoll ausstaffierten Fahrzeugen.

Polo – Kenya Open (Sept.): www.polokenya.com. Weltweit beachtetes Turnier.

Pferderennen (Sept.–April): Zwischen September und April kann man regelmäßig alle zwei Wochen einen vergnüglichen Sonntag auf der Rennbahn verbringen (Ngong Race Course, Tel. 020 387 39 94, www.jockeyclubofkenya.com).

Flugschau (Okt.): www.aeroclubea.com. Wilson Airport, internationale Beteiligung interessanter historischer Flugzeuge – etwas für Freunde der ›Fliegenden Kisten‹.

Weihnachtsmärkte und Basare (Dez.): zahlreiche Märkte in der Vorweihnachtszeit laden zum vergnüglichen Einkaufsbummel in Nairobi ein, u. a. bei der deutschsprachigen evangelischen Gemeinde am Riverside Drive (www.kirchenairobi.org).

Verkehr

Flüge: Internationaler Flughafen Jomo Kenyatta Airport, Tel. 020 82 21 11, www.kaa.go.ke. Von der Innenstadt zum Flughafen verkehrt Bus Nr. 34 ab Moi Avenue gegenüber dem Hotel Hilton (Fahrzeit etwa 60 Min.). Restaurants, kleiner Duty-Free-Bereich, Taxi, Parkplätze (Kurz-/Langzeitparken) gegen Gebühr. **Airlines:** SN Brussels Airlines, Woodvale Grove, Bandari Plaza, Tel. 020 444 30 70, www.flysn.de; KLM Royal Dutch, Loita St., Barcleys Plaza, Tel. 020 327 47 47, www.klm.com; Swiss Air, Limuru Rd., Chevlon Plaza, Tel. 020 374 40 45, www.swissair.com; Emirates, 9 West Building, opposite Sarit Centre, Ring Rd., Parklands, Tel. 020 760 25 19, www.emirates.com; British Airways, The Citadel, 4th Floor, Muthithi Rd., Tel. 020 327 74 00, www.britishairways.com; Qatar Airways, 14 Riverside, off Riverside Drive Arlington Block, Tel. 020 280 00 00, www.qatarairways.com; Kenya Airways, Airport North Rd., Embakasi, Tel. 020 642 20 00, www.kenya-airways.com; South African Airways, Mama Ngina St., International House, Tel. 020 224 73 42, www.flysaa.com; Turkish Airlines, Utalii St., International House, Tel. 020 221 78 88, www.turkishairlines.com; Ethiopian Airlines, Standard St., Bruce House, Tel. 020 221 90 07, www.ethiopianairlines.com; Etihad Airlines, ABC Place/Waiyaki Way, ABC Towers, Tel. 020 425 90 00, www.etihad.com. Vom **Inlandsflughafen,** dem Wilson Airport, Langata Rd., werden über 250 Airstrips angeflogen, u. a. mit FlySAX, Tel. 0725 30 53 05, www.fly-sax.com; SafariLink, Tel. 020 669 00 00, www.flysafarilink.com; Air Kenya, Tel. 020 391 60 00, www.airkenya.com. Vom internationalen Flughafen starten FlySax, Tel. 0725 30 53 05, www.fly-sax.com, und Fly540, Tel. 0722 54 05 40, www.fly540.com, zu den Safariregionen und an die Küste. Wer eine Pilotenlizenz hat, kann auch Leichtflugzeuge mieten: Aero Club of East Africa, Tel. 0722 20 59 36, www.aeroclubae.com. Kleinere Charter-Airlines fliegen in alle Regionen des Landes, professionelle Piloten und sehr gute Flugzeuge; z. B. Yellow Wings, Tel. 0713 46 73 04, www.yellowwings.

com; Scenic Air Safaris, Tel. 020 260 74 33, www.scenicairsafaris.com.

Züge: Kenya Railways, Tel. 0709 90 70 00, www.krc.co.ke. Madaraka Express Train, Abfahrt vom Nairobi Terminus in Syokimau, Zubringerbahn und Bus-Shuttle vom alten Bahnhof; Nairobi–Mombasa tgl. Abfahrt 8 Uhr, Ankunft 14 Uhr; Mombasa–Nairobi tgl. Abfahrt 14 Uhr, Ankunft 20 Uhr.

Busse: Mit **Überland- und Minibussen** ist jeder Ort Kenias erreichbar. Über die Sicherheitsrisiken sollte man sich jedoch bewusst sein: übermüdete Fahrer, schlechte Pisten, technisch nicht immer einwandfreie Fahrzeuge, fehlende Steuer-/Lizenzplaketten, manchmal setzt die Polizei einen Bus aus nicht nachvollziehbaren Gründen stundenlang fest und alle Insassen sitzen im Polizeirevier. Taschendiebstahl im Bus ist leider an der Tagesordnung. Vor dem Einsteigen in Überlandbusse werden alle Passagiere auf Waffen kontrolliert. Wer Busse nutzt, sollte sein gesamtes Gepäck unterm Sitz verstauen, Wertsachen am Körper. Es gibt unterschiedliche Preiskategorien, je nach Komfort und Fahrtdauer. Die Langstrecken kosten ab 20 US-$, nach Tansania und Uganda ab 30 US-$. Die meisten befördern auch Briefe, Pakete und Geld gegen geringe Gebühr. Es gibt mehre **Busbahnhöfe,** die jeweils vom Fahrtziel bestimmt sind: nach Naivasha, Nakuru, Nanyuki, Njeri ab River-Road-Viertel, Latema Rd.; nach Kisumu mit Easy Coach, Tel. 0738 20 03 01, www.easycoach.co.ke, Onlinebuchung möglich; von Machakos Country Bus Station, Landhies/Pumwani Roads; nach Mombasa (Fahrkarten im Voraus kaufen!) mit Modern Coast Bus, River-Road-Viertel, Accra Road, Tel. 0705 70 08 88, https://modern.co.ke, und Mash, River-Road-Viertel, Accra Road, Tel. 0730 88 90 00, www.masheastafrica.com; nach Uganda mit Easy Coach, Büro und Abfahrt/Ankunft am Easy Coach Busbahnhof (mit Wartesaal), Haile Selassie Avenue, Nähe Bahnhof, Tel. 0738 20 03 01, www.easycoach.co.ke, Onlinebuchung möglich; nach Tansania mit Impala Shuttle, Büros sowie Abfahrt/Ankunft am Parkside Hotel und Silver Springs Hotel, Tel. 0722 50 60 61, www.impalashuttles.com.

Stadtbusse, Matatus: Matatus werden die Minibusse genannt. Sie sind eng und technisch nicht in bestem Zustand; nachts sollte man sie auf keinen Fall nutzen. Gezahlt wird während der Fahrt, man gibt beim Bezahlen an, wo man aussteigen möchte. Stadtbusse von KBS und Citi hoppa können auch von Touristen gut benutzt werden. Zu Routen und Preisen: www.kenyabus.net. Es gibt Wohngebiete und Stadtteile, in denen der Matatu- oder Busverkehr untersagt ist – an der Hotelrezeption kennt man die besten Möglichkeiten. Die **Abfahrtsstellen** von Matatus und Bussen (Citi-hoppa, KBS) richten sich in der Regel nach dem Fahrtziel. Der Stadtplan A New Nairobi Road Map von Tourist Maps Kenya (www.touristmapskenya.com), in allen Buchläden erhältlich, verzeichnet alle Buslinien, Sehenswürdigkeiten, Kultur- und Einkausfzentren sowie Galerien.

Weitere Buslinien: zum Airport Bus Nr. 34 ab Moi Avenue gegenüber Hotel Hilton (Fahrzeit etwa 60 Min.); zur Deutschen Botschaft, Riverside Drive, Bus Nr. 48 ab Latema Road Richtung Kileleshwa (bis Kileleshwa Ring Road, von dort ca. 25 Min. Fußweg); zum Stadion Kasarani Bus Nr. 44, Bus Nr. 145 ab Tom Mboya St., Post Office; zum UN-Gelände Bus Nr. 106/108/116 ab Fire Station Roundabout bis Gigiri.

Taxis, TukTuks: Aus Sicherheitsgründen sollte man nur die gekennzeichneten Taxis (gelber Streifen und Firmenlogo) nehmen; Fahrpreis vorher aushandeln. Z. B. Jatco Taxis & Tours, Tel. 020 444 81 62, www.jatcotaxis.com; Jimcab, Tel. 020 52 12 05, www.jimcab.co.ke; Kenatco Taxis, Tel. 0709 64 20 00, www.kenatco.co.ke. Gängig sind auch Taxi-Apps wie Uber oder Little Cab bzw. Taxify. Hier bekommt man den Preis vorab mitgeteilt. In Gebieten, die von Matatus nicht befahren werden, stehen oft TukTuks und Motorrad- bzw. Fahrradtaxis (der Sitz ist auf dem Gepäckträger montiert) zur Verfügung; sie sind für kurze Strecken preisgünstig.

Mietwagen: Eine Vielzahl von Unternehmen macht Preis- und Qualitätsvergleiche nötig und möglich, vertreten sind in Nairobi u. a.: AVIS, Tel. 0706 60 78 04, www.avis.co.ke; Budget, Tel. 020 238 64 20, www.budget.de; Sixt, Tel. 0724 00 11 11, www.sixt.global.

Tagesausflüge in die Umgebung ▶ 1, M/N 9/10

Nairobi National Park

Haupteingang Langata Rd., Tel. 0800 59 70 00, www.kws.go.ke, tgl. 6–18 Uhr, Erw. 43 US-$, Kinder 3–18 Jahre 22 US-$, PKW 300 KSh, Safari Walk Erw. 22 US-$, Kinder 13 US-$

Ans Stadtgebiet grenz der **Nairobi National Park** (ca. 25 Min. vom Zentrum Richtung Südwesten zwischen Langata und Mombasa Road). 1945 eröffnet, ist er der älteste und mit 115 km^2 Fläche einer der kleinsten kenianischen Nationalparks – dennoch leben hier ungewöhnlich viele Tiere. Der Artenreichtum ist erstaunlich – von den Großen Fünf (s. S. 30) fehlen nur Elefanten. Die besten Zeiten zur Tierbeobachtung sind die frühen Morgenstunden oder der späte Nachmittag. An den gut ausgeschilderten Picknickplätzen und Aussichtspunkten ist es möglich, das Auto zu verlassen.

In der Nähe des Haupteingangs sollte man die **Erinnerungsstätte** für die von der Regierung unter Moi 1989 hier öffentlich als Protest gegen Wilderei verbrannten 12 t Elfenbein aufsuchen. Besonders lohnend sind der **Impala Point** (überdachter Picknickplatz) mit einem grandiosen Blick über die Savanne bis zu den Kamba-Bergen am Horizont sowie der **Hippo Pool.** Wer Interesse an Felsmalereien hat, kann begleitet von einem Ranger zu versteckten Felsüberhängen wandern und sogenannte Dorobo-Kunst betrachten. Informationen dazu bekommt man über den Trust of African Rock Art (s. S. 146). Die Wege im Park sind gut beschildert und werden instand gehalten, auch mit einem Taxi kann man sich auf eine Erkundungsfahrt begeben. Skurril muten die grasenden, unter Artenschutz stehenden Spitzmaulnashörner vor der Kulisse der hauptstädtischen Büroriesen an. Zum Verlassen des Parks stehen zahlreiche Ausgänge zur Verfügung.

Ausgedehnte Teeplantagen bei Limuru unmittelbar vor den Toren Nairobis

Auf dem **Nairobi Safari Walk** in der Nähe des Haupteingangs kann man in luftiger Höhe über ein kleines Teilgebiet des Nationalparks wandeln und dabei Tiere aus der Vogelperspektive beobachten.

Übernachten

Am Parkrand – **Emakoko Lodge:** Tel. 0724 15 60 44, 0787 33 16 32, www.emakoko.com. Familiengeführte luxuriöse Lodge im Tal des Mbagathi River. Fünf Zimmer am Fluss, fünf auf einer erhöht gelegenen Klippe, alle mit privater Terrasse und tollem Blick. Restaurant, Bar, Swimmingpool, Pirschfahrten, geführte Wanderungen. Ab 612 US-$ (ÜF).

Im Park – **Nairobi Tented Camp:** Tel. 0774 13 65 23, www.nairobitentedcamp.com. Einziges Quartier innerhalb des Parks. Neun Zelte inmitten eines kleinen Wäldchens, guter Service, professionelle Guides, Tag- und Nachtpirschfahrten, Solarenergie für Licht und warmes Wasser. Ab 105 US-$/Pers. (ÜF).

Enkusero Sampu Conservancy

Geführte Touren über Bush Trucker Tours, Tel. 0722 80 05 89, www.bushtrucker.ch

Hinter Kiserian und den Ngong-Bergen, etwa 25 km südwestlich von Nairobi, erstreckt sich zwischen Vulkanen und Hügeln das von den hier lebenden Masai initiierte Naturschutzgebiet **Enkusero Sampo.** Zebras, Giraffen, Antilopen und Büffel sind zu beobachten, geführte Wanderungen bieten einen atemberaubenden weiten Blick über das Land des Ostafrikanischen Grabenbruchs, und die Begegnung mit den Masai ist hier weniger touristisch, sondern gibt Einblick in deren traditionelle Lebensweise.

Mt. Suswa Conservancy

Geführte Touren, auch Wanderungen, bietet u. a. der Masai-Guide Reuben, Tel. 0719 25 49 71, www.mtsuswaguidedtours.weebly.com

Im Rift Valley (etwa 1,5 Fahrtstunden nordwestlich von Nairobi) erstreckt sich der Stumpf des **Mt. Suswa** – eines 2356 m hohen

Aktiv

ZU FUSS DURCH DIE NGONG-BERGE

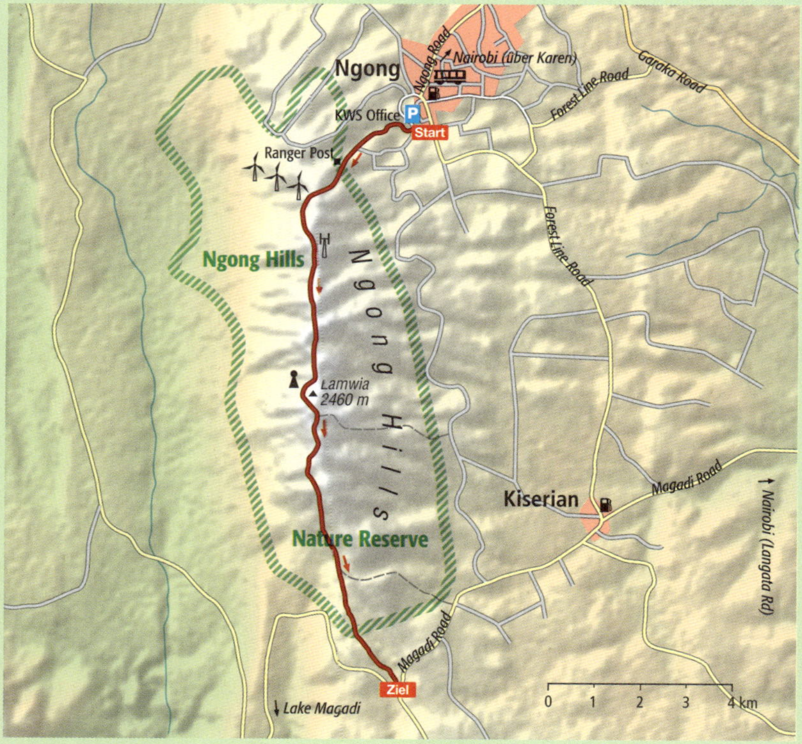

Tour-Infos

Start: am Büro des KWS in Ngong
Transport: Matatu oder Taxi
Länge: ca. 15 km
Dauer: 4–5 Std.
Schwierigkeitsgrad: leicht bis mittelschwer, abschnittsweise steil

Kosten: Eintritt 600 KSh, für den Ranger Halbtagestour 1500, Ganztagestour 3000 KSh
Wichtige Hinweise: Sonnenschutz, Wasser und Proviant, feste Schuhe. Die Begleitung durch einen Ranger vom Kenya Forest Service ist empfehlenswert. Man sollte die Telefonnummer eines Taxifahrers dabeihaben.

Gerade einmal 20 km südwestlich des Stadtzentrums von Nairobi erhebt sich, sowohl als Barriere als auch als Eingangsportal zum Großen Ostafrikanischen Grabenbruch, die markante fünfhügelige Kette der **Ngong Hills.** In der Sprache der Masai bedeutet »ngong« so viel wie »Handknöchel«, denn der Legende nach stützte sich der etwas ermüdete Gott Ngai auf der Kante ab, während er den Grabenbruch aushob.

Wer hier wandert, hat auf der Ostseite den Blick auf die ferne Hauptstadt mit modernen Bürohochhäusern. Ganz nah entfaltet sich das quirlig bunte Leben des rasch wachsenden Orts Ngong. Dazwischen erstreckt sich der Vorort Karen, eine grüne Lunge. Hier befanden sich vor 100 Jahren die Kaffeebesitzungen der Karen Blixen. Auch sie war damals fasziniert von den Bergen vor ihrer Haustüre: »Ich hatte eine Farm in Afrika, zu Füßen der Ngong-Berge.«

Auf der Westseite des Bergrückens breitet sich der gewaltige Grabenbruch vor dem Betrachter aus – karg, kaum besiedelt, gezeichnet von trockenem Grasland und schroffen Brüchen in der Erdkruste. Sandpisten führen ins Niemandsland.

Wer in **Ngong** mit dem Matatu aus der Innenstadt ankommt, geht zur großen T-Kreuzung direkt am Bushalteplatz und wendet sich dort nach rechts, um nach etwa 700 m wieder nach links abzubiegen, der Ausschilderung »KWS Office/Police Barracks« folgend. Gleich an diesem Gebäudekomplex mit Parkplatz (wenn man mit dem eigenen Auto kommt oder per Taxi) führt rechter Hand eine von Kiosken *(dukas)* und kleinen Farmen gesäumte Sandstraße steil bergauf.

Nach etwa 1,5 km erreicht man das Ende der bebauten Ausläufer der Berge, an einer Schranke wird der Eintritt bezahlt und evtl. lässt man sich von hier aus von einem Ranger begleiten. Weiter aufwärts geht es durch einen lichten Pinienwald und einen im intensiven Aufbau befindlichen Windrad-Wald, der leider die landschaftlichen Eindrücke beeinträchtigt. Schließlich werden auf 2350 m die Sendemasten einer Radiostation erreicht. Ab hier gibt es nur noch einen einzigen, aber gut sichtbaren, ausgetretenen Fußweg über die Hügelkette. Sträucher und niedrige Bäume, vom ständig wehenden Wind flach gedrückt, begleiten den Wanderer bergauf und bergab, zuweilen auch Kühe und Ziegen sowie die gern mit dem Fremden plaudernden Masai. An Sonn- und Feiertagen halten sich häufig Studenten- oder Kirchengruppen auf den Hügeln auf, die den Ausflug hinaus aus der Großstadt mit Spielen, Gesang und Gebeten verbinden.

Am fünften und höchsten der Berge, dem 2460 m hohen **Lamwia,** kann man in östlicher Richtung einen bald vollständig zugewucherten Obelisken finden. Er markiert das **Grab von Denys Finch-Hatton,** dem Geliebten von Karen Blixen. In ihrem Roman und in dem gleichnamigen Film »Jenseits von Afrika« wird seiner gedacht. Kurz bevor sie ihre Farm aufgeben musste und nach Dänemark zurückkehrte, verunglückte Finch-Hatton bei einem Flugzeugabsturz tödlich, allerdings im Gebiet des heutigen Tsavo-Nationalparks. Da sich für Karen Blixen die Erinnerung an ihn mit glücklichen Momenten in den Ngong-Bergen verband, wurde er hier beigesetzt. Berichtet wird, dass sich noch lange Zeit später immer wieder ein Löwe auf dem Grab niederließ. Doch der Wanderer von heute muss keine Löwen mehr fürchten – schon lange sind sie in dieser Gegend ausgerottet. Spätestens an dieser Stelle sollte man entscheiden, ob man auf dem gleichen Weg zurücklaufen möchte oder aber den reizvolleren Pfad bis zum Ende geht. Dann ist es ratsam, hier bereits ein Taxi zu bestellen, das einen am Ende der Hügelkette erwartet. Allmählich geht es nur noch sanft bergab, und nach etwa 50 Minuten ist die Straße Nairobi–Magadi erreicht. Wer an dieser Stelle auf ein Matatu Richtung Nairobi wartet, muss sich in Geduld üben. Auf der sicheren Seite ist, wer ein Taxi bestellt hat, und den Ranger freut es auch, wenn er bis nach Ngong wieder mit zurückgenommen wird. Ansonsten muss man ihm das Matatu-Fahrgeld erstatten (ca. 150 KSh). Die Fahrt (ca. 1500 KSh) führt zunächst durch den Ort **Kiserian** und alsbald immer am Fuß der Bergkette entlang, vorbei an kleinen Siedlungen und Farmen, bis man nach ca. 45 Min. schließlich den Ausgangpunkt (Bushaltestelle oder Parkplatz) erreicht.

Vulkanbergs. Er ist noch relativ unbekannt und wird weitaus weniger besucht als der nahe Mt. Longonot. Interessant sind vor allem der Doppelkrater (Krater im Krater) sowie ein Lavahöhlensystem, das noch immer im Fokus der Wissenschaft steht.

Tee- und Kaffeeplantagen um Limuru

Im Norden verschmilzt die Metropole mit Kaffee- und Teeplantagen, die sich von **Limuru** aus wie ein frischer grüner Teppich ausgebreitet haben. In britischer Zeit (1903) wurde mit dem Teeanbau begonnen, das Hochland bietet dafür beinahe ideale Bedingungen. Inzwischen ist Kenia der Teelieferant Nr. 1 in der Welt. Empfehlenswert ist ein Farmbesuch (Anmeldung erforderlich), bei dem man viel Interessantes über Anbau, Ernte, Verarbeitung und Zubereitung erfährt. Die **Kiambethu Tea Farm** in Tigoni (zwischen Nairobi, Banana Hill und Limuru; etwa 45 Min. vom Zentrum, Bus 116 vom Fire Station Roundabout) ist eine der ältesten ihrer Art. Zu finden ist die Farm an der All Saints Street nahe der gleichnamigen Kirche. Führungen schließen ein gemütliches Mittagessen im 1910 erbauten Farmhaus ein (Tel. 0729 29 08 94, www.kiambethufarm.co.ke, Führung 11–14.30 Uhr, Erw. 3400 KSh, Kinder unter 12 Jahren 1700 KSh).

Einkaufen

Käse – **Brown's Cheese Factory:** Tel. 0727 10 33 50, www.brownscheese.com, Zwischen Nairobi und Limuru lädt Brown's Cheese Factory zu einem vergnüglichen und kulinarisch köstlichen Aufenthalt ein. Führung durch die Käserei mit Verkostung Do–Sa nach Voranmeldung, 4000 KSh pro Person.

Paradise Lost

Kiambu Rd., Tel. 0722 51 42 19, www.paradiselost.co.ke, Mo–Fr 8–17, Sa 8–11.30 Uhr, Erw. 300 KSh, Kinder 150 KSh, inkl. Reiten

Paradise Lost, das verlorene Paradies, liegt auf dem Gelände einer ehemaligen Kaffeefarm zwischen Nairobi und Kiambu und beherbergt Strauße, Kamele und Pferde zum Reiten. Mit geliehenen Mountainbikes kann man auf insgesamt 50 km langen Wegen die Natur erkunden. Am idyllischen See mit Ruderbootverleih gibt es Grill- und Campingplätze. Verschlungene Pfade führen zu einer 2,5 Mio. Jahre alten Karsthöhle, verborgen hinter 3,50 m breiten Wasserfällen. Hier fanden während des Mau-Mau-Aufstands Freiheitskämpfer Unterschlupf. Bei Führungen durch die Mbai Coffee Factory kann man dem Verarbeitungsprozess der schwarzen Bohnen beiwohnen, vom Rösten bis zum Verpacken. Die Farm verkauft auch frische Milch. Besonders am Wochenende ist das ›Paradies‹ ein beliebter Picknickplatz im Grünen.

Lake Naivasha

Karte: S. 158

Über Limuru oder den Waiyaki Way gelangt man in kaum zwei Stunden vom Zentrum Nairobis bis Naivasha im Rift Valley. Zunächst säumen hohe Nadelbäume den Transafrica Highway, Erinnerungen an Thüringen oder den Schwarzwald werden wach. Der Wald lichtet sich, und bevor die Straße am Kikuyu Escarpment steil in den Ostafrikanischen Grabenbruch hinunterführt, sollte man den imposanten Blick 700 m in die Tiefe und über die fruchtbare Ebene zum Mt. Longonot (2776 m), bei klarer Sicht sogar bis zum 50 km entfernten Westrand genießen. Allerspätestens hier lockt die Besteigung des Vulkanbergs. Der südlichste der sechs bedeutenden Seen im Rift Valley, der **Lake Naivasha,** ist bereits an den riesigen Gewächshäusern der sich am Westufer ausbreitenden Blumenplantagen zu erkennen.

An dem 1800 m hoch gelegenen Süßwassersee, dessen Wasserspiegel auf Grund der Verdunstung nie konstant ist, liegt nicht nur die Stadt gleichen Namens, Naivasha, sondern auch – auf vulkanischem Boden in rund 2000 m Höhe – das einzige Weinanbaugebiet Kenias, die **Rift Valley Winery** (www.leleshwa.com). Auf der Morendat Farm gedeihen prächtige Trauben für den Leleshwa-Wein, ein noch relativ junges Produkt.

Hippo im Lake Naivasha

Die Lage bietet gute klimatische Bedingungen, der Sauvignon Blanc, der Merlot Shiraz und ein fruchtig-freundlicher Rosé sind auf jeden Fall eine Kostprobe wert. Mit Voranmeldung ist ein Besuch auf dem Weingut möglich. Leleshwa ist übrigens die Masai-Bezeichnung für einen dem wilden Salbei ähnlichen strauchartigen Baum, dessen Blätter einen unvergleichlichen Duft verbreiten, sobald sie zerrieben werden. Traditionell benutzen die Masai Leleshwa-Blätter, unter die Achsel geklemmt, als Deodorant.

Der Ort **Naivasha** selbst besitzt keine Sehenswürdigkeiten. Im Zentrum nach links abbiegend auf die Ringstraße, die um den See herum führt, gelangt man schnell zum Abzweig Richtung Mt. Longonot. Die Seestraße (South Road) führt vorbei an zahlreichen Blumenfarmen und Hotels, die einen direkten Zugang zum Wasser haben. Die meisten der Blumenfarmen bieten auch Rundgänge für Besucher an. Wer sehen möchte, wo die deutschen Supermarktrosen wachsen, der erkundigt sich am Tor einfach nach einer Führung. Unter www.fairtrade-code.de kann man sich informieren, welche der Farmen unter Fair-Trade-Bedingungen die Arbeits- und Lebensbedingungen der Arbeiter nachhaltig verbessern. Besucher tragen damit bei der Wahl ihrer Aktivitäten ebenfalls eine Verantwortung.

Crescent Island und Fisherman's Camp

Auf **Crescent Island 1**, einer sichelförmigen Halbinsel, die zu Fuß und mit dem Auto und von anderen Stellen des Sees per Boot erreicht werden kann, leben Gazellen, Zebras, Wasserböcke, Flusspferde und unzählige Wasservögel.

Die Gewächshäuser der riesigen Blumenfarmen hinter sich lassend, erreicht man bald **Fisherman's Camp 2**. Neben Campingplatz, Ruderboot- und Fahrradverleih gibt es hier auch ein Restaurant, das für seine hervorragenden Pizzakreationen bekannt ist.

Elsamere Conservation Centre 3

Tel. 0722 64 81 23, www.elsamere.com, tgl. 9–16 Uhr, Erw. 12 US-$, Kinder 6 US-$ inkl. Museum, Filminterview mit Joy Adamson, Kuchenbuffet und Tee/Kaffee, Mittagsbuffet 25 US-$

Weiter der Lake Road South folgend, erreicht man das **Elsamere Conservation Centre.** Joy Adamson, die seit »Löwin Elsa« weltweit bekannte Tierschützerin, lebte hier einige Jahre. Das Haus ist heute ein Museum mit zahlreichen Erinnerungsstücken an sie und ihren Mann, den Ranger George Adamson. Originale ihrer einfühlsamen Gemälde und Zeichnungen von Menschen und Tieren Kenias zieren die Wände. Aus dem Erlös der Einnahmen der »Elsa«-Filme und -Bücher wurde es möglich, den Hell's Gate National Park (s. rechts) und eine Art Schullandheim zu gründen. Kostenlos lernen Kinder kenianischer Schulen hier die Wildtiere ihrer Heimat kennen und wie sie zu ihrem Schutz beitragen können. Forscher aus aller Welt treffen sich zu Seminaren und Tagungen.

Elsamere ist jedoch nicht nur Museum und Bildungsstätte: Es ist zugleich der schönste Platz, um den See zu genießen: Über 250 Vogelarten, darunter Seeadler, Pelikane, Flamingos und Marabustörche leben im Umfeld des nur 17 m tiefen Gewässers. An seinem Ufer bestimmen Flusspferde und Krokodile das Geschehen, und die Wipfel der Bäume bewohnen Colobus-Affen. Der liebevoll gestaltete Garten und die zehn Gästezimmer verlocken zum Verweilen.

Lake Oloidien 4

Bootstouren tgl. 7–16 Uhr, um 1000 KSh/Pers.

Am westlichen Ende der Lake Road South liegt der vergleichsweise kleine **Lake Oloidien,** der zu Bootssafaris einlädt. Wenig besucht, bietet er idyllische Ruhe zur Beobachtung von Fischadlern, Eisvögeln, Kormoranen, Pelikanen und Flamingos. Hippos grunzen freundlich in den flachen Uferzonen.

Crater Lake Game Sanctuary 5

Tgl. 7–18 Uhr, 22 US-$/Pers., Pkw 200 KSh, Begleitung durch einen Ranger halbtags 1500 KSh, ganztags 3000 KSh)

Kurz nach der Ausschilderung zum Bootssteg gabelt sich die Sandpiste, und die Lake Road North führt direkt vorbei am **Crater Lake Game Sanctuary,** einer Oase für Wanderer und stille Naturgenießer. Der jadegrüne Kratersee, umgeben von Euphorbienwald, Akazienhainen und Sumpfgebiet, ist Lebensraum für zahlreiche Vogelarten, Stummel- und Mantelaffen, Büffel, Giraffen, Zebras, Elefanten und Leoparden. Verschiedene Wanderwege führen am Kraterrand entlang, durch dichten Wald am Seeufer und über die den Vulkan umgebende Savanne. Das Crater Lake Camp lädt mit seinem schwimmenden Restaurant zur Erfrischung ein.

Hell's Gate National Park 6

Tel. 0800 59 70 00, www.kws.go.ke, tgl. 6.30–18.30 Uhr, Erw. 26 US-$, Kinder 17 US-$, PKW 300 KSh

Von der Lake Road South zweigt auch die ausgeschilderte Zufahrt vom **Hell's Gate National Park** ab. Eine Fläche von 68 km² bietet Lebensraum für Zebra-, Büffel- und Gazellenherden, Giraffen, Löwen und Leoparden. Besonders beeindruckend ist die schroffe Felsenlandschaft mit Schluchten und Felstürmen. Der Nationalpark ist einer der wenigen, in dem man auch zu Fuß oder mit dem Mountainbike unterwegs sein darf, ohne unbedingt einen Ranger dabei zu haben. Von der brodelnden Energie im Erdinnern zeugt das Geothermische Kraftwerk. Ursprünglich nur im hinteren Teil des Parks gelegen, breiten sich Rohrleitungen und dampfende Erdausgänge inzwischen im gesamten Park aus. Etliche Tiere sind daher in angrenzende private Schutzgebiete wie Kongoni abgewandert.

Ein unaufdringliches **Masai Culture Centre** (tgl. 9–17.30 Uhr) bietet Gelegenheit sich mit der Kultur vertraut zu machen, mit den Menschen in Kontakt zu kommen. Für Abenteurer stehen drei nicht eingezäunte und nicht bewachte Zeltplätze an unterschiedlichen Stellen im Park zur Verfügung, ausgestattet jedoch nur mit Plumpsklo und jeweils einer Wasserstelle. Vorsicht, die Paviane haben sich schlechte Manieren angewöhnt und öffnen auch mal neugierig ein Zelt.

Mt. Longonot National Park 7

Tel. 0800 59 70 00, www.kws.go.ke, tgl. 6–18 Uhr, Erw. 26 US-$, Kinder 17 US-$, Pkw 300 KSh

Die Zufahrt zum **Mt. Longonot National Park** erfolgt vom Dorf Longonot an der alten Straße nach Nairobi. Der Park besticht nicht durch Tierreichtum – sein besonderer Reiz liegt vielmehr in der etwa 1,5-stündigen Wanderung durch grauen Lavasand hinauf zum Kraterrand des vor 100 Jahren letztmalig tätigen Vulkanberges. Der Weg nach oben kann noch spannender werden, wenn man einer Giraffe begegnet, insbesondere wenn man diese in den Dornenbüschen perfekt getarnten Tiere erst kurz vor einem Zusammentreffen bemerkt. Die dreistündige Umrundung des Kraters garantiert grandiose Ausblicke über die Masai-Steppe in alle Himmelsrichtungen. In der von dichter grüner Vegetation bedeckten Vulkanschüssel leben Büffel und Leoparden, daher ist ein Abstieg nur mit einem vorher beim KWS gebuchtem Ranger wirklich sicher.

Übernachten

Historisch und naturnah – **Elsamere Conservation Center:** Westufer, Lake Rd. South, Tel. 0722 64 81 23, www.elsamere.com. Schöne Gästezimmer zu ebener Erde mit Glasfronten ermöglichen nächtliche Tierbeobachtungen: Flusspferde, Büffel, Antilopen und Gazellen ziehen grasend durch das naturbelassene Gelände. Das Abendessen ist ein romantisch-gemütliches Tafeln, die afrikanisch-indische Küche ist hervorragend und auch für verwöhnte Gaumen überaus empfehlenswert. DZ ab 325 US-$/Pers. (VP).

In privatem Tierschutzgebiet – **Olerai House:** Westufer, Lake Rd. North, Tel. 0713 03 78 86, www.olerai.com. Das Zuhause der passionierten Elefantenforscher/-schützer Ian und Oria Douglas-Hamilton liegt direkt am See. Rustikales Ambiente, freundlicher Service, hervorragende Küche mit frischen Zutaten von der eigenen Bio-Farm, Pool, Spaziergänge im Tierschutzgebiet, Bootstouren, Ausflüge, Flugfeld. 300 US-$/Pers. im DZ (VP).

Farmhaus – **Malu Lodge:** nordöstlich vom See zwischen Naivasha und Nakuru, Tel. 0720 89 95 30, www.malu-kenya.com. Am Rand eines geschützten Zedernwalds mit herrlicher Sicht auf See und Mt. Longonot. Die rustikalen Holzhäuser auf Plattformen sind stilvoll eingerichtet, liebevoll dekoriert und haben einen Kamin. Das Restaurant bietet feine italienische Küche mit Zutaten aus eigenem Anbau und eigener Viehhaltung. Reiten, warmer Naturpool im Wald, Wandern, Vogelbeobachtung, Flugfeld für kleine Charterflugzeuge. DZ ab 450 US-$ (VP). Cottages für Selbstversorger ab 230 US-$/2 Pers., Treehouse ab 420 US-$/5 Pers.

Geniale Aussicht – **Kongoni Game Valley:** Westufer, Lake Rd. South, Tel. 0787 44 52 07, www.kongoni-game-valley.com. Gemütlich einladende Gästezimmer mit Bad, Kamin und Terrasse in gepflegtem Kolonialhaus, inmitten eines Akazien- und Euphorbienwaldes im Mundui-Naturschutzgebiet (ARR Reserve). Angenehmer Service, exzellente Küche, Privatsphäre, Aktivitäten wie Reiten, Pirschfahrten, geführte Buschwanderungen, Bootssafaris. Neben Büffeln, Zebras, Giraffen, Antilopen und mehr als 200 Vogelarten sind auch Löwen und Leoparden zu beobachten. Ab 170 US-$/Pers. inkl. VP und Aktivitäten.

Reiterhof – **Sanctuary Farm:** Westufer, Lake Rd. South, Tel. 0722 76 19 40, www.sanctuaryfarmkenya.com. Nette Familienatmosphäre, gute internationale Hausmannskost, Aktivitäten wie Reiten, Bootstouren, Ausflüge. Camping für Selbstversorger, DZ in Cottages (VP) ab 320 US-$, Campinggebühr 2000 KSh.

Camping – **Fisherman's Camp:** Westufer, Lake Rd. South, Tel. 0726 87 05 90, www.fishermanscamp.com. Camping mit eigenem Zelt unter Akazien hinter dem Papyrusgürtel des Sees. Einfache, aber gepflegte Sanitäranlagen. *Bandas* schlicht, aber gemütlich mit kleiner Küche. Restaurant, Bootstouren auf dem Lake Naivasha und dem Lake Olodien, Mountainbike-Verleih, begleitete Ausflüge. Ab 700 KSh/Pers., Banda ab 2000 KSh/Pers. **Oloidien Camp:** Westufer, Lake Rd. North, im Akazienwald am Ufer des Lake Oloidien, Tel. 0707 15 61 46, www.oloidiencamp.com. Moderner Sanitärbereich mit warmer Dusche/WC, Restaurant mit Bar, Feuerstelle. Auch Mietzelte vorhanden. Ab 1750 KSh/Pers.

Aktiv

MIT DEM RAD ZU GIRAFFEN UND ZEBRAS

Tour-Infos

Start: Hell's Gate National Park 6, Haupteingang, Elsa's Gate
Länge: zwischen 6 und 20 km
Dauer: zwischen 2 und 6 Std.
Kosten: Parkeintritt 26 US-$, Mountainbike 1000 KSh pro Tag, Ranger 1500 KSh (bis 6 Std.)
Schwierigkeitsgrad: geeignet für geübte Radler, stellenweise steile und felsige Piste
Wichtige Hinweise: Unbedingt Sonnenschutz, feste Schuhe, Trinkwasser (3 l pro Pers. und Tag) mitnehmen. Besonders heiß, trocken und staubig ist es von Januar bis März. Von den Tieren Abstand halten, auf den Wegen bleiben, nicht in die Hände klatschen, Stöcke schwingen oder Steine werfen. Bitte die aktuellen Hinweise zum Geothermischen Kraftwerk beachten, zum Teil sind Wege gesperrt!
Fahrradverleih: beim KWS am Gate oder im Fisherman's Camp (von hier ca. 30 Min. über eine Sandpiste zum Park), pro Tag zwischen 750 und 1000 KSh (Flickzeug mitnehmen!)

Hell's Gate ist einer der wenigen Nationalparks, die nicht nur im Auto sitzend erkundet werden dürfen. Eine Wanderung ist schön, aber man kommt noch weiter herum, wenn man den Park mit einem Mountainbike durchstreift. Direkt am Gate kann man entscheiden, ob man sich von einem Ranger des KWS begleiten lassen will. Notwendig ist es nicht. Vorteil: Die Ranger kennen alle Wege und wer mal einen Felsen oder die berühmte Oljorawa-Schlucht zu Fuß erkunden will, kann den Ranger auf die Fahrräder aufpassen lassen.
Hinter dem Gate beginnt eine zunächst recht breite feste Sandpiste, die den Park als Hauptweg durchquert. Man folgt ihr ca. 1 km bis zu einem bizarren Felsen mitten in der Landschaft, dem 25 m hohen früheren Lavaschlot **Fisher's Tower.** Seinen Namen verdankt er dem deutschen Arzt und Afrikaforscher Dr. Gustav Adolf Fischer, der die Region 1882/83 durchquerte und von den hier lebenden Masai zur Umkehr gezwungen wurde. Aber keine Bange, die Zeiten haben sich geändert. Am Felsen sieht man mitunter Kletterer des Mountain Club of Kenya, den neugierigen Blicken der possierlichen Klippschliefer ausgesetzt.
Nach links zweigt der Weg ab zu den Obsidian Caves und zum Buffalo Circuit. Der Hauptweg durch die breite **Njorowa-Schlucht** führt nach ca. 2 km an eine **Wasserstelle,** die vom KWS auch in Trockenzeiten gefüllt wird. Den ganzen Tag über kommen Zebras, Gazellen und Büffel hierher. Ein Abstecher führt kurz vorher rechts ab. Es geht bergauf und wiederum nach rechts zu einem Zeltplatz. Von hier bietet sich ein weiter Blick hinunter in die Njorowa-Schlucht mit ihren eindrucksvollen rötlich leuchtenden Basaltfelsen. Dann geht es zurück auf den Schluchtweg. Er führt vorbei an Baumgruppen, Felsen mit Greifvögeln und durch eine flache Graslandschaft bis zu einem weiteren **Wasserloch.** Linker Hand trifft der Buffalo Circuit auf den Hauptweg. Eine kleine Baumgruppe spendet Schatten zum Verschnaufen und Tiere beobachten. Nachdem man weitere 3 km zurückgelegt hat, vorbei an weiß leuchtenden, vom Kot der Greifvögel bekleckerten Felsen, verengt sich der Schluchtweg am **Central Tower.**
Von hier windet sich ein Pfad zur schmalen, nur zu Fuß und kletternd zu bewältigenden **Oljorowa-Schlucht.** Für diesen Rundweg allein sollte man etwa 2 Std. einplanen – am besten also das Rad beim Ranger oder auf dem Parkplatz des Ranger Post lassen. Junge Masai bieten gern ihre Dienste als Führer an, was durchaus empfehlenswert ist (250–500 KSh), denn das Durchklettern der schroffe Felsenschlucht ist ein Abenteuer. Streckenweise sieht man den Himmel oder den festen Boden unter seinen Füßen nicht mehr; heiße Quellen und kalte Wasserfälle wechseln miteinander ab.
Nun hat man zwei Möglichkeiten. Entweder folgt man dem Hauptweg etwa 12 km und erlebt Wildnisromantik mit industriellen Einsprengseln. Es geht durch die seltsam anmutende Mondlandschaft des 2434 m hohen **Ol-Karia-Vulkans,** vorbei an schweflig dampfenden und brodelnden Kraftwerksstationen, an Giraffen, die genüsslich an den Akazien entlang der Rohranlagen knabbern und hinauf zu einem Aussichtspunkt, der einen weiten Blick über den **Lake Naivasha** und die ihn umgebenden Höhenzüge bietet. Von der Erdwärme profitiert auch ein Spa mit natürlichen Thermal- und Schlammbädern. Wer per Rad vom Fisherman's Camp gekommen ist, kann den Park am nahe gelegenen **Ol Karia Gate** (etwa 5 km) verlassen und auf guter Teerstraße, vorbei an Blumenfarmen wieder zum Camp zurückkehren. Ansonsten nimmt man wieder den gleichen Weg zurück zum Elsa's Gate, jetzt allerdings geht es mehr bergab.
Als Alternative kehrt man zum Wasserloch zurück und folgt der Abzweigung zum **Buffalo Circuit.** Er führt anfänglich bergauf und dann in weitem Bogen durch buschiges Grasland hinunter Richtung Haupteingang. Wer Zeit und Lust hat, kann sich noch die **Obsidian Caves** ansehen. Obsidian ist ein vulkanisches schwarzes, wie Glas glänzendes Gestein mit muschelartigen Abbrüchen. Man findet diese Steine auf allen Wegen, von kleinen Exemplaren für die Hosentasche bis zu solchen in Fußballgröße.

Mt. Kenya und das Zentrale Hochland

Schnee am Äquator! – Das verursachte noch vor 150 Jahren ungläubiges Staunen in Deutschland. Doch wer hierherkommt, erlebt weit mehr als nur die Gletscher des 5200 m hohen Mt. Kenya: fruchtbare Felder, die dichten Wälder der Aberdares, die weiten wildreichen Savannen des Laikipia-Plateaus und kleinere, gerade deshalb besuchenswerte Tierreservate.

Einst das Einwanderungsgebiet der Kikuyu, Meru und Embu, wurde das Hochland nördlich der heutigen kenianischen Hauptstadt in der Kolonialzeit, ab 1920, schnell zu den ›White Highlands‹. Weiße Farmer, meist Kriegsveteranen, erhielten von der Kolonialregierung Ländereien – auf dem Land, wo die hier lebenden Bantuvölker bereits seit Jahrhunderten Ackerbau betrieben. In andere Gebiete ausweichen oder aber als Lohnarbeiter auf dem einst eigenen Boden bleiben – das waren für sie die Alternativen. Heftiger Widerstand in der lokalen Bevölkerung gegen die Landnahme war daher kaum aufzuhalten, an der Spitze die besonders betroffenen Kikuyu. Die Rebellen des Mau-Mau-Aufstands (1950–1957) kannten die unwirtliche bewaldete Landschaft, nutzten sie für geheime Versammlungen und als Versteck.

Später, mit Beginn der kenianischen Unabhängigkeit 1963, verließen viele weiße Farmer das Land, und große Plantagen wurden in Form kleinerer Farmen an die ortsansässigen Kenianer verteilt. Genießt man die sagenhafte Landschaft des Zentralen Hochlandes heute aus der Vogelperspektive, kann man deutlich den hier entstandenen Flickenteppich aus kleinen Feldern erkennen. Übrigens stammen sowohl der erste kenianische Präsident Jomo Kenyatta als auch die Nobelpreisträgerin von 2004 Wangari Maathai, die ›Mutter der Bäume‹ (s. auch Thema S. 174), aus diesem Gebiet.

Von Nairobi nach Meru ▶ 1, M–O 8–10

Nairobi verlässt man über die Thika Road, den Highway, und fährt vorbei am Moi-Sportkomplex Kasarani, an der Kenyatta-Universität, an Kaffeeplantagen.

Thika

Nach 30 Minuten hat man das 40 km entfernte **Thika** erreicht. Die Stadt bietet kaum Nennenswertes – außer dem herrlich frisch gebrühten Hochlandtee im Garten des etwas außerhalb gelegenen **Blue Post Hotel.** Von hier lohnt der Blick auf die **Chania-Wasserfälle,** besonders zu Regenzeiten. Die Stadt ist eingebettet in unendlich scheinende, korrekt ausgerichtete Ananasfelder des Konserven- und Saftproduzenten DelMonte.

Ring Road Mt. Kenya

Vor **Sagana** beginnt die gut ausgebaute Teerstraße, die sich wie ein Ring (etwa 3 Std. Fahrzeit, etwa 250 km) um das Mt.-Kenya-Massiv zieht und dazu einlädt, die grandiose landschaftliche Vielfalt mit traumhaften Ausblicken zu genießen. Die östliche Route führt

Bei Thika trifft man auf die imposanten Chania-Wasserfälle

an Reisfeldern entlang über **Embu** (von hier aus gelangt man nach 120 km zum Ura Gate des Meru National Parks), dem diesseitigen Aufstiegsort zur Besteigung des Bergs, Chogoria, nach **Meru.** Der Großteil der kenianischer Baumwolle sowie die Strauchpflanze *mira'a,* deren grüne Blätter Kenianer und Somalis gern als aufputschendes Mittel kauen, werden hier angebaut.

Das kleine **Meru Museum** erzählt die Geschichte des gleichnamigen Volkes (tgl. 9–18 Uhr, Tel. 064 324 82, www.museums.or.ke, Erw. 500 KSh, Kinder 250 KSh). Von Maua aus sind es noch weitere 35 km zum Murera Gate des Meru National Park. Der östliche Teil der Ring Road, von Wamumu aus als B 6 bezeichnet, stößt beim Lewa Game Reserve auf die A 2, die Nairobi mit dem Norden verbindet und auf westlicher Seite den Mt. Kenya umrundet.

Übernachten

Königlich – **Castle Forest Lodge:** vor Embu nach links an die Südflanke des Mt. Kenya, außerhalb des Nationalparks. Tel. 0721 42 29 08, www.castleforestlodge.com. Das Haupthaus, ein rustikales Holzhaus, wurde in den späten 1920er-Jahren errichtet, um den Angehörigen der Britischen Krone eine würdige Stätte für den Mittagsschlaf zu bieten, wenn sie in ihrer Kolonie (meist auf Jagd) unterwegs waren. 3 DZ, Restaurant, Kamin, gut sortierte Bar. Von der Veranda bietet sich an klaren Tagen ein schöner Blick in die Ebene und hinauf zu den schroffen Gipfeln. Zur Lodge gehören 8 Cottages und 2 Bandas mit Kamin sowie ein Campingplatz. 8 km nördlich im Wald steht eine schlicht eingerichtete Buschhütte für Selbstversorger. Bei Wanderungen mit Rangern oder auf Ausritten zu verwunschenen Wasserfällen und durch den dichten Wald ist es durchaus möglich, Büffeln und Elefanten zu begegnen, auch Vogelexkursionen und Angeln gehören zum Angebot. Ab 58 US-$/Pers. (ÜF), Camping 8 US-$.

Historisch – **Blue Post Hotel:** Thika, Muranga Rd., Tel. 0721 57 82 45, blueposthotel@africaonline.co.ke. Inzwischen längst nicht mehr glanzvoll, aber sauber, Lage und Garten sind sehr schön. DZ 7500 KSh.

Meru National Park

► 1, P 7/8

Anfahrt über Meru, Tel. 0800 59 70 00, www.kws.go.ke, tgl. 6.30–18.30 Uhr, Erw. 52 US-$, Kinder 35 US-$, Pkw 300 KSh

Ein Abstecher nach Osten (etwa 85 km) in den **Meru National Park** (870 km^2), der auch per Leichtflugzeug zu erreichen ist, kommt einem Ausflug ins unberührte Paradies gleich. Die Landschaft ist einzigartig und findet sich so in keinem anderen Nationalpark. Der Meru National Park liegt eingebettet zwischen den beiden wasserreichen Flüssen Murera und Tana, an deren Zusammenfluss sich die **Adamson's Falls** 15 m in die Tiefe stürzen. Von vielen Flüssen durchzogen, mit unzähligen Feuchtgebieten, weiten Grassavannen und bewaldeten Hügeln voller Dornbuschhainen, bietet er nicht nur einen großen Tierreichtum, sondern auch eine vielfältige Flora. In den 1980er-Jahren trieben Wildererbanden ihr Unwesen, denen nicht nur Tiere (der gesamte Nashornbestand!), sondern auch Menschen zum Opfer fielen. Der als Wildhüter arbeitende ›Vater‹ der Löwin Elsa, George Adamson (Bwana Simba genannt), war 1989 wohl das bekannteste Mordopfer.

Durch intensive Anstrengungen und Kampagnen der Regierung ist der Park jedoch seit gut 15 Jahren wieder absolut sicher. Dennoch finden nur selten Besucher in die wilde, schroffe Landschaft, um Löwen, Leoparden, Geparden, Grevyzebras sowie riesige Elefanten- und Büffelherden zu beobachten. So findet man noch relativ selten befahrene Wege, von Natur aus scheue Tiere und wunderbare Ruhe bietende Unterkünfte.

Zu den schönsten zählt **Elsa's Kopje** (s. S. 165) auf dem 700 m hohen Mugh-wango Hügel, der einen zauberhaften Rundblick bietet. *Kopje* ist das Meru-Wort für Felsen: Löwin Elsa wurde in diesem Gebiet von Joy und George Adamson ausgewildert. Die Lodge liegt mitten im Park und wird streng ökologisch geführt. Der Gast kann sich wachen Auges und Ohres nicht nur an der ihn umgebenden Landschaft, sondern auch an den Tieren erfreuen, die frei umherziehen. Gleich hinter

Aktiv

RAFTING AUF DEM TANA RIVER

Tour-Infos

Start: Nairobi, Sarit Centre
Dauer/Länge: 1 Tag; ca. 16 km Flussstrecke
Dauer: Wildwasserrafting etwa 3–4 Std.
Schwierigkeitsgrad: moderat, von sanft fließenden Flussabschnitten bis zu anspruchsvollen Stromschnellen
Kosten: 85 US-$/Pers. (all-inclusive), mind. 4 Teilnehmer
Buchung: Savage Wilderness, Tel. 0737 83 59 63, www.savagewilderness.org
Wichtige Hinweise: T-Shirt und Shorts, die auch nass werden dürfen, sowie fest am Fuß sitzende Schuhe anziehen.

Der **Tana River,** einer der wildesten Flüsse Kenias bietet ein wundervolles Ambiente und als ganzjährig Wasser führendes Gewässer nur wenige Einschränkungen für diese ungewöhnliche Art der Safari. Mark Savage ist seit mehr als 19 Jahren mit dem Kajak auf den Flüssen Ostafrikas zu Hause und arbeitet mit einem gut ausgebildeten, umsichtig-professionellen Team; die Ausrüstungen sind von höchster Qualität und bestens gewartet.

Nach etwa 90 Minuten Fahrzeit von Nairobi aus nördlich Richtung Mt. Kenya ist der Ort **Sagana** erreicht. Ein kleiner Snack mit Tee und Kaffee stärkt und macht fit für das kommende Abenteuer, das zunächst mit den Sicherheits- und Verhaltenseinweisungen beginnt.

Das Einsteigen ins leichte Kanu oder Schlauchboot stellt schon das erste zu bewältigende Abenteuer dar, schließlich liegt das Gefährt ja im munter sprudelnden Wasser. Die ersten 3 km der leichten Klasse II und III der Whitewater-Klassifizierung dienen dazu, sich ans Boot zu gewöhnen, die richtige Sitzhaltung zu finden und den Umgang mit dem Paddel auszuprobieren. Noch erscheint alles recht locker und gemütlich. Es folgt eine gute Stunde (etwa 6 km), in der man entspannt zahlreiche Vögel am Wasser und im Uferbereich beobachten kann. Wenn das Wasser die Sonnenstrahlen reflektiert, schimmert die glitzernde Wasseroberfläche silbrig.

Die nächsten 7 km beginnen mit leichten Klasse-III-Abschnitten mit klaren Paddelkommandos. Drei große Stromschnellen (Klasse IV und V) mit den wohlkingenden Namen **Captains Folly, Can of Worms** (der Name leitet sich von vier 90-Grad-Biegungen ab) und **Sphincter Flexor.** Abhängig vom Wasserstand ist dieser Abschnitt eine große Herausforderung. Geht jemand über Bord, wird er gleich wieder eingesammelt. Eine Anzahl kleinerer Stromschnellen bringt den Adrenalinspiegel wieder Normalwerten entgegen, bevor man auf flotter Fahrt der letzten großen namens »Krampf« entgegenschießt: eine etwa 750 m lange Serie von Stromschnellen voller Überraschungen. Hier ist es vorbei mit dem entspannten Genießen der Landschaft, eher hofft man angespannt auf das Können des Bootsführers. Aber alles geht immer gut. Wer nach vier oder fünf Stunden mit flatterndem Magen und etwas wacklig auf den Knien wieder an Land geht, hat das tolle Gefühl, etwas Außergewöhnliches erlebt zu haben. Es wartet eine bereits eingedeckte, rustikale Tafel: frisch und appetitlich duftendes Gegrilltes und reichlich Beilagen sowie alkoholfreie Getränke und Bier. Am späten Nachmittag ist man zurück in Nairobi am Sarit Centre.

Aktiv

HOCH ZU ROSS DURCH DIE SAVANNE

Tour-Infos

Start: nach Vereinbarung
Dauer: 2 Std. bis mehrtägige Reitsafari
Schwierigkeitsgrad: für Fortgeschrittene
Kosten: ab 25 € für 1 Std., ab 40 € für den Halbtagesausritt
Buchung: u. a. über www.africanfootprints.de, www.laikipiatourism.com, www.sanctuaryfarmkenya.com und www.offbeatsafaris.com
Wichtige Hinweise: Sonnenschutz nicht vergessen!

Was kann es Schöneres geben, als auf dem Rücken eines Pferdes durch die Savanne zu reiten! In den frühen Morgenstunden in die aufgehende Sonne hinein oder wenn sich am Abend die Schirmakazien im Schein der untergehenden Sonne als schwarze Schatten am Horizont abzeichnen. Vor den Reitern stieben die sonst so scheuen Zebras nicht aufgebracht auseinander, Antilopen traben nicht eilig davon, wenn das Pferd sich nähert. Impalas springen nicht ängstlich in die Büsche, und Giraffen wirken nicht mehr so hochbeinig, aber ihre dunklen Augen und langen Wimpern faszinieren umso mehr. Und auf die sonst so massig wirkenden Büffel einmal hinunterzusehen gibt ein gutes Gefühl von Sicherheit.

Ein professioneller Führer gibt den Reitern wertvolle Tipps und macht unterwegs auf Sehenswertes aufmerksam. Angeboten werden mehrstündige Ausritte, Tagestouren mit Picknick sowie mehrtägige Reitsafaris mit Übernachtung in Kuppelzelten, Camps oder Lodges. Besonders attraktiv sind Ausritte in den artenreichen privaten Schutzgebieten des Laikipia-Plateaus und des Rift Valley rund um Lake Naivasha sowie am Amboseli Nationalpark am Fuß des Mt. Kilimanjaro und in der Masai Mara während der Zeit der Großen Wanderung.

dem Murera Gate befindet sich ein besonders bewachtes Schutzgebiet für Nashörner. In den vergangenen 15 Jahren wurden die Tiere aus anderen Regionen angesiedelt, z. B. von der Solio Ranch in Laikipia. Die Population ist inzwischen auf 25 Spitzmaul- und 55 Breitmaulnashörner angewachsen. Solange Wilderei noch immer eines der größten Probleme für diese seltenen Tiere darstellt, sind die kostenintensiven Schutzmaßnahmen notwendig.

Kora National Park

Tel. 0800 59 70 00, www.kws.go.ke, tgl. 6.30–18.30 Uhr, Erw. 52 US-$, Kinder 35 US-$, Pkw 300 KSh

Die sich an den Meru National Park anschließenden Nature Reserves sind kaum erschlossen und Rückzugsgebiet der hier absolut frei lebenden Tiere. Eine Brücke über den Tana River verbindet den National Park im äußersten Südosten mit dem **Kora National Park.** Der Kenya Wildlife Service möchte dieses Gebiet zu einem speziellen Löwenreservat entwickeln. 1800 km^2 Trockensavanne bieten beste Bedingungen für die inzwischen in Ostafrika zahlenmäßig stark rückläufige Tierart. Der Tana River mit Stromschnellen und Wasserfällen stellt die nördliche Grenze des Parks auf 65 km Länge dar; schroff-felsige Inselberge, dichte Wälder und weite Graslandschaften bilden die natürliche Kulisse. In Kora lebte und arbeitete der britische Naturschützer George Adamson von den 1970er-Jahren bis 1989, als er von Wilderern ermordet wurde. Sein Grab befindet sich unweit des alten Camps Kambi ya Simba, wo man mit eigenem Zelt übernachten kann. Neben Tierbeobachtungen sind Fischen und Klettern möglich. Der Ringstraße weiter folgend, kann man Richtung Isiolo und ins Samburuland abbiegen (s. S. 183).

Übernachten

Auf dem Löwenberg – **Elsa's Kopje:** im Meru Nationalpark, Tel. 020 60 40 53, www.elsaskopje.com. 10 aus Naturmaterialien erbaute, luxuriös ausgestattete Cottages, 1 Honeymoon Suite und 1 Private House, alle mit herrlichem Ausblick. Im Restaurant wird sehr gute internationale Küche mit italienischem Touch serviert. Pirschfahrten, geführte Wanderungen, Angeln, Busch-Breakfast, Sundowner. Ab 380 US-$/Pers. (VP, Aktivitäten).

Am Fluss – **Offbeat Meru Camp:** am Bwatherongi River, umsäumt von üppigem Wald und mit atemberaubendem Blick. Tel. 0704 90 93 55, www.offbeatsafaris.com. 7 stilvoll dekorierte und komfortabel ausgestattete Hauszelte mit viel Privatsphäre, exzellente Küche, angenehmer Service. Pirschfahrten, geführte Buschwanderungen, Sundowner, Lagerfeuer, Swimmingpool. Geschlossen während der Regenzeiten April/Mai/Nov. Ab 380 US-$/Pers. (VP, Aktivitäten).

Bei den Nashörnern – **Rhino River Camp:** angrenzend an den Nationalpark am Kindani Fluss inmitten eines tropischen Waldes, Tel. 0732 80 92 87, www.rhinorivercamp.com. In 6 Canvas-Holz-Cottages mit schöner Aussicht und Privatsphäre, ausgestattet im klassisch- edlen Safaristil, lädt das Camp Naturliebhaber mit dem Bedürfnis nach komfortablem und ästhetischem Ambiente ein. Gut sortierte Bar, gemütliche Lounge, Pool, Bibliothek, Gourmetküche mit italienischem Akzent. Aktivitäten wie Pirschfahrten, Busch-Mahlzeiten, Sundowner, geführte Busch- und Bergwanderungen, Mountainbiketouren, Dorfbesuche, Massagen. Ab 300 US-$/Pers. (VP, Aktivitäten).

Günstiger Luxus – **iKweta Safari Camp:** im privaten Schutzgebiet, angrenzend an den

Park, Tel. 0705 20 00 50, www.ikwetasafari camp.com. 10 gemütlich und geschmackvoll eingerichtete, komfortable Hauszelte mit Bad, Salzwasserpool, hervorragende internationale Küche mit frischen Zutaten aus dem eigenen Bio-Anbau, guter Service. Pirschfahrten, geführte Wanderungen, Ausflüge (u. a. zu Teefarmen). DZ 169 US-$ (VP).

Schlicht mit Selbstversorgung – **Bandas des KWS:** Tel. 0736 66 34 21, www.kws.go.ke. Murera Bandas direkt am Murera Gate, Kinna Bandas 22 km innerhalb des Parks am Bwatherongi River, unterschiedlich groß (für 2 bis 10 Pers.), einfach ausgestattet, aber gepflegt, mit Dusche, WC, Outdoor-Küche. Ab 80 US-$ pro Banda.

Laikipia-Plateau

▶ 1, M/N 7

Laikipia Wildlife Forum: Büro Nanyuki, Nanyuki–Timau Rd., hinter Nanyuki Sports Club, Tel. 0726 50 02 60, www.laikipia.org, mit zahlreichen Informationen zu Naturschutz- und Community-Projekten, Mo–Fr 8–17 Uhr; Infos zu Unterkünften aller Preiskategorien und touristischen Aktivitäten bei Laikipia Tourism: www.laikipiatourism.com

Nördlich und nordwestlich des Mt. Kenya erstreckt sich das wildromantische, tierreiche **Laikipia-Plateau.** Einige private Wildlife Reserves, also Wildreservate auf großen privaten Farmen, sind mit kleineren, der Landschaft und der Kultur angepassten Lodges und sogenannten Tented Camps ausgestattet. Sie bieten eine traumhafte Alternative für Individualtouristen: Natur genießen, Wildtiere beobachten und Menschen anderer Kulturen kennenlernen. Einige der Lodges tragen das Siegel des kenianischen Ökotourismusverbandes. Den Wildtieren Schutzraum zu bieten, gleichzeitig aber die lokalen Gemeinden der Masai und Samburu mit einzubinden, ist eine wichtige Aufgabe, wenn Wilderei vermieden und die Entwicklung der Region gefördert werden soll.

Lewa Wildlife Conservancy

Tel. 0722 2 035 62/3, www.lewa.org

Das inzwischen mehr als 222 km^2 große Wildreservat **Lewa Wildlife Conservancy** beherbergt eine Vielzahl von Tieren, eingeschlossen die sogenannten Big Five, mehr als 420 Vogelarten, Netzgiraffen, Geparden, 83 Spitz- und 74 Südliche Breitmaulnashörner (2017), verschiedene Antilopen und über 550 der gefährdeten Grevyzebras. Im Reservat gibt es neben der klassischen Wildtierbeobachtung alternative Aktivitäten, z. B. Walking Wild (s. S. 168), und stilvolle Unterkünfte.

Lewa war das erste erfolgreich arbeitende private Schutzgebiet Ostafrikas und ist außerdem bekannt für seine partnerschaftlichen Community-Projekte. Der Aufenthalt in diesem Refugium ist nur noch während des jährlich im Juni stattfindenden Safaricom Marathon (s. S. 169) zugunsten der Naturschutzprojekte möglich und natürlich als Gast in einer der fünf hochwertigen Unterkünfte.

Hier befindet sich auch das Infozentrum des Northern Rangelands Trust, eine zum Schutz der Natur und zum Wohle der einheimischen Communities sehr erfolgreich tätige Organisation. Neben Informationen (auch zu Unterkünften und Aktivitäten) gibt es einen empfehlenswerten Shop mit lokal produziertem und qualitativ hochwertigem Kunsthandwerk (Tel. 0701 55 50 00, www.nrt-kenya.org).

Ol Pejeta Conservancy

Tel. 0707 18 71 41, www.olpejetaconservancy.org, tgl. 7–19 Uhr, Erw. 85 US-$, Kinder 42 US-$, Pkw 400 KSh, Tickets nur online

Im Gebiet der mehr als 362 km^2 großen **Ol Pejeta Conservancy** leben Vertreter aller bekannten Savannentiere, u. a. auch besonders geschützte wie Grevyzebras, rote Kuhantilopen sowie Breit- und Spitzmaulnashörner. Das Schutzgebiet beherbergte den letzten Nördlichen Breitmaulnashornbullen, Sudan.

Von Samburu-Kriegern bis zu weißen Ranchern – die Bevölkerung des Laikipia-Plateaus setzt gemeinsam auf Tourismus

Er starb im März 2018. Nun gibt es nur noch zwei weibliche Tiere dieser Unterart. Auf natürliche Weise konnten sich die drei Tiere nicht mehr fortpflanzen. Wissenschaftler versuchen, den Fortbestand der Art durch künstliche Reproduktion zu sichern. Weite Grasebenen, Hügelland, Felsschluchten und reißende Flüsse laden zu vielen Aktivitäten ein: Vogelbeobachtung, Tages- und Nachtpirschfahrten, geführte Wanderungen, Löwen-Trekking sowie die von Rift Valley Adventures angebotenen Mountainbiketouren, Kanufahren und Felsklettern (s. rechts). Unterkunft in Lodges und Safaricamps oder auf Campingplätzen mit einfacher Infrastruktur. Das Reservat ist besonders bekannt für sein integriertes 45 ha großes Schimpansen-Schutzgebiet (Chimpanzee Sanctuary, tgl. ab 16.30 Uhr, 40 US-$), das mit dem Jane-Goodall-Institut gemeinsam geführt wird. Die Tiere wurden 1994 während des Bürgerkriegs in Burundi in das Reservat umgesiedelt, denn von Natur aus gibt es diese Menschenaffen nicht in Kenia. Inzwischen sind bereits Jungtiere zur Welt gekommen, insgesamt leben 35 Tiere in zwei verschieden großen Gruppen zusammen.

Übernachten

Ranch – **El Karama:** 40 km nordwestlich von Nanyuki, Tel. 0702 99 69 02, www.laikipiasafaris.com. Auf der noch arbeitenden Farm existieren Wildtiere und Rinder friedlich nebeneinander. Vermietet werden gemütlich eingerichtete rustikale Bandas am Flussufer mit schönem Blick zum Mt. Kenya. Komfortabel, mit eigener Terrasse, hervorragende Küche, gut geeignet für Selbstfahrer. Pirschfahrten und Wanderungen möglich. Ab 550 US-$/Pers. (VP).

Traumhaft – **Il Ngwesi Lodge:** nächstes Flugfeld: Lewa, Tel. 020 203 31 22, www.ilngwesi.com. Afrikas einzige professionelle und komfortable Lodge in der Hand der Masai Community. Konsequent umweltfreundlich, 6 Cottages aus einheimischen Materialien, cooles Design, halboffen, viel Privatsphäre und eigene Terrasse, auf die man das Bett rollen kann, um unter dem Sternenhimmel zu schlafen. Toller Blick auf ein Wasserloch. Pool, gute internationale Küche, sehr gute Guides für Tag- und Nachtpirschfahrten sowie Safaris zu Fuß. Ab 300 US-$/Pers. inkl. VP und Aktivitäten.

Authentischer Komfort – **Lewa Safari Camp:** Tel. 0730 12 70 00 (Elewana), www.lewasafaricamp.com. Dieses exklusive Refugium bietet privilegierten Zugang zu 65 000 ha privater Wildnis. Große Zelt-Schlafzimmer mit Veranda und eigenem Badezimmer. Nach einem Tag in der Conservancy lädt ein Kaminfeuer im gemütlichen Wohnzimmer zum Entspannen ein. Nature Walks und Kamelsafaris. Ab 239 US-$/pro Pers. (VP).

Zelthotel – **Sweetwaters Tented Camp:** im Ol Pejeta Conservancy, Tel. 0734 69 98 51, www.serenahotels.com. 39 komfortabel ausgestattete Hauszelte auf Plattformen mit Bad, Dusche, Strom, Terrasse und Blick auf ein Wasserloch – Tierbeobachtungen inbegriffen. Guter Service, Pool, Bar, Restaurant, Massage, Pirschfahrten, geführte Wanderungen. DZ ab 310 US-$ (VP).

Aktiv

Im Buschflieger – **Flying Wild:** Tel. 0723 27 36 68, www.lewawilderness.com. Im offenen Cockpit eines dreisitzigen Buschfliegers mit erfahrenem professionellem Piloten – atemberaubender ist es kaum möglich. Ab 300 US-$/Pers.

Kameltouren – **Karisia Safaris:** ab Tumaren Ranch, ca. 50 km nördlich von Nanyuki, Tel. 0721 37 16 94, www.karisia.com. Mountainbikesafaris und hervorragend geführte, komfortable bis luxuriöse Wandersafaris, Kamele als Lastentiere, 2–7 Tage, Übernachtung in kleinen Fly-Camps. Tierbeobachtungen, Privatsphäre, exklusive Küche. Ab 360 US-$/Pers. all inclusive.

Walking Wild – **Lewa:** www.lewawilderness.com. Einheimische, professionell arbeitende Masai leiten 3- oder 5-tägige spannende Wandersafaris im Lewa Wildlife Conservancy. Man erfährt viel über Fauna, Flora und Kultur und übernachtet unter freiem Sternenhimmel. Intensiver kann man Kenia kaum erleben. Ab 350 US-$/Pers. (VP).

Outdoor komplett – **Rift Valley Adventures:** Tel. 0712 42 69 99, www.riftvalleyadventures.com. Halb-, Ganz- und Mehrtagesangebote,

u. a. Wandern, Bergsteigen (auch Mt. Kenya), Klettern, Abseilen, Mountainbike-, Kajak- und Kanutouren. Eigene Camps in Ol Pejeta und im UNESCO-Kulturerbe Ngare Ndare Forest.

Termine

Safaricom Marathon (Juni): Lauf mit internationaler Beteiligung auf der Hochebene für einen guten Zweck, die Einnahmen werden genutzt für die Erhaltung der Natur und für kommunale Projekte. Einmalige Laufatmosphäre inmitten der Tiere der Savanne (www.safaricommarathon.com).

Verkehr

Flüge: Mehrere Landepisten im Gebiet werden vom Wilson Airport in Nairobi aus angeflogen, u. a. von Safarilink und Yellow Wings. Von Nanyuki aus bestehen Verbindungen zu allen Landepisten in Laikipia und weiter im Norden, auch per Hubschrauber; mit Tropic Air, Tel. 0722 20 73 00, www.tropicairkenya.com, Nairobi–Laikipia ab 220 US-$/Pers.

Auto/Mietwagen: Für das Gebiet sind nur Fahrzeuge mit Allradantrieb (4WD) geeignet, es gibt keine öffentlichen Verkehrsmittel. **Achtung:** Einige private Naturschutzgebiete haben strenge Regelungen für Geländewagen (u. a. Farbe, Ausstattung, nur mit Ranger).

✤ Mt. Kenya National Park ▸1, N/O 8

Karte: S. 170

Tel. 0800 59 70 00, www.kws.go.ke, tgl. 6–18.30 Uhr, Tageseintritt Erw. 52 US-$, Kinder 26 US-$, 3 Tage 156/78 US-$, 4 Tage 208/104 US-$, 5 Tage 260/130 US-$, 6 Tage 312/156 US-$ jeweils inkl. Campinggebühr

Wanderungen im **Mt. Kenya National Park** oder gar die Besteigung des zweithöchsten Berges Afrikas sind am günstigsten an der Westseite. Der Berg gilt den Masai, den Kikuyu und den benachbarten Kamba als heilig, Gott Ngai (oder Nyaga) wohnt in dem schroff felsigen Massiv, das weithin sichtbar ist. Der Name Mt. Kenya stammt jedoch von dem um 1840 hier reisenden deutschen Missionar Ludwig Krapf und geht auf einen Hörfehler zurück: Die Kikuyu bezeichnen den Berg als Kirinyaga, die Kamba als Kinyaa. Daraus machte Krapf ›Kenya‹. Die drei höchsten Gipfel sind benannt nach Masai-Ältesten: **Point Lenana** (4985 m), **Nelion** (5188 m) und **Batian** (5199 m). Die beiden letzten sind nur Kletterern mit Erfahrung und technischer Ausrüstung zugänglich (Kontakt zu Mt. Kenya Club: www.mck.or.ke).

Der Nationalpark ist aber nicht nur interessant für Kletterenthusiasten, die einen der drei hohen Gipfel besteigen wollen, auch für Naturliebhaber und Wanderfreunde ist der ein- oder mehrtägige Aufenthalt ein Erlebnis.

Vegetationszonen

Dichte Wälder bieten Lebensraum für zahlreiche Tiere wie Elefanten, Büffel, Nashörner, Leoparden, seltene Bongoantilopen und Buschwildschweine. Ausgedehnte Bambuswälder vermitteln einen Eindruck von längst vergangener ursprünglicher Vegetation in Kenia. Wacholder, Koniferen und Lobelien begleiten den Wanderer bis hinauf um 3500 m Höhe. Wo auf europäischen Bergen bereits lange Schnee liegt, erfreuen Kosobäume, riesige Lobelien und bis zu 3 m hohe Heidekrautbüsche das Auge. Strohblumenartige, silbrig glänzende Blumen (Helichrysum) und die rosafarbene Protea beleben die sattgrüne Landschaft. Bis auf 4200 m sind die grasbewachsenen Flächen unterbrochen von einer auf eigenwillige Art an die kühlen Nächte angepassten, hoch aufgerichteten Pflanze: *Senecio keniodendron* (Riesen-Greiskraut). Um die nächtliche Feuchtigkeit zu speichern, schließt sie die oberen Blätter gleich einer riesigen Artischocke. Untere abgestorbene Blätter werden so an den Stamm geklappt, dass dieser im Lauf der Jahre immer dicker wird. Oberhalb 4300 m bestimmen Geröllfelder, Gletscherzungen und einige Schneepolster das Bild – noch, denn die Schneekappe ist in den vergangenen Jahren dramatisch abgeschmolzen. Die Folgen für das Ökosystem sind noch nicht abzusehen.

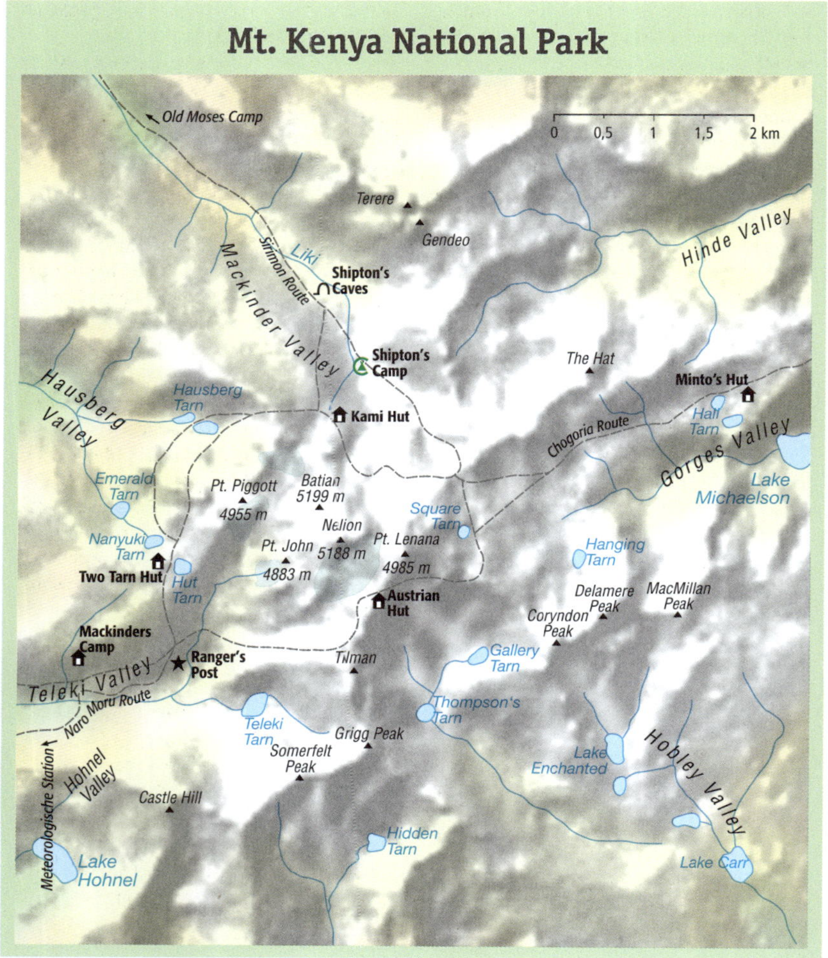

Routen

Der Nationalpark ist über mehrere Gates zu erreichen. Für Wanderungen und Bergbesteigungen (beste Zeit: Dez.–Febr., Juli–Sept.) gibt es Routen unterschiedlicher Schwierigkeitsgrade. Am kürzesten und daher besonders beliebt ist die Naro Moru Route über das gleichnamige Hauptgate. Länger, aber weniger steil ist die Sirimon Route bei Nanyuki mit Start am Sirimon Gate. Die im Osten des Bergs beginnende Chogoria-Route gilt als landschaftlich reizvollste, ist aber auch die anspruchsvollste. Unterkünfte und Campingmöglichkeiten gibt es an allen Routen, aber keine Einkaufsgelegenheiten, daher Proviant mitnehmen. Für Aufstiege auf Point Lenana sind drei bis fünf Tage geplant, dabei sollten Symptome der Höhenkrankheit ernst genommen und nicht mit Medikamenten unterdrückt werden.

Die **Sirimon Route** führt über das **Old Moses Camp** (3250 m), durch reizvolle Täler, vorbei an den Shipton's Caves (Höhlen) zum **Shipton's Camp** (4200 m). Am nächsten Morgen gegen drei Uhr beginnt der Aufstieg auf den Gipfel, den man im Licht des Sonnenaufgangs genießt.

Die **Naro Moru Route** passiert die **Meteorologische Station** (3050 m), durchquert zunächst die Waldzone bis 4200 m, dann die bizarre Afroalpine Zone und gelangt zur **Austrian Hut** (4790 m). Auch von hier startet die Gipfeltour nachts, zum einen ist der Sonnenaufgang auf beinahe 5000 m ein grandioses Geschenk für die durchlittenen Strapazen, zum anderen ist das Laufen auf vom Nachtfrost hartem Schnee einfacher als auf einer sonnenerwärmtem Schneeschicht.

Für den Abstieg kann man durchaus eine andere Route wählen, es gibt immer wieder Treffpunkte der Wege, die meist gut ausgeschildert sind. Dennoch sollte man entsprechend eigener Erfahrungen und Kondition überlegen, einen einheimischen Bergführer (1000 KSh pro Tag) und eventuell Träger (600 KSh pro Tag) anzuheuern. Ist man in einer größeren Gruppe unterwegs, ist vielleicht auch ein Koch (750 KSh pro Tag) angenehm, der einen am Ende des Tages mit einer Mahlzeit empfängt. Um im wahrsten Sinne des Wortes sicherzugehen, wendet man sich am besten an die **Nanyuki-Porter-Association** (Samuel Ngumo, Tel. 0722 70 56 97) oder einen professionellen Tourenanbieter. Die Selbsthilfegruppe der Führer und Träger wird unterstützt und ausgebildet von Toni Tschank (Kibos Slopes Ltd.).

Übernachten, Essen

Einfache Berghütte – **Sirimon Bandas:** Tel. 020 356 87 63, www.kws.go.ke. Schlicht, sauber, warme Dusche und WC, gut ausgestattete Küche für Selbstversorger, Trinkwasser und Feuerholz müssen mitgebracht werden! Hütte für 8 Pers. 180 US-$.

Altes Rangerhaus – **Batian Guest House:** Tel. 020 356 87 63, www.kws.go.ke. Geschmackvoll eingerichtet, gut ausgestattete Küche, warme Dusche, WC, mehrere Schlafräume für 8 Pers. Selbstversorgung, Feuerholz und Trinkwasser ist mitzubringen! Eine Hütte kostet 180 US-$.

Rustikal – **Rutundu Log Cabins:** an der Nordostseite des Bergs am Lake Rutundu, Tel. 0727 23 24 45, www.rutundu.com. 2 gemütlich anheimelnde Blockhäuser mit Moos zwischen den Balken zur Isolation. Schaffelle und Kamine sorgen für Wärme und Gemütlichkeit. Je Hütte 1 DZ, Bad, Wohnküche. Wanderungen, Angeln, Vogelbeobachtung, Reittouren. Toller Koch, der aus den mitgebrachten Zutaten kulinarische Köstlichkeiten zaubert. Hütte für 2 Pers. ab 150 US-$.

Einfache Hütten – **Old Moses Hut und Shipton's Hut:** über Mountain Rock Lodge, Tel. 0773 99 20 70, www.mountainrockkenya.com. Einfache hölzerne Doppelstockbetten, relativ sauber; es gibt nur kaltes Wasser. 20 US-$/Pers. **Met Station Hut** und **McKinders Hut:** über Naro Moru River Lodge, Tel. 0724 08 27 54, www.naromoruriverlodge.com. Mit schlichten Holzbetten ausgestattet, es gibt kein warmes Wasser. 22 US-$/Pers, Camping 15 US-$/Pers.

Tipp

BERGWANDERN MIT EINER STARKEN FRAU

Mary ›Mumbi‹ Kariuki, am Berg aufgewachsen und über viele Jahre als Trägerin in Ostafrika tätig, war 2001 die erste zertifizierte Bergführerin Afrikas. Gemeinsam mit einem erfahrenen Team begleitet sie Bergwanderer (individuell und in Gruppen) auf die höchsten Gipfel des Mt. Kenya und Mt. Kilimanjaro, durch die Aberdares und die Rwenzori Mountains (auch als Mondberge bekannt) in Uganda. **Mumbi Treks:** femaleguide7@gmail.com, www.mumbitrek.com.

Tipp

BESUCH IN DER KAMELMILCH-MOLKEREI

Seit 2005 betreibt der Deutsche Holger Marbach die Molkerei **Vital Camelmilk** in Nanyuki. Bei einem geführten Rundgang kann man durch Fenster den Verarbeitungsprozess der Milch verfolgen (aus hygienischen Gründen dürfen Besucher die Produktionshalle nicht betreten). Man erfährt viel Interessantes über die genügsamen Tiere und den Gesundheitswert ihrer bei uns kaum bekannten Milch, die dreimal so viele Vitamine wie Kuhmilch enthält. Regelmäßig konsumiert, soll sie bei Hauterkrankungen eine lindernde Wirkung entfalten. Kamelmilch kann Studien zufolge dabei helfen, den Blutzucker zu regulieren und den Cholesterinspiegel zu senken. Nomaden schwören auf Kamelmilch als natürliches Allheilmittel. Wer Lust auf etwas nicht Alltägliches hat, sollte ins Industriegebiet von Nanyuki fahren, die Ausschilderung von der Hauptverkehrsstraße aus ist nicht zu übersehen. Eine solche Molkerei ist selbst in Afrika etwas Besonderes. Hergestellt wird neben pasteurisierter Milch auch Trinkjoghurt und Eis. Frühaufsteher können beim Melken der ausgeglichenen Kamelkühe in ihrem Nachtquartier eine Stunde außerhalb der Stadt zuschauen (Führungen nach Anmeldung, Tel. 0720 92 68 41, www.vitalcamelmilk.com).

Aktiv

Klettern – **Mountain Club of Kenya:** www.mck.or.ke. Präparierung und Instandhaltung von Routen, Unterhaltung klubeigener Hütten, Wettervorhersage, Organisation von Touren und Kletterkursen.

Nanyuki und Naro Moru ▶ 1, N 8

Das 1907 als Marktflecken gegründete **Nanyuki** verströmt noch einen Hauch von kolonialem Flair und ist nach wie vor Einkaufszentrum und Treffpunkt der Siedler und Farmer. Eine lokale Institution ist der **Settlers Store** in der Nähe der Shell-Tankstelle. Eröffnet 1938, beliefert er per Flugzeug noch immer die im Umkreis von bis zu 200 km liegenden Farmen. Heute ist die Stadt ein Geheimtipp: herrliche Landschaft, gute Luft, moderne Infrastruktur, Banken, Buchungsbüros für Unterkünfte in Laikipia, Samburu und dem Northern District, Galerien, Supermärkte und Cafés ziehen immer mehr Siedler der Neuzeit und Touristen an.

Soldaten der British Army absolvieren hier noch immer ihr Höhentraining auf rund 1900 m ü. NN und Piloten aus aller Welt lieben den einst dem Militär vorbehaltenen kleinen Flugplatz am Äquator. Inzwischen ist der Flugplatz eine Drehscheibe für Transporte zu den Unterkünften im Norden.

Die Region ist das größte Bohnenanbaugebiet des Landes, die hier wachsenden grünen Prinzessbohnen (auf hiesigen Speisekarten: French Beans) gehören allerdings nicht zu den Spezialitäten der kenianischen Küche, sie werden zumeist nach Europa exportiert.

Ansonsten ist die Stadt Tor zum Mt. Kenya und zum Laikipia-Plateau sowie dem Norden des Landes. Kurz hinter der Stadtgrenze überquert man den **Äquator** mit einigen Souvenirbuden, weitere 25 km südlich liegt **Naro Moru.** Der Ort ist ebenfalls ein ideales Basisquartier für Wanderer, Kletterer und Mountainbiker: Von hier starten verschiedene Tagestouren, außerdem sind Akklimatisierung vor und Entspannen nach Bergtouren möglich.

Übernachten

Farm mit Charme – **Olepangi:** Timau, 35 Min. nördlich von Nanyuki, Tel. 0790 48 62 98, www.gowildafrica.com/african-farm-stay. In den bewaldeten Hügeln am Ngishishi River, 6 komfortable Cottages mit DZ, Bad, Terrasse, liebevoll und gemütlich eingerichtet, üppige Gartenlandschaft. Internationale Küche, spanisch und ostafrikanisch inspiriert, frische Zutaten von der eigenen Bio-Farm. Pirschfahrten, Wandern, Reiten, Vogelbeobachtung, Tandem-Paragliding. DZ ab 240 US-$/Pers. (VP).

Ideal für Aktivurlauber – **Naro Moru River Lodge:** Naro Moru, Tel. 0724 08 27 54, www.naromoruriverlodge.com. Komfortabel inmitten von Gärten am Fluss, Zimmer mit Kamin, gemütlich schlichte Cottages mit kleiner Küche, Angeln, Reiten, Tennis, Mountainbike, Pool, VP oder Selbstversorgung. Verleih von Wander- und Kletterausrüstungen. Ab 80 US-$/Pers., Cottage für 2 Pers. ab 124 US-$, Camping 15 US-$/Pers.

Aktivangebote – **Bantu Mountain Lodge:** 15 km südlich von Nanyuki und 7 km nördlich von Naro Moru, Tel. 0718 13 65 39, www.mountainrockkenya.com. Schlichte, aber gediegene und saubere Zimmer, auch Campingplatz, viele Aktivangebote. DZ ab 45 US-$, Camping 500 KSh/Pers.

Öko-Cottages – **Colobus Cottages:** am Fluss ca. 17 km südlich von Nanyuki, Tel. 0722 84 01 95, www.colobuscottages.com. In einem Wald mit seltenen Colobusaffen und vielen Vögeln, drei individuell gestaltete Cottages ohne Strom, aber Solarlampen, mit 2 bis 3 Schlafräumen, warmer Dusche/WC, gemütlichem Wohn-/Essraum mit Kamin, kleine, gut ausgestattete Küche (Eis zum Kühlen der Lebensmittel wird gestellt), Grill und Feuerstelle, Brücken-Restaurant über dem Fluss, Spezialität Forellen. Mo–Do 3000 KSh/Pers., Wochenende pro Cottage 15 000–20 000 KSh.

Schlicht – **Simbas Lodge:** zwischen Timau und Nanyuki, Tel. 0711 78 45 52, bei Facebook. Schlicht ausgestattete Zimmer, aber mit eigenem Bad, sauber, teils mit schönem Blick zum Mt. Kenya. Restaurant mit einfacher kenianischer Küche. Spielplatz. DZ ab 6200 KSh.

Essen & Trinken

Geschmackvoll in jeder Hinsicht – **Le Rustique:** Nanyuki, Kenyatta Dr. gegenüber Golf Course, tgl. 8–23 Uhr, Tel. 0721 60 96 01, www.lerustique.co.ke. Gemütliches und einladendes Restaurant mit liebevoll gestaltetem Terrassenbereich, marokkanisch geprägtes Ambiente. Exzellente mediterrane Küche mit frischen Salaten, Pasta, Pizza, Meeresfrüchten, Crêpes, Eiscreme, bester Weinauswahl und super Service. Um 900 KSh.

Unvergleichlich – **Cape Chestnut Laikipia Sip & Dine:** Nanyuki, Cottage Hospital Rd., Mo–Do, Sa, So 8.30–18, Fr 8–23.30 Uhr, Tel. 0705 25 06 50, www.capechestnut.com. Rustikales Gartenrestaurant und Café mit hervorragendem Essen, beste Zutaten aus der Umgebung, Kaffee-/Teespezialitäten, freitags Tapas-Nacht und sonntags Curry-Lunch, zu dem Gäste extra aus Nairobi kommen! Hervorragender Service. Um 900 KSh.

Frische Forellen – **Trout-Tree Restaurant:** 3 km südlich von Nanyuki, Tel. 0726 28 17 04, www.trout-tree.com. Lecker zubereitete, fangfrische Forellen, traumhaftes Ambiente im Baum. Um 800 KSh.

Treffpunkt für Reisende – **Barney's Bar & Restaurant:** Airstrip Nanyuki–Laikipia, Tel. 0723 31 00 64, tgl. 7–18 Uhr. Als Infobörse fungierendes Lokal an der Landebahn. Gutes Frühstück, kleine Mahlzeiten und Getränke. Infomaterial, Shop mit lokalen Handwerkserzeugnissen, Biokosmetik der Linie »Cinnabar Green«. Wer auf sogenannte KC (sprich: Kenyan Cowboys) treffen möchte, hat hier die besten Chancen. Um 700 KSh.

Einkaufen

Kunsthandwerk – **Mount Kenya Art Gallery:** im Mount Kenya Safari Club, Nanyuki, Tel. 062 327 47, www.artexchangeafrica.com. Antikes und Kunsthandwerk. Die Galeristin Iris Hunt trägt wertvolle Kunst aus ganz Afrika zusammen.

Moderne Kunst – **Lily Pond Arts Centre:** Nanyuki, Ecke Ol Pejeta (Sweetwaters) Rd., Tel. 0726 73 44 93, bei Facebook, tgl. 8–19 Uhr. Zeitgenössische Kunst zu fairen Preisen, oft sind lokale Künstler anwesend.

Verkehr

Flüge: regelmäßig mit Air Kenya, Tel. 020 391 60 00, www.airkenya.com; Safarilink, Tel. 020 669 00 00, www.flysafarilink.com. Nairobi–Nanyuki ab 185 US-$.

Wangari Maathai – Nobelpreisträgerin aus Kenia

Mama Miti – Kiswahili für ›Mutter der Bäume‹ – wurde Wangari Maathai auch genannt, eine ›schwarze Grüne‹, die viel redete und noch mehr tat. Der beispielhafte Aktivismus von Mama Miti löste einen Dominoeffekt aus, der in Kenia nicht nur das ökologische, sondern auch das politische Bewusstsein der Menschen geschärft hat.

Die Aberdares-Wälder am Fuss des Mt. Kenya sind die grüne Lunge Kenias. Doch vor rund 100 Jahren begannen die Briten, die Wälder zu roden, um Tee und Kaffee auf dem fruchtbaren Waldboden zu pflanzen, und die wachsende Bevölkerung Zentralkenias rodete die Wälder weiter, um Brennholz zu gewinnen.

Seitdem zeigen die einst so grünen Aberdares Symptome einer Raucherlunge: Vom gerodeten Boden schwemmen Pestizide in die Flüsse, die als Trinkwasserquelle dienen. Das belastete Trinkwasser beeinflusst das Immunsystem der oft durch Fehlernährung geschwächten armen Bevölkerung und bewirkt eine allgemeine Schwächung der Abwehrkräfte und mitunter tödliche Epidemien.

Zum Glück ist das Problem reversibel, der Boden kann wiederaufgeforstet, das Wasser der Flüsse wieder klar werden – wenn die Menschen mitspielen! Ersteres ist leicht gesagt, Letzteres ein schwieriges Unterfangen. Wangari Maathai (1940–2012) war aus dem Holz geschnitzt, das man braucht, um die Bevölkerung der Aberdares sowie die Poltiker und Großgrundbesitzer in der Region zum Umdenken zu mobilisieren. Die resolute Maathai, die selbst in den Aberdares aufwuchs, begann Setzlinge zu ziehen. Dann rief sie die Frauen der Region auf, die traditionell zumeist für den Feldbau, das Feuerholz- und Wasserholen zuständig sind, gemeinsam die jungen Bäume auszupflanzen und zu pflegen.

Die Biologin und erste Frau, die an der Universität Nairobi einen Doktortitel erhielt, konnte die komplexen Zusammenhänge von Abholzung, Bodenerosion, schlechten Ernten, Wassermangel, Dürren, Hungersnöten und Kriegen für jedermann verständlich erklären – den Menschen auf dem Land ebenso wie denen in den Großstadtdschungeln von Nairobi, New York oder Kyoto. Sie gründete das Green Belt Movement, mit dessen Hilfe allein in Kenia seit den 1970er-Jahren über 20 Mio. Bäume gepflanzt und über 30 000 Frauen in Forstwirtschaft, Imkerei und anderen Bereichen ausgebildet wurden, die ihnen ein Einkommen sichern.

Für ihr Engagement in Sachen Umweltschutz, vor allem aber für ihre mutige und weitsichtige Vorgehensweise in Sachen Politik und Frauenrechte, erhielt Wangari Maathai 2004 den Friedensnobelpreis. Ende 2006 begann die UNEP, die Umweltbehörde der UN (Nairobi), unter Maathais Schirmherrschaft mit einer Kampagne, bei der Menschen überall auf der Welt aufgerufen sind, insgesamt 1 Mrd. Bäume zu pflanzen.

Busse: Von Nanyuki starten Matatus und Busse in alle Richtungen (ab/von Nairobi s. auch S. 149).

Aberdares ▶ 1, M/N 8

Nyeri

Fährt man die Ringstraße weiter in Richtung Süden, ändert sich die Landschaft beinahe schlagartig von der trockenen offenen Savanne zum fruchtbaren Bergland vor Nyeri. In den 4000 m hoch gelegenen Aberdares begünstigen ertragreiche Vulkanböden und ganzjährig gemäßigt regenreiches Klima den Anbau von Ananas, Kaffee, Tee und Pyrethrum (einer Margeritenart, aus der ein Insektengift gewonnen wird).

Die Abzweigung nach **Nyeri,** der Hauptstadt des Kikuyulandes, ist nicht zu verfehlen. Nyeri ist umgeben von weiten Zuckerrohrfeldern, in ihrem Zentrum pulsiert ein buntes Leben mit vielen an der Straße ihre Handwerke ausübenden Männern, frisches Obst und Gemüse feil bietenden Frauen, kleinen Restaurants und in den Tag hinein philosophierenden Geschäftemachern. Bei Pfadfindern der ganzen Welt gilt sie als Pilgerstätte, verbrachte doch der Begründer dieser Bewegung, **Lord Baden Powell** (1857–1941), seine letzten Lebensjahre von 1938 bis 1941 in einem kleinen Cottage auf dem Gelände des Outspan Hotel. Sein Haus ist heute **Museum,** nahebei befindet sich sein Grab (tgl. 8–18 Uhr, Eintritt 500 KSh).

Aberdare National Park

Tel. 0800 59 70 00, www.kws.go.ke, tgl. 6.30–18 Uhr, Erw. 52 US-$, Kinder 26 US-$

Der **Aberdare National Park** unterscheidet sich wesentlich von den anderen Nationalparks des Landes. Auf Höhen zwischen 3000 und 4000 m gelegen, mit dichtem, feuchtem, oft nebligem Wald, mit urigen Baumbeständen, Hochmooren und einer beeindruckenden Pflanzenvielfalt bietet er Lebensraum für viele Tierarten. Die Big Five können hier selbst in großen Höhenlagen beobachtet werden.

Riesigen Herden von Elefanten und Büffeln zu begegnen ist hier keine Seltenheit. Mit ihrem bunt schillernden Gefieder beeindrucken Eis-, Nashorn- und Nektarvögel, Frankoline flattern aufgeregt vom Boden auf, und Raubvögel ziehen in großer Zahl am Himmel ihre Kreise. Besonders erlebnisreich sind begleitete Wanderungen, die beim KWS oder den beiden im Park befindlichen Hotels gebucht werden. Durch romantische Schluchten führen die Pfade vorbei an tosenden Wasserfällen wie z. B. den **Chania Falls,** die sich 25 m in die Tiefe stürzen. Da es in dieser Region beinahe das ganze Jahr über Niederschläge gibt, sind die Kaskaden zu jeder Jahreszeit zu bewundern. Innerhalb des Parks zu übernachten ist ein unbeschreibliches Naturerlebnis, bei dem sich die Geräusche der nachtaktiven Tiere mit dem Rauschen von Flüssen und Bambuswäldern verbinden. Wer die atemberaubende Natur mit allen Sinnen erfassen möchte, dem sei eine mehrtägige Wanderung durch den Aberdare National Park empfohlen.

Wer aufmerksam ist, wird einen hohen elektrischen Zaun bemerken – die Aberdares sind Kenias einziger eingezäunter Nationalpark. Auf einer Länge von 400 km umschließt der wildtiergeprüfte Zaun eine Fläche von 2000 km^2 des fragilen Ökosystems. Zur Vorgeschichte: 1989 wurde mit dem kostenintensiven Vorhaben begonnen, um vor allem Elefanten, Büffeln und Spitzmaulnashörnen ein Überleben zu sichern. Dörfer und Straßen wuchsen immer näher an den Bergwald heran, die Tiere konnten kaum noch ihren alten Wanderpfaden auf der Suche nach Nahrung folgen. Immer häufiger wurden Felder und Ernten verwüstet. Die Anwohner jagten die Tiere illegal, Bäume wurden gefällt, um neue Felder anzulegen. Der Konflikt zwischen Mensch und Tier um den immer weiter eingeschränkten Lebensraum drohte zu eskalieren. Private Initiativen und die Kenianische Wildlife-Behörde beschlossen daher die Einzäunung des Gebiets, die im August 2009 beendet war.

Damit nicht genug. Der Zaun muss regelmäßig gewartet werden, zusätzliche Wildhüter sind auszubilden und einzusetzen, u. a. in speziellen Nashornkontrolleinheiten, die mithilfe von GPS jedes Tier überwachen. Fahrzeuge sollen die Naturschutzaufgaben im unwegsamen Gelände erleichtern, Funkgeräte die Kommunikation innerhalb der Rangerteams unterstützen, Solaranlagen errichtet und betrieben werden, um den Zaun vom staatlichen Stromnetz unabhängig zu machen. Die finanziellen Mittel kommen aus privaten Spenden von Kenianern und ausländischen Besuchern, von der EU, der kenianischen Regierung und Initiativen wie der Rhino Charge, einem der ungewöhnlichsten Autorennen der Welt (s. S. 97).

Solio Game Reserve

Tgl. 8–18 Uhr, Erw. 80 US-$, Kinder 60 US-$
Zwischen Nyeri und Nyahururu, am Nordrand der Aberdares, liegt ein kleines privates Wildreservat: das 60 km² große Solio Game Reserve. 1970 gegründet, ist es heute Heimstatt für über 50 Spitz- und mehr als 150 Breitmaulnashörner. Die prähistorisch anmutenden Tiere leben friedlich neben Büffeln, Giraffen, Zebras, Löwen, Leoparden und Geparden. In Zeiten der Wilderei, als die Nashornbestände sich überall im Land drastisch verringerten, gab man den Tieren hier Individualschutz: Ein bewaffneter Ranger bewachte jeweils ein Nashorn. Eine erfolgreiche, aber auch teure Methode, die inzwischen auch in anderen Parks und Reservaten praktiziert wird. Dieser intensive Schutz und die guten Lebensbedingungen führten zu einer erstaunlich guten Fortpflanzung.

Seit den 1990er-Jahren werden Breit- und Spitzmaulnashörner nun auch wieder in andere Gebiete versetzt, in private Wildschutzgebiete Laikipias und die Nationalparks Meru und Nakuru. Die Wege führen meist entlang des Moyo River, Akazienhaine und Galeriewälder bieten vielen Vogelarten Rast- und Nistplatz. Die Solio Lodge bietet luxuriöse Unterkunft innerhalb des Game Reserve, Touren organisieren auch die Rhino Watch Safari Lodge und die Sandai Farm (s. S. 176).

Thomson's Falls

Am westlichen Rand der Aberdares, bei **Nyahururu,** trifft man auf die **Thomson's Falls.** Der Ewaso Narok River stürzt hier über eine Felskante 72 m in die Tiefe. Die Wasserfälle tragen ihren Namen nach dem Naturforscher Joseph Thomson, der die Gegend im Jahr 1883 bereiste. Unterkunft bieten die rustikale Lodge gleichen Namens und ein kleiner Campingplatz. Im Garten kann man mit Aussicht auf die Wasserfälle einen frischen Tee genießen und die geschäftstüchtigen Kikuyu beobachten, die sich in ihrer traditioneller Kriegskleidung gegen ein kleines Entgelt gern mit Touristen fotografieren lassen.

Übernachten

Historisch – **Treetops:** Aberdare National Park, Tel. 0737 20 77 61, www.aberdaresafarihotels.co.ke. Im Original-Baumhotel erhielt Kronprinzessin Elisabeth 1952 die Nachricht vom Tod ihres Vaters und wurde über Nacht zur englischen Königin. Nach einem Brand 1954 wurde das Hotel auf Stelzen über einer Salzlecke neu aufgebaut, sehr rustikal. Die Zimmer sind klein, bieten aber eine grandiose Aussicht. Kinder unter 5 Jahren sind aus Sicherheitsgründen nicht erlaubt. Gute Küche. DZ ab 300 US-$ (VP).

Extravagant – **The Ark:** Aberdare National Park, Anreise nur über Aberdare Country Club, nicht mit eigenem Auto gestattet, Tel. 0737 79 99 90, www.thearkkenya.com. Luxuriöses Ambiente, großzügige Zimmer, exzellente internationale Küche. DZ ab 300 US-$ (VP).

Am Flussufer – **Ngobit River Lodge:** am Ufer des Ngobit River, Tel. 0721 65 66 99, www.ngobitriverlodge.co.ke. Sechs Cottages und ein großes Haus für Selbstversorger mit Blick auf die Aberdares und den Mt. Kenya. Nature Walks, Vogelbeobachtung. Cottage 250 €, HP zubuchbar.

Paradiesisch – **Rhino Watch Safari Lodge:** am Nordrand des Aberdare National Park, zwischen Nyeri und Nyahururu, Tel. 0711 58 54 95, www.rhino-watch.com. Komfortabel, geschmackvoll und gemütlich eingerichtete Hauszelte und Chalets mit Terrasse. Außerdem Restaurant, Bar und Spa mit Sauna. Freundlicher Service, gute frische Küche. Pirschfahrten, Kaffeefarmbesuch, Familien-, Foto- und Filmsafaris. Ab 140 US-$/Pers. (VP).

Mit Tennisplatz – **Outspan Hotel:** Nyeri, Kamakwa Rd., Tel. 0722 20 77 62, www.aberdaresafarihotels.co.ke. Elegantes Landhotel mit Swimmingpool, Tennisplatz, zauberhaftem Garten und Mt.-Kenya-Blick, exzellente Küche. DZ ab 200 US-$ (VP).

Golfhotel – **Aberdare Country Club**: zwischen Nyeri und Mweiga, Tel. 0737 79 99 90, www.aberdarecountryclub.com. Luxuriöse Cottages auf ehemaliger Farm, schöner Garten, Pool, gute internationale Küche. Buschwalk mit Giraffen und Zebras! DZ ab 200 US-$ (VP).

Rustikal historisch – **Thomson's Falls Lodge:** Nyahururu, Tel. 0716 108 83 31, www.thomsonsfallslodge.co.ke. Ländlich-gemütliches Ambiente mit Kamin, ruhig. Serviert wird einfache kenianisch-internationale Küche. Auch Camping. DZ ab 90 US-$/Pers. (ÜF).

Berghütten – **Fishing Lodge:** Aberdare National Park, Tel. 0726 61 05 33, www.kws.go.ke. Gute, einfach ausgestattete Lodge für Selbstversorger, warme Dusche, Kamin, gut ausgestattete Küche. Hütte (7 Pers.) 210 US-$. **Sapper Hut:** Aberdare National Park, Tel. 0726 61 05 33, www.kws.go.ke. Einfache Holz-Lodge, Selbstversorgung, Küche gut ausgestattet. Hütte (2 Pers.) 45 US-$.

Essen & Trinken

In den oben genannten Hotels kann man sehr gut speisen, auch wenn man nicht Hotelgast ist. Wer Lust auf die Küche der Kikuyu hat, findet in den Städten zahlreiche Restaurants, *hoteli* und Cafés – unbedingt *cabbage* (Weißkohl) und *sukuma wiki* (Spinat-Grünkohl) probieren!

Lokale Küche – **Raybells Restaurant & Gardens:** Nyeri, Lumumba St. nahe Equity Bank, Tel. 0722 79 00 60, www.raybellsnyeri.com, Mo–Sa 7–19, So und Fei 8.30–18 Uhr. Schlichtes Ambiente, aber freundlicher Service und gute kenianische Küche. Um 500 KSh.

Aktiv

Angeln – **Fishing Lodge:** Aberdare National Park, Lizenz über KWS, Tel. 0726 61 05 33, www.kws.go.ke.

Kaffeefarm-Besichtigung – **Outspan Hotel:** Nyeri, Kamakwa Rd., Tel. 0722 20 77 62, www.aberdaresafarihotels.co.ke. Blütezeit April und Nov., Ernte Aug.–Dez.

Mountainbiken, Felsklettern, Rafting – **Savage Wilderness Safaris:** Tel. 0737 83 59 63, www.savagewilderness.org.

Safari Walks – **Aberdare Country Club:** Tel. 0737 79 99 90, www.aberdarecountryclub.com. Von kundigen Guides geführte Naturspaziergänge zu Zebras, Antilopen, Giraffen und Warzenschweinen.

Verkehr

Flüge: vom Wilson Airport Nairobi Anflug auf Flugplatz Mweiga mit kleinen Chartermaschinen, u. a. Yellow Wings, Tel. 020 600 63 13, www.yellowwings.com; Safarilink, Tel. 020 669 00 00, www.flysafarilink.com.

Busse: regelmäßig Expressbusse und Matatus von und in alle Richtungen.

Tipp

DEUTSCH-KENIANISCHE BAUERNHOFROMANTIK

Die **Sandai Farm** bietet geschmackvoll und komfortabel ausgestattete Cottages sowie neue Bandas mit gut ausgestatteter Küche für Selbstversorger, eine liebevoll-familiäre Atmosphäre und gute Hausmannskost. Sie ist ideal geeignet als Ausgangs- und Ruhepunkt für Tagesausflüge und Aktivitäten wie Wanderungen, Motorradtouren, Vogelbeobachtung, Reit- und Fotosafaris. Individuelle deutschsprachige Begleitung durch die Eigentümerin Petra Allmendinger. Etwa 20 km hinter Nyeri in Richtung Nyahururu, Tel. 0721 65 66 99, www.africanfootprints.de, ab 105 US-$/Pers. (VP).

Loiyangalani
Kakamega
Nyahururu
Nairobi

Kapitel 2

Der Norden und Westen Kenias

Der Hektik Europas entfliehend, wissen immer mehr Touristen die Unberührtheit der Natur zu schätzen, besteigen den massigen Mt. Elgon, durchwandern den Regenwald von Kakamega, berauschen sich am satten Grün der Kaffee- und Teeplantagen um Kericho, beobachten vom Nachtfang heimkehrende Fischer am Lake Victoria und genießen den Tierreichtum an den Seen und in den Savannen des Rift Valley. In wenigen Stunden ist von Nairobi aus einer der Flugplätze jenseits des Großen Grabenbruchs erreicht. Wer Zeit mitbringt, sollte die Fahrt durch das Rift Valley drei bis vier Tage lang genießen, wobei die Strecke auch an einem Tag zu bewältigen ist.

Und der weite Norden? Eine Reise in das Land nördlich des Samburu National Park erfordert einen gewissen Abenteuergeist. Bislang verirren sich nur wenige Touristen in die Region um den Turkana-See, obwohl Forscher hier die Ursprünge der Menschheit verorten. Den größten Teil des Jahres über ist die Landschaft völlig ausgetrocknet. Wenn aber die Regenzeit einsetzt, kann sie verheerende Auswirkungen haben, Straßen und Wege unpassierbar machen.

Die Menschen, denen man begegnet, sprechen kaum Englisch, leben oft noch urtümlich. Immer wieder lassen auch Meldungen über Unruhen Reisepläne zusammenschrumpfen. Dennoch: Ein friedlicheres Stück Natur als in Kenias Norden lässt sich kaum finden. Je nach Route, Straßen- und Fahrzeugzustand sollte man zwei bis vier Tage für das Abenteuer einplanen; um am Lake Turkana zu verweilen, sind drei Tage gut. Und mit einem kleinen Flugzeug kann man innerhalb von zwei Stunden in den wilden Landesteil eintauchen, der vor allem Individualisten in seinen Bann schlägt.

Singing Well bei Marsabit – zum Tränken ihrer Tiere bilden die Borana eine Kette zum Grund des tiefen Brunnens, von dem sie sich singend das Wasser weiterreichen

Auf einen Blick: Der Norden und Westen Kenias

Sehenswert

Lake Paradise: Der türkisblaue Kratersee liegt im wenig besuchten Marsabit National Park, der wie eine Oase in der Wüste wirkt (s. S. 184).

Kakamega Forest National Reserve: Kenias einziger tropischer Regenwald ist ein Überrest des riesigen äquatorialen Dschungels, der sich einst von Westafrika bis zum Indischen Ozean spannte (s. S. 204).

Mfangano Island: Wenn die Omena-Fischer spätabends auf Fang gehen, verwandeln ihre Öllämpchen den Viktoriasee in ein flackerndes Lichtermeer (s. S. 212).

Schöne Routen

Mittlere Route an den Turkana-See: Die Sandpisten erfordern einiges Können vom Fahrer und zuverlässig geländetaugliche Fahrzeuge, dafür ist die Strecke zwischen Nyahururu und Loiyangalani landschaftlich sagenhaft (s. S. 185).

Durch das Kerio Valley nach Eldoret: Die Traumstraße windet sich durch Täler und Höhenzüge mit herrlichen Ausblicken ins Rift Valley (s. S. 200).

Von Kisumu auf dem Land-See-Weg nach Mbita: Auf dieser sehr abwechslungsreichen Tour überquert man mit der Autofähre den Viktoria-See (s. S. 209).

Meine Tipps

Singing Wells bei Marsabit: Kurz vor dem Ortseingang von Marsabit schallen frühmorgens wundersame Brunnengesänge aus der Tiefe empor (s. S. 184).

North Horr in der Chalbi-Wüste: Nach der endlos erscheinenden Fahrt durch unwirkliche Wüstenlandschaft mit Fata Morganas und Sandteufeln kommt eine Erfrischung im Ort North Horr gerade recht (s. S. 185).

Tree Top Hut im Saiwa Swamp National Park: Von der schlichten Hütte in einem knorrigen alten Baum aus kann man zahlreiche Vogelarten und Wildtiere wie die seltene Sitatunga-Antilope beobachten (s. S. 203).

Kisii Soapstone Carvers Cooperative in Tabaka: Hier werden die Specksteinfiguren hergestellt, die man auf vielen Märkten in Kenia findet (s. S. 209).

Flamingos über dem Lake Bogoria

Aktiv

Zu Fuß ans Jademeer: In Baragoi startet der Treck durch Wüste, Dornbuschsavanne und Vulkangestein zur Oase Loiyaṇgalani am Ostufer des Lake Turkana (s. S. 190).

Zu den Felsmalereien der Abasuba: Mit dem Boot und zu Fuß kann man magische prähistorische Felsmalereien in Höhlen entdecken (s. S. 210).

Zum Lake Turkana

Weite, staubtrockene Vulkanlandschaft, über den Horizont hinausreichende Wüsten, darin Ziegenherden, begleitet von geruhsam dahinschreitenden, in farbige Tücher gewandeten Menschen, und ein lang ausgestreckter See im Norden, der aussieht wie ein Meer aus Jade – das alles gehört zu den Schönheiten dieses Landes. Das Leben läuft in anderen Bahnen und Zeiten, ein Geschenk für den, der mit offenem Herz und Verstand reist.

Dieses andere Kenia ist ein Reiseziel für Abenteurer, die daheim von mehr erzählen wollen als vom Sonnenbaden und den Big Five. Allerdings ist der Nordosten für Touristen nicht erschlossen und in Hinblick auf Sicherheit nicht ganz unbedenklich. Unwirklich erscheint nach den fruchtbaren Gebieten des Hochlandes der heißeste, trockenste und am dünnsten besiedelte Raum des Landes: Nord-Kenia. Wüsten und Halbwüsten sind Lebensraum der nomadisierenden Viehzüchter: der Samburu, Turkana und Rendille, die mit ihren Kamelherden alten Pfaden folgen und nur teilweise Ackerbau betreiben. Wasser bedeutet Leben, und so gibt es fruchtbare Oasen mit großen Herden an Elefanten, Büffeln und anderen Wildtieren nur entlang des Ewaso Ng'iro in den National Reserves Buffalo Springs, Samburu und Shaba.

Richtung Norden, an die Ufer des grün schimmernden Lake Turkana, führen im Wesentlichen drei Routen: über Isiolo und Marsabit, über Maralal und Baragoi ans Ostufer sowie über Lodwar an die Westseite.

Ein unentbehrliches Transportmittel im wüstenhaften Norden Kenias ist das Kamel

Ostroute zum Lake Turkana

Isiolo ▶ 1, O 7

Die bunte Vielvölkerstadt **Isiolo** wird vor allem durch die hier lebenden Somali geprägt (meist Nachfahren von Somalis, die als Soldaten im Ersten Weltkrieg einen Krieg führten, der nicht der ihre war). Sie gilt als Tor zwischen den Welten: Das fruchtbare Hochland hinter sich lassend, ist man hier bereits von trockener wüstenartiger Landschaft umgeben. An **Markttagen** (Mo, Mi, Fr) wird die Stadt mit den etwa 22 000 Einwohnern laut und geschäftig; neben Gemüse, der in Bananenblättern eingewickelten Drogenpflanze *mira'a* und wunderschönem Metallschmuck der Samburu und Somali gibt es auch Kamelfleisch zu erhandeln.

Sehenswert sind die schöne **Moschee** auf der einen und die erst 1990 fertiggestellte katholische **Kathedrale St. Eusebius** auf der anderen Seite der Hauptstraße. Als Selbstfahrer sollte man in Isiolo alle notwendigen Vorräte im großen Supermarkt auffüllen, denn die nächste wirkliche Stadt in Richtung Norden, Marsabit, ist über 300 km entfernt. Aus Sicherheitsgründen ist diese Route nur im Konvoi zu befahren, aktuelle Informationen gibt es bei der örtlichen Polizeistation.

Buffalo Springs/Samburu National Reserve ▶ 1, O 7

Hauptgate: Archer's Post, Tel. 0733 86 96 61, www.samburu.net, ganzjährig zu besuchen, in der Großen Regenzeit zwischen April und Juli sind einige Straßen schwer passierbar, tgl. 6–18.30 Uhr, Erw. 80 US-$, Kinder 45 US-$

Etwa 35 km nördlich Isiolo gehen **Buffalo Springs** und **Samburu National Reserve** beinahe nahtlos ineinander über. Der Ewaso Ng'iro verbindet und trennt die Gebiete, in denen sonst kaum zu beobachtende geschützte Arten wie Netzgiraffe, Grevyzebra und Gerenukgazelle beheimatet sind. Krokodile und Flusspferde bevölkern das braungraue Wasser, Löwen sieht man an den Uferböschungen, Leoparden in den Bäumen nahe dem Fluss und Geparden eher in der offenen Ebene. In Trockenzeiten graben Elefanten mit ihren Rüsseln tiefe Löcher ins ausgetrocknete Flussbett. Diese Wasserlöcher werden dann auch von anderen Tieren genutzt. In den Wäldern leben zahlreiche Vögel von mehr als 450 Arten, darunter Kampfadler. Sintflutartige Regenfälle lassen den Ewaso Ng'iro immer wieder heftig über die Ufer treten, dabei werden Brücken zerstört und Camps weggespült. Zuversichtlich beseitigen die Menschen aber immer wieder von Neuem die Schäden.

Shaba National Reserve ▶ 1, O 7

Kontakt und Öffnungszeiten wie Samburu, Erw. 80 US-$, Kinder 45 US-$, im 24-Std.-Ticket für Samburu enthalten

An das Samburu Reserve schließt sich östlich das nach dem Vulkanberg Mt. Shaba benannte **Shaba National Reserve** an. Hier betrieb die Löwenexpertin Joy Adamson lange Zeit eine Forschungsstation, bevor sie 1980 ermordet wurde. Shaba ist weniger bekannt als die beiden angrenzenden Reservate, aber genauso tierreich. 17 Quellen spenden auch in Trockenzeiten Wasser.

Infos

Banken: Barclays Bank, an der Hauptstraße von Isiolo, mit Bankautomat, Mo–Fr 8.30–13, Sa 8.30–11 Uhr.

Übernachten, Essen & Trinken

Romantisch – **Elephant Bedroom Camp:** Samburu National Reserve, Tel. 020 445 00 36, www.atua-enkop.com. Klassische Zelt-Lodge direkt am Fluss, 12 Hauszelte auf Plattformen, Bad, Pool, WLAN, exzellente internationale Küche, Lagerfeuer, sehr gute Guides für Pirschfahrten, Buschwanderungen. Safari-Pakete beachten, auch in Verbindung mit Masai Mara, Nakuru. DZ ab 350 US-$ (VP).

Im Herzen von Samburu – **Samburu Intrepids Tented Camp:** Tel. 0722 20 58 94, www.heritage-eastafrica.com. Safari-Camp mit 27 Zelten; von der Terrasse genießt man schöne Ausblicke auf das Flussbett des Ewaso Ng'iro und seine Tierwelt. Gute Kinderbetreuung. Kamelsafaris und Sternenbeobachtung. Ab 120 US-$/Pers. (VP).

Natur pur – **Lion Kings Bush Camp:** Samburu National Reserve, Tel. 0710 35 07 82, www.lionkingsafari.com. Unter Palmen am Ewaso Ng'iro stehen fünf komfortable rustikale Hauszelte mit Doppelbett, privater Außendusche/WC, Terrasse mit herrlichem Blick.Gute internationale Küche, freundlicher Service. Pirschfahrten buchbar. Ab 110 US-$/Pers. (VP).

Schlicht – **Bomen Hotel:** Isiolo, Tel. 0700 85 88 82, www.isiolobomenhotel@yahoo.com. Stadthotel mit einfach ausgestatteten Zimmern, sauber, afrikanische Atmosphäre, sehr gutes *nyama choma* (gebratenes Fleisch). Mit Frühstück ab 3000 KSh/Pers.

Authentisch – **Umoja Women Group:** nahe Archer's Post, Tel. 020 22 56 93 80, www.umojawomen.net. Verwitwete und verlassene Samburu-Frauen gründeten vor mehr als 20 Jahren dieses Frauendorf, wo sie mit ihren Kindern zusammen leben. Neben dem kleinen Samburu-Cultural Centre betreiben sie ein Camp am Flussufer. Fünf einfache Hütten im Samburu-Stil, komfortabel mit zwei Betten und eigenem Bad, Campingplatz, herzliche Atmosphäre, Restaurant mit leckeren afrikanischen Gerichten. Leider nicht immer ganz sauber und organisiert. Hütte für 3 Pers. ab 38 US-$, Camping 15 US-$.

Aktiv

Im Elefanten-Forschungszentrum – **Elephant Watch Safaris:** Samburu National Reserve, 0731 59 64 37, www.elephantwatchportfolio.com. Das Zentrum bietet die einzigartige Gelegenheit, Wissenschaftlern bei ihrer Arbeit über die Schulter zu schauen, den Tieren auch zu Fuß ganz nahe zu kommen oder ein Praktikum zu absolvieren.

Verkehr

Flüge: Vom internationalen Flughafen Isiolo bestehen seit 2017 Direktverbindungen von Nairobi aus mit Fly540 und Fly-SAX. AirKenya und Safarilink fliegen die Landepisten in den Reservaten von Nairobi aus an.

Busse: Haltestelle an der Hauptstraße in Isiolo, mehrmals tgl. Busse in alle Richtungen.

Auto: In den Reservaten sind Fahrzeuge mit Allradantrieb (4WD) notwendig.

Marsabit ▶ 1, O 4

Nach einer 533 km langen Fahrt Richtung Norden auf der 2018 eröffneten Isiolo Moyale Road, die Kenia mit Äthiopien verbindet, erreicht man **Marsabit.** Dieser Vorposten der Wüste ist insgesamt etwa zwölf Autostunden von Nairobi entfernt. Tief aus dem Inneren der Brunnen schallen Lieder und Rhythmen aus fernen Welten herauf. Die **Singing Wells** sind keine Mysterien: Borana, die ihre Kamele in den frühen Morgenstunden hier tränken, reichen sich die Wassereimer aus bis zu 15 m Tiefe von Hand zu Hand herauf und in guter Tradition arbeiten sie im Rhythmus der alten Gesänge. Das Straßenbild und die Atmosphäre der vom Vulkanberg Mt. Marsabit überragten 20 000-Seelen-Stadt sind arabisch geprägt. Neben Somalis leben hier aber auch Rendille, Gabbra und Borana.

Marsabit National Park & Reserve

Tel. 0800 59 70 00, www.kws.go.ke, in Regenzeiten immer mit dem Risiko stecken zu bleiben, tgl. 6.30–18 Uhr, Erw. 22 US-$, Kinder 13 US-$

Anziehungspunkt für Besucher sind der **Marsabit National Park** und das gleichnamige **National Reserve,** die wie Oasen in der Wüste wirken. Die dichten flechtenbehangenen Regenwälder des Nationalparks sind ein wahres Paradies für Elefanten, die hier besonders lange Stoßzähne haben sollen. Der berühmteste unter den Dickhäutern hieß Ahmed – er ist als Modell im National Museum in Nairobi zu bewundern. Seine Stoßzähne sollen 67 bzw. 68 kg gewogen und fast bis zum Boden gereicht haben.

Aber auch Büffel, scheue Buschböcke, Kudus und Hyänen können in der beinahe menschenleeren Landschaft beobachtet werden. Seen wie der türkisblaue **Lake Paradise,** die sich in den Kratern erloschener Vulkanen gebildet haben (sogenannte Gofs), sehen aus wie hineingemalt und verzaubern inmitten des frischen Graslands, das sie umschließt. Unzählige bunte Schmetterlingsarten und Vögel bevölkern die sehr unterschiedlichen Lebensräume.

Übernachten

Einzige Unterkunft im Park – **Marsabit Lodge:** ca. 4 km vom Hauptgate entfernt, Tel. 0722 92 92 45, www.marsabitlodge.com. Sehr einfach ausgestattete, etwas renovierungsbedürftige Lodge, auf 1700 m ü. NN gelegen, mit wundervollem Blick auf einen der Vulkanseen, an dem sich häufig Tiere einfinden. Pirschfahrten, Walking Safaris, Vogelbeobachtung, Elefanten und Büffel nachts um die Lodge. Einfache Gerichte, Bar. Camping (auch an den Kraterseen – ohne Infrastruktur) 1500 KSh, Zimmer 60 US-$/Pers. (ÜF).

Chalbi Desert ▶ 1, O 3

Nach etwa 270 km durch die **Chalbi-Wüste,** die der salzbedeckte Grund eines ausgetrockneten riesigen Sees ist, gelangt man an das Ostufer des Lake Turkana. Um die karge einsame Landschaft wirklich auf sich wirken zu lassen, ist nach rund 135 km (ca. 3 Std.) ein Aufenthalt in **Kalacha** empfehlenswert. Der Ort ist geprägt von Sand, traditionellen Rundhütten und umherfliegenden Plastiktüten, ausgetrockneten Flussbetten mit knorrigen Baumkreaturen, Palmenhainen und Vulkankegeln in der Ferne. Das Leben spielt sich an den wenigen Quellen ab, an der nur abends geöffneten Freiluft-Bar und bei den Kamelen. Achtung: Fotoerlaubnis verhandeln, Kamele sind wertvoll!

Nach weiteren 65 km (ca. 1,5 Std.) durch unwirkliche Salz-Sand-Wüstenlandschaft mit Fata Morganas und Sandteufeln ist **North Horr** erreicht, wo kleine Shops mit kalten Getränken erfrischen. Das ›Jademeer‹, wie der Turkana-See auch genannt wird, erblickt man rund 90 km (ca. 1,5 Std.) später, Staub und Sand werden mehr und mehr von Vulkansteinschotter abgelöst.

Übernachten

Wüstencamp – **Kalacha Camp:** am Rand der Wüste in der Kalacha-Oase, Tel. 0718 05 94 39 (Mwalimu Sora). Das County hat das Camp 2017 übernommen und will es nach umfassender Renovierung bis Ende 2018 wieder eröffnen. Frischwasserquelle, Palmenhain. Blick auf die Kameltränke. Geführte Wüstenwanderungen, Wanderungen zu Felsmalereien, ungezwungene Kontakte.

Verkehr

Flüge: Tropic Air Kenya (Tel. 020 203 30 32, www.tropicairkenya.com) bietet Hubschrauber-Rundflüge, -Tagestrips und -Flugsafaris.

Mittlere Route zum Lake Turkana

Karte: S. 186

Die mittlere Route zum Lake Turkana entspricht etwa der Strecke, auf der Samuel Teleki und Ludwig von Höhnel um 1886 nach Norden vordrangen. Teleki, der Forscher und Jäger, und Höhnel, der stille aufmerksame Forscher und Schreiber, reisten vermutlich nicht viel unkomfortabler durch die unwirtliche Landschaft, als man dies heute tut.

Von Nyahururu nach Maralal ▶ 1, M 6–8

Zunächst führt die Reise von **Nyahururu** **1** über **Rumuruti** nach Maralal (160 km). 20 km nördlich von Rumuruti liegt direkt am Weg die **Ol Maisor Farm** **2** mit dem Bobong-Campingplatz (Tel. 0735 24 30 75, olmaisor@africa online.co.ke, Camping 500 KSh/Pers., einfache Banda für 3 Pers. 5000 KSh). Ol Maisor bietet Kameltagestouren (3000 KSh/Pers.) und mehrtägige Touren bis hinauf zum Lake Turkana (ab 10 000 KSh pro Pers. und Tag). Nach heftigen Regenfällen bleiben hier Lkws, Busse und schlecht ausgerüstete Autos im knietiefen Matsch der Straße liegen. Manneskraft und Erfindungsreichtum sind dann nötig, um das Fahrzeug wieder flottzumachen.

Zum Lake Turkana – Mittlere Route

Eine weitere Farm verdient Beachtung: **Ol Ari Nyiro** 3. Besitzerin ist die italienische Schriftstellerin Kuki Gallmann, die durch ihren Roman »Ich träumte von Afrika« berühmt wurde. Ihre Memorial Gallmann Foundation (http://gallmannkenya.org) setzt sich für den Tierschutz in Kenia ein.

Übernachten

Exklusiv – **Ol Ari Nyiro:** zwischen Rumuruti und Maralal, Tel. 0733 53 63 24, www.gallmannkenya.org. Farm mit drei romantischen Camps an unterschiedlichen, sorgsam ausgewählten Plätzen der großräumigen Ranch. Interessant designed, komfortabel mit viel Privatsphäre und immer mit einer besonders attraktiven Aussicht, hervorragende italienisch geprägte Küche, abwechslungsreiche Aktivitäten. Ab 400 US-$/Pers. (VP).

Maralal ► 1, M 6

Maralal 4 (20 000 Einw.), das Zentrum des Samburulandes, erstreckt sich auf weiter Fläche: überdimensional breite Straßen werden von Kamelen bevölkert, rot gewandete junge Samburukrieger patrouillieren, Tabak kauend, ihre Speere über der Schulter. Während der Mau-Mau-Aufstände ab 1950 wurde der spätere erste kenianische Präsident, **Jomo Kenyatta,** hierher deportiert und unter Hausarrest gestellt. Sein damaliges **Wohnhaus** ist Nationalgedenkstätte (tgl. 9.30–16.30 Uhr, Erw. 500 KSh, Kinder 250 KSh).

Besonders interessant für Besucher ist die Stadt im August, wenn das jährliche **Maralal International Camel Derby** stattfindet. Gelegenheits- und professionelle Reiter aus aller Welt zeigen ihr Können in verschiedenen Kategorien, jedermann kann teilnehmen an diesem Spektakel, das die Stadt in ein buntes Gewimmel aus Menschen und Tieren verwandelt. Ein Teil der Startgelder geht an Entwicklungsprojekte in der Region.

Infos

Banken: Kenya Commercial Bank (KCB), am Markt, die einzige Bank auf dieser Strecke! Mo–Fr 8.30–16, Sa 8.30–12 Uhr.

Übernachten, Essen & Trinken

Tolle Aussicht – **Ngari Hill Guesthouse:** östlich von Maralal auf 2000 m, Tel. 0735 22 86 49, www.ngarihill.com. Bandas unterschiedlichen Komforts, Hauszelte und Campingplatz. Sauber, liebevoll und gemütlich ausgestattet, freundlicher Service, Lounge mit Restaurant (italienisch-französisch geprägt), Bar und weiter Aussicht. Geführte Tages- und Mehrtageswanderungen. Camping ab 12 US-$/Pers., DZ ab 135 US-$ (HP) bzw. 160 US-$ (VP).

Zentral, aber ruhig – **Samburu Guest House:** an der Nyahururu–Maralal Road gegenüber der Maralal Police Station, Tel. 0725 36 34 71, bei Facebook. Modern und sauber (nach Zimmer im neuen Flügel fragen!), Restaurant, WLAN. DZ 5500 KSh.

Essen & Trinken

Es gibt keine herausragenden Restaurants, die Ausstattung ist oft schlicht, alle bieten in etwa das Gleiche: Hühnchen, Reis, *chapati.*

Einkaufen

Proviant – Vorräte sollte man in Maralal auffüllen! An jeder *duka* kann man das in dieser Gegend wild wachsende *mira'a* und Kautabak kaufen: für den eigenen Bedarf oder als Dankeschön für Frauen und Männer, denen man auf der weiteren Fahrt begegnen wird. Doch Vorsicht: Das von beinahe jedem erwachsenen Samburu geliebte pflanzliche Aufputschmittel ist laut Gesetz verboten, wie jede andere Droge auch. Als Ausländer sollte man, wenn man *mira'a* unbedingt testen möchte, in der Öffentlichkeit vorsichtig sein.

Aktiv

Wandern und Vogelbeobachtung – in den Unterkünften erfragen (s. o.).

Kamelsafaris – **Ol Maisor Camel Safaris:** Rumuruti, Tel. 0735 24 50 75, olmaisor@africa-online.co.ke. Einfach-authentische Touren mit Samburu-Guides und Kamelen.

Trekking – **Wandering Nomads:** Tel. 0733 71 52 94, www.wanderingnomads.com. Mehrtageswanderungen mit erfahrenen Guides, Esel oder Kamele als Lasttiere.

Stilechte Unterkunft am Turkana See: Ekal-Rundhütten in Loiyangalani

Termine

Maralal International Camel Derby (Aug.): www.magicalkenya.com. Tradtionelles Kamelrennen, bei dem man auch selbst mitreiten kann (s. S. 187), Eintritt 40 US-$, Startgeld 50–130 US-$/Pers.

Verkehr

Flüge: Eine Landepiste ermöglicht Charterflugverbindungen, Buchung über Yellow Wings (www.yellowwings.com).

Busse/Matatus: Halt neben der Tankstelle, 1 x tgl. morgens gegen 9 Uhr nach Nyahururu, morgens gegen 9 Uhr Land Rover nach Baragoi (nur etwa 15 ›Plätze‹, rechtzeitig da sein!).

Auto: Selbstfahrer mit zuverlässigem Geländewagen sollten ihre Lebensmittel- und Treibstoffvorräte auffüllen, Maralal hat die letzte Tankstelle vor der weiten Wildnis!

Nach Baragoi ▶ 1, N 5

Die weiteren knapp 300 km der Reise an das ›Meer des Nordens‹ führen durch Waldreste in der Hochebene, vorbei an Gerstenfeldern, bis am **World's End Viewpoint** **5** bei Poror tatsächlich die Welt zu Ende scheint. Der Blick und die Straße über 1000 m hinunter ins nördliche Rift Valley sind grandios und lassen Europäer die Weite und Ursprünglichkeit Afrikas spüren.

Nach etwa 100 km (ca. 2,5 Std.) auf Geröll- und Felsenpiste geht es beinahe stufenweise talwärts in die Elbarta-Ebene in die ›Grenzstadt‹ **Baragoi** **6** zwischen Samburu- und Turkanaland. Der vergessen und staubig wirkende Platz ist der wichtigste Viehmarkt der Region und Austragungsort so mancher ethnisch bedingter Spannungen. An der den Flecken durchquerenden Hauptstraße warten zahlreiche kleine, oft von Somalis geführte Restaurants und Läden auf Gäste. Die obere Etage bietet einen weiten Blick zum heiligen Berg der Samburu, dem 2848 m hohen Mt. Ngiro (Mt. Nyiru) über die Siedlungen der Turkana und Samburu, die sich links und rechts der Straße im Buschland dorniger Akazien ausbreiten, sowie zu den beiden katholischen Kirchen der italienischen Missionsstation. Telefonzelle und Tankstelle scheinen seit ewigen Zeiten im Dornröschenschlaf versunken zu sein.

Übernachten, Essen

Einzigartig – **Desert Rose Lodge:** Nähe Baragoi, am Mt. Ngiro, Tel. 0701 67 75 66, www.desertrosekenya.com. Paradiesisch gelegen, umweltfreundlich und liebevoll geführt mit komfortabel ausgestatteten Cottages, Pool, exzellenter Küche mit Obst und Gemüse aus eigener Ernte, Kameltouren, Wandern, Angeln, Landepiste. 15 km lange anspruchsvolle Berg-Anfahrt. DZ ab 600 US-$/Pers. (VP).

Aktiv

Trekking – **Wandering Nomads:** Tel. 07 33 71 52 94, www.wanderingnomads.com. Organisiert individuelle Wanderungen, bei denen Esel oder Kamele als Lasttiere dienen.

Verkehr

Flüge: Eine Landepiste bei Desert Rose ermöglicht Charterflugverbindungen mit Nairobi.
Busse: Busse und Matatus können die Straße ab Maralal nicht mehr bewältigen, ein großer Land Rover befördert einmal tgl. morgens etwa 15 Pers. nach Baragoi, Weiterfahrt nach Norden nur mit LKW oder Versorgungsfahrzeugen der Missionsstationen!

Nach Loiyangalani ▶ 1, N 5

Bei **South Horr** 7 durchquert man nach etwa dreistündiger Fahrt ein märchenhaft romantisches Tal zwischen zwei hohen Bergzügen: **Nyiru Range** und **Ol Doinyo Mara.** Bei starken Regenfällen sind die Sandstraßen zeitweise nicht passierbar. Erst wenn das Regenwasser im Boden versickert ist, kann man die Fahrt fortsetzen.

Ein Aufenthalt im **Riverside Hoteli** (s. unten) verkürzt die Wartezeit mit Geschichten über die Menschen und das Leben in dieser Gegend. Interessant ist auch ein Besuch im **Samburu Sports Center & Safari Lodge** am Ortsausgang. Das junge Samburuehepaar, das das Zentrum leitet, organisiert nachmittags Freizeit- und Bildungsangebote sowie Workshops. Durchreisende erfahren hier etwas über die Kultur und Geschichte der Samburu, können traditionelle Küche mit frischem Gemüse von der eigenen Farm genießen, in schlicht ausgestatteten, sauberen Rundhütten übernachten oder begleitete Wanderungen in die Berge unternehmen (Tel. 0724 83 20 88, www.safarisportscamp.com, Hütten ab 15 US-$/Pers. inkl. HP).

Essen & Trinken

Kaffeepause – **Riverside Hoteli:** South Horr, von Baragoi aus links vor der Flussdurchfahrt. Vor dem privaten Wohnhaus einer Familie genießt man auf einer Holzbank leckere, in Fett gebackene *mandazis* (süßes Gebäck), dazu gibt es Ziegenmilchtee.

Verkehr

Flüge: Eine Landepiste ermöglicht Charterflugverbindungen, Buchungen über Yellow Wings (www.yellowwings.com).

Lake Turkana

Nachdem man die vulkansteinige Wüste durchquert und jede noch so zarte, rot blühende Wüstenlilie als Geschenk der Natur dankbar betrachtet hat, gelangt man nach etwa fünf Stunden Autofahrt endlich an ei-

Aktiv

ZU FUSS ANS JADEMEER

Tour-Infos

Start: Baragoi
Länge: 160 km
Dauer: 8–11 Tage
Beste Zeiten: von März bis Mai und von Sept. bis Okt.

Schwierigkeitsgrad: Keine großen Höhenunterschiede, das trocken-heiße Klima (bis zu 50 °C) das poröse Vulkangestein setzen jedoch eine gute Kondition voraus.
Kosten: um 200 US-$ pro Pers. und Tag (all-inclusive), keine Mindestteilnehmerzahl

Buchung: Wandering Nomads, Tel. 0733 71 52 94, www.wanderingnomads.com
Wichtige Hinweise: Ins Gepäck gehören Sonnenschutz höchster Stufe und ein Sonnenhut, ggf. Schlafsack, feste Wanderstiefel, dünne leichte Bekleidung mit langen Ärmeln und Beinen.
Tierwelt: Löwe, Kudu, Oryx, Zebra, Hyäne, Gazellen, Krokodil, verschiedene Vogelarten, Lurche und Kriechtiere

Wüstentrecks versetzen den Reisenden in Zeiten, da die Zeit noch nichts galt. Unendlich erscheint das Land unter den Füßen, der vulkanfelsige Horizont verschwimmt in der heißen Luft der Wüstenwinde. Niemand muss Gepäck tragen, eine kleine Esel-Karawane trabt mit. Schließlich müssen auch Trinkwasser, Lebensmittel und die Zeltausrüstungen transportiert werden. Die obligatorische Wasserflasche, Traubenzucker, Sonnencreme und Kamera sind gut in Westen- und Hosentaschen verstaut. Wichtig ist es, sich auf die Einsamkeit einzustellen. Kein Dorf, kein Telefon. Nur der Wandernde, eine kleine Gruppe und ein Führer wie Carls. Man ist eins mit sich und der Wüste, irgendwann kommt die Stille. Carls ist hier aufgewachsen, er kennt das Land, ist vertraut mit Menschen, Pflanzen, Tieren, Pfaden, Geschichten und Liedern – und nach kurzer Zeit fühlt der Gast sich als Freund.
Vom kleinen Ort **Baragoi** – auf der einen Seite leben Samburu, auf der anderen Turkana – beginnt die Reise zu Fuß. Nach Lehmhütten und Kralen ist bald Dornbuschsavanne erreicht, später vom Staub überwehtes Granitgestein an den Ausläufern des **Mt. Nyiro.** Hinunter geht es in ein seichtes Tal, dem ausgetrockneten Bett eines Flusses folgend. Stunden später erreicht der Treck die aus nur wenigen Häusern bestehende Siedlung **Cowap** der Turkana. Die Füße ausgestreckt, Kautabak an die Dorfältesten verteilend und die Neuigkeiten des Lebens austauschend endet der erste Tag in der Halbwüste. Die Nacht ist kühl und beschert einen der wundervollsten glutroten Sonnenaufgänge. Ein zeitiger Aufbruch garantiert gutes Vorankommen am neuen Tag.
Weiter geht es nordwärts, an der Westflanke des Mt. Nyiro entlang. Immer wieder trifft man auf Nomaden mit ihren Herden, bis am Abend der etwas größere an einer Quelle gelegene Ort **Tuum** erreicht ist. Hier fühlt man sich beinahe wie in einer Oase. Die nächsten Tage sind bestimmt von gemächlichem Hügelauf-Hügelab, in den Vormittagsstunden im Schatten des Bergrückens und am Nachmittag in der Sonnenflut. Daher ist ein zeitiges Aufbrechen die Regel.
Mit dem nördlichen Ende des schützenden Höhenzugs beginnt sich auch die Landschaft in ein verlassenes, karges Land zu verwandeln. Poröser schwarzgrauer Vulkanstein, Schluchten und längst erkaltete Lavaströme – das Auge ist dankbar, hin und wieder einen spitz aufragenden schroffen Felsen zu entdecken. Auf einen noch weit in der Ferne liegenden Felsen steuert die Karawane zu, um irgendwann das Tempo wie vom Zauber gerührt rasch zu erhöhen.
Die Ahnung vom ersten Blick auf den Lake Turkana treibt den Wanderer an, und er kann es kaum fassen, inmitten dieser Wüste ein solches Gewässer zu entdecken. Grün und unwirklich schimmernd, von der Sonne grell silbern glitzernd und beinahe blendend, und doch genießt man diesen Moment, nimmt ihn tief in sich auf. Irgenwo hier stand auch der erste Europäer (Ludwig von Höhnel, 1888). Wo das genau war, konnte nur aus Überlieferungen geschlossen werden.
Weiter hinunter über spitzes Geröllgestein, dauert es noch etwa fünf Stunden, bis das Seeufer wirklich erreicht ist. Begeistert stürzt sich jeder in die Fluten, um den Staub der vergangenen Tage abzuspülen und erfrischendes Wasser wie ein Geschenk zu fühlen. Der Weg führt nun östlich an der Von-Höhnel-Bucht entlang, Familien der großen Nilkrokodile sonnen sich am Ufer oder blinzeln, verschlafen wirkend, dem Abenteurer entgegen. In der Ferne unschwer zu erkennen ist die Frischwasseroase **Loiyangalani**. Beim Näherkommen erkennt man Palmen, die sich im Wind wiegen, und bald auch runde Strohhütten, Wege und beinahe städtisches Treiben der Menschen. Zurück nach Baragoi geht es mit dem Jeep.

nes der Naturwunder der Welt: den in dieser Landschaft unwirklich erscheinenden, beinahe 6500 km^2 großen **Lake Turkana.** Die Samburu bezeichnen den See in der Maa-Sprache als *embasso narok*, als ›Schwarzen See‹.

1888 brachte die berühmte Teleki-Expedition erstmals Kunde von dem grün schimmernden Meer im Ostafrikanischen Grabenbruch nach Europa. Bis zum Ende der 1970er-Jahre war der See unter dem Namen Lake Rudolph bekannt – der österreichische Kronprinz war der Geldgeber für die damalige Expedition. In der Oasis Lodge erinnern Fliesen und Geschirraufdrucke noch immer an diese Zeit.

Der weltgrößte Wüstensee ist 250 km lang, also länger als die komplette kenianische Küste am Indischen Ozean. Das Wasser scheint zwar nach der strapaziösen Reise zum Baden und Schwimmen verlockend – aber Vorsicht: Krokodile lauern an vielen Stellen, und man sollte sich unbedingt zuvor bei den Fischern erkundigen, wo die Tiere sich gerade aufhalten! Die Wasseroberfläche erscheint im flimmernden Sonnenlicht grünlich, daher auch die Bezeichnung ›Jademeer‹. Die intensive Farbe rufen bestimmte Algenarten hervor, die sich im stark sodahaltigen Wasser üppig vermehren.

Seit Urzeiten leben hier Menschen unter härtesten Bedingungen, die halb nomadischen Turkana, Rendille und Samburu sowie die von Fisch- und Krokodilfleisch lebenden El Molo. Ihre kugeligen, dem heftigen Wind trotzenden Palmblätterhütten heben sich deutlich vom schwarzen Wüstensand ab. Mobiltelefone sind kaum brauchbar, der einsame Sendemast arbeitet nicht immer zuverlässig. So hat man hier wirklich das Gefühl, am Ende der Zivilisation angekommen zu sein.

Loiyangalani ▶ 1, M 3

Es gibt keine Straße, auf der man den See umfahren könnte. Das Ostufer kann man von **Loiyangalani** **8** aus erkunden. Der ›Ort der vielen Bäume‹, gemeint sind wohl die *palmtrees* einer Palmenart, ist eine Oase mit kleinen Restaurants, einfachen Geschäften, Missionsstation und einigen Unterkünften. Am Seeufer bereiten Fischer den Fang – Unmengen von Nilbarschen und Tilapia – vor, um ihn in der heißen Sonne (40–65 °C) zu trocknen und in großen Ballen für den Transport in südliche Landesteile zu verpacken.

Termine

Lake Turkana Cultural Festival (Juni): Dreitägiges Fest in Loiyangalani. Traditionelle Musik und Tänze der im Norden Kenias lebenden Ethnien, u. a. Samburu, Turkana, Rendille, El Molo und Gabra – ein friedliches, farbenfrohes Miteinander.

South Island National Park ▶ 1, M 3

KWS-Büro: auf dem Weg zwischen Loiyangalani und Fischerhafen, tgl. 9–17 Uhr, Erw. 22 US-$, Kinder 13 US-$

Der **South Island National Park** ist mit dem Fischerboot in etwa zweistündiger Fahrt und nur bei stiller See zu erreichen. Vogelkundlern und Liebhabern von Krokodilen und Schlangen ermöglicht dieser Tagesausflug auf eine wilde Insel mit Dutzenden Vulkanbergen einen ungewöhnlichen und beinahe unwirklich erscheinenden Blick ins Paradies.

In der **El Molo Bay** lebt die kleinste Ethnie des Landes, die wohl ursprünglich von den Inseln im See stammenden El Molo. Allmählich gehen die El Molo auf in den Samburu und Turkana: Sprache, Traditionen, Riten verlieren sich durch das Zusammenleben mit den großen Nachbarn.

Unweit erhebt sich auf einem vulkanfelsigen Vorsprung das **Desert Museum.** Es bietet interessante Einblicke in Geschichte und Traditionen der rund um den See lebenden Ethnien El Molo, Turkana, Pokot, Rendile, Samburu, Gabbra, Watta und Dassanach (tgl. 9–16 Uhr, Tel. 0721 30 84 85, www.museums.or.ke, Erw. 500 KSh, Kinder 250 KSh).

Übernachten, Essen & Trinken

Überraschend – **Malabo Resort:** Loiyangalani, nah am See (tagsüber sehr heiß!), Tel. 0724 70 58 00, www.malaboresort.co.ke. Unter Palmen, zehn schlichte Bungalows mit Bad, Dusche und Veranda, Geländewagen für

Exkursionen mit Guide, Camping mit sauberen Gemeinschaftsanlagen. Gepflegt, freundlich. Bar/Restaurant, Solarstrom. Camping 500 KSh/Pers., Bungalow 2500 KSh.
Erholsam – **Palm Shade Camp:** Loiyangalani, Nähe Flugfeld, Tel. 0726 71 47 68 (Benedict Orbora), www.palmshadecamp.com. Im Schatten von Duom-Palmen stehen sechs einfach ausgestattete Rundhütten mit Bad und Veranda, Camping, Freiluft-Gemeinschaftsküchen mit Sitzgelegenheiten, Gemeinschaftssanitäranlagen. Sauber und gepflegt, freundlicher und hilfsbereiter Service. Aktivitäten wie Bootstouren und Wanderung zu den Felsmalereien sind buchbar. Bar/Restaurant, Solarstrom, sicheres Parken. Camping 500 KSh/Pers., Hütte ab 2000 KSh.

Aktiv

Felsmalereien – Leichte Wanderungen zu Felskunststätten in der Umgebung von Loiyangalani, in der Unterkunft erfragen und Guide buchen, s. auch http://africanrockart.org.
Angeln und Bootstouren – **Jade Sea Journeys Ltd.:** Westufer bei Kalokol/Ferguson Bay, Tel. 20 354 18 11, www.jadeseajourneys.com. Es ist ebenfalls möglich, sich in Loiyangalani abholen zu lassen. Angeboten werden verschiedene Tages- und Mehrtagestouren zum Fischen oder/und zu den Inseln, Bei Mehrtagestouren werden die Teilnehmer in Zelten untergebracht, Boot für 8 bis 12 Pers. (je nach Gepäck), Vollverpflegung an Bord, pro Tag ab 800 US-$.
Traditionelles Leben kennenlernen – Besuch des **El-Molo-Dorfs** an der El Molo Bay. Es gleicht einem Freiluftmuseum, ist aber gelebte Realität (bei Ankunft beim Dorfältesten anmelden, pro Pers. 600 KSh).
Wandertouren – **Wandering Nomads Ltd.:** Tel. 0733 71 52 94, www.wanderingnomads.com. U. a. Mehrtageswanderungen auf den Mt. Kulal (2285 m) und zu Felsmalereien. Pro Tag ab 150 US-$/Pers.

Verkehr

Flüge: Eine Landepiste ermöglicht Charterflugverkehr, Buchungen über Yellow Wings (www.yellowwings.com).

Sibiloi National Park

▶ 1, M 2

Tel. 0800 59 70 00, www.kws.go.ke, ganzjährig für Besucher offen, aber Dez.–Febr. sehr heiß, tgl. 6–19 Uhr, Erw. 25 US-$, Kinder 15 US-$

Der **Sibiloi National Park** am Nordostufer des Lake Turkana ist, in 800 km Entfernung von Nairobi, der nördlichste National Park des Landes. Wüstenrosen im trockenen Grasland und buschige Akazien bieten erstaunlicherweise noch genug Lebensraum u. a. für Grevy- und Burchell-Zebras, Grantgazellen, Netzgiraffen, Löwen, Leoparden, Hyänen und Schakale. Über 350 Vogelarten bewohnen die karge Landschaft, und in den Seen finden sich mehr als 60 Fischspezies. Die vorgelagerte Insel **North Island** ist bekannt durch die hier lebende Nilkrokodilpopulation, die mit 12 000 Tieren die weltgrößte ist. Ein versteinerter Wald bezeugt, dass hier in längst vergangenen Urzeiten andere klimatische Verhältnisse geherrscht haben müssen, und

Am Parkrand liegt die berühmte Ausgrabungsstätte **Koobi Fora,** wo Richard Leakey 1972 den versteinerten Schädel eines Homo habilis entdeckte, der rund 2 Mio. Jahre am Ufer des Sees gelegen haben muss. Hier liegen die Urspünge der Menschheit vor den Augen interessierter Reisender. Jedes Jahr finden nach wie vor Ausgrabungen im Rahmen eines Gemeinschaftsprojekts des Nationalmuseums mit der Ruttgers University in USA statt. Renommierte Paläontologen betreiben jeweils sechs Wochen lang eine Study Field School (tgl. 8–18 Uhr, www.museums.co.ke. Erw. 500 KSh, Kinder 250 KSh).

Übernachten

Einfach – **Alia Bay Guesthouse:** Tel. 020 60 08 00, www.kws.go.ke. Einfaches Haus mit 3 Zimmern, Moskitonetzen, Solargenerator, Küche. DZ 100 US-$.
Hütten und Camping – **Koobi Fora Base Camp**: Tel. +88-216 51 15 65 58, Tel. 020 816 41 34, www.museums.or.ke. Schlichte Hütten, gemeinsamer Koch- und Essplatz. Auch Camping ist möglich. Banda 1000 KSh, Camping 500 KSh/Pers.

Lodwar und die Westseite ▶ 1, L/M 2/3

Das Suguta Valley am Südzipfel des Sees kann von Fahrzeugen nicht passiert werden. Die Westseite des Sees ist nur über die Teerstraße von **Lodwar** (über Kitale oder Lake Baringo kommend) erreichbar, die Fahrtdauer beträgt von Lodwar etwa 1,5 Std. Die Folgen der fortschreitenden Verlandung, vor allem durch Wasserbauprojekte am äthiopischen Hauptzufluss Omo, sind an der Westseite des Sees deutlich sichtbar. Unterkünfte und Fischverarbeitungsfabriken schließen, und ohne Touristen können die wunderschön geflochtenen Körbe oder handgefertigten Seifen, die man auf dem Markt findet, nicht verkauft werden.

Die Entwicklung der gesamten Region wird einschneidend bestimmt von zwei Bodenschätzen: 2012 hat die Regierung ergiebige Ölvorkommen bekannt gegeben, derzeit wird noch nicht gefördert, die Vorarbeiten laufen jedoch intensiv. 2013 hat die UNESCO ein großes Grundwasserreservoir entdeckt. Seit 2014 wird die Stadt Lodwar bereits daraus versorgt.

Zu den attraktiven Unternehmungen gehören eine Bootstour zur Insel **Central Island,** ein Ausflug zu den Quellen von **Eliye Springs** und der Besuch eines seit Jahren erfolgreichen Frauenprojekts: **Turkana-Women's Conference Centre** etwas außerhalb von Lodwar. Die Kooperative entstand 1984 ursprünglich für Witwen, alleinerziehende Mütter und Gewaltopfer. Inzwischen gibt es mehr als 35 Arbeitsplätze, in der Herstellung von Kunsthandwerk, Seifen und Brot sowie im Nawoitorong Guest House (s. u.), in dem nicht nur Frauen übernachten dürfen.

Infos

Bank: Equity Bank, unweit der Hauptstraße neben der Post, Mo–Fr 9.30–13, Sa 9.30–11 Uhr.

Übernachten

Wassersportparadies in der Wüste – **Eliye Springs Resort:** 65 km nordöstlich von Lodwar (ca. 2 Std.), direkt am See, Tel. 0703 89 18 10, www.eliyespringsresort.com. Sechs traditionelle Bomas, gemütlich und komfortabel mit Bad und Solarstrom, auf Plattformen mit Veranda und Windschutz aus Palmblättern. Camping mit sauberen Gemeinschaftsanlagen. Bar, Restaurant mit sehr guter traditioneller und internationaler Küche. Massagen, Bootstouren, Inselausflüge, Fischen. Camping ab 20 US-$, Boma ab 207 US-$.

Hotelähnlich – **Ceamo Lodge:** Lodwar, 10 Min. vom Stadtzentrum in ruhiger Lage, Tel. 0721 55 55 65, www.ceamolodge.com. DZ um einen grünen Innenhof, ohne großen Charme – aber sauber und bemüht, schlichte Ausstattung, Bad, TV, Klimaanlage, WLAN, freundlicher Service, Bar/Restaurant, sicheres Parken. Ab 90 US-$/Pers. (ÜF).

Gemütlich – **Nawoitorong Womens Guest House:** 3,5 km außerhalb von Lodwar, Turkwell Bridge, Tel. 0704 91 19 47, edfrhp@imul.com. Gemütliche, schlicht ausgestattete Zimmer, Moskitonetze, Camping mit sauberen Gemeinschaftsanlagen, Restaurant, Aktivitäten. Camping 100 KSh, DZ bis 2000 KSh/Pers.

Essen & Trinken

Empfehlenswert sind neben den Hotelrestaurants die kleinen somalischen Restaurants an der Straße (200 KSh). Hier bekommt man leckere Gerichte.

Exotisch lecker – **Salama Hoteli:** Lodwar Innenstadt, ausgeschildert, tgl. 6–19 Uhr. Das beste Pilau im Norden! 100–150 KSh.

Aktiv

Bootstour zu den Krokodilen – **Jade Sea Journeys:** Tel. 0725 54 79 51, www.jadeseajourneys.com. Bootstour zur Krokodilkolonie im 15 km dem Ufer vorgelagerten Central Island National Park.

Verkehr

Flüge: tägliche Flugverbindung zum Jomo Kenyatta International Airport in Nairobi mit Fly540, zum Wilson Airport mit Safarilink, Return-Flug ab 300 US-$

Busse/Matatus: mehrmals tgl. zwischen Kitale und Lodwar (etwa 7 Std. Fahrzeit), morgens gegen 9 Uhr Fahrzeug nach Kalokol (etwa 2 Std. Fahrzeit).

Lake Victoria und Kenias Westen

Vorbei an den durch die unzähligen Flamingos rosa gefärbten Seen des Rift Valley, durch unendliche immergrüne Teefelder an den zweitgrößten Süßwassersee der Erde – die Reise an den Viktoria-See ist eine Entdeckungsreise wie im Bilderbuch. Am Mt. Elgon, dem Grenzberg zu Uganda, erwarten den Besucher abwechslungsreiche Landschaften, Höhlenmalereien, Regenwald und Wanderparadiese.

Der Westen Kenias, angrenzend an den Nachbarn Uganda, erscheint vom übrigen Land abgetrennt durch den Großen Ostafrikanischen Grabenbruch. Dieser wiederum kann sich mit seinem Naturwunder Masai Mara vor Besuchern kaum retten. Die Distrikte Nyanza und Western sind dagegen im Dornröschenschlaf versunken. Doch das Gebiet lohnt es durchaus, entdeckt zu werden! Nyanza, als die einwohnerstärkste Region neben Nairobi, verfügt über eine gute Infrastruktur, die auch dem Reisenden angenehm entgegenkommt.

So kontrast- und abwechslungsreich wie die Landschaft ist auch die kulturelle Vielfalt. Das Rift Valley mit seinen Grassavannen ist Heimat der Tiere und der halbnomadischen Masai, das immergrüne Farmland mit Teepflanzungen in den Hügeln um Kericho hingegen bewohnen Gruppen der Kalenjin. Die Bantu sprechenden Luhya bewirtschaften die größten Zuckerrohrplantagen nördlich des Viktoria-Sees, der See selbst und das Ufertiefland sind Lebensraum der dem Fisch eng verbundenen Luo. Sie stellen die insgesamt zweitgrößte Bevölkerungsgruppe Kenias und gehören zu den nilotischen Ethnien. In der Region um die Berge von Kisii leben Gusii, berühmt durch ihre Steinschnitzkunst: Der weiche Soapstone, auch Seifen- oder Speckstein, wird hier gebrochen und kunsthandwerklich verarbeitet. Ihre Traditionen und Sprachen sind gänzlich verschieden und doch leben sie in einem Land. Hier wird deutlich, wie wichtig die sie einende Sprache Kiswahili ist.

Nakuru und Umgebung ▶ 1, L/M 8

Von der Hauptstadt geht die Reise auf dem Waiyaki Way, Teil des East African Highway, in nordwestliche Richtung. Das Rift Valley steil abwärts, vorbei an den Abzweigungen nach Naivasha und zu den Aberdares, und durch die sandstaubige Stadt Gilgil. In der nahe gelegenen Ausgrabungsstätte **Kariandusi** wurden zahlreiche altsteinzeitliche Werkzeuge unserer Vorfahren gefunden. Sie sind in einem kleinen Museum ausgestellt (tgl. 9.30–18 Uhr, www.museums.or.ke, Erw. 500 KSh, Kinder 250 KSh).

Wer eine Rast einlegen möchte ist am **Lake Elmentaita** genau richtig: der Salzsee ist nicht nur ein Vogelparadies, seine Uferbereiche sind auch Ostafrikas größte Brutstätte für Pelikane. Teile des Sees und das ihn umschließende Grasland gehören zum **Soysambu-Naturschutzgebiet** (Erw. 47 US-$, Kinder 24 US-$). Der See ist ein guter Standort, um von hier aus Ausflüge in die nahen Nationalparks Hell's Gate, Lake Nakuru und Aberdare zu unternehmen.

Übernachten

Luxuriös – **Sleeping Warrior:** Camp & Lodge am markanten gleichnamigen Berg im Soysambu Conservancy, Tel. 0735 40 86 98, www.sleepingwarriorkenya.com. Großzügige Cottages mit Bad, viel Privatsphäre und großer Terrasse; elegant und geschmackvoll ausgestattet. Bar/Restaurant mit exzellenter französisch geprägter internationaler Küche, Bush Dining und Sundowner, Tag-/Nachtpirschfahrten, Vogelbeobachtung, Buschwanderungen, Ausflüge u. a. zum Lake Nakuru und zum Eburru Forest, Transfers von/nach Nairobi. Camp DZ ab 250 US-$ (HP), Lodge ab 350 US-$/Pers. (VP, Aktivitäten).

Toller Blick – **Sunbird Lodge:** Zufahrt vom Nairobi-Nakuru-Highway, Ostufer, Tel. 020 80 00 75, www.sunbirdkenya.com. Am Berghang, komfortable Cottages mit Bad und Veranda auf Plattformen mit schöner Aussicht auf den See, Bar/Restaurant mit guter internationaler Küche. Ausflüge und Ballonfahrten. Ab 120 US-$/Pers. (VP).

Entspannt – **Pelican Lodge:** direkt am Seeufer, Tel. 0751 38 83 05, www.thepelicanlodge.com. 12 grasbedeckte gemütliche Cottages mit Bad und Terrasse, Ausstattung von rustikal geschmackvoll bis schlicht elegant. Bar/Restaurant mit sehr guter frischer Küche, die Lounge bietet weiten Blick über den See. Geführte Spaziergänge und Vogelbeobachtung, Ausflüge zu anderen Seen im Rift Valley. Ab 100 US-$/Pers. (VP)

Liebevoll – **Punda Milia:** zwischen Lake Elmentaita und Nakuru, 15 km zum Nationalpark, Tel. 0733 24 59 15, www.pundamilianakurucamp.com. Unterkünfte verschiedener Kategorien, alle gemütlich und rustikal. Sauber, geschmackvoll, freundlicher Service. Pool, Massage, Aktivitäten. Restaurant mit kenianischer und internationaler Küche (um 500 KSh). Großes Cocktailangebot. Bandas ab 3400 KSh, Luxus-Safarihauszelte ab 8500 KSh, Rund-Cottage ab 13 000 KSh, Camping ab 600 KSh/Pers.

Nakuru

Nakuru, Hauptstadt der Provinz Rift Valley und viertgrößte Stadt Kenias, liegt etwa 150 km von Nairobi entfernt. Es bietet keine Attraktionen – eine bunte kenianische Stadt mit staubigen Straßen. Anziehungskraft besitzen der nahe gelegene Lake Nakuru National Park und der beeindruckende Menengai-Krater.

Menengai-Krater

Vorbei am **Hyrax Hill,** einer prähistorischen Fundstätte mit angeschlossenem kleinem **Museum** (tgl. 9.30–18 Uhr, www.museums.or.ke, Erw. 500 KSh, Kinder 250 KSh), windet sich der Weg hinauf auf 2490 m zum **Menengai-Krater.** Er gilt mit 12 km Durchmesser als die zweitgrößte Caldera der Welt. Vom Kraterrand, der einen imposanten Blick in die Landschaft über die schwarzen Lavazungen bis hin zum Lake Bogoria bietet, geht es steile 350 m hinunter in den buschbewachsenen, nur von Zebras, Antilopen und anderen Savannentieren bewohnten Krater.

Die Masai meiden diesen Ort jedoch, bedeutet sein Name doch ›Ort des Bösen, Ort der Leichen‹. Sie glauben, dass der hier meist heftig wehende Wind die Schreie der sterbenden Krieger aus den Stammeskämpfen des 19. Jh. in alle Richtungen trägt. Schönes Kunsthandwerk gibt es auf dem Markt vor der Standard Chartered Bank.

Infos

Banken: Barclays, Standard, KCB, an der Kenyatta Avenue, Mo–Fr 9–15, Sa 9–11 Uhr, alle mit Automaten.

Übernachten

Paradiesisch – **Ziwa Bush Lodge:** an der Nakuru–Eldoret Rd., ca. 35 Min. vom Nationalpark, Tel. 0721 11 33 22, www.ziwalodge.com. 6 grasgedeckte Cottages aus Stein und Canvas, mit Bad und Veranda, geschmackvoll eingerichtet, komfortabel und gemütlich. Das Restaurant bietet hervorragende internationale Küche. Ausflüge, Transfers. Verbunden mit dem EAMO-Waisenhaus, das Heimat und Schule für 250 Kinder ist. Ab 150 US-$/Pers. (VP).

Angenehm – **Milimani Guest House:** Nakuru Milimani, Maragoli Ave., Tel. 0753 61 62 63, milimanihouse@yahoo.com. In einem gepflegten Garten mit Blick auf den Nakuru-See, modern und komfortabel ausgestattete Gästezimmer mit Bad, Balkon und WLAN, sauber, charmant-freundlicher Service, Lounge mit Kamin, Restaurant mit guter Küche. 10 Min. vom Golfplatz. DZ ab 90 US-$ (ÜF).

Essen & Trinken

Frisches und Cocktails – **Guava Lounge & Bar:** hinter der Eco-Bank, gegenüber Galanis-Supermarkt, Tel. 0720 35 30 45, Mo–So 10–3 Uhr. Modernes Ambiente, sehr gute frische Säfte, leichte Snacks und Salate. Großes Angebot an Cocktails, Long Drinks, WLAN. Angenehme Musik, nettes Publikum. Um 800 KSh.

Kaffeespezialitäten – **Moca Loca Coffee & Lounge:** Kenyatta Ave./Club Rd., gegenüber Masters Plaza, Tel. 0708 08 48 39, tgl. 9–22 Uhr. Flippig coole Atmosphäre. Um 800 KSh.

Afrikanisch lecker – **Saramek Restaurant:** near State House Rd., Tel. 0723 66 50 01, tgl. 8–22.30 Uhr. Um 650 KSh.

Aktiv

Käse-Workshop – **Happy Cow:** aus Richtung Nairobi 3 km vor Nakuru, Tel. 020 231 38 98, www.happycowkenya.com. Wer schon immer mal wissen wollte, wie die Löcher in den Käse kommen, kann bei einem der größten Käsehersteller Kenias »Käseferien« verbringen und an einem Workshop rund um das Thema Käse teilnehmen.

Golf – **Nakuru Golf Club:** Show Ground Rd., Tel. 0704 23 16 41, www.nakurugolfclub.co.ke, 18-Loch-Platz.

Schildkröten – **Equator Tortoise Park:** 15 km außerhalb der Stadt Richtung Bogoria/Baringo (Ausschilderung beachten), Tel. 0707 25 01 72, tgl. 7–18 Uhr. Mehr als 400 Schildkröten (Leoparden-, Glattrandgelenk- und die bedrohte Spaltenschildkröte). Die von einem Tag bis zu 316 Jahre alten Tiere werden hier liebevoll gepflegt. Erw. 10 US-$, Kinder 5 US-$.

Reiten und Geschichte – **Deloraine Ranch:** Rongai, 55 Min. nordwestlich von Nakuru, am Fuße der Londiani-Berge. Tel. 0704 90 93 55, www.offbeatsafaris.com. Koloniales Flair auf der seit 1920 aktiven Farm, 60 Pferde für Anfänger und erfahrene Reiter, Trainer, Reitausflüge, Polo. Unterkunft in elegant und komfortabel ausgestatteten Gästezimmern oder im Cottage. Ab 465 US-$ (VP).

Verkehr

Busse: tgl. mehrmals Busse/Express-Matatus vom Markt in alle größeren Städte.

Lake Nakuru National Park

Tgl. 6.30–18.30 Uhr, Tel. 0800 59 70 00, www.kws.go.ke, Landepiste im Park, Erw. 60 US-$, Kinder 35 US-$ (s. S. 117)

Mit seinem 30 km² großen, stark salzhaltigen See ist der **Lake Nakuru National Park** weltberühmt für seinen Vogelreichtum, besonders für die beinahe den ganzen See bedeckenden Flamingoschwärme mit bis zu 1,5 Mio. Tieren! Auch wenn sich hier nach wie vor eine üppige Fülle von mehr als 450 Vogelarten aufhält, sind diese paradiesgleichen Bilder heute keine Selbstverständlichkeit mehr. Immer wieder trocknete der See aus (*enkuru* bedeutet in Maa etwa ›Ort des tanzenden Staubs‹), doch in den letzten Jahren ist das ökologische Gleichgewicht extrem ins Wanken geraten. Der Wasserspiegel ist teilweise zu hoch, sodass viele Wege überschwemmt sind und der Salzgehalt des Sees sinkt. Folglich gibt es weniger blaugrüne Algen und Kleinkrebse. Die aber wiederum sind die Nahrungsgrundlage der Flamingos. Wer den Park vor allem wegen der Flamingos besuchen möchte, sollte sich im Vorhinein gut über die aktuelle Situation informieren. Dennoch ist es ein wunderbarer Ort zur stillen Beobachtung u. a. von Nashörnern, Löwen, Leoparden und Rothschild-Giraffen. Beheimatet ist hier auch die größte Schlange Afrikas: die Python.

Der National Park ist landschaftlich sehr abwechslungsreich mit Savannen, Wäldern, Wasserfällen, Felsen, Sumpf- und Seegebieten. Am Ostufer des Sees erstreckt sich der größte reine Euphorbienwald Afrikas. Dank der guten Verkehrsanbindung ist der Parkbesuch auch als Tagesausflug (zwei Autostunden) von Nairobi möglich. An ruhigen Wochentagen sollte man im Naishi Guest House übernachten: In den Abendstunden kommen Flusspferde aus dem nahen See ans Ufer, und der Sonnenaufgang am Morgen ist einfach traumhaft.

Übernachten, Essen & Trinken

Komfortabel – **Lion Hill Lodge:** im Nationalpark, Tel. 0709 11 10 00, www.sarovahotels.com. Die 76 kleinen, komfortabel eingerichteten Chalets haben eine eigene Veranda, die

Luxussuiten einen Kamin, Pool, Sauna, Blick über den See. Exzellente internationale Küche. DZ ab 374 US-$.
Im Busch – **Flamingo Hill Tented Camp:** am Rand des Nationalparks, Tel. 020 388 44 85, www.flamingohillcamp.com. 25 Wohnzelte, modern eingerichtet und mit liebevollen Details, sehr gute internationale Küche. Pool. Ab 185 US-$/Pers. (VP).
Hütten für Selbstversorger – **Naishi Guest House:** Tel. 0800 59 70 00, www.kws.go.ke. Die Selbstversorgerhütte des KWS verfügt über 8 Schlafplätze und eine gut ausgestattete Küche. Der Stromgenerator läuft von 19–22 Uhr, Lage und Anwesen sind sehr beliebt, lange im Voraus buchen! Hütte 250 US-$. **Wildlife Club of Kenya Guesthouse:** Tel. 020 267 17 42, www.wildlifeclubsofkenya.org. Gemütliche und komfortable Zimmer, Gemeinschaftsraum mit Kamin, Selbstversorgung in der gut ausgestatteten Gemeinschaftsküche. Erw. 1250 KSh, Kinder 650 KSh.
Camping – **KWS-Campingplätze:** Tel. 0800 59 70 00, www.kws.go.ke. Der Campingplatz am Gate ist oft voll und laut, besonders schön gelegen ist der Platz am Makalia-Wasserfall, beide mit einfacher Sanitäranlage, keine weitere Infrastruktur. Ab 50 US-$/Pers.

Verkehr

Flüge: über die Landepiste im Lake Nakuru National Park Charterverbindung mit Nairobi Wilson Airport.

Lake Bogoria und Lake Baringo ▸ 1, L/M 7

Lake Bogoria

Zugang: Empfehlenswert ist das Loboi Gate, von der B4 abzweigend, Tel. 0720 31 67 60, www.lakebogoriareserve.com, ganzjährig zu besuchen, Nov.–April sehr heiß, tgl. 6–19 Uhr. Erw. 50 US-$, Kinder 25 US-$

Wer Zeit hat, darf sich den Tages- oder besser Zweitagesausflug von Nakuru aus zu den beiden nördlich gelegenen Rift-Valley-Seen Bogoria und Baringo nicht entgehen lassen. Die sehr gut ausgebaute Straße führt 900 m hinunter in die trockene heiße Ebene, nach gut 110 km erreicht man das Loboi Gate des versteckt liegenden salzhaltigen **Lake Bogoria,** der bis in die 1970er-Jahre als Lake Hannington bekannt war.

Flamingos finden im Lake Bogoria reichlich Nahrung

Mit einer Fläche von etwa 30 km^2 bildet er das Herzstück des 107 km^2 großen **Lake Bogoria National Reserve.** Zu Füßen der Laikipia-Bruchstufe findet man ein wahres Kleinod der Natur, das mit brodelnden Geysiren und heißen Schwefeldämpfen an urgeschichtliche Zeiten erinnert. Der selten zu sehende Große Kudu, Büffel, Giraffen und andere Wildtiere leben friedlich nebeneinander. Zuweilen färbt sich das durch den Algenbewuchs ohnehin bunt schillernde Wasser des Sees zart rosa: die Zeit der Flamingos. Besonders dann, wenn der Lake Nakuru austrocknet, ziehen die anmutigen Vögel in riesigen Schwärmen dorthin, wo sie reichlich Nahrung finden. Hauptnahrungsmittel sind kleine Wassertiere und Algen, deren Bildung durch den hohen Sodagehalt des Seewassers gefördert wird. Die Intensität der Gefiederfarbe der Flamingos wird übrigens durch Pigmente im Plankton ausgelöst.

Auch der Lake Bogoria leidet zunehmend unter starken Schwankungen des Wasserspiegels. Mitunter sind Wege überschwemmt, das Südende des Sees mit seinen alten Feigenbäumen kaum erreichbar, die Geysire eher unscheinbar. Camping ist dann am Picknickplatz möglich. Auf den Besuch von Pavianen, Schildkröten und nachtaktiven Tieren sollte man sich einstellen. Der Sonnenaufgang hoch oben am **Lake Bogoria View Point** ist traumhaft, ein Pfad führt in etwa 45 Min. hinauf.

Übernachten, Essen & Trinken

Heißer Pool – **Lake Bogoria Spa Resort:** 5 Min. Fahrt zum See, Nähe Loboi Gate, Tel. 020 224 90 55, www.lakebogoria-hotel.com. Hübsch und komfortabel eingerichtete DZ, Suiten und Cottages, aus den heißen Quellen des Sees gespeister Pool, Massage, gute Küche (Frisches von der eigenen Bio-Farm) mit traditionellem BBQ (Ziege!) und internationalen Gerichten (um 500 KSh), Birdwatching, geführte Wanderungen. DZ ab 150 US-$.

Heiße Zeltnacht – **Campingplatz** an der Südspitze des Sees, am Frischwasserzulauf unter alten Feigenbäumen oder am Picknickplatz, keine Toiletten/Duschen. Buchung am Gate, 10 US-$/Pers.

Lake Baringo

Ruko Conservancy, Tel. 0721 96 78 80, www.rukokenya.org, Erw. 20 US-$, Kinder 10 US-$

An der B4, weitere 40 km nördlich hinter Marigat, liegt der Süßwassersee **Lake Baringo** mit einer großen Population an Krokodilen und Flusspferden, weshalb Vorsicht beim Baden geboten ist. Er ist ein Mekka für Ornithologen und bietet ca. 400 Vogelarten einen Lebensraum. Hier kann man z. B. die größte ostafrikanische Kolonie an Goliathreihern beobachten. Die Menschen am See leben vom Fischfang in traditionellen Booten und betreiben Ackerbau, der durch ein modernes Bewässerungssystem ermöglicht wird.

Übernachten, Essen & Trinken

Gemütlich – **Island Camp:** Tel. 0724 87 46 61, www.islandcamp.com. Paradiesisch gelegen auf Ol Kokwe Island mitten im See, Zelt-Camp mit tollem Blick und himmlischer Ruhe, rustikal eingerichtete Ensuite-Wohnzelte auf Plattformen sowie großzügige Rundhütten mit Grasdach und privater Veranda, Pool, Vogelbeobachtung, Bootstouren, Surfen, Wasserski. Bootstransfer und bewachter Parkplatz am Bootsanleger. Ab 690 US-$ (VP), Sonderangebote erfragen!

Vogelbeobachtung vom Bett aus – **Samatian Island Lodge:** Samatian Island, Tel. 0722 20 77 72, www.samatianisland.com. Die fünf halboffenen Cottages sind stilvoll und großzügig mit einheimischen Naturmaterialien errichtet und dekoriert. Eigene Terrasse mit weitem Blick über den See, Pool, Restaurant mit hervorragender internationaler Küche. Bootstouren, Vogelexkursionen, Besuch im Pokot-Dorf mit Einblicken in Kultur und Alltagsleben. Das Lodge-Team steht zur Verfügung, aber alle Lebensmittel sind mitzubringen! Mindestens 2 Nächte für Selbstversorger ab 44 000 KSh.

Am Ufer – **Robert's Camp:** am Westufer des Sees, Tel. 0717 17 66 56, www.robertscamp.com. Vier Holzcottages (die beste Lage hat das Hammerkop Cottage) auf Stelzen, mit Küche für Selbstversorger, vier Bandas im traditionellen Rundhüttenstil, auch Camping mit eigenem Zelt ist möglich. Geführte Wanderungen und Mountainbiketouren, Restaurant und Bar. Camping 800 KSh/Pers., Cottage ab 3000 KSh/Pers. (VP).

Einkaufen

Honig – An der B 4 bieten Straßenverkäufer eine große Auswahl an Honig in Flaschen feil. Eine Kostprobe lohnt sich! Bevor man kauft, sollte getestet werden, ob der Inhalt reiner Honig ist: Dreht man die Flasche auf den Kopf und der »Honig« fließt flott nach unten, dann ist eine gehörige Menge Wasser zugesetzt worden. Reiner Honig fließt eher zäh und langsam. Ab 100 KSh.

Durch das Kerio Valley nach Eldoret ▶ 1, K/L 6/7

Karte: S. 201

Von Marigat nach Eldoret

Von der B4 zweigt kurz vor **Marigat** 1 eine gut ausgebaute Straße Richtung Eldoret ab. Diese kurvenreiche Strecke ist eine der schönsten in Kenia. Auf knapp 60 km windet sie sich die Westwand der Bruchstufe hinauf, genüsslich dahinfahrend kann man den sich ständig ändernden Blick über das Rift Valley und den Lake Baringo genießen.

›Eine Welt in einem Land‹ – das wird dem Reisenden hier sehr bewusst: Vom trocken-heißen Talboden zum frisch-saftigen Grün des Hochlandes gelangt man in nur wenigen Augenblicken. Erreicht man **Kabarnet** 2, ist die Überraschung über diese kleine anheimelnd wirkende Geburtsstadt des früheren Präsidenten Daniel Arap Moi groß. Ein interessantes **Museum** gibt Auskunft über die Kulturen des Baringo-Distrikts und des Rift Valley (Tel. 053 212 21, tgl. 9.30–18 Uhr, Erw. 500 KSh, Kinder 250 KSh).

Hinunter fällt die Straße ins **Kerio Valley,** den ›Grand Canyon Kenia‹, um dann auf der anderen Seite steil wieder hinaufzuklimmen auf das Elgeyo Escarpment mit den 70 m hohen **Torok-Wasserfällen** 3 bei Tambach. Die Wasserfälle sieht man gut links der Straße, kurz vor Biretwo.

Unterwegs sieht man bunte Gleitschirme, die vom Himmel zu fallen scheinen und athletische Läufer, die sich leichtfüßig durch die Landschaft bewegen. Beides ist nicht erstaunlich: Die berühmte Sportschule St. Patricks High der kenianischen Läufergilde ist in **Tambach** 4 beheimatet, und die Liebhaber des Gleitschirmfliegens haben ihren geheimen Treffpunkt im **Hotel Kerio View** 5. Die Startplätze liegen direkt neben der Hotelanlage in der Nähe von Iten, dem größten Marktflecken auf diesem Höhenzug.

Übernachten, Essen & Trinken

Schöner Blick ins Tal – **Hotel Kerio View:** Tel. 0722 78 19 16, www.kerioview.com. Unterkunft in gemütlich ausgestatteten Bandas für Selbstversorger, Restaurant mit hervorragender internationaler Küche (um 350 KSh) und guter Bar. Motorrad- und Mountainbiketouren, Wanderungen, Vogelbeobachtung, besonders beliebt aber vor allem zum Gleitschirmfliegen (mit eigener Ausstattung). Mit Frühstück ab 65 €/Pers.

Eldoret 6

Der Name der fünftgrößten Stadt Kenias, **Eldoret**, bedeutet in Maa etwa ›Steiniger Fluss‹, die Stadt liegt in 2200 m Höhe am felsigen Flussbett des Sosiani und an der A 104 ungefähr 150 km von Nakuru, rund 300 km von Nairobi entfernt. Mit seinen ertragreichen weiten Maisfeldern gilt das Gebiet auch als ›Maisbunker‹ Kenias. Als südafrikanische Buren 1910 den Ort gründeten, siedelten hier bereits Masai und Nandi. Mit dem Eisenbahnbau erlebte die Stadt ab 1924 einen großen wirtschaftlichen Aufschwung. Einen weiteren, nicht unumstrittenen Investitionsschub verdankt Eldoret dem aus der Region stammenden Altpräsidenten Moi. So verfügt Eldoret heute nicht nur über eine Universität, sondern auch über einen internationalen Flughafen. Alte Holzhäuser aus den frühen Siedlerjahren, als der Ort nach dem Stand-

Durch das Kerio Valley nach Eldoret

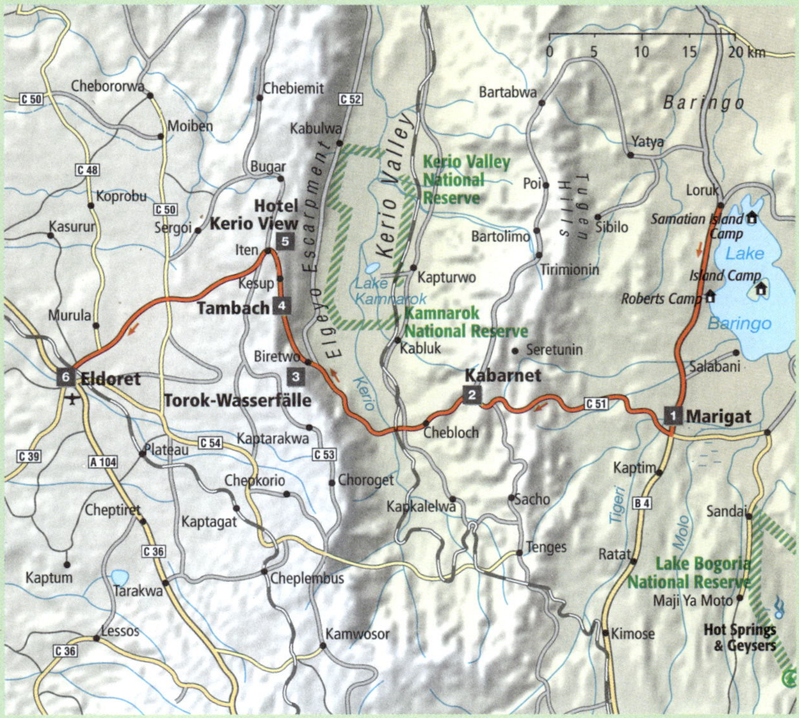

ort seiner Poststelle unter dem Namen Plot 64 bekannt war, zeugen noch immer von der damaligen Atmosphäre.

Kenianische Langstreckenläufer sind weltbekannt, die besten von ihnen gehören zur Volksgruppe der Kalenjjin, die in dieser Region Westkenias beheimatet ist. Der berühmteste Läufer ist zweifelsohne Hezekiah Kipchoge Keino, u. a. Sieger über 5000 m in Mexico City 1968. Seine ehemalige Farm liegt wenige Kilometer vor Eldoret. Sie wurde in die Kipkeino Foundation umgewandelt, die ein Heim für über 90 Waisenkinder und ein Trainingszentrum für begabte Läufer aus weniger begüterten kenianischen Familien umfasst. Aus den Einnahmen werden das Zentrum und zwei Schulen in Eldoret unterstützt.

Infos

Banken: Standard, Barclays, KCB, alle mit Automaten in der Uganda Road, Mo–Fr 9–15, Sa 9–11 Uhr.

Übernachten, Essen & Trinken

In der Stadt – **Boma Inn:** Ramogi Rd./Elgon View Dr., 5 Min. zur City, Tel. 0719 02 50 00, www.theboma.co.ke. 68 luxuriöse DZ mit Bad verschiedener Kategorien, mit modernem, afrikanischem Ambiente, WLAN, Pool, Transfers, Gepäckaufbewahrung auch für mehrere Tage, Fitnessstudio, Spa. Bar und Restaurant mit internationaler Küche auf hohem Niveau. DZ ab 175 US-$ (ÜF).

Modern – **Poa Place Resort:** Eldoret, Tel. 0703 12 99 90, www.poaplace.co.ke. Elf komforta-

In Eldoret trainieren die besten Langstreckenläufer der Welt

ble Cottages mit Bad und Veranda auf schönem, gepflegtem Gartengrundstück. Pool und Fitnessraum. In der Woche fungiert die Anlage auch als Konferenzzentrum. Am Wochenende oft Hochzeiten und andere Familienfeiern. Restaurant mit sehr guter afrikanisch geprägter Küche, beliebt ist der ›schwimmende‹ Terrassenbereich. DZ ab 72 US-$ (ÜF).
In der Natur – **Naiberi River Campsite & Resort:** Uasin Gishu Rd.,16 km südöstlich der Stadt. Tel. 0722 68 65 12, www.naiberi.com. Auf bewaldetem Hügel mit herrlichem Blick, rustikale Bandas aus Stein mit Grasdach (ab 33 US-$), Mehrbettzimmer (25 US-$) und Camping (8 US-$), alles sauber und einladend. Pool, Restaurant mit internationaler und traditionell afrikanischer Küche, Höhlenbar. Wanderungen, Vogelbeobachtung.

Aktiv

Lauftraining – **Kipkeino Foundation:** auf rund 2700 m Höhe gelegen, 5 km südöstlich der Stadt, Tel. 0722 080 89 97, www.kipkeino foundation.co.ke. Wer entsprechend fit ist, kann zu bestimmten Zeiten an Trainingseinheiten der Hochlandläufer teilnehmen.
Golf – **Eldoret Club:** Uasin Gishu Plateau, Tel. 0725 73 60 66, www.eldoretclub.co.ke. 9-Loch-Platz.

Verkehr

Flüge: Nairobi–Eldoret mit Fly540, hin und zurück ab 130 US-$.
Busse: Matatus in die Umgebung und in die großen Städte mit North Rift Valley Shuttle oder Mololine Shuttle ab Markt.

Kitale ▶ 1, K 6

Rund 70 km nördlich von Eldoret liegt die kleine gemütliche Stadt **Kitale** inmitten fruchtbaren Hügellandes mit Bananen- und Orangenplantagen. Meist wird Kitale als Basis für Wanderungen am Mt. Elgon genutzt. Das **Museum of Western Kenya** ist jedoch ebenso zu empfehlen: Es bietet einen spannenden Einblick in die Lebenswelten und Kulturen der seit Jahrhunderten in der Region lebenden Menschen, verfügt über einen beeindruckenden Naturlehrpfad auf dem dschungelartigen Gelände und macht den Besucher mit ökologischen Fragen der landwirtschaftlichen Nutzung des westlichen Hügellands vertraut (tgl. 9.30–18 Uhr, Tel. 054 309 96, www.museums.or.ke, Erw. 500 KSh, Kinder 250 KSh).

Wer an einheimischen Baumarten und ökologisch sinnvoller Forstwirtschaft interessiert ist, der sollte dem angrenzenden **Olof Palme Centre** einen Besuch abstatten. Das schwedische Beratungsprojekt schlägt eine Brücke zwischen lebensnotwendiger Landwirtschaft und zukunftssichernder Forstwirtschaft. Auch für Städter ist der Besuch eine Bereicherung – und noch dazu kostenfrei (tgl. 8–17 Uhr).

20 km östlich der Stadt gibt es eine weitere Attraktion: den mit 3 km^2 Fläche kleinsten Nationalpark Kenias, der ausschließlich zu Fuß erkundet werden darf und zum Schutz der seltenen Sitatunga-Antilopen eingerichtet wurde. Der **Saiwa Swamp National Park** ist durch ein ungewöhnliches Wegenetz erschlossen: Auf Holzbrücken durchstreift man das sumpfige Gebiet und hat so gute und vor allem sichere Beobachtungsmöglichkeiten (Tel. 0800 59 70 00, www.kws.go.ke, ganzjährig geöffnet, tgl. 6.30–18 Uhr, Erw. 22 US-$, Kinder 13 US-$) .

Infos

Banken: Barclays, KCB mit Automaten in der Kenyatta Street, Mo–Fr 9–15, Sa 9–11 Uhr.

Übernachten, Essen & Trinken

Stadthotel – **The Cranes Suites:** Tel. 0707 20 01 68, info@cranesgroup.ke. 2017 eröffnetes Hotel in Kitale Town, Rooftop-Restaurant mit Blick auf den Mt. Elgon. Etwas außerhalb der Stadt in einem von zahlreichen Vögeln bevölkerten Wäldchen Schwesterresort **Crane Haven** mit eigenem Kaffeeanbau und Unterkunft in Luxuszelten. Suiten ab 4500 KSh/Pers. (ÜF)

Gemütlich – **Sirikwa Safaris/Barnley's Guest House:** 23 km nördlich von Kitale, Tel. 0737 13 31 70, www.sirikwasafaris.com. Gemütliche Zimmer, auch Camping möglich, warme Duschen, Grillplatz, gute Hausmannskost, Vogelbeobachtung, Vermittlung professioneller Führer für Touren zum Mt. Elgon und in die Cherengani Hills, Möglichkeit zum Fischen. Camping 700 KSh/Pers., DZ ab 6000 KSh.

Aktiv

Golf – **Kitale Golf Club:** Tel. 054 313 30. Uganda Rd., südlich der Stadt, 18-Loch-Platz.

Verkehr

Flüge: Nairobi–Kitale u. a. mit FlySax, hin und zurück um 160 US-$.

Busse: North Rift Valley Shuttle nach Nairobi (Fahrtdauer 7 Std.), ansonsten verkehren Matatus in alle Richtungen.

Mt. Elgon National Park

▶ 1, J/K 6

Das Bergmassiv des **Mt. Elgon** (4321 m) teilen sich Kenia und Uganda. Auf kenianischer Seite sind 169 km^2 zum National Park erklärt. Dennoch sind einige Bereiche zur forstwirtschaftlichen Nutzung durch die ansässige Bevölkerung freigegeben. Der Masai-Name Ol Doinyo Ilgoon (›Brustberg‹) weist auf die Form

Tipp

TREE TOP HUT IM SAIWA SWAMP NATIONAL PARK

Unvergessliche Eindrücke beschert der **Saiwa Swamp National Park** in den frühen Morgen- und späten Nachmittagsstunden, Zeiten, zu denen das Licht zauberhaft ist und die Tiere am aktivsten sind. Diese Momente erlebt, wer in der **Tree Top Hut** übernachtet, einer schlichten Hütte mit zwei Betten, die auf einer Plattform in einem knorrigen alten Baum des Parks errichtet wurde. Gäste müssen ihr eigenes Geschirr mitbringen, können aber die Küche der Ranger nutzen (Tel. 0800 59 70 00, www.kws.go.ke, Hütte 50 US-$).

des Berges hin: Beinahe kastenförmig, untypisch für eine Caldera, steht der Fels in der unberührten Natur mit noch immer ungelüfteten Geheimnissen. Baumsavannen, tropische Waldzonen mit spektakulären Wasserfällen, dichten Bambuswäldern und alpinen Heideflächen umgeben den Wanderer auf einsamen Pfaden. In diesem Paradies der Büffel, Leoparden und Elefanten sollte man sich von einem bewaffneten Ranger begleiten lassen und sich mit Karte und Kompass auskennen. Bis zur Moorlandschaft in 3500 m Höhe gelangt man mit dem Allradfahrzeug (2 Std.), spätestens ab dort müssen die rund 10 km bis zum Kraterrand des erloschenen Vulkans erwandert werden. Es gibt jedoch keine markierten Wege. Am besten sind die etwas trockeneren Zeiten des Jahres für solche Naturerlebnistouren geeignet.

Berühmt ist das Bergmassiv für seine Vielzahl an Höhlen und Grotten, die von Tausenden Fledermäusen bewohnt werden. Elefanten statten den Höhlen regelmäßig einen Besuch ab, um mit ihren Stoßzähnen nach Salzen im Gestein zu bohren. Eine der größten Höhlen, Kitum Cave, geriet durch Medienberichte über das tödliche Ebola-Virus in Verruf, ein Zusammenhang mit dem Ursprung des Krankheitserregers konnte bisher jedoch nicht nachgewiesen werden.

Infos

Zugang: über Chorlim Gate 35 km westlich von Kitale, bewaffneter Ranger 3000 KSh/Tag. In den Trockenzeiten ist der Besuch am günstigsten, d. h. Dez.–März und Sept./Okt., tgl. 6.30–18.30 Uhr, Tel. 0800 59 70 00, www.kws.go.ke, keinerlei Versorgungsmöglichkeiten. Erw. 26 US-$, Kinder 13 US-$.

Übernachten

Hütten für Selbstversorger – **Kapkuro Bandas:** einfache Selbstversorgerhütten des KWS am Chorlim Gate, gut ausgestattete Küche, Grillplatz. Banda für 3 Pers. 40 US-$. **Kiotoboss Guest House:** etwas komfortabler, Bad mit Warmwasserdusche, für 6 Pers. 150 US-$.

Camping – in Absprache mit dem KWS, Erw. 20 US-$, Kinder 15 US-$.

❀ Kakamega Forest National Reserve

► 1, K 7

20 km nördlich von Kakamega-Stadt, ganzjährig zu besuchen, tgl. 6.30–18.30 Uhr, Tel. 0800 59 70 00, www.kws.go.ke, Erw. 22 US-$, Kinder 13 US-$. Führer über Kakamega Forest Guide Association (KAFOGA), Tel. 07 21 62 83 43, Kenya Wildlife Service (KWS) oder Rondo Retreat Centre, festes Schuhwerk ist Pflicht!

Einst spannte sich ein monumentaler Regenwald von Westafrika über das Kongobecken bis zum Indischen Ozean. Heute sind davon auf kenianischem Grund nur noch wenige Quadratkilometer vorhanden, 50 km^2 davon sind das **Kakamega Forest National Reserve.** Das dschungelartige Waldstück liegt auf 1600 m Höhe und bietet einen einzigartigen Lebensraum für eine Fülle an Pflanzen und Tieren: rund 160 Baum- und Buscharten, 170 Kräuter, 62 Farne sowie über 60 verschiedene Orchideen bilden einen allzeit grünen Dom.

Unter seinem grünen Gewölbe schweben mehr als 400 Schmetterlingsarten, darunter der wunderschöne Diademfalter, sowie 370 Vogelarten – der Große Blaue Turako ist nur hier heimisch. Sie sind vor allem in den Vormittags- und späten Nachmittagsstunden zu beobachten. Die beste Zeit ist von Juni bis September, nach der langen Regenzeit. Allein 40 Schlangenarten und der bis zu 2 m lange Nilwaran lassen die Herzen von Reptilienliebhabern höher schlagen. Chamäleons äugen herab, Meerkatzen und Colobus-Affen flitzen durchs Geäst, selten lassen sich Leoparden blicken. Nach wie vor nutzen Einheimische den Wald zur Herstellung von Heilmitteln und zu rituellen Zwecken. Leider schützt das die Baumriesen nicht vor ungenehmigter Abholzung.

Wanderungen in Begleitung erfahrener Führer gleichen einem Ausflug ins unberührte Paradies, Auf Schritt und Tritt fühlt man sich von Meerkatzen und den wunderschönen schwarz-weiß felligen Mantelaffen (Colobus-Affen) begleitet.

Colobus-Affen fühlen sich im Regenwald von Kakamega wohl

Wer Glück hat, begegnet auch scheuen Buschböckchen, selten zu beobachtenden Riesenwaldschweinen und einigen nur hier in Kakamega vorkommenden Arten kleiner Säugetiere und Reptilien. Im Oktober verwandelt sich der Wald in einen farbenfrohen Dom aus zarten Schleiern von mehr als 400 Schmetterlingsarten und der von blühenden Wildblumen bedeckte Boden gleicht dann einem fein gewebten Teppich. Für Vogelfreunde sind außerdem die Monate Juni und August besonders reizvoll, weil dann etliche durchziehende Vogelarten hier ankommen und eine Rast einlegen.

Übernachten

Historisches Waldhaus – **Rondo Retreat Centre:** im südlichen Waldteil, Tel. 056 302 68, www.rondoretreat.com. Christliches Erholungsheim, offen für jeden Besucher (Alkoholverbot!). 15 gemütliche Zimmer in einem urigen Holzhaus mit Kamin, Cottages im Kolonialstil in gepflegtem Garten, Kapelle, lange vorbuchen! Wanderungen und Waldführer. DZ 150 US-$/Pers. (VP).

Schlicht – **Isukuti Guest House:** im nördlichen Waldteil des National Reserve. Tel. 0800 59 70 00, www.kws.go.ke. Vier Bandas für Selbstversorger, je ein Schlafraum für 2 Pers. Bad (warme Dusche/WC), gut ausgestattete Küche, Grillplatz. Banda 60 US-$.

Verkehr

Taxi/Pkw: Mit öffentlichen Verkehrsmitteln gestaltet sich die Anfahrt schwierig, am besten nimmt man ein Taxi oder den eigenen Pkw, ab Kakamega ist der Weg ausgeschildert,

Kakamega ▶ 1, K 7

An der A1 etwa 100 km nördlich von Kisumu liegt die 40 000-Einwohner-Stadt **Kakamega,** die ein geruhsames Dasein fristet: Der ›Goldrausch‹ ist seit Mitte der 1950er-Jahre vorbei, und ohne den Regenwald würden sich nur wenige Reisende hierher verirren.

Termine

Stierkämpfe: Das traditionelle Fest wird mit Musik, Tänzen und Gesängen begleitet, die miteinander kämpfenden Stiere vertreten die Ehre des jeweiligen Dorfes. Über das Jahr verteilt finden sie an unbestimmten Sonntagen (Termine am besten im Hotel erfragen) in umliegenden Dörfern statt.

Verkehr

Flüge: Nairobi–Kakamega mit Fly540 und FlySax, hin und zurück um 180 US-$.
Busse: Kakamega-Stadt ist per Bus von Nairobi aus erreichbar. Von der Haltestelle am Markt aus fahren Matatus in die umliegenden Orte, u. a. nach Kisumu.

Lake Victoria ▶ 1, J/K 8

Das ›Mittelmeer Ostafrikas‹ mit einer Größe von rund 67 000 km² verbindet Kenia, Uganda und Tansania miteinander. Sein ursprünglicher Name Nyanza wurde von John Hanning Speke 1858 ausgetauscht gegen den seiner damaligen Königin, der englischen Queen Victoria. Auf der Suche nach den Quellen des Nil (s. S. 406) erblickte er als erster Europäer diesen riesigen See, der nicht zum Rift Valley gehört, sondern zwischen zwei Ausläufer des Großen Grabenbruchs eingebettet ist. Der **Lake Victoria** liegt auf einer Höhe von 1135 m, und das an den Ufern des Sees herrschende feucht-heiße Klima ermöglicht den ertragreichen Anbau von Baumwolle, Zuckerrohr, Kaffee, Bananen und Tee. Zum kenianischen Staatsgebiet gehört allerdings nur ein Zehntel der Wasserfläche, Winam Gulf mit mehreren großen Buchten und einigen Inseln, z. B. Mfangano Island und Rusinga Island.

Seit ihrer Einwanderung aus dem heutigen Südsudan um 1500 siedeln hier vor allem Angehörige der Luo, in Kenia die zweitgrößte Bevölkerungsgruppe nach den Kikuyu, die sich von Viehzüchtern zu Fischern und Ackerbauern entwickelt haben. Keine Frage, am See spielt der Fisch natürlich eine große Rolle. Wie lange noch und in welchem Maße ist heute allerdings unklar. Der Grund: In den 1960er-Jahren setzten britische Wissenschaftler Nilbarsche (bis zu 200 kg schwer werdend!) im See aus. Diese vermehren sich derart rapide, dass sie bei ihrer Nahrungssuche dem einheimischen wohlschmeckenden Viktoriabarsch (Tilapia) zu Leibe rücken und damit auch die Ausbreitung der Bilharziose begünstigen (s. S. 405): Tilapias fressen bevorzugt Seeschnecken, die Wirtstiere der Bilharziose-Würmer. Infizierte riskieren schwerste Schädigungen der inneren Organe, daher gilt: Auch wenn reizvolle Uferzonen, teils mit Papyrusgürteln bewachsen, zum Baden einladen, sollte man auf dieses Vergnügen besser verzichten. Probleme bereiten weiterhin die aus Südamerika eingeschleppten Wasserhyazinthen, die den Sauerstoffgehalt des Sees reduzieren.

Eine Dokumentation machte zudem eine soziale Tragödie offenbar, die sich am See abspielt und von der Eingeweihte schon lange wissen: Die Infizierungsrate mit dem HI-Virus ist in den Fischerdörfern um den Lake Victoria um ein Mehrfaches höher als im übrigen Land. Ursachen dafür sind der heiß umkämpfte Fischmarkt, überholte Traditionen und Ignoranz gegenüber Aufklärungskampagnen. Das Jaboya-System bezeichnet die sexuelle Abhängigkeit und Prostitution der Frauen im Austausch gegen Fisch. Der Handel mit Fisch ist oft die einzige Einnahmemöglichkeit, vor allem für alleinstehende Frauen mit Kindern. Dass es Wege aus dieser Situation gibt, durch Vorbeugung und Behandlung der Krankheit und Erschließen anderer Erwerbszweige, stößt bislang auf wenig Resonanz. Um den **Winam Gulf** führt eine unterschiedlich gut ausgebaute Straße; sie verbindet die kenianischen Ortschaften auf dem Landweg, die wichtigsten und interessantesten sind ohne Zweifel Mbita und Kisumu.

Kisumu und Umgebung

Nur etwa 350 km von Nairobi entfernt, führt Kenias drittgrößte Stadt **Kisumu** mit knapp 250 000 Einwohnern ein schläfriges, fast vergessenes Dasein. Gegründet 1901, als die Eisenbahn den Lake Victoria erreichte, wurde ihr der Name der Gattin des leitenden Bauingenieurs verliehen: Port Florence. In den 1930er-Jahren erfolgte ein enormer wirtschaftlicher Aufschwung, als der See zum Landegewässer der Imperial-Airways-Flugboote avancierte. Genau 100 Jahre später erhielt Kisumu die Stadtwürde und fungiert heute als Hauptstadt der Provinz Nyanza.

Kisumu Museum

Nairobi Rd., Tel. 057 202 03 32, www.museums.or.ke, tgl. 9.30–18 Uhr, Erw. 500 KSh, Kinder 250 KSh

Das **Kisumu Museum** gilt als eines der interessantesten im Land. 1980 eröffnet, beleuchtete es mit gut ausgewählten Ausstellungsstücke das Alltagsleben und die Kulturen der im Umfeld des Sees ansässigen Menschen. Der Garten dient gleichzeitig als Arboretum, und ein traditionelles Gehöft der Luo lädt zum Blick ›hinter die Kulissen‹ ein – selten bietet sich solch eine Gelegenheit.

Altes Marktviertel

Das **Alte Marktviertel** befindet sich im nördlichen Teil der Innenstadt. Zwischen der um 1919 erbauten, grünlich weiß leuchtenden **Jamia Mosque** in der Otiengo Oyoo Street und der zum Hafen führenden Oginga Odinga Road stößt man auf zahlreiche Zeugen der Kolonialzeit. Indische *dukas*, alte Geschäftshäuser mit Arkaden, kleine Restaurants mit hervorragender indisch-kenianischer Küche, Straßenhändler und sich lautstark unterhaltende Menschen ergeben ein lebhaftes Bild, das man am besten aufnimmt, indem man sich in das bunte Gewimmel der Straßen hineinbegibt.

Impala Sanctuary

Eingang Kaunda Hill, Tel. 0800 59 70 00, www.kws.go.ke, tgl. 9–18 Uhr, Erw. 22 US-$, Kinder 13 US-$

Das **Impala Sanctuary,** ein kleiner Park am Südrand der Stadt, beheimatet neben Impalas auch die seltenen Sitatunga-Antilopen, deren Verbreitungsgebiet Sumpflandschaften sind. Man kann das Areal zu Fuß erkunden.

Ndere Island National Park

Besucher, die an diesen Huftieren interessiert sind, sollten auch einen Ausflug auf die Insel Ndere nicht versäumen. Die gesamte Insel mit ihren 4 km² Fläche bildet den **Ndere Island National Park.** Wer die Landschaft und den Blick über den See genießen will, findet hier einen sehr einsamen, erholsamen Ort. Am besten ist das Schutzgebiet auf einstündiger Fahrt mit einem Boot des KWS zu erreichen.

Hippo Point

Wer etwas mehr von Kisumu sehen möchte, dem sei ein längerer Spaziergang empfohlen: vorbei am vornehmen Jachtklub zum **Hippo Point**, einem etwa 3 km südlich der Innenstadt gelegenen Aussichtspunkt im Uferbereich. Nicht nur Flusspferde sind von diesem Platz aus gut zu beobachten, auch die Sonnenuntergänge sind hier besonders romantisch.

Dunga

Wer es noch einsamer mag, der bummelt noch etwa 3 km weiter bis zum Fischerdörfchen **Dunga.** Die in Afrika ohnehin langsamer verlaufende Zeit scheint hier gänzlich stehen geblieben zu sein. Man kann am Dunga Beach dabei zusehen, wie Fisch angelandet wird, und sich anschließend auf der Terrasse des Dunga Hill Camp einen Drink genehmigen.

Infos

Banken: Alle großen Banken mit Automaten an der Oginga Odinga Road, Mo–Fr 9–15, Sa 9–11 Uhr.

Aktuelles: Tipps zu Übernachten, Einkaufen, Veranstaltungen, Ausgehen, Essen und Trinken unter www.kisumudalaevents.blogspot.de, www.kenyabuzz.com und www.amazingkisumu.co.ke.

Übernachten, Essen & Trinken

Strand-Lodge – **Kiboko Bay Resort:** zwischen Hippo Point und Dunga Beach, Ring Road, Tel. 0724 38 77 38, www.kibokobay.com. Gemütlich ausgestattete Zimmer, Blick zum See, Pool, gut sortierte Bar und empfehlenswerte internationale Küche. Zu den angebotenen Aktivitäten zählen Bootstouren und Angeln. DZ ab 170 US-$/Pers. (ÜF).

Komfortabel – **Acacia Premier Hotel:** Achieng' Oneko Rd., Milimani, Tel. 0709 85 00 00, www.acaciapremier.com. Neues 4-Sterne-Hotel mit Pool, Bar und Restaurant, von der Dachterrasse bietet sich ein schöner Blick auf den Viktoria-See. Gute Küche und ebensolches Frühstück. Ab 160 US-$ (ÜF).

Einfach – **Mountain View Resort Kisumu:** Kisumu am Fuße der Nandi Hills. Tel. 0723 28

17 32, www.mountainresortkisumu.com. Die Zimmer sind schlicht, verfügen aber über ein Bad mit warmer Dusche und WC, Camping möglich, Restaurant mit lokalen Speisen (guter Fisch!) und Bar. DZ 2000 KSh, im Mehrbettzimmer 300 KSh.

Camping – **Dunga Hill Camp:** Dunga Rd., kurz vor Dunga Beach, Tel. 0700 25 22 52, dungahill@gmail.com. Direkt am See gelegener Zeltplatz mit sauberen einfachen Sanitäranlagen, Grill, Bar/Restaurant, Angebote für Bootstouren und Angelausflüge. Sa Livemusik. Camping 600 KSh.

Essen & Trinken

Internationale Küche servieren die großen Hotels, lokale Speisen (z. B. frisch gefangenen Tilapia) probiert man am besten in den kleinen Restaurants im alten Marktviertel mit authentischer westkenianischer Atmosphäre.

Zwischen Pub und Klub – **The Roan Rooftop:** Anyange Plaza, gegenüber Imperial Hotel, Tel. 0705 97 36 72, tgl. 8–24 Uhr. Leckeres Essen, tolle Atmosphäre und gute Musik. Ab 600 KSh.

Fisch – **Tilapia Beach:** Oginga Odinga Rd., tgl. 9–19 Uhr. Eine der besten Adressen für traditionelle Fischgerichte – natürlich frisch aus dem See. Ab 500 Ksh.

Beliebt bei Einheimischen – **Tamiez:** Olang Rd., off Kakamega Rd., tgl. 8–24 Uhr. Unglaublich gutes gegrilltes Hühnchen mit Ugali (Maisbrei). Ab 300 KSh.

Kaffee und mehr – **Java House:** in der West End Shopping Mall, Jomo Kenyatta St., Tel. 0712 65 25 30, www.nairobijavahouse.com, So–Do 7–22, Fr, Sa 7–23 Uhr, WLAN. Leckere Kaffees und Gebäck, Erfrischungsgetränke, Salate und leichte Gerichte.

Einkaufen

Einkaufszentren – **Mega Plaza Shopping Center:** Oginga Odinga Rd., Mo–Sa 9.30–18, So 10–16 Uhr. Mit Supermarkt, Restaurants, Kino. **The West End Shopping Mall:** Got Huma Rd./Achieng Oneko Rd., tgl. 9–20 Uhr. Supermarkt, Restaurant, Café, Woolworth und mehr. **Lake Basin Mall:** Kisumu–Vihiga Rd., unweit Mamboleo Junction, tgl. 9–20 Uhr. Neueste und größte Mall in Kisumu.

Kunsthandwerk – **Wananchi Craft Shop:** Jomo Kenyatta Highway, Ecke Kibos Rd., tgl. 9–17 Uhr. Besonders Gegenstände aus Speckstein und Papyrusgras kauft man hier gut. Die Einnahmen kommen den Produzenten im Selbsthilfeprojekt zugute.

Markt – **Kibuye Market:** Jomo Kenyatta Highway, bei der kath. Kirche, So 9–18 Uhr. Gebrauchtwaren aller Art, frischer Fisch, Gewürze, Blumen und Kunsthandwerk.

Abends & Nachts

Glücksspiel – **Casino:** Belcoy Leisure Ltd., Otuoma St., Central Square Magak Building, Tel. 057 202 13 31, ab 20 Uhr.

Nachtklub – **Octopus:** Ogada St., Tel 057 410 10, ab 20 Uhr. Typischer Nachtklub.

Kino – **MegaCity:** im Mega Plaza Center, Oginga Odinga Rd., Tel. 057 359 48 10.

Aktiv

Golf – **Nyanza Club:** Aput Lane, Tel. 057 202 20 90. 18-Loch-Platz.

Zeitgenössische Kunst – **Kisumu Art Gallery:** Milimani, nahe Red Cross, Tel. 0729 71 73 63, www.kisumuartsgallery.com, Mo–Sa 10–17 Uhr. **The Little Arts Gallery:** in Mega City, Tel. 0731 66 62 22, www.thelittleartsgallery.co.ke, Mo–Sa 11–17 Uhr.

Termine

Kisumu Carneval (Ostern): Zehntägiges Open-Air-Event mit Wettkämpfen, Kulturveranstaltungen und buntem Straßenkarneval.

Verkehr

Flüge: Flughafen Kisumu, Tel. 057 202 08 11, regelmäßige Flüge mit Kenya Airways, Jambojet, Silverstone und Fly540 nach Nairobi (hin und zurück um 130 US-$).

Busse: Tgl. Fernverbindungen verschiedener Busgesellschaften vom Imperial Hotel in alle großen Städte Kenias und nach Kampala (Uganda). Matatus in die nähere Umgebung, Abfahrt hinter der Markthalle.

Mietwagen: Shiva Travels Ltd., Oginga Odinga Rd., Tel. 0722 74 22 23, shiva@swiftkisumu.com; Kisumu Travels, Oginga Odinga Rd., Tel. 057 202 45 82, www.kisumutravels.com.

Provinz Nyanza

Am Lake Victoria kann man interessante Ausflüge zu den umliegenden Orten unternehmen, auf die Inseln im See und natürlich auch ins Hinterland, wo man das Alltagsleben der Menschen erleben kann. Von Kisumu führt die A 1 ungefähr 200 km in südliche Richtung bis zur tansanischen Grenze, kurz davor zweigt die raue Straße C 13 zur Masai Mara ab. Einige Sehenswürdigkeiten laden zum Verweilen oder zu Abstechern ein.

Mbita ▶ 1, J 8

Mbita ist ein gemütliches Fischerdörfchen, rund 150 km von Kisumu entfernt. Zwei Routen führen dorthin. Zu empfehlen ist die Land-See-Route: Von Kisumu nimmt man die nordwestliche Ausfahrt B 1 nach Busia/Uganda. Nach etwa 12 km erreicht man Kisian und biegt dort links auf die gute Teerstraße C 27 ab. Vorbei an kleinen Siedlungen, Gemüsegärten und vor allem riesigen Zuckerrohrfeldern, immer wieder einen schönen Blick zum See erhaschend, vergehen die etwa 36 km schnell und abwechslungsreich. Man sollte etwa zwei Stunden bei gemütlichem Fahrtempo einplanen. Übrigens ist dies die Region, in der Barack Obamas Vater aufwuchs. In Ndori folgt man nun nach links der Ausschilderung zur »Ferry Luanda Kotieno«. Viermal täglich verlässt die Autofähre Luanda, um nach etwa 50 Min. in Mbita anzulegen. Die Fahrzeiten ändern sich hin und wieder, aber die Fähre ist pünktlich. Wer darauf spekuliert, dass in Afrika alles unkontrolliert und großzügig gehandhabt wird, der könnte hier sehr irren und dies mit Wartezeit bezahlen. Also möglichst vorher im Hotel erkundigen oder mit dem Taxifahrer absprechen (derzeit Abfahrt von Luanda: 8, 10, 14 und 16 Uhr, 150 KSh/Pers., 1000 KSh/Pkw).

Wer den Landweg bevorzugt, muss wegen der schlechten Straßenverhältnisse mehr Zeit einplanen. Man erreicht Mbita über die C 19, eine teils holprige Straße, oder – von der A 1 abzweigend – über die C 20. Entscheidet man sich für die Sandpiste C 19, kann man in Kendu Bay eine erholsame Pause im Restaurant der Kisindi Lodge direkt am Strand einlegen. Die meist intensiv nach Fisch riechende Stadt Homa Bay schnell hinter sich lassend, erlebt man in Mbita noch die heile Welt der Fischer. Ein Besuch macht vor allem im Rahmen eines Ausflugs zu den Inseln Rusinga und Mfangano Sinn.

Tipp

KISII SOAPSTONE CARVERS COOPERATIVE

Auf halber Strecke, hinter Kisii, kommt man durch das kleine Dörfchen **Tabaka.** Auf allen Märkten werden sie in Hülle und Fülle angeboten: Figuren, Schalen, Schmuck aus Speckstein oder Seifenstein. Der Soapstone, ein weicher kalkhaltiger Stein in den verschiedensten Färbungen und von unterschiedlicher Festigkeit wird in der Umgebung abgebaut. Nur ein Teil wird als Rohling weiterverkauft. Seit Generationen leben viele Familien von der Verarbeitung dieses talkhaltigen Minerals, ihre Kunstfertigkeit hat Tradition und so gibt es weltweit etliche Objekte, die unter den begabten Händen der einheimischen Künstler entstanden. Der bekannteste ist vermutlich Elkana Ongesa, ein Gusii oder Kisii (so bezeichnen sich die Menschen dieser Volksgruppe selbst): Eine seiner Statuen schmückt das Gebäude der UNESCO in Paris. Die **Kisii Soapstone Carvers Cooperative** ist also auf jeden Fall einen Besuch wert (in Tabaka, ausgeschildert), wenn man am Wachsen und Werden solcher Kunstwerke interessiert ist. Neben den eher unspektakulären Minen kann man Schnitzern und polierenden Frauen zuschauen, mit ihnen ins Gespräch kommen und das eine oder andere Stück erhandeln (tgl. 9–17 Uhr).

Aktiv

ZU DEN FELSMALEREIEN DER ABASUBA

Tour-Infos

Start: in Mbita, mit einem Fischerboot
Dauer: Ausflug mit Übernachtung (einfaches Camping am Abasuba Community Peace Museum möglich)
Kosten: Fischerboot ca. 5000 KSh/Tag, Führer ca. 500 KSh
Wichtige Hinweise: Sonnenschutz, feste Schuhe und Trinkwasser mitnehmen
Weitere Infos: Trust of African Rock Art, www.africanrockart.org. Die beiden zu besuchenden Plätze sind auch bekannt unter den Namen Kwitone Hill und Mawanga Cave.

Der Lake Victoria war schon in grauer Vorzeit besiedelt. Daher sind hier nicht nur prähistorische Ausgrabungsstätten zu finden, sondern auch Spuren, die unsere Vorfahren ganz bewusst hinterließen. Aus künstlerischen oder aus religiösen Gründen? Genau wissen wir es nicht. Wer das Lake-Taxi, sprich die morgendlichen kleinen Motorbootfähren nutzt, spart Geld (etwa 500 KSh), aber sie fahren so selten, dass man auf **Mfangano Island** übernachten muss (Camping am Abasuba Peace Museum, Tel. 0723 89 84 06, www.abasuba.museum.com). Unabhängiger ist man mit einem eigenen Boot, das sich bei den Fischern in Mbita leicht organisieren lässt.
Früh am Morgen geht es per Boot etwa 90 Min. westwärts über den See. Man umrundet Rusinga Island und geht schließlich in **Sena** auf Mfangano Island an Land. Sena ist die Inselhauptstadt. Hier wohnt der Chief (der Dorfälteste), und hier beginnen beinahe alle Fußpfade, die quer über die Insel verlaufen und immer wieder auch neu entstehen. Besucher sind auf einen einheimischen Führer angewiesen. So verdienen die Einheimischen etwas Geld und der Fremde lernt sehr viel über die Insel und ihre Menschen.

Wer direkt nach den Höhlenmalereien fragt, ist schlecht beraten. Denn noch immer wird die Höhle für Regenzeremonien genutzt und noch immer glauben viele Inselbewohner an den magischen Zauber, der von ihr ausgeht. Nennt man sofort nach Ankunft den Grund seines Besuchs, kann es durchaus geschehen, dass man freundlich, aber konsequent aufgefordert wird, zunächst ein paar Tage im Ort zu verweilen. Denn die Götter müssen erst auf den Besucher vorbereitet werden. Man spaziert daher am besten mit einem Führer »einfach so« über die Insel und bringt unterwegs das Gespräch auf das eigentliche Ziel oder man besucht das **Abasuba Peace Museum** und wandert von dort aus mit Jack, dem Gründer und Kurator des kleinen Museums.

Eine gut zweistündige, teils recht steile Wanderung beginnt in der Fischersiedlung **Ukula** (sprich: *Wakola*) und führt auf anfänglich breiten Sandwegen, später auf schmalen Pfaden stetig bergan, vorbei an Gärten und Lehmhütten, begleitet von grasenden Ziegen, neugierigen Blicken. Dornbuschwerk, vom Wind niedrig gezwungene Bäume, staubverwehte Vulkansteine, Sonnenglut zählen zu den Eindrücken und dann ist bald der Itone Hill erreicht. Ein atemberaubender Blick eröffnet sich, sobald man den Hügel erklommen hat. In nördlicher Richtung reicht die Sicht über den See bis hinüber zum mehr als 30 km entfernten Festland. Nur von hier ist der zu Dreivierteln erhaltene Kraterrand eines Vulkans auf der heutigen Insel deutlich zu erkennen. Im geschützten Rund leben Menschen. Wendet man sich nun nur etwas nach Osten, bemerkt man den unscheinbaren Felsüberhang unterhalb des Hügels. Etliche rote und weiße Spiralen und Wirbel bedecken das Innere des etwa 5 m tiefen Basaltfelsvorsprungs. Einige haben einen Durchmesser von 50 cm.

Vom Felsen aus blickt man in ein bewaldetes Tal. Ob die Urheber der Malereien die durch die Bäume brechende Sonne im Bild auf Stein festgehalten haben? Niemand weiß es genau. Vermutlich lebten hier Twa (oder auch Batwa), ein mit den Pygmäen verwandtes Volk, das bereits vor etwa 4000 Jahren hier nach Nahrung jagte. Heute leben Batwa noch in Teilen Ugandas, Ruandas, Burundis und des Kongo. Sie gelten als die ältesten Bewohner am Lake Victoria.

Ein zweiter Ausflug zur **Odengere-Höhle** ist zu empfehlen: Sie ist nur vom Boot aus und über eine steile Treppe zu erreichen. Detaillierte Darstellungen von Insekten lassen zwar die genaue Klassifizierung zu – geben jedoch noch mehr Rätsel auf.

Übernachten, Essen & Trinken

Strandoase – **Kisindi Lodge & Spa:** Kendu Bay, Tel. 020 263 17 01, www.kisindi.com. 5 exklusive und stilvoll eingerichtete Cottages mit Pool und Spa. Solar- und Windenergie sorgen für Licht und warmes Wasser. Restaurant mit Gourmetküche und Bar. Angeboten werden u. a. Bootstouren, Wanderungen und der Bootstransfer zum Flughafen Kisumu (Fahrtdauer etwa 2 Std.). DZ ab 90 US-$/Pers. (HP).

Attraktiv – **Lake Victoria Safari Village:** Mbita, Tel. 0720 71 66 65, www.safarikenya.net. Gemütliche Cottages, angelehnt an den traditionellen Baustil am See, Bad und Veranda mit Blick zum See, Honeymoonsuite im Leuchtturm auf einem Felsen. Vogelexkursionen, Bootstouren, Angeln, Wanderungen, Besuch historischer Stätten auf den Inseln. Ab 60 US-$/Pers. (ÜF).

Rusinga Island ▶ 1, J 8

Wer sich für Paläontologie interessiert, dem ist **Rusinga Island** bekannt als der Ort, wo Mary und Louis Leakey Mitte des 20. Jh. eine Fülle teils einzigartiger Fossilien aus der Zeit vor etwa 18 Mio. Jahren entdeckten. Bedeutendstes Fundstück war der 17,5 Mio. Jahre alte Schädel eines Hominiden der Spezies Proconsul africanus. Da die Relikte einstmals rasch unter einem Vulkanascheregen begraben wurden, waren sie so gut erhalten. Über einen 250 m langen Fahrdamm kann man gut zur Insel hinüberlaufen.

Wer in Nairobi schon die Tom Mboya Street entlanggebummelt ist, wird hier wieder auf diesen Namen treffen: Der charismatische und beliebte Politiker Tom Mboya wurde auf Rusinga Island geboren. 1969 wurde er (vermutlich aus politischen Motiven) auf der heutigen Tom Mboya Street erschossen und auf Rusinga Island bestattet. Zur Erinnerung an ihn steht ein kleines Mausoleum auf der *shamba*, dem Feldgarten seiner Eltern.

Nach dem Besuch der Masai Mara unternimmt mancher Reisende einen Abstecher per Leichtflugzeug an den Lake Victoria, um noch eine zünftige Angeltour anzuschließen. Rusinga Island bietet dafür die Landepiste und auch die entsprechende Unterkunft.

Übernachten, Essen & Trinken

Luxuriös – **Rusinga Island Lodge:** Buchung über Private Wilderness, Tel. 0723 42 31 29, www.rusinga.com. Das komfortabel ausgestattete, exklusive Camp liegt in einem wunderschönen Gartenparadies am See. Es bietet hervorragende internationale Küche und Aktivitäten wie Angeln, Bootstouren, Wanderungen, Pirschfahrten, Vogelbeobachtung und paläontologische Exkursionen, eigene Landepiste. DZ ab 368 US-$/Pers. (all-inclusive).

Aktiv

Angeln – **Rusinga Island Lodge:** s. o. Die luxuriöse Variante der Angelttour, die man alternativ und abenteuerlicher mit einheimischen Fischern am Strand verhandeln kann.

Termine

Rusinga Festival (Dez.): Volksfest mit traditioneller Rumbamusik, Bootsrennen und Tilapia in allen erdenklichen Variationen.

Mfangano Island ►1, H 8

Mfangano Island ist – anders als das über einem Damm mit dem Festland verbundene Rusinga Island – eine wirkliche Insel, die sich den Charme des beinahe Unberührten bewahrt hat. Nach der Anreise mit dem Lake Taxi (einem langen Holzkahn) von Mbita aus betritt man nach etwa 2,5-stündigem gemütlichem Dahinschaukeln wieder Festland, den Hauptort **Sena.**

Dass Fischen nicht nur Angeln ist, zeigen die ansässigen Fischer gern. Ob mit Ruten, Netzen oder Reusen – sie erklären dem interessierten Besucher geduldig das Warum und Wieso. Wer sowieso keine Bleibe für die Nacht hat oder sich einfach auf ein märchenhaftes Erlebnis einzulassen wagt, der möge sich von den allabendlich ausfahrenden Dhaus und Kanus mitnehmen lassen. Dann ist man dabei, wenn die Netze ausgebracht, die Öllämpchen entzündet und aufs Wasser gesetzt werden. Von dem Licht werden Tausende von Omena-Sardinchen angezogen und verfangen sich in den Netzen. Jeder geruhsame, doch kräftige Handgriff sitzt beim Einholen der prall gefüllten Netze. Von traditionellen Gesängen der Fischer begleitet, geht es in den frühen Morgenstunden zurück ans Ufer, wo die Fischchen in der Sonne trocknen.

Übernachten, Essen & Trinken

Inselluxus – **Mfangano Island Camp:** Tel. 020 273 40 00, www.governorscamp.com. Exklusive Unterkunft mit luxuriös ausgestatteten Zelten mit Bad. Angeboten werden Aktivitäten wie Angeln, Boots- und Wandertouren sowie sehr gute internationale Küche. Von der Landepiste starten Leichtflugzeuge und sorgen für eine direkte Verbindung in die Masai Mara zum Governors Camp. Ab 265 US-$/Pers. (all-inclusive).

Ruma National Park ►1, J 9

Zugang zum Nationalpark über das nordöstliche Kamoto Gate, Tel. 0800 59 70 00, www.kws.go.ke, tgl. 6.30–18.30 Uhr, März–Mai schwierig, ansonsten ganzjährig, auch zu Fuß möglich mit vorher beim KWS gebuchtem Ranger, Erw. 22 US-$, Kinder 13 US-$

Der **Ruma National Park** südwestlich von Homa Bay, früher bekannt als Lambwe Valley Reserve, ist u. a. Heimstatt der wenig beliebten Tsetsefliege. Den Besuch wert ist er wegen der bedrohten Rothschild-Giraffe, wegen der letzten 30 in Kenia lebenden Pferdeantilopen und der äußerst selten zu beobachtenden Kuhantilopenart Jackson's Hartebeest. Flötenakazien und ein wunderbarer Galeriewald an den Ufern des Lambwe Flusses prägen das Bild dieser einsamen Savannenlandschaft.

Übernachten

Sehr einfach – **Oribi Guest House:** Ruma National Park, Tel. 0800 59 70 00, www.kws.go.ke. Bandas des KWS, 3 einfache Schlafräume für 5 Pers. Gemeinschaftsraum mit Kamin, gut ausgestattete Küche. Hütte 100 US-$, Camping Erw. 20 US-$, Kinder 15 US-$.

Thimlich Ohinga ► 1, J 9

Tel. 020 374 21 31, www.museums.or.ke, tgl. 8–18 Uhr, Erw. 500 KSh, Kinder 250 KSh

In der prähistorischen Ausgrabungsstätte **Thimlich Ohinga,** etwa 50 km von der tansanischen Grenze entfernt, finden sich Siedlungsreste aus der späten Eisenzeit. Die über 500 Jahre alte Festung zeugt vom Leben und Kämpfen der Menschen, die hier einst wohnten

Die Grenzstadt Isebania ist von hier schnell erreicht, und wer beide Länder miteinander verbinden will, kann diesen Grenzübergang nutzen. Selbstfahrer sollten allerdings vorher beim Autovermieter alle notwendigen Dokumente organisiert haben. Der Matatu- und Busverkehr auf der tansanischen Seite ist problemlos zu nutzen, die Straße nach Tarime und weiter Richtung Serengeti ist in gutem Zustand.

Kericho ► 1, K 8

Die auf etwa 2000 m Höhe liegende Stadt **Kericho** ist etwas Besonderes und einen Besuch wert. Vormittags scheint die Sonne, am Nachmittag regnet es, die Böden sind fruchtbar und im Zusammenspiel mit den richtigen Temperaturen ergeben sich mehr als paradiesische Anbaubedingungen für den hier produzierten hochwertigen Tee. Durch britische Siedler in den 1920er-Jahren gepflanzt, reichen die sattgrünen Felder weit über den Horizont der hügeligen Hochebene hinaus. Rundgänge durch die Plantagen organisiert das Tea Hotel Kericho (s. rechts). Die Stadt glänzt genauso vor Reinlichkeit wie die glatten, frisch geernteten Teeblättchen. Besuchenswert ist die Anfang der 1950er-Jahre erbaute burgähnliche **Holy Trinity Church** hinter dem Moi Highway.

Vor den Toren der Stadt etwa 10 km in Richtung Nakuru legte der ehemalige Teefarmer Tom Grumbley zwischen 1946 und 1975 einen erstaunlichen Garten an: ein **Arboretum** mit bisher ungezählten Baumarten aus aller Welt. Das – noch dazu kostenfreie – Vergnügen, im Schatten eines sehr ungewöhnlichen Waldes zu picknicken und spazieren zu gehen, sollte man sich nicht entgehen lassen.

Infos

Banken: am Clock Tower, Moi Highway, Mo–Fr 9–15, Sa 9–11 Uhr.

Übernachten, Essen & Trinken

Historisch – **Tea Hotel Kericho:** Moi Highway, Tel. 0714 51 08 24, www.teahotel.co.ke. Das im alten Kolonialstil inmitten von Teefeldern erbaute, einst luxuriöse Hotel bietet heute eher gediegen-gemütlich ausgestattete Zimmer und Cottages. Sie haben einen schönen Blick in den gepflegten Garten. Service und Sauberkeit sind derzeit leider nicht spektakulär. Es gibt Terrassen, einen Pool und gute internationale Küche (um 450 KSh). Ab 95 US-$/Pers. (ÜF).

Farmhaus – **Kweisos:** in Koru, etwa 45 km nördlich von Kericho, Tel. 0722 75 46 64, www.homalime.com. In üppiger immergrüner Farmlandschaft erwartet das alte koloniale Gutshaus aus dem Jahr 1920 die Gäste. Gemütlich rustikal, für bis zu 10 Personen, gut ausgestattete Küche für Selbstversorger, aber auch Mahlzeiten aus frischen Farmprodukten sind möglich. Wanderungen, Vogelbeobachtung, Reiten, Swimmingpool, Tennis und Angeln. 7500 KSh/Pers. (VP).

Essen & Trinken

In der Stadt finden sich urige kleine, kenianische *hoteli* – wer Lust auf Teepflückeratmosphäre hat, sollte sie ausprobieren.

Einkaufen

Tee – **Kenya Tea Packers Ltd.:** an der Straße nach Nakuru, vor der Fabrik, Fabrikverkauf von Tee aus der Region.

Aktiv

Golf – **Kericho Golf Club:** Tel. 0722 11 04 93. Der 9-Loch-Platz inmitten von immergrünen Teefeldern gilt als besonders reizvoll.

Nairobi
Lamu
Malindi
Mombasa

Kapitel 3

Kenias Süden und die Küste

Auf Safari zu gehen ist ein bewegendes Erlebnis, besonders wenn die Masai Mara das Ziel ist, die artenreichste Region Afrikas. Sie bildet mit der Serengeti ein einheitliches Ökosystem, in dem die Tiere grenzüberschreitend dorthin wandern, wo die Nahrungsbedingungen für sie gerade gut sind.

Aufgereiht wie Perlen an einer Kette liegen die großen Naturschutzgebiete Masai Mara, Amboseli und Tsavo nebeneinander. An ihren Nahtstellen findet man kleinere, nicht minder kostbare Conservancies. Sie sind lohnende Highlights einer Reise durch Kenia und weniger von den großen Touristenströmen berührt. Die Tiere sind scheuer, das Vergnügen sie zu entdecken und zu beobachten ist größer. Nachtpirschfahrten, begleitete Wanderungen und Ausflüge mit dem Bike oder zu Pferd sind beinahe ausschließlich in diesen Naturschutzgebieten möglich.

Auf kürzestem Wege reist man mit dem Zug oder Flugzeug aus dem Busch an die Strände des Indischen Ozeans. Doch dann versäumt man interessante Sehenswürdigkeiten im östlichen Hinterland. Die Alternative, mit Abstechern und auf Umwegen durch die reizvolle Ostprovinz an die Küste zu reisen, lohnt sich. Das Leben hier ist noch nicht von touristischen Zentren geprägt. Um Mombasa kommt niemand herum! Eine bunte Stadt eigenen Temperaments, über Jahrhunderte gewachsen und von arabischen, europäischen, indischen und afrikanischen Kulturen beeinflusst. Nicht weit entfernt breiten sich die Traumstrände der nördlichen und südlichen Küste aus.

Diani Beach – so stellt man sich Traumstrände vor

Auf einen Blick: Kenias Süden und die Küste

Sehenswert

Masai Mara National Reserve: Besonders sehenswert ist das artenreiche Gebiet zur Zeit der Großen Migration, wenn Gnus und Zebras in einem imposanten Treck auf der Suche nach frischem grünen Gras zwischen Serengeti und Masai Mara hin- und herziehen und dabei den Mara-Fluss überqueren (s. S. 221).

Tsavo National Park: Das Paradies der roten Elefanten liegt im größten Wildschutzgebiet Kenias und das ›Dach Afrikas‹ ist zum Greifen nah (s. S. 232).

Lamu Town: UNESCO-Weltkulturerbe mit Tausendundeine-Nacht-Flair – Lamu Town ist eine Stadt am Meer und im Meer, ideal zum Bummeln, Baden und in die Geschichte eintauchen (s. S. 261).

Schöne Routen

Über die Ngong-Berge zum Lake Magadi: Kaum befahren ist die reizvolle Straße, die sich vom lärmigen Nairobi ins Rift Valley hinunterwindet (s. S. 219).

Von Mombasa nach Malindi: Dieser Abschnitt der B 8 ist eine malerische Abfolge von kleinen Dörfern, historischen Stätten, breiten Sandstränden, zahlreichen Unterkünften und typischen Straßenmärkten (s. S. 245).

Meine Tipps

Walking with Baboons: Auf Halb- oder Ganztagestouren am Nguruman Escarpment lernt man in Begleitung von Masai-Guides den Alltag der Paviane kennen (s. S. 219).

Nashornzählung im Tsavo National Park: Im Gästehaus des Rhino Sanctuary kann man übernachten und die Forscher nachts bei ihrer Arbeit begleiten (s. S. 233).

Tamarind Village in Mombasa: Komfortabel übernachten und luxuriös essen, z. B. auf dem Segelschiff Tamarind Dhow, das um 18.30 Uhr vom Bootssteg ablegt (s. S. 242).

Kitesurfen vor Malindi: Kitesurfer am Goldenen Strand von Malindi profitieren von dem fantastischen Wind. Man kann auch Anfängerkurse belegen (s. S. 260).

Segeltörn mit einer Dhau nach Kiwayu: Mehrtägiger Ausflug für Robinson-Fans und solche, die es werden wollen (s. S. 265).

Transportiert Botschaften: der Schmuck der Masai

Aktiv

Fahrradtour entlang der Küste: Der Schweizer Rolf mit seinem kenianisch-englischsprachigen Team bietet hochwertige, gut gewartete Bikes sowie entspannte und erlebnisreiche Touren (s. S. 248).

Auf der Dhau zu Delfinen: Meeresbiologen begleiten die Segeltörns nach Wasini Island, bei denen man den Meeressäugern ganz nahe kommt (s. S. 275).

Safaris im Süden

Das südliche Kenia, die weite, dünn besiedelte Savannenlandschaft im Grenzland zu Tansania, ist vor allem das Land der Masai, ursprünglich ohne Grenze für Mensch und Tier. Hier liegt das letzte große Wildtierparadies Afrikas: Die Masai Mara, der extrem salzhaltige Lake Magadi und der Amboseli National Park reihen sich perlengleich aneinander.

Von den Ufern des Lake Victoria westlich und den Taita Hills östlich begrenzt, breitet sich eine Landschaft aus, die sich für viele Menschen der europäischen westlichen Welt mit Afrika verbindet. Die Berichte der ersten Forschungsreisenden und Missionare prägten Vorstellungen; Geschichten und Filme inspirieren noch immer romantische Träume vom faszinierenden Leben in der Savanne. Blauer wolkenloser Himmel über dem schneebedeckten Kilimanjaro, im sattgrünen Savannengras gemächlich dahinziehende Elefanten, Giraffen, Nashörner; sehnige junge Männer, deren rote Tücher den schwarz glänzenden Körper noch intensiver leuchten lassen, locker den Speer in der Hand – und über allem strahlt ein flimmerndes Sonnenlicht mit ungewohnter Wärme. Das ist keine Beschreibung einer kitschigen Postkarte vom anderen Ende der Welt: So will es der aus der Ferne Angereiste erleben und er kann es auch, denn so ist die Realität.

Die Ende des 19. Jh. von Großbritannien und Deutschland selbstherrlich festgelegte Grenze innerhalb Ostafrikas war verheerend im doppelten Sinn: Zum einen gehörte das Land ihnen nicht, zum anderen fragten sie nicht nach traditionellen Gebieten der einzelnen Völker. So wurde der seit Jahrhunderten von den Masai mit ihren Viehherden durchwanderte Lebensraum durchschnitten, von der nordöstlichen Ecke des Lake Victoria in gerader Linie zur Küste. Eigentlich so, dass Deutschland Mombasa hätte für sich beanspruchen können. Geschickte Verhandlungen der Briten ließen jedoch den ›Knick in der Landschaft‹ entstehen, sodass die Stadt samt Hafen dennoch der britischen Krone zufiel. Der höchste Berg Afrikas war niemals im Gespräch und schon gar kein Geschenk – dies ist Legende.

Masai-typische Rundsiedlungen sind noch immer diesseits und jenseits der Grenze zu finden. Einige entwickelten sich in den letzten Jahrzehnten zu wirtschaftlichen Zentren, u. a. Narok; andere verwahrlosten, und wieder andere mit ihren aus Ästen, Kuhdung und Lehm gebauten *manyattas* und den Zäunen aus Zweigen der Dornakazien dienen heute als touristische Attraktionen in den seit der Unabhängigkeit gegründeten National Parks und Reserves. Auch diese Eingrenzungen zum Schutz der vielfältigen und zahlreichen Wildtiere führten zu häufigen Auseinandersetzungen der Masai mit der Regierung. Ihre traditionelle (halb)nomadische Lebensweise ließ sich nicht aufrechterhalten, alternative Erwerbsquellen mussten geschaffen werden. Daher ist es kaum verwunderlich, dass in Hotels und anderen touristischen Zentren des gesamten Landes vorwiegend Masai (und deren Verwandte, die Samburu) mit Tänzen und Gesängen auftreten und das Bild vom Afrikaner in den Augen der Besucher prägen.

Der aus dem Wortschatz der Trophäenjäger stammende Begriff der Big Five – gemeint sind Löwe, Nashorn, Büffel, Elefant und Leopard (s. S. 30) – ist auch hier in aller Munde. Der Artenreichtum ist jedoch wesentlich größer, dem Reisenden bieten sich beinahe ununterbrochen Möglichkeiten, diverse Säugetiere, bunt schillernde Vögel, urig anmutende Reptilien und interessante Insekten zu beobachten.

Ob mit dem 4WD-Wagen, dem Safaribus oder dem Heißluftballon – die Eindrücke könnten vielfältiger nicht sein, abgesehen von den finanziellen Unterschieden (s. S. 116). Wer selbst fährt, hat das Vergnügen, sich über jedes mit eigenen Augen erspähte Tier zu freuen. Die ›Ausbeute‹ ist dann aber vielleicht nicht so hoch. Wer sich im Safaribus durch die Landschaft schaukeln lässt, kann sicher sein, einen Blick auf die meisten der Big Five zu erhaschen. Über Funk sind die Fahrzeuge miteinander in Kontakt, und auf diesem Weg wird die Entdeckung von Löwen, Leoparden oder Geparden rasch weitergegeben. Nicht verwunderlich, dass mancher also nur noch nach Ansammlungen von Bussen sucht, und nicht mehr nach Tieren – Ironie der modernen Welt!

Übrigens lohnt es sich über die Frage des geeigneten Safarifahrzeugs nachzudenken. Kostengünstiger Minibus? Die Fahrer sind häufig keine lizenzierten Guides, sie halten sich selten an die Regeln der Parks (u. a. nicht Offroad fahren, den Tieren Raum lassen). Die Autos sind nicht immer geländetauglich. Die kostenintensiveren Land Cruiser bzw. Land Rover werden von verantwortungsbewussten ausgebildeteten Guides gefahren. Häufig haben sie auch einen einheimischen Masai als Spurenleser an Bord – also begleitet den Gast ein nahezu perfektes Team auf seiner Safari. Selbstfahrern sei ein gut gewarteter und ausgerüsteter 4WD, also ein Allradantrieb (z. B. Suzuki, Land Cruiser) angeraten, keinesfalls aber ein PKW, mit dem man in Ostafrika generell nicht auf Safari gehen kann, denn die Wege in den Parks und Reserves sind Natur pur! Alternative Ballonsafari? Es ist auf jeden Fall ein spannendes und beeindruckendes Erlebnis, die Tiere aus der Luft beobachten zu können. Hingewiesen sei jedoch zum einen auf die Tatsache, dass die Art der Fortbewegung nicht so leise und tierfreundlich ist, wie oftmals gedacht (der Gasbrenner verursacht nicht zu vermeidende Geräusche und der riesige farbige Ballon sowie sein gigantischer Schatten erschreckt mitunter die Tiere), zum anderen wehen die Winde, die den Ballon tragen, nicht immer in der gleichen Richtung, in der die von eigenen Wegen bestimmten Tiere dahintraben.

Tipp

WALKING WITH BABOONS

Wer es nicht zu den Gorillas in Uganda und Ruanda schafft, aber dennoch ganz besondere Momente in »affiger« Gesellschaft erleben möchte, der kann in Kenia zum Pavian-Trekking aufbrechen: Auf Halb- bis Ganztageswanderungen geht es mit den Masai-Guides Sisco und Joel über Stock und Stein, Felsen und durch das Grasland zur Beobachtung einer Pavianfamilie. Das Tempo bestimmen die Tiere, es kann gemächlich sein, aber auch sehr flott. Spannend zu erkennen, welche sozialen Strukturen die Familie entwickelt hat, welche Rituale und Aktivitäten den Tagesablauf bestimmen. Versprochen: Dieser Tag am Nguruman Escarpment wird nicht langweilig. Feste Wanderschuhe, Sonnenschutz und Trinkwasser (2–3 l) sind unbedingt erforderlich – und etwas Kondition. Start und Ziel ist das Lale'enok Resource Centre (https://laleenok.wordpress.com), Buchung über das Shompole Wilderness Tented Camp (s. S. 221).

Zum Lake Magadi

▶ 1, M 10/11

Von Nairobi (s. S. 126) aus besteht nur eine einzige Möglichkeit, zum Lake Magadi zu gelangen: die Langata Road vorbei am Stadtteil Karen, bald als Magadi Road, als C 58, immer weiter gen Südwesten. Schnell ist die großstädtische Atmosphäre vergessen, die Straße zieht an kleinen Vororten mit offenen Märkten entlang, die Landschaft ist geprägt von Akazien, Euphorbien, kleinen *shambas* (traditionelle Feldgärten) und unscheinbaren Sied-

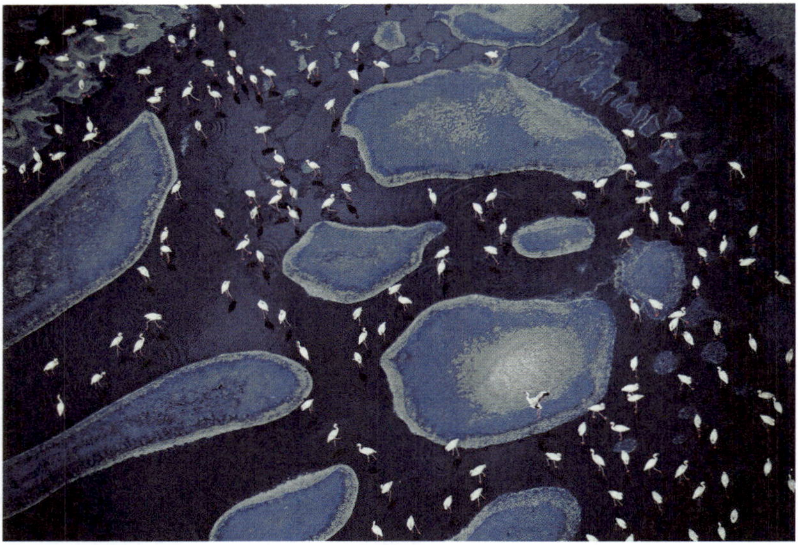

Am Lake Magadi versammeln sich Flamingos und Regenpfeifer

lungen an den Berghängen. Etwa 30 km außerhalb der Stadt erreicht man die ca. 2400 m hohen Ngong-Berge, der Ausblick hinunter ins Rift Valley ist grandios und lädt zum Wandern und Picknicken ein.

Ab der sogenannten Corner Baridi (›kalte Ecke‹) bei Kiserian sind kaum andere Fahrzeuge unterwegs, bald begleiten nur noch knorrige Dornakazien und Vulkankegel den Reisenden. Einsame Giraffen, Gazellengruppen und Rinderherden ziehen durch die Ebene. Je tiefer die Strecke den Bruchstufen hinunter ins Tal folgt, desto heißer und trockener wird die Umgebung. Die Luft beginnt zu flimmern und duftet förmlich nach afrikanischer Savannenlandschaft.

Olorgesailie

Tel. 0728 38 98 72, www.museums.or.ke, tgl. 8–18 Uhr, Erw. 500 KSh, Kinder 250 KSh, Banda ab 1800 KSh, Camping 600 KSh/Pers.

Nach weiteren 30 wunderbar dahingerollten Kilometern weist ein kleiner Abzweig auf die prähistorische Ausgrabungsstätte **Olorgesailie** etwas abseits der Straße hin. Der kurze Abstecher lohnt sich auf jeden Fall, auch wenn man nicht unbedingt an Unmengen von 1,2 Mio. Jahre alten Steinwerkzeugen und Tierknochen interessiert ist. In den 1940er-Jahren war das Forscherpaar Leakey bei Ausgrabungen an dem einstigen, seit Langem ausgetrockneten See sehr erfolgreich. Einladend für diejenigen, die die Einsamkeit unterm Sternendach (besonders imposant im Juni) lieben, sind die vorhandenen einfachen Hütten und die Möglichkeit, sein Zelt aufzuschlagen (Selbstversorgung, frisches Grillfleisch ist auf Anfrage beim Museumswärter erhältlich).

Lake Magadi

Noch einmal 50 km, und man erreicht den heißesten Ort Kenias: **Lake Magadi,** wo die durchschnittliche Tagestemperatur bei 38 °C liegt. Unterirdische heiße Quellen speisen den um 40 °C heißen Sodasee, das Wasser verdunstet und zurück bleibt das Salz. Seefläche und Uferzone sind bedeckt von Salzkrusten, die Luft riecht stark salzhaltig. Die weltweit zweitgrößte Sodafabrik baut den wertvollen Rohstoff hier ab und liefert vor allem nach Fernost zur Glasherstellung.

An den heißen Quellen auf der Ostseite vorbei, gelangt man zum südlichen Ende des Sees. Neben der Beobachtung von Flamingos, Regenpfeifern, Gnus und Zebras ist es durchaus erlebnisreich, im Schatten einer dornigen Akazie zu picknicken. Besser noch: im Café Paris in **Oloika** einkehren. Einheimisches Masai-Flair ist garantiert, und die junge Wirtin Ann erzählt gern über die Menschen, ihre Traditionen und Geschichten. Mit ihrer Hilfe findet man den Weg zum **Nguruman Escarpment,** das sich bis zur tansanischen Grenze hinzieht.

Der Wildtierreichtum hier ist bemerkenswert, ein Verweilen im **Shompole Conservancy** an den Hängen des Nguruman Escarpment zählt zu den spannendsten Naturerlebnissen, die Kenia bietet. Man kann den See auch umrunden, obwohl eine als Straße erkennbare Wegführung kaum vorhanden ist. Kein Problem: Bitten Sie einen Einheimischen um Begleitung, für ihn ein kleines Taschengeld, für Sie eine Gelegenheit, urige Savanne mit frei dahinziehenden Zebras und Giraffen zu entdecken. Bei **Olkiramatian** auf der Westseite ist man wieder in der Zivilisation, will heißen: auf der richtigen Straße. Ein Damm führt mittig über den See, der an der Sodafabrik auf die C 58 trifft.

Übernachten, Essen

Glamping – **Shompole Wilderness Tented Camp:** am Flussufer in der Shompole Conservancy, Tel. 0722 46 09 58, http://shompolewilderness.com, www.lakemagadiadventures.com. Vier großzügige, gemütlich eingerichtete Zelte, den Ewaso N'giro River überblickend, mit Toilette, Dusche, Ventilator und solarbetriebener Beleuchtung. Pirschfahrten, Kayaking und Tubing auf dem Fluss, Wanderung mit Masai-Viehherden, Besuch von Masai-Siedlungen, Walking-with-Baboons-Programm in Zusammenarbeit mit dem nahe gelegenen Lale'enok Resource Centre (s. Tipp S. 219). Mind. 2 Übernachtungen, ab 13 500 KSh/Pers. (VP).

Erschwinglich – **Lake Magadi Tented Camp:** gegenüber dem Ngurumani Escarpment am Lake Magadi, Tel 0717 99 92 28, www.lakemagadiadventures.com. 15 einfache, saubere Zelte mit Toilette, Dusche und Ventilator, Swimmingpool, Restaurant, Bar, abendliches Lagerfeuer. Pirschfahrten, geführte Wanderungen, Birdwatching und Sternenbeobachtung, Schwimmen im Magadi Sports Club. Zelt ab 7000 KSh (ÜF).

✿ Masai Mara National Reserve ▶ 1, K 10

Zu Unterkünften und Aktivitäten: www.maasaimara.com, tgl. 6–19 Uhr, Eintritt bei Unterkunft im Park Erw. 70 US-$, Kinder 40 US-$, bei Unterkunft außerhalb Erw. 80 US-$, Kinder 45 US-$; Mara Triangle Conservancy: www.maratriangle.org, tgl. 6–19 Uhr, Eintritt bei Unterkunft im Triangle Erw. 70 US-$, Kinder 40 US-$

Auf einer Höhe von 1700 m gelegen, mit einer Fläche von etwa 1700 km² gehört die **Masai Mara National Reserve** zu den schönsten und meistbesuchten Naturschutzgebieten der Welt. Ein Teil des Gebiets steht den ansässigen Masai zum Weiden ihres Viehs zur Verfügung. Doch einschließlich der Serengeti bleibt den Wildtieren ein Schutzraum von 25 000 km², in dem sie ungehindert ihrer Wege ziehen können. *Mara* bedeutet in Maa soviel wie ›gefleckt‹, was sich wohl auf die mit Akazien und Buschgruppen bedeckte hügelige Savannenebene bezieht.

Die unendlich erscheinende Graslandsavanne ist angefüllt mit unzähligen Herden von Zebras, Giraffen, Gazellen und Antilopen sowie Warzenschweinfamilien. In den Akazienwäldern leben neben Leoparden Hunderte von Vögeln und Affen, in den feuchteren Gebieten wiederum Elefanten und Büffel. Die ganzjährig Wasser führenden Flüsse Mara und Talek bieten Flusspferden – besonders am Hippo Pool – und Krokodilen Lebensraum. Unter Kennern gilt die Mara als Königreich der Löwen, Geparden und Hyänen.

Der Schmuck der Masai

Eines der faszinierendsten Völker Ostafrikas sind die Masai. Ihr bunter Perlenschmuck – stolz getragen an Ohren, Hals, Hand- und Fußgelenken – bildet einen fotogenen Kontrast zu ihrer schwarzen Haut, weswegen sie in fast keinem Bildband über Ostafrika oder Fotoalbum eines Ostafrikareisenden fehlen.

Neben seiner Ästhetik hat der Schmuck in vielen Fällen auch die Funktion, etwas über den Status oder die Herkunft der Person auszusagen. Die Anordnung der Farben und Muster oder die Kombination mit der Kleidung, der Frisur bzw. der Körperbemalung lassen auf die Zugehörigkeit zu einem bestimmten Clan oder aber auf den sozialen Status schließen – etwa ob es sich um eine verheiratete, geschiedene oder eine schwangere Frau, einen unbeschnittenen Mann, einen Krieger o. Ä. handelt.

Beispielsweise erkennt man eine heiratsfähige, Frau an einem Stirnband mit kleinen Metallplättchen, das sich von Ohr zu Ohr spannt. Am Hochzeitstag trägt die Braut eine sogenannte Entente, eine voluminöse Hochzeitskette mit langen Perlenschnüren, die bis zu den Knien reichen. Nur verheirateten Frauen steht es zu, sich breite, mit Perlen bestickte Lederbänder *(isirutia)* in die Ohren einzuhängen.

Als Zeichen der Freundschaft oder Zuneigung schenken die Frauen ihren Auserwählten Ohrringe, Schutzamulette, Schwertgürtel, Hals- oder Fußbänder, meistens aus Perlen, manchmal aber auch aus Leder, Metall oder der geflochtenen Haut eines Ziegenmagens, dem wohlriechende und beschützende Pflanzensamen eingepresst werden.

Wenn Männer die Altersstufe der *ilmoran,* der Krieger, erreichen, legen sie ganz besonderen Wert auf ihr Äußeres. Neben dem (Perlen-)Schmuck, der ihre Beliebtheit verrät, verbringen sie viele Stunden damit, sich Zöpfe ins Haar zu flechten und ihre Körper mit Ockerfarben zu bemalen. Zu bestimmten Gelegenheiten legen sie ein Festtagsgewand an, das z. B. eine Löwenmähne oder ein Kopfschmuck aus Straußenfedern – beides Symbole erprobten Mutes – sein kann. Heute sind derartige Ornamente selten, da das Erlegen von Löwen oder Straußen von der Regierung verboten ist oder aber weil die moderne Technik auch bis in die Kraals vorgedrungen ist. Musste man früher lange auf Karawanen warten, die Glasperlen aus Indien brachten oder mühsam die Gedärme von Tieren zu Fäden drehen, um die Perlen aufzuziehen, so benutzen die Masai heute industriell gefertigte Plastikperlen (als Massenware aus Tschechien!) und Nylonfäden.

Auch die traditionelle Bekleidung aus Rinderhäuten wird inzwischen vielfach durch Baumwolltücher oder Decken ersetzt. Selbst die Sandalen werden nicht mehr wie früher aus Leder, sondern zunehmend aus alten Autoreifen geschustert – diese ›Dunlops‹ sind ideal bei Regen oder beim Laufen über dornige Felder. Ein Exemplar dieser schwarzen ›Flipflops‹ hat es sogar ins Museum für Moderne Kunst nach New York geschafft! Inzwischen werden die Autoreifensandalen industriell hergestellt, seit Touristen sie als Souvenirs entdeckt haben. Masai der heutigen Zeit demonstrieren den Spagat zwischen Tradition und Moderne nicht nur durch das Mobiltelefon, Mopeds und Jeeps, sondern auch durch angesagte Turnschuhmarken oder Designeranzüge. Immer tragen sie jedoch etwas Rotes (und seien es nur die Socken), und wenigstens einen traditionellen Armreifen.

Symbolische Bedeutung: Der traditionelle Schmuck der Masai sagt mehr als 1000 Worte

Das größte Tierwunder der Welt erlebt diese Region jedes Jahr von Juli bis September. Riesige Gnuherden, Zebras und Thomson-Gazellen – mehr als 2 Mio. Tiere – wandern von der südlich gelegenen Serengeti auf der Suche nach frischem Grün in den nördlichen Teil dieses Ökosystems und später wieder zurück. Der bis zum Horizont reichende Treck trabt über die tansanische Grenze und durchquert den Mara-Fluss, das gefährlichste Unternehmen dieser Reise. Denn Krokodile und Löwen warten hier in geduldigen Heerscharen auf das große Fressen, das sich ihnen beinahe wie von selbst vors Maul schiebt.

Für andächtige Beobachter ist die Große Tierwanderung (s. S. 397) ein unvergleichliches Schauspiel: Die dampfenden Leiber der Tiere sind dicht aneinandergedrängt, Jungtiere werden von den Alten geschützt. Die einen drängen, die anderen schieben vorwärts und doch wird nicht jeder das Ziel erreichen. Seit Generationen folgen sie diesem unsichtbaren Weg voller Gefahren und Strapazen, ein Kreislauf, den der Mensch bestaunen und bewahren sollte.

Die enorme Zunahme der Besucher in den vergangenen Jahren bleibt nicht folgenlos: vor allem große Lodges, Massentourismusunterkünfte, bedeuten auch einen großen Bedarf an Wasser und Brennholz, das Wegenetz ist stark belastet vom Fahrzeugverkehr und die Grasnarbe leidet unter dem wilden Querfeldeinfahren, auf der Jagd nach den besten Fotos. Wer als Naturliebhaber in die Mara kommt, sollte sich daher unbedingt ökologisch verantwortungsvoll verhalten, um das empfindliche Gleichgewicht nicht weiter zu zerstören, sondern es zu schützen. Die Betreiber kleinerer Unterkünfte (bis max. 40 Gäste) innerhalb des Game Reserve und außerhalb in den angrenzenden Conservancies, meist von den Masai zusammengelegtes Land, sogenannte Group Ranches, sind Vorreiter in Sachen nachhaltiger, umweltfreundlicher Tourismus.

Die **Mara Triangle Conservancy** bildet den nordwestlichen Teil des Gebietes Masai Mara und untersteht einem eigenen Management. Konsequent hat man sich hier dem Schutz der Natur verschrieben: kein Massentourismus, das gut instandgehaltene Wegenetz darf nicht verlassen werden, Unterstützung von Forschungsprojekten, Anti-Wilderer-Einheiten u. a. Bei der Planung bitte beachten, dass die Eintrittskarten nicht in beiden Parkteilen gelten, sondern separat erworben werden müssen und nur im jeweiligen Gebiet für 24 Std. gültig sind.

Übernachten, Essen & Trinken

Preisvergleiche unter den Paketen verschiedener Reiseanbieter oder direkt bei den Unterkünften lohnen sich, meist gibt es günstige Angebote: Fly-In-Packages mit Flug von und nach Nairobi, Übernachtung, Vollpension, Aktivitäten wie Pirschfahrten oder auch Guided Walks (geführte Wanderungen). Eine Vielzahl von Unterkünften steht innerhalb und außerhalb des Parks zur Verfügung. Der Vorteil einer Übernachtung innerhalb des Game Reserve besteht in der kürzeren Anfahrt, um möglichst schnell möglichst viele Tiere zu sehen. Nachteile: Man hat beinahe immer auch viele andere Safarifahrzeuge um sich und die Tiere herum und es sind ausschließlich Pirschfahrten gestattet.

Wer aktiver sein möchte, dem sei eine Unterkunft außerhalb des Game Reserve empfohlen: Die umliegenden Gebiete sind meist von den einheimischen Masai zusammengelegtes, den Wildtieren vorbehaltenes Land (Group Ranches) und private Naturschutzgebiete mit weitaus weniger und kleineren Camps bzw. Lodges. Daher ist auch kein Massentourismus mit unzähligen Kleinbussen zu erwarten. Die Regionen sind nicht durch Zäune voneinander getrennt, d. h. die Tiere halten sich überall auf, wo Wasser und Futter zu finden sind.

Neben Tagespirschfahrten sind in der Regel auch Nachtpirschfahrten gestattet sowie andere Aktivitäten. Dazu zählen geführte Buschwanderungen und Safaris hoch zu Ross. Unter den empfehlenswerten Unterkünften sind im Folgenden sowohl unterschiedliche Regionen berücksichtigt, als auch verschiedene Preiskategorien. Game Package (GP) beinhaltet neben Vollpension auch Getränke sowie Aktivitäten wie Transfers, Pirschfahrten, Buschwanderungen, Sundowner, Besuche in authentischen Masai-Dörfern und sozialen oder Schulprojekten, die vom jeweiligen Camp unterstützt werden.

Camping – An allen Gates des **Mara Reserve** gibt es mehr oder weniger gepflegte öffentliche Campingplätze, Plumpsklo, kaltes Wasser, keine Einkaufsmöglichkeiten, Masai als Wachmänner. Um 20 US-$/Pers. Im **Triangle** gibt es drei gepflegte öffentliche Campingplätze (Erw. 30 US-$, Kinder 20 US-$, pro Fahrzeug 1000 KSh) sowie fünf private im Voraus zu buchende Campingplätze (Erw. 40 US-$, Kinder 20 US-$, pro Fahrzeug 1000 KSh). Auch hier Plumpsklo, kaltes Wasser, keine Einkaufsmöglichkeiten. Aus Sicherheitsgründen sind Ranger zu buchen (2000 KSh).

Innerhalb des Masai Mara Reserve:

Romantik mit Komfort – **Mara Ngenche Camp:** am Zusammenfluss von Mara und Talek River, Tel. 020 445 00 36, www.atua-enkop.com/mara-ngenche-safari-camp. Die spektakuläre Lage im Herzen der Masai Mara zeichnet dieses kleine, luxuriöse Camp aus, bei dem auf eine Umzäunung verzichtet wurde. Es liegt versteckt in einem grünen Flusswäldchen und bietet beeindruckende Blicke auf den Mara-Fluss und einen nahen Hippo Pool, an dem fast immer Flusspferde und Krokodile zu beobachten sind. Seine zehn großzügigen Zelte sind im modernen afrikanischen Stil geschmackvoll dekoriert. Jedes verfügt über ein Bad mit frei stehender Wanne und eine Außendusche. Pirschfahrten, Buschwanderungen, Vorträge über die Masai-Kultur. Ab 480 US-$/Pers. (VP).

Im Triangle – **Mara Serena Safari Lodge:** auf einem Hügel über dem Mara River, Tel. 020 284 20 00, www.serenahotels.com. Architektonisch inspiriert von traditionellen Hütten, 70 relativ kleine Zimmer, aber mit eigenem Balkon und schönem Blick in die Weite, dekoriert mit Masai-Kunsthandwerk. Pool, Bar, Restaurant mit guter internationaler Küche, Buffet. DZ ab 300 US-$ (VP).

Giraffen in der Masai Mara

Top-Lage – **Ashnil Mara Camp:** Tel. 020 356 69 70, www.ashnilhotels.com/ashnil-mara. Das Camp liegt nahe an einem Wildwechsel über den Mara-Fluss, einem der besten Punkte zur Tierbeobachtung in der Masai Mara. Die 40 Zelte verfügen jeweils über ein eigenes Bad mit Dusche und eine Holzterrasse mit Blick über die Mara-Ebene. Freiluftbar und Restaurant mit internationaler, orientalischer und afrikanischer Küche. Pirschfahrten, geführte Wanderungen, Ballonsafaris, Buschpicknicks. DZ ab 158 US-$/Pers. (VP).

Außerhalb südlich und östlich:

Masai-Klassik – **Mara Porini Camp:** Ol Kinyei Conservancy, Tel. 020 712 31 29, www.porini safaricamps.com. Sechs große Wohnzelte jeweils auf eigener Holzplattform, rustikale bequeme Doppelbetten, angenehm sparsam dekoriert, private Terrasse mit weitem Blick in die Savanne, Restaurant mit klassisch im Safaristil möblierter Lounge, Feuerstelle. Freundlicher Service, gute internationale Küche, Ecotourism-Auszeichnungen, Solarenergie, hervorragende einheimische Masai-Guides. DZ ab 1250 US-$/Pers. (GP für 2 Nächte, mit Flug Nairobi-Mara-Nairobi).

Rustikal komfortabel – **Basecamp Explorer:** am Talek Gate, Tel. 020 387 74 90, www.base campexplorer.com. Zwölf großräumige Wohnzelte am Talek-Fluss, Kingsize-Betten, liebevoll in traditionellem Masai-Stil dekoriert, Hängematten auf privater Terrasse mit Blick über Fluss und Savanne, Aussichtsplattform, Feuerstelle, Bar und Restaurant rustikal möbliert. Solarenergie, Ecotourism-Auszeichnungen, gute internationale Küche, sehr gute einheimische Masai-Guides. DZ ab 290 US-$/Pers. (GP).

Boutique Camp – **Spirit of the Masai Mara:** Siana Conservancy, Tel. 0715 35 70 20, www. sarovahotels.com. Die zehn luxuriösen, klimatisierten Suiten umfassen ein Doppel- bzw. Zweibettzimmer, eine große separate Lounge mit gut ausgestatteter Bar sowie ein Badezimmer mit Wanne und Dusche. Sie bieten Platz für bis zu 4 Personen. Jede Suite verfügt über raumhohe Glasfenster, die atemberaubende Blicke auf das Tal und die Masai Mara bieten. Tages- und Nacht-Pirschfahrten, Nature Walks. DZ ab 198 US-$/Pers. (GP).

Einladend zum kleinen Preis – **Aruba Mara:** am Talek Gate, Tel. 0723 99 75 24, www.aruba-safaris.com. Direkt am Talek-Fluss in schattigem Wald, fünf komfortable Hauszelte (Standard und Luxus) mit Bad und Safaridusche (ab 85 €/Pers., VP), kleine einfach ausgestattete Buschzelte (25 €/Pers.), Camping mit eigenem Zelt (6 €/Pers.), saubere gepflegte Gemeinschaftsanlagen. Bar/Restaurant mit frischer delikater afrikanischer Küche und internationalen Angeboten. Freundlicher Service. Aussichtsplattform, gute Guides für Pirschfahrten, geführte Buschwanderungen, Ballonsafaris, professionelle Fotoworkshops.

Außerhalb nördlich und westlich:

Bester Ausblick – **Kilima Camp:** auf dem Siria-Höhenzug, Tel. 020 208 17 47, www.kilima camp.com. 15 große Wohnzelte hoch über der Masai Mara, bequeme Betten, gemütlich sparsam möbliert und in angenehmen Naturtönen gehalten, private Terrasse mit atemberaubender Aussicht, Spa, Feuerstelle, Bar, Restaurant mit einladender Atmosphäre. Solarenergie, internationale Gourmetküche mit Zutaten aus eigenem Anbau, gute Guides für Pirschfahrten, Wanderungen und Reitsafaris. DZ ab 370 US-$/Pers. (GP).

Safari-Klassik – **Karen Blixen Camp:** am Mara-Fluss, Tel. 0711 57 90 01, www.karenblixen camp.com. 20 große Wohnzelte auf Holzplattformen, Kingsize-Betten, klassisch schlicht möbliert und dekoriert, angenehmes Ambiente, Terrassen mit Blick auf den Fluss voller Hippos und das Ufer gegenüber, Feuerstelle, Bar, Restaurant. Interessante Ausbildungsprojekte, Solarenergie, gute internationale Küche mit Zutaten aus eigenem Anbau, hervorragende Guides. DZ ab 260 US-$/Pers. (VP).

Klassik auf der Höhe – **Mara Engai Camp:** auf dem Siria-Höhenzug, Tel 0726 09 13 30, www. maraengai.info. 20 auf Holzplattformen errichtete Safarizelte mit privater Terrasse und atemberaubendem Blick auf die Mara-Ebene. Kingsize-Betten, Bad mit Wasserfalldusche. Das Restaurant mit Panoramaterrasse verwendet Zutaten aus dem eigenen, organischen Garten. Pirschfahrten, Quadbiketouren, Ballonsafaris, geführte Bush Walks, Besuch in Masai-Siedlungen. DZ ab 160 US-$/Pers. (VP).

Aktiv

Wandersafaris – Über jede Lodge möglich, teilweise im Preis inbegriffen.
Ballonsafari – **Hot Air Safaris Ltd.:** Tel. 0702 99 92 78, www.maraballooning.com. Die Basis liegt am Talek-River in der Nähe des Talek Gate, Transfers von und zur Unterkunft der Gäste inclusive. Ab 450 US-$/Pers. inklusive Champagnerfrühstück.

Verkehr

Flüge: regelmäßige und Charterflüge Nairobi Wilson Airport, u. a. Air Kenya und SafariLink zu verschiedenen Landepisten in der Mara, Flugzeit 45–60 Min., hin und zurück ab 390 US-$/Pers.
Busse: keine öffentlichen Verkehrsmittel.
Auto/Mietwagen: 4WD dringend empfohlen, von Nairobi etwa 5 Std. Anfahrt, am günstigsten über Narok zum Sekenani Gate (224 km) im Nordosten, von Kisumu während der Trockenzeit über Suna zum Oloololo Gate (240 km) im Westen. Von/nach Isebania (Grenzstadt zu Tansania) über Lolgorien zum Oloololo Gate (100 km/bei Trockenheit ca. 3 Std., bei Regen ca. 4 Std.).

Amboseli National Park ► 1, N 11/12

Kenya Wildlife Service: Tel. 0800 59 70 00, www.kws.go.ke, tgl. 6.30–18.30 Uhr, in den Monaten April und Mai nur mit Einschränkungen befahrbar, Nationalparkeintritt Erw. 60 US-$, Kinder 35 US-$

Kein Park ist so oft Kulisse für Fotos und Filme wie der 400 km² große **Amboseli National Park**. Der majestätische Mt. Kilimanjaro mit seiner weißen Kappe, auf tansanischem Gebiet, aber doch scheinbar nur einen Steinwurf entfernt, thront imposant über der flachen Savanne. Das ›Dach Afrikas‹ zieht Besucher aus aller Herren Länder an und ist aus den Geschichten der Masai nicht wegzudenken. Der nur nach wirklich kräftigem Regen Wasser führende Lake Amboseli liegt die meiste Zeit als krustige, lebensfeindliche Brache da; er gab den Namen zum Bild: *Amboseli* bedeutet in Maa etwa ›salziger Staub‹.

Feuchtgebiete, offene Ebenen, Waldzonen und dornig bewachsene Lavazungen bilden eine immer wieder reizvolle Landschaft mit vielfältiger Tierwelt: Löwen und Geparden, Masaigiraffen, Elen, Wasserböcke, Vögel und unzählige andere leben seit Jahrhunderten in einer großen Gemeinschaft mit den in dieser trockenen Landschaft nomadisierenden Masai. Wenn Nashörner und Elefanten über den vulkanstaubigen Boden stampfen, kann man sich kaum vorstellen, dass er sich in der Regenzeit oft in matschige Sümpfe verwandelt und für Besucher unpassierbar wird.

Durch achtlose Besucher, die wild über die Savanne fahren, wird die ohnehin schon geschwächte Grasnarbe stetig weiter zerstört. Das Gras wächst jedoch auf dem salzhaltigen Boden und in dem vorherrschend heißen Klima äußerst langsam nach und ist immer vom vorzeitigen Absterben bedroht. Wachsende Elefantenherden sind auf ihrer Nahrungssuche ein weiterer Faktor für die fortschreitende Verwüstung des Gebiets.

Infos

Im Internet: www.amboseli.com. Infos zu Unterkünften und Aktivitäten.

Übernachten, Essen & Trinken

Alle Preise verstehen sich einschließlich Vollpension, Game Drives/Game Walks und Transfers von und zur Landepiste.
Safaricamp – **Tortilis Camp:** Tel. 0730 12 70 00, www.elewanacollection.com. 17 großzügig ausgestattete Zelte (darunter ein Familienzelt) und ein Haus mit zwei Schlafzimmern und privatem Pool, alle mit atemberaubendem Blick zum Kilimanjaro und Mobiliar aus heimischen Materialien. Massagen im Spa-Zelt, Restaurant mit exzellenter internationaler Küche, zubereitet mit Zutaten aus dem eigenen Garten, sehr zuvorkommender Service, gute Guides. DZ ab 500 US-$/Pers.
Umweltfreundlich in Masai-Hand – **Porini Camp:** im Selenkay Conservancy ca. 30 Min. außerhalb des Nationalparks, Tel. 020 712 31 29, www.porini.com. Neun Hauszelte in ei-

nem schattigen Akazienwäldchen mit vielen Vögeln, gemütlich und komfortabel ausgestattet. Sehr gute Masai-Guides, Tag- und Nachtpirschfahrten, Buschwanderungen, gute internationale Küche. DZ ab 450 US-$/Pers., auch Zweitages-Flugpakete.

Luxus im Busch – **Tawi Lodge:** im privaten Wildschutzgebiet angrenzend an den Nationalpark. Tel. 020 266 00 80, www.tawilodge.com. Zwölf Cottages mit zauberhaftem Blick auf ein Wasserloch und zum Kilimanjaro, jeweils mit eigener Terrasse, großzügig ausgestattet, modern und stilvoll designed, umweltfreundlich. Bio-Swimmingpool, Tages- und Nachtpirschfahrten, gute Guides für Buschwanderungen und Kamel-Reitausflüge, Spa, Bar mit Weinkeller, exzellente internationale Küche. Ab 220 US-$/Pers.

Safarilodge – **Ol Tukai Lodge:** Tel. 020 444 55 14, www.oltukailodge.com. Im Herzen des Parks liegt eine der ältesten Safarilodges Ostafrikas. Sie bietet 80 modern ausgestattete Cottages mit Bad und Veranda und eine separate Villa mit Privatsphäre für 3 Personen. Es gibt einen Pool, eine Hochzeitskapelle und ein Bar-Restaurant auf zwei Ebenen mit schönem Blick und guter internationaler Küche. DZ ab 160 US-$/Pers.

Einfach – **KWS-Bandas:** Tel. 0800 59 70 00, www.kws.go.ke, im Park, etwa 2 km vom Kimana Gate entfernt. Schlichte Bandas unterschiedlicher Größe, Bad mit Warmwasserdusche, Betten mit Moskitonetz, gut ausgestattete Küche für Selbstversorger. Banda für 2 Pers. 90 US-$, für 6 Pers. 240 US-$.

Zeltplatz – **KWS:** Tel. 0800 59 70 00, www.kws.go.ke, etwa 1 km außerhalb vom Kimana Gate. Einfache Sanitäranlagen, Kaltwasserdusche, Kochstelle, alle Utensilien einschließlich Feuerholz sind mitzubringen. Schöner Blick zum Kilimanjaro. Erw. 50 US-$, Kinder 25 US-$.

Aktiv

Besuch bei den Elefanten – **Amboseli Trust for Elephants (ATE):** info@elephanttrust.org, www.elephanttrust.org. Besuch im Elefanten-Forschungsprojekt von Cynthia Moss, mit der Möglichkeit einer Elefantenpatenschaft oder Elefanten-Namensgebung.

Verkehr

Flüge: regelmäßige Linien- und Charterflüge vom Nairobi Wilson Airport, u. a. Air Kenya Aviation und SafariLink zur Landepiste im Park, Charter auch zur Tawi-Landepiste. Flugzeit ca. 45 Min. Return ab 320 US-$.

Busse: keine öffentlichen Verkehrsmittel.

Auto/Mietwagen: von Nairobi A 109 über Emali (150 km) C 102 zum östlichen Kimana Gate (96 km); vom Tsavo West National Park Verbindungsstraße C 103 (etwa 60 km).

Von Oloitokitok zum Kilimanjaro ▶ 1, N/O 12

Die lebhafte Masai-Siedlung **Oloikitok** an der Grenze zu Tansania ist außer an Markttagen (Di, Sa) nicht sonderlich aufregend, um so mehr jedoch die von hier startende Besteigung des **Mt. Kilimanjaro.** Jährlich zählt der Berg ca. 18 000 Besucher, jedoch nur 2500 benutzen diese Route. Kaum vorstellbar, in Einsamkeit und Ruhe die wunderbare Landschaft zu genießen, ohne eine lange Anfahrt oder einen Flug nach Tansania bewältigen zu müssen! Während des Wanderns hat man den Gipfel immer im Blick, die täglich zu bewältigenden Distanzen können klein, damit gesundheitlich gut verträglich und mehr zum Genuss gehalten werden.

Aktiv

Kilimanjaro-Besteigung – **Kibo Slopes Safaris Ltd.:** Tel. 045 62 20 91, www.kiboslopessafaris.com. Die in Nairobi ansässige Agentur erhielt vor Jahren als Erste die Genehmigung, von kenianischer Seite aufzusteigen. Inzwischen unterhält sie einen eigenen Zeltplatz mit Restaurant in Oloitokitok. Übernachtung mit Frühstück ab 15 US-$.

Verkehr

Flüge: Eine Landepiste macht Flugverkehr zum Nairobi Wilson Airport möglich.

Busse: tgl. Busverbindungen nach/von Nairobi; Matatus für den kleinen Grenzverkehr zwischen Kenia und Tansania.

Durch die Ostprovinz

Wer noch ein bisschen mehr vom Land erleben möchte, fliegt aus dem Busch nicht direkt an die Küste, sondern gönnt sich die Fahrt von Nairobi durch das Land der Kamba (Ukambani) hinter Machakos und besucht die zauberhaften Chyulu-Berge oder die roten Elefanten im Tsavo National Park.

Auf alten Karawanenstraßen zu reisen hat Vor- und Nachteile: Die landschaftliche Vielfalt reicht von dürretrockenen Grasebenen und sanft gewellten, fruchtbaren Hügeln über unendliche Ansammlungen der heiligen Baobabs bis zu in der Ferne flimmernden Küstenstreifen. Die Ortsnamen ziehen auf der 500 km langen Strecke zwischen Nairobi und Mombasa wie Register aus der Geschichte des Landes und des Eisenbahnbaus vorüber, erinnern den aufmerksamen Reisenden an bereits Gehörtes oder Gelesenes: Orte wie Sultan Hamud (der Herrscher von Sansibar besuchte den Ort während des Eisenbahnbaus), Simba (Land der Löwen), Kiboko (Land der Flusspferde), Kanga (wie das Stückchen Stoff um Hüfte oder Schulter), Mtito Andei (Wald der Geier) oder Samburu (Schmetterling).

Nördlich der Route entwickelten sich seit ihrer Einwanderung die Kamba als geschickte Händler zum Bindeglied zwischen den Arabern an der Küste und den Völkern im Landesinnern. Sie führten Karawanen, Forscher ›entdeckten‹ Afrikas Schönheit, und Missionare zogen ihre ersten Spuren durchs religiöse, wenn auch nicht christliche Buschland. Nachvollziehbar, dass die Eisenbahn denselben Weg nahm und die alte Piste heute einen wichtigen Teil des Trans-African Highway darstellt. Spuren der Menschen verschiedenster Kulturen, Traditionen und Zeiten sind überall gegenwärtig, von den sich scheinbar unendlich ausdehnenden Sisalplantagen über Gotteshäuser wie Moscheen, Kirchen und Tempel bis hin zu Industrieanlagen und schäbigen Vororten.

Machakos und die Ukambani-Berge

Machakos ▶ 1, N 10

Ein 15-km-Abstecher von der A 109 knapp 65 km südöstlich von Nairobi, und die alte Hauptstadt der Kamba mit den fruchtbaren Hängen und Hügeln im Hinterland ist erreicht. Obwohl **Machakos** während des Eisenbahnbaus eine bedeutende Rolle als Versorgungs- und Verwaltungssitz spielte, versank die Stadt im Dornröschenschlaf, als die Strecke anders als geplant gebaut und Machakos nicht an die Linie angeschlossen wurde. Die stolzen, wagemutigen Kamba verhinderten durch ihren passiven Widerstand (geeint zogen sie nach Nairobi und demonstrierten friedlich mehrere Tage lang gegen Habgier und Arroganz) in den frühen 1930er-Jahren die Ansiedlung weißer Farmer auf ihrem Land, und so leben in dieser Region bis heute nur wenige Europäer. Wildtiere sind schon lange dem immer größer werdenden Landbedarf der Menschen gewichen, Nationalparks oder Naturschutzgebiete existieren nicht. Und so verirren sich Reisende trotz des angenehmen Klimas und der landschaftlichen Reize kaum in diese touristisch wenig erschlossene Region.

Bekannt ist die große Kunstfertigkeit der Kamba – der Markt von Machakos ist eine Fundgrube für Sisalkörbe, Holzschnitzereien, Arbeiten aus Bananenblättern und -rinden. Einst wurde hier eine erste Stätte zur Rehabilitation behinderter Menschen in Kenia gegründet, heute kann man den Handwerkern bei der Herstellung von Gegenständen des traditionellen Kunsthandwerks zusehen. In der Stadt herrscht kenianische Geschäftigkeit, Läden bieten im Land produzierte Gegenstände, und der weiße Besucher wird neugierig-ungläubig beobachtet.

Übernachten

Kenianisch modern – **Villa Machakos Guesthouse:** Machakos, Milimani, Kangundo Rd., Tel. 0718 77 00 66, www.villamachakos.co.ke. Komfortable Zimmer mit Bad, WLAN, teilweise mit Veranda. Gartenterrasse, angenehmer Service, sicheres Parken, Restaurant mit guter Küche. DZ ab 65 US-$ (ÜF).

Wer nicht nach Machakos abbiegt – **Kilima Kiu Manor:** Etwa 29 km nach dem Machakos-Abzweig, ca. 4 km vom Mombasa Highway entfernt. Tel. 0705 28 85 83, www.kilimakiumanor.com. Feines Boutiquehotel in einem historischen Farmhaus am Fuß des Kilima-Kiu-Berges. Sieben komfortabel-elegante Gästezimmer mit Bad. Restaurant mit exquisiter Küche, Frisches aus dem Bio-Garten, Frühstücksterrasse, gemütliches Dinner am Kamin, Swimmingpool, individueller Service. Wanderungen und Reitausflüge können organisiert werden. Ab 16 000 KSh/Pers. (VP).

In die Ukambani-Berge

▶ 1, N 10

Fährt man die hervorragend ausgebaute C 99 Richtung Makueni/Wote weiter in Richtung Südosten, ziehen fruchtbar-grüne Berge mit Terrassenfeldern wie ein Gemälde vorüber, frisches Obst und Gemüse wird in kleinen Marktflecken zum Verkauf angeboten. Fast die ganze Palette kenianischer Acker- und Baumfrüchte sowie traditionelle Lebensmittel wie Jamswurzeln (Kiswahili *duma*) sind günstig zu erhandeln. Geologisch imposante Strukturen der Erdgeschichte bieten sich dem Hobbyforscher und Fotografen beidseits der Straße dar, die förmlich aus dem Berg herausgeschnitten wurde.

In den **Ukambani-Bergen** hat man hin und wieder dramatisch-faszinierende Ausblicke zum Mt. Kilimanjaro einerseits und zum Mt. Kenya andererseits. Die missionarischen Wegbereiter Krapf und Rebmann gründeten im 19. Jh. in diesem Hinterland erste Schulen. Die touristische Infrastruktur ist nicht entwickelt und so ist der Aufenthalt begrenzt auf Ausflüge mit Unterkunft in sehr einfachen Gästehäusern oder auf die Durchreise.

Makindu ▶ 1, O 11

In Makindu trifft die gut ausgebaute Teerstraße wieder auf den Mombasa-Highway A 10. Hingewiesen sei besonders auf den fröhlich beleuchteten **Sikh-Tempel** neben der Jamia Mosque. Die Gastfreundschaft der frommen Männer gewährt Einblick in die Religion der Sikhs, die als Synthese von Hinduismus und Islam gilt. Besucher lassen ihre Schuhe vor den Toren des Tempels, den man barfüßig betritt, Frauen bedecken Arme, Schultern und Beine, Männer ihr Kopfhaar. Dafür liegen Tücher in ausreichender Anzahl bereit. Die Hallen des Gebäudes scheinen wie aus der Welt von Tausend-und-einer-Nacht. Vollbärtige alte Männer mit farbenprächtigen Turbanen sind andächtig ins Gebet oder in Gespräche vertieft. Der Reisende ist eingeladen, im Garten zu verweilen, an den vegetarischen Mahlzeiten oder auch an den feierlichen Gottesdiensten teilzunehmen, ein Gästehaus bietet die Möglichkeit, zu übernachten. Jede Spende für Unterkunft und Essen ist willkommen und trägt zum Erhalt der Tempelanlage und des Krankenhauses sowie sozialer Aktivitäten bei.

Chyulu Hills National Park ▶ 1, O 12

Kenya Wildlife Service: Tel. 0800 59 70 00, www.kws.go.ke, ganzjährig tgl. 6–19 Uhr, Erw. 22 US-$, Kinder 13 US-$

Etwa 150 km südöstlich von Nairobi, von Kibwezi rechter Hand nach 9 km abbiegend, erreicht man über holprige Piste am Kithasyo Gate mit den **Chyulu Hills** den jüngsten aller kenianischen National Parks. Gerade einmal 500 Jahre alt, präsentieren die Chyulu-

Berge eine faszinierende Mischung aus vulkanischer Asche, noch nicht bewachsenen Lavazungen, Höhlensystemen und grünen Hügeln. Gekrönt mit atemberaubenden Aussichten ist dieser 740 km² große National Park ein Refugium für Büffel, Elefanten und Leoparden. Angeregt durch die einzigartige Landschaft entwickelten sich zahlreiche Legenden, die in den Geschichten der Menschen sehr lebendig sind. Nicht umsonst nannte Hemingway diesen Platz, der direkt an den Tsavo West National Park angrenzt, ›Meine grünen Hügel Afrikas‹. In Begleitung eines Rangers kann man durch das zwischen 1500 und 2000 m hoch liegende Bergmassiv wandern, Ausritte zu Pferd sind ein Erlebnis. Da es keinerlei Versorgung im Park gibt, darf vor allem Wasser nicht vergessen werden.

Übernachten, Essen & Trinken

Im Park gibt es keine Unterkunft bis auf Zeltplätze (Erw. 25 US-$, Kinder 15 US-$, Buchung über KWS). Die aufgeführten Lodges liegen außerhalb des Parks und eignen sich daher auch gut für Besuche in den beiden Nationalparks Amboseli und Tsavo. Die Preise beinhalten Unterkunft, Vollpension, Aktivitäten und den Transfer vom/zum Flugfeld.

Luxus im Busch – **Campi ya Kanzi:** etwa 10 km südwestlich vom Park, Tel. 045 62 25 16, www.campiyakanzi.com. Traumhaftes Luxus-Zelt-Camp für max. 16 Gäste. Verwendete Materialien, Dekorationen und diverse Projekte vermitteln Lebenskultur der Masai. Mehrfach ausgezeichnete Öko-Lodge mit hervorragenden Masai-Guides für Tages- und Nacht-Pirschfahrten, Buschwanderungen, Reitsafaris, naturnahe Tierbeobachtung. Exquisite kenianisch-internationale Küche. DZ ab 750 US-$/Pers.

Nobel – **Ol Donyo Lodge:** etwa 5 km südwestlich vom Park in privatem Schutzgebiet (Eintritt 60 US-$/Pers.), Tel. +27 (0)87 354 65 91, www.greatplainsconservation.com. Sieben individuell gestaltete, edel-luxuriöse Cottages mit Bad, Veranda und unvergleich-

Üppig bewaldete Bergkette vulkanischen Ursprungs: die Chyulu Hills

lichem Blick (besonders Sept.–Mai) zum 55 km entfernten Mt. Kilimanjaro, Pool, Wandern, Reiten, professionell begleitete Tierbeobachtungen, exzellente kenianisch-internationale Küche. DZ ab 690 US-$/Pers.

Schlicht – **Kiboko Guest House:** KWS, außerhalb des Parks, Tel. 0800 59 70 00, www.kws.go.ke. Einfaches Gästehaus für Selbstversorger mit zwei Bädern, gut ausgestatteter Küche, Esszimmer, Terrasse. Für bis zu 6 Personen, 200 US-$.

Verkehr

Flüge: Eine Landepiste ermöglicht Verbindung mit Nairobi Wilson Airport (45 Min.).
Auto: Wagen mit 4WD erforderlich (ca. 4 Std. ab Nairobi).

Tsavo National Park

Kenya Wildlife Service: Tel. 0800 59 70 00, www.kws.go.ke, ganzjährig zu besuchen, tgl. 6.30–18.30 Uhr, Erw. 52 US-$, Kinder 35 US-$, Allradfahrzeug (4WD) erforderlich

Ursprünglich war das Gebiet des heutigen **Tsavo National Park** das Jagdrevier der hier ansässigen Waliangulu und Kamba, und Ludwig Krapf durchwanderte es 1848 auf seinem Weg nach Kitui. 1898 terrorisierten Löwen die wagemutigen Erbauer der Uganda-Bahn – J. H. Pattersons Roman »The Maneaters of Tsavo« war die literarische Vorlage für den 1996 in Kenia gedrehten Spielfilm »The Ghost and the Darkness« (dt. »Der Geist und die Dunkelheit«). Von 1914 bis 1918 war Tsavo Kriegsschauplatz, und 30 Jahre später wurde hier Kenias größtes Wildschutzgebiet gegründet. Die Fläche von fast 22 000 km^2 auf einer Höhenlage zwischen 230 m und 2000 m bildet ein wahres Wildtierparadies mit Savannen, Felsen und Bergen, Akazienwäldern und Flüssen – ideal für die Big Five, für unüberschaubare Herden von Büffeln, unzählige Gruppen an Giraffen, Antilopen und Gazellen, für Vögel, Insekten und Reptilien.

Weltweit bekannt war Tsavo für seine einst Zehntausende Tiere umfassende Elefantenpopulation, die allerdings durch Dürren und Wilderei in den 1970er- und 1980er-Jahren erheblich reduziert wurde. Der Bestand erholt sich langsam. Die Faszination der roten Elefanten von Tsavo wird wieder zum Highlight für die Besucher. Roter Lateritstaub färbt die Haut der gewaltigen Tiere durch jahrelanges ›Duschen‹ mit dieser Erde, die sie vor unliebsamen Insekten schützt und der Haut angenehme Kühlung verschafft. So trifft man nicht nur auf meterhohe rote Termitenbauten, sondern eben auch auf diese einzigartigen roten ›wandelnden Felsen‹ in der trocken-gelben Savanne.

Die legendäre Uganda-Bahn und der Mombasa-Nairobi-Highway A 109 zerschneiden den Park in zwei unterschiedlich große Verwaltungsbereiche. Sie können getrennt voneinander besucht werden, die sich stark voneinander unterscheidenden Landschaften machen die Fahrt durch beide Parks aber durchaus interessant.

Infos

Im Internet: www.tsavopark.com. Informationen zu Unterkünften und Aktivitäten.

Tsavo West ▸ 1, O/P 12/13

Tsavo West, der Westteil des Nationalparks sieht die meisten Besucher, ist abwechslungsreich und reizvoll mit dem ganzjährig Wasser führenden Tsavo-Fluss, hügeligen Savannen und dichten Galeriewäldern. Besonders der nördliche Teil bietet viele Attraktionen, sodass man von einem Quartier aus, z. B. der Serena Kilanguni Lodge unweit des Mtito Andei Gate, viele schöne erlebnisreiche Game Drives unternehmen kann.

Mzima Springs

Ganz in der Nähe findet man die **Mzima Springs:** Bis zu 500 Mio. Liter kristallklares Wasser treten täglich durch das poröse Vulkangestein aus und versorgen u. a. die Stadt Mombasa. Vermutlich stammen die Wasser einerseits vom 100 km entfernten Mt. Kilimanjaro, andererseits aus den Chyulu Hills. Ein Fußweg führt entlang des Seeufers zur Quelle und zu einer Unterwasserbeobachtungsstation. Flusspferde und Krokodile kann man so nicht nur über Wasser oder schläfrig auf Ufersteinen beobachten, sondern auch durch Guckfenster unterhalb der Wasseroberfläche. Der Weg ist dschungelartig bewachsen, Meerkatzen, Vögel, darunter die selten zu beobachtenden Schlangenhalsvögel, und Schmetterlinge begleiten den stillen Besucher.

Aussichtspunkte

Gute Aussichtspunkte sind die **Roaring Rocks,** Felsen an denen der Wind entlangstreift und heulende Geräusche erzeugt, sowie **Poacher's Lookout** (»Wilderer-Ausblick«). Wer in der ohnehin sengenden Luft noch Lust auf die Hitze von schwarzem Koks hat, der mag den 200 Jahre alten Krater des **Chaimu-Vulkans** besteigen.

Rhino Sanctuary

Geöffnet tgl. 16–18 Uhr, da in dieser Zeit die Tiere aus dem Busch kommen und die Chancen dann am größten sind, sie zu beobachten

Zu Füßen der Ngulia-Berge hat man das **Rhino Sanctuary** als spezielles Schutzgebiet für Weiße und Schwarze Nashörner eingerichtet. Viele von ihnen wurden aus dem privaten Schutzgebiet der Solio Game Ranch hierher umgesiedelt (s. Tipp rechts).

Lake Jipe

An der südwestlichen Grenze zu Tansania liegt der 10 km lange und 3 km breite **Lake Jipe** mit leicht salzhaltigem Wasser. Sein Ufer ist Kenias meist besuchter Platz für Vogelliebhaber: Purpurhuhn, Nachtreiher, Zwerggans, Kleine Blatthühnchen und europäische Zugvögel bieten tagelanges Beobachtungsprogramm. Der KWS organisiert Bootssafaris.

Tipp

NASHORNZÄHLUNG IM RHINO SANCTUARY

Im Schutzgebiet des **Rhino Sanctuary** befindet sich ein neues Gästehaus für Selbstversorger, abenteuerlich errichtet auf einem Felsen mit schönem Ausblick. Wenn das Haus gerade nicht von Forschern belegt ist, kann es auch als Unterkunft von Touristen direkt gebucht werden. Zweimal im Jahr bei Vollmond werden die Nashörner gezählt. Wer mag, kann dann mit den Rangern auf eine nächtliche Pirschfahrt der besonderen Art gehen. Informationen und Buchung über den Senior Warden, Tel. 0720 96 85 27.

Übernachten, Essen & Trinken

Safari-Nostalgie – **Finch Hatton's:** Tel. 0720 44 44 19, http://finchhattons.com. Das großzügige und aristokratisch-stilvoll geführte Camp für maximal 50 Gäste ist eine nostalgische Reminiszenz an den berühmten Jäger, der auch der Liebhaber von Karen Blixen war. Pool, bestens sortierte Bar, hervorragende Wildbeobachtungsmöglichkeiten an nahen Wasserlöchern, exquisite Gourmetküche, eigene Landepiste. 2013/14 wurde es umfassend renoviert. DZ ab 780 US-$/Pers. (VP).

Gutes Preis-Leistungs-Verhältnis – **Kilanguni Serena Safari Lodge:** Tel. 020 284 23 33, www.serenahotels.com. Unweit des Mtito Andei Gate, 1962 als erste Lodge in einem Nationalpark Kenias gegründet. Restaurant mit Terrasse und Blick auf ein Wasserloch. Komfortable Zimmer, bei klarem Wetter Blick zum Kilimanjaro. Pool, Bar, internationale Küche. DZ ab 150 US-$/Pers. (VP).

Öko-Luxus – **Severin Safari Camp:** Tel. für Buchungen in Deutschland 02933 98 71 60, www.severinsafaricamp.com. 21 komfortable Hauszelte mit einladend natürlichem Ambiente, Bad, Veranda, WLAN, Spa. Pirschfahrten, geführte Buschwanderungen. Freundlicher Service. Bar, Restaurant mit hervorragender internationaler Küche. DZ ab 130 €/Pers. (VP). Acht Bandas (Kitani Bandas) für Selbstversorger ca. 1,5 km entfernt vom Hauptcamp. Voll ausgestattete Küche, Bad, Veranda, WLAN. Mahlzeiten im Hauptcamp möglich, Buchung von Aktivitäten. DZ ab 90 €/Pers.

Tolle Aussicht – **Rhino Valley Lodge:** Tel. 0796 12 67 09, www.rhinovalleylodge.co.ke. Nahe dem Rhino Sanctuary auf einer Anhöhe der Ngulia-Berge. Sechs komfortable Cottages ab 200 US-$/Haus (VP) und sechs Bandas mit Küchenzeile für Selbstversorger ab 110 US-$, Restaurant mit Bar, gute internationale Küche. Ab 100 US-$/Pers. (VP).

Beste Lage – **Kamboyo Guest House:** Tel. 0800 59 70 00, www.kws.go.ke. Ehemaliges Rangerhaus an einem Wasserloch nahe Mtito Andei Gate, mit Dachterasse für tolle Tierbeobachtungen, schlicht ausgestattet, Küche und Bäder mit Warmwasser, für max. 8 Pers., Selbstversorger. 200 US-$/Haus.

Camping – **KWS,** Tel. 0800 59 70 00, www.kws.go.ke. Einfache Zeltplätze mit sauberer Infrastruktur. Erw. 20 US-$, Kinder 15 US-$.

Verkehr

Flüge: Mehrere Landepisten garantieren sehr gute Flugverbindungen.

Zufahrt mit Auto: von Nairobi A109 über Mtito Andei Gate (230 km), von Mombasa A 109 über Tsavo Gate (260 km).

Tsavo East ▶ 1, P/Q 11/12

Tsavo East, der Ostteil des Tsavo National Park, bietet kilometerweite, flache, trockene Dornbuschsavanne mit vereinzelten Baobabs und wird vom Yatta Plateau, dem längsten fossilen Lavastrom der Welt, dominiert. Der Teil nördlich des Galana-Flusses mit den

Starke Regenfälle bedeuten das Ende mancher Piste, z. B. im Tsavo National Park

Lugard-Wasserfällen wird derzeit erst für Besucher erschlossen, so dass sich hier noch wirklich wildes Afrika abspielt.

Crocodile Point und Aruba Dam

Am **Crocodile Point,** einem 100 m hoch über dem Fluss liegenden Felsen, können Krokodile und etliche Flusspferde in Ruhe beobachtet werden. Südlich davon liegt der **Aruba Dam,** der den Voi-Fluss anstaut und als Tränke und Badeplatz für Tausende Wildtiere fungiert – auch hier werden dem Gast unglaubliche Tierbeobachtungen ermöglicht.

Übernachten, Essen & Trinken

Stilvoll – **Satao Camp:** Tel. 020 243 46 00, www.sataocamp.com. Luxuriöses Inselcamp, 20 großzügige Zelte mit Bad und Veranda, gut sortierte Bar, Game Walks und Kameltouren, internationale Küche. DZ ab 250 US-$/Pers. (inkl. VP und Aktivitäten).

Komfortabel – **Voi Wildlife Lodge:** nahe dem Voi Gate, Tel. 0722 20 12 40, www.voiwildlifelodge.com. Familienfreundliche Anlage, 2017 komplett renoviert, zwei Wasserlöcher ermöglichen Wildbeobachtung rund um die Uhr. Große Swimmingpools, sehr freundlicher Service. DZ ab 70 US-$/Pers. (VP).

Verkehr

Flüge: Landepisten ermöglichen gute Flugverbindungen.

Zufahrt mit Auto: Von Nairobi A 109 über Voi Gate (340 km), von Mombasa A 109 über Buchuma Gate (160 km), von Malindi an der Nordküste C 103 über Sala Gate (120 km). Nicht wenige, die von Nairobi aus an die Nordküste reisen wollen, nehmen in Trockenzeiten den Weg durch Tsavo East: Die Straße ist nicht unbedingt schlechter (4WD erforderlich), und man spart die Strecke über Mombasa.

Taita Hills Game Reserve

▶ 1, P 13

Die **Taita Hills** sind ein privates Wildschutzgebiet, das an die großen National Parks angrenzt. Sie eignen sich bestens für einen Tagesausflug von Mombasa aus (160 km), wenn möglich dienstags oder freitags, denn dann gibt es in **Wundanyi** einen lebhaften Markt. Schroffe Felsen, die sich 2000 m hoch über der Savanne erheben, charakterisieren die an Wildtieren reiche Landschaft. Mehrere Sanctuaries bieten Schutzraum für die Big Five und viele andere Savannentiere.

Übernachten

Einzigartig – **Lions Bluff Lodge:** Tel. 0717 55 54 98, www.lionsblufflodge.com. Am Rand der Taita Hills im Lumo Sanctuary (Erw. 35 US-$, Kinder 17 US-$), zwischen Mashoti und Bura. 12 komfortable, geschmackvoll ausgestattete Hauszelte mit Bad auf Plattformen an einer Felsenklippe. Pirschfahrten, Buschwanderungen. Herrlicher Blick auf den Kilimanjaro. Internationale Küche. Busch-Camping möglich (10 US-$/Pers.), DZ ab 135 US-$/Pers. (VP).

Entlang der Küste des Indischen Ozeans

Was wäre Kenia ohne seine traumhaften Strände: Baden, Schnorcheln und Tauchen im warmen Meerwasser – für Wassersportler ist Kenias Küste nicht wegzudenken aus der Hitliste der Ferienplätze. Historisch und an Wildtieren Interessierten bietet das nahe Hinterland abwechslungsreiche Stunden.

Die bis zur somalischen Grenze insgesamt rund 390 km lange Küste nördlich von Mombasa ist gekennzeichnet von Hotelstränden, historischen Stätten, idyllischen Buchten, Brücken, Fähren und Naturschönheiten wie aus dem Bilderbuch. Bis Malindi findet der Reisende abwechslungsreiche Landschaft und gute Infrastruktur mit zahlreichen Hotels, die zumeist von Pauschalreisenden genutzt werden. Karg und trist geht es weiter nach Norden, bis das Tana River Delta eine einzigartige Verbindung von Strand und Savanne zaubert, mit verborgenen romantischen Unterkünften. Krönender Abschluss des Küstenstreifens ist der reizvolle Lamu-Archipel mit der arabisch geprägten historischen Altstadt von Lamu und gemütlichen Übernachtungsangeboten.

Südlich von Mombasa sind die gut 100 km bis zur tansanischen Grenze bestimmt von ausgedehnten palmengesäumten Stränden, unterbrochen von kleinen attraktiven Einkaufszentren und guter touristischer Infrastruktur: Supermärkte, Restaurants, Tourveranstalter, Souvenirshops und kleine Läd-

Fort Jesus in Mombasa, Portugals Bastion in Ostafrika

chen bieten dem Touristen alles, was den Urlaub angenehm macht.

Wer Lust auf Elefanten und Safari hat, dem sei ein Ausflug in den Shimba Hills National Park empfohlen, eine Oase für Mensch und Tier unweit des Indischen Ozeans. Nennenswerte andere Sehenswürdigkeiten gibt es nur wenige, dafür viel Trubel rund um die Ferienorte am Diani Beach. Ein reiches Angebot an Unterhaltung und Aktivitäten bieten die zahlreichen kleineren und größeren Hotelanlagen. Etwas ruhiger und beschaulicher geht es an dem südlicher gelegenen Galu Beach zu und an den Korallenstränden von Shimoni.

Mombasa ▶ 2, R 14

Cityplan: S. 241

Mombasa – der Schmelztiegel vergangener und lebendiger Kulturen – ist Ziel und Ausgangspunkt zugleich. Die einen beenden ihre Reise nach aufregenden Erlebnissen im Busch mit entspannenden Tagen am Meer, fahren von Mombasa aus an die historisch interessanten Stätten der nördlichen Küste oder aalen sich an den südlich gelegenen sonnigen Stränden von Diani Beach. Andere wiederum beginnen ihren Traumurlaub hier, tanken Sonne und Wasser, bevor sie sich auf spannende Abenteuer ins Hinterland begeben. Jeder muss für sich die anregendste und dennoch erholsamste Route wählen.

Die zweitgrößte Stadt Kenias ist eigentlich eine 14 km^2 große Insel, verbunden durch Brücken und Fähren mit dem nördlichen und südlichen Festland, das seit den 1930er-Jahren ebenfalls bebaut wurde und nun längst zum Stadtgebiet gehört. Strategisch günstig gelegen, war Mombasa seit jeher ein wichtiger Handelsplatz und Machtfaktor an der östlichen Küste des Schwarzen Kontinents.

Stadtgeschichte

Mombasas Geschichte ist bewegt, auch wenn nicht alle Zeiten dokumentiert sind. Erstmals um 150 v. Chr. wird die Stadt von Seefahrern erwähnt, von Arabern in ihren Chroniken ab dem 9. Jh. immer wieder genannt, doch erst mit den Portugiesen ab 1500 tauchen regelmäßige Aufzeichnungen auf. Sie berichten vom Widerstand der Einheimischen gegen die Portugiesen, von ungleichen Kämpfen, Blutbädern und Zerstörungen durch die Sieger.

Als eines der ältesten heute noch existierenden Bauwerke wurde 1593 das trutzige Fort Jesus errichtet. Trotz mannigfaltiger glücklicher Handelsbeziehungen im Indischen Ozean war die von den Portugiesen angestrebte dauerhafte Präsenz nicht realisierbar. Ende des 17. Jh. begannen die arabischen Omanis erneut den Kampf um Mombasa, der etwa 30 Jahre währte und mit der Niederlage der Europäer endete.

Die Herrschaft der noch heute einflussreichen Familie Mazrui setzte ein, Gewürz- und Sklavenhandel begannen zu blühen und führten zum wirtschaftlichen Aufschwung der Stadt und ihres Umlands. Die Bevölkerung wuchs an auf 25 000 Menschen, sie errichteten unweit des Forts ihre Häuser und Geschäfte – die in unseren Tagen etwas heruntergekommene Altstadt lässt die Schönheit und Lebendigkeit dieses Viertels noch erahnen. Altansässige Swahilis, Araber, Inder und einzelne Bantugruppen wurden bald von weißen Ankömmlingen ergänzt. Der Ruf eines paradiesischen, wenn auch gefährlichen Hinterlandes lockte europäische Abenteurer, Missionare und Forscher mit sehr unterschiedlichen Beweggründen an die ostafrikanische Küste.

Innerarabische Rivalitäten im 19. Jh. lenkten jedoch die Aufmerksamkeit des inzwischen zur Seemacht erstarkten britischen Königreichs auf diesen Handelsposten. Durch geschickte Machtspiele siegreich, ernannte es 1895 Mombasa zur Hauptstadt des neu gegründeten British East Africa Protectorate. Militärische, religiös-missionarische, humanistische (Beendigung der Sklaverei) und wirtschaftliche Motive (Handel mit Elfenbein, Tropenholz, industriellen Produkten) der Krone waren gekoppelt an eindeutige Expansionsbestrebungen. Der stets umstrittene und vielfach belächelte Eisenbahnbau von der Ostküste nach Zentralafrika, der nicht nur Unsummen an Geld verschlang, sondern auch erhebliche

Tipp

MIT DEM TUKTUK DURCH MOMBASA

Sie wissen, was ein TukTuk ist? Die modernisierte Form der Rikscha wurde bereits während der Kolonialzeit in Kenia benutzt, sie kam mit den indischen Zuwanderern und den neuen Herren hierher. Vielleicht erkunden Sie Mombasa auf diese Weise, ein nicht alltägliches Erlebnis, das zudem die müden Füße schont. Die TukTuks haben oft humorvolle Namen, Sie müssen ja nicht unbedingt in die »Concubine« einsteigen. Ihr Fahrer ist ortskundig und kann sicher einiges erzählen. Handeln Sie den Preis vorher aus, gezahlt wird aber erst am Ende. Es sei denn, es muss getankt werden: Zahlen Sie das Benzin als Vorschuss. Wenn Sie Lust haben, trinken Sie gemeinsam einen Tee. Ach ja, und die Stipp-Einkaufsvisite im etwas abseits gelegenen Wakamba Woodcarver Centre ist nun kein Problem. Den Fahrer wird's freuen, denn er erhält vom Shop einen kleinen prozentualen Obolus auf Ihre Einkäufe. Das TukTuk kostet je nach Entfernung um 150 KSh, nachts um 200 KSh.

Menschenopfer (nicht nur durch die Löwen im Tsavo!) forderte, war ebenfalls Ausdruck dieses Strebens. 1907 verlegten die Kolonialherren ihren Verwaltungssitz in die neue Hauptstadt, ins zentral gelegene Nairobi.

Neben der Eisenbahn forcierten die Machthaber auch den Schiffsverkehr als wichtiges Transportmittel, die traditionellen Dhaus (Segelboote) wurden von motorbetriebenen Frachtern abgelöst, und der neue Hafen an der Westseite der Insel entwickelte sich zum modernsten und größten Umschlagplatz Ostafrikas. Ab Mitte der 1970er-Jahre nahm der Hafen auch an Bedeutung für Touristen und *expats* zu, Kreuzfahrtschiffe legen hier an, und die großen Container zeugen vom Umzug der mit Sack und Pack ein- oder ausreisenden *aliens* (offizielle Bezeichnung für im Land lebende Ausländer!).

Sehenswertes in der Altstadt

Das Herz der alten Stadt schlägt in den exotisch anmutenden *kitotos* (Gassen), an windigen Plätzen, durch die der Duft orientalischer Gewürze und Speisen zwischen den in arabischem Stil errichteten Häusern streicht. Hier sind Frauen im schwarzen *buibui* genauso selbstverständlich wie Frauen im *kanga*. Geschäftig wirkende, *mira'a*-kauende und mit *kikois* bekleidete Männer sieht man ebenso wie neugierige *wazungus* (Weiße), leider mitunter eher unpassend in kurze Röckchen und Hosen gezwängt.

Aus den Minaretten der Moscheen rufen die Muezzine fünfmal am Tag zum Gebet – Zeiten, in denen die Arbeit ruht. Der Geruch von frisch geräuchertem Fisch, gegrilltem Fleisch und starkem Kaffee weht durch das Viertel und lädt den Bummelnden zur Rast ein. Aus den offenen kleinen Restaurants kann man das Leben auf der Straße beobachten, sich vergnügen und die Zeit des Verweilens genießen.

Fort Jesus 1

Tel. 041 222 00 58, www.museums.or.ke, tgl. 8–18 Uhr, Erw. 1200 KSh, Kinder 600 KSh, Museum Mo–Fr 8–16 Uhr, Eintritt frei

Am **Fort Jesus,** der grauen, über die Einfahrt zum alten Hafen wachenden Festung, beginnt man meist den Rundgang bzw. die Rundfahrt. Von Italienern geplant, durch die Portugiesen errichtet, als Gefängnis von den Briten genutzt, restauriert mit Mitteln der Gulbenkian-Stiftung (Gulbenkian war türkischstämmiger Brite, in Portugal lebender Ölhändler und Kunstliebhaber!) verbindet es in seltsamer Weise die verschiedensten Imperien miteinander.

Von den Zinnen reicht der Blick weit übers Meer und die Stadt, im Innern lädt ein interessantes **Museum** zu einem Ausflug in die bewegte Geschichte ein. Karten und Fotos, Funde aus versunkenen Schiffen oder vom Meeresgrund, Dhau-Modelle, Wandgemälde und militärische Überbleibsel dokumentieren friedliche und grausame Zeiten.

Mbarak Hinawy Road

Die **ehemalige Polizeistation** 2 von 1898 vermutet man nicht unbedingt in dem schönen, reich verzierten Gebäude auf dem Platz vor der Festung. Zwischen **Mbarak Hinawy Road** und **Ndia Kuu** reihen sich immer noch Charme versprühende **Häuser aus der Kolonialzeit** dicht aneinander. Viele von ihnen zieren nicht nur geschnitzte Balkons und Erker, sondern auch alte Steinbänke neben den künstlerisch dekorierten Eingangstüren.

Die Straße führt direkt zur ältesten noch genutzten Moschee des Landes, der 1570 erbauten **Mandhry-Moschee** 3. Männliche Besucher sind gern gesehen. Allerdings sollte Mann seine Schuhe vor der Tür abstreifen, Arme und Beine bedecken (dafür ist z. B. ein *kanga* oder *kikoi* bestens geeignet). Bemerkenswert sind das eigentümliche konische Minarett und der schön verzierte Brunnen.

Alter Dhau-Hafen 4

Den Government Square hinter sich lassend, bis 1910 das Verwaltungszentrum der Stadt, weitet sich der Blick über den **alten Dhau-Hafen.** Über Jahrhunderte lagen hier immer Dutzende dieser dickbäuchigen imposanten Segelschiffe vor Anker, heute kann sich glücklich fühlen, wer noch eines entdeckt. Die meisten der jetzt einlaufenden Schiffe sind motorisiert und entsprechen nicht unbedingt unseren romantischen Vorstellungen. Das geschäftige Treiben zu beobachten ist aber allemal interessant. In der Nähe befindet sich der alte **Fischmarkt.**

Municipal Market 5

Tgl. 6–17 Uhr

Die Biashara, die traditionelle Straße der Tuchhändler, schlängelt sich hin zum **Municipal Market.** In der Markthalle türmen sich frisches Obst und Gemüse zu Pyramiden, Gewürze und Schnittblumen konkurrieren um den wohligsten Duft und müde Händler genehmigen sich zur Mittagsstunde ein kleines Nickerchen unter ihren Ständen. Fisch und Fleisch haben eine eigene Halle, vom Geruch sollte man sich nicht abschrecken lassen, einen Rundgang vorbei an einer Fülle verführerischer Meeresfrüchte, gerupftem Geflügel und portionierten Vierbeinern zu wagen.

Jain-Tempel 6

An der Ecke Digo/Langoni Roads ist der zauberhafte, weiß in der Sonne leuchtende **Jain-Tempels** mit seinen Türmchen und Tierskulpturen zu bewundern. Als Spiegelbild der multikulturellen Hafenmetropole findet man in allen Stadtvierteln eine einzigartige Ansammlung von Moscheen, Kirchen und Tempeln am Weg. Die indische Religion des Jainismus lehnt das Töten und Verletzen von Lebewesen rigoros ab und predigt absolute Gewaltfreiheit. Vor dem Betreten des Tempels müssen die Gläubigen Schuhe und andere Lederwaren ablegen.

Tusks (Elefantenstoßzähne) 7

Der Stadtbummler kommt nicht umhin, die laute Digo Road in Richtung Süden bis zur Hauptpost zu laufen, um dann in die Moi Avenue einzubiegen. Aber wer möchte nicht Mombasas Wahrzeichen mit eigenen Augen sehen: die vier torbogenartig über die mehrspurige Straße ragenden weißen Elefantenstoßzähne, die von der Ferne ein ›M‹ bilden – für Mombasa. Die **Tusks** wurden zum Besuch Ihrer Königlichen Hoheit Elisabeth II. 1952 aus Blech gefertigt und schmücken seitdem als Willkommensgruß die Einfahrtsstraße vom Flughafen in die City. Unweit davon befindet sich auch die Tourist Information.

Mama Ngina Drive

Zurück am Kreisverkehr, überquert man diesen und schlendert die Nkrumah Road entlang, um dann vor dem Gerichtsgebäude in den **Mama Ngina Drive** einzubiegen. Das **State House** links liegen lassend, hat man bald freien Blick aufs Meer. Verkehrsarm und still, trifft man hier allenfalls auf lustwandelnde Pärchen und Familien.

0 250 500 750 1000 km
Nairobi, Tsavo N.P., Flughafen
Port Tudor
Makupa Causeway
Makande Rd.
Kilindini Harbour
Kipevu Causeway
INDUSTRIE-GEBIET
Tempel
Tom Mboya Avenue
Shimanzi Rd.
Mwangeka Rd.
Lumumba Rd.
Swaleh Nguru Rd.
Ronald Ngala Rd.
KILINDINI
Makupa Market
Jomo Kenyatta Avenue
Koinange Rd.
Mozambique Rd.
Nyali Bridge
Moi Avenue
Bahnhof
Kisauni Rd.
Faza Rd.
Mwembe Tayari Rd.
Haile Selassie Rd.
Tangana Rd.
Uhuru Garden
Archbishop Makarios Rd.
Khan Rd.
Biashara St.
Bushaltestelle (n. Malindi)
Busbahnhof
Abdel Nasser Rd.
German Institute
Markt
Kisumu Rd.
Mnazi Moja Rd.
Mombasa Harbour
Mizima Rd.
Sheik Jundani Moschee
Digo Rd.
Pigott Place
Government Square
Old Kilindini Rd.
Kitui Rd.
Thika St.
Mnazi Kibokoni
Mbaraki Creek
Holy Ghost Cathedral
Makadara Rd.
Nkrumah Rd.
Pally House
Mbaraki Rd.
Krapf Memorial
Ndia Kuu
Mbarak Hinawy Rd.
Dedan Kimathi Avenue
Nyerere Av.
Aga Khan Hospital
Gericht
Rathaus
Likoni
Kaunda Avenue
Vanga Rd.
Mombasa Hospital
Oceanic Rd.
Einwanderungsbehörde/ Immigration Office
Golfplatz
Mama Ngina Drive
Statehouse
Leuchtturm

Mombasa

Sehenswert

1 Fort Jesus
2 Ehemalige Polizeistation
3 Mandhry-Moschee
4 Alter Dhau-Hafen
5 Municipal Market
6 Jain-Tempel
7 Tusks (Elefanten-stoßzähne)
8 Likoni-Fähre
9 Rabai Museum/ Dr. Ludwig Krapf Memorial

Übernachten

1 Tamarind Village
2 Castle Royal Hotel
3 Pride Inn Hotel
4 Darajani Hotel
5 Hotel Radiance
6 New Palm Tree Hotel

Essen & Trinken

1 Rozina Old Town
2 Suriya
3 Fontanella Steakhouse & Beer Garden
4 Pistacchio
5 Singh Restaurant
6 Recoda

Einkaufen

1 City Mall
2 Captain Andy's Fishing Supply
3 Akamba Handicraft Cooperative
4 Biashara Street

Abends & Nachts

1 Toyz
2 BoraBora
3 Casablanca
4 Florida Casino & Nightclub
5 Little Theatre Club
6 Nyali Cinemax

Aktiv

1 Bike the Coast
2 Mombasa Golf Club
3 Nyali Golf & Country Club
4 Pollmann's
5 Southern Cross Safaris Ltd.

Am **Leuchtturm** vorbei wird die steil abfallende Uferzone grasgrün und fröhlich überwuchert von uralten Baobabs. Zwischen ihren glattrindigen Stämmen, nahe der Anlegestelle der **Likoni-Fähre** 8, herrscht emsiges Treiben der Markthändler. Verkauft werden Secondhand-Kleidung (*mitumba*), Süßwaren und Softdrinks, geröstete Maiskolben und duftende *mandazis,* Kunsthandwerk und auf CDs gepresste Musik. Das **Einkaufszentrum** rechter Hand bietet einen Supermarkt, Cafés und Parkplätze. Wer an die Traumstrände will als Selbstversorger, muss aber nicht alles hier einkaufen, denn es gibt auch große und gut sortierte Supermärkte in Ukunda. Die Fähre verbindet die Stadt mit der südlichen Küste und der Fernstraße zur tansanischen Grenze.

Rabai Museum/Dr. Ludwig Krapf Memorial 9

Ca. 25 km (30 Min.) nördl. von Mombasa am Highway nach Nairobi, Mazeras-Kaloleni Rd., tgl. 9–18.30 Uhr, Erw. 500 KSh, Kinder 250 KSh

Die 1846 vom deutschen Missionar Ludwig Krapf erbaute erste Kirche auf dem afrikanischen Kontinent und Krapfs Haus fungieren heute als **Museum,** das an das Leben und Wirken des Missionars sowie an den von ihm angeprangerten Sklavenhandel erinnert. Auf dem nahen Friedhof wurden an Malaria verstorbene Europäer und deren Familienangehörige begraben.

Infos

Im Internet: www.lifeinmombasa.com, www.travelmombasa.com.

Holiday Homes Kenya: Tel. 0713 60 08 24, www.holidayhomeskenya.com. Ferienhäuser unterschiedlicher Größe, Ausstattung und Lage an der Küste, alle mit Hauspersonal (Koch, Reinigung), für Selbstversorger.

Banken: Filialen aller großen Banken befinden sich in der Nkrumah Road und auf der Moi Avenue, Mo–Fr 9–16, Sa 9–11 Uhr.

Übernachten

Exklusive Hotels haben sich ausschließlich an der Küste nördlich und südlich von Mombasa angesiedelt (s. S. 245, 267). Wer nach einem langen Abend in der Innenstadt übernachten möchte, findet aber auch dort einige gute Unterkünfte.

Tipp

TRÄUMEN, SEGELN UND GUT ESSEN

Eine empfehlenswerte, absolut stilvolle Verbindung von exzellentem Speisen und Unterkunft ist das **Tamarind Village** 1: Die Apartments mit Bad und kleiner Küche sind luxuriös und komfortabel ausgestattet (DZ mit Frühstück ab 185 US-$/Pers.). Geboten werden Pool, Squash, Fitness, Wasserski, Hochseeangeln. Das Meeresfrüchte-Gourmetrestaurant Tamarind (im arabischen Stil) und das Segelschiff **Tamarind Dhow** servieren das Beste der französischen, asiatischen und afrikanischen Küche! So lecker und traumhaft zubereitet bekommt man Fisch selten serviert (um 2700 KSh). Mittags-Cruise 13 Uhr, besonders romantisch ist das Speisen im Rahmen eines Candle-Light-Dinner (um 70 US-$/Pers.) an Bord des traditionellen Seglers Tamarind Dhow. Abfahrt 18.30 Uhr am Bootssteg, von beiden Restaurants gibt es gratis einen wunderbaren Blick zur Altstadt. Eine Reservierung ist unbedingt erforderlich (direkt hinter der nördlich zum Festland führenden Nyali Bridge, Cement Silo Rd. am Hafen, Tel. 0722 20 51 60, www.tamarind.co.ke, tgl. 11–23 Uhr).

Solide – **Castle Royal Hotel** 2: Moi Ave., Tel. 0735 33 99 20, www.sentrim-hotels.net. 68 modern ausgestattete Zimmer unterschiedlicher Preiskategorien, sauber, TV, WLAN, Casino, Dachterrasse mit Restaurant. DZ ab 130 US-$ (ÜF).

In Bahnhofsnähe – **Pride Inn Hotel** 3: Haile Selassie Rd., Tel. 0709 53 20 00, www.prideinn.co.ke. Modern, komfortabel ausgestattete Zimmer mit Bad unterschiedlicher Kategorien, WLAN, Transfers, Pool, Restaurants, Bar. DZ ab 110 US-$.

Nahe Nyali-Brücke – **Darajani Hotel** 4: Ronald Ngala Rd., Tel. 0734 79 63 76, www.darajanihotel.com. 5 Min. vom Stadtzentrum entfernt, ortsübliches sauberes Hotel, DZ mit Bad, WLAN, Klimaanlage, Balkon, Dachterrasse mit Bar, Restaurant mit kenianischer und einfacher internationaler Küche. DZ ab 5000 KSh (ÜF).

Zentral – **Hotel Radiance** 5: Kenyatta Ave., Tel. 041 249 05 53, www.hotelradiancekenya.com. 30 moderne, saubere Zimmer in verschiedenen Preisklassen, TV, Minibar, Klimaanlage, Schallschutzfenster, WLAN, Flughafentransfer (ca. 15 Min. Fahrt), Bar, Restaurant mit einfacher internationaler Küche. DZ ab 5000 KSh (ÜF).

Nahe Fort Jesus – **New Palm Tree Hotel** 6: Nkrumah Rd., Tel. 0715 44 20 17, www.newpalmtreehotel.com. Schlichtes ortsübliches Hotel, saubere Zimmer mit Bad, teilweise mit Klimaanlage, sicherer Parkplatz, Bar, Restaurant mit traditionell kenianischer Küche. DZ ab 4500 KSh (ÜF).

Essen & Trinken

Beim Stadtbummel findet man zahlreiche gemütliche kleine Restaurants und Cafés, die man sich für den Abend vormerken sollte. Weitere Informationen zum Essen gehen auch unter www.eatout.co.ke.

Fisch in der Altstadt – **Rozina Old Town** 1: Mbarak Hinawy Rd., Tel. 0723 59 34 73, tgl. 10–21 Uhr. Historisches Ambiente, frische Meeresfrüchte und Fischgerichte, freundlicher Service. Um 800 KSh.

Äthiopisch – **Suriya** 2: Kibokoni/Nyeri Rd., Tel. 041 31 62 38. Sehr gute äthiopische Küche und Swahili-Speisen in schönem, stilvollem Ambiente. Um 600 KSh.

Swahili-Speisen in rustikalem Ambiete – **Fontanella Steakhouse & Beer Garden** 3: Moi/Nyerere Ave., Tel. 041 22 27 40, littlechef@africaonline.co.ke, tgl. 10–22.30 Uhr. Leckere Fleischgerichte. Um 500 KSh.

Im ältesten Gotteshaus des Landes, der Mandhry-Moschee aus dem Jahr 1570

Tipp

AUSFUHRVERBOT FÜR MEERESTIERE

Zur Erinnerung: Die Ausfuhr von Meerestieren – ob lebendig, präpariert, versteinert oder verarbeitet – ist strengstens verboten. Eine Vielzahl der in den Geschäften und am Strand zum Kauf angebotenen großen Schneckenhäuser, oft als Muscheln bezeichnet, und Korallenzweige werden aus den Tiefen des Meeres geholt und getötet, um sie verkaufen zu können. Wenn diese Tiere natürlicherweise sterben, sinken die Gehäuse auf den Meeresboden. Riesenmuscheln und Fechterschnecken stehen außerdem unter Artenschutz!

Gute Pizza – **Pistacchio** 4 **:** Shanzu Bazaar, Tel. 0722 71 36 11, tgl. 9–22 Uhr. Mediterrane Speisen wie Pizza und Pasta für relativ wenig Geld. Das Personal ist flott und sorgt für gute Stimmung. Um 500 KSh.

Indisch – **Singh Restaurant** 5 **:** Mwembe Tayari Rd., nahe Bahnhof und Busstationen, Tel. 0799 51 04 03, tgl. 10–22 Uhr. Familiäre Atmosphäre, schlicht, gemütlich, sehr guter Service. Beste nordindische Küche, frisch und exzellent. Um 500 KSh.

Geheimtipp – **Recoda** 6 **:** Nyeri St./Moi Ave., Di–So 18–24 Uhr. Superleckere Swahili-Küche! Einfache, stilvolle Ausstattung. Um 300 KSh.

Einkaufen

Lebensmittel und Waren des täglichen Bedarfs bekommt man in großen Supermärkten wie Tuskys (Haile Selassie Rd.) und Uchumi (Uchumi Building next to Marie Stopes, Moi Ave.), Mo–Sa 8.30–20, So 9.30–18 Uhr oder in den kleinen Shops in der Innenstadt.

Shopping Center – **City Mall** 1 **:** Malindi Rd., Tel. 0711 41 54 15, www.citymall.ko.ke, tgl. 9–20 Uhr. Die großzügig gestaltete Mall in Nyali lädt zum Einkaufen und Bummeln, zu Restaurant- und Kinobesuchen ein.

Anglerbedarf – **Captain Andy's Fishing Supply** 2 **:** Beach Rd., Nyali, Tel. 0723 47 20 70.

Kunsthandwerk – **Akamba Handicraft Cooperative (Wakamba Woodcarvers)** 3 **:** in Changamwe, mit dem Taxi etwa 15 Min. zum Industriegebiet, Richtung Flughafen, Tel. 041 243 22 41, www.akambahandicraftcoop.com, tgl. 8–17 Uhr. 1975 wurde die Kooperative gegründet, heute sind ca. 4000 Künstler vom Volk der Kamba im Schatten der Makuti-Dach-Hütten vereint. Aus Mahagoni, Teak, Jacaranda, Ebenholz entstehen wunderbare Holzkunstwerke, von den Frauen teils dekoriert und poliert, verkauft in der großen Halle. Jedes Stück trägt eine Nummer, so kann man ›seinen‹ Künstler ausfindig machen und ihm zuschauen.

Stoffe, Kangas, Kikois – **Biashara Street** 4 **:** Große Auswahl an kleinen Läden mit kenianischen und tansanischen Stoffen.

Abends & Nachts

Diskos – **Toyz** 1 **:** Baluchi St., tgl. 19–24 Uhr. Lebhafte Atmosphäre mit Gästen aller Hautfarben und Kulturen, Musik sämtlicher Stilrichtungen. **BoraBora** 2 **:** Malindi Rd., tgl. 19–4 Uhr. Typischer Nachtklub. **Casablanca** 3 **:** Mnazi Mmoja Rd., off Moi Ave., Tel 0722 39 94 25, tgl. rund um die Uhr geöffnet. Afrikanisch bunt, Abende mit traditioneller Rumba-Musik.

Casinos – **Golden Key** 1 **:** im Tamarind Village, Nyali, Tel. 041 47 46 00, tgl. 17–4 Uhr; **Florida Casino & Nightclub** 4 **:** Mama Ngina Dr., Tel. 041 231 31 27, tgl. 17–4 Uhr.

Theater – **Nyali Theater:** Tel. 020 271 12 62, www.museums.co.ke. Sound & Light Show im Fort Jesus 1 : Geschichte des Forts und der Stadt als nächtliches Theater-Musik-Spektakel. **Little Theatre Club** 5 **:** Mbaraki Rd., Tel. 0723 21 53 42. Regelmäßige Vorstellungen vor allem zeitgenössischer afrikanischer Autoren. Eintritt 600 KSh.

Multiplex-Kino – **Nyali Cinemax** 6 **:** Ratna Square, off Nyali Rd., Tel. 0786 47 00 07/8, www.nyalicinemax.com.

Aktiv

Fahrradtouren – **Bike the Coast 1:** auf dem Mombasa-Go-Kart-Gelände, außerhalb von Mombasa, Malindi Rd. Richtung Severin Sea Lodge, Tel. 0721 48 52 47, www.mombasa-gokart.com/bike-tours. Im Angebot sind verschiedene Radtouren unter Schweizer Leitung, ab 33 € (s. Aktiv unterwegs S. 248).

Golf – **Mombasa Golf Club 2:** Mama Ngina Dr., Tel. 0718 84 56 11, www.mombasagolfclub.com, 9-Loch-Platz; **Nyali Golf & Country Club 3:** Links Rd., Tel. 0726 41 44 77, www.nyaligolf.com, 18-Loch-Platz mit Tradition und schöner Landschaftsgestaltung; für beide Plätze gibt es Tagesmitgliedschaften.

Stadtrundfahrten, Ausflüge – **Pollmann's 4:** Pollman's House, near Maheshi Doshi Rd., off Malindi Rd., Nyali, Tel. 0721 78 65 53 89, www.pollmanns.com; **Southern Cross Safaris Ltd. 5:** Southern Cross Center, near Engen Petrol Station, Nyali Rd., Tel. 020 243 46 00, www.southerncrosssafaris.com. Große Palette an Ausflügen.

Verkehr

Flüge: Mombasas **Moi International Airport,** 6 km außerhalb, Tel. 041 343 32 11, www.kaa.go.ke, besitzt inzwischen einen zweiten modernen Terminal und bietet tgl. Flugverbindungen mit Europa und Tansania durch verschiedene Fluggesellschaften. **Inlandsflüge** mit Kenya Airways, Air Kenya Aviation, Safari Link, FlySax, Fly540, Skyward, Jambojet und Mombasa Air Safari. Flug Nairobi–Mombasa hin und zurück ab ca. 100 US-$. Bus vom Flughafen in die Stadt ca. 800 KSh, Taxi bis Bamburi 2000 KSh, bis zur Likoni-Fähre um 2500 KSh.

Züge: Kenia Railways, Madaraka Express, SGR Terminal Mombasa, Tel. 0728 603581, www.krc.co.ke/madaraka-express-rates, Züge nach Nairobi tgl. 7.15 und 15.15 Uhr, Ticket 1. Klasse 3000 KSh, 2. Klasse 1200 Ksh.

Busse: Nach Nairobi fahren verschiedene Busgesellschaften mit recht unterschiedlichem Service, u. a. Coast Bus, Mash Express, Modern Coast. Buchungsbüros und Abfahrt ab Kenyatta Avenue, 800–1500 KSh. Nach Kilifi, Malindi, Lamu/Nordküste verkehren KBS ab Kenyatta Avenue, Matatus ab A. Nasser Road. In der City bewegt man sich mit Matatus und TukTuks (s. Tipp S. 238).

Taxis: Taxis findet man im Stadtgebiet, über das Hotel oder mit der Taxi-App Uber.

Mietwagen: Es gibt viele Vermieter, der Preisvergleich lohnt also, u. a. **AVIS,** Flughafen, Innenstadt, Moi Avenue, Southern House, Tel. 041 220 465, www.avis.com; **Budget,** Moi Ave., Tel. 0786 31 85 29, www.budgetcarhirekenya.com; **Distance Care Hire Tours & Travel Ltd.,** Moi Avenue, Wimpy Building, Tel. 0724 95 65 79, www.distancetours.com.

Fähren: Tel. 0723 66 40 00, www.kenyaferry.co.ke. Sieben große Autofähren pendeln rund um die Uhr ca. alle 15 Min. (ab 23 Uhr stdl.) nach Likoni/Südküste; für Fußgänger frei, PKW je nach Größe 120–240 KSh.

Mombasas Nordküste

Karte: S. 247

Nyali und Bamburi Beach ► 2, R 14

Fährt man über die gut ausgeschilderte New Nyali Bridge, also die Brücke nördlich aus der Innenstadt über den Tudor Creek, ist schnell der noble Vorort **Nyali 1** erreicht. Luxusresidenzen, gehobene Hotels und Restaurants, Golfplatz, Jachtklub, Einkaufszentren, Kino, lange weiße Sandstrände und diverse Sehenswürdigkeiten bieten eine angenehme Urlaubsatmosphäre.

Die Emanuel-Kirche von **Freretown 2** und ihre Glocke erinnern an die eher unrühmliche Zeit des Sklavenhandels. Wenn sich damals ein Segler der Küste näherte, wurde die Glocke, die einst direkt hinter der Nyali Bridge an der Nyali Road hing, geschlagen, um alle Einwohner vor den Sklavenhändlern zu warnen. Denn der kleine Ort war besiedelt worden von entflohenen oder befreiten Sklaven und stand unter dem Schutz des britischen Gesandten auf Sansibar, Sir Bartle Frere. Nahe dem Tamarind Restaurant befindet sich ein steinernes Kreuz, ein dem deutschen Missionar und Afrikaforscher Ludwig Krapf (1810–1881) gewidmeter Gedenkstein. Frau und Kind waren nach der Überfahrt hier verstorben.

Mamba Village ▶2, R 14

Tel. 0714 78 26 53, tgl. 9–18 Uhr, Erw. 800 KSh, Kinder 500 KSh

Mamba Village 3 ist eine der größten Krokodilfarmen Afrikas mit weit über 10 000 Reptilien. Dutzende von Aquarien mit tropischen Fischen und Korallen sowie ein liebevoll angelegter Pflanzenpark mit Orchideen und fleischfressenden Pflanzen ergänzen die überaus interessante Sammlung. Um 17 Uhr kann man bei der Fütterung zuschauen. Gleich nebenan lädt ein Restaurant Besucher ein, die gern Krokodilfleisch testen möchten. Zum Angebot gehören auch Ausritte am Strand, Kamelritte und Bootstouren auf dem See.

Bombolulu Workshops ▶2, R 14

Tel. 0723 56 09 33, www.apdkbombolulu.org, Werkstätten 12–14.30 Uhr Mittagspause, Shop und Museum Mo–Fr 8–17 Uhr

Nicht weit entfernt beginnt das Wohngebiet Bombolulu, lebendig-trubelig. Die **Bombolulu Workshops** 4 lohnen einen längeren Besuch: Gefertigt werden hier u. a. Kunsthandwerk aus Holz und Leder, filigraner Schmuck, handbedruckte Textilien, farbenfrohe Sisaltaschen. Es gibt ein Freilichtmuseum mit traditionellen Hütten und einfachen Unterkünften in einem gepflegten Garten, ein kleines Restaurant serviert exzellente Swahili- und kenianische Küche. Ein Feuer hat 2014 zwar etliche Räumlichkeiten zerstört, man ist aber intensiv um den Wiederaufbau bemüht.

Den über 200 Künstlern und Handwerkern kann man bei der Arbeit über die Schulter schauen, eigene Ideen in ausgewähltem Material umsetzen lassen und sich einen erlebnisreichen Tag gönnen. Das 1969 von der Kenianischen Gesellschaft für Menschen mit Körperbehinderung (APDK) gegründete Zentrum wird bei Touristen immer beliebter.

Haller Park (Bamburi Nature Trail) ▶2, R 14

Tel. 548 59 01, www.lafarge.co.ke, tgl. 8–17 Uhr, feste Fütterungszeiten 15–17 Uhr, Erw. 1400 KSh, Kinder 700 KSh

Der **Haller Park** 5, auch **Bamburi Nature Trail** genannt, wurde 1971 als beispielhaftes Wiederaufforstungsprojekt von dem Schweizer Ökologen René Haller in einem ehemaligen Korallensteinbruch der Bamburi-Zementfabrik angelegt. Er bietet auf 2 km² inzwischen Lebensraum für Pflanzen und Tiere, für den Menschen eine Erholungsoase mit grüner Wildnis. Bei einem geführten Spaziergang erfährt man nicht nur Interessantes über die Entstehung dieses Paradieses und über ökologische Systeme, sondern kann auch Antilopen, Giraffen, Zebras, Flusspferde und etliche andere dort heimisch gewordene Tiere beobachten. Im Reptilienhaus leben Schlangen, Schildkröten und Echsen. Angeschlossen sind eine Krokodil- und eine Fischfarm.

Nur 4 km von der Bamburi Cement Factory entfernt befindet sich das kleine **Nguuni Nature Sanctuary,** ein Projekt des Baobab Trust, der von Dr. René Haller mit der Absicht gegründet wurde, weitere Schutzgebiete für Flora und Fauna zu schaffen. Giraffen, verschiedene Antilopenarten (u. a. die scheuen Elands und Oryx), Strauße, Paviane und Vögel sind zu beobachten sowie Orchideen zu bestaunen – Picknickplatz, Pirschfahrten, geführte Wanderungen inklusive (Tel. 0700 33 70 68, www.thebaobabtrust.com, tgl. 8–18 Uhr, 500 KSh).

Übernachten

Hinweis: Über diverse Hotelportale sind größere Strandhotels und Resorts günstiger zu buchen als direkt bei der Unterkunft.

Hotel-Dorf – **Serena Beach Resort & Spa:** Shanzu Beach, Tel. 0732 12 50 00, www.serenahotels.com. Errichtet im Stil eines afrikanischen Dorfes, 164 komfortable Zimmer mit Bad und Klimaanlage in unterschiedlichen Kategorien, modern mit tropischem Flair, WLAN, Pools, Bars, Restaurants mit sehr guter internationaler Küche. DZ ab 172 US-$ (ÜF).

Oase der Ruhe – **Severin Sea Lodge:** Bamburi Beach, Tel. (in D) 02933 98 71 60, www.severinsealodge.com. 188 komfortable Zimmer mit Bad und AC in charmantem Ambiente, einladend möbliert, verschiedene Kategorien, u .a. Rundbungalows, Pools, liebevoll gepflegter tropischer Garten, Aktivitäten und Ausflüge, WLAN, Bars, Restaurants mit hervorragender Küche. Möglich auch in Kombination mit Severin Safari Camp. DZ ab 48 US-$/Pers. (HP).

Boutiquehotel – **Leinmach Guest House:** Nyali, nahe Links Rd./Nyali Golf Course, Tel. 0705 18 58 49, www.leinmach.com. Schlicht ausgestattete DZ mit Bad, Pool, WLAN, angenehm private Atmosphäre, Garten, Pool, Restaurant mit guter internationaler Küche. DZ ab 45 US-$ (ÜF).

Gutes Preis-Leistungs-Verhältnis – **Ziwa Beach Resort:** Tel. 041 222 18 66, www.ziwabeachresort.com. 15 Cottages am zentralen Abschnitt des Bamburi Beach, Zimmer mit Bad, privater Terrasse/Balkon und Aircondition, vegetarisches Restaurant, wie ein Bootsdeck gestaltetes Club House. DZ ab 5500 KSh (ÜF).

Cool – **Big Tree:** Bamburi, hinter Total-Tankstelle direkt am Strand, Tel. 0721 43 74 48, www.bigtreekenya.com. Rustikal-traditionelle und moderne Gästezimmer, teilweise mit Bad. Öffentliches Restaurant und Bar, Livemusik. Ab 20 US-$/Pers.

Günstig – **Tuliahouse Backpackers:** Nyali, Ecke Links Rd., Tel. 0711 95 59 99, www.tuliabackpackers.com. Beliebte Jugendherberge mit unterschiedlichen Zimmerkategorien und Zeltplatz, einladend gemütlich und gepflegt, moderne Sanitäranlagen, gute Lage zum Strand und in die City, Pool, WLAN, Garten, ausgestattete Selbstversorgerküche, Bar und Restaurant. Ab 12 US-$/Pers.

Essen & Trinken

In den Restaurants der größeren Hotels können auch Nicht-Hausgäste speisen.

Klasse Mix – **Pavillons:** Malindi Rd. (im Sarova Whitesands Hotel), Tel. 041 212 80 00, www.sarovahotels.com, tgl. 10–22 Uhr. Frisch zubereitete Gerichte der afrikanischen, mediterranen und orientalischen Küche. Tropisches Ambiente und guter Service. Um 1200 KSh.

Aktiv

FAHRRADTOUR ENTLANG DER KÜSTE

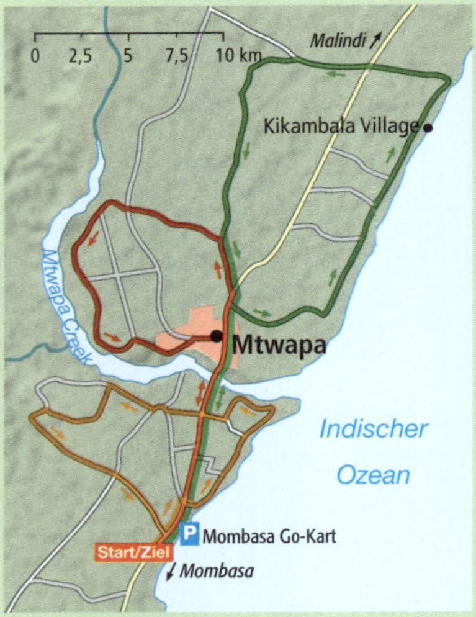

Tour-Infos

Start: 8 oder 13.30 Uhr an der Bike Station, 18 km nördlich von Mombasa auf dem Parkplatz von Mombasa Go-Kart
Länge: 24–40 km (Halbtagestouren)
Dauer: wahlweise halber bzw. ganzer Tag
Schwierigkeitsgrad: unterschiedlich, Touren für Ungeübte sowie für Trainierte
Kosten: halber Tag 33 €, ganzer Tag 55 € inkl. hochwertigem, gut gewartetem Mountainbike, Helm, Handschuhen, Wasser, Getränk unterwegs, Hoteltransfer gegen Aufpreis
Buchung: über Mombasa Go-Kart, www.mombasa-gokart.com/bike-tours
Wichtige Hinweise: solide Schuhe, Sonnenschutz, Sonnenbrille und Kopftuch mitnehmen (weil man einen gemieteten Helm trägt). Jan.–März ist die heißeste Zeit, dann ist die Vormittagstour zu empfehlen.

Alle Touren mit Rolf, einem in Kenia »hängengebliebenen« Schweizer, und seinem kenianisch-englischsprachigen Team führen auf eine entspannte Entdeckungsreise entlang der Küste nördlich von Mombasa – ein einmalig schönes Erlebnis für Naturliebhaber, auch ohne große Bike-Erfahrung. Und ein Muss für Fahrradfans, denn so oft bietet sich nicht die Chance, sich vom »Radl« aus von Kenia und seinen liebenswerten Küstenbewohnern verzaubern zu lassen. Die Halbtagestouren führen abseits des Verkehrs auf Naturstraßen und -wegen durch lichte Wälder mit Palmen, Mango-, Cashew- und Neemtreebäumen und geben Einblick in die traditionelle Lebensweise der einheimischen Giriama. Die obligatorische Rast in einem Dorfrestaurant bietet Erfrischung sowie spontane Kontakte mit der Bevölkerung.
Zwei Touren führen über **Mtwapa,** entweder entlang dem kaum bekannten Oberlauf des **Mtwapa Creek** mit großen dichten Mangrovenwäldern (30 km) oder aber entlang der Küste sowie anschließend durch eine eher abwechslungsreiche Waldlandschaft (40 km). Eine andere Route (24 km) führt auf festen Sandwegen von der Küste im Schatten der Palmenwälder ins halbtrockene Buschland und am reizvollen Mtwapa Creek entlang. Von einem Hügel genießt man fantastische Sicht auf die alte Stadt **Mombasa** und die Nordküste. Profi-Mountainbiker können sich ihre Route selbst zusammenstellen.

Die Touren werden immer von zwei Reiseleitern begleitet, die unterwegs viel Interessantes zu erzählen haben. Ausgestattet sind sie mit einem Erste-Hilfe-Set für Mensch und Rad sowie einem Mobiltelefon. Auch wenn man sich in Afrika befindet: Die Wege bergen keinerlei Gefahren durch Fahrzeuge oder wilde Tiere.

Japanisch – **Misono:** Nyali, Links Rd., Tel. 0722 53 02 04, Mo–Sa 12–15.30, 18.30–22.30 Uhr. Modernes Ambiente, beste japanische Küche, freundlicher Service. Um 1200 Ksh.

Tolles Eis – **Yuls:** Bamburi, Malindi Rd. Tel. 0715 01 23 11, www.aquadrom-yuls.com, tgl. 9–23 Uhr. Internationale Gerichte von Steaks, Burgern und frischem Seafood über Pizza und Pasta bis zu indischen Currys und Masalas, ausgezeichneter Kaffee und hausgemachtes Eis – das beste in Mombasa. Um 1000 KSh.

Französisch – **Le Pichet:** direkt hinter der Nyali-Brücke, Tel. 041 48 54 65, tgl. 10–14, 18–22 Uhr. Exzellente französische Küche mit Blick auf den Indischen Ozean, um 800 Ksh.

Tapas-Bar – **Tapas Cielo:** Nyali, Links Rd., Tel. 0737 82 63 50, www.tapascielo.com, tgl. 12–24 Uhr. Sehr leckere spanisch-italienische Küche. Klasse Auswahl an Weinen und Cocktails. Abends oft Livemusik. Um 800 KSh.

Aktiv

Schnorcheln, (Wrack-)Tauchen – Dem Land vorgelagert ist der 200 km² große **Mombasa Marine National Park,** der mit seinen Korallenriffen zum Schnorcheln und Tauchen einlädt sowie zum hier besonders interessanten Wracktauchen Tel. 0800 59 70 00, www.kws.go.ke, tgl. 6.30–18.30 Uhr, Erw. 17 US-$, Kinder 13 US-$. **Peponi Divers:** Bahari Beach Hotel, Tel. 0722 41 23 02, www.peponidivers.ch.

Mtwapa ▶ 2, R 13/14

Der quirlige Ort **Mtwapa** **6**, kaum 20 km nördlich von Mombasa, bietet ein reizvolles Hinterland entlang des Mtwapa Creek, einer tief ins Land schneidenden Meeresbucht, und kann zu Fuß, per Fahrrad oder Moped erkundet werden. Kleine Dörfer, Mangroven, Felder und immer wieder schöne Aussichtspunkte sind zu erwarten.

Empfehlenswert sind Halbtages- und Tagesausflüge mit der traditionellen Dhau entlang der Küste oder zu den ins Land hineinragenden Meeresarmen mit Mangrovenufern. Nach der Segeltour kann man sich im Restaurant »Aquamarine« köstliche Meeresfrüchte schmecken lassen.

Übernachten

Luxuriös – **Villa Annchen:** Mtwapa, direkt am Creek, Tel. 0710 90 61 26, www.keniavilla.de. Villa im großzügigen tropischen Garten mit Pool (für Tauchausbildung geeignet), rustikal-gemütlich ausgestattete Gästezimmer mit Bad und viel Privatsphäre, für max. 8 Pers., Villa inkl. Personal ab 250 € (Selbstversorgung).

Modern – **The Monalisa Hotel:** Mtwapa, La Marina Rd., Tel. 0705 60 80 27, bei Facebook. Komfortable DZ mit Bad, freundlicher Service, Pool, WLAN, sicheres Parken, Bar, Restaurant mit afrikanischer und internationaler Küche. DZ ab 50 US-$ (ÜF).

Essen & Trinken

Segeltörn mit leckerem Essen – **Aquamarine La Marina:** direkt am Creek, Tel. 0723 22 37 37, www.lamarinarestaurant-mombasa.com, tgl. 11–22 Uhr. Eine Fahrt hinaus aufs Meer mit einer traditionellen arabischen Dhau als Tagesausflug oder zum Sonnenuntergang – immer mit frisch zubereiteten Meeresfrüchten und Fischspezialitäten. Restaurant am Creek in rustikalem Ambiente. Gerichte um 2200 KSh.

Romantisch und einzigartig – **The Moorings:** hinter der Brücke links am Mtwapa Creek, Tel. 0736 54 79 23, www.themoorings.co.ke, Di–So 10–24 Uhr. Einladende Atmosphäre, angenehm zuvorkommender Service im schwimmenden Floß-Restaurant, Dhau-Safaris, Spezialität sind Meeresfrüchte und Fischgerichte. Um 2000 KSh.

Aktiv

Segelausflüge auf der Dhau – **Kenya Marineland:** Aquamarine La Marina direkt am Creek, Tel. 0723 22 37 37, www.lamarinarestaurant-mombasa.com. Tagesausflüge mit Showprogrammen auf traditionellen Dhaus, Buchung im Aquamarine Restaurant.

Hochseeangeln – **Walter Brun:** Mtwapa, Tel. 0722 41 26 79, www.kenya-fishing.com. Der Schweizer Walter Brun bietet inzwischen mehr als 30 Jahre Erfahrung und ideale Voraussetzungen für die Jagd auf begehrte Fische wie Marlin und Sailfish. Fliegenfischen.

Jumba La Mtwana ▶ 2, R 13

www.museums.or.ke, tgl. 9.30–18 Uhr, Erw. 500 KSh, Kinder 250 KSh

Historisch Interessierte werden die teils vom Dschungel noch immer überwucherten Ruinen von **Jumba La Mtwana** 7 begeistern. Das ›Haus der Sklaven‹, so der Name der einst wohlhabenden Siedlung, die im 14. Jh. eine imposante Stadt der Swahili war, mit Resten von Moscheen, Gebetsräumen, Gasthäusern, Wasch- und Toilettenanlagen umweht der Hauch des Mystischen. Still bewahren Steine, Mauern und Grabgewölbe das Geheimnis um die Frage, weshalb die Stadt schließlich im 16. Jh. verlassen wurde.

Übernachten

Im Bush – **Boko Boko:** Kikambala, zwischen kleinen Farmen, Buchung in Deutschland Tel. 05822 29 92, www.bokoboko-kenya.de. In tropisch üppiger Natur, Gästefarm mit 5 liebevoll gestalteten rustikalen Cottages (mit Bad, DB, Terrasse), Pool, Restaurant mit frischer und leckerer Küche, freundlicher Service. 2,5 km zum Strand zu Fuß, mit dem Rad oder dem Moped-Taxi. Ab 29 €/Pers. (ÜF).

Vipingo ▶ 2, R 13

Die gewaltigen Sisalplantagen rund um **Vipingo** 8, seit 1930 von 400 ha auf jetzt ungefähr 10 000 ha angewachsen, reichen weit über den Horizont hinaus. Die weißen Fasern der Sisalagaven finden u. a. bei der Herstellung von Tauen und Teppichen Verwendung. Künstliche preiswertere Fasern drängen das Naturprodukt allerdings vom Markt, daher verwundert es nicht, weite Flächen brachliegend zu sehen.

Takaungu ▶ 1, R 13

In **Takaungu** 9, einem verträumten arabischen Dorf, sind wahre Meister der Holzschnitzkunst zu Hause. In einer Mangrovenbucht des Naturhafens findet sich neben Ruinen auch das vergessene Grab eines Sultans von Oman. Die Welt um diesen romantischen Ort ist nicht nur friedlich, sondern auch eine Einladung ins Fremde und unerforscht Wirkende, noch dazu mit schier endlosen Stränden.

Übernachten

Privat – Auf den Websites **www.sleepout.com** und **www.kenyacoast.com** findet man Villen und Ferienhäuser unterschiedlicher Größe mit mehreren Schlafräumen, in außerordentlich schöner Lage direkt am Strand oder auf Klippen, mit viel Privatsphäre und Pool. Als Selbstversorger, jedoch mit Hauspersonal (Koch, Hausdame). Preis nach Größe und Ausstattung.

Aktiv

Schnorcheln – Zum Schnorcheln bieten die Steilwände des Riffs eine unglaublich farbenfrohe Welt an Fischen und anderen Meeresbewohnern. Ausrüstungen kann man in jeder Unterkunft ausleihen, gern wird auch eine Ausfahrt mit einheimischen Booten organisiert.

Kilifi ▶ 1, R 13

Der **Kilifi Creek** 10, ein zerklüfteter Meeresarm, reicht mit seinem azurblauen Wasser etwa 15 km landeinwärts und bildet für die schönsten Jachten aus aller Welt eine herrliche Kulisse. Palmengesäumte Strände kontrastieren mit dem von Sisal- und Cashewnussplantagen bestimmten Hinterland. Landschaftlich reizvoll und einer friedlichen

Oase gleich, gilt Kilifi inzwischen als Tipp für Menschen, die nach Erholung und etwas Besonderem suchen. Geschmackvoll und sich in die Natur einpassende Ferien- und Gästehäuser, Supermärkte und Restaurants entstehen hier. Weitere Infrastruktur mit Krankenhaus, Apotheke und Marktständen ist vorhanden. Die Anzahl von Resorts und größeren Hotelanlagen ist überschaubar.

Vom Fliegen- und Hochseefischen über Segeln, Wasserski und Windsurfen ist Kilifi auch ein Mekka der Wassersportler.

Die **Mnarani-Ruinen** **11** auf den Klippen bezaubern vor allem durch den weiten Ausblick aufs offene Meer. Die Reste dieser aus dem 14. Jh. stammenden Swahili-Siedlung wurden um 1970 freigelegt, nachdem sie über 300 Jahre lang in Dornröschenschlaf versunken waren. Zerstörung und Untergang sind auch hier, wie an der gesamten Küste zwischen Mombasa und Lamu, auf die kriegerischen Galla zurückzuführen (www.museums.or.ke, tgl. 9.30–18 Uhr, Erw. 500 KSh, Kinder 250 KSh).

Übernachten

Privat – **www.kenyacoast.com** und **www.kenyaholidaylets.com/kilifi:** Ferienhäuser für Selbstversorger, gut ausgestattet und mit Hauspersonal, Preis abhängig von Größe und Komfort.

Elegant – **Baobab Sea Lodge:** direkt am Strand, Tel. 020 86 10 41, www.thebaobabsealodge.com. In einem üppigen, gepflegten Garten, 30 komfortable und geschmackvolle DZ mit Bad und Terrasse (20 Rund-Cottages und 10 im Haupthaus), Pools, angenehmer Service, Wassersport u. a. Aktivitäten. DZ ab 160 US-$ (VP).

Hausboot – **Floating House:** Tel. 0722 44 23 34, www.kilifiboats.com. Im Kilifi Creek fest vertäutes Hausboot für Selbstversorger (max. 6 Pers.) mit Bad, einfach und gut ausgestattet, Küche auf dem Oberdeck, Reinigungsservice. Boot ab 300 US-$/Tag.

Gemütlich – **Makuti Villas:** Old Ferry Rd., off Malindi Highway, Tel. 0734 87 37 04, www.makutivillas.com. 36 moderne Cottages mit Bad und Terrasse, schlicht ausgestattet. Tropischer Garten, Pool, Bar und Restaurant mit italienischer Küche. Abendunterhaltung. DZ ab 40 US-$ (ÜF).

Öko-Backpacker – **Distant Relatives:** 2 km von der Hauptstraße direkt am Creek, Tel. 0770 88 51 64, www.kilifibackpackers.com. Rustikal-liebevoll gepflegt, Camping (500 KSh/Pers.), Zimmer, Safarizelte und Bandas (ab 1500 KSh/Pers.), saubere Sanitäranlagen und gut ausgestattete Selbstversorgerküche, Pool, Bar, Restaurant mit leckerer frischer Küche aus einheimischen und saisonalen Zutaten, Aktivitäten, lockere Atmosphäre, freundlicher Service, eigener Strandzugang, WLAN.

Essen & Trinken

Über dem Meer – **Nautilus:** Seahorse Rd., direkt am Creek, hinter der Brücke links (von Süden kommend), Tel. 0713 76 27 48, Di–So 12–21 Uhr. Stilvoll und exzellent, in Schweizer Hand. Meeresfrüchte, mediterrane Gerichte, gute Weine, aufmerksamer Service, Wohlfühlen im Preis inbegriffen. Um 1000 KSh.

Strandbar – **Boatyard Bar:** direkt am Creek, vor der Brücke links (von Süden kommend), Tel. 020 350 95 05, tgl. 7–19 Uhr. Frisches aus dem Meer und von den umliegenden Farmen, lecker zubereitet, lockere Strandatmosphäre. Um 800 KSh.

Aktiv

Wassersport – **RYA Training Centre:** Kilifi, im Mnarani Club. Tel. 0714 75 77 63, www.3degreessouth.co.ke. Segeln, Surfen, Wasserski, Wakeboarden, unter professioneller Anleitung mit hochwertigem Equipment.

Hafen – **Kilifi Boatyard:** Tel. 020 350 95 05, www.kilifiboats.com. Alle Annehmlichkeiten für Boote und Bootsbesitzer.

Arabuko Sokoke Forest Reserve ▶ 1 R 13

Zugang: Watamu, Gede Forest Station, Tel. 0729 29 53 82, www.kenyaforestservice.org, ganzjährig besuchbar, beste Zeit Juli–Sept., Dez.–April, frühmorgens und spätnachmittags hat man gute Chancen, Vögel zu beobachten, Erw. 20 US-$, Kinder 10 US-$

Nur wenige Kilometer nördlich von Kilifi beginnt linker Hand ein tropischer Regenwald. Er ist heute einer der faszinierendsten Nationalparks Kenias. Die 400 km² große Waldwildnis des **Arabuko Sokoke Forest Reserve** 12 liegt nur wenige Minuten vom Indischen Ozean entfernt und ist der letzte Teil eines einstmals riesigen Küstenwaldes. Das Schutzgebiet wurde zum UN-Biospärenreservat erklärt und ist Lebensraum seltener, bedrohter oder nur hier vorkommender Kleinsäugetiere, Vögel und Insekten. Zartbunte Schmetterlinge umflattern den Spaziergänger, Affen schwingen sich durch die Äste der Laub- und Gummibäume, und in den Abendstunden begegnet man Elefanten, die auf ihren alten Wegen den Wald passieren. In jüngster Zeit ist dieses einzigartige Stück Natur jedoch stark bedroht: Camac Energy (USA/China) will hier Sondierungsbohrungen durchführen. Die einheimische Bevölkerung setzt sich dagegen zur Wehr und versucht, ihren Wald zu schützen.

Das **Besucherzentrum** gibt Auskunft über Fauna und Flora (tgl. 8–12, 14–16 Uhr). Erlebnisreiche Wanderungen, Vogel- und Schmetterlingsbeobachtungen empfehlen sich mit einem sachkundigen Führer der Arabuko Sokoke Forest Guides Association (Tel. 0723 09 88 84, 0721 14 52 36, 300–600 KSh pro Gruppe). Dabei sieht man nicht nur mehr, sondern erfährt auch viel Interessantes über die Giriama, die hier ansässige Bevölkerung, sowie die Konflikte im Kampf um Lebensräume, Traditionen und Naturschutz. Ecotourism-Projekte sollen den Wald gemeinsam mit den umliegenden Gemeinden schützen und neue Erwerbsquellen für die Menschen erschließen.

Ruinen von Gedi ▶ 1, R/S 13

Tel. 042 320 65, www.museums.or.ke, tgl. 9.30–18 Uhr. Erw. 500 KSh, Kinder 250 KSh

Das alte Galla-Wort *gede* für ›kostbar‹ klingt rätselvoll und passt: Die dem Dschungel entrissenen **Ruinen von Gedi** 13 umweht ein Hauch von Geheimnis. Überreste eines einst prächtigen Palasts, Tore, Häuser wohlhabender Einwohner, Moscheen und Grabanlagen beeindrucken noch heute den Besucher. Doch so viel Archäologen, Historiker und Laien auch sehen, die Fragen nach den Bewohnern dieser Stadt und ihrem Schicksal wurden bislang nicht zufriedenstellende beantwortet.

In Aufzeichnungen des Mittelalters fehlt jede Erwähnung einer Siedlung dieses Namens. Aus der Inschrift am Steingrab neben dem Eingang (Dated Tomb) ist die islamische Jahreszahl 802 ersichtlich, nach christlicher Zeitrechnung also 1399. Mehrmals scheint die Stadt verlassen und wieder besiedelt worden zu sein. Um 1650 verschwindet sie dann ganz aus der Geschichtsschreibung.

Der britische Archäologe John Kirk entdeckte die Dschungelstadt Ende des 19. Jh., und seit Mitte der 1950er-Jahre wird sie nach und nach freigelegt. Filigranes Schmuckwerk und Ritzzeichnungen an Mauern und Hauswänden beflügeln die Fantasie. Funde chinesischen Porzellans und persischer Tonwaren zeugen von weit reichenden Handelsbeziehungen, erinnern an Traditionen und die Blütezeit der Swahili-Kultur. Das Nationaldenkmal beherbergt auch ein kleines Museum und ein rekonstruiertes Giriama-Dorf.

Kipepeo Butterfly Project

Tel. 0719 67 11 61, www.kipepeo.org, tgl. 8–17 Uhr, 500 KSh

Ungewöhnlich und spannend ist ein Besuch des **Kipepeo Butterfly Project** beim Eingang zu den Gedi-Ruinen. Hier bekommt man Einblicke in die Welt der Schmetterlinge (Kiswahili: *kipepeo*), kann ihre verschiedenen Entwicklungsstadien beobachten und erfährt Interessantes über die Verbesserung der Lebensbedingungen der Menschen durch den Handel mit Schmetterlingslarven.

Watamu und Malindi

▶ 1, R/S 12/13

Watamu und **Malindi** gehen inzwischen ineinander über – sie gelten als Paradies zum Schnorcheln, Tauchen und Hochseefischen. Vom Watamu Marine National Park, über das Marine National Reserve bis zum Malindi Marine National Park ist dieser Küstenabschnitt einer der schönsten. Blütenweiße Sandstrände mit im Wind rauschenden Palmen, ein sagenhaft blauer Himmel und das grünlich-blau schimmernde, im Sonnenlicht silbern glitzernde Meer lassen keine Wünsche an die passende Kulisse für einen Traumurlaub offen.

Watamu Marine National Park 14

Tel. 0800 59 70 00, www.kws.go.ke, tgl. 6.30–18.30 Uhr, Erw. 17 US-$, Kinder 13 US-$

Die einzigartige Unterwasserwelt des **Watamu Marine National Park** ist ein Tummelplatz faszinierend farbiger Fische an und über den Korallenbänken. In drei großen Unterwasserhöhlen leben u. a. bis zu 2,50 m lange, friedliche Zackenbarsche. Erfahrene Taucher schätzen das Revier wegen des Artenreichtums und wegen der ausgezeichneten Sichtverhältnisse von Oktober bis März. Zwischen Juni und Mitte September sind die Wasser wegen des Monsuns aufgewühlt und trüb.

Wer bisher noch nicht ›abgetaucht‹ ist, hat vielleicht jetzt die Muße für einen Tauchkurs oder wagt sich mit dem Schnorchel unter die Wasseroberfläche. Große Hotelanlagen haben meist eine eigene Tauchbasis oder sind hilfreich bei der Vermittlung. Für Nichttaucher bieten die Hotels Ausfahrten mit Glasbodenbooten an – grundsätzlich ein schönes Erlebnis, doch wenn die Boote über die Korallenbänke fahren, sollte man als Besucher auf Folgendes achten: Werden der Wasserstand und die Tieflage des Boots falsch eingeschätzt, dann kratzt der Boden oder der Motor über die Korallenbank und zerstört diese für die nächsten Jahrzehnte. Das über Jahrtausende gewachsene Gebilde (im Durchschnitt 1 mm pro Jahr) ist äußerst empfindlich! Vor Malindi ist das der Küste sonst überall vorgelagerte Riff unterbrochen, so rollen die Wellen hier direkt an den Strand heran. Nach starken Regenfällen färbt sich das Meer trübrot: Aus dem Galana River wird durch den Regen eisenhaltige Erde über die Mündung herausgeschwemmt und beeinträchtigt mitunter die Unterwassersicht. Baden und Schwimmen sind aber problemlos möglich.

Mida Creek 15

Der 32 km² große **Mida Creek,** der sich vor Watamu vom Indischen Ozean ins Land hineinzieht, bezaubert nicht nur durch die dichten Mangrovenwälder an seinen Ufern, sondern auch durch die Seegrasfelder und Korallen. Neben den heimischen Vögeln, wie Seeadler, Kormorane und verschiedene Eisvogelarten, legen Zugvögel hier regelmäßig Rast ein. Exkursionen bieten sich an mit Booten, Kajaks und auf Stand-up-Paddle-Boards. Die Mida Creek Conservation Community organisiert Bootstouren und betreibt unweit des Dorfes Dabaso eine Krebsfarm und ein kleines Restaurant, The Crab Shack, das allerdings nur auf Vorbestellung öffnet (Tel. 0725 31 55 62, www.watamu.biz).

Watamu 16

Watamu ist ein etwas verschlafen wirkendes Dorf vor den Toren der Pauschaltourismus-Hochburg Malindi. Er zieht vor allem Hochseefischer an: In der Bucht warten modern ausgerüstete Boote auf Angler, die Marlins und Segelfische aus dem Meer ziehen wollen.

Bio Ken Snake Farm

Beach Road, Tel. 0718 29 03 24, www.bio-ken.com, tgl. 10–12, 14–17 Uhr, Erw. 1000 KSh, Kinder 500 KSh), Preise für Schlangen-Safaris je nach Dauer und Service, auch Kurse und Trainings, Unterkunft im eigenen Gästehaus

Bekannt ist der Ort auch für die **Bio Ken Snake Farm.** Sie beherbergt etwa 200 Schlangen aus mehr als 30 Arten, die hier erforscht und zur Herstellung von Gegengift gemolken werden. Bei einer 90-minütigen Führung erfährt man Spannendes über die Kriechtiere. Watamu ist eine der schlangenreichsten Regionen Ostafrikas und die Bio-Ken Snake Farm bietet inzwischen auch professionelle Schlangen-Safaris an, geführt von ausgebildeten und lizenzierten Guides. Von den Einnahmen wird ein Teil für Bildungsprojekte der einheimischen Bevölkerung verwendet, denn noch immer wird aus Unkenntnis und allgemeiner Furcht jede noch so harmlose Schlange getötet.

Infos

Im Internet: www.watamu.net, www.wondersofwatamu.com, Infos zu Unterkünften, Retaurants, Aktivitäten; www.ifaw.org, Infos zum Delfinschutzprogramm.

Mida Creek Information: Conservation Community Group direkt am Mida Creek, Tel. 0721 27 58 18, www.watamu.biz. Infos und Aktivitäten.

Wichtig zu wissen: Der Kuzi-Monsun, der von April bis Ende August weht, bringt mitunter reichlich Seegras und Algen an die Küsten vor Watamu und Malindi. Der Marine Park ist UNESCO-Biosphärenreservat und Nationalpark, daher ist das Entfernen der Pflanzen verboten. Badende sollten sich darauf einstellen.

Übernachten

Pauschalbuchungen größerer Hotels über Internetportale sind meist kostengünstiger als Direktbuchungen bei den Hotels. Preisvergleiche lohnen dennoch, oft locken Sonderangebote auf der Hotelwebsite. Ferienhäuser unterschiedlicher Größe und Ausstattung für Selbstversorger, jedoch immer mit Hauspersonal, unter www.discoverwatamu.com, www.holidayhomeskenya.com.

Strandvilla – **Manfriday's Mida Cove:** am Strand des Marine Park, nahe dem Mida Creek, Tel. 0721 73 41 71, www.manfridays.com. Vier individuell gestaltete, großzügige und komfortabel ausgestattete Strandhäuser mit mehreren Gästezimmern, Swimmingpool, Spa, Bar, Restaurant, Aktivitäten, Transfers. Ab 125 US-$/Pers. (HP).

Klassiker – **Hemingway's:** Turtle Bay, Tel. 0709 18 80 00, www.hemingways-collection.com. Das nach umfassender Renovierung 2017 neu eröffnete Hotel hat 76 luxuriös-elegante, Ensuite-Zimmer mit Meerblick und Balkonen. Exquisite internationale Küche, Wassersport und Hochseeangeln. DZ ab 210 US-$ (HP).

Blütenweiß und weitläufig: der Strand von Malindi bei Ebbe

Familienfreundlich – **Turtle Bay Beach Club:** Tel. 0721 83 06 04, www.turtlebay.co.ke. Mehrfach ausgezeichnete Ökotourismus-Hotelanlage, angenehmer Service, komfortabel ausgestattete Zimmer, schöne Gartenanlage, Kinderbetreuung, viele Aktivitäten, professionelle Tauchbasis, Unterhaltung, gute internationale Küche mit afrikanischem Einschlag, WLAN. DZ ab 70 €/Pers. (all-inclusive).

Auf den Klippen – **Temple Point Resort:** am Ende der Marine Park Rd., Tel. 0707 63 40 98, www.templepointresort.com. Zwischen Ozean und Creek, 100 Chalets im Swahilistil, rustikal-komfortabel, Pools, Bars, Restaurants mit guter mediterraner, indischer und arabischer Küche, Unterhaltung, viele Aktivitäten. DZ ab 62 €/Pers. (HP).

Historisch – **Ocean Sports Hotel:** 1 Mida Creek Rd., Watamu, Tel. 0724 38 97 32, www.oceansports.net. Eines der ältesten Strandhotels mit Charme, 30 Zimmer mit Klimaanlage, rustikal gemütliches Ambiente, Cottage für Selbstversorger. Viele sportliche Angebote, sehr gute internationale Küche. DZ ab 100 US-$ (ÜF).

Kunstvoll – **Doum Palm & Eco Tower:** Main Watamu Rd., Tel. 0723 92 84 53, www.kitengela glassart.com/cottages. Unter Palmen, etwa 2 Min. vom Strand, mit Wandmalereien, Mosaiken und Skulpturen fantasievoll gestaltete Gästehäuser, gemütlich einladend und komfortabel, einzigartiges Ambiente. Für Selbstversorger, mit Küche, Esszimmer und Hauspersonal. Ab 10 000 KSh.

Privat – **Riedls, ehemals Scuba Diving:** Ca. 8 Min. vom Strand, 5 km von der Tauchbasis, Tel. 0714 35 63 33, www.scuba-diving-kenia.com. Voll ausgestattete Bungalows (für 2 oder 4–6 Pers.) und Villa für Großfamilien in einem tropischen Garten, für Selbstversorger, mit Pool, ruhig, gemütlich, sauber. Ab 43 €.

Essen & Trinken

Die Restaurants und Bars der Hotels sind offen auch für Nicht-Hausgäste, man kann sich also während des Urlaubs durch Watamu essen und feiern.

Köstlich – **Pilipan:** am Ende der Watamu Beach Rd., Tel. 0736 72 40 99, tgl. 10–22 Uhr. Rustikal-gemütlich, abends sollte man sich eine Taschenlampe für den Weg durch den Palmenhain mitnehmen. Hervorragende internationale Küche mit Schwerpunkt auf Meeresfrüchten, frisch und charmant serviert. Um 1200 KSh.

Für zwischendurch – **The Bistro:** Watamu, gegenüber Simon Mburus Supermarket, Tel. 0727 98 85 24, www.watamu.biz, tgl. 8–18 Uhr. Richtig guter Kaffee, leckere Kuchen, Eis, frische Säfte, netter Service im lockeren Ambiente. Um 500 KSh.

Aktiv

Bootsausflüge – **Watamu Association of Boat Operators:** Büro gegenüber Blue Bay Village Hotel, Beach Rd., Tel. 0728 69 20 30, www.watamu.biz, tgl. 8–17 Uhr. Fischen, Schnorcheln und Delfintouren (Nov.–Jan.).

Hochseeangeln – **Hemingway's:** Watamu, Tel. 0709 18 80 00, www.hemingways-collec tion.com. Unterschiedliche Regionen vor der Küste bieten zu verschiedenen Zeiten des Jahres reichen Fang. Marlin und Segelfisch wird besonders von Nov.–März gefangen. Hemingways bietet nicht nur lange Erfahrung, sondern auch professionelle Ausrüstung. Preise und Termine auf individuelle Anfrage.

Tauchen – Die beste Zeit ist von November bis März, im Februar ist die Chance am größten, Walhaie zu sichten. Viele interessante unterschiedliche Tauchreviere im Marine Park. **Blue Fin Diving:** Watamu Beach Rd., www.bluefin diving.com. **Aqua Ventures:** Watamu Beach Rd., Tel. 042 233 24 20, www.diveinkenya.com. PADI und British Aqua Scuba.

Triathlon – **Turtle Bay Beach Club:** Tel. 0721 83 06 04, www.turtlebay.co.ke. Wettkampf mit wachsender Teilnehmerzahl, jährlich im April.

Schildkröten – **Watamu Turtle Watch:** Watamu, Tel. 0713 75 96 27, www.watamuturtles.com. Die gemeinnützige Organisation hat sich dem Schutz der Meeresschildkröten verschrieben. Überwachung und Behandlung verletzter Tiere im derzeit einzigen Rehabilitationszentrum an der ostafrikanischen Küste, Bildungsprojekte. Kleines schlichtes Gästehaus für aktive Projektunterstützer. Besuche Mo 14–16, Di–Fr 9.30–1, 14–16, Sa 9.30–12 Uhr.

Malindi-Stadt 17

Cityplan: S. 257

Das älteste Touristenzentrum Kenias mit etwa 50 000 Einwohnern liegt 120 km nördlich von Mombasa. Wer sich darüber wundert, dass viele Geschäfte in **Malindi** geschlossen sind und Hotels ungenutzt ihr Dasein fristen, sei an die unsicheren Zeiten Ende der 1990er-Jahre erinnert. Politisch bestimmte kämpferische Auseinandersetzungen von Gruppen unterschiedlicher Ethnien in der Region um Mombasa verschreckten Besucher und Fernreisende. Der Terroranschlag auf die US-amerikanische Botschaft in Nairobi 1998, Meldungen über Unruhen an der somalischen Grenze und unreflektierte Berichte über kriminelle und lästige Beachboys führten zu einem enormen Rückgang im Tourismusgeschäft. Erst allmählich ändert sich das Bild wieder, und vor allem italienische und deutsche Besucher bevölkern in Ferienzeiten oder während des europäischen Winterhalbjahrs die Küste nördlich von Mombasa.

Stadtgeschichte

Malindis Geschichte ist bewegt und spannend: Die Swahili-Siedlung Ma-Lin wurde bereits in chinesischen Schriften des 9. Jh. erwähnt. Arabische Aufzeichnungen nennen immer wieder den Ort, bevor Anfang des 15. Jh. erste chinesische Schiffe Malindi ansteuerten und einen regen Handel dokumentierten. Der Sultan von Malindi, nach dem Motto herrschend ›Mombasas Feind ist Malindis Freund‹, empfing denn auch Vasco da Gama überaus freundlich und war geschickter als sein langjähriger Rivale in Mombasa. Damit genoss die Stadt ab 1498 portugiesische Gunst. Kaum 100 Jahre später jedoch verschwand Malindis Stern vom Firmament der Küste. Mit dem Bau von Fort Jesus verlegten die Portugiesen ihr Machtzentrum aus strategischen Gründen nach Mombasa. Sultan und wohlhabende Einwohner zogen daraufhin in die Mauern dieser wehrhaften Stadt an der südlicheren Küste. Zu Recht, denn den gewalttätigen Überfällen der Galla konnte Malindi nicht standhalten und wurde schließlich im 18. Jh. aufgegeben. Der Missionar Krapf fand um 1846 nur vom Dschungel überwucherte Häuser und Mauern vor.

Erst ab 1860 kam wieder Leben in Hafen und Stadt, als Heerscharen von Sklaven für den Sultan von Sansibar Getreide- und Obstplantagen zur Versorgung der Inselbewohner anlegten. Zu Beginn des 20. Jh. entdeckten die weißen Siedler des Hochlandes die Vorzüge des Küstenstädtchens und legten so den Grundstein für das heutige Touristenzentrum. Seinen Weltruf gefördert haben sicherlich auch die Aufenthalte und Erzählungen des leidenschaftlichen Hochseeanglers, Großwildjägers und trinkfesten Schriftstellers Ernest Hemingway. Seinerzeit gab es noch zahlreiches Wild, einschließlich Löwen, in dieser Gegend. Seit den 1970er-Jahren ist der beschauliche Ort für Urlauber aus aller Welt der Inbegriff für unbeschwerte Ferien am Indischen Ozean.

Juma Mosque 1

Nur wenige Zeugnisse der Geschichte sind im heutigen Stadtbild zu finden. Südlich der Government Road und der Jetty steht die **Juma Mosque** an der Stelle, wo einst der Sklavenmarkt abgehalten wurde. Unmittelbar daneben fand man zwei Gräber aus dem 15. und 19. Jh. Interessant sind neben feinen Ornamenten die eindeutig vorislamischen Phallussymbole eines alten Fruchtbarkeitskultes.

Fish Market 2

Ein paar Schritte weiter versteigern noch immer die heimkehrenden Fischer ihren Fang in der überdachten Halle des **Fischmarkts,** ein turbulentes Spektakel in den frühen Morgenstunden.

Malindi Museum 3

www.museums.or.ke, tgl. 8–18 Uhr, Erw. 500 KSh, Kinder 250 KSh

Nicht weit entfernt vom Fischmarkt beherbergt das sog. House of Columns aus dem 19. Jh. das **Malindi Museum.** Als Privathaus eines indischen Kaufmanns erbaut, diente es später als Zollgebäude und Krankenhaus. Heute werden hier Wechselausstellungen zur Geschichte und Kultur der Swahili-Küste gezeigt.

Malindi

Sehenswert

1 Juma Mosque
2 Fish Market
3 Malindi Museum
4 Portuguese Chapel
5 Vasco da Gama Cross
6 Baumwollspinnerei

Übernachten

1 Kilili Baharini Resort
2 Barefoot Beach Camp
3 Che-Shale
4 Driftwood Beach Club
5 Scorpio Villas
6 Swahili House
7 African House Resort
8 La Malindina

Essen & Trinken

1 The Old Man & the Sea
2 Baby Marrow
3 Rosada Beach
4 Karen Blixen Restaurant
5 Osteria Restaurant & Ice Cream
6 Baobab Restaurant

Abends & Nachts

1 Jungle Lounge

Aktiv

1 Malindi Golf & Country Club
2 Kingfisher Fishing Ltd.
3 Seaview Resort
4 Blue Fin Diving

Portuguese Chapel 4

Tgl. 8–18 Uhr, Erw. 500 KSh, Kinder 250 KSh

In der Vasco da Gama Road steht die unscheinbare **Portugiesische Kapelle.** Teile des Gebäudes stammen noch aus dem 16. Jh., das Makuti-Dach wurde schon mehrfach erneuert. Im angrenzenden Friedhof soll der Hl. Franz Xaver 1542 auf seiner Reise nach Indien zwei tote Seeleute bestattet haben. Auch mehrere hochrangige Kolonialbeamte wurden hier zur letzten Ruhe gebettet.

Vasco da Gama Cross 5

Tgl. 8–18 Uhr, Erw. 500 KSh, Kinder 250 KSh, Kombiticket mit Malindi Museum und Portuguese Chapel

Der Palast des Sultans hat keinerlei Spuren hinterlassen, geblieben ist aber eine Erinnerung an **Vasco da Gama:** Bei seinem Aufenthalt 1499 ließ er ein **weißes Kreuz** aus Lissabonner Kalkstein auf einem Sockel aus einheimischem Korallenstein vor dem Palast aufstellen. Weil das christliche Symbol den

Unwillen der Bevölkerung erregte, versetzte man im 16. Jh. den Navigationspunkt auf die ins Meer hinausragende Landzunge. Von hier bietet sich ein schöner Blick auf die Malindi Bay und den Ozean.

Baumwollspinnerei 6

Mo–Fr 10–12, 14.30–16 Uhr

Die über 70 Jahre alte **Baumwollspinnerei** schräg gegenüber dem Galana Shopping Centre lohnt eine Stippvisite, zumal sie noch immer in Betrieb ist. Seit 1998 werden hier T-Shirts aus reiner ostafrikanischer Baumwolle produziert. Das LamuLamu-Label steht für zukunftsweisende Standards für ökologisch und fair produzierte Textilien. Diese kommen den Arbeiterinnen in Tansania und Kenia zugute und auch den Käufern in Deutschland (www.lamulamu.de). In allen OneWay-Shops in Kenia bekommt man die T-Shirts, Kikois, Hemden, Blusen, Hosen und weitere Produkte aus 100 % ökologisch produzierter Baumwolle (*organic cotton*) mit afrikanisch inspiriertem Design.

Infos

Tourist Information: Malindi, Harambee Rd., Mo–Fr 9–12, 14.30–16 Uhr,

Im Internet: www.malindi.info, Infos zu Unterkünften, Restaurants und Aktivitäten.

Banken mit Automaten (meist Visa-Card) findet man in der Government Road und im Galana Shopping Centre, Mo–Fr 9–15, Sa 9–11 Uhr.

Malindi Marine National Park: Büro der Verwaltung Watamu Rd., Tel. 0800 59 70 00, www.kws.go.ke, tgl. 6.30–18.30 Uhr, Parkeintritt Erw. 17 US-$, Kinder 13 US-$.

Übernachten

Die meisten Reisenden buchen ihre Unterkünfte schon im Heimatland über Reisebüros oder Hotelbuchungsportale. Bei Vergleichen entdeckt man mitunter Sonderangebote auf den Websites der Unterkünfte.

Italienische Eleganz – **Kilili Baharini Resort & Spa 1 :** Casuarina Rd., Tel. 0770 20 65 00, www.kililibaharini.com. Gepflegt-edles Ambiente in Doppelzimmern und Suiten, alle mit Blick zum Meer, Pool oder Garten. Der großzügige Spa-Bereich bietet zahlreiche Anwendungen zur Entspannung und Erholung. Italienisch geprägte internationale Küche, WLAN. DZ ab 180 US-$/Pers. (ÜF).

Luxus der Einsamkeit – **Barefoot Beach Camp 2 :** 25 km nördl. von Malindi, Tel. 0722 42 13 51, www.barefootbeachcampkenya.com. Fünf luxuriöse Safari-Hauszelte mit Bad direkt in den Sanddünen des Strandes Mambrui North Beach unter Palmen, angenehmer Service, private Atmosphäre, Massage, Bar, Restaurant mit nordafrikanischer und internationaler Küche. DZ ab 180 US-$ (ÜF).

Paradies am Goldstrand – **Che Shale 3 :** 20 km nördlich von Malindi, Tel. 0722 23 09 31, www.cheshale.com. Familiäre Anlage mit fünf individuell gestalteten Bandas aus Naturmaterialien, rustikales Ambiente unter Palmen direkt in den Sanddünen. Gourmetrestaurant mit internationaler Küche, frischen Meeresfrüchten und Fisch, Butterkrebse aus eigener Farm, Bar. Nur mit Allradantrieb erreichbar, Transfers möglich. Kitesurf-Schule mit langjähriger Erfahrung und erstklassigen Ausrüstungen. Lange Strandspaziergänge (mehr als 5 km) auch als Frau allein problemlos. Beachfront Bandas ab 145 € (ÜF), Kajama Budget Bandas (schlicht, Gemeinschaftssanitäranlage) ab 90 € (ÜF).

Kolonialer Charme – **Driftwood Beach Club 4 :** Silversand Rd., 2,5 km südlich des Stadtzentrums, 15 Min., Tel. 0734 74 71 33, www.driftwoodclub.com. Zimmer mit unterschiedlicher Ausstattung, einfach bis luxuriös, freundlich-lockere Atmosphäre, Pool, zahlreiche Aktivitäten wie Vogelbeobachtungen, Tauchen, Surfen, Squash, sehr gute internationale Küche. Ab 160 US-$ (HP).

Resort in tropischem Garten – **Scorpio Villas 5 :** Casuarina Rd., Tel. 042 212 01 94, www.scorpio-malindi.com. Gemütliches, am weißen Strand von Malindi gelegenes Resort mit 45 Zimmern im afrikanischen Stil, tolle italienische Küche, wunderschöner tropischer Garten. DZ ab 45 €/Pers. (ÜF).

Tausendundeine Nacht – **Swahili House 6 :** Sea View Rd., Tel. 0733 78 98 07, www.malindiswahilihouse.com. 2 Min. vom Strand, italienisch geführtes historisches Haus mit drei Gästezimmern im arabisch geprägten Swahili-Stil (teils Meer-, teils Gartenblick), anheimelnd und komfortabel, Garten. DZ ab 70 € (ÜF).

Rustikal – **African House Resort** 7: Casuarina, Mahogany Rd., Tel. 0733 80 24 36, www.africanhouseresort.com. 400 m vom Strand, in üppig tropischem Garten, sieben komfortable und liebevoll ausgestattete Gästezimmer, Pool, Massage, Bar, Restaurant mit mediterraner und Swahili-Küche. DZ ab 70 US-$ (ÜF).

Klein und fein – **La Malindina** 8: Ngowe Rd., 3 Min. zum Strand, Tel. 042 212 00 45, www.lamalindinakenya.com. 14 Gästezimmer in traditioneller Architektur mit Makutidach, großzügig und elegant-komfortabel, viel Privatsphäre, Pool, Bar, Cocktails, Restaurant mit mediterraner und frischer afrikanischer Küche. DZ ab 60 € (ÜF).

Essen & Trinken

Man findet eine Vielzahl von Restaurants in den Hotels, aber vor allem auch in der Innenstadt und in Strandnähe.

Klassiker – **The Old Man & the Sea** 1: Silversands Rd., tgl. 10–22 Uhr, Tel. 042 311 06. Romantisches Restaurant mit Gourmet-Meeresfrüchteküche. Wer hier nicht gespeist hat, hat etwas versäumt. Ab 1000 KSh.

Außergewöhnlich – **Baby Marrow** 2: Vasco Da Gama Rd., Tel. 0700 76 67 04, tgl. 19–23 Uhr. Nicht nur Restaurant und Bar, sondern auch Kunstgalerie. Italienische Küche und fangfrische Meeresfrüchte. Gerichte ab 1000 KSh.

Schöne Lage – **Rosada Beach** 3: Casuarina Rd., Tel. 0700 50 18 13, tgl. rund um die Uhr geöffnet. Italienische Küche direkt am Strand, leckere Cocktails, gute Weinkarte, jeden Montag Beach Party. Ab 850 KSh.

Super Frühstück – **Karen Blixen Restaurant** 4: Lamu Rd., Galana Shopping Centre, Tel. 0717 77 58 88, tgl. 7–23.30 Uhr. Gemütliches italienisches Hofrestaurant, bester Platz für Frühstück und Brunch. *Der* Treffpunkt in Malindi. Ab 800 KSh.

Vornehm Italienisch – **Osteria Restaurant & Ice Cream** 5: Mama Ngina Rd., Tel. 0725 52 56 65, tgl. 10–23 Uhr. Eines der besten italienischen Restaurants mit Bar, europäisch italienisches Ambiente, exzellente Küche und sehr gute Weine. Filiale (Osteria Beach) mit Pool direkt am Silversands Beach. Ab 800 KSh.

Afrikanisch – **Baobab Restaurant** 6: Mama Ngina Rd., Tel. 0722 82 98 67, tgl. 7–23 Uhr. Schlichtes Ambiente, aber mit nettem Terrassenbereich direkt am Meer, die Karte reicht von Pasta über Currys bis zu fangfrischem Fisch, entspannter Service. Ab 800 KSh.

Abends & Nachts

Discos – In den Hotels kann man in diversen Clubs die Nächte durchtanzen, und es sind auch Gäste von außerhalb willkommen.

Bar – **Jungle Lounge** 1: Arnold/Mama Ngina Rd., Tel. 0736 94 05 29, tgl. ab 17 Uhr. Disco, Livemusik, Cocktails, Party-Publikum.

Aktiv

Segeltörn mit einer Dhau – **Sawa Sawa Dhow Excursions** 3: Che Shale Hotel, Tel. 0722 23 09 31. Tagestrips mit Stops zum Schwimmen und Schnorcheln, Seafood Lunch an Bord oder am Strand.

Radverleih – In den meisten besseren Hotels kann man Fahrräder ausleihen.

Golf – **Malindi Golf & Country Club** 1: Lamu Rd., Tel. 0724 75 39 53, www.malindigolfclub.com. 9-Loch-Platz.

Hochseeangeln – **Kingfisher Fishing Ltd.** 2: Hafen, Tel. 0721 83 28 03, www.kenyasportfishing.net. Familienunternehmen mit 40-jähriger Tradition, ganzjährig Halb- und Ganztagestouren (Hochsaison Dez.–März, Nebensaison März–Dez.), Mehrtagestrips auf Anfrage. Beste Fänge an Segelfisch, Merlin, Schwertfisch und Haien. Professionelle Flotte mit sechs Booten in drei Kategorien.

Reiten – **Seaview Resort** 3: Lamu Rd., Tel. 042 3 04 27, www.malindiseaviewresort.com. Gut ausgebildete Reitpferde für Anfänger und Fortgeschrittene, auch Reitunterricht. Mit professionellen Reitlehrern an den Strand, durch den tropischen Küstenwald und ins Hinterland, tgl. nach Vorbuchung.

Tauchen & Schnorcheln – **Driftwood Beach Club** 4: s. S. 258. Hotel mit Tauschschule. **Blue Fin Diving** 4: Silversand, Tel. 0722 26 12 42, www.bluefindiving.com. Professionelle italienische Tauchbasis mit mehr als 15 Jahren Erfahrung vor Kenias Küste, englisch- und deutschsprachige Tauchlehrer. Verschiedene Tauchplätze mit unterschiedlichen Erlebnissen, PADI-Kurse. Hochwertige Ausrüstungen, Transfers von und zu den Hotels an der Küste.

Tipp

H12 DELTA DUNES LODGE IM TANA RIVER DELTA

Auf eine stilvolle luxuriöse Unterkunft muss im **Tana River Delta** niemand verzichten. Im Gegenteil, für Genießer ist die **H12 Delta Dunes Lodge** (Tel. 0737 19 98 70, www.h12africa.com, DZ ab 250 US-$/Pers., VP, all-inclusive) an der Formosa-Bucht genau das Richtige. Strandausflüge wechseln mit Vogelbeobachtung, Bootsfahrten, Fischen und Wasserski, man kann morgens surfen und nachmittags auf Büffelpirsch gehen. Die Lodge vereint die faszinierenden Kontraste einer abgelegenen Wildnis mit einer Kombination aus Pagoden und 7 luxuriös-komfortablen Cottages, die auf den höchsten Punkten der Dünen stehen und mit Palmstroh gedeckt sind. Jedes Cottage ist so gebaut, dass es in seine eigene Nische der Düne hineinpasst. Die Unterkünfte sind mit Treibgut vom Strand möbliert. Großen Wert hat man darauf gelegt, dass jedes Cottage seine eigene, unverstellte Aussicht besitzt, so dass die Bewohner sich fühlen, als seien sie die einzigen Reisenden in ganz Afrika. Eine exquisite, von tropischen Früchten und frischem Fang aus dem Meer dominierte Küche rundet den ›Himmel auf Erden‹ ab. Besitzer und Mitarbeiter der Lodge sind engagiert in Community- und Naturschutzprojekten. Zu erreichen in etwa 2,5 Stunden per Auto und Boot von Malindi oder per Charterflug direkt an den Strand.

Kitesurfen am Goldenen Strand – **Che Shale** 3: Tel. 0722 23 09 31, www.cheshale.com. Kurse für Anfänger, Treffpunkt der Könner, im August internationaler Kitewettbewerb mit den Besten dieses Sports aus aller Welt.

Termine

Malindi Cultural Festival (April): Musik, Tanz, Kunst und Kulinarisches der Küstenregion.

Verkehr

Flüge: Flugplatz 5 km südlich, zwischen Malindi und Watamu, regelmäßige Flugverbindungen mit Nairobi, Mombasa und nach Lamu mit Air Kenya, fly540, Fly-SAX, Kenya Airways, Safarilink, Prestige Air. Malindi–Nairobi Return-Flug um 13 000 KSh, Malindi–Lamu Return-Flug um 5000 KSh.
Busse/Matatus: gute Verbindungen in Richtung Mombasa vom neuen Markt, Ecke Jamhuri/Mombasa Road direkt nach Nairobi, vom Polana Hotel Richtung Lamu.
Mietwagen: Eine Vielzahl von örtlichen Reiseunternehmen bieten auch Mietwagen an, vor Vertragsabschluss Preise vergleichen!

Marafa ►1, R 12

Ein lohnender Ausflug ins Hinterland führt ins etwa 50 km entfernte **Marafa.** Wind, Sand und Regen haben teils 30 m tiefe Rinnen in den Sandstein getrieben und bizarre geologische Formationen geschaffen, die mit ihrem in unterschiedlichen Rottönen changierenden Gestein an eine Mondlandschaft erinnern. **Hell's Kitchen,** die ›Höllenküche‹, ist ein faszinierender Ort und am besten mit Geländewagen zu erreichen.

Tana River Delta ►1, S 11

Aus Sicherheitsgründen sollte man sich vor der Weiterreise nach Norden bei der Polizei nach der aktuellen Lage erkundigen. Seit dem Shifta-Krieg in den 1960er-Jahren gilt die Gegend bis zur somalischen Grenze als sehr unsicher und die Strecke dorthin wird meist nur im Konvoi zurückgelegt. Nach etwa drei Autostunden erreicht man das **Tana River Delta,** das ein Naturwunder der besonderen Art darstellt. 134 km nördlich von Malindi verbindet die Landschaft traumhaften Strand und wildtierreiches Buschland auf einzigartige Weise miteinander.

Nach mehr als 1000 km mündet der längste Fluss Kenias mäandernd in die Sanddünen vor dem Indischen Ozean. Der Hauptfluss wird gesäumt von dichtem Uferwald mit Feigenbäumen und Palmen, die über der Wasseroberfläche hängen. Dazwischen liegen Grasfelder und verschlafene Dörfer. Ein Labyrinth von gezeitenabhängigen Flüssen und Mangrovensümpfen, Salzmarschen und Wattgebieten umgibt palmenbewachsene Inseln, von Busch bedeckte Dünen und Grassteppe. Der Küstenabschnitt, flankiert von mächtigen Dünen auf der einen und dem Indischen Ozean auf der anderen Seite, erstreckt sich, soweit das Auge reicht. Boots- oder Kanuausflüge eignen sich zur unauffälligen Beobachtung von Vögeln, Büffeln, Elefanten, Flusspferden und Krokodilen sowie eher scheuen Antilopen und Primaten.

Geplante Projekte zum flächendeckenden Zuckerrohranbau bedrohen dieses einzigartige Ökosystem. Naturschützer und gemeinnützige Organisationen kämpfen jedoch um den Erhalt für Pflanze, Tier und Mensch.

Lamu ▶ 1, T 11

Wenn auch die Fahrt über Land abenteuerlich und erlebnisreich ist – am schnellsten und sichersten erreicht man den Lamu-Archipel mit dem Flugzeug. Der Flughafen befindet sich auf Manda Island. Boote bringen Reisende auf die anderen Inseln. Die bekannteste ist **Lamu,** eine friedliche tropische Insel, wo das Leben in seinem eigenen entspannten Rhythmus abläuft. Mit jedem Stein hier ist eine faszinierende Geschichte verbunden.

Wahrscheinlich bestanden bereits seit über 1000 Jahren wirtschaftliche Beziehungen zwischen Ostafrika, dem Mittleren Osten, Indien und China. Durch den Nordostwind an die ostafrikanische Küste getrieben, ankerten die Segler im Schutz der Buchten, trieben Handel, verlebten gute Zeiten und mit dem Südwestwind kehrten sie zurück. Einige blieben, gründeten mit den einheimischen Banju neue Familien und entwickelten eine eigene Kultur – die der Swahili (s. S. 313).

Die Insel selbst ist ein wundervolles Fleckchen Erde mit wandernden Sanddünen und unendlichen Stränden, wo sich kleine unscheinbare Dörfer unter Kokospalmen und zwischen Mangoplantagen ducken, wo die Wellen vergnügt mit vor sich hin segelnden Dhaus spielen. Einziges Manko: Es gibt keinerlei Trinkwasserquellen und keine Müllentsorgung im westlichen Sinne. Und gerade dies täte bei der wachsenden Bevölkerung not.

Weitere ökologische (und menschliche) Probleme würden sich ergeben, wenn der von chinesischen Firmen geplante und begonnene große Überseehafen in vollem Umfang realisiert wird. Die Manda-Bucht ist Lebensraum sensibler Meeresfauna und -flora sowie von Mangrovenwäldern und Korallenriffen. Der Mega-Hafen soll Südsudan und Äthiopien einen Zugang zum Ozean verschaffen.

✪ Lamu Town

Größte Attraktion ist die arabische **Altstadt von Lamu** mit ihren teils noch auf das 18. Jh. zurückgehenden Häusern aus Korallengestein. Lamu Town zählt seit 2001 zum Weltkulturerbe der UNESCO. Die meisten Bewohner sind strenggläubige sunnitische Muslime, ihren Traditionen und Regeln eng verbunden. Das erlebt der Besucher auch im Stadtbild: Nicht allein große Moscheen, sondern auch einfache Wohnhäuser werden zum gemeinschaftlichen Gebet genutzt. Eine Ansammlung von Schuhen vor der Tür weist auf die Anwesenheit der Gläubigen hin. Minarette sind kaum zu sehen. Die meisten Frauen sind in traditionelle schwarze Umhänge, die den Körper beinahe gänzlich umschließenden *buibui,* gehüllt. Männer tragen oft den gewandartigen weißen *kanzu* oder einen farbigen *kanga* und bedecken ihr Haupt mit dem *kofia.*

Als Besucher sollte man sich respektvoll verhalten und die eigene Bekleidung über-

lamu laundry
Centre
dhobi.

prüfen: Sind Schultern und Knie unter Stoff verborgen? Vor dem Betreten einer Moschee zieht man am Eingang die Schuhe aus und bitte um Erlaubnis, eintreten zu dürfen.

Geschichte

Lamus Geschichte begann wohl im 14. Jh., als die Swahili sich auch auf dieser Insel niederließen. Portugiesische Forscher, türkische Händler und Araber aus dem Oman besuchten die Insel. Alle hinterließen sie ihre Spuren, dennoch entwickelte sich eine eigene, unverwechselbare Kultur.

1813 errangen die Einwohner einen unerwarteten Sieg über die vereinten Angreifer von Mombasa und Pate. Seitdem genoss Lamu großen Respekt an der ostafrikanischen Küste. Als Zwischenlager für Sklaven, Elfenbein, Gewürze und andere Handelswaren gelangte die Stadt zu beachtlichem Wohlstand. Sklaven arbeiteten auf riesigen Plantagen, meist auf dem fruchtbaren Festland gelegen: Getreide, Ölsaaten und Früchte waren neben Mangrovenholz und Schildpatt gewinnbringende Güter. Mit dem Verbot der Sklaverei um 1907 schmolz der Wohlstand dahin und Lamu versank in der Bedeutungslosigkeit. In den 1960er-Jahren entdeckten die ersten Touristen das Eiland, und in den 1970er-Jahren avancierte die Insel zum Wallfahrtsort für Hippies.

Inzwischen hat die Moderne Einzug gehalten: Die Insel wurde mit elektrischem Strom ausgestattet. Riesige Generatoren am Rand der Altstadt erzeugen 24 Stunden lang lärmend Strom. Doch Lamus schmale Sträßchen wirken zeitlos, auf den Märkten und Plätzen um das Fort bewegt sich das Leben wie eh und je. Kein Auto stört die sagenhafte Ruhe (nur der Verwaltungschef besitzt eins) oder verschmutzt gar mit seinen Abgasen die immer frisch hereinwehende Meeresluft. Esel bestimmen den Transport zu Land, auf dem Wasser dominieren die Dhaus, die traditionellen Segelschiffe.

Zielgewiss und ohne Eile bewegen sich die Bewohner von Lamu durch das planvolle Labyrinth der engen Altstadtgassen

Sehenswertes

Auf einer Länge von etwa 1500 m zieht sich parallel zum Ufer die Stadt mit ihren winkligen Gassen und schön verzierten Häuschen. Lässt man sich einfach treiben von Gerüchen und Geräuschen oder Kleinigkeiten, die man mit den Augen entdeckt, so ist dies wohl die beste Möglichkeit, in die Kultur einzutauchen. Kleine traditionelle Steinbänkchen in Nischen neben den Hauseingängen, die von den Männern in den Abendstunden zum Palavern genutzt werden, gehören genauso zur Swahili-Architektur wie die wundervoll geschnitzten Türen mit symbolträchtigen Ornamenten.

Lamu Fort

www.museums.or.ke, tgl. 9.30–18 Uhr, Eintritt im Lamu-Package enthalten: Erw. 3000 KSh, Kinder 1500 KSh

Das **Lamu Fort** am alten Marktplatz wurde 1820 fertiggestellt, bis 1984 diente es als Gefängnis. Die alten Gemäuer beherbergen nun Ausstellungen zu Geschichte, Seefahrt, Naturkunde und aktuellen ökologischen Problemen, auch Wechselausstellungen einheimischer Künstler werden gezeigt. Von den oberen Zinnen bietet sich ein schöner Blick über die Altstadt. Unter den Arkaden lässt es sich bei einem herrlich gebrühten Tee zu leckerem Gebäck wundervoll ausruhen und das Treiben auf dem Markt beobachten.

Lamu Museum

Seafront, www.museums.or.ke, tgl. 9.30–18 Uhr, Eintritt im Lamu-Package enthalten: Erw. 3000 KSh, Kinder 1500 KSh

Das **Lamu Museum** ist in einem typischen Swahili-Haus des 19. Jh. untergebracht. Hier kann man antike Möbel, Gebrauchsgegenstände, Musikinstrumente und Kunstgegenstände sowie Kunsthandwerkliches betrachten und so erste Einblicke in die Swahili-Kultur gewinnen. Besonders interessant sind die Exponate zur Geschichte der Stadt und zur vermutlich ältesten Ethnie Kenias, den Boni. Verschiedene Modelle von Dhaus verdeutlichen die Entwicklung der Schifffahrt und der weitreichenden Handelsbeziehungen.

Swahili House

www.museums.or.ke, tgl. 9.30–18 Uhr, Eintritt im Lamu-Package enthalten: Erw. 3000 KSh, Kinder 1500 KSh

Ein wirkliches Wohnhaus-Museum des 18. Jh. ist das **Swahili House,** mit allem, was zum damaligen Leben gehörte. Bemerkenswert sind Raumaufteilung, Ausstattung und Dekoration. Ein gern plaudernder Museumswächter führt durch dieses lebendige Museum und lässt keine Frage offen.

German Post Office Museum

www.museums.or.ke, tgl. 9.30–18 Uhr, Eintritt im Lamu-Package enthalten: Erw. 3000 KSh, Kinder 1500 KSh

Von 1888 bis 1891(!) existierte das sogenannte Wituland (40 km^2) an der Küste Ostafrikas – ein Resultat des Kampfes des Deutschen Kaiserreichs um einen »Platz an der Sonne«, um Kolonien in Afrika. Heutigen Generationen verdeutlicht das **German Post Office Museum** mit einigen Dokumenten und Exponaten in einem einzigen Raum die bizarre Rolle dieser Poststation mit eigener Briefmarke.

Shela Beach

Ein ca. 30-minütiger Spaziergang führt an die Südküste zum Fischerdorf **Shela Beach,** dahinter liegt das Badeparadies der Insel. Meterhohe Sanddünen zaubern die perfekte Strandkulisse zu Geschichten aus Tausend-und-einer-Nacht: Einer Legende nach liegt die einst reiche, aber hoffärtige arabische Stadt Hidabu unter dem Sand der Dünen begraben. Surfer können hier bestens über die Wellen gleiten. Taxi-Service nach Lamu-Art: Motorboot von der Altstadt nach Shela (oder von Shela zur Stadt) um 150 KSh, oder als Eselritt pro Strecke etwa 100 KSh.

Matondoni

Ebenfalls etwa 30 Min. ist man zu Fuß unterwegs zur Nordseite der Insel nach Matondoni. Auf der **Dhau-Werft** kann man den Schiffbauern zusehen und versuchen, hinter die Geheimnisse der Segler zu kommen.

Infos

Tourist Office: Seafront, Tel. 0721 44 71 29, www.lamuholidaysolutions.com, tgl. 9–12, 14.30–16 Uhr. Wer mehrere Sehenswürdigkeiten besuchen möchte, fragt nach dem **Lamu-Package;** Fort, Museum, Swahili House und German Post Office Museum zusammen Erw. 3000 KSh, Kinder 1500 KSh.

KCB Bank: mit Geldautomat (Visa) in Lamu-Altstadt, in Shela nur Geldautomat (Visa).

Übernachten, Essen & Trinken

Vor allem für Familien und Gruppen, aber auch für Langzeitaufenthalte bietet es sich an, ein Swahili-Privathaus zu mieten, die in Größe und Ausstattung ganz unterschiedlich sind. Von schlicht bis fürstlich ist alles vertreten, aber alle Zimmer sind in historischem Stil rekonstruiert und haben einladende Küchen für Selbstversorger. Das Servicepersonal ist freundlich und der Swahili-Koch sehr gut.

Insel Kiwayu – **Mike's Camp:** mit dem Schnellboot ca. 1,5 Std. von Lamu Town, 6 Std. per Dhau oder per Charter, Tel. 0718 00 49 20, mikescampkiwayu.com. Sieben zauberhafte, großzügige Bandas mit Bad und Privatsphäre, erbaut aus einheimischen Naturmaterialien, direkt am Strand unter Palmen. Viele Aktivitäten im Kiunga Marine Reserve und im Creek, u. a. Segeln, Schnorcheln, Kajak, Wasserski, Hochseeangeln. Walbeobachtung Sept.–Jan., Delfine ganzjährig, Meeresschildkröten Febr. und April–Sept. Ab 400 US-$/Pers (VP).

Paradies – **Kipungani Explorer:** an der Nordseite der Insel Lamu, etwa 30 Min. Bootsfahrt von der Altstadt entfernt, Tel. 0722 90 31 52, www.heritage-eastafrica.com. 13 individuelle Chalets aus heimischen Materialien, liebevoll ausgestattet und geschmackvoll dekoriert, Swahili-Betten, Veranda mit Meerblick. Gourmet-Küche. DZ ab 390 US-$ (VP).

Romantisch – **Kizingo Lodge:** in den Sanddünen, Tel. 0791 42 20 92, www.kizingo.com. Sechs romantische Bandas aus einheimischen Palmmatten, gemütlich komfortabel und mit Liebe zum Detail eingerichtet, Hochseeangeln (Mai–Okt.), Schwimmen mit Delfinen (Nov.–April), Swahili-Küche mit internationalen Einflüssen. DZ 240 US-$ (ÜF).

Schöner Garten – **Kijani House Hotel:** am Shela-Kanal, Tel. 0725 54 52 64, www.kijani-lamu.com. Kleines, sehr privates Hotel mit antik edel ausgestatteten Zimmern, Veranda, liebevoll gepflegter Garten. Pool, Swahili-Küche, Meeresfrüchte und französische Speisen. Ab 145 US-$ (ÜF).

Tropisch üppige Oase – **Banana House:** in einer der verwinkelten Gassen von Shela Beach, 2 Min. zum Strand, Tel. 0721 27 55 38, www.bananahouse-lamu.com. Einladende, verschieden große Zimmer, Penthouse, möbliert und dekoriert im traditionellen Swahili-Stil. Yoga (auch Gäste aus anderen Unterkünften können teilnehmen), Wellnesscenter, Dachterrasse, Pool. Gute einheimische und internationale Küche. DZ ab 129 US-$ (ÜF).

Shela Beach – **Baitil Aman:** einstiger Palast im Zentrum, 2 Min. zum Strand, Tel. 0733 37 53 80, www.baitilaman.com. Faszinierend rekonstruiert mit dem Ambiente fürstlicher Swahili-Kultur. Acht Gästezimmer mit harmonisch eingepassten modernen Bädern, Dachterrasse, kleines Gartenrestaurant (öffentlich) vor dem Haus unter grünem Pflanzendach, charmant angenehmer Service. DZ mit Frühstück ab 100 US-$.

Großzügige Dachterrasse – **Msafini Hotel:** im Zentrum, 2 Min. zum Strand, 0720 22 30 43, www.msafinihotel.co.ke. 14 Zimmer mit Balkon und schöner Aussicht, komfortabel und modern ausgestattet. Restaurant am Pool und auf der Dachterrasse (auch für Nicht-Hotelgäste) mit guter Swahili-Küche. DZ ca. 6500 KSh (ÜF).

Schöner Blick und Pool – **Jannataan:** im Zentrum, 2 Min. zum Strand, Tel. 0722 69 80 59, www.lamuhomes.com. Größeres Hotel mit schlichten, aber sauberen Zimmern und schöner Aussicht, teils mit Terrassen und teils mit Balkonen, Pool, Restaurant mit internationalen und typischen Swahili-Speisen. DZ ab 6000 KSh (ÜF).

Swahili-Privathäuser – **Shela House:** Management Angelika Schütz, Tel. 0715 57 78 96, www.shelahouse.com; Haus pro Nacht ab 200 €; **Habibti, Jaha, Fishbone und Bembea House:** direkt beim Eigentümer Herbert Menzer, Tel. (in Deutschland) 0172 852 23 38, (in Kenia) 0727 72 21 83, www.lamuholiday.com; Haus für 4 Pers. ab 150 € pro Nacht, Haus für 8 Pers. ab 200 € pro Nacht. Alle Häuser sind großzügig und komfortabel ausgestattet, die Selbstversorgerküchen bieten alles nötige Equipment; freundliches Hauspersonal.

Tipp

SEGELTÖRN MIT EINER DHAU NACH KIWAYU

Ein zwei- oder dreitägiger Ausflug zur wohl einsamsten Insel des Archipels verspricht Robinson-Crusoe-Gefühle: Einsamkeit und Ruhe, Sonne, Sand, Meer und Schnorcheln: **Kiwayu** ist Teil der **Kiunga Marine National Reserve,** die für ihre farbenprächtige Unterwasserwelt bekannt ist. Man genießt die Swahili-Küche und übernachtet an Bord oder in Zelten am Strand, behütet von den Sternen und der sich rührend kümmernden Bootscrew (Tel. 020 388 27 63, www.kizingonibeach.com).

Einkaufen

Von Besteck über Silberschmuck bis zu Möbeln – alles ist bei den Handwerkern in den kleinen Werkstätten und Geschäften an den Straßen zu finden.

Kunst, Kunsthandwerk und Textilien – **Wildebeest Gallery:** Old Town; **Lamu Craft:** Harambee Ave.; **Swahili Cultural Centre:** Seafront; **Ali Skanda Wood Carving:** Seafront; **Lamu Silversmith:** Harambee Ave.

Abends & Nachts

Nur in einigen wenigen großen Hotels gibt es Tanz. Romantisch in Vollmondnächten: Dhaus fahren an einsame Strände zum nächtlichen Grillen und Schwimmen.

Tipp

LAMU CULTURAL FESTIVAL

Eine Woche lang – mit den Höhepunkten am Wochenende – werden Ende November die Traditionen der Swahili-Kultur im öffentlichen Raum gepflegt. Musik, Tanz, Handwerkskunst, Ausstellungen, Wettbewerbe im Eselreiten, Kanufahren und Schwimmen verzaubern die Altstadt. Glanzpunkte sind die Dhau-Rennen im Kanal zwischen Lamu und Manda Island. Mitunter kann man mehr als 30 dieser wunderschönen Segelschiffe im Kampf um ersehnte Lorbeeren beobachten: einen Pokal und einen hochwertigen Außenbordmotor für Zeiten der Flaute. Weibliche Besucher sollten sich die »Nacht der Frauen« nicht entgehen lassen: An diesem Abend kommen Hunderte von Swahili-Frauen des Lamu Archipels im Innenhof des Forts zusammen und feiern ihr Fest, das Fest der Swahili-Braut. Informationen unter www.lamutourism.org.

Aktiv

Das Alltagsleben einer Swahili-Familie einen Tag lang als Gast begleiten, Speisen zubereiten, essen, die Moschee besuchen. Über solche Angebote können Sie sich vor Ort in Ihrer Unterkunft erkundigen. Sehr beliebt sind auch Dhau-Safaris. Die Segler bringen den Gast zum Schwimmen, Schnorcheln, Fischen und Faulenzen an einsame Strände, zum Sonnenuntergang (Sundowner) mit Getränken und frisch gegrilltem Fisch, zu den Inseln des Archipels auf Tages- und Mehrtagestouren oder ins Tana Delta.

Dhau-Safaris – **Kizingoni Beach:** Tel. 020 388 27 63, www.kizingonibeach.com. Dhau-Safaris und kürzere Törns mit der Möglichkeit, selbst das Dhau-Segeln zu lernen.

Direkt von Shela aus – **Shela Safaris:** Hamid Abdallah Mohammed, Tel. 0722 69 80 59. Mit erfahrenen Kapitänen.

Hochseeangeln – **Peponi Hotel:** Nils Korschen, Tel. 0722 20 30 82, www.peponilamu.com. Im ältesten Haus am Platz werden gute Tipps, Ausrüstungen und erfahrene einheimische Bootsführer vermittelt.

Termine

Geburtstagsfest: Der Geburtstag des Propheten Mohammed wird jährlich eine Woche lang gefeiert, der Termin richtet sich nach dem islamischen Kalender.

Lamu Painter Festival (Febr.): www.lamupaintersfestival.org.

Lamu Yoga Festival (März): http://lamuyoga.org

Lamu Cultural Festival (Nov.): www.lamutourism.org. Traditionen der Swahili-Kultur, u. a. Esel-, Kanu- und Dhaurennen, Musikaufführungen, Vorträge und Ausstellungen.

Verkehr

Flüge: Tägliche Flüge zwischen Lamu und Nairobi (um 260 US-$ hin und zurück), Mombasa (um 190 US-S hin und zurück) und Malindi (um 80 US-$ hin und zurück). Airlines: Air Kenya, fly540, Kenya Airways, Safarilink, Prestige Air. Rundflüge und Charter zu abgelegenen Luxusunterkünften mit der kleinsten Airline der Welt: Air Lamu (www.thesafariandconservationcompany.com/flying).

Fähren: Personenfähre von Mokowe auf dem Festland nach Lamu Town tgl. 7.30–16 Uhr, Fahrzeit 30 Min., die Fähre legt ab, wenn sie voll ist. Wer mit dem Auto kommt, stellt es in Mokowe auf dem bewachten Parkplatz ab. Alternativ mietet man ein Speedboat oder teilt es sich mit mehreren anderen Passagieren.

Manda Island

Mit dem Boot erreicht man in 15 Minuten die Insel **Manda** gegenüber, deren Bild Sanddünen und Mangrovensümpfe prägen. Man kann sie per Kanu, zu Fuß oder mit dem Mountainbike entdecken. Interessant sind hier vor allem die **Takwa Ruins,** die gut erhaltenen Ruinen einer Stadt aus dem 16./17. Jh. Reste der Moschee, von Wohnhäusern und Teilen der Stadtmauer liegen inmitten alter Baobabbäume und duftender Jasminbüsche. Manda besitzt schöne, noch relativ einsame Strände. Auf der Ostseite kann allerdings die Brandung recht stark sein, ruhiger ist das Wasser im Südwesten an der Ras Kitau Bay.

Übernachten

Umweltfreundlich geführt – **Diamond Beach Village:** 5 Min. vom Flughafen, direkt am Strand mit tollem Blick zur Altstadt Lamu, Tel. 0720 91 50 01, www.diamondbeachvillage.com. Rustikale Bandas, Baumhaus und Cottage jeweils mit Bad, sonst unterschiedlich ausgestattet. Bar, Restaurant mit leckerer Swahili-Küche, frische Meeresfrüchte und Fisch, ökologisch orientiert, lockere Urlaubsatmosphäre. Segeln, Ausflüge. DZ ab 130 US-$ (ÜF).

Pate Island

Pate Island, die größte der Inseln im Archipel, ist als Tagesausflug nur per Speedboat zu erreichen, ansonsten im Rahmen einer mehrtägigen Segeltour. Vermutlich stellen die **Nabahani-Ruinen** bei **Pate Town** und die **Shanga-Ruinen** weiter südlich die ältesten Zeugnisse der Besiedlungs- und Handelsgeschichte Ostafrikas dar. Um 1980 begonnene Ausgrabungen, die heute von der norwegischen Thune Foundation unterstützt werden, legen nicht nur Reste von Gebäuden und Mauern frei, sondern auch Alltagsgegenstände aus dem 7. Jh. Über **Siyu** im Inselosten wacht ein imposantes **Fort.** Der größte Ort der Insel ist **Faza** an der Nordküste. Das Fischerdorf **Kizingitini** östlich von Faza besitzt einen schönen Strand. Bei der Rückkehr nach Lamu ist vom Boot aus die Bauweise von Pate Town gut zu sehen: Die Straßen spenden Schatten und das Brauch- und Regenwasser läuft von den höher gelegenen Stadtvierteln zum Meer hin ab. Dafür wurden kleine Rinnen gebaut, *maenda wa maji,* die man auch beim Bummeln durch die Gassen bemerkt.

Mombasas Südküste

▶ 2, Q/R 14/15

Die **Likoni Ferry** (Details dazu s. S. 245) ist die einzige Verbindung von Mombasa nach Likoni und damit weiter an die weißen Strände der Südküste. Für viele Reisende die erste Begegnung mit Kenia: geordnetes Gedränge der Menschen und geduldig auf die Einweisung wartende Fahrzeuge, Minibusse der Hotels und Reiseunternehmen, PKW, Motor- und Fahrräder und riesige Lastenkarren, die Obst und Gemüse zu den Märkten transportieren. Wer aus dem Fahrzeug aussteigt (Wertgegenstände bleiben besser dort unter dem wachen Auge des Fahrers und bei geschlossenen Fenstern und Türen) und sich unter das bunte Volk mischt, bekommt ein Gefühl für Land und Leute: den Blick zurück auf die alten Baobabs, über den Meeresarm und nach vorn auf das bunte geschäftige Treiben von **Likoni.** Hat man den Ort verlassen, führt die A 14 beinahe nur noch geradeaus, ›der Nase nach‹ bis zum Grenzort Lunga Lunga.

Shimba Hills National Reserve ▶ 2, Q/R 14

www.kws.go.ke, Tel. 0800 59 70 00, tgl. 6.30–18 Uhr, ganzjährig zu besuchen, in den Regenzeiten Nov., April/Mai teilweise nicht passierbar, Landepiste für Charterflüge, Erw. 25 US-$, Kinder 15 US-$

15 km hinter Likoni zweigt in Kombani rechts eine Straße zum 320 km² großen **Shimba Hills National Reserve** ab. Der Haupteingang liegt etwa 4 km südwestlich von Kwale. Die hügelige Landschaft mit Buschsavanne, dichtem Wald und den **Sheldrick-Wasserfällen** nicht weit vom **Elephant Lookout** bewahrt den Lebensraum der seltenen Pferde- und Rappenantilopen. Aber auch Elefanten, Giraffen, Büffel, Geparden, Leoparden, Antilopen, Colobus-Affen und andere kleinere Säugetiere leben neben zahlreichen Vögeln in diesem Safariparadies unweit der Küste. Wer Strandleben mit Erkundungen im Busch ergänzen, aber nicht lange fahren möchte, ist hier genau richtig.

Mwaluganje Elephant Sanctuary ▶ 2, Q/R 14

Tel. 0721 76 54 76, mes@swiftmombasa.com, Erw. 15 US-$, Kinder 2 US-$

Im angrenzenden, als Community-Projekt gegründeten **Mwaluganje Elephant Sanctuary** kann man nicht nur mehr als 200 Elefanten gut beobachten, sondern wird auch über die Hintergünde und möglichen Lösungen des *human wildlife conflict* informiert, also die Lebensraumprobleme von Dorfgemeinschaften und durchziehenden Elefanten. Ein einfaches Zelt-Camp mit Restaurant lädt zum Verweilen und Übernachten ein. Am Eingang fertigt eine kleine Werkstatt Papier aus Elefantendung, das man als Mitbringsel auch erweben kann.

Übernachten, Essen & Trinken

Luxuriöses Baumhaus – **Shimba Hills Lodge:** Tel. 0711 36 73 45, www.shimbalodge.net. Mitten im Regenwald rustikal zwischen Bäumen gelegen; 30 exklusive Zimmer mit Balkon und Blick auf ein Wasserloch; Holzbrücken für einzigartige Tierbeobachtungen. 30 Min. zur Küste. DZ ab 200 US-$ (VP).

Für Selbstversorger – **Sable Cottages:** nur 3 km vom Kwale Gate, Tel. 0800 59 70 00, www.kws.go.ke. 2 schlichte Hütten für maximal 8 Gäste, sauber, gut ausgestattete Gemeinschaftsküche, schöne Lage und toller Blick. Cottage ab 50 US-$.

Camping – **KWS:** Tel. 0800 59 70 00, www.kws.go.ke. Einfache Sanitäranlagen mit kalter Dusche, Grillplätze, Feuerholz ist mitzubringen. Erw. 20 US-$, Kinder 15 US-$.

Eindrucksvolles Taucherlebnis: die Begegnung mit einem Makrelenschwarm

Tiwi Beach ▶ 2, R 14

Der A 14 weiter Richtung Süden folgend, erreicht man den kleinen Ort Tiwi mit dem ruhig gelegenen **Tiwi Beach.** Der Strandabschnitt ist noch nicht überlaufen, die Unterkünfte sind meist einfach und auf die Bedürfnisse von Selbstversorgern ausgerichtet. Eine Ausnahme bildet das Amani Tiwi Beach Resort (s. rechts). In den kleinen Dukas (Kiosken) der Einheimischen kann man einige wenige Lebensmittel kaufen. Fischer, Obst- und Gemüsehändler gehen regelmäßig an den Unterkünften vorbei, sodass sich Frisches gleich vom Korb weg erhandeln lässt . Von der Hauptstraße geht es ca. 30 Min. zu Fuß oder mit dem Moped-Taxi (*pikipiki*) hinein in den Strandwald.

Übernachten

Hotelanlage – **Amani Tiwi Beach Resort:** Tiwi Beach, Tel. 0724 25 71 05, www.amanitiwibeachresort.com. Am blütenweißen Strand Anlage mit 209 Zimmern, 4 davon barrierefrei. Alle mit Bad, Klimaanlage, Balkon und allen Annehmlichkeiten. Pools, Bars, Restaurants mit guter Küche von afrikanisch bis international. Service und Sauberkeit sind leider wechselhaft. Ab 65 US-$/Pers. (HP).

Schöne Aussicht – **Hillpark Hotel:** Tiwi Beach: Tel. 0724 25 62 01, www.hillparkhotelsandresorts.com. Schlicht landesüblich ausgestattete Selbstversorger-Villas mit Pool und Terrasse direkt am Strand, komfortable Gästezimmer mit Bad im Haupthaus, Strandbar, Restaurant mit guter internationaler Küche. DZ ab 85 US-$ (ÜF).

Schöner Garten – **Sand Island Beach Cottages:** Tiwi Beach, Tel. 0722 39 50 05, www.sandislandbeach.com. Unterschiedlich ausgestattete Cottages für Selbstversorger von einfach-gediegen bis komfortabel mit schöner Gartenanlage direkt am Strand, Windsurfen gratis, Camping möglich (500 KSh). Cottage ab 80 US-$.

Bei Ebbe und Flut – **Coral Cove Cottages:** Tiwi Beach, Tel. 0706 37 17 48, www.coralcove.tiwibeach.com. Selbstversorger-Cottages mit einem oder zwei Schlafzimmern. Wer nicht kochen möchte, speist im kleinen Restaurant nebenan. Schöner Garten, privater Strand. Cottage ab 5500 KSh.

Ukunda, Diani und Galu Beach ▶ 2, R 14

Nach 10 km wird das Leben trubelig bunt und laut in **Ukunda** mit Banken, Restaurants, Märkten und Straßenhandwerkern. Hier biegt nach links die Straße zum schneeweißen Sandstrand von **Diani Beach** ab, gesäumt von Banken mit Geldautomaten, größeren Einkaufszentren mit westlich orientierten Supermärkten, Straßenhändlern und Restaurants. Die Küstenstraße verbindet die Hotelanlagen der Pauschalreisenden, dazwischen immer wieder angenehm kleinere Strandlodges, Ferienhäuser und Cottages für

Selbstversorger sowie luxuriöse Strandvillen. Die regelmäßig verkehrenden Matatus und TukTuks sind dem Spazieren auf heißer sonniger Straße vorzuziehen und durchaus empfehlenswert. Ruhesuchende sollten sich eher ans südliche Ende der Diani Beach Road und an den unbekannteren **Galu Beach** begeben. Hier gibt es nur wenige große Hotelanlagen, keinen Massentourismus, kaum Strandhändler oder sogenannte Beachboys.

Colobus Conservancy

6,5 km von der Ukunda Junction, Tel. 0711 47 94 53, www.colobusconservation.org, Mo–Sa 8–17 Uhr, Erw. 750 KSh, Kinder 250 KSh

Abwechslung vom Strandtag bietet der Nature Trail der **Colobus Conservancy.** Deren Informationszentrum findet man neben dem KFI-Supermarkt, zugänglich von der Küstenstraße und vom Strand aus. Geführte Wanderungen auf dem Naturpfad machen mit den wunderschönen Colobus- und anderen hier heimischen Affen vertraut.

Kaya Kinondo

Kinondo, Eingang 3 Min. vom Hotel Kinondo Kwetu, Tel. 0722 44 69 16, www.kaya-kinondo-kenya.com, tgl. 8–17 Uhr, 1000 KSh

Der **Kaya Kinondo,** der Heilige Wald des Küstenvolkes der Digo, genießt als Wohnsitz der Ahnen höchste Verehrung. Eine geführte Tour vermittelt interessante Eindrücke von der Kultur und Glaubenswelt der Digo und macht mit der besonders schützenswerten Küstenflora vertraut.

Chale Island ▶ 2, R 14

Die Küstenstraße endet etwa 30 km weiter bei **Chale Island.** Die Privatinsel, ein Naturreservat, beherbergt ein sehr hochpreisiges Camp, Restaurant und Resort sind offen für Tagesausflügler. Bei Ebbe ist es möglich, mit dem Fahrzeug hinüberzufahren oder auch zu laufen, bei Flut verkehren Boote (500 KSh).

Infos

Im Internet: www.dianibeach.info. Infos zu Unterkünften, Restaurants und Aktivitäten.

Übernachten

Die großen Hotels bucht man preisgünstiger über Hotelbuchungsportale und als Pauschalangebote; die genannten Adressen sind eher für Individualreisende geeignet.

Garten Eden – **Kinondo Kwetu:** Galu Beach, Tel. 0710 89 80 30, www.kinondo-kwetu.com. Kleines Familienhotel (max. 38 Gäste) mit viel Flair. Geräumige, gemütlich ausgestattete Cottages und Gästezimmer, Moskitonetz, private Terrasse, Pool. Einladende Sitzbereiche am Strand, im tropischen Garten unter alten Bäumen, auf dem Wasserturm, künstlerisch-ästhetisch gestaltete Anlage. Gourmet-Küche. Aktivitäten u. a. Reiten, Segeln; DZ ab 450 US-$ (all-inclusive).

Verwöhnadresse – **Karibuni Rafiki:** Diani/Galu Beach, Tel. 0713 28 48 99, www.karibuni-rafiki.com. Kleine feine Hotelanlage am Strand, nur für deutschsprachige Gäste (max. 8 Pers.)! Vier komfortable Bungalows, Klimaanlage, private Terrasse, gepflegt üppiger Garten, privater Strand, Pool, afrikanisch-internationale Küche, Bar. Ab 175 €/Pers. (VP).

Barfuß im Hotel – **Waterlovers:** direkt am Sandstrand, gegenüber Diani Shopping Centre, Tel. 0735 79 05 35, www.waterlovers.it. Sechs Zimmer, einladend liebevoll im Swahili-Stil ausgestattet, Moskitonetz, Klimaanlage, private Terrasse mit Meerblick, eine Villa (max. 8 Pers.) mit Küche für Selbstversorger. Freundlich familiäre Atmosphäre, Pool, zahlreiche Wassersportangebote; italienische Küche, frische Meeresfrüchte und Fisch. DZ ab 240 € (ÜF).

Feriendorf – **Pinewood Village:** Galu Beach, Tel. 040 330 00 38, www.pinewood-beach.com. 38 Zimmer unterschiedlichen Komforts und 20 Suiten, alle mit AC und privater Terrasse, eingebettet in eine üppig grüne Gartenanlage; Pool, Wassersportzentrum für Taucher und Kitesurfer, Wellness. Mehrere Restaurant- und Barbereiche, indisch und italienisch geprägte Küche. DZ ab 95 US-$ (HP).

Für Taucher – **Diani Marine Ltd.:** nahe Diani Plaza, Tel. 0707 62 90 60, www.dianimarine.com. Vom schlichten Taucherdorf über uriggemütliche Safarizelte bis zur exklusiven Villa. Schönes gepflegtes Gelände, familienfreundli-

Zu Diensten – Beachboys und Co.

»Jambo! Woher kommst du? Ah, Deutschland. Deutschland ist gut. Alles klar? Keine Probleme. Nur reden …« So oder ähnlich beginnen Gespräche am Strand, außerhalb der Schutzzone Hotelburg. Das ist lästig? Bevor wir vorschnell bejahen, könnten wir genauer hinsehen.

Unser Gesprächspartner ist ein junger Kenianer, Bewohner des Landes, das wir für unseren Urlaub aus ganz unterschiedlichen Gründen so sehr lieben. Er hat möglicherweise geschnitzte Figuren, bunte Tücher dabei. Er will ein gutes Geschäft machen, er ist Beachboy. Und der noch blasse Neuankömmling ist der beste Kunde, er kennt weder gängige Preise noch das Geschäftsgebaren und er hat auch noch keine Vergleiche mit Souvenirs anderswo. Möglicherweise hat der junge Mann auch gar nichts zum Verkaufen dabei. Aber sein Körper ist sportlich gestählt, wohlproportioniert, sein freundliches Lachen macht ihn sympathisch und er spricht bevorzugt ältere weiße, allein an den Strand kommende Männer oder Frauen an.

Aus Armut tut man so manches. Ob es nun das Schulgeld ist, das bezahlt werden muss, die Miete, Medizin für das kranke Kind oder der Bus nach Hause in den fernen Norden Kenias – Gründe gibt es viele. Und dem Weißen sitzt das Geld locker in der Tasche, er hat Urlaub, und er will und kann sich etwas leisten.

Touristen sind nicht ganz schuldlos am Verhalten einiger Kenianer speziell an der Küste. Wo kein Markt ist, gibt es auch keine Händler, wo kein Bedarf ist, gibt es keine Ware. 14 % der Freier von minderjährigen Prostituierten an den Küsten sind Deutsche. Prostitution ist verboten in Kenia. Bestraft werden die Kenianer, nicht die Freier. Möchte eine Kenianerin am Abend eine Hotelbar allein betreten, muss sie dem Türsteher zu Diensten sein oder eine grüne Karte vorzeigen, den ›Gesundheitscheck‹! Rücksichtnahme gegenüber den Fremden, Demütigung für die Frau.

Ein sogenannter Beach Operator braucht ein polizeiliches Führungszeugnis, und eine Lizenz als Tour Operator kostet 700 KSh. Und die müssen verdient sein. Pauschalurteile, wie »alle Beachboys wollen den *mzungu* (den Weißen) nur ausnehmen« sollte man nicht übernehmen, zu Recht wären wir empört, wenn es hieße: »Die Weißen sind alle Sextouristen!«

Wer sich belästigt fühlt, kann mit einem freundlich konsequenten »Hapana, rafiki!« (»Nein, mein Freund!«) die Belagerung von sich abwenden. Wenn Sie allerdings an den Menschen in Ihrem Urlaubsland interessiert sind, lassen Sie sich ruhig auf Gespräche ein. Auch sich tagsüber das Dorf hinter der Küstenstraße zeigen zu lassen, dann zu einem heißen, süßen Tee in einem dortigen *hoteli* einzuladen, bringt Sie Kenia näher. Die Gratwanderung zwischen Vertrauen wagen und Skepsis zeigen (gegenüber manchen Geschichten) muss jeder für sich selbst ausbalancieren. Ein bisschen schon zu Hause gelerntes Kiswahili und etwas Landeskulturkunde machen dem Reisenden auf jeden Fall das Leben leichter und den Urlaub zum echten Erlebnis.

ches Flair, sehr gutes Equipment für Taucher. Es gibt eine Tauchschule, Bootsausflüge, absolut zu empfehlen auch für (Noch)-Nichttaucher! Ab 39 €/Pers. (ÜF).
Beste Lage – **Diani Cottages:** gegenüber dem Baharini Shopping Center, 5 Gehminuten zum Strand, Tel. 0732 01 64 77, www.diani-cottages.de. Sechs Cottages für 2 bzw. 4 Personen, angeordnet um einen großen Swimmingpool, umgeben von einem gepflegten Garten. 25 €/ Pers. (ÜF), HP 15 € pro Person und Tag.
Oase im Trubel – **African Dream Cottages:** Diani, gegenüber Fourty Thieves Strandbar, 400 m zum Strand über Diani Beach Rd., Tel. 0726 04 74 51, www.africandreamcottages.com. Im üppigen weitläufigen Garten 14 komfortable Cottages und 2 Gästehäuser, Pool, Selbstversorgung oder Mahlzeiten. Cottage/ Haus ab 33 €.
Ferienhäuser – www.dianibeachaccommodation.com. Gut ausgestattete **Häuser** unterschiedlicher Größe und Lage, für Selbstversorger, mit Hauspersonal. Die Preise variieren ja nach Größe und Komfort, .

Essen & Trinken

Entlang der Diani Beach Road, zum Teil direkt am Strand, gibt es unzählige kleine und große, einfach-rustikale und luxuriöse Restaurants. Bummeln Sie die Straße entlang: Sie werden sehr überrascht sein, was Sie alles entdecken.
Exklusiv – **Sails:** Diani Beach, auf dem Areal der Almanara Luxury Villas mit separatem Eingang, Tel. 0711 85 20 26, www.almanararesort.com/sails. Strandrestaurant unter Segeln, edel einladendes Ambiente. Super Service, exquisite internationale Küche, Meeresfrüchte und sehr gute Weine. Nur mit Vorbestellung. Um 1800 KSh.
Klassiker – **Ali Barbours Cave Restaurant:** Diani Beach, in einer etwa 150 000 Jahre alten Korallenhöhle, 10 m unter dem Meeresspiegel, Tel. 0714 45 61 31, www.alibarbours.co, tgl. ab 18 Uhr, vorbuchen! Stilvoll unter dem Sternenhimmel, angenehmer Service, exquisite internationale Küche und Weine. Um 1600 KSh.
Swahili-Küche – **Wasini Island Restaurant and Bar:** Ukunda, Tel. 0722 68 38 60, Di–So 11–24 Uhr. Exquisite Meeresfrüchte auf Swahili-Art. Romantisch. Um 700 KSh.
Cool – **Fourty Thieves Beach Bar:** Diani Beach, direkt am Strand, Tel. 040 320 20 33, www.diani.co, tgl. 8.30–24 Uhr. Cocktails, einfache Speisen und Salate sowie leckere Fischgerichte, Livemusik, gemütlich, buntes Publikum, beliebter Treffpunkt. Um 700 KSh.
Café – **Kokkos Bistro:** Diani Beach, im Costa Sur Shopping Centre, Tel. 0721 56 55 67, www.kokkoscafe.com, tgl. 10–22 Uhr. Modernes geschmackvoll eingerichtetes Kaffeehaus, leckere Kaffeespezialitäten, Backwerk, Burger, Salate. Alles frisch. Guter Service, gute Preise. WLAN. Um 600 KSh.
Rustikal am Strand – **Bidi Badu Restaurant:** Diani Beach Rd., Tel. 0721 13 14 15, www.bidibadu.com, tgl. 10.30–24 Uhr. Strandambiente, lockere Atmosphäre, die Küche bietet hervorragende indische, afrikanische und orientalische Gerichte sowie Meeresfrüchte. Große Auswahl an Cocktails, abends manchmal Livemusik und Party. Um 600 KSh.

Einkaufen

Entlang der Küstenstraße gibt es vielfältige und wechselnde Angebote in kleinen Shops und Einkaufszentren. Alles, was das Urlauberherz begehrt, lässt sich hier finden.
Zeitgenössische Kunst – **Diani Beach Art Gallery:** Diani Shopping Center, Tel. 0706 62 96 55, www.kenyaafricanart.com, Mo 13–18, Di–Sa 9–18 Uhr. Werke kenianscher Künstler, ansprechend präsentiert in der einzigen Galerie an der Küste, Vernissagen, Malerei, Skulpturen, Fotografie.

Abends & Nachts

Discos und Bars – In den großen Hotels gibt es etliche Diskotheken und Bars, die Gäste von außerhalb willkommen heißen. Bitte darauf einstellen, dass von den Wachleuten aus Sicherheitsgründen Taschenkontrollen durchgeführt werden. Zeitweise sind die Hotelbars und Diskotheken jedoch auch geschlossen. Weitere Adressen: **Shakatak,** tgl. ab 21 Uhr; **Forty Thieves,** Mo, Mi, Fr ab 10 Uhr, Strandbar mit Disco- oder Livemusik. **Ushago Sports Bar** im Baharini Shopping Centre.

Aktiv

Zahlreiche Aktivitäten bieten für jeden das Richtige – das Angebot wird immer vielfältiger! Beste Zeit zum Hochseefischen sind die Monate Juni–Okt. und Nov.–April (im Mai herrscht Monsun), aktuelle Informationen unter www.kenyadeepseafishing.net.

Fallschirmspringen – **Skydive Diani: Ukunda,** Ali Barbours Rd., Tel. 040 320 43 20, www.skydivediani.com, tgl. 8–18 Uhr. Mit lizenzierten Trainern und professionellem Equipment überm Ozean, als Tandemsprung (um 320 US-$) oder als 3-Tage-Kurs (2600 US-$).

Mikroleichtflug – **Coastal Microlights:** Diani, Tel. 0727 17 77 00, kenyawild@gmail.com. Um 300 US-$.

Golf – **Leisure Lodge Resort:** Diani Beach, Tel. 041 201 11 31, www.leisurelodgeresort.com. 18-Loch-Platz in hügeliger Landschaft zwischen Strand und A 14, auch Nicht-Hotelgäste sind willkommen.

Safaris – **D. M. Tours:** Baharini Shopping Center, Tel. 0722 47 03 82, www.dmtours.net. Deutschsprachige Safaris mit guten Landcruisern, Bootstouren im eigenen Boot. **Papa Musilis Safaris:** Ukunda, Tel. 0726 28 28 62, www.papamusilisafaris.com. Spezialisiert auf nachhaltigen und verantwortungsvollen Tourismus sowie individuelle Safaris.

Tauchen – **Diani Marine Taucher-Hotel:** www.dianimarine.com. **Diani Scuba Duka,** Galu Beach neben Lantana Resort, Tel. 0726 29 64 04 (Ali Khan), www.dianiscubaduka.com. Tauchen mit einem Einheimischen, der zugleich Manager des Whale Shark Trust ist.

Termine

Diani Beach Music Festival: Mitte Oktober, ein Event mit Musikern aus Ostafrika.

Diani Beach Touch Rugby: Juli, www.diani beachtouchrugby.co. Internationales Turnier.

Verkehr

Flug: Tiwi Beach, Diani Beach und Msambweni werden über den kleinen **Ukunda Airport (UKA)** bedient, von Mombasa aus bestehen Verbindungen mit Mombasa Air Safari, vom Wilson Airport in Nairobi aus mit Air Kenya, Fly540, Fly-SAX und Safarilink.

Mswambweni und Funzi Island ► 2, R 14

Wer weiter in den Süden Richtung tansanische Grenze will, muss zurück nach Ukunda und auf die A14, die inzwischen recht gut ausgebaute Hauptstraße nach Lungalunga. Vorbei an Zuckerrohrfeldern, Kokosplantagen und kleinen Siedlungen sowie Hinweisen zu Küstendörfern mit zauberhaften Namen wie **Mswambweni.** Etwa 1 Std. von Ukunda entfernt, bietet sich hier ein friedliches Leben fernab vom Trubel der Touristenhochburgen.

Dem Hinweis nach **Funzi Island** zu folgen ist ein Gewinn. Bei Ebbe hinübergelaufen oder sonst von Shirazi oder Bodo mit einem Boot übergesetzt, erwarten den Besucher (vorher telefonisch anmelden!) ein schnuckeliges kleines Restaurant mit einheimischer Küche, Mangroven, Sand und Meer.

Übernachten

Eleganter Luxus – **Mswambweni Beach House:** Mswambweni, direkt am Strand, Tel. 0723 69 73 46, www.msambweni-beachhouse.com. 4 großzügige Gästezimmer und 3 private Villen, alle geschmackvoll und angenehm luxuriös ausgestattet, mit Privatsphäre, Pools, edles Ambiente, kulinarisch belgisch-französisch exzellent, sehr gute Bar, professioneller Service, Spa, Aktivitäten, privater weiter Strand. DZ ab 340 US-$/Pers. (VP und Getränke).

Privat im Paradies – **Mbuyu Bungalows:** Mswambweni, Tel. 0707 00 08 23, www.mbuyu beach.com. 5 Bungalows unter Palmen am Strand, in traditioneller Bauweise mit Palmstrohdach und auf Holzplattformen, eingebettet in einen üppigen tropischen Garten. Modern und geschmackvoll ausgestattet, mit Bad und bequemen Betten. Pool, Bar, Restaurant mit leckerer afrikanisch-internationaler Küche. Angenehme Atmosphäre voller Ruhe, Schwimmen und Fischen, Mangroventour, Strandwanderungen. DZ ab 70 €/Pers. (HP).

Aktiv

Fischen und Tauchen – Tel. 0724 96 38 30, www.msambweni-beach.com.

Halbinsel Shimoni ▶ 2, Q 15

Die **Halbinsel Shimoni** 83 km südlich von Mombasa ist bekannt für den Fischreichtum ihrer Küste. Hier locken 10 km lange Höhlen Abenteurer, Hobbyforscher und Historiker an, die das Rätsel der **Shimoni Caves** lüften wollen. Hier wurden Sklaven bis zur Verschiffung gefangen gehalten.

Wasini und Kisite Island

▶ 2, Q 15

Neben der sagenhaften Unterwasserwelt genießen die **Inseln Wasini** und **Kisite** besonderen Schutz auch wegen der fossilen Korallenstockgärten, die man dort bewundern kann. Der **Kisite-Mpunguti Marine National Park** (Tel. 0800 597 000, www.kws.go.ke, tgl. 6–18 Uhr, Erw. 17 US-$, Kinder 13 US-$) ist daher Ziel vieler Schnorchler und Taucher. Entsprechende Touren bieten die Hotels und viele Tourveranstalter an. Besonderes Vergnügen versprechen die Tauch- und Angelsafaris in den **Pemba Channel,** denn die Meerenge zu Tansania ist oft Tummelplatz von Delfinen.

Infos

East African Whale Shark Trust: Tel. 0720 29 31 56, www.giantsharks.org. Informiert über Möglichkeiten der Beobachtung von Walhaien vor der ostafrikanischen Küste.

Übernachten, Essen & Trinken

Idyllisch – **Shimoni Reef Lodge:** Shimoni, Tel. 0722 27 08 26, www.shimonireeflodge.com. Palmstrohgedeckte Cottages mit Bad aus Korallenstein mit Blick in den Wasini Channel, geschmackvolles Strandambiente. Bar, Restaurant mit hervorragender Swahili-Küche und frischem Seafood. Pool, Aktivitäten wie Mangroven-Bootstrips, Fischen, Schnorcheln, Tauchen, Segeln. DZ ab 130 US-$ (ÜF).

Aktiv

Wassersport – **Charlies Claws:** Wasini Island, Muhndini. Tel. 0722 68 38 60, www.wasini.com. Die Basis befindet sich im kleinen Gartenrestaurant auf Wasini Island, Transfer gebuchter Gäste von/zu ihren Unterkünften. Segeln, Tauchen, Schnorcheln, Vogelbeobachtung, Trips zu Delfinen und Walen. Halb-, Ganztags- und Mehrtagesangebote.

Exkursionen mit Meeresbiologen – **Pilli Pipa:** Shimoni, Tel. 0722 20 51 20, 0724 44 25 55, www.pillipipa.com. Schnorcheln, Tauchen, Kurse und Ganztagstouren, an den Riffen vor der Küste, im Kisite Marine Park und im Wasini-Kanal. Die Inhaber sind Meeresbiologen und lizenzierte Tauchlehrer.

An der tansanischen Grenze ▶ 2, Q 14

Bis nach **Lungalunga,** dem kenianischen Grenzort, sind es kaum noch 60 km, eine gute Stunde. Wer nach Tansania weiterreisen möchte, muss in Lungalunga den Bus verlassen, über die Grenze (ca. 3 km) gehen und einen tansanischen Bus besteigen. Zum tansanischen Grenzposten Horohoro verkehren auch Bodabodas (ab 150 KSh). Von Mombasa gibt es täglich eine durchgehende 4-stündige Verbindung nach Tanga mit Tahmeed (www.tahmeedcoach.co.ke).

Einkaufen

Fangfrischer Fisch – Selbstversorger können morgens am Strand Fisch erhandeln.

Verkehr

Flüge: Der nächstgelegene Flughafen ist der **Ukunda Airport (UKA),** der von Nairobi und Mombasa aus angeflogen wird. Auf dem kleinen **Lungalunga Airport** landen nur Chartermaschinen.

Matatus: Matatus fahren die gesamte Südküste ab. Man kann überall anhalten, zu- und aussteigen. Matatu Likoni Ferry–Lungalunga um 350 KSh.

Mietwagen: Am günstigsten bekommt man einen Mietwagen über die Hotels, sie haben meist bessere Konditionen bei einem Autovermieter. Die südliche Küste von Ukunda bis Chale Island und nach Lungalunga bietet sich als Ziel an für Trips mit dem Fahrrad, Moped oder Motorrad. Auch diese kann man gut über die Unterkünfte mieten.

Aktiv

AUF DER DHAU ZU DELFINEN

Tour-Infos

Start: zwischen 6 und 7 Uhr Abholung vom Hotel
Dauer: Tagesausflug bis ca.17.30 Uhr
Kosten: 150 US-$ inklusive Transfer, Marine-Park-Gebühr (25 US-$), Schnorchelausrüstung, Imbiss und Mittagessen, Getränke
Buchung: Pilli Pipa, Tel. 0722 20 51 20, 0724 44 25 55, www.pillipipa.com
Wichtige Hinweise: unbedingt Sonnenschutz für die Beine (Rückseite eincremen) und den Kopf mitnehmen, zum Schnorcheln am besten als Sonnenschutz für den Rücken ein T-Shirt tragen, das ausbleichen darf.

›Eintauchen‹ in das Leben unter Wasser kann, wer sich auf einen besonderen Segeltörn begibt. Vorsicht vor einer Buchung am Strand: Was billig klingt, ist es auch oft, Marine-Park-Gebühren, Essen und Getränke sind oft nicht im Angebot enthalten, manchmal ist die geleistete Anzahlung »in den Sand gesetzt« und der Tag fällt sprichwörtlich ins Wasser. Auch beachten nicht unbedingt alle Anbieter den Verhaltenskodex des Whalewatching. Zu empfehlen ist die Crew von Pilli Pipa, der Meeresbiologen, erfahrene Taucher und reizende Gastgeber mit perfekter Organisation angehören: In aller Frühe vom Hotel abgeholt, geht es durch Palmenhaine nach Shimoni. Eines der drei Segelschiffe wartet dort im alten Hafen auf die gut gelaunten, etwas nervösen Gäste. Auch wenn Delfine mehr als 75 % des Tages mit Nahrungssuche verbringen und sich dazu meist im Kisite Marine Park aufhalten – eine Garantie sie zu sehen, gibt es nicht. Doch die Wahrscheinlichkeit ist hoch, da während des Ausflugs mit der Dhau zwei verschiedene Orte angelaufen werden. Delfine leben in kleinen Schulen und es ist keine Seltenheit, 10 bis 20 Tiere zusammen zu erleben. Mit etwas Glück begleiten schon die ersten Delfine neugierig das Boot, während die beiden Meeresbiologen und Tauchlehrer Selina und Harm noch mit dem Verhaltenskodex vertraut machen. »Leise sein, rücksichtsvoll Abstand halten, die Tiere nicht bedrängen, stressen oder gar jagen,« legen sie den Gästen ans Herz. Besonders viel Rücksicht ist nötig, wenn Jungtiere in der Herde sind.

Und dann geht es auch schon ins Wasser, enthusiastisch und ein bisschen zögerlich, denn keiner weiß, wie viel menschliche Nähe die Tiere zulassen. Mitunter lassen sie sich mit schmeichelnder Eleganz hautnah unter dem Schnorchler hergleiten oder streifen verspielt mit ihrer Seitenflosse Arme und Beine. Berührend im wahrsten Sinne des Wortes.

Es kann vorkommen, dass schon andere Boote bei den Delfinen sind. Dann wartet die Dhau, bis sie weiterfahren oder dreht ab und steuert einen anderen Ort an. Priorität hat das Wohl der Delfine. Auf Wasini Island können die Schnorchler und Schwimmer sich zwischendurch mit einem frisch zubereiteten Swahili-Menü stärken und Siesta halten.

Neben den Dhau-Touren zur Delfinbeobachtung sind bei Pilli Pipa natürlich auch reguläre Tauchgänge möglich: im Kisite Marine Park, an den Riffen, in Korallengärten und im Wasini-Kanal sowie Nachttauchen am vorgelagerten Hausriff.

Pemba
Tanga
Sansibar
Dar-es-Salaam
Mafia
Kilwa
Mtwara

Kapitel 4

Tansanias Küste, Sansibar, Pemba und Mafia

Arabische Kaufleute besiedelten die Küstenregionen. Sie kamen in Dhaus, den traditionellen Holzgaleeren, und vermischten sich mit der einheimischen Bantu-Bevölkerung. Schon früh begann sich so die Verkehrssprache Kiswahili aus arabischen und Bantu-Elementen zu entwickeln. Noch heute prägt die Swahilli-Kultur die gesamte tansanische Küste und die Inseln, wobei Sansibar als ihre Wiege gilt. Die Swahili-Küstenstädte fungierten über Jahrhunderte als Handelsdrehscheiben für den gesamten afrikanischen Kontinent, vornehmlich um Sklaven, Elfenbein oder Gewürze in alle Welt zu verschiffen.

Vom einstigen Reichtum der Handelsstädte wie Bagamoyo und Pangani an der Nordküste und Kilwa an der Südküste ist heute nicht mehr viel übrig. Einzig Stone Town auf Sansibar blieb in alter Pracht erhalten. In Dar-es-Salaam, größte und wichtigste Stadt Tansanias und wirtschaftliches Zentrum der 800 km langen Küstenregion, herrscht statt Swahili-Beschaulichkeit schon längst Großstadthektik.

Große Anziehungskraft haben auch die attraktiven Tropenstrände, z. B. der Südstrand von Dar-es-Salaam, Ushongo Beach bei Pangani oder die idyllischen Strände Sansibars. Letzteres, eigentlich eine Inselgruppe, deren Hauptinsel Unguja unter dem Namen Sansibar bekannt ist, steckt voller Erinnerungen an Geschichten aus Tausendundeiner Nacht, von Prinzessinnen und Sultanen. Taucher finden beste Bedingungen vor, vor allem in den Gewässern um die Inseln Pemba oder Mafia.

Dhaus vor der Insel Sansibar

Auf einen Blick: Tansanias Küste, Sansibar, Pemba und Mafia

Sehenswert

Bagamoyo: Sklaven, Missionare, Pioniere, Kolonialisten – sie alle prägten die Geschichte des für ganz Afrika bedeutsamen Fischerdorfs (s. S. 294).

Pangani: Der Ort punktet mit reizvollen Stränden wie Ushongo und Sange Beach. Abseits vom Trubel findet man hier noch ein Stück authentisches Tansania (s. S. 303, 304).

Stone Town: Häuser aus weißem Korallenstein, enge, schattige Gassen nach arabischem Vorbild und ein Flair wie aus Tausendundeiner Nacht ziehen die Besucher auf Sansibar in ihren Bann (s. S. 314).

Bwejuu Beach: Trotz verstärkter Bautätigkeit in den letzten Jahren zählt der Strand noch immer zu Sansibars idyllischsten Küstenabschnitten (s. S. 331).

Schöne Routen

Von Muheza nach Pangani: Die kurze, landschaftlich reizvolle Fahrt durch eine sanfte, allmählich zum Meer abfallende Hügellandschaft besticht mit üppiger Vegetation, unverdorbenen Dörfern und einer sagenhaft roten Piste (s. S. 302).

Von Pangani nach Sadaani Village: Auf unbefestigten Straßen geht es durch ausgedehnte Sisalplantagen, vereinzelte Dörfer und den vom Wami River durchquerten Sadaani National Park (s. S. 303).

Meine Tipps

The Slipway in Dar-es-Salaam: Mall direkt am Ozean mit Tauchschule und Bootsanleger; die Restaurants und Bars sind beliebte Treffs zum Sonnenuntergang (s. S. 288).

Kisampa Camp bei Matipwili: Familienfreundliches Ökocamp auf dem Gebiet einer privaten Concession Area. Hier stehen der Naturschutz, nachhaltiges Wirtschaften und Begegnungen mit Menschen im Vordergrund (s. S. 300).

Forodhani Gardens in Stone Town: Nach Einbruch der Dunkelheit sind die Garküchen in der Altstadt ein Muss (s. S. 315).

Radtour zur Voodoo-Höhle: Die Radtouren von Bike Zanzibar führen auch zu ungewöhnlichen Plätzen wie der Jambiani Spiritual Cave (s. S. 334).

Verfallende kolonialzeitliche Gebäude machen den leicht morbiden Charm von Stone Town aus

Aktiv

Auf den Spuren der Prinzessin Salme: Vom Sultanspalast über ihr Badehaus bis zu ihren ausgedehnten Gewürzplantagen zeichnet die etwas andere Spice Tour das Leben von Emily Ruete nach, der ehemaligen Prinzessin Salme (s. S. 325).

Dar-es-Salaam

▶ 2, Q 18

Tansanias Metropole ist ein buntes Kaleidoskop der Rassen und Religionen – und der Gegensätze. Während in der Innenstadt das Leben pulsiert, verbreiten die Villenviertel am Meer mondäne Ruhe. Obwohl es eine typisch afrikanische Metropole ist, hat Dar-es-Salaam vor allem eines: Strände, die zu den schönsten des ganzen Landes gehören.

Als eine der am schnellsten wachsenden Städte Afrikas steht Dar – kurz für Dar-es-Salaam – vor vielen unlösbaren Problemen. 4 364 541 Einwohner wurden in der letzten Volkszählung 2012 gezählt, aber inoffiziell geht man von knapp 6 Mio. Menschen aus. Ungebremst strömen Menschen her, in der Hoffnung auf Arbeit und ein besseres Leben, aber die Großstadt ist für diesen Menschenansturm schlecht gewappnet. Es fehlt adäquater Wohnraum, die öffentliche Wasserversorgung ist zusammengebrochen, die Entsorgung der Abwässer und des Mülls funktioniert nicht, und tagtäglich kommt es zum Verkehrskollaps.

Trotz aller Herausforderungen ist Dar-es-Salaam der Ort schlechthin, um Arbeit zu finden, sei es in der Verwaltung oder der Industrie. Das Gros der Bevölkerung muss seinen Lebensunterhalt jedoch im informellen Sektor bestreiten. *Jua-kali*-Straßenverkäufer, die ›unter der heißen Sonne‹ ihre Arbeit verrichten und mit einer schier unerschöpflichen Kondition ihre Waren an den Mann bzw. an die Frau zu bringen versuchen, gehören zum alltäglichen Straßenbild der Metropole.

Geschichte

Als Dar-es-Salaam im Jahr 1862 vom Sultan von Sansibar gegründet wurde, gab er dem Ort den klingenden Namen Bandar as-Salâm, ›Hafen des Friedens‹. Stetig wuchs das kleine Fischerdorf von da an. Die deutschen Kolonialherren erkannten seine Eignung als Hafen und verlegten 1891 ihre Verwaltung von Bagamoyo (s. S. 294) hierher. Die große, viel tiefere Bucht eignete sich nämlich besser für die neueste Errungenschaft der Industriellen Revolution, die schweren Dampfschiffe mit viel Tiefgang. Sie konnten hier erstmals an der tansanischen Küste anlegen und Waren bringen. Noch wichtiger aber war, dass Sisal, Edelsteine, Gewürze, Kaffee und Ähnliches in großen Mengen für den Export nach Europa verladen werden konnten.

Während der Kolonialzeit und noch lange nach der Unabhängigkeit 1961 blieb Dar-es-Salaam das Verwaltungszentrum des Landes. Erst 1974 wurde Dodoma zur offiziellen Hauptstadt Tansanias erklärt, vor allem um die rückständigen, ländlichen Regionen aufzuwerten. Auf Betreiben des aktuellen Präsidenten Magufuli hin wurden 2017 die wichtigsten Regierungseinheiten nach Dodoma verlegt, wofür man ganze Stadtteile aus dem Boden stampfte. Die Botschaften, die UN-Vertretung und die Repräsentanzen der Großunternehmen bleiben aber weiterhin in Dar-es-Salaam.

Menschen vieler Kulturen machen das bunte Gesicht der Millionenstadt aus. Die Vielfalt der Rassen spiegelt sich in der Stadtarchitektur wie auch im kulinarischen Kaleidoskop. So haben sich typisch asiatische oder afrikanische Viertel entwickelt. Positiv ist allerdings, dass sich trotz des unkontrollierten Zuzugs keine Slums vor den Toren der Stadt gebildet haben, wie häufig in Südafrika oder Kenia.

Für die nächsten Jahrzehnte sind große Projekte geplant, die das Leben der Großstadtbewohner verbessern sollen. Einige davon wurden bereits in Angriff genommen, wie der Ausbau des Schnellbus-Systems (BRT) oder die Brücke nach Kigamboni. Doch durch das rasante Wachstum der Metropole hinken die Infrastrukturprojekte stets hinter dem tatsächlichen Bedarf hinterher.

Sehenswertes in der Innenstadt

Cityplan: S. 282
Verfallende Kolonialgebäude, mehrstöckige verglaste Bürobauten und nicht zuletzt der mörderische Verkehr prägen das Bild der Stadt. Ein Spaziergang sollte im Normalfall kein Problem darstellen, es empfiehlt sich aber, alle Wertgegenstände im Hotel zu lassen oder an der Rezeption ein Taxi bzw. Tuktuk *(bajaji)* zu bestellen. Besondere Vorsicht vor Gaunereien ist trotzdem rund um den Fischmarkt, im Kariakoo und beim Fährhafen geboten. Viele Unterkünfte organisieren auf Wunsch Stadtrundfahrten mit zuverlässigen Taxifahrern.

Askari Monument 1

Am stark frequentierten Verkehrskreisel der Azikiwe Street/Samora Avenue steht das **Askari Monument.** Denkmäler dieser Art gibt es in vielen tansanischen Städten; sie erinnern an die gefallenen Soldaten (*askari* bedeutet Soldat auf Kiswahili) der Kriege und Aufstände mit europäischer Beteiligung. In Dar-es-Salaam

Dar-es-Salaam

(Karte S. 282)

Sehenswertes
1 Askari Monument
2 Azania Front Lutheran Church
3 Old Post Office
4 Toyota House
5 St. Joseph's Cathedral
6 Old Boma
7 City Hall
8 Central Railway Station
9 Clock Tower
10 Kariakoo Market
11 Mzizima Fish Market
12 State House
13 Ocean Road Hospital
14 Botanischer Garten
15 National Museum
16 Mwenge Crafts Market
17 Coco Beach
18 Kipepeo Beach

Übernachten
1 Hyatt Regency Dar es Salaam, The Kilimanjaro
2 Southern Sun
3 Ramada Encore Dar es Salaam
4 Oysterbay Hotel
5 Alexander's Hotel
6 Sea Cliff Hotel
7 White Sands Hotel
8 Mediterraneo Hotel
9 Maua Garden
10 Wista Inn
11 Silver Paradise Hotel
12 Ras Kutani
13 Lighthouse Beach Resort
14 Villa Nyangumi
15 Protea Hotel Amani Beach
16 Kipepeo Beach Village
17 Mikadi Beach

Essen & Trinken
1 Akemi
2 Chowpatty
3 Mamboz Corner BBQ
4 Osaka
5 Two O'Six
6 Zuane
7 The Beach Club
8 Salt Restaurant
9 Epi d'Or
10 The Market
11 Velisa's
12 Addis in Dar

Einkaufen
1 Seacliff Village
2 Oysterbay Shopping Center
3 The Slipway
4 Shoppers Plaza
5 Mlimani City
6 Morogoro Stores
7 Textilmarkt

Abends & Nachts
1 The Slow Leopard
2 Alliance Française
3 Goethe-Institut

Aktiv
1 Wild Things
2 Foxes African Safaris
3 Authentic Tanzania
4 Kunduchi Wet'n Wild Water Park
5 Colosseum Gym
6 Azura Health & Fitness

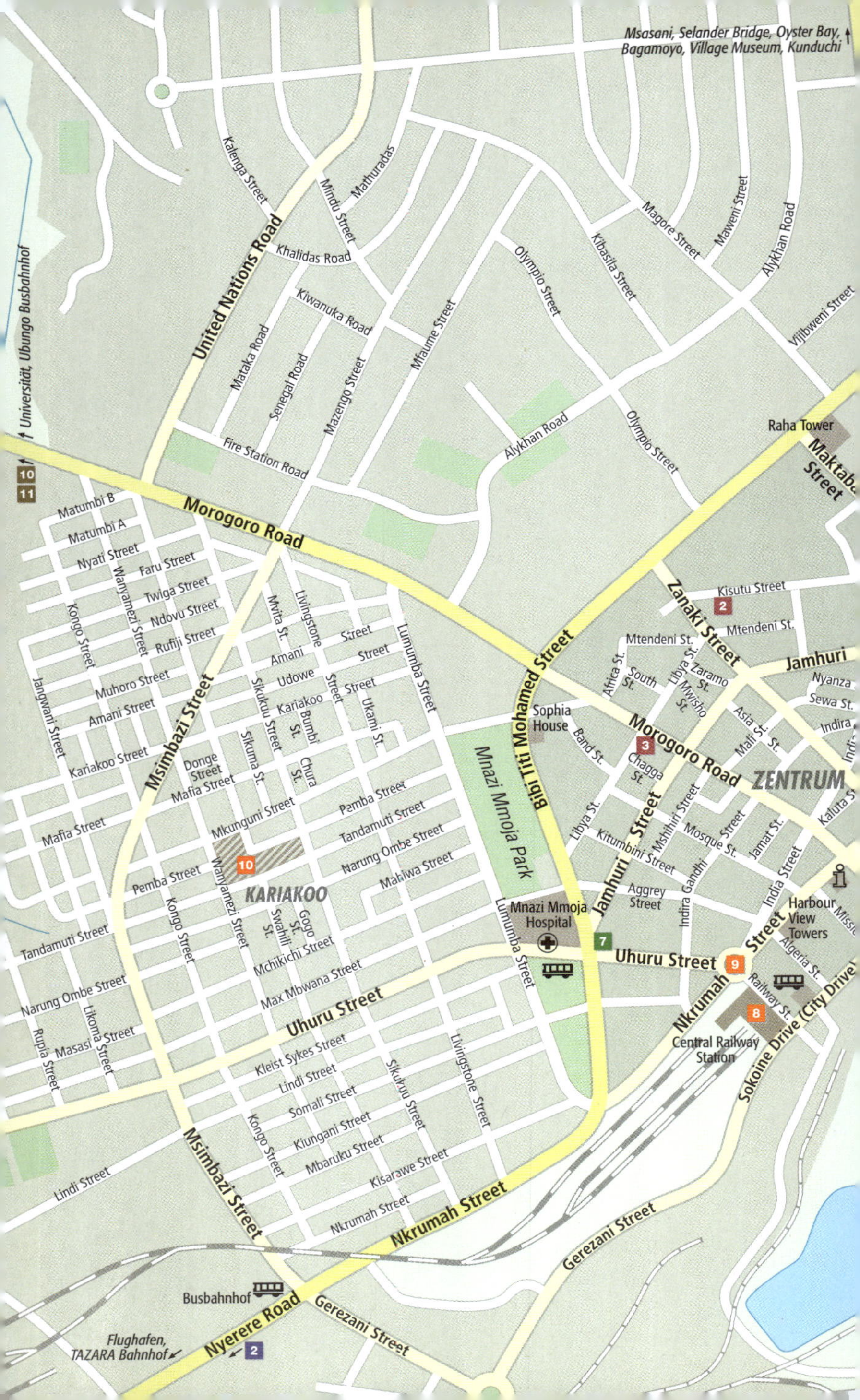

Msasani, Selander Bridge, Oyster Bay, Bagamoyo, Village Museum, Kunduchi
Universität, Ubungo Busbahnhof
United Nations Road
Kalenga Street
Mindu Street
Mathuradas
Khalidas Road
Kiwanuka Road
Mataka Road
Senegal Road
Mazengo Street
Mfaume Street
Olympio Street
Kibasila Street
Magore Street
Maweni Street
Alykhan Road
Vijibweni Street
Fire Station Road
Raha Tower
Maktaba Street
Morogoro Road
Matumbi B
Matumbi A
Nyati Street
Faru Street
Twiga Street
Ndovu Street
Rufiji Street
Kongo Street
Wanyamezi Street
Jangwani Street
Muhoro Street
Amani Street
Kariakoo Street
Msimbazi Street
Mvita St.
Livingstone Street
Amani
Udowe
Kariakoo
Sikukuu Street
Bumbi St.
Ukami St.
Lumumba Street
Sikuma St.
Chura St.
Donge Street
Mafia Street
Mkunguni Street
Pemba Street
Tandamuti Street
Narung Ombe Street
Mahiwa Street
KARIAKOO
Swahili St.
Gogo St.
Mchikichi Street
Max Mbwana Street
Uhuru Street
Masasi Street
Likoma Street
Rupia Street
Kleist Sykes Street
Lindi Street
Somali Street
Kiungani Street
Mbaruku Street
Kisarawe Street
Nkrumah Street
Livingstone Street
Sikukuu Street
Kongo Street
Bibi Titi Mohamed Street
Mnazi Mmoja Park
Mnazi Mmoja Hospital
Sophia House
Band St.
Zanaki Street
Kisutu Street
Mtendeni St.
Africa St.
South St.
Libya St.
Zaramo St.
Mwisho St.
Jamhuri
Nyanza St.
Sewa St.
Indira
Asia St.
Mali St.
Chagga St.
ZENTRUM
Kaluta St.
Jamhuri Street
Mshihiri Street
Mosque St.
Jamat St.
Kitumbini Street
Aggrey Street
Indira Gandhi
India Street
Harbour View Towers
Algeria St.
Railway St.
Central Railway Station
Sokoine Drive (City Drive)
Gerezani Street
Busbahnhof
Nyerere Road
Flughafen, TAZARA Bahnhof

0 125 250 375 500 m
Indischer Ozean
Barack Obama Drive
Gymkhana Club Golf Course
Gymkhana Club
Dar es Salaam Serena Hotel
Ali Hassan
Ohio Street
Ghana Avenue
Shaban Robert Street
Chimara Street
Botanischer Garten
Umoja House (Deutsche Botschaft)
Mirambo Street
BOTSCHAFTS-VIERTEL
PPF Tower
Kibo Street
Azikiwe St.
Garden Avenue
Sokoine Drive
Luthuli Street
Pamba Road
Ohio St.
Street
Samora Machel Avenue
Madaraka Street
Magogoni Street
Kivukoni Front
Busbahnhof
Bridge Street
Mansfield St.
Fährhafen nach Sansibar
Sansibar
Fährhafen zum South Beach
Harbour
South Beach
KIGAMBONI
Msasani Bay
Msasani Peninsula
MASAKI
Haile Selassie Road
Old Bagamoyo Rd.
MSASANI
Oyster Bay
OYSTER BAY
New Bagamoyo Rd.
NAMANGA
KINONDONI
Selander Bridge
Msimbazi Bay
Msimbazi Creek
Bagamoyo, Mwenge, Kundushi, New Bagamoyo Road
UPANGA
Morogoro Road
siehe Detailkarte Zentrum
KARIAKOO
Harbour

stellte das ursprüngliche Denkmal von 1911 – im Gedenken an die in der Kolonialzeit gefallenen deutschen Soldaten – den schlagkräftigen deutschen Offizier Herrmann von Wissmann dar. Seine Figur wurde aber 1927 durch die eines afrikanischen Soldaten ersetzt.

Azania Front Lutheran Church 2

An der Meeresfront erreicht man zur Linken die **Azania Front Lutheran Church.** Die Kirche wurde gegen Ende des 19. Jh. von deutschen Missionaren erbaut. Ihre mit roten Schindeln gedeckten Dächer und der Glockenturm sind alpenländisch inspiriert.

Old Post Office und Toyota House

Gleich nach der Abzweigung in Richtung Südwesten auf den Sokoine Drive finden sich einige Gebäude aus der deutschen Kolonialperiode, wie das **Old Post Office** 3 oder der Bau neben der NBC Bank, der heute als **Toyota House** 4 bezeichnet wird.

St. Joseph Cathedral 5

Weiter vorne rechts, noch vor dem Fährhafen, kommt die katholische **St. Joseph's Cathedral** ins Blickfeld, die 1902 von deutschen Missionaren fertiggestellt wurde. Sie ist Sitz des Bischofs von Dar-es-Salaam.

Old Boma 6

Einen Block weiter steht die **Old Boma,** ursprünglich als Gästequartier des Sultans erbaut. Heute beherbergt sie das Dar es Salaam Centre for Architectural Heritage (DARCH), das sie auch mit großem Aufwand restauriert hat.

City Hall 7

Die **City Hall** (1903 als New Boma erbaut) nebenan wird heute von der Stadtverwaltung genutzt. Als ehemaliges Kaiserliche Bezirksamt wurde das Gebäude mit einem Wachtturm erbaut, der heute nicht mehr existiert.

Central Railway Station 8

Bei der 1906 errichteten **Central Railway Station,** einem der beiden großen Bahnhöfe der Stadt, biegt man rechts ab. Von 1905 bis 1914 erbaute die deutsche Kolonialregierung die Eisenbahnlinie vom Tanganyika-See zur Küste, um Kupfer aus Kongo über Kigoma nach Europa verschiffen zu können.

Clock Tower 9

Der nicht weit entfernt stehende **Clock Tower** ist ebenso wie das Askari-Denkmal ein Phänomen, das man in jeder tansanischen Stadt antrifft. Meist befindet sich der Uhrturm in der Mitte eines Verkehrskreisels an einer exponierten Stelle und dient Ortsunkundigen somit als Orientierungspunkt.

Kariakoo

In **Kariakoo** hat sich noch am ehesten typisch afrikanisches Ambiente erhalten. Alte Lehmhäuser mit Wellblechdächern, von der Decke hängende Waren, ein intensives Potpourri aus exotischen Gewürzen, lebenden Tieren und Autoabgasen sowie marktschreierische Geschäftigkeit bestimmen die Atmosphäre. Der Name Kariakoo stammt aus dem Ersten Weltkrieg, als Tausende Tansanier als Träger für die Soldaten zwangsverpflichtet wurden. Die Wohnbaracken für jene Träger, das tragende Korps (*carrier corps*), wurden auf dem heutigen Gelände des Viertels im Schachbrettmuster aufgestellt und nach dem Krieg einfach sich selbst überlassen.

Kariakoo Market 10

Tgl. 6–18 Uhr

Mitten in Kariakoo befindet sich der **Kariakoo Market,** eine große zweistöckige, zu jeder Tageszeit belebte Halle, unter deren Wellblechdach einer der größten Lebensmittelmärkte Ostafrikas untergebracht ist.

Kivukoni

Kivukoni Front

Folgt man der Uferpromenade links von der Azania Front Lutheran Church, passiert man zuerst das altehrwürdige Hotel **Hyatt Regency Dar-es-Salaam** (The Kilimanjaro). Das einst verstaatlichte Hotel, beliebte Absteige von Regierungsmitgliedern, hat in den letzten Jahren aus steuerlichen Gründen mehrmals die Betreiber gewechselt. An der Spitze der Bucht, gleich neben dem modernen Leuchtturm, findet man den mit Mitteln der japanischen Regierung revitalisierten **Mzizima Fish Market** 11 sowie den **Fährhafen** gegenüber dem großen Busbahnhof des BRT. Von hier verkehrt die Autofähre zum South Beach (Kipepeo Beach).

Barack Obama Drive

Am **Barack Obama Drive,** der schöne Blicke auf den Indischen Ozean bietet, liegt der Regierungssitz des Präsidenten, das **State House** 12. Es ist in einem aufwendig restaurierten deutschen Kolonialpalast aus den späten 1890er-Jahren untergebracht. Wie alle von der Regierung genutzten Gebäude darf auch dieser Bau nicht fotografiert werden!

Die Straße führt weiter am **Ocean Road Hospital** 13 vorbei, errichtet 1897 als Missionskrankenhaus der Lutherischen Kirche. Das stattliche, imposante Gebäude im Kolonialstil lässt erahnen, dass es einst eines der wichtigsten Hospitäler des Landes war.

Botanischer Garten 14

Tgl. 7–18 Uhr, Eintritt frei

Hinter dem Hospital biegt man links in die Chimara Street und am Kreisverkehr rechts in die Garden Avenue ab, wo man nach wenigen Metern links (noch vor dem Southern Sun Hotel) den Eingang des **Botanischen Gartens** erreicht. Er stammt aus der deutschen Kolonialzeit. Zwischen farbenprächtigen heimischen Blumen und seltenen endemischen Pflanzen bietet er lauschige Plätzchen zum Verweilen in der stickigen Millionenmetropole.

National Museum 15

Tgl. 9.30–18 Uhr, Erw. 5 US-$, Nussknacker-Mensch 15 000 TSh extra

Man passiert das Southern Sun Hotel, biegt links ab und kreuzt die Samora Avenue. Dahinter links liegt der Zugang zum **National Museum.** Hier wird der wichtigste prähistorische Fund Tansanias ausgestellt: der Schädel des sog. Nussknacker-Menschen (Paranthropus boisei), den Mary und Louis Leakey in der Oldupai-Schlucht (s. S. 390) entdeckten.

Nördlich des Zentrums

Mwenge Crafts Market 16

Tgl. 8–18 Uhr

12 km vom Zentrum entfernt hat sich ein Stück westlich der Kreuzung New Bagamoyo/ Sam Nujoma Road der **Holzschnitzermarkt von Mwenge** etabliert, ein stattlicher Markt mit (zumeist aus Kenia importierten) Souvenirs. Abwechslung von der Einförmigkeit des Angebots bringen die zahlreichen Makonde-Holzschnitzer (vom Makonde-Plateau im Süden Tansanias), die noch immer das traditionelle tansanische Kunsthandwerk pflegen. Wer tansanisch kaufen möchte, sollte sich genau erkundigen, wie die Ware hergestellt wurde. Handeln ist unabdingbar.

Msasani-Halbinsel

Nördlich der unscheinbaren Selander Bridge beginnen die Wohn- und Geschäftsviertel der wohlhabenden Einwohner. Auf der pittoresken **Msasani-Halbinsel**, der Topadresse für Diplomaten, hochrangige Regierungsbeamte und Mitarbeiter von Entwicklungsorganisationen, reiht sich eine spektakuläre Villa an die andere, selbstverständlich gut gesichert durch hohe Elektrozäune und den obligaten Askari (Wachmann). Kein Wunder, dass sich hier die beiden besten Einkaufszentren der Stadt angesiedelt haben, das **Sea Cliff Village** 1 und das **Slipway** 3, beide mit angeschlossenem Hotel. Dazwischen befindet sich der schöne **Coco Beach** 17 von **Oyster Bay.**

North Beach

Eher bescheiden präsentieren sich die Strände im Norden. Der Strand des **White Sands Hotel** (ca. 21 km von der Stadt entfernt) ist neben dem des heruntergekommenen **Silver Sands Hotel** oder des frisch renovierten **Ledger Plaza Bahari Beach Hotel** noch am ehesten empfehlenswert (ca. 28 km von der Stadt). Bei Spaziergängen am Strand ist jedoch enorme Vorsicht empfohlen (oder man heuert einen Askari an), denn gerade am Kunduchi und Bahari Beach kommt es immer wieder zu Raubüberfällen auf Touristen.

Südlich des Zentrums

South Beach

Autofähre nach Kigamboni tgl. 5–18 Uhr, 200 TSh/Pers., 2000 TSh/Fahrzeug

Paradiesischer sind die Strände südlich der Innenstadt. Dorthin gelangt man entweder über die Brücke (mautpflichtig und längere Fahrt) oder mit der Autofähre, die von der Kivukoni Front (neben dem Fischmarkt) täglich viele Male ans andere Ufer, nach **Kigamboni,** pendelt. Ab hier geht es Schlag auf Schlag: Auf den **Mikadi Beach** (mit einfachen Zimmern und Camping für Low-Budget-Reisende) folgen weitere Abschnitte wie z. B. der **Kijiji Beach** (auch mit Lodge),

Etwa 7,5 km südlich der Fähre zweigt man (an einem Schilderwald mit einigen Verkaufsständen) von der Teerstraße links zum **Kipepeo Beach** 18 ab. Er ist genau so, wie man sich ihn am Indischen Ozean vorstellt: blütenweißer Sand, türkisblaues Wasser, romantische Palmenhaine – und Kühe, die samt Kuhhirten auf ihrer täglichen Runde am Strand promenieren. In den letzten Jahren wurde der Kipepeo Beach mit zahlreichen unsensiblen Hotelkolossen verbaut, dennoch bleibt er eine gute Wahl für Individualisten.

Weiter südlich findet der Strandreigen seine Fortsetzung. In den vergangenen Jahren wurde dieses Gebiet immer attraktiver als Wochenendausflugsziel für Städter, weswegen hier Ferienwohnungen und Privathäuser entstanden sind. Die Unterkünfte kann man bislang an einer Hand abzählen – zum Wohl der Gäste, die es hierher verschlägt, z. B. nach **Ras Kutani,** der schönsten Lodge der ganzen Festlandküste. Himmlische Abgeschiedenheit und herrliche Strände warten ... Stück um Stück wird die südliche Küste weiter erschlossen. Für Reisende, die dem Trubel Sansibars entkommen möchten, hat der South Beach abschnittsweise noch viel zu bieten.

Infos

Tanzania Tourist Board: Ali Hassan Mwinyi Rd./Laiboni St., gegenüber der Stanbic-Bank, nahe der französischen Botschaft, Tel. 022 266 48 78/9, www.tanzaniatouristboard.go.tz, Mo–Fr 8–16, Sa 8.30–13 Uhr. Viel Informationsmaterial, wenig echte Beratung. Aber man ist bemüht und freundlich.

Banken: Sowohl in der Innenstadt als auch in allen Einkaufszentren stehen Geldautomaten zur Verfügung. Für Maestro-, Master- und Visa-Card-Abhebungen Barclays Bank (u. a. Ohio St., gegenüber dem Dar-es-Salaam Serena Hotel, Harbour View Tower Suites, Slipway, Seacliff Hotel, Mwenge oder Shoppers Plaza); Exim Bank (u. a. Samora Ave., Ghana Rd. im Exim Tower), Stanbic (u. a. im Golden Jubilee Tower, Ohio St.). Visa-Card-Abhebungen bei der NBC Bank (u. a. Azikiwe St./Sokoine Dr., gegenüber vom New Africa Hotel) oder bei der Standard Chartered im Nic Life House (Sokoine Dr./Ohio St. sowie Shabban Robert St./Garden Ave.).

Geldwechsel: Wechselstuben (Forex oder Bureau de Change) gibt es überall in der Stadt, z. B. in der Samora Ave. und ihren Seitenstraßen sowie in den Einkaufszentren. Achtung: Kein Geld auf der Straße wechseln! Es kann sich um Falschgeld oder anderweitige Betrügereien handeln.

Internet: Preise um 1000–5000 TSh/Std. Die schnellsten Verbindungen für Smartphone, iPad und Laptop findet man in Hotels, Cafés und Einkaufszentren mit WLAN. Viele Cafés und Restaurants fungieren als Raha Hotspot, d. h., nach einer einmaligen Registrierung kann man das Internet gratis nutzen. Die zahlreichen kleinen Internet-Cafés bieten weniger stabile Internetverbindungen.

Medizinische Notfälle: IST Medical Clinic, Haile Selassie Rd./Ecke Ruvu St., Tel. 022 260 13 07, 022 260 13 08, www.istclinic.com. Klinik mit deutschen und niederländischen Ärzten, die direkt am Campus der Internationalen Schule untergebracht ist.

Übernachten

Für gute Mittelklassehotels muss man in Dar-es-Salaam tief in die Tasche greifen, das Gros der Hotels ist für das Gebotene zu teuer.

Coco Beach ist ein bei Einheimischen beliebter stadtnaher Strand

Im Zentrum:

Toller Hafenblick – **Hyatt Regency Dar es Salaam, The Kilimanjaro** 1: Kivukoni St., Tel. 0764 701 234, www.daressalaamkilimanjaro.regency.hyatt.com. In dem altehrwürdigen Geschäfts- und Konferenzhotel, das alle paar Jahre die Managementfirma wechselt, gibt es 180 gut ausgestattete, geräumige Zimmer, Spa, Massage, Fitnesscenter, Pool. WLAN. Das opulente Frühstücksbuffet ist stadtbekannt; gute Restaurants. Alles in allem ist das Hotel aber keine 5-Sterne-Preise wert. Reiseveranstalter erhalten attraktive Rabatte. DZ ab 300 US-$.

Beste Wahl – **Southern Sun** 2: Garden Ave., Tel. 022 213 75 75, www.southernsuntz.com. Angenehmes Stadthotel, ruhig und zentral im grüneren Teil der Innenstadt gelegen. Üppiges Frühstücksbuffet, 152 Zimmer mit Safe, TV und AC. Fitnessraum, Pool, Internet, Garten. Vom Pool aus blickt man in die Botanischen Gärten. DZ ab 230 US-$.

Gutes Stadthotel – **Ramada Encore Dar es Salaam** 3: Ghana Avenue, Tel. 022 234 34 34, www.wyndhamhotels.com. Eines der besseren Geschäftshotels mitten in der quirligen Innenstadt nahe der Post, mit Rooftop-Pool, gutem Restaurant und nettem Café. Guter Preis für so viel Klasse. DZ ab 100 US-$.

Msasani-Halbinsel:

Purer Luxus – **Oysterbay Hotel** 4: Toure Drive, Tel. +44 1932 260 618 (Büro in Großbritannien), www.theoysterbayhotel.com. Direkt am Toure Drive mit tollem Blick aufs Meer. Acht geräumige Suiten im geschmackvollen Ethno-Look. Modernes Design wird mit lokalem Kunsthandwerk garniert. DZ ab 1030 US-$ (all-inclusive).

Luftige Dachterrasse – **Alexander's Hotel** 5: Nähe Slipway, Tel. 0754 343 834, www.alexanders-tz.com. Komfortables, gemütliches Boutiquehotel mit 14 Zimmern. Persönliche Betreuung, schickes Ambiente, exzellentes Essen, WLAN, Pool, köstliches und reichhaltiges Frühstücksbuffet. DZ ab 220 US-$.

Meerblick – **Sea Cliff Hotel** 6: Toure Dr., Tel. 0764 700 600, www.hotelseacliff.com. Elegantes Hotel auf den Klippen mit 93 Zimmern, Casino, WLAN, Pool, Fitnesscenter, Frisör, Shops, Supermarkt. Gediegenes Ambiente, viel Marmor, Gold, gedeckte Farben. Exquisites indisches Restaurant, falls einem die Lokale im Einkaufscenter zu simpel sind. Das **Karambezi Café** bietet unschlagbare Panoramablicke aufs Meer. Village Rooms (im Einkaufszentrum) ab 180 US-$, DZ im Haupthaus ab 320 US-$.

Im Einkaufszentrum – **The Slipway** 3: im Slipway Shopping Center, Tel. 022 260 08 93, www.hotelslipway.com. Gemütliche Zimmer auf mehreren Etagen im Einkaufszentrum. Ideal, um vor oder nach der Reise Mitbringsel zu erstehen. DZ 135–275 US-$.

Nördlich des Zentrums:

Mit Zugang zum Meer – **White Sands Hotel** 7: Jangwani Beach/Africana Rd., Tel. 022 264 76 21, www.hotelwhitesands.com. Das große Plus: Das Hotel hat einen ansehnlichen Strand. Nur die großzügigen Appartements des einst besten Hotels an der Nordküste mit 118 Zimmern sind empfehlenswert. Pool, Fitnesscenter. Freier Eintritt in die angrenzende Water World. WLAN. Tgl. Fähre zur romantischen Mbudya-Insel. Studio (DZ) 225 US-$.

Gute Wahl – **Mediterraneo Hotel** 8: Kawe Beach, Tel. 0754 812 567, www.mediterraneotanzania.com. Einladendes familiäres Hotel im mediterran-afrikanischen Stil mit Flair, aber wenig inspirierendem Strand. Pool. WLAN. Gemütliche Lounge und exzellente italienische Küche, garniert mit Blick auf das Meer. DZ ab 130 US-$.

Schlemmerfrühstück – **Maua Garden** 9: Kunduchi Beach, Tel. 0784 306 904, www.maua-beach.ch. Das familiäre Gästehaus des hilfsbereiten Schweizer Ehepaars Grob bietet acht einfache, gemütliche Zimmer, einen Pool, ein durchgehend geöffnetes Restaurant und viele gute Tipps. DZ ab 80 US-$.

Am Ubungo Bus Terminal:

Wer mit dem Bus in die Usambara Mountains, nach Arusha oder Mbeya fährt, sollte in der Nähe des Ubungo Bus Terminal nächtigen. Dadurch entgeht man den unvermeidlichen Verkehrsstaus im Stadtzentrum. Zu den empfehlenswerten landestypischen Hotels der Gegend zählen das **Wista Inn** 10 (Tel. 0715 277 563, http://wistasinn.

co.tz, DZ ab 45 US-$) oder das **Silver Paradise Hotel** 11 (Manzese Area, Tel. 0762 776 616, DZ ab 40 US-$).

Am South Beach:

Romantisch – **Ras Kutani** 12: Ras Kutani, Tel. 022 212 84 85, www.selous.com. Das charmante, liebevoll designte Luxus-Hideaway mit 15 Zimmern gehört zu den Geheimtipps am Indischen Ozean: wunderbare Lage, herrlicher Strand und Robinson-Crusoe-Atmosphäre. Auch Massagen sind erhältlich. DZ ab 700 US-$ (VP).

Weit weg – **Lighthouse Beach Resort** 13: Kidagaa Village, Tel. 0784 947 444, www.lighthousebeachlodge.com. 40 km von der Fähranlegestelle entfernt, gefühlt 1000 km weg vom Trubel: Im familiären, kleinen Resort mit nur sechs Chalets spannt man richtig gut aus. Schöne Zimmer im luftigen Tropenstil, familienfreundlich, atemberaubender 2,5 km langer Strand. DZ 290 US-$ (VP).

Entspannend – **Villa Nyangumi** 14: Mbutu Beach, Kutani, Tel. 0783 213 951, www.villanyangumi.com. Zimmer im Haupthaus, teils mit Meerblick, und freistehende Bungalows direkt am Meer. Hübsche Anlage mit großen Zimmern, Pool, Wassersportangebot, sehr gutes Essen. DZ ab 250 US-$ (HP).

Weitläufiges Anwesen – **Protea Hotel Amani Beach** 15: Ras Kutani, Tel. 0782 410 033, www.marriot.com. Komfortables, weitläufiges Resort im sansibarischen Stil mit zehn geräumigen Bungalows mit Meerblick. Großer Pool, durch die Lage an der abgeschiedenen Bucht herrlich ruhig. DZ ab 185 US-$.

Türkisblaues Wasser – **Kipepeo Beach Village** 16: Tel. 0754 276 178, www.kipepeovillage.com. Legere, entspannte Anlage an einem der schönsten Strände von Dar-es-Salaam. 20 auf Stelzen gebaute Chalets mit großen Betten im ersten Stock und Meerblick. Rustikale und relaxte afrikanische Architektur. Spa und Massagen, viele Aktivitäten. Camping 10 US-$/Pers., DZ ab 85 US-$.

Camp für Gesellige – **Mikadi Beach** 17: Tel. 0759 177 393, www.mikadibeach.com. Nur 2 km hinter der Fähranlegestelle liegt das einfache Camp mit anspruchslosen Hütten für Overlander und kontaktfreudige Reisende. Auch Familien sind willkommen. Mit Bar, Lounge und Pool, viel Unterhaltung und rustikalem Strand-Feeling. DZ 30 US-$ mit Gemeinschaftsbad, 50 US-$ mit eigenem Bad.

Camping am Strand – **Kipepeo Beach Village** (s. o.).

Essen & Trinken

Im Zentrum:

Mit französischem Touch – **The Palm Brasserie** 1: im Hyatt Regency Dar es Salaam, Tel. 0764 701 234, tgl. früh, mittags und abends. Mediterrane Gaumenfreuden mit französischem Einschlag in elegantem Ambiente. Besonders beliebt ist der Sunday Brunch. Hauptgerichte ab 28 000 TSh.

Tolle Aussicht – **Akemi** 1: Ohio St., Golden Jubilee Tower, 21. Stock, Tel. 0753 360 360, tgl. 10–23 Uhr. Schickes Drehrestaurant mit tollem Blick über die Stadt bis zum Meer. Vielfältige Speisekarte, von italienisch über indisch bis zu Thai-Currys. Hauptgerichte ab 23 000 TSh.

Indische Köstlichkeiten – **Chowpatty** 2: Ally Manga Building, Kisutu St., Tel. 0712 469 546, tgl. 7.30–22.30 Uhr. In einem kleinen, unscheinbaren Gasthaus wird ein weiter kulinarischer Bogen von Dals und Chaats über Dosas und Currys bis hin zu Thalis gespannt. Mittlere Preisklasse.

BBQ – **Mamboz Corner BBQ** 3: Ecke Morogoro Rd./Libya St., Tel. 0784 243 735, tgl. ab 18.30 Uhr. Dort, wo man es am wenigsten erwartet, eröffnet sich ab dem Einbruch der Dunkelheit am Gehsteig ein BBQ-Schlaraffenland. Gut, günstig, echt tansanisch.

Msasani-Halbinsel:

Sushi – **Osaka** 4: Hill St./Msasani Rd., Tel. 0755 268 228, tgl. 12.30–14.30, 18.30–23 Uhr. Exquisite japanische Küche, u. a. Sushi und Teppanyaki, zum stolzen Preis. Das Restaurant ist zweigeteilt: Rechts liegt die klimatisierte Halle für Sushi und Sashimi, links befindet sich der offene Raum für die Teppanyaki-Gerichte, die auf einer Stahlplatte direkt am Tisch zubereitet werden.

Rund ums Mittelmeer – **Two O'Six** 5: Mkwawa Rd., Tel. 0745 228 552, tgl. mittags und abends, Sa und So mit Frühstück ab 7 Uhr.

Der Hafen – Grundlage für das Wachstum von Dar-es-Salaam

Schickes Restaurant mit knallroten Stühlen und Markisen, in dem Speisen aus den Anrainerstaaten des Mittelmeers auf den Tisch kommen. Am Wochenende gut sortierte Weinbar mit Livemusik. Ab 30 000 TSh.

Italo-Freuden – **Zuane 6 :** Mzingaway Rd., nahe Morogoro Stores, Tel. 0766 679 600, Mo–Sa mittags und abends. Einer der besten und beliebtesten Italiener der Stadt: schönes Ambiente in einer Garten-Villa mit Tischen auf der Terrasse, flotter Service, große Speisekarte mit schmackhaften Gerichten aus Bella Italia. Hauptgerichte ca. 20 000 TSh.

Perfekt zum Sonnenuntergang – **The Beach Club 7 :** Coral Lane, Best Western Coral Beach Hotel, Tel. 0752 201 745, www.coralbeach-tz.com, tgl. mittags und abends. Solide Küche (Pizza, Burger, Fisch, Seafood, Grillgerichte), aber richtig Eindruck macht die Lage mit den schönsten Sonnenuntergängen der Stadt. Ab 20 000 TSh.

Meerblick – **Salt Restaurant 8 :** Ecke Toure Dr./Ghuba Rd., vor dem Oysterbay Shopping Centre, Tel. 0783 180 024, Di–Sa 7.30–22, Mo, So 7.30–14 Uhr. Raffinierte anglo-amerikanische Küche mit Sandwiches, Burger, Salaten. Hübsches Interieur, tolle Lage mit Meerblick. Ab 20 000 TSh.

Starker Kaffee – **Epi D'Or 9 :** Haile Selassie/Ecke Chole Rd., Tel. 0786 669 889, Di–So 7.30–22.30 Uhr. Mittlerweile schon so etwas wie eine Institution in Dar-es-Salaam, mit guten Snacks und Hauptgerichten und starkem Kaffee samt Kuchen. Mediterrane und nordafrikanische Küche. Snacks ab 10 000 TSh, Hauptgerichte ca. 20 000 TSh.

Nördlich des Zentrums:

Mit Meerblick – **The Market 10 :** Jangwani Beach, im Ramada Resort, Tel. 022 2162 333, www.ramadaresortdar.com, tgl. mittags und abends. Gehobene internationale Küche zu entsprechenden Preisen, besonders beliebt sind die arabischen, griechischen, italienischen oder afrikanischen Themenabende im klimatisierten Restaurant mit Blick aufs Meer.

Ein Hauch von Karibik – **Velisa's 11 :** Kawe Beach, Tel. 0763 391 456, tgl. mittags und abends. In wunderschöner Lage direkt am

Meer und zu Reggae-Musik werden jamaikanische Gerichte und gute Cocktails serviert. Beliebt vor allem wegen der Location, die Qualität schwankt. Wenn's mal nicht ganz so gut schmeckt, stimmt immer noch die Aussicht. Ab 25 000 TSh.

Äthiopisch – **Addis in Dar 12 :** Ursino St., Tel. 0713 266 299, www.addisindar.com, Mo–Sa 18–23 Uhr. Von der Atmosphäre über das Essen mit Fingern bis zur Kaffeezeremonie ist alles authentisch äthiopisch. Mit romantischer, luftiger Veranda. Ab 19 000 TSh.

Einkaufen

Einkaufszentren – **Seacliff Village 1 :** Toure Dr., u. a. T-Shirts, Restaurants & Cafés, Supermarkt, Apotheke. **Oysterbay Shopping Center 2 :** Toure Dr., So geschl., u. a. Kunsthandwerk und Souvenirs, Restaurant, Apotheke, Sportstudio, Safari-Agentur, Bücher; **The Slipway 3 :** Nähe Chole Rd., u. a. Bücher, Supermarkt, Souvenirs, Kunsthandwerk, Kleidung, Restaurants, Cafés, Apotheke. **Shoppers Plaza 4 :** Old Bagamoyo Rd., Optiker, Fotoausarbeitung, iStore, Supermarkt, Café, Restaurant. **Mlimani City 5 :** in Mwenge, Kino, Supermarkt, Kleidung.

Kunsthandwerk und Souvenirs – **Morogoro Stores 6 :** Haile Selassie Rd., Nähe Atlantis Hotel. Tansanisches Kunsthandwerk (Tingatinga) und kulinarische Erzeugnisse aus Tansania. **Mwenge Crafts Market 16 :** Mwenge. Größte Auswahl an typisch ostafrikanischen Souvenirs. Unbedingt hart verhandeln! **Textilmarkt 7 :** Uhuru/Bibi Titi Mohamed St. Stoffe wie Kanga und Kitenge bis zum Abwinken. **The Slipway 3 :** Große Auswahl an Tingatinga-Bildern und anderen typischen Souvenirs, im Einkaufszentrum und außerhalb im Slipway Bazar. **La Petite Galerie 2 :** im Oysterbay Shopping Center, Toure Dr., la petite.galarie@gmail.com, Mo–Fr 10–18 Uhr. Hochwertige Malerei von tansanischen und internationalen Künstlern. **The Green Room 3 :** im The Slipway, Mo–Sa 10–18 Uhr. Geschmackvolle Möbel und Accessoires, teils »Made in Tanzania«, teils aus Sozialprojekten, teils auch aus recycelten Materialien, gut als Mitbringsel geeignet. **Nzito 2 :** im Oysterbay Shopping Center, Toure Dr., So geschl. Schöne Accessoires und Schmuck aus Tansania, z. B. Erzeugnisse aus Kitenge, recyceltem Dhau-Holz sowie Aluminium oder handbemalte Textilien aus Sambia.

Abends & Nachts

Viele Hotels und Restaurants verfügen über Bars oder kleine Pubs, z. B. Hyatt Regency Dar es Salaam, JB Belmont Hotel in der Azikiwe Street oder das Mediterraneo Hotel in Kawe Beach. Es empfiehlt sich, für nächtliche Ausflüge Taxis zu nutzen. Alle Nachtklubs und Bars ziehen Prostituierte magisch an.

Disco – **Paparazzi Night Club 3 :** The Slipway, Hotel Slipway, tgl. ab 21 Uhr. Moderne Disco mit Livemusik und Wochenprogramm, z. B. Karaoke Nights.

Sympathische Kneipe – **The Slow Leopard 1 :** Chole Rd., Tel. 0757 029 244, tgl. ab 8 Uhr. Rustikale Kneipe mit Burgern, Nachos mit Käse und anderen deftigen Speisen (perfekt als Grundlage!) und einer guten Auswahl an Alkoholika. Entspannte Stimmung.

Für den Sundowner – Entlang der Küste stimmungsvolle Abendstunden erleben kann man z. B. im **The Slipway 3** oder im **Best Western Coral Beach Hotel 7 ,** beide auf der Msasani-Halbinsel.

Kultur und Kunst – **Alliance Française 2 :** Ali Hassan Mwinyi Rd., hinter dem Las Vegas Casino, Tel. 022 213 14 06, http://afdar.com. Monatlich wechselndes Programm, mit meist französischsprachigen Kinofilmen, Musik, Performances, Tanz – das französische Kulturinstitut bereichert den Kulturkalender der Stadt. Filme (Deutsch, Englisch) und Veranstaltungen bietet auch das **Goethe-Institut 3 :** Alykhan Rd., Nähe Jamatkan Mosque in Upanga, Tel. 022 213 4800, www.goethe.de.

Aktiv

Alle hier genannten Safariveranstalter haben jahrelange Erfahrung und sind im Dachverband TATO organisiert (www.tatotz.org).

Safaris – **Wild Things 1 :** 1 Ethan St., Mbezi Beach, Tel. 0773 503 502, www.wildthingsafaris.com. Spezialisiert auf kreative Safaris im Süden in jeder Preisklasse, auch Camping-

Safaris, Wandern in den Udzungwa Mountains oder Trips ins Kilombero Valley sowie in den tiefen Süden. **Foxes African Safaris** 2 **:** Büro im TAZARA-Areal, www.foxessafaricamps.com. Langjährig operierender Safariveranstalter, der einfache Camps und Lodges in mehreren Parks des Südens unterhält. **Coastal Travels** 3 **:** The Slipway, www.coastal.co.tz. Flüge mit Coastal Aviation und die Camps/Lodges der Coastal-Gruppe, u. a. The Slipway Hotel, können hier gebucht werden. Oft gute Last-Minute-Angebote und ideal für den Southern Circuit (Selous, Ruaha, Kilwa) in Kombination mit Dar-es-Salaam und Sansibar. **Kearsleys** 2 **:** im Southern Sun Hotel, Seacliff Village, Head Office in der Zanaki St., Tel. 022 2137713, www.kearsleys.com. Standard-Touren und -Hotels im mittleren Preissegment. **Authentic Tanzania** 3 **:** 625 Senga Rd., Mikocheni, Tel. 0786 019 965, www.authentictanzania.com. Safaris im Southern Circuit, Übernachtungen hauptsächlich in den eigenen komfortablen Zelt-Camps (Fly-Camping).

Bootsausflüge – **Ab Anleger The Slipway** 3 **:** tgl. 9.30, 11.30, 13.30 und 15.30 Uhr, 40 000 TSh inkl. Eintrittsgebühren für die Insel Bongoyo Island, wo man unabhängig von Ebbe und Flut baden kann. **Ab White Sands Hotel** 7 **:** tgl. ab 9.30 Uhr (mind. 6 Pers.) nach Mbudya Island zum Sonnenbaden und Schnorcheln. Eintritt 12 US-$ und Bootsfahrt 10 000 TSh.

Tauchen – **Sea Breeze Marine Dive Center:** The Slipway 3, Tel. 0754 783 241, www.seabreezemarine.org. Tauchkurse PADI Open Water kosten 460 US-$ (inkl. Ausrüstung) und ein Doppeltauchgang 95 US-$. Deutschsprachige Leitung.

Wasserpark – **Kunduchi Wet'n Wild Water Park** 4 **:** Kunduchi Beach Hotel, Tel. 0688 058 365, tgl. 9–18 Uhr, Erw. ab 12 000 TSh, Kinder bis 8 Jahre ab 11 000 TSh. Der nach eigenen Angaben größte Wasser-Vergnügungspark Ostafrikas.

Fitness – **Colosseum Gym** 5 **:** Haile Selassie Rd., Tel. 0753 432 584, www.colosseumhotelandfitness.com. Fitnessgeräte, Kurse, Sauna, Pool, Squash. Day Pass 38 250 TSh, 15 Tage 213 750 TSh. Viele gehobene Hotels verfügen ebenfalls über Fitnesszentren.

Yoga, Aerobic und Fitness – **Azura Health & Fitness** 6 **:** Kawe Beach, Nähe Mlalakuwa Bridge, Tel. 0786 089 780, www.azura.co.tz. Gruppenfitness wird ebenso geboten wie Einzeltraining: Fitness, Yoga, Zumba, Kayaking, Beach Volleyball, Schwimmen und mehr. Einheit 20 000 TSh.

Termine

Veranstaltungen und Ereignisse werden im Monatsmagazin »Dar Guide« und im wöchentlich erscheinenden »Advertising Dar« publiziert. Die Gratismagazine liegen in Restaurants, Geschäften und Hotels aus.

East Africa Art Biennale: Nov./Dez. Im Zweijahresrhythmus bietet das Kunstfestival, das an unterschiedlichen Orten als Wanderausstellung stattfindet (Dar-es-Salaam, Arusha, Nairobi, Kampala, Kigali, Bujumbura), bildenden Künstlern aus Ostafrika eine internationale Plattform.

Verkehr

Flüge: Der Mwalimu Julius K. Nyerere International Airport liegt an der Nyerere Rd. ca. 10 km außerhalb der Stadt. Er wird primär von internationalen Airlines angeflogen, doch auch nationale Linien wie z. B. Precision Air haben eine Landelizenz. Die übrigen Inlandsflüge starten vom kleineren Terminal I (Old Airport), etwas weiter stadtauswärts an der Nyerere Rd. gelegen.

Züge: Central Line: Bahnhof Central Railway Station, Railway St./Sokoine Dr. Zur Zeit der Recherche waren Modernisierungen der maroden, unzuverlässigen Linie im Gang. Vor Ort Auskünfte einholen, wie die neuen Abfahrtszeiten und Preise sind. Nur zu zweit reisen! TAZARA: Tanzania-Zambia-Railway nach Sambia mit Halt im Selous Game Reserve, in den Udzungwa Mountains und in Mbeya. Abfahrt Nyerere/Mandela Rd., momentan Di und Fr jeweils am Nachmittag/Abend (max. 48 000 TSh in der 1. Klasse bis Mbeya, ca. 24–30 Std.).

Fernbusse: Bis auf Weiteres ist der Ubungo-Busbahnhof (Morogoro/Sam Nujoma Rd., ca. 8 km außerhalb des Stadtkerns) der wichtigste und größte Busbahnhof der Stadt. Die Buslinien Dar Express, Kilimanjaro Express, Mtei Express nach Arusha oder Modern Coast Express (bis nach Kenia oder Uganda) sind empfehlenswert. Nach Mbeya mit Shabiby, nach Lushoto bzw. Mtae Shambalai. Abfahrt jeweils zw. 6 und 10 Uhr vom Ubungo-Busbahnhof. Um dem Verkehrsinfarkt zu entgehen, empfiehlt es sich, vor der Busfahrt in einer der No-Frills-Unterkünfte in Ubungo zu nächtigen (s. S. 288). Vorsicht vor Taschendieben ist am Busbahnhof angesagt! Busse in den Süden (Kilwa, Lindi, Mtwara) fahren ab dem Mbagala Bus Terminal in der Kilwa Rd. Die Terminals Mbezi Luis (an der Straße nach Morogoro) und Boko Basihaya (auf dem Weg nach Bagamoyo) sollen in den nächsten Jahren ausgebaut werden.

Mietwagen: Mieten Sie immer ein Fahrzeug mit Fahrer! Europcar unterhält ein Büro im Serena Hotel im Stadtzentrum, www.europcar.co.tz. Xcar befindet sich gegenüber dem Shoppers Plaza und bietet gute Preise, www.xcarrentals.com. Bei dem halsbrecherischen Verkehr und dem dichten Verkehrsaufkommen ist es allerdings empfehlenswert, sich per Taxi fortzubewegen.

Fähren: Seit den schweren Fährunglücken von 2011 und 2012 können nur noch die Kilimanjaro-Fähren von Azam Marine empfohlen werden, weil die Boote nicht überladen werden und es genügend Schwimmwesten gibt. Das Terminal aus blauem Glas mit gekühlter Lounge und Toiletten liegt am südwestlichen Ende des Fährhafens. Abfahrtszeiten 7, 9.30, 12.30 und 15.45 Uhr, Dauer der Überfahrt je nach Windverhältnissen 1,5–2,5 Std. Preise: 35 US-$ Economy Class, 40 US-$ First Class. Fahrplanänderungen sind vor Ort zu erfragen. Es ist ratsam, die Tickets im Voraus zu buchen, da sich die Fähren gerade in der Hauptsaison schnell füllen. Achtung: Erledigen Sie alle Formalitäten nur an den Schaltern, niemals auf der Straße durch Mittelsmänner. Beim Kauf der Tickets ist große Vorsicht angeraten (Reisepass nicht aus der Hand geben, nur Geld gegen Ticket, keine dubiosen Extra-Gebühren bezahlen, sich keine ›Deals‹ aufschwatzen lassen, etc.)!

Verkehr innerhalb der Stadt: Dalladallas verkehren flächendeckend im gesamten Großraum Dar-es-Salaam von Sonnenaufgang bis weit nach 22 Uhr. Auf einer extra angelegten Busspur (mittig in der Straße) fahren seit 2016 die **Schnellbusse (BRT)** auf vier Linien, u. a. vom Kivukoni Terminal (Fähre nach Kigamboni) zum Kiara Terminal (Fähre nach Sansibar), vom Kariakoo Terminal zur Morogoro Rd. oder nach Ubungo (Überlandbusse) bzw. weiter in Richtung Morogoro. Tgl. 5–23 Uhr, max. 800 TSh, je nach Distanz und Route. Wegen des dichten Verkehrs kommt man am schnellsten mit einem **Motorradtaxi** oder **Bajaji** voran.

Tipp

TAXIS

Eine riesige Flotte steht zur Verfügung. Allerdings sagt die Taxilizenz nichts über Ortskenntnisse aus. Die großen Hotels oder Bürogebäude sind den Taxifahrern zumeist bekannt, aber manche Restaurants oder Büros von Fluglinien kennen sie nicht. Der Preis muss immer im Voraus verhandelt werden, als Richtpreis gilt: innerhalb der Innenstadt 10 000 TSh, von der Innenstadt zum Seacliff Village 15 000 TSh, vom Flughafen zu den Strandhotels am Mbezi Beach (Nordstrand) 50 US-$, vom Flughafen in die Innenstadt 30 US-$. Taxi für einen ganzen Tag: ab 100 000 TSh inkl. Benzin innerhalb der Stadtgrenzen. Taxifahrer haben oft kein Wechselgeld bei sich, daher sollte man den vereinbarten Betrag abgezählt parat haben. Aus Sicherheitsgründen: Nur in registrierte Taxis (buntes Band, weiße Nummertafel) einsteigen. Am besten fragt man an der Hotelrezeption nach einem verlässlichen Taxifahrer und fährt nur zu zweit Taxi.

Nördliche Küste

Die Küste nördlich der Metropole Dar-es-Salaam ist geprägt von einer blutigen Vergangenheit: Der einstige sagenhafte Reichtum von Bagamoyo, Pangani und Tanga gründete sich vor allem auf Sklaverei und Wilderei, z. B. von Elfenbein. Heute kommt der Landstrich einem überdimensionalen Freilichtmuseum gleich, mittendrin liegt Tansanias einziger Nationalpark am Meer, der Saadani National Park.

Bagamoyo ►2, Q 17

Cityplan: S. 296
Einst Hauptstadt von Deutsch-Ostafrika, wenn auch nur von 1888 bis 1891, lässt der unscheinbare Ort **Bagamoyo** (45 000 Einw.) kaum vermuten, dass er vor über 100 Jahren einer der wichtigsten wirtschaftlichen, religiösen und politischen Schauplätze Ostafrikas war. Aber schon viele Jahrhunderte früher ließen sich persische Kaufleute aus Shiraz an der Küste von Bagamoyo nieder, was die Kaole-Ruinen südlich von Bagamoyo eindrucksvoll belegen. Im 19. Jh. war Bagamoyo ein wichtiger Umschlagplatz für den Sklavenhandel. Sklaven, die die wochenlangen Fußmärsche vom Inneren des Kontinents bis an die Küste überstanden hatten, sahen ihre Hoffnung auf ein freies Leben beim Anblick der Galeeren im Hafen endgültig schwinden. Wer aus *Bwaga-Moyo* (Kiswahili für »Leg dein Herz nieder«) deportiert wurde, der hatte wenig Hoffnung, seine Heimat und seine Familie je wieder zu sehen.

Nachdem sich 1868 die ersten Missionare Afrikas hier niedergelassen hatten, bemühten sie sich um das Ende des unwürdigen Menschenhandels. Sie kauften nicht nur die Sklaven frei (wenn es ihnen finanziell möglich war), sondern engagierten sich auch intensiv für die Abschaffung der Sklaverei. Ausgehend von der Küste und von Bagamoyo reisten viele abenteuerlustige Missionare auch in die entlegensten Winkel, um die afrikanische Bevölkerung zum Christentum zu bekehren.

Man geht davon aus, dass Bagamoyo um 1880 eine bunte multikulturelle Stadt mit an die 1000 Bürgern war. Der weltweite Ruf und die gute Infrastruktur lockten Abenteurer und Forscher aus aller Welt, die Bagamoyo als Ausgangspunkt ihrer Expeditionen nutzten. Livingstone, Burton und Speke oder Stanley – sie alle schätzten die Vorzüge einer gut entwickelten Stadt, um sich für monatelange Expeditionen gebührend auszurüsten.

Nach der ›Entdeckung‹ Afrikas durch die Europäer begann das Gerangel um die koloniale Inbesitznahme. Vom Sultan von Sansibar pachteten die Deutschen 1888 einen 16 km breiten Küstenstreifen und machten die Hafenstadt Bagamoyo zur Hauptstadt ihrer neuen Kolonie. 1891 übertrug man diesen Status wegen des tieferen Hafenbeckens auf Dar-es-Salaam. Nicht nur deswegen, sondern vor allem durch die offizielle Abschaffung des Sklavenhandels 1873 verlor die ›Boom-Town‹ ihre Wirtschaftsgrundlage und verfiel zunehmend wieder in Bedeutungslosigkeit.

Da der von 2005 bis 2015 amtierende Präsident Jakaya Kikwete aus Bagamoyo stammte, erhoffte man sich wirtschaftliche Impulse. Anfang 2013 wurde die Brücke über den Wami River endlich fertiggestellt. Der Vertrag über den neuen, von China finanzierten Hafen ist ebenfalls unterzeichnet worden. Grundstücksbesitzer stehen in den Startlöchern, um die erholungsbedürftigen Großstädter aus Dar-es-Salaam und die Touristen aufnehmen zu können. Ob einer der ärmsten Distrikte des Landes dadurch aus der Abwärtsspirale gelangt, wird die Zukunft zeigen. Die angekündigte Ernennung zum UNESCO-Weltkulturerbe haben die Stadtväter jedenfalls mit dem unsensiblen Umbau des Postamts verspielt.

Altstadt

Angesichts der Fülle der steinernen Zeugen – Paläste aus einstmals blütenweißem Korallenstein – erhält man einen guten Eindruck, wie mächtig der Handelsort war. Ein Spaziergang sollte nur in Begleitung eines ortskundigen Führers unternommen werden. Für eine Besichtigungstour der Altstadt fällt eine Gebühr von 20 000 TSh an.

Old Fort 1

Die imposante **Alte Festung** am südlichen Ende der Stadt wurde im 19. Jh. von den Sultanen erst nach und nach zu einer Befestigungsanlage ausgebaut. Die deutschen sowie die englischen Kolonialherren nutzten es als Garnison mit Gefängnis. Heute sind hier Teile der Denkmalschutzbehörde untergebracht.

German Colonial Cemetery 2

Am Strand entlang weiter südlich liegt, versteckt hinter Palmenhainen, der **Deutsche Kolonialfriedhof.** Gut erhaltene Gräber mit deutschen Inschriften erinnern u. a. an die Gefallenen der Wissmann-Einheit, die in der großen Schlacht während des Bushiri-Aufstandes 1888 ihr Leben ließen.

Boma und Apellplatz

Die heutige India Street, einst die prachtvolle ›Kaiserstraße‹, zieht sich vom Alten Fort Richtung Norden stadteinwärts. Sie wurde 2006 mit EU-Geldern geteert. Bald taucht linker Hand die weithin sichtbare **Boma** 3 auf. Das umfassend renovierte, monumentale Gebäude war einst Kolonialhauptquartier von Deutsch-Ostafrika und nach Beendigung der Kolonialherrschaft zeitweise Sitz der Distriktsverwaltung. Vor der Boma befindet sich (erkennbar an den halbrunden Mauern) der einstige **Appellplatz** 4 mit Meerblick.

Old Bagamoyo Tea House 5

Ein paar Schritte weiter nordwestlich steht links das **Alte Teehaus von Bagamoyo.** Erbaut von einem indischen Kaufmann, diente es als Geschäft und das Obergeschoss als Hotel. Nach einer Vergrößerung während der deutschen Kolonialzeit befand sich im ersten Stock ein Offizierskrankenhaus. Nach langen Jahren des Verfalls wurde es 2009 mit Geldern einer schwedischen Entwicklungsorganisation renoviert, heute ist es Sitz der Stadtverwaltung.

Weiter entlang der ehemaligen Kaiserstraße stehen noch viele Kolonialgebäude, die sich aber in einem beklagenswerten Zustand des Verfalls befinden. Hie und da stößt man beim Flanieren auch auf eine alte, verwitternde Swahili-Tür. Diese kunstvoll gearbeiteten Holztüren werden leider nur in Stone Town (s. S. 314) wirklich gepflegt und erhalten.

Old Post Office 6

An der nächsten Kreuzung befindet sich ein frisch saniertes Gebäude, das wie ein Fremdkörper wirkt. Ursprünglich im Besitz des einflussreichen Kaufmanns Sewa Haji, fungierte das Gebäude an der India Street von 1896 bis

Tipp

VORSICHT AM STRAND

Die Strände von Bagamoyo sind bei Weitem nicht so makellos wie angepriesen. Auch fühlt man sich in einem islamischen Umfeld als sonnenbadender Tourist mitunter deplatziert. Einzig in der weit vom Ort entfernten Lazy Lagoon Lodge sind Bikinis kein Problem. Die an den Stränden postierten Askaris stehen dort nicht ohne Grund: Nach Einbruch der Dunkelheit sind Spaziergänge am Strand von Bagamoyo oder im Ort unbedingt zu unterlassen.

Bagamoyo

Sehenswert

1 Old Fort
2 German Colonial Cemetery
3 Boma
4 Appellplatz
5 Old Bagamoyo Tea House
6 Old Post Office
7 Fish Market
8 Customs House
9 Usagara House
10 Old German School
11 Anglican Church
12 Bagamoyo Catholic Museum
13 Old Catholic Church
14 Karawanserei
15 Kaole Ruins

Übernachten

1 Lazy Lagoon Island Lodge
2 Travellers Lodge
3 Bagamoyo Country Club
4 Firefly
5 Twins Park Hotel

Essen & Trinken

1 Poa Poa Restaurant

Einkaufen

1 Old Market

Aktiv

1 Institute for Arts and Culture Bagamoyo (Tasuba)

1995 als Post- und Telegrafenamt – das erste Ostafrikas. Der derzeitige Besitzer baute das **Old Post Office** zu einem überteuerten Hotelkomplex samt hässlichem Annex dahinter um. Im Inneren zeugen die alten Postfächer von den Anfängen des Orts.

Fish Market 7

Eine schmale staubige Straße zweigt zum **Fischmarkt** ab, wo nach dem Eintreffen der Fischerboote frühmorgens oder nach 15 Uhr das halbe Dorf auf den Beinen ist, um den Fang zu ersteigern oder zu verarbeiten.

Customs House und Usagara House

Am Meer steht rechter Hand das 1895 errichtete **Zollgebäude** 8, dessen nördlicher Teil heute die Hafenverwaltung beherbergt. Gleich gegenüber stehen die mächtigen Fundamente des vormals deutschen **Usagara-Hauses** 9 von 1889. Die merkwürdig anmutenden Betonpfeiler fungierten als Stützen für ein Fachwerkhaus, das dem Direktor der Deutsch-Ostafrikanischen Gesellschaft gehörte. Die Kolonialisten feierten in diesem Gebäude rauschende Feste. Die gusseisernen Schalen auf den Stützen wurden mit Petroleum gefüllt, das Ungeziefer fernhalten sollte.

Old German School 10

Zurück auf der India Street in Richtung Norden trifft man an der nächsten Weggabelung auf ein großes renoviertes Gebäude, das die **alte deutsche Schule** beherbergte, die erste Deutsch-Ostafrikas. Noch heute werden hier Grundschulkinder unterrichtet.

Anglican Church 11

Vorbei an der Traveller's Lodge in Richtung Norden erreicht man die kleine **Anglican Church.** Links davon führt eine prächtige Allee zur ältesten katholischen Mission Ostafrikas. Die islamischen Stadtverantwortlichen überließen 1868 der katholischen Glaubensgemeinschaft ein Stück Land, worauf die erste ostafrikanische Mission errichtet wurde, die ursprünglich als Zufluchtsort für befreite Sklavenkinder fungierte.

Bagamoyo Catholic Museum 12

Tgl. 10–17 Uhr, Eintritt 20 000 TSh, Fotogebühr 1000 TSh

Links der liebevoll restaurierten Kathedrale befindet sich das **Bagamoyo Catholic Museum,** das über die Ära der Sklaverei, die Kolonialzeit und den zaghaften Beginn der Missionierung informiert. Zu den Exponaten gehören Ketten, Folterutensilien, Ausrüstungsgegenstände der Kolonialarmeen, eine deutschsprachige Zeitung aus Tanga aus dem Jahr 1913 und auch Freibriefe von Sklaven. Viele der Museumsstücke sind in deutscher Sprache gehalten.

Old Catholic Church 13

Schräg dahinter steht der noch verbliebene Turm der **Old Catholic Church,** der ersten Kirche Ostafrikas. Hier wurde 1874 Livingstone's Leiche auf dem Weg nach England aufgebahrt, weswegen sie auch **Livingstone Church** genannt wird. 600 freigelassene Sklaven sollen bei seinen sterblichen Überresten Totenwache gehalten haben.

Karawanserei 14

Tgl. 8–17 Uhr, Eintritt 20 000 TSh

Lange vor Ankunft der Deutschen im Jahr 1800 war dieses Gebäude schon in Gebrauch – als Endpunkt der Sklavenkarawanen aus dem Landesinneren. Die Sklaven mussten in der **Karawanserei** auf ihren Abtransport nach Sansibar warten, denn in Bagamoyo existierte kein Sklavenmarkt. In den 1870er-Jahren erweiterte die Deutsch-Ostafrikanische Gesellschaft den Bau, um Lagerräume für Elfenbein und andere Waren zu schaffen. Heute ist hier ein Museum untergebracht.

Kaole Ruins 15

Tgl. 8–16/17 Uhr, Eintritt 20 000 TSh

Händler aus der persischen Stadt Shiraz waren die ersten Siedler von Bagamoyo. Sie hinterließen 5 km vor den Toren der heutigen Stadt die **Ruinen von Kaole,** Reste einer Moschee und zum Teil mit Säulen geschmückte Grabmäler, die aus der Zeit vom 13. bis zum 15. Jh. stammen dürften. Die Moschee gilt als eine der ältesten islamischen Gebetshäuser, die auf dem ostafrikanischen Festland erbaut wurden.

Infos

In den Lodges sowie im Missions-Museum erhält man wertvolle Auskünfte. Nützliche Infos liefert auch die Website www.bagamoyo.com.

Übernachten, Essen

Gemütlich – **Lazy Lagoon Island Lodge** 1 : Abzweigung 13 km vor Bagamoyo Richtung Osten, zu buchen über Foxes Safari Camps, Tel. 0713 237 422, www.foxessafaricamps.com. 12 rustikale, große Cottages mit Makuti-Dach und Veranda liegen malerisch auf einer Halbinsel, mit direktem Blick auf das türkisblaue Meer. Pool, Freizeit- und Wassersportaktivitäten. DZ ab 360 US-$ (VP).

Beste Wahl – **Travellers Lodge** 2 : Nordende von Bagamoyo, Tel. 0754 855 485, www.travellers-lodge.com. Gemütliches Restaurant mit Makuti-Dach. 13 der 25 Cottages stehen direkt am Strand, der Rest im Palmengarten. Die Zimmer sind etwas in die Jahre gekommen. Äußerst beliebt, daher unbedingt reservieren. Bestes Restaurant in Bagamoyo. WLAN. DZ ab 90 US-$. Camping 12 US-$/Pers.

Mit traumhaftem Meerblick – **Bagamoyo Country Club** 3 : Kaole Rd., 2,5 km südlich von Bagamoyo, Tel. 0784 472 999, www.bagamoyocountryclub. com. Einfache, in den Hang gebaute Ferienanlage, zehn zweckmäßig ausgestattete Zimmer mit Blick aufs Meer. Fantastische Sonnenuntergänge. Das Restaurant und die Lounge befinden sich auf Meereshöhe. Gutes Essen, so gut wie keine Beachboys, abgeschieden. DZ 80 US-$.

Shabby-hip – **Firefly** 4 : India St., Tel. 0759 177 393, www.fireflybagamoyo.com. Simple Zimmer in einem behelfsmäßig restaurierten alten Stadtpalast. Einladender Gemeinschaftsbereich mit Pool, Lounge und Restaurant. Ideal für kontaktfreudige Reisende. Camping möglich (10 US-$), Bett im Mehrbettzimmer 16 US-$, DZ ab 45 US-$.

Landestypisch – **Twins Park Hotel** 5 : schräg gegenüber der Travellers Lodge, Tel. 0754 313 445. Einfache Zimmer im landesüblichen Format mit AC, umgeben von einer recht gepflegten Gartenanlage. Nur kurze Wegstrecke bis zum Strand. DZ 40 US-$.

Die katholische Kirche in der Holy Ghost Mission

Essen & Trinken

Gemütlich – **Poa Poa Restaurant 1: ** Boma St., Mo–Sa 8–22 Uhr. Restaurant, Bar und Kaffeehaus mitten in der Stadt, mit westlich orientierter Küche. Große Auswahl an Alkoholika. Die Bar hat abends länger geöffnet. Hauptgerichte ca. 15 000 TSh.

Einkaufen

Kunst und Souvenirs – Gewöhnliche Souvenirs und Exponate der Kunsthochschulabsolventen findet man am ehesten im **Old Market 1**, vor der Anglican Church sowie im Zentrum der Stadt entlang der Straße.

Aktiv

Aktivitäten sind am besten über die Unterkünfte zu organisieren. Staatliche Gebühren: City Fee (20 000 TSh) für die Altstadt, davon ausgenommen sind die Karawanserei und die Kaole-Ruinen, die separat kosten.

Stadtrundgänge – geführte Tour zu allen Bauten der Stadt (außer Ruinen von Kaole und Karawanserei) 20 000 TSh, autorisierter Guide 20 000 TSh pro Gruppe, Dauer ca. 2 Std.

Ruinen von Kaole – Der Transfer kann über die Unterkünfte arrangiert werden, Bajaji in Eigenregie ca. 15 000 TSh hin und zurück, Eintritt 20 000 TSh/Pers.

Schnorcheln – Die vorgelagerte Sandbank ist ein Schnorchlerparadies, Ausflug 30 US-$, buchbar bei der **Travellers Lodge 2**.

Kunstworkshops – **Institute for Arts and Culture Bagamoyo (Tasuba) 1: ** Kaole Rd., Tel. 023 244 01 49, www.tasuba.ac.tz. In Ostafrikas einziger Kunsthochschule kann man Kurse in Tanz, Trommeln, Schnitzerei oder Akrobatik belegen. 10 US-$/Std., am ehesten findet man im Juli/Aug. Plätze. Die **Travellers Lodge 2** gibt Auskunft und hilft gerne weiter.

Termine

Bagamoyo Festival: Sept./Okt., im **Institute for Arts and Culture Bagamoyo** (s. o.). Die mehrtägige Veranstaltung hat sich als panafrikanisches Musik- und Tanzfestival über die Grenzen des Landes hinaus einen guten Namen gemacht. Infos zum Programm bekommt man in der **Travellers Lodge 2**.

Verkehr

Busse: Regelmäßige Verbindungen von Dar-es-Salaam (Haltestelle Mwenge an der New Bagamoyo Rd.). Busbahnhof in Bagamoyo in der Nähe des New Market.

Taxi/Mietwagen: Wer für die Weiterfahrt keinen Mietwagen zur Verfügung hat, kann sich ein Taxi von Dar-es-Salaam aus organisieren, ca. 100 US-$/Tag.

Saadani National Park

▶ 2, P/Q 16/17

www.tanzaniaparks.go.tz, Zugang von Bagamoyo aus über das Wami Gate, von Mandera aus ist die Zahlstelle das Mvave Gate, von Pangani oder dem Norden aus das Madete Gate, Eintritt Erw. 35,40 US-$, Kinder 11,80 US-$ pro Pers. und Tag

Als jüngster tansanischer Nationalpark – er wurde erst 2003 aus der Taufe gehoben – fristet der 1062 km² große **Saadani National Park** noch ein recht unbeachtetes Dasein. Dabei ist er der einzige Nationalpark des Landes direkt am Meer. Safari und Strand lassen sich daher gut verbinden. Mit der neuen Brücke über den Wami River ist Saadani Village (50 km Luftlinie nördlich von Bagamoyo) in nur 3 Autostunden von Dar aus zu erreichen. Weitere Zufahrten über Msata/Mandera (4–5 Std.) oder über Pangani/Ushongo Beach (2 Std.). Karge Savannenlandschaften und Akazienhaine dominieren an Land, entlang der Küsten und des Wami River gedeihen genügsame Mangroven. Das maritime Ökosystem kann mit zahlreichen Fischarten aufwarten, ebenso findet man Garnelen, Shrimps, kleine Haie und sogar Stachelrochen. Man hat schon – wenn auch selten – Buckelwale und Delfine vor der Küste gesichtet. Die Strände des Saadani National Park sind Brutgebiete von Meeresschildkröten.

Ansonsten kann der junge Nationalpark allerdings nicht mit seinen nördlichen oder südlichen Konkurrenten mithalten. Der Tierbestand brauchte viele Jahre, um sich von der jahrzehntelangen Wilderei zu erholen,

Tipp

KISAMPA CAMP

Naturschutz und Nachhaltigkeit sind im **Kisampa Camp** keine leeren Worthülsen, die nur die Werbebroschüren zieren. Die Familie Barbour hat ein privates Tierschutzgebiet (*Concession Area*) eingerichtet, um der Wilderei und Holzschlägerei einen Riegel vorzuschieben. Das Camp kommt überwiegend ohne Diesel aus, wird nachts vollständig mit Solarlampen ausgeleuchtet und Plastik ist tabu. Selbst ohne Fließwasser und Wasserverschwendung müssen die Besucher auf keinen Komfort verzichten.

Das Camp besteht zum Großteil aus lokalen Materialien wie Stein, Palmenblätter, Holz, Sisal, Zement. Die 6 Bandas kommen ohne Wände aus, Sichtschutz geben überhängende Makuti-Dächer. Daneben werden viele Aktivitäten mit Naturbezug geboten, wie Busch- und Flusswanderungen, Kanufahrten auf dem Wami River, Vogelbeobachtung, Busch-Sundowner – insbesondere für Familien. Das benachbarte Dorf Matipwili wird direkt eingebunden, in den Tagesbetrieb und in den Profit. **Kisampa Camp:** Tel. 0758 844 228, www.kisampa.com, DZ ab 120 US-$ (VP).

doch in den letzten beiden Jahren sind die Tiersichtungen substanziell gestiegen. Unter den Big Five fehlt das Nashorn, doch Besucher können Löwen, Büffel, Leoparden und Elefanten zu Gesicht bekommen. Andere Säugetiere wie Dikdiks, Elenantilopen, Kudus, Gnus, Hyänen oder Warzenschweine findet man zur Genüge, ebenso eine stattliche Anzahl Giraffen. Unter Kennern ist der Park für seine Lichtenstein-Antilopen und die seltenen Roosevelt-Rappenantilopen bekannt.

Übernachten, Essen & Trinken

Am Strand I – **Simply Saadani Camp:** nördlich des Madete Gate, zu buchen über A Tent with a View, Tel. 0713 323 318, www.saadani.com. Sympathisches Camp mit viel Lokalkolorit am nördlichen Ende des Parks. Ältere Lodge mit fantasievollen Bandas im rustikalen Safaristil. Alle Bandas stehen auf Stelzen und haben schönen Meerblick. Gute Küche. DZ ab 550 US-$ (VP), inkl. Safari-Aktivitäten 790 US-$.

Am Strand II – **Saadani Safari Lodge:** Nähe Saadani Village, www.saadanilodge.com. Diese charmante Safarilodge ist mit viel Liebe zum Detail eingerichtet. 15 Suiten erhöht auf Stelzen direkt am Meer, Pool mit Blick aufs Wasser und ein toller Strand erwarten die Gäste. Exzellente Küche, der Schwerpunkt liegt auf Seafood. WLAN. Zur Zeit der Recherche Managementwechsel, es ist ungewiss, wie sich die Qualität entwickelt. DZ ab 520 US-$ (inkl. Eintritt, VP, Aktivitäten).

Am Fluss – **Saadani River Lodge:** www.saadaniriverlodge.com. Außerhalb der Parkgrenzen, aber direkt am Fluss liegt das sehr komfortable Camp. Schicke Chalets auf Stelzen, die über Holzbrücken miteinander verbunden sind, teils mit Blick auf den Saadani River. Häufig Besuch von Affen im Camp. Managementwechsel wie bei der Saadani Safari Lodge. DZ ab 520 US-$ (inkl. Eintritt, VP, Aktivitäten).

Camping – **Campingplätze:** z. B. nördlich der Saadani Safari Lodge (s. oben) oder am Wami River (Kinyonga Campsite), Anmeldung am Gate, 35,40 US-$/Pers.

Aktiv

Der Tierbestand des Nationalparks hat sich in den letzten Jahren gut erholt.

Fuß- oder Boot-Safaris – **Simply Saadani Camp** (s. o.): Walking Safari 60 US-$/Pers., Pirschfahrt samt Boat Safari auf dem Wami River 120 US-$ zzgl. Boating Fee 23,60 US-$. In der Saadani Safari Lodge und der Saadani River Lodge sind alle Aktivitäten im Preis inbegriffen, wie Boat Safaris auf dem Wami River, Vogelbeobachtung, Busch-Dinner, Dhau-Exkursionen, Schnorcheltouren mit Picknick bei einer nahen Sandbank, Walking Safaris oder die Saadani Village Tour. Bei den Boat Safaris am Wami River kann man in den Mangroven Vögel beobachten, manchmal auch ein Flusspferd oder Krokodil.

Verkehr

Flüge: Eines der beiden Flugfelder liegt nahe Saadani Village, z. B. mit Air Link von Dar-es-Salaam 260 US-$, von Sansibar 85 US-$ oder Arusha 270 US-$ mit Coastal Aviation (jeweils einfach).
Busse: Die Anreise mit den großen Überlandbussen funktioniert bis Mandera Village problemlos, ab dort ist kein Weiterkommen mehr möglich.
Transfers: Die Lodges arrangieren Transfers, Simply Saadani Camp 300 US-$ pro Fahrzeug ab Dar-es-Salaam.

Tanga ▶ 2, Q 15

Tanga liegt am Indischen Ozean und ist durch eine Teerstraße mit Dar-es-Salaam (355 km) und Arusha (440 km) verbunden. Dass es Tansanias zweitwichtigste Hafenstadt ist, sieht man ihm auf den ersten Blick nicht an, obwohl die Zement- und Sisalindustrie vielen der 275 000 Einwohner Arbeit gibt.

Wie andere Küstenorte war Tanga im 19. Jh. Ziel der Sklaven- und Elfenbeinkarawanen. 1893 begannen die deutschen Kolonialherren mit dem Bau der Usambara-Bahn von Tanga nach Moshi (und später nach Arusha), die den Transport von Kaffee und Sisal zum Hafen gewährleisten sollte. Die Verbindung zum Hinterland bewahrte Tanga vor dem wirtschaftlichen Verfall, der viele andere Küstenorte nach dem Ende des Sklavenhandels 1873 traf. 1892 pflanzte man in Pangani erstmals Sisal an – die Naturfaser wurde zum Exportschlager, der bis weit in das 20. Jh. hinein die Wirtschaft ankurbelte. Der Erfindung des Kunststoffs Nylon war es jedoch zuzuschreiben, dass Sisal und infolgedessen auch Tanga zunehmend an Bedeutung verloren. In den letzten Jahren wurde allerdings aufgrund der gestiegenen Nachfrage auf den Weltmärkten, höherer Preise und politischer Entscheidungen wieder mehr Sisal produziert. Knapp 70 % der Wirtschaftsleistung der Region Tanga basieren auf der Naturfaser.

Sehenswertes im Zentrum

Außer Kolonialbauten, die teilweise vorbildlich instand gesetzt wurden, ist heute nicht viel touristische Substanz vorhanden, doch das Städtchen punktet mit entspanntem Swahili-Charme. Der großzügig angelegte **koloniale Stadtkern** ist dem Meer zugewandt, östlich davon auf einer Halbinsel befindet sich das **Villenviertel Ras Kazone.**

Die sauber und gepflegt wirkende Stadt kann man sehr gut zu Fuß besichtigen, die sehenswerten Kolonialgebäude befinden sich in den drei parallel zum Meer verlaufenden Hauptstraßen Independence Avenue, Market Street und Eckernfoerde Avenue. Im geschichtlich interessanten **Urithi Tanga Museum** in der alten deutschen Boma sind historische Fotos und Artefakte ausgestellt (Mo–Fr 9–17 Uhr, Erw. 3000 TSh).

Außerhalb der Stadt

Auch vor den Toren der Stadt findet man nicht allzu viele Attraktionen. Etwa 8 km nördlich (Abzweigung von der Teerstraße bei Mafuriko) liegen die 150 Mio. Jahre alten Tropfsteinhöhlen **Amboni Caves** (tgl. geöffnet, Erw. 20 000 TSh, Guide 10 000 TSh).

Ruinen der Shirazi, des ehemaligen persischen Herrschergeschlechts des 13. und 14. Jh., gibt es in **Tongoni,** 17 km südlich von Tanga, sowie auf der vorgelagerten Insel **Toten Island.** Die Insel empfiehlt sich auch für Schnorchel- und Badeausflügler, denn mit Stränden ist Tanga nicht gesegnet.

Erst ca. 30 km südlich, auf dem Weg nach Pangani, beginnen die schöneren Küstenabschnitte. Am attraktivsten sind der **Ushongo Beach** (s. S. 304) und der noch eine Stunde südlicher gelegene **Sange Beach.**

Infos

Banken: NBC Bank mit Visa-ATM (Market St./ Bank St.), Exim Bank und Barclays Bank mit

MasterCard- und Visa-ATM (Independence Ave., gegenüber vom Bandari House). Geldwechsel ist nur eingeschränkt möglich, z. B. bei der NBC Bank oder der CRDB Bank (beide in Marktnähe). Lange Warteschlangen!

Übernachten

Abgeschieden – **Fish Eagle Point:** Mkadini Beach, nördlich von Tanga, Tel. 0687 680 890, www.fisheaglepoint.com. Rustikale, luftige Cottages am Strand. Hier kann man sich weit weg vom Trubel erholen. Pool, Bootsexkursionen, Schnorcheln, Fischen, Tauchen. DZ ab 180 US-$ (VP).

Stadthotel – **New Kwetu Hotel:** westlich der Innenstadt, Old Nguvumali, Tel. 0653 993 095, www.kwetuhotel.co.tz. Recht gepflegtes Hotel, im landestypischen Stil ausgestaltet, in ruhiger Lage etwas außerhalb des Zentrums. DZ ab 75 US-$.

Einfach – **CBA Hotel:** gegenüber vom Yacht Club, Tel. 0753 419 269. Kleines Gästehaus im landestypischen Stil mit etwas beengten, aber sauberen Zimmern in ruhiger Lage. Großer Garten, sicheres Parken. DZ ab 55 000 TSh.

Essen & Trinken

Italienisch – **Pizzeria D'Amore:** Hospital (Bombo) Rd., Di–So mittags und abends ab 18.30 Uhr. Einziges italienisches Lokal der Stadt mit Pizzen, Pasta und Fleischgerichten. Gepflegte Atmosphäre und westliche Musik, Hauptgerichte ca. 15 000 TSh.

Am Wasser – **Tanga Yacht Club:** Ras Kazone, Mo, Mi–Sa nur mittags und abends, So durchgehend geöffnet. Schöne, gepflegte Anlage am Strand, mit Liegen, WLAN, Panoramarestaurant mit gehobenen Preisen. Hauptgerichte 10 000–15 000 TSh. Nur interessant, wenn man den ganzen Tag bleibt, denn die Tagesgebühr von 6000 TSh fällt zusätzlich an.

Indisch – **Food Palace:** Market St., Mo–Do 8–16, Fr–So zusätzlich 19–22 Uhr. Die Institution in Tanga für indische Küche und Snacks mit zahlreichen vegetarischen Gerichten. Ca. 8000 TSh.

Solide Hausmannskost – **Patwas:** Mkwakwani Rd., zwischen Markt und Stadion, Mo–Sa 8–20 Uhr. Alteingesessenes Restaurant, bekannt für seine frischen Säfte, Snacks, indische Gerichte und tansanische Hausmannskost. Hauptgerichte ab 7000 TSh.

Aktiv

Safaris und Ausflüge – **Ilya Tours:** Central Market, Ocean Breeze Hotel, Tel. 0713 560 569, www.ilyatours.com. Viele Aktivitäten im Programm, z. B. Safaris in den Saadani National Park, Tanga City Tour, Bootsexkursionen zu Inseln oder Ausflüge zu Ruinen und den Amboni Caves, ab 30 US-$/Pers.

Verkehr

Flüge: Das Flugfeld liegt wenige Kilometer westlich von Tanga; Flugverbindungen von Dar-es-Salaam um 220 US-$ (einfach), nach nach Sansibar 150 US-$ mit Coastal Aviation.

Busse: Überlandbusse aus allen Landesteilen fahren nach Tanga. Der Busbahnhof liegt südlich der Bahnlinie, an der Pangani Road und 11th Street. Vorsicht vor aggressiven Flycatchern!

Grenzverkehr: In den Norden nach Kenia führt eine Teerstraße. Man darf man ausschließlich mit gültigem e-Visum nach Kenia einreisen (50 US-$, s. S. 80, siehe auch Hinweis zum East Africa Tourist Visa). An der Grenze besonders vorsichtig sein, kein Geldwechsel auf der Straße!

Von Muheza nach Pangani ▸ 2, Q 15/16

Von den Bergen oder von Dar-es-Salaam aus kommend passiert man Segera, um auf die gut ausgebaute Teerstraße nach Tanga bzw. an die Küste zu kommen. Während das verschlafene Küstenstädtchen Tanga einen Abstecher nicht unbedingt lohnt, ist die südlich davon liegende Küste rund um Pangani ein Muss. Die Anfahrt erfolgt über eine schmale, aber akzeptable Piste, die im Städtchen Muheza (34 km ab der Abzweigung Segera) beginnt (Abzweigung rechts auf der Teerstraße nach Tanga). Die stetig leicht abfallende Piste von Muheza nach Pangani (fast 44 km) führt durch kleine Dörfer mit rotbraunen Lehmhäusern, bunter Wäsche auf der Leine und Männern, die unter ausladenden Mangobäumen Schutz vor der gleißenden Sonne suchen. Nach einer guten Stunde Autofahrt erreicht man an der Küste die Allwetterstraße von Tanga nach Pangani. Um Pangani oder Ushongo Beach zu erreichen, hält man sich hier rechts.

> Tipp
>
> **SCHÖNE ALTERNATIVROUTE**
>
> Wer ausreichend Zeit zur Verfügung hat, nimmt die durchgängig unbefestigte Straße von Pangani bis nach Saadani Village, durch ausgedehnte Sisalplantagen, vereinzelte Dörfer und den goldgelben Saadani National Park (s. S. 299). Da für diesen Eintrittsgebühren zu entrichten sind, macht dieser Streckenvorschlag nur für jene Reisenden Sinn, die den National Park näher erkunden möchten (ca. 70 km, 3 Std.).

Pangani ▶ 2, Q 16

Mit seinen einsturzgefährdeten Ruinen, der historischen Verstrickung in Sklaven- und Elfenbeinhandel und der heutigen Lethargie unterscheidet sich **Pangani** kaum von seinen Nachbarstädten. Trotzdem ist Pangani, 48 km südlich von Tanga, ein liebenswertes Stück Afrika abseits der Touristenpfade, das besonders mit Stränden punkten kann. Es ist von Tanga oder Muheza aus auf Sand- und Schotterpisten zu erreichen, die je nach Saison akzeptabel sind.

Übernachten, Essen & Trinken

Einsamer Strand – **Mkoma Bay Lodge:** nördlich von Pangani, Tel. 0786 434 001, www.mkomabay.com. Die auf hohen Klippen gelegene Lodge hat einen wunderschönen Ausblick auf die Mkoma Bay. Unterbringung in gemütlichen Safari-Zelten, für Familien und Gruppen steht ein riesiges Ferienhaus zur Verfügung. Über Treppen gelangt man zum Meer. Pool, Lounge und Restaurant mit Meerblick, gute Küche. WLAN gegen Aufpreis. DZ ab 220 US-$.

Backpacker-Treff – **Peponi Beach Resort:** ca. 15 km nördlich von Pagani, Tel. 0713 540 139, www.peponiresort.com. Familiär geführte Budgetunterkunft mit sauberen und zweckmäßigen Bandas sowie großem Campingplatz mit überdachten Unterständen. Legeres Ambiente, das insbesondere Overland- und Rucksacktouristen schätzen. Viele Aktivitäten (z. B. Schnorcheln, Kayaking, Windsurfen, Radfahren etc.), Pool am Meer, WLAN. Camping 7,50 US-$/Pers. DZ ab 140 US-$ (HP).

Für Selbstversorger – **Capricorn Beach Cottages:** dem Peponi Beach Resort benachbart, Tel. 0768 811 551, www.capricornbeachcottages.com. Gemütliche, geräumige Selbstversorger-Cottages. Restaurant (Pizzeria, BBQ), Boutique für Strand- und Badebekleidung, Spa mit Massagen, WLAN, Grillplatz für Selbstversorger, Deli. DZ 114 US-$.

Aktiv

Stadttouren, Ausflüge – **Pangani Coast Cultural Tourism Programme:** beim Central Bus Stand, Tel. 0715 489 129. Eine der beständigsten Kulturtourismusinitiativen in Tansania. Historical City Tour 40 US-$, Pangani River Cruise 20 US-$, Tongoni Ruins 20 US-$, auch Radtouren, Wanderungen etc.

Verkehr

Busse: Ab Pangani ist kein Fortkommen mit öffentlichen Verkehrsmitteln mehr möglich.

Fähren: Für die Überfahrt über den Pangani River existieren eine neuere Autofähre (5000 TSh/Auto) und kleine Holzboote für die Personenbeförderung (200 TSh/Pers.), die allerdings nicht nach Fahrplan übersetzen.

Ushongo Beach ▶ 2, Q 16

Ein Hauch von Abenteuer kommt bei der Überquerung des Pangani-Flusses auf, Menschen und Fahrzeuge werden mit einer kleinen, aber leistungsstarken Fähre über den Fluss geschippert, die regelmäßig hin- und herpendelt. Während man vor einigen Jahren mit dem alten Fährboot lange Wartezeiten, auch über Nacht, in Kauf nehmen musste, geht die Überfahrt nun flott vonstatten.

Der Abstecher zum paradiesischen **Ushongo Beach** ist jedenfalls jede Anstrengung wert, denn seine palmengesäumten Strände gehören zu den schönsten des Landes. Nach der Flussüberfahrt führt die Straße durch ausgedehnte Sisalplantagen, wo man sich nach etwa 10 km beim Schilderwald links halten muss. Bei in Tansania lebenden Ausländern ist Ushongo als ruhigere Alternative zum überlaufenen Sansibar beliebt.

Seit Kurzem gibt es weitere Lodges in **Sange,** das abgeschieden eine Stunde südlich von Ushongo Beach liegt.

Übernachten, Essen & Trinken

Abgeschieden und ruhig – **Kijongo Bay Resort:** Sange, 8 km von der Hauptpiste, Tel. 0787 055 572, www.kijongobayresort.com. Zweistöckige, großzügige Chalets mit Veranda im Obergeschoss, Meerblick und angenehme Brise. Ideal für Familien, mit Pool. Viele Aktivitäten, u. a. Schnorcheln, Kayaking, Mangrove Walks, Safaris in den Saadani-Nationalpark. DZ ab 396 US-$ (HP).

Komfortabel – **The Tides Lodge:** Tel. 0713 325 812, www.thetideslodge.com. Die intime, elegante Lodge hat Stil. Die großen gemauerten Cottages liegen direkt am Strand, die Familien-Bungalows sowie die romantische Upepo Suite liegen zwar etwas abseits, haben aber ebenfalls Blick aufs Meer. Die Lodge besitzt den einzigen ordentlich großen Pool in Ushongo. Zum Angebot gehören auch Schnorcheln, Kayaking und Bootsexkursionen. Touren und Tauchen werden arrangiert. Nur das Essen entspricht nicht ganz der gehobenen Preisklasse. Internet. DZ ab 350 US-$ (HP).

Urig – **Emayani Beach Lodge:** Tel. 0782 457 668, www.emayanilodge.com. Sympathische Lodge unter Kokospalmen mit zwölf recht rustikalen Bandas und farbenfroher Lounge. Kleiner Planschpool und ein umfassendes Freizeitprogramm. WLAN. DZ ab 140 US-$.

Gesellig – **The Beach Crab Resort:** Tel. 0784 543 700, www.thebeachcrab.com. Für Aktive und Gesellige ist die rustikale familiäre Lodge des deutschen Paars Sonja und Alex direkt am Strand ideal. Kajaks, Windsurfen, Tauchen, Schnorcheln, Masai-Touren und vieles mehr werden gerne organisiert. Mittlerweile in die Jahre gekommen, aber nach wie vor bekannt für entspannte Vibes und das beste Essen am Ushongo Beach. DZ in Bungalows ab 120 US-$, in Beach Huts ab 40 US-$ (inkl. Frühstück), Camping 6 US-$/Pers.

Aktiv

Tauchen – **Tauchbasis Kasa Divers:** bei der Emayani Beach Lodge, Tel. 0786 427 645, www.kasa-divers.com. Doppeltauchgang 105 US-$. Auf der Basis wird Deutsch gesprochen.

Schnorcheln – **The Beach Crab Resort:** s. o., Schorcheln wird gerne arrangiert.

Bush Walk – **The Beach Crab Resort:** s. o., 7 US-$/Pers.

Safaris in den Saadani National Park – **The Beach Crab Resort:** s. o., Preis auf Anfrage. **Kijongo Bay Resort:** s. o., ab 250 US-$ pro Pers. und Tag.

Bootsfahrt nach Sansibar – **Kasa Divers/Emayani Beach Lodge:** s. o. Es wird Kendwa angefahren, nach Stone Town gelangt man mit dem Taxi. 65 US-$/Pers. (einfach), Mindestteilnehmerzahl 5 Pers.

Verkehr

Flüge: Coastal Aviation fliegt 1 x tgl. vom Mashado Airstrip nach Moshi (278 US-$), nach Sansibar (128 US-$) oder nach Dar-es-Salaam (208 US-$), Preise jeweils pro Pers. und einfach.

Boot nach Sansibar: Kasa Divers/Emayani Beach Lodge: s. Aktiv.

Kunst, Kleidungsstück und Kultur – der Kanga

Der Kanga, der sich von der Küste aus über ganz Ostafrika verbreitet hat, ist ein rechteckiges, farbenfrohes Baumwolltuch und gehört zum Lebensalltag wie das tägliche Brot. Seinen Siegeszug trat er von Sansibar aus an und breitete sich im Lauf der Zeit bis ins Innere Afrikas, ja bis Madagaskar oder auf die Komoren aus.

Das 1,5 x 1 m große Tuch wird vielseitig verwendet – als Tragetuch für Babys, als Alltagsbekleidung der Frauen (eines als Rock, eines als Oberteil, eines als Kopftuch) und selbst auf dem Weg zur letzten Ruhestätte werden die Frauen in einen Kanga eingewickelt.

Die Erfolgsgeschichte des Kanga begann Mitte des 19. Jh., als einige Frauen auf Sansibar die Idee hatten, mehrere Leso (Taschentücher, die die Portugiesen in Afrika eingeführt hatten) zu einem großen Wickeltuch zusammenzunähen. So entstand eine Art Patchwork-Design. Wegen der vielen bunten Muster erhielten die Tücher die Bezeichnung Kanga: Kiswahili für ›Perlhuhn‹. Aufgrund der vielseitigen Verwendungsmöglichkeit verbreiteten sich die Tücher schnell entlang der Swahili-Küste und lösten bald die traditionelle Leder- und Grasbekleidung im Landesinneren ab.

Frauen (und Männer) nämlich wählen Kangas nicht aufgrund von Formen und Farben, sondern wegen der Botschaften aus. Die Frauen sprachen den verschiedenen Mustern, wie der Lotusblume oder stilisierten Cashewnüssen, bestimmte Bedeutungen zu, beispielsweise Fruchtbarkeit. Seit geraumer Zeit zieren Sinnsprüche auf Swahili die untere Seite der Kangas: Sprichwörter, etwa »Njia mwongo fupi« (»Der Weg des Lügners ist kurz«, im Sinne von »Lügen haben kurze Beine«), oder sozialkritische, oft spitz formulierte Äußerungen (z. B. »Kuleya mimba si kazi – kazi ni kuleya mwana«, »Schwanger zu werden ist keine Arbeit – die Arbeit ist es, das Kind großzuziehen«). Frauen kaufen ihre Kangas bewusst entsprechend den Aufschriften, drücken sie doch dadurch persönliche, politische oder religiöse Ansichten aus.

Werdende Mütter erhalten von ihren Schwiegermüttern einen Kanga, um ihnen durch die Blume Ratschläge für die Erziehung der Kinder oder die Ehe zu geben. Ebenso kann ein Ehemann seiner Frau einen Kanga mit einem passenden Sprichwort schenken, um sich bei ihr zu entschuldigen. Noch heute gilt Sansibar als das Zentrum der Kangas, wenn eine Frau auf Sansibar nicht fündig wird, dann nirgendwo.

Während der Kanga zum Kultobjekt afrikanischer Frauen avanciert ist, ist das von Männern getragene Pendant, der *Kikoi*, ein schlichtes Kleidungsstück geblieben. Das traditionelle Baumwolltuch der Männer ist natürlich etwas größer und fester gewebt. Häufig mit Fransen an den Enden versehen, hat der *Kikoi* zwar keine Muster, jedoch kräftige Farben, die an exotische Gewürze, an die Farben des Meeres und die Tropen erinnern. Der *Kikoi* wird von den Männern um die Hüfte gewickelt getragen.

Südliche Küste

Die Blütezeit der Region südlich von Dar-es-Salaam ist längst Vergangenheit. Heute gilt dieser Küstenstrich als besonders rückständig, mit geringer Infrastruktur. Geschichtsträchtige Ruinen, das Rufiji-Delta oder die herrlich unberührten weißen Sandstrände des Mnazi Bay-Ruvuma Estuary Marine Park begeistern daher vor allem Individualisten.

Die drei Kilwas ▶ 2, R 21

Die berühmt-berüchtigte Piste in den Süden wurde 2012 durch eine Teerstraße ersetzt. Dadurch gelangen abenteuerlustige Reisende zügig an die Südküste, am besten per Privattransfer oder noch besser per Flug. Nach etwa 310 km (4–5 Std. Fahrt) durch Busch und einige wenige dörfliche Strukturen ist der Kreisverkehr der Ortschaft Nangurukuru erreicht. Hier hält man sich links in Richtung Osten und Meer. 7 km weiter folgt der Abzweig nach Kilwa Kivinje und nach weiteren 22 km endet die Reise in Kilwa Masoko (insgesamt ca. 340 km ab Dar-es-Salaam, 5–6 Std.).

Kilwa Kivinje und Kilwa Masoko

Während **Kilwa Kivinje** (›Kilwa beim Kasuarinen-Baum‹) im 19. Jh. ein wichtiger Umschlagplatz für Sklaven und später Standort einer Garnison der deutschen Kolonialherren war, dient **Kilwa Masoko** (›Kilwa der Märkte‹) heute wie damals eher grundlegenderen Bedürfnissen wie Übernachtung sowie Beschaffung von Lebensmitteln und Benzin. Durch die neue Teerstraße zwischen Dar-es-Salaam und Mtwara kann Kilwa für jene als Alternative zu Sansibar in Betracht gezogen werden, die Ruhe, Entspannung und authentisches Dorfleben suchen. Sowohl vom Selous als auch von Dar aus ist Kilwa nun flott zu erreichen. Wie die muslimische Bevölkerung mit dem aufkeimenden Tourismus umgeht, wird die Zukunft weisen.

Kilwa Kisiwani

Als 1502 der portugiesische Seefahrer Vasco da Gama seinen Fuß auf **Kilwa Kisiwani** (›Kilwa der Insel‹) setzte, hatte die Stadt bereits 500 Jahre florierende Wirtschaft hinter sich, auch aufgrund der isolierten Lage, die die Insel vor Angreifern schützte. Im 10. Jh. gegründet, lag Kilwa am Ende der Gold-Route von Mosambik und Simbabwe. Auch Silber, Perlen, Parfüms, persische Keramik und chinesisches Porzellan verhalfen Kilwa zu Reichtum und politischem Einfluss. Historiker gehen davon aus, dass es bis zur Eroberung durch die Portugiesen Ende des 15. Jh. sogar die mächtigste Stadt der Swahili-Küste war. Selbst eigene Münzen wurden in Kilwa geprägt. Aus dieser Ära stammen auch die meisten imposanten Prunkbauten aus Stein, deren Ruinen heute zu den aufschlussreichsten Zeugnissen vorkolonialer Kultur gehören und daher von der UNESCO 1981 zum Welterbe erklärt wurden. Nachdem die historischen Gebäude aber zunehmend zu kollabieren drohten und die tansanische Regierung keine Maßnahmen dagegen ergriff, hatte das Welterbekomitee Kilwa 2004–2014 auf die Rote Liste des gefährdeten Welterbes gesetzt.

Nachdem die Portugiesen, getrieben von der Gier nach Geld und Gold, die Insel an sich gerissen hatten, bluteten sie die Stadt regelrecht aus. Die arabischen Omanis hatten also leichtes Spiel, als sie die Stadt 1780 besetzten. Im Zuge der Eroberung rief der Gouverneur alle Einwohner von Kilwa Kisiwani dazu auf, die Insel zu verlassen, um auf dem Festland zwei neue Siedlungen zu gründen – Kilwa Kivinje und Kilwa Masoko. Die von Sansibar aus operierenden Omanis sorgten zwar dafür, dass die Insel im 18. und 19. Jh. durch Sklaven- und Elfenbeinhandel wieder aufblühte, doch der Glanz alter Tage erlebte keine Renaissance.

Der einstige Reichtum lässt sich heute an der eindrucksvollen Architektur der Ruinenstadt Kilwa Kisiwani nachvollziehen. Die **Great Mosque,** die große Kuppelmoschee beispielsweise stammt aus dem 11. Jh., als größte Freitagsmoschee Ostafrikas wurde sie stets gepflegt und häufig renoviert, weshalb sie fast noch in ihrem gesamten majestätischen Erscheinungsbild zu sehen ist.

Das prächtigste Gebäude war der Sultanspalast **Husuni Kubwa** (Kiswahili für ›großer Palast‹) aus dem frühen 14. Jh., wo der jeweils regierende Sultan mit seiner Familie in unermesslichem Prunk residierte. So soll der Palast aus über 100 teilweise gewölbten und mit Friesen dekorierten Räumen bestanden haben. Neben einer Moschee und dem Dienstbotenquartier gab es einen Audienzraum, mehrere Innenhöfe, einen Pavillon sowie einen eindrucksvollen achteckigen Pool (mit Sitzgelegenheiten). Handelsreisende aus jener Zeit beschrieben den Palast als größtes Steingebäude im südlichen Afrika.

Während es sich bei den genannten Ruinen um präkoloniale Relikte handelt, stammt die **Gereza** (Arabisches Fort), die dem Besucher gleich bei der Ankunft ins Auge sticht, aus der Zeit der Portugiesen. Weil sich die Bezeichnung »Gereza« vom portugiesischen Wort für Kirche – *igreja* – ableitet, nimmt man an, dass dies der ursprüngliche Verwendungszweck war. Die Omanis bauten die Hinterlassenschaft der Portugiesen aber später zu einem Fort um.

Insel Songo Mnara

Eintritt 65 US-$/Pers.

Etwa 10 km südlich von Kisiwani liegen weitere Ruinen auf der **Insel Songo Mnara,** die wie Kilwa Kisiwani zum UNESCO-Welterbe gehören. Ein Besuch lohnt nur in Kombination mit Kisiwani sowie mit einem kundigen Gui-

Wenn die Schatten länger werden – Abendspaziergang an der Swahili-Küste

de. Songo Mnara hatte ihre Blütte ebenfalls im 15. Jh., aus dieser Zeit sind die Überreste einiger Moscheen, eines Palastes und privater Wohnhäuser erhalten.

Übernachten, Essen & Trinken

Mangroven – **Mwangaza Hideaway:** an der Ortseinfahrt rechts, Tel. 0757 029 244, www.kilwa-mwangaza.com. Exklusive Lodge mit nur vier geschmackvollen Bungalows, die Tage voller Ruhe und Entspannung garantiert. Kein Sandstrand (Mangrovenküste), aber Blick aufs Meer von allen Bungalows. DZ 140 US-$.
Gutes Essen und Infrastruktur – **Kilwa Pakaya Hotel:** Jimbiza Beach, Tel. 0783 960 737, www.kilwapakayahotel.co.tz. Komfortables Strandhotel direkt am Strand von Jimbiza mit 20 Zimmern (alle mit Meerblick) und vielen Annehmlichkeiten: gutes Essen, WLAN, Pool, viele Aktivitäten etc. Kleine Zimmer, aber westlicher Standard mit Klimaanlage. DZ ab 125 US-$.
Urig – **Kimbilio Lodge:** Jimbiza Beach, neben dem Kilwa Pakaya Beach Hotel, Tel. 0785 991 681. Die geräumigen lachsfarbenen Cottages im Stil von Rundhütten mit Makuti-Dach stehen direkt am Meer – man schläft also mit Wellenrauschen ein. Rustikale, gemütliche Unterkunft mit gutem Essen. WLAN. DZ ab 100 US-$.
Eco Lodge – **Kilwa Beach Lodge:** Masoko Pwani, Tel. 0746 423 175, www.kilwa.co.tz. Unterbringung in unterschiedlichen Kategorien, von iglu-artigen Häusern in ökofreundlicher Super-Adobe-Bauweise über Tented Bandas mit Panoramablick bis hin zu Chalets auf Strandniveau, alle direkt am Strand. Restaurant, Bar, Safaris in den Selous, Ausflüge nach Kilwa Kisiwani, Bootsexkursionen, etc. Man zielt auf sanften, ökologischen Tourismus ab. DZ von 80 US-$ (einfache Beach Bandas) bis 180 US-$ (Tented Bandas). Camping ebenfalls möglich.
Camping nahe am Strand – **Kilwa Beach Lodge:** s. oben. Camping direkt unter Kokospalmen am Strand. 10 US-$ pro Pers. **Kilwa Dreams:** Masoko Pwani, Tel. 0784 585 330, www.kilwadreams.com. Kampieren unter Palmen direkt am Meer, 10 US-$ pro Pers.

Aktiv

Strände – Der **Jimbiza Beach** an der gleichnamigen Bucht ist vom Dorfzentrum aus erreichbar. Hier kann man unabhängig von Ebbe und Flut den ganzen Tag schwimmen. Wer am Flugfeld in Richtung Meer abzweigt, gelangt an den viel schöneren **Masoko Pwani Beach** mit unzähligen Kokospalmen. Hier kann aber nur bei Flut gebadet werden.
Ruinen, Flusspferde, Schnorcheln – Jede Lodge organisiert diverse Aktivitäten. Die Ruinen sind nur per Boot erreichbar (attraktiv mit einer Dhau oder schneller mit dem Motorboot), inkl. Guide und Genehmigung ca. 40 US-$/Pers. An der Westseite der Halbinsel von Kilwa bietet das Brackwasser der Mangrovenwälder den idealen Lebensraum für Flusspferde, Krokodile und Vögel. Das Chartern eines Bootes für bis zu 5 Pers. kostet an die 100 US-$. Schnorchelausflüge ab 30 US-$/Pers.
Tauchen – Nur nach Voranmeldung bei der Kimbilio Lodge (s. links). Mangels Gästen können es die jeweiligen Unterkünfte nicht über längere Zeit rentabel betreiben.

Verkehr

Flüge: Von/nach Dar-es-Salaam (303 US-$) oder Sansibar (358 US-$), jeweils einfach und pro Person mit Coastal Aviation, das Flugfeld liegt bei der Ortseinfahrt von Kilwa Masoko.
Busse: Frühmorgens und mittags nach Dar-es-Salaam oder Lindi (7000 TSh). In Dar-es-Salaam starten die Busse nach Kilwa und in den Süden vom Mbagala Bus Terminal an der Kilwa Rd., z. B. nach Kilwa ab 13 000 TSh.

Südlich von Kilwa

▶ 2, R/S 23/24

Einige schöne Strandabschnitte, Tauchen abseits der Touristenpfade und echtes Swahili-Feeling begeistern allenfalls Individualisten, die sich meist in die Gegend südlich von Kilwa verirren, weil sie auf dem Weg nach Mosambik sind oder von dort kommen. Sowohl das Swahili-Städtchen **Lindi** (170 km von Nangurukuru, 480 km von Dar) als auch die erst im 20. Jh. gegründete größte Stadt des Südens, **Mtwara** (103 km von Lindi, 580 km von Dar), bieten wenig Sehenswertes. Ab Lindi führt eine recht gute Teerstraße direkt durch Mikindani (11 km vor Mtwara).

Makonde-Plateau

Im Südwesten von Lindi und Mtwara erstreckt sich das **Makonde-Plateau,** die Heimat der Makonde, die für ihre Schnitzereien aus schwarzem Ebenholz berühmt sind. Die Gegend ist nur auf einer äußerst staubigen Piste, die nach Songea führt, zu durchqueren, bietet aber außer typisch afrikanischem Dorfleben keine Highlights.

Mikindani

Nur wenige Kilometer vor Mtwara, an dem früher bedeutsamen Handelsstützpunkt **Mikindani,** hat sich in den vergangenen Jahren eine bescheidene touristische Infrastruktur entwickelt. Es gibt sogar eine Tauchbasis. Zu verdanken ist dies der Lage ganz in der Nähe des **Mnazi Bay-Ruvuma Estuary Marine Park.** Auch die schönen Strände (z. B. Msimbati) ziehen Besucher an.

Mnazi Bay-Ruvuma Estuary Marine Park

www.marineparks.go.tz, Eintritt Erw. 23,60 US-$

Der **Mnazi Bay-Ruvuma Estuary Marine Park** umfasst Mangroven, Felsküste und Sandstrände, Lagunen, Korallenriffe und Seegrasfelder, die über 400 Fisch- und über 200 Korallenarten beherbergen. An den Stränden legen Meereschildkröten ihre Eier ab.

Übernachten, Essen & Trinken

Alte Mauern – **Old Boma at Mikindani:** Tel. 0757 622 000, www.mikindani.com. Die über 100 Jahre alte deutsche Boma überblickt die Bucht von Mikindani, der weiße Anstrich leuchtet von Weitem. Das Haus voller Charme und Geschichte wurde im Zuge eines Entwicklungsprojektes revitalisiert. Großer Pool. Gute Küche. WLAN. 9 Zimmer. DZ 130–166 US-$.

Gute Vibes – **Ten Degrees South Lodge:** Tel. 0766 059 380, www.tendegreessouth.com. Kleine Pension, die teilweise in einem alten arabischen Haus untergebracht ist. Empfehlenswert sind die 4 neueren, komfortablen Zimmer mit Dusche/WC sowie Blick auf die Bucht. Ausgezeichnete Küche, leistungsstarkes WLAN. Exzellente Option für Individualisten. DZ ab 80 US-$.

Aktiv

Dhau-Fahrten, Sundowner, Stadtführungen und ähnliche Ausflüge können bei den Unterkünften gebucht werden.

Tauchen und Schnorcheln – **eco2:** Ten Degrees South Lodge, Tel. 0784 855 833, www.eco2tz.com. Das einzige Tauchzentrum weit und breit. Hier wird Unterwasserforschung betrieben und Tauchunterricht gegeben. Momentan ist die Basis geschlossen, evtl. eröffnet sie aber wieder und bietet Bootsausflüge u. a. zur Walbeobachtung an.

Rondo-Plateau – **Old Boma at Mikindani:** s. links. Zwei- oder mehrtägige Exkursionen werden arrangiert. Das Rondo Plateau Forest Reserve ist für seine Biodiversität (Bäume, Pflanzen, Vögel) bekannt und erlaubt ausgedehnte Wanderungen. 150 000 TSh/Pers.

Verkehr

Flüge: Linienflüge mit Precision Air von Dar nach Mtwara (ca. 260 US-$ einfach), das Flugfeld liegt wenige Kilometer südlich von Mtwara und 12 km von Mikindani.

Busse: Fernbusse fahren von Dar (Mbagala Bus Terminal) nach Mtwara. Dalladallas verkehren regelmäßig von Mtwara nach Mikindani.

Grenzverkehr: Bei Redaktionsschluss gab es zwei Möglichkeiten des Grenzverkehrs mit Mosambik: entweder über Newala und die Unity Bridge (5–6 Std. von Mtwara entfernt) oder mit der Autofähre bei Kilambo (ca. 2 Std. südlich von Mtwara), sofern sie funktionstüchtig ist. Beide Seiten der Brücke sind noch meilenweit von Teerstraßen und Infrastruktur entfernt, diese Variante ist also nicht wesentlich komfortabler als die Überfahrt über den Fluss. Man sollte sich möglichst schon in Dar-es-Salaam (oder zu Hause) ein Visum besorgen.

Die Inseln: Sansibar, Pemba und Mafia

Die Inseln enthalten alle Ingredienzen für einen exotischen Urlaub – Orte voller mysteriöser Geschichte, Erinnerungen an Prinzessinnen und Abenteurer, Düfte von Nelken und Frangipani, palmengesäumte Strände, azurblaues Meer bis zum Horizont und die faszinierende Unterwasserwelt des Indischen Ozeans. Kein Wunder, dass die Inseln für viele Besucher die ideale Ergänzung zu dem goldbraunen Staub der Safaris auf dem Festland sind.

Der Name Sansibar bezeichnet eigentlich den gesamten Archipel, der aus den Inseln Unguja (sprich Ungudscha), Pemba und an die 50 anderen kleinen Eilanden besteht. Die größte Insel, Unguja, ist bei uns bekannt unter dem Namen Sansibar. Mafia dagegen gehört verwaltungstechnisch zur Küstenregion des Festlands und nicht zum Archipel.

Geschichte Sansibars

Seit jeher waren die Inseln leicht erreichbar, vom afrikanischen Festland und sogar von Europa oder Asien aus. Bereits 60 n. Chr. belegen Schriften, dass griechische Händler von Ägypten aus mit Sansibar Handel trieben. Seit dem 7. Jh. siedelten sich arabische Händler und später, um 1200, die persischen Shirazi an. Ob sie der Insel ihren Namen gaben – *Zangh barr* bedeutet etwa ›Land der Schwarzen‹ – oder ob sich der Name aus dem arabischen *Zayn Za'l Barr* ableitet (›schön ist die Insel‹), da scheiden sich noch immer die Geister. Fest steht aber, dass *Swahili* vom arabischen Wort *sahel* stammt, was ›Küste‹ bedeutet.

Araber und Shirazi sorgten für die Einführung des Islam. Funde belegen, dass die erste Moschee auf sansibarischem Boden bereits 1107 in Kizimkazi (Süd-Unguja) bestand. Als im 15. Jh. die Portugiesen die Inseln (auch das Festland um Kilwa) überrannten, fanden sie prosperierende Städte vor, die regen Handel mit Persien, Arabien und Indien trieben. Gold, Schildkrötenpanzer, Elfenbein, Ebenholz und Sklaven wurden exportiert, Porzellan, Perlen, Textilien importiert. Zwar schlug das omanische Militär die Portugiesen ein Jahrhundert später in die Flucht, doch finden sich heute noch in der Swahili-Kultur portugiesische Relikte, z. B. Stierkämpfe auf Pemba, Worte portugiesischen Ursprungs, und es heißt, die Muster der Kangas stammten von portugiesischen Taschentüchern.

Gestärkt durch militärische Erfolge entlang der Küste – auch in Mombasa oder Lamu vertrieben sie die Portugiesen – erlangten die Omanis wachsenden Einfluss in Ostafrika. Der natürliche Tiefseehafen Sansibars bot ideale Ankerplätze für die immer größer werdenden Handelsschiffe; um 1820 wurden Gewürznelken aus Mauritius sowie Kakao und andere Sonderkulturen eingeführt. Mit der Verlegung der Hauptstadt des Sultanats Muskat nach Sansibar 1832 durch Sultan Sayyid avancierte die Insel zum wirtschaftlichen und politischen Zentrum von Ostafrika und des Oman.

Sayyid lockte wohlhabende Familien in die neue Hauptstadt, indem er ihnen große Ländereien auf der Insel zuteilte. Für die Gewürzplantagen waren Arbeitskräfte vonnöten, der Sklavenhandel florierte. Um 1840 wurden pro Jahr 40 000 bis 50 000 Sklaven ›vermarktet‹. Der geschäftstüchtige Sultan unterhielt intensive Handelsbeziehungen mit europäischen Ländern, darunter Deutschland und Österreich-Ungarn.

Als Sultan Sayyid 1856 starb, hinterließ er seinen Söhnen ein florierendes Reich, das sich wegen Erbstreitigkeiten allerdings auf Sansibar sowie die Festlandküste reduzierte. Majid und ab 1870 sein Sohn Bargash regierten als fortschrittliche Sultane. Unter Barghash wurde der Großteil der pittoresken Gebäude in Stone Town erbaut, er modernisierte die Stadt auch, u. a. ließ er elektrische Straßenbeleuchtung installieren und mittels eines Aquädukts sauberes Trinkwasser in die Stadt leiten.

In den 1870er-Jahren erstreckte sich das Reich der Sansibaris bis zum Tanganyika-See, nach Kenia und Mosambik – aber der Konflikt mit dem aggressiven Großmachtstreben der deutschen Kolonialherren leitete den schleichenden Untergang des Sultanats ein. Schritt für Schritt musste es seine Ländereien auf dem Festland abgeben. Der politischen Entmachtung folgte die wirtschaftliche auf dem Fuß. Offiziell war der Sklavenhandel bereits 1873 durch die Briten abgeschafft, doch brachte der Handel im Verborgenen der omanischen Oberschicht weiter hohe Einnahmen. 1897 griff die britische Kolonialregierung hart gegen den Sklavenschwarzmarkt durch. Die neuen Tiefseehäfen in Mombasa und Dar-es-Salaam sowie die schwindende Bedeutung des Nelkenexports versetzten der Wirtschaft Sansibars endgültig den Todesstoß.

Nach dem Ende der britischen Kolonialherrschaft wurde der letzte Sultan 1964 in einer blutigen Revolte gestürzt. Nach kurzer Übergangszeit als ›Volksrepublik‹ vereinigte sich Sansibar am 26. April 1964 mit dem Festlandsstaat Tanganjika zum neuen Staat Tansania. Seitdem ist der Verwaltungsbezirk Sansibar, also Unguja und Pemba, ein Teilstaat der Republik Tansania, mit semi-autonomem Status: Die Sansibaris wählen ihren eigenen Präsidenten (zugleich Vizepräsident von Tansania) samt Parlament, es gibt eigene Gesetze, z. B. wird Homosexualität mit Gefängnis geahndet.

Der erste Präsident Sansibars, Sheikh Abeid Karume, war wie sein Kollege vom Festland, Julius Nyerere, ein Vertreter des Afrikanischen Sozialismus und unterhielt gute Kontakte mit

Auf Sansibar findet man noch vorbildlich gepflegte Swahili-Türen

Kuba, der UdSSR, China und der DDR. Die ersten Mehrparteien-Wahlen fanden 1995 statt, von Anfang an begleitet von Wahlbetrug und Unruhen. Während die Macht habende Partei CCM (Chama cha Mapinduzi) ihr Zepter nicht aus der Hand geben möchte, fordern die fundamentalistisch-islamischen Oppositionellen CUF (Civic United Front) die Unabhängigkeit als eigener islamischer Staat.

Bevölkerung, Religion und Kultur

Die weit über 1 Mio. Einwohner des Archipels, ein Bevölkerungsgemisch aus Afrikanern, Indern, Persern und Arabern, sind zu 98 % Anhänger des Islam, der auch im Alltag allgegenwärtig ist. Der Großteil der islamischen Frauen trägt *buibuis* – lange schwarze Umhänge – über der Kleidung. Auch die Männer zeigen sich in ihrer traditionellen Tracht – lange, weiße Hemden *(khanzu)* und kunstvoll verzierte Kopfbedeckungen *(kofia)*. Fünfmal pro Tag hallt der Ruf des Imam zum Gebet über die Inseln. Freitag ist der wichtigste Gebetstag der Muslime (weswegen dieser Tag auch dem Sonntag in christlich geprägten Ländern ähnelt). Polygamie wird praktiziert, Schweinefleisch ist tabu. Trotzdem unterscheidet sich der auf Sansibar praktizierte, gemäßigte Islam von dem in anderen muslimischen Gesellschaften. Das mag daran liegen, dass in Sansibar muslimische Praktiken aus verschiedenen Teilen der Welt zusammengetroffen sind. Man respektiert auch bereitwillig andere Glaubensrichtungen, denn wie an kaum einem anderen Ort der Welt sind drei große Weltreligionen – Islam, Hinduismus und Christentum – hier auf engstem Raum vereint. Auch wenn man stolz darauf ist, tolerant gegenüber Andersgläubigen zu sein, so hat der Islam klar Vorrang. Vor allem in Stone Town sollten Frauen davon Abstand nehmen, Miniröcke, Shorts oder ärmellose Tops zu tragen (um muslimische Frauen nicht zu brüskieren und keine Blicke auf sich zu ziehen). Für Touristen kann der heilige Monat Ramadan mitunter unangenehm werden, denn Essen und Trinken während des Tages ist dann in der Öffentlichkeit tabu. Das Tourismusministerium fordert seit einigen Jahren die Hoteliers dazu auf, während des Ramadan kein Frühstück zu servieren (das betrifft vor allem Stone Town, nicht die Resorts an der Küste), und auch tagsüber haben kaum Restaurants geöffnet. Genauso verpönt ist das Rauchen in der Öffentlichkeit.

Insel Sansibar (Unguja)

▶ 2, Q/R 16/17

Karte: S. 330

37 km vor dem Festland erstreckt sich die Insel Unguja (knapp 900 000 Einw. lt. Volkszählung 2012), die in der Umgangssprache meist **Sansibar** genannt wird; sie ist etwa 86 km lang und bis zu 40 km breit. An der Westküste liegt die Hauptstadt des Archipels, Zanzibar Town (geschätzt 350 000 Einw.), deren historisches Herzstück ist Stone Town.

Viele kleine Inseln sind vorgelagert, z. B. Grave Island, Chapwani Island, Bawe oder Chumbe Island, die sich für herrliche Schnorchelausflüge eignen. Auf einigen Inseln haben sich opulente Luxus-Hideaways für gut Betuchte angesiedelt, wie z. B. auf Mnemba Island.

Während die Nordküste rund um Nungwi und Kendwa nächtelang durchfeiernde Rucksacktouristen anzieht, bieten die meisten Hotels an der Ostküste himmlische Ruhe. Die Strände nördlich und südlich von Stone Town an der Westküste werden meist unterschätzt, dabei punkten die Resorts vor allem mit der relativen Nähe zu Stone Town – ideal für Urlauber, denen Sonnenbaden nach dem dritten Tag zu eintönig wird – und mit herrlichen Sonnenuntergängen, die den Resorts am Oststrand naturgemäß fehlen. Der Süden ist wenig bekannt, obwohl sich rund um Kizimkazi wunderschöne Sandstrände befinden.

Das Inselinnere ist ein riesiger botanischer Garten, in dem alle nur erdenklichen tropischen Früchte und Gewürze gedeihen. Nicht umsonst heißt die Insel auch Gewürzinsel. Zudem erstreckt sich hier ein kleiner tropischer Urwald, der Jozani-Chwaka Bay National Park.

Swahili – mehr als eine Sprache

Kokosnuss: eine wichtige Zutat für die Swahili

Obwohl die Sprache des Volkes der Swahili – das Kiswahili – zur Verkehrssprache in Tansania, Kenia und Uganda avancierte, blieb die markante Kultur auf die Küste und die vorgelagerten Inseln beschränkt. Gerade auf den Inseln Lamu, Sansibar und Pemba wird die Swahili-Kultur viel intensiver gelebt als auf dem Festland.

An der gesamten Küste Kenias und Tansanias sowie auf allen Inseln beeinflusst die einzigartige Swahili-Kultur das Leben: vom Kunsthandwerk über kulinarische Genüsse bis hin zum religiösen und sozialen Alltag.

Herzstück der Swahili-Kultur ist der Islam, der den Alltag sowie das Leben im Jahreslauf bestimmt. Im Besonderen prägen die großen Festlichkeiten das gesellschaftliche Miteinander. Im Monat Ramadan ist das öffentliche Leben auf Sparflamme, da den Fastenden in der Hitze die Energie zum Arbeiten oder für Bewegung fehlt. Ausgelassen feiert man hingegen z. B. das drei Tage dauernde Fest des Eid ul Fitr, das den Ramadan beendet. Zu Maulidi, dem Geburtstag des Propheten Mohammed, strömen jährlich mehrere Tausend gläubige Muslime aus vielen afrikanischen Staaten nach Lamu, um ein acht Tage dauerndes Fest zu feiern. Dabei werden traditionelle Musik- und Tanzaufführungen auf den Straßen dargeboten, und von überall her erklingt Taraab (oder Tarabu), die typische Folkloremusik der Swahili.

Ein besonderes Aushängeschild der Swahili-Tradition stellt die Swahili-Tür dar. Die kunstvoll geschnitzten Holztüren, die meist Häuser wichtiger Geschäftsleute des 18. und 19. Jh. zierten, gaben einst Auskunft über den sozialen Status des Hausbesitzers. Je reicher verziert und je größer die Tür, desto einflussreicher war er. Eine typische Swahili-Tür hat eine nahezu quadratische Form, besteht aus zwei Flügeln, die in der Mitte von einem senkrechten Balken gestützt werden. Rahmen und Stützbalken sind aufwendig verziert, wobei verschiedene Symbole immer wieder auftauchen: der Fisch und die Wellenlinien, die bedeutende Elemente im Leben der Küstenbewohner darstellen, stilisierte Lotusblumen als Symbol für Fruchtbarkeit und Frieden, die Blätter der Dattelpalme, mit denen Reichtum und Gesundheit assoziiert werden, eine geschnitzte Kette, die um den gesamten Rahmen führt, soll den Bewohnern Sicherheit bescheren. Weitere Schnitzereien wie Pfauenaugen, Löwen oder Nelken symbolisieren einen bestimmten Charakterzug des Hausbesitzers. Am oberen Rahmen findet man häufig einen Koranspruch, der das Haus und seine Bewohner segnen soll. Die Türflügel sind mit hölzernen oder Messingbeschlägen und dekorativen Schlössern besetzt, die Unheil abhalten sollen.

Schließlich ist auch das kulinarische Angebot auf den Swahili-Inseln bunter. So bereichern die aromatischen Gewürzreisvariationen Pilau oder Biriani ebenso den Speiseplan wie Gerichte mit Kokoscreme. Curry, Tamarinde und andere Gewürze verleihen den Speisen eine delikate Note und bringen Abwechslung in das sonst oft recht eintönige Angebot.

Stone Town ▶ 2, Q 17

Cityplan: S. 317; **Karte:** S. 330

Vor über 300 Jahren begannen die Araber, Häuser aus Korallenstein zu bauen – eine für Afrika sonst untypische Bauart. Durch die dichte, Schatten spendende Bauweise installierten sie sozusagen flächendeckend eine Klimaanlage. Die meisten Gebäude entstanden im 19. Jh., und heutzutage sind nur wenig mehr als 10 % der historischen Häuser in gutem Zustand. Die meisten müssten dringend renoviert werde, wenn man die Altstadt erhalten möchte. Etwa 18 000 Menschen wohnen heute noch im historischen Kern.

Stone Town, die ›Steinstadt‹, verzückt durch scheinbar wild aneinandergereihte Häuser, zwischen denen unzählige enge Gassen verlaufen. Hier pulsiert das Leben, überall duftet es nach kulinarischen Spezialitäten, kleine Läden (*duka*) bieten von der Zahnpasta über getrocknete Gewürze bis hin zu Stoffen eine bunte Warenmischung an, und aus den Häusern dringt arabische Taarab-Musik. Für Autos sind die meisten Gassen zu schmal, am besten kommt man zu Fuß voran, doch nicht immer ist es einfach, sich im Straßengewirr zurechtzufinden. Selbst mit einer Stadtkarte stößt man bald an seine Grenzen …

Meeresfront

Besonders beeindruckend sind die Bauten entlang der **Meeresfront,** dem vormals strategisch wichtigen Teil der Stadt, in der Nähe des Hafens. Ausgehend von dem geschäftigen Hafen und dem **Fährhafen** 1 verläuft eine Straße direkt entlang des Meeres in die Altstadt. Östlich vom Zanzibar Port liegen im Malindi-Viertel der alte Dhau-Hafen und der große **Fischmarkt** 2, wo besonders am Morgen reges Treiben herrscht, wenn die Fischer ihren Fang gleich nach ihrer Rückkehr lautstark feilbieten. Ein Besuch ist nur mit Guide empfehlenswert!

Hier und da wird renoviert, doch nach wie vor machen verfallende kolonialzeitliche Bauten den leicht morbiden Charme der alten Dame Stone Town aus

Old Dispensary 3

Nach kurzer Wegstrecke erreicht man die ersten Attraktionen, z. B. die **Old Dispensary.** Viele Dekaden war in diesem Ende der 1880er-Jahre errichteten Gebäude eine kleine Klinik samt Apotheke einquartiert. Um den gänzlichen Verfall des architektonischen Juwels zu verhindern, restaurierte die Aga-Khan-Stiftung es – soweit möglich – in den 1990er-Jahren originalgetreu.

Palace Museum 4

Tgl. 9–18, Uhr, Erw. 6000 TSh

Geht man weiter entlang der Meeresfront, kommt man zum **Palace Museum.** Der einst prachtvolle Palast, der den Namen Beyt-al-Sahel (›Haus an der Küste‹) trug, diente der Sultansfamilie von den 1830er-Jahren bis zur Revolution 1964 als Zweitwohnsitz. Heute beherbergt der Palast ein Museum, das einmalige Preziosen aus dem Schatz der Sultane enthält, darunter kostbare Möbeln, Gemälde und handgeschriebene Verträge. Ein Raum ist Prinzessin Salme (1844–1924) gewidmet, einer Tochter Sayyids, die mit ihrem Liebhaber, dem deutschen Kaufmann Heinrich Ruete, 1866 nach Hamburg durchbrannte und zur deutschen Bürgersgattin Emily Ruete wurde. 1888 veröffentlichte sie ihre Memoiren einer arabischen Prinzessin, eine authentische Beschreibung des Lebens am sansibarischen Hof (s. S. 325). Die revolutionäre Prinzessin gilt als einzige wahre Chronistin des muslimischen Sultanats.

Tipp

SICHERHEIT

Stone Town ist die einzige Stadt in Tansania, wo man abends (bis etwa Mitternacht) weitestgehend ungefährdet durch die Stadt flanieren kann, vor allem entlang der belebten, gut beleuchteten Hauptrouten. Abendlichen Zerstreuungen wie einem Bummel entlang der Garküchen in den Forodhani Gardens oder dem Besuch einer Bar mit Livemusik kann man sich also ohne Bedenken hingeben, sofern man Wertsachen im Hotel lässt.

House of Wonders 5

Zum Zeitpunkt der Drucklegung (Mai 2018) war das Museum geschlossen

Wenige Schritte weiter sticht das **House of Wonders** ins Auge, das Sultan Bar-ghash 1883 erbauen ließ und das einst durch Übergänge mit dem Palast verbunden war. Der opulente Bau erinnert an viktorianische Kolonialarchitektur: Gewaltige, weiße Säulen stützen die enormen Balkone. Die Balustraden und Galerien im Inneren ähneln denen in alten Herrenhäusern. Der Name leitet sich von dem Umstand ab, dass dieses Gebäude das erste auf Sansibar war, das über Elektrizität und sogar einen Fahrstuhl verfügte. Ursprünglich diente es als Zeremonienstätte der Sultane, danach lange Zeit als Zentrale der CCM, der Revolutionspartei. Seit 2002 fungiert der Prachtbau als Nationalmuseum.

Forodhani Gardens 6

Tgl. ab Sonnenuntergang

Allabendlich erwachen die gegenüberliegenden **Forodhani Gardens** zum Leben Nach Sonnenuntergang gibt sich hier die gesamte Vielfalt der sansibarischen Küche ein Stelldichein. In den kleinen Garküchen brutzeln *samosas* (Teigtaschen mit Fleisch- oder Gemüsefüllung), *kachori* (herzhafte Kartoffelbällchen), afrikanische *chapati* (eine Art Crêpe, aber ungesüßt) oder sansibarische Pizzen. *Mishkaki* (gegrillte Fleisch- oder Fischspießchen), *Spice Tea* (Gewürztee) oder frisch gepresster Zuckerrohrsaft stehen ebenfalls zum Verkauf.

Wo heute kleine Garküchen stehen, dürfte vor 1920 der alte Hafen gelegen haben. Man kann sich gut vorstellen, welch herrliche Aussicht die Sultansfamilie genossen hat, wenn bunte Segelschiffe mit fremdartigen Menschen hier anlegten.

Old Fort 7

Tgl. 8–21 Uhr, Eintritt frei

Das **Old Fort** (auch Portugiesisches Fort) wurde gegen Ende des 18. Jh. von den Omanis an der Stelle einer alten portugiesischen Kapelle erbaut und fungierte als militärische Schutzanlage. Heute finden hinter den dicken Mauern regelmäßig Konzerte, Theater- oder Tanzaufführungen statt. Tagsüber kann die Anlage auch von innen besichtigt werden.

Forodhani Orphanage 8

Folgt man der Straße weiter, muss man durch einen Tunnel gehen. Man unterquert dabei ein mächtiges Gebäude mit dreibogigem Fenster und Balkon, zu dem eine Treppe hinaufführt. Im Lauf der Jahre waren hier u. a. den Englischen Club und eine indische Schule untergebracht. Seit 1964 bietet der Bau als staatliches **Waisenhaus** Kindern vom Säuglingsalter bis 18 Jahren ein neues Zuhause.

Stone Town

Sehenswert
1 Fährhafen
2 Fischmarkt
3 Old Dispensary
4 Palace Museum
5 House of Wonders
6 Forodhani Gardens
7 Old Fort
8 Forodhani Orphanage
9 Kelele Square
10 Freddie Mercury House
11 St. Joseph Cathedral
12 Shiva Shakti Temple
13 Emerson on Hurumzi
14 Darajani Market
15 Anglican Cathedral/ Old Slave Market
16 Beyt-al-Amani

Übernachten
1 The Zanzibar Serena Inn
2 Mashariki Palace Hotel
3 Kisiwa House
4 Emerson Spice Hotel
5 Zanzibar Palace Hotel
6 Zanzibar Coffee House
7 Kholle House
8 House of Spices
9 Hiliki House
10 Zenji Hotel

Essen & Trinken
1 Taarab
2 Zafarani
3 Silk Route
4 6 Degrees South
5 Abyssinian Maritim
6 La Taverna
7 Lazuli
8 Ma Shaa Allah Café
9 Forodhani Gardens

Einkaufen
1 Moto/Dada
2 Memories of Zanzibar
3 Gallery Book Shop
4 Zanzibar Curio Shop
5 Upendo Means Love
6 Straßenmarkt rund um den Darajani-Markt
7 Sasik Women's Cooperative
8 Fahari Zanzibar
9 Surti & Sons

Abends & Nachts
1 Livingstone Beach Restaurant
2 Tatu
3 La Taperia

Aktiv
1 Safari Blue
2 One Ocean
3 Zanzibar Different
4 Mrembo Spa
5 Eco & Culture Tours Zanzibar
6 Amo Zanzibar Tours
7 Luxury Short Safari

Kelele Square und Suicide Alley

Man erreicht nun den Stadtteil **Shangani.** Das Viertel ist heute ein Souvenir-Mekka für Touristen, doch auch die hübschen Balkone, die filigranen Holzverzierungen an Fenstern und Türen und schöne Swahili-Türen stechen beim Bummel ins Auge.

Wo sich heute das elegante Zanzibar Serena Inn befindet, am **Kelele Square** 9, wurde einst der Sklavenmarkt abgehalten. Der Lärmpegel muss ohrenbetäubend gewesen sein, wenn die Sklaven lautstark wie auf dem arabischen Basar feilgeboten wurden, denn zu Deutsch bedeutet *kelele* ›Lärm‹. Wenig Gutes verheißt auch der Name einer kleinen Gasse unweit davon, an der Rückseite des Africa House Hotel. Viele Sklaven dürften in der **Suicide Alley,** der Selbstmord-Allee, lieber den Freitod gewählt haben, als am Markt wie Ware verhökert zu werden.

Freddie Mercury House 10

Zurück am Beginn der Kenyatta Street zweigt beim (vermeintlichen) **Geburtshaus von Freddie Mercury** eine kleine Gasse ab. An den Sänger der weltbekannten Rock-Band Queen, Freddie Mercury (1946–1991), den wohl berühmtesten Sohn der Stadt, erinnert außer einer kleinen Tafel (und einem Restaurant an der Meeresfront) heute nichts mehr. 1963, während der Aufstände nach der Unabhängigkeit, zog seine Familie nach London. Wahrscheinlich hat sie in verschiedenen Häusern in Shangani gewohnt.

St. Joseph Cathedral und Shiva Shakti Temple

In der Gizenga Street beginnt ein besonders liebenswürdiger Teil der Altstadt, mit vielen Souvenirgeschäften und der katholischen **St. Joseph Cathedral** 11. Sie wurde von 1893 bis 1898 von franzöischen Missionaren erbaut und ist bekannt für ihren Chor, der sonntags die Messe begleitet. Weiter östlich steht in der Hurumzi Street der unscheinbare hinduistische **Shiva Shakti Temple** 12.

Emerson on Hurumzi 13

Die Straße, in der das legendäre **Emerson on Hurumzi** steht, das erste Boutiquehotel von Stone Town, hätte viele Geschichten zu erzählen. Als im Jahr 1873 der Sklavenhandel verboten wurde, weigerten sich die Sklavenbesitzer schlichtweg, ihre Sklaven freizulassen. Die britischen Behörden mussten die Sklaven freikaufen. Im heutigen Hotel soll eben jene Behörde einquartiert gewesen sein, die dafür zuständig war. Aus dieser Zeit stammt auch der Name der Straße, der auf *huru-muuze* (»Lass ihn frei«) zurückzuführen ist.

Gleich neben dem Hotel befindet sich der Eingang zum **Princess Salme Museum at Emerson on Hurumzi.** Die Geschichte Sansibars wird hier aus Blickwinkel der Prinzessin Salme erzählt – ein etwas anderer Zugang in der sonst patriarchalischen, muslimischen Gesellschaft. Die Exponate umfassen auch persönliche Gegenstände aus ihrem Besitz (Tel. 0779 094 066, tgl. 10–17 Uhr, 10 US-$ inkl. geführter Tour).

Darajani Market 14

Auf dem Weg zum Darajani Market sollte man sich nun südöstlich halten, freundliche Stadtbewohner werden mit Sicherheit gern helfen, den richtigen Weg zu finden.

Der an der Creek Road liegende, lebhafte **Darajani Market** existiert seit dem frühen 20. Jh. In der überdachten Markthalle, aber auch nebenan bei den dicht gedrängten Marktständen wird alles verkauft, was die Erde und das Land hergeben. Rote Bananen, grüne Kochbananen, Mangos, Ananas, Annonen, Jackfruit, *mchicha* oder Maniok, dazu Gewürze oder Tee. Wer hier etwas erstehen will, muss sich aufs Handeln einlassen, was übrigens überall unerlässlich ist. Nichts für schwache Nerven und feine Nasen ist der übel riechende Fisch- und Fleischmarkt am südlichen Ende der Markthalle.

Anglican Cathedral/ Old Slave Market 15

Tgl. 8–18 Uhr, 10 000 TSh

Weiter südlich, an der nächsten großen Kreuzung, lohnt ein Abstecher nach rechts zur **Anglican Cathedral.** Nachdem der Sklavenhandel 1873 offiziell verboten worden war, ließ der anglikanische Bischof Steer die Kirche auf dem Gelände des **Sklavenmarkts** errichten, der in den 1860er-Jahren vom Kelele Square hierher verlegt worden war. Heute zeugen auf dem Areal nur noch die Sklavenkammern von diesem dunklen Geschichtskapitel, weiterhin ein Memorial und eine kleine Ausstellung.

Beyt Al-Amani 16

Wer noch nicht müde ist, kann der Creek Road südlich in den Stadtteil **Vuga** folgen. Am südlichsten Zipfel, gegenüber vom ungepflegten Mnazi-Mmoja-Park, war in dem imposanten weißen Kuppelbau einst das National Museum untergebracht. Alle Exponate wurden jedoch ins House of Wonders transferiert, und das Gebäude in **Beyt-al-Amani** (Haus des Friedens) umbenannt.

Wenn man sich hier an der Kreuzung rechts hält, gelangt man, vorbei an den **Victoria Gardens,** dem **State House** und dem **High Court** wieder in die Kenyatta Road.

Infos

Banken: Maestro-, Master-, Visa-Card-Abhebungen bei der Barclays Bank (Kenyatta Rd. im Mazons Hotel, Gulioni Rd. im ZSTC Building) oder bei der CRDB Bank (New Mkunazini St.), Visa-Card-Abhebungen bei der NBC Bank (Kenyatta Rd., neben Karibu Inn).

Geldwechsel: Die besten Kurse findet man in der Gizenga Street.

Internet: Die meisten Unterkünfte verfügen über WLAN; Internet-Cafés in der Kenyatta Road, Shangani Street oder Gizenga Street.

Übernachten

Am Meer – **The Zanzibar Serena Inn** 1**:** Kelele Square, Tel. 024 223 3567, www.serenahotels.com. Das historische Gebäude, das einst Abenteurern, Fürsten, Botschaftern und berühmten Ärzten als Heimstatt diente, ist heute ein gediegenes, größeres Stadthotel voller romantischer Geschichten. Pool, Spa, WLAN. DZ ab 345 US-$.

Ein Traum in Creme – **Masshariki Palace Hotel 2 :** Nyumba ya Moto St., Tel. 024 223 72 32, www.masharikipalacehotel.com. Stylisches Design und die Magie von alten Mauern vereinen sich hier zu einem Sinnenfest. Blick auf den Hafen und das Palace Museum. Für Puristen, Designliebhaber und Romantiker ein absolutes Muss! DZ ab 260 US-$.

Empfehlenswert – **Kisiwa House 3 :** Baghani St., Tel. 024 223 56 54, www.kisiwahouse.com. Hinter dem Dhow Palace Hotel versteckt, befindet sich in einer ruhigen Seitenstraße ein gemütliches, gut geführtes Stadthotel mit attraktivem Preis-Leistungs-Verhältnis. Tolle Atmosphäre, geräumige, hübsche Zimmer mit bester Ausstattung. DZ ab 225 US-$.

Künstlerisch – **Emerson Spice Hotel 4 :** Tharia St., Kiponda, unweit vom Zanzibar Coffee House Hotel, Tel. 0755 046 395, www.emersonspice.com. Ein stimmungsvolles Hotel ›made in Zanzibar‹! Sansibarische Handwerkskunst wurde revitalisiert, der Stadtpalast aus den 1830er-Jahren möglichst originalgetreu rekonstruiert. Jede Suite ist einzigartig, künstlerisch gestaltet und verfügt über ihre eigene Entstehungsgeschichte (sie liegt im Zimmer aus). Man sollte gut zu Fuß sein, denn die steilen Treppen führen bis ins 4. Obergeschoss, wo sich auf der Dachterrasse das Tea House befindet (mit 360°-Panorama), eines der besten Restaurants der Stadt. DZ ab 225 US-$.

Teuer – **Zanzibar Palace Hotel 5 :** Kiponda, Tel. 024 223 22 30, www.zanzibarpalacehotel.com. Im traditionellen Swahili-Stil eingerichtetes Stadthotel mit steilen Stiegen und guter Küche. Den Gästen stehen 9 unterschiedlich eingerichtete Zimmer und Suiten zur Auswahl. DZ ab 220 US-$, Suiten ab 330 US-$.

Romantisch – **Emerson on Hurumzi 13 :** Hurumzi St., Tel. 024 223 27 84, www.emersononhurumzi.com. Der Palast eines der reichsten Männer der Swahili-Küste ist heute eine komfortable Herberge – ein zauberhaftes Labyrinth aus Stiegen, Aufgängen und individuell dekorierten Zimmern. Vom gleichen Team wie das

Auf den Märkten des muslimisch geprägten Stone Town herrscht orientalische Basaratmosphäre

Emerson Spice betrieben. Wurde jüngst umfassend renoviert. Exzellent kann man auf der Dachterrasse speisen. DZ ab 150 US-$.

Starker Kaffee – **Zanzibar Coffee House** 6: Mkunazini St., Tel. 024 223 93 19, www.riftvalley-zanzibar.com. Das kleine intime Gästehaus mit 8 feinfühlig gestalteten Zimmern befindet sich in einem alten Stadthaus aus dem Jahr 1885. Im angeschlossenen Kaffeehaus (tgl. 9–18 Uhr) gibt es ausgezeichneten Kaffee aus eigener Produktion, schmackhafte Süßspeisen und Kuchen. DZ ab 113 US-$.

Historisches Ambiente – **Kholle House** 7: Malindi, Tel. 0772 161 033, www.khollehouse.com. An der Rückseite des Old Dispensary, am nordöstlichen Ende der Altstadt, liegt der zweistöckige, historische Stadtpalast von Prinzessin Kholle mit 11 Zimmern in drei Kategorien, die alle unterschiedlich dekoriert und an die baulichen Gegebenheiten des alten Gebäudes angepasst wurden. Dachterrasse mit Teehaus und kleinem Restaurant (Meerblick), steile Stufen. Kleiner Pool im hinteren Teil des Hauses. Normalerweise gutes, opulentes Frühstück. Tipp: Die größeren Deluxe-Zimmer buchen (140 US-$). DZ ab 100 US-$.

Farbenfroh – **House of Spices** 8: Kiponda St., Tel. 0773 573 727, www.houseofspiceszanzibar.com. Geheimtipp und Juwel in einem: Hier haben sich Anna und Cesare einen lang gehegten Lebenstraum erfüllt. In liebevoller Kleinarbeit schufen sie ein farbintensives, stilvolles Refugium für Genießer. DZ ab 90 US-$.

Sympathisch – **Hiliki House** 9: Vuga, Victoria St., Tel. 0777 410 131, www.hilikihouse-zanzibar.com. Intimes Gästehaus mit Wohlfühlfaktor. 6 Zimmer auf 2 Etagen in einem hübschen Stadthaus mit geschmackvoller Einrichtung. Ruhige Lage in der Nähe der Victoria Gardens, gutes Frühstück. DZ ab 70 US-$.

Super Preis-Leistungs-Verhältnis – **Zenji Hotel** 10: Malindi, gegenüber Cine Afrique, Tel. 0774 276 468, www.zenjizanzibar.com. Am Rand der historischen Altstadt liegt das freundliche, einfache und unprätentiöse im Swahili-Stil eingerichtete Gästehaus. Die Lage an der stark befahrenen Malawi Road stört nur geringfügig, in der Nacht wird es wesentlich ruhiger. Für Langschläfer eher nicht geeignet, auch wegen der nahen Moschee. Das leckere Frühstück (selbst gemachtes Brot, Marmelade, Schokokuchen) gibt es auf der Rooftop-Terrasse. WLAN. DZ mit Bad/WC ab 65 US-$.

Essen & Trinken

Zum Sonnenuntergang – **Tea House** 4: im Emerson Spice Hotel, Fr–Mi, Dinner 19 Uhr, nur nach Reservierung. Rooftop-Restaurant mit romantischen Ambiente, 40 US-$/Pers. für ein fünfgängiges Degustationsmenü. Tipp: Rechtzeitig zum stimmungsvollen Sundowner um 18 Uhr auf der Dachterrasse sein!

Lauschig – **The Secret Garden** 4: im Emerson Spice Hotel, Do–Di ab 19 Uhr, tgl. mittags. Open-Air-Restaurant in einem Innenhof von 1846, dessen verfallenes Gemäuer man weitgehend im Originalzustand beließ und begrünte. Plätschernder Brunnen, gehobene Swahili-Küche zu ebensolchen Preisen.

Arabisch-persisch – **The Tea House** 13: im Hotel Emerson on Hurumzi, Tel. 024 223 27 84, Di–So 12–16, Drinks ab 18 Uhr, Dinner ab 19 Uhr. Unbedingt reservieren! Am Boden auf großen Kissen sitzend, genießt man hoch über den Dächern der Stadt bei angenehmer Brise einen Sundowner, während der Muezzin zum Gebet ruft. 30 US-$/Pers.

Fine Dining über den Dächern – **Taarab** 1: im Doubletree Hilton Hotel, Tel. 024 223 40 62, www.doubletree3.hilton.com, tgl. früh bis spät. Teils klimatisiert, teils auf der Terrasse, mit tollem Blick auf den Sonnenuntergang. Köstliche Gerichte aus aller Herren Länder und viel Fisch sowie Meeresfrüchte, gehobene Preise. Hauptgerichte ab 28 000 TSh.

Beach-Bar-Style – **Zafarani** 2: Kenyatta Rd., Tel. 0654 414 101, tgl. 11–16, 18–23 Uhr. Nicht zu verfehlen wegen des markanten türkisfarbenen Portals. Indische Currys, Steaks, Speisen mit Safran (daher der Name) und viel Fisch sowie Meeresfrüchte wandern in den Kochtopf. Hübsche Ausstattung im blau-beigen Shabby-Chic-Look, könnte auch als Strandbar in der Karibik durchgehen. Hauptgerichte ab 18 000 TSh, mehrere Menü-Variationen.

Indisch – **Silk Route** 3: Shangani St., Tel. 0786 879 696, www.silkroutezanzibar.com, tgl. mittags und 18.30–23 Uhr. In Rot dekoriertes Restaurant im Obergeschoss mit guter Küche und viel Tütü: kühlendes Handtuch zum Empfang, Vorspeise auf Kosten des Hauses und Kellner in wallenden indischen Gewändern. Hauptgerichte ab 16 500 TSh.

Tolle Location – **6 Degrees South** 4 **:** Shangani, Tel. 0779 666 050, www.6degreessouth.co.tz, tgl. ab 10 Uhr. Trendiges, modernes Restaurant samt Bar, wo man sowohl gut essen (Qualität variiert) als auch gepflegt ein Glas Wein oder einen Cocktail trinken kann. Das Beste am Lokal sind definitiv die Lage und die Aussicht aufs Meer. Tipp: hier einen Sundowner genießen! Hauptgerichte ab 16 000 TSh.

Äthiopisch – **Abyssinian Maritim** 5 **:** Kaunda Rd. am Vuga Roundabout, Tel. 0772 940 556, tgl. 12–16, 18–22 Uhr. Im umrankten Gastgarten (leider an der Straße) und in den bunt dekorierten Innenräumen werden traditionelle Speisen wie in Äthiopien serviert: Man reißt das Sauerteig-Fladenbrot in Stücke und isst die teils scharfen und aromatisch gewürzten Fleisch- und Gemüseeintöpfe mit der Hand. Köstliche Säfte, exzellenter Kaffee (samt Zeremonie) und faire Preise. Hauptspeisen ab 15 000 TSh.

Top-Wahl – **House of Spices** 8 **:** im Hotel House of Spices, Mo–Sa 11–22 Uhr. Das Restaurant im 2. Stock ist in appetitanregendem Grün gehalten und hält, was es auf den ersten Blick verspricht: italienisch-inspirierte Küche der Spitzenklasse. Pizza und hausgemachte Pasta ab 15 000 TSh.

Italienisch – **La Taverna** 6 **:** Creek Rd., Tel. 0776 650 301, www.latavernazanzibar.com, Mo–Sa 11–23 Uhr. War einer der ersten Italiener der Insel. Er liegt versteckt an der stark befahrenen Creek Road hinter massigen Sträuchern. Hier bekommt man alles, wofür die italienische Küche geliebt wird – Pizza, Pasta, Panini, Tiramisu und natürlich einen guten Cappuccino. Hauptgerichte ab 13 000 TSh.

Blau-weiß – **Lazuli** 7 **:** Kenyatta Rd., Zugang zwischen Shangani Post Office und Dolphin Restaurant, Tel. 0776 266 66 79, Mo–Sa 12–16, 18–22 Uhr. Mit dem blau-weißen Anstrich erinnert das Lokal an eine griechische Taverne, und die bunten Sessel und Tische machen richtig Appetit. Fusion-Küche aus Swahili-Zutaten mit internationalem Twist, Salate, vegetarische Gerichte, Sandwiches, Burger, exzellente Säfte und Smoothies. Einzige Schwachstelle: der langsamer Service. Das Lazuli daher nur dann aufsuchen, wenn es nicht zu voll ist. Hauptgerichte unter 13 000 TSh.

Swahili-Buffet – **Ma Shaa Allah Café** 8 **:** Mkunazini Street, tgl. durchgehend geöffnet. Gleiches Konzept wie Lukmaan nebenan, mit Hausmannskost und indischen Gerichten in Buffet-Form, nur mit freundlicherem Personal. Preisgünstig.

Fingerfood – **Forodhani Gardens** 9 **:** In der Nähe von Old Fort und House of Wonders, tgl. ab 18 Uhr. Garküchen mit landestypischen Spezialitäten, die 3000–5000 TSh kosten sollten. Notfalls verhandeln!

Institution – **Zanzibar Coffee House** 6 **:** im Hotel Zanzibar Coffee House, tgl. 9–18 Uhr. Kaffeehaus der ersten Stunde in Stone Town, auch heutzutage bietet es noch immer starken Kaffee und herzhafte Süß- und Mehlspeisen sowie kleine Snacks.

Einkaufen

In den vielen kleinen Läden in der Gizenga Street, Kenyatta Road und Hurumzi Street gibt es typisches Kunsthandwerk wie Holztruhen mit kunstvollen Messingbeschlägen, Teppiche, Messingwaren, Stoffe, Holzobjekte oder Tingatinga-Bilder. Wenig davon ist originell – es wird alles angeboten, was nur im Entferntesten afrikanisch sein könnte. Die meisten dieser Souvenirs werden aus Kenia preiswert importiert.

Gewürze – **Darajani Market** 14 **:** Gewürze in allen Variationen und Packungsgrößen.

Naturkosmetik und mehr – **Moto/Dada** 1 **:** Hurumzi St. Kaltgerührte, handgemachte Seifen mit Mustern von Zanzibari-Türen, hochwertige Naturkosmetik, exotische Saucen und Marmeladen, Flechtwaren mit überlieferten Mustern und handgewebte Stoffe. Alles hergestellt im Rahmen von Frauenprojekten, die Grundprodukte stammen aus Sansibar.

Souvenirs – **Memories of Zanzibar** 2 **:** Kenyatta Rd. Viele schöne Mitbringsel im Herzen der Altstadt, aufbereitet für die Augen und die Geldbeutel von Touristen aus Übersee. Keine Schnäppchen, aber gut sortiert.

Englischsprachige Bücher – **Gallery Book Shop** 3 : Gizenga St., gegenüber der großen Freitagsmoschee. Gut sortierter Buchladen mit Tansania-Reiseführern, Afrika- und Tansania-Bildbänden sowie für Geschichtsinteressierte zahlreiche Bücher über die Vergangenheit Sansibars. Befindet sich im Besitz von Javed Jafferji, dessen Bücher natürlich prominent vertreten sind.

Trödel und Antiquitäten – **Zanzibar Curio Shop** 4 : Gizenga St. Auf den ersten Blick mutet dieses Geschäft wie ein ganz gewöhnlicher Souvenirladen an, doch beim Stöbern in den Hinterzimmern tun sich wahre Schätze auf – von alten Tauchglocken über echtes Kolonialmobiliar bis hin zu gusseisernen Sicherheitsschlössern.

Lokale Stoffe – **Upendo Means Love** 5 : zwischen Karibu Inn und Coco de Mer Restaurant. Sansibarische Frauen erlernen in diesem Ausbildungsprojekt einen Beruf und fertigen gleichzeitig Mode aus Kanga-, Kikoi- und Kitenge-Stoffen. **Straßenmarkt rund um den Darajani Market** 6 : Große Auswahl an Kitenge- und Kanga-Stoffen. Wer hier nicht fündig wird, wird es nirgendwo.

Kissen & Co. – **Sasik Women's Cooperative** 7 : Gizenga St., neben Jafferiji House & Spa. Farbenfrohe, handgenähte Polsterüberzüge und Decken im Patchwork-Stil mit Applikationen. Eines der ältesten und renommiertesten Frauenprojekte Tansanias.

Leder – **Fahari Zanzibar** 8 : Kenyatta Rd. Taschen, Schmuck und Accessoires hauptsächlich aus Leder, entworfen von einer britischen Designerin, erzeugt im Rahmen einer sansibarischen NGO. Nicht billig, aber echtes Leder und sansibarische Werkstoffe verschmelzen zu Dingen, die dem westlichen Geschmack entsprechen. **Surti & Sons** 9 : Gizenga St., in der Nähe der großen Freitagsmoschee. Bequeme, geruchsneutrale Ledersandalen für Frauen und Männer.

Abends & Nachts

Füße im Sand – **Livingstone Beach Restaurant** 1 : Kenyatta Rd., tgl. 10 Uhr bis spät. Schönes Ambiente in einem alten Kolonial-

Autokennzeichen gefällig? Dieser Gemischtwarenladen in Stone Town nimmt seinen Auftrag universeller Bedarfsdeckung ernst

haus (um 1860), das u. a. David Livingstone als Domizil diente. Um die Tische draußen am Strand (mit Fackeln) herrscht Gerangel, besonders zu Sonnenuntergang. Musik, Konzerte, Cocktails. Das Essen ist für die gebotene Qualität viel zu teuer, aber das Restaurant ist eine stimmungsvolle Adresse für ein kaltes Bier am Abend.

Bier & Co – **Tatu 2 :** Shangani, tgl. ab 17 Uhr. Beliebte Bar mit gut sortierten Alkoholika und netten Vibes. Rustikales Ambiente, aber auch gut fürs Abendessen.

Wein & Tapas – **La Taperia 3 :** Kenyatta Rd., Shangani Post Office, tgl. 10–24 Uhr. Im luftigen Obergeschoss des Shangani Post Office kann man vom langgezogenen Balkon an den Weinfass-Tischen dem bunten Treiben auf der Straße zusehen. An den Wochenenden oft Konzerte oder Jam Sessions, ebenso Sportübertragungen.

Aktiv

Boot-Safaris – das Original – **Safari Blue 1 :** Fumba Village, Tel. 0777 423 162, www.safariblue.net. Seit 1996 bietet Eleanor Griplas die Originalbootsexkursionen auf Sansibar an. Von 9.30 bis 17 Uhr am Abend dreht sich der ganze, türkisblaue Tag nur um Wasser, Sandbanken, Essen, Trinken, Schnorcheln, Sonnenbaden und Delfinbeobachtung. Mittlerweile sind leider dieser und alle kopierten Bootsausfahrten sehr überlaufen. Der Transfer wird arrangiert, 65 US-$/Pers.

Tauchen & Schnorcheln – **One Ocean 2 :** Kenyatta Rd., Tel. 0773 048 828, www.zanzibaroneocean.com. Platzhirsch auf Sansibar mit mehreren Niederlassungen auf der Insel. Die Riffe und Inseln an der Westküste im Großraum Stone Town sind besonders für Schnuppertaucher, Anfänger und Schnorchler bestens geeignet – kaum Strömungen und wenig Wind.

Von der Teezeremonie bis zum Malkurs – **Zanzibar Different 3 :** Mtoni Marine, Tel. 0777 430 117, www.zanzibardifferent. com. Die etwas anderen Ausflüge auf Sansibar bieten besondere Eindrücke von der Insel: auf den Spuren von Prinzessin Salme mit Kaffeezeremonie und Spice Tour (65 US-$/Pers.), Führung durch Stone Town (25 US-$/Pers.), Exkursion nach Uzi Island (85 US-$/Pers.), Teezeremonie (35 US-$/Pers.) oder Tingatinga-Malworkshops (25 US-$/Pers). Der Transfer von Stone Town wird gegen Aufpreis vom Veranstalter arrangiert.

Schönheit & Wellness – **Mrembo Spa 4 :** Cathedral St., Tel. 0777 430 117. Während betörende Taarab-Klänge den Raum füllen, gibt man sich ganz den traditionellen Schönheitsbehandlungen mit handgemachten Gewürz- und Pflanzenelixieren hin: Singo-Körperpeeling aus Ylang-Ylang, Rosenblüten, Nelken und noch viel mehr Zutaten, Massage mit heißem Sand und Aromatherapie-Behandlungen. Ab 45 US-$.

Tagestouren – **Zanzibar Different 3 :** s. links. Ausgefallene Touren, etwas anders als die anderen, aber auch teurer. **Eco & Culture Tours Zanzibar 5 :** Hurumzi St., Tel. 024 223 37 31, www.ecoculture-zanzibar.org. City Tour, Spice Tour, Schnorcheln, Ausflug nach Prison Island oder zur Chumbe Island. **Amo Zanzibar Tours 6 :** Mkunazini St., Tel. 0774 590 020, www.amozanzibartours.com. Maßgeschneiderte Touren und Exkursionen, ideal für Leute, die nur kurz auf der Insel sind, aber möglichst viel erleben möchten. **Luxury Short Safari 7 :** Nyerere (Airport) Rd., Kilimani Plaza, gegenüber dem Al Rahma Hospital, Tel. 0756 996 644, www.luxuryshortsafari.com. Wer kurz mal auf Safari gehen will oder besondere Arrangements (Hochzeiten, Jachtcharter, Yoga-Retreat) sucht, ist hier gut aufgehoben.

Termine

Sauti za Busara Music Festival: Febr., www.busaramusic.com, Festivalpass 140 US-$. Mehrtägiges Festival der afrikanischen Musik mit Musikern aus Sansibar, Tansania, vielen afrikanischen Ländern sowie internationalen, interkulturellen Bands. Orte: Old Fort, Forodhani, Emerson Spice etc.

ZIFF-Festival: Juli, www.ziff.or.tz. Laut eigenen Angaben das größte Film- und Kunstfestival Ostafrikas, das die Kultur der Dhau-Länder des Indischen Ozeans zelebriert. Das Festival spielt sich an unterschiedlichen Orten ab, z. B. im Old Fort, Palace Museum, House of Wonders.

Verkehr

Flüge: Der Zanzibar International Airport liegt 8 km südlich der Stadt, sowohl Übersee- als auch tgl. mehrere Inlandsflüge vom Festland (z. B. von Dar-es-Salaam 93 US-$, von Arusha 278 US-$, jeweils mit Coastal Aviation einfach). Die von den Taxifahrern geforderten 30–40 US-$ für einen Transfer in die Innenstadt sollte man nicht anstandslos zahlen, mehr als 10–15 US-$ ist die Fahrt nicht wert.

Busse: Die Haltestellen für die Dalladallas liegen in der Nähe des Darajani-Marktes an der Creek Rd. Verlegungen sind angekündigt. Nirgendwo in Tansania kann man vermutlich unbehelligter mit öffentlichen Verkehrsmitteln fahren als auf den Inseln. Sie fahren, soweit es die Sandpisten zulassen, in jedes noch so versteckte Eck. Kosten: max. 2500 TSh, aber man braucht viel, viel Zeit …

Mietwagen: Halblegale Vermietungen finden z. B. auf den Stellplätzen bei den Forodhani Gardens statt. Mag der Preis von 40 US-$/Tag auch verlockend sein: Schwierigkeiten sind in vielen Fällen vorprogrammiert. Am besten mietet man ein Fahrzeug (mit Fahrer) von einem Tour Operator oder renommierten Anbieter, z. B. Kibabu Cars (Tel. 0772 755 788).

Taxis: Taxis sind äußerst teure Fortbewegungsmittel auf Sansibar. Für die Strecke von Stone Town nach Nungwi oder an die Ostküste (Bwejuu, Paje, Jambiani) werden 80 US-$ in Rechnung gestellt, mit Verhandlungsgeschick kann man den Preis um etwa ein Drittel senken. Eine bessere Alternative für diese Orte sind **Shared Taxis.** Auf 10 000 TSh/Pers. beläuft sich der einheitliche Tarif, aber man sollte sich vor Abfahrt – wenn möglich – mit anderen Touristen zusammenschließen. Abfahrt: zumeist 8 Uhr morgens vor dem Old Fort.

Fähren: Zwischen Dar-es-Salaam und Stone Town zahlreiche Fährunternehmen, momentan sind aber nur die Kilimanjaro-Fähren von Azam Marine (s. auch S. 293) zu empfehlen. Abfahrten: 7, 9.30, 12.30 und 15.45 Uhr. Dauer der Überfahrt: je nach Windverhältnissen 1,5–2,5 Std. Preise: 35 US-$ Economy Class, 40 US-$ First Class, Fahrplanänderungen sind vor Ort zu erfragen. Vor den Toren des Hafens stehen viele Taxis bereit. Eine Fahrt innerhalb von Stone Town (die meisten Unterkünfte liegen max. 2 km vom Fährhafen entfernt) sollte nicht mehr als 4000 TSh kosten. Wenn der Fahrer ein anderes als das bereits gebuchte Hotel vorschlägt, kein Wunder: Die Taxifahrer erhalten Provisionen.

Sansibars Nordwest- und Nordküste ► 2, Q 16/17

Karte: S. 330

Die Straße von Stone Town in den Norden führt an Ruinen, Stränden mit Kokospalmen und Buchten vorbei, bis man schließlich nach gut einer Stunde Kendwa und Nungwi erreicht. Wenige Kilometer außerhalb von Stone Town passiert man mehrere historische Stätten.

Maruhubi-Ruinen 1

Tgl. 8–18 Uhr, Erw. 5000 TSh

Der dritte Sultan von Sansibar, Barghash, ließ 1880 für seine 99 Zweitfrauen ein privates Spa – so würde man heute zu dem Badehaus sagen – mit Wohnräumen errichten, die heutigen **Maruhubi-Ruinen.** Die Legende erzählt, dass der Sultan es liebte, seinen zahlreichen Haremsdamen beim Nacktbaden in den drei Bädern zuzusehen, um dann letztendlich die verlockendste Frau des Tages in sein Privatbad zu bitten.

Mtoni-Ruinen 2

Etwas weiter nördlich, noch vor dem Gapco-Öl-Lager, liegen die **Mtoni-Ruinen** direkt am Meer. Der einst prachtvolle Palast – er soll der älteste der Insel sein – diente dem ersten Sultan Sayyid als Domizil. Hier hielt er sich meistenteils auf. Der Prachtbau bestand seinerzeit neben dem feudalen Hauptpalast aus einer Moschee, etlichen Badehäusern und Quartieren für über 1000 Lakaien. Bäder – man findet viele Überreste auf Sansibar – waren ein Privileg der Reichen und mit Gemälden oder Mosaiken kunstvoll dekoriert. Hier verbrachten die Haremsdamen des Sultans viele Stunden beim Lesen, Koranrezitieren, Ausruhen und Baden. Ein Besuch lohnt nur mit einem Guide oder im Rahmen einer Tour.

Aktiv

AUF DEN SPUREN DER PRINZESSIN SALME

Tour-Infos

Start: Abholung von den Hotels in Stone Town, Start in Stone Town
Ende: in Stone Town um ca. 15 Uhr
Anfahrt: Der Transfer wird vom Veranstalter organisiert.
Buchung: Zanzibar Different s. S. 323, Ausflug für 65 US-$/Pers. zzgl. Taxikosten
Wichtige Hinweise: Unbedingt Wasser und Sonnencreme mitnehmen. Änderungen vorbehalten, wenn das Bauprojekt neben dem Mtoni-Palast fertiggestellt ist.

Die »Spices & History Tour« startet in der Vorstadt beim Mtoni-Palast. Im **Beyt al-Mtoni** am Meer wurde 1844 Prinzessin Salme als Tochter des Sultans Sayyid und einer seiner 75 Nebenfrauen geboren. Nach dem Tod ihrer Eltern früh erwachsen, hatte sie sich als reiche Erbin gegen Intrigen am Hof ihres Bruders Majid zu wehren. Nachdem sie 1866 den Kaufmann Heinrich Ruete kennengelernt hatte, der für ein Hamburger Handelshaus Gewürze und Nelken auf Sansibar einkaufte, wurde sie schwanger. Mit Heinrich floh sie nach Europa und ehelichte ihn dort. Die Geschichte der Prinzessin und Sansibars wird in den Ruinen lebendig, und man erhält Einblick in die Instandhaltungsarbeiten des Mtoni Palace Conservation Project, das sich der Renovierung des Palastes widmet.
Nach der Besichtigung der Ruinen geht es mit einem komfortablen Minibus weiter nach **Bububu.** Die alte, detailgetreu renovierte omanische Villa **Salome's Garden,** die dem Onkel von Prinzessin Salme gehörte, beherbergt heute eine anthroposophische Schule. Wie einst Salme legen die Besucher auf dem Weg zu ihren Gewürzplantagen in Kidichi einen Zwischenstopp ein und verschnaufen bei einer traditionellen arabischen Kaffeezeremonie mit Kardamom-Kaffee, Datteln und *halua*-Gebäck, einer Art Kokoskrokant. Dieser Teil der Tour fällt während der Renovierungsarbeiten am Gebäude aus, soll aber danach wieder aufgenommen werden.
Mit dem Minibus fährt man weiter nach **Kidichi** zu den **Kidichi Persian Baths.** Die Bäder ließ Sayyid 1832 für seine persische Lieblings-Zweitfrau Sheherezade errichten. Noch erkennbar sind ein Massageraum bzw. ein Ruheraum. Der Sultan soll sich dort mit seiner Konkubine nach einem anstrengenden Tag auf seinen zahlreichen umliegenden Plantagen vergnügt haben. Auch Prinzessin Salme genoss hier Bäder und Schönheitsbehandlungen.
Als letzte Station ist ein Besuch auf einer **Gewürzplantage** eingeplant. Früher war sie im Besitz der Sultansfamilie, deshalb gibt es noch beeindruckende alte Baumbestände und sogar Ruinen eines Rasthauses. Auf der »Spices & History Tour« macht der Guide die Gäste mit dem Anbau und der Ernte verschiedener inseltypischer Gewürze und Früchte vertraut, z. B. Nelken, Zimt, Vanille, Muskat, Kardamom, Pfeffer, Zitronengras oder die bei uns relativ unbekannte Jackfruit. Vielleicht köpft er auch grüne Kokosnüsse zum Probieren ihres erfrischenden Saftes – *madafu.* Abschließend werden Swahili-Spezialitäten verkostet: *pilau* (Gewürzreis), *katchumbari* (Krautsalat), Fisch, Bohnen in Kokossauce und *chapati* (Fladenbrot). Während der Umbauarbeiten der Villa Salome's Garden endet die Tour mit einer arabischen Kaffeezeremonie mitten auf der Gewürzplantage.

Chuini-Palast 3

10 km außerhalb von Stone Town, in **Bububu,** liegen weitere Ruinen, die Reste des **Chuini-Palastes,** erbaut 1872 vom dritten Sultan Barghash. Es muss sich um seinen Hauptpalast gehandelt haben, denn es wurde großer technischer Aufwand getrieben und der Palast verfügte über fließendes Wasser. Heute stehen die Ruinen unmittelbar im Anwesen der Chuini Zanzibar Beach Lodge, Besichtigungen sind nach Voranmeldung möglich (s. rechts, Unterkunft). Der Ortsname Bububu stammt von der alten fauchenden und tutenden Dampflok, die zwischen 1905 und 1928 Stone Town mit der ›Vorstadt‹, in der die Sultanspaläste standen, verband.

Sklavenkammern von Mangapwani 4

Tgl. 8–16 Uhr, 5000 TSh

Nördlich von Chuini, noch vor dem Dorf **Bumbwini,** geht eine breite Straße links von der Hauptstraße ab. Hinter der Abzweigung zum Seacliff Hotel folgt eine weitere nach links zum Serena Beach Club. Kurz vor dem Privatstrand führt rechts eine Sandpiste zu den **Sklavenkammern von Mangapwani.** Um die Sklaven weit weg von Stone Town vor den Behörden und den Briten zu verstecken, wurden diese unterirdischen Kammern nach Abschaffung der Sklaverei erbaut. Sie sind an der dachartigen Konstruktion an der Oberfläche zu erkennen, die seinerzeit durch dichtes Buschwerk vor neugierigen Blicken geschützt war. Auch eine alte, natürlich entstandene Korallenstein-Zisterne (Mangapwani Coral Cavern) diente den Sklavenhändlern als Versteck (Abzweig rechts vor dem Serena Beach Club). Die Ruinen sind zumeist in die Spice Tour integriert, man sollte sie nicht ohne Guide besuchen.

Übernachten, Essen & Trinken

Alle Hotels an der Westküste kommen in den Genuss farbintensiver Sonnenuntergänge.

Klub-Atmosphäre – **Seacliff Hotel Zanzibar:** nördlich der Chuini Ruins, 0767 702 241 bis

Anglerglück: Dieser Fang kann sich sehen lassen

9, www.seacliffzanzibar.com. Monumentales Resort mit 120 Zimmern für Urlauber, die in einem All-Inclusive-Resort ihre Ruhe haben wollen. Der fehlende direkte Strandzugang wird durch zwei weitläufige Infinity-Pools mit Blick aufs Meer wettgemacht. Spa, Golf, viele Angebote für Wassersport, Fitnesscenter, Kinderklub, Tauchen wird arrangiert. DZ ab 370 US-$ (HP).

Schöne Sonnenuntergänge – **Chuini Zanzibar Lodge:** Chuini Ruins, Tel. 0756 144 605, www.newmarkhotels.com. Zwölf hübsche Bungalows und eine Villa liegen verträumt an einer kleinen Bucht, harmonisch in die Chuini-Ruinen integriert. Ideal für Reisende, die die Nähe zu Stone Town suchen (nur 20 Min. entfernt). Bietet mit die schönsten Sonnenuntergänge der Insel, denn in der Ferne glitzern die Lichter von Stone Town. Pool, Spa, WLAN. DZ ab 340 US-$ (HP).

Exklusiv – **Zanzi Resort:** nördlich der Chuini Ruins, Tel. 0777 111 333, www.zanziresort.com. Villenresort in opulentem Stil, Spa, exquisite Küche. Kleine Sandbucht, der Rest des Strandes ist felsig. Steg vorhanden, von dem aus man gut baden kann. Einige Villen haben Meerblick und Privat-Pool bzw. Zugang zur Sandbucht. Die preiswerteren Bungalows liegen hinten im Garten. DZ ab 336 US-$ (HP).

Aktiv

Mini-Safari – **Cheetah's Rock:** nahe Zanzi Resort, www.cheetahsrock.org, Di, Do und So ab 14.30 Uhr, 160 US-$, nur nach Voranmeldung. Eine Art pädagogisch wertvoller Streichelzoo für unterschiedliche afrikanische Wildtiere.

Sansibars Nordspitze

Nungwi 5

Knapp 60 km nördlich von Stone Town erreicht man die Nordspitze der Insel. In den letzten Jahren hat sich **Nungwi** zum Ibiza von Sansibar entwickelt, wo nachts laute Discomusik den Strand beschallt und man von Bar zu Bar ziehen kann. Knapp bekleidete Gäste, ungezügelte Bautätigkeit und die Verschandelung des wunderschönen Strands haben aus Nungwi einen sterilen Ort gemacht. Die Ochsenkarren wurden längst aus dem Ortskern verbannt, da im komplett verbauten Zentrum kein Platz mehr für die einheimischen Bauern und Fischer ist. Wer hier nicht Italienisch spricht, scheint auf verlorenem Posten. Falsche und echte Masai werben um weiße Frauen, und Beachboys versuchen auf ihren aufdringlichen Verkaufstouren alles zu Geld zu machen, was Land und Meer im Überfluss hergeben. Dennoch hat Nungwi seinen Reiz, denn dank der ›Kap-Lage‹ kann man hier sowohl den Sonnenauf- als auch den -untergang beobachten.

Kendwa 6

Östlich davon, um **Ras Nungwi,** und westlich, in **Kendwa,** finden Erholungsbedürftige die etwas ruhigeren Strände. Der schneeweiße Strand von Kendwa zählt zu den schönsten der Insel. Am zentralen Abschnitt rund um das Kendwa Rocks und das Sunset Kendwa herrscht allerdings Partytrubel. Die Hauptstrände von Nungwi und Kendwa sind im Vergleich zu anderen Stränden weniger gezeitenabhängig, man hat Bade- und Schnorchelspaß in idyllischen Sandbuchten.

Übernachten, Essen & Trinken

Nungwi:

Alle Hotels östlich des Zentrums liegen auf Klippen, d. h. Baden ist nur bei Flut möglich.

Klub-Atmosphäre – **Essque Zalu:** östlich von Nungwi, Tel. 0778 683 960, www.essquehotels.com. Schönes Luxusresort mit 40 Suiten und neun Villen im afro-asiatischen Design und erlesenen Gaumenfreuden. Riesengroßer Infinity-Pool über mehrere Levels (gefüllt mit Salzwasser). Der Steg soll der längste der Insel sein. Von dort kann man bei Flut ins Meer steigen, ansonsten muss man zum Schwimmen in den Pool ausweichen. DZ ab 700 US-$ (HP).

Komfortabel, aber steril – **Doubletree Hilton:** östliches Dorfende, Tel. 024 224 04 76, http://doubletree3.hilton.com. Gehobenes All-inklusive-Strandresort mit toller Poollandschaft und Essensausgabe im Buffet-Stil, aber ohne Lokalkolorit. Man darf trotz des Namens Hilton keine internationale Hilton-Qualität erwarten. DZ ab 385 US-$ (ÜF).

Zentral – **Z-Hotel:** Tel. 0774 266 266, www.thezhotel.com. Unmittelbar neben einer der schönsten Buchten von Nungwi gelegen, ist das Hotel ideal für Aktive. Alles ist nur ein paar Schritte entfernt: Aktivitäten, Einkaufen, Essen, Nachtleben. Der begrenzte Raum in einem natürlich gewachsenen Dorf wurde gut genutzt: 39 schicke, saubere Zimmer in unterschiedlichen Kategorien (einige mit Meerblick) sind in drei nebeneinander liegenden, zweistöckigen Gebäuden untergebracht. Pool, Spa, gutes Essen, organisiertes Management und ein bisschen afrikanischer Alltag aufgrund der Nähe zum Dorf. DZ ab 230 US-$ (ÜF).

Familiär und ruhig – **The Zanzibari:** östlich von Nungwi, Tel. 0772 222 919, www.thezanzibari.com. 11 angenehme Zimmer und Suiten in einem gut geführten Resort mit Infinity-Pool, Spa, Internet und guter Küche. Abseits vom Trubel auf Klippen gelegen, doch Pool und Garten entschädigen für die felsige Küste. Viele Aktivitäten, attraktives Preis-Leistungs-Verhältnis. DZ ab 195 US-$ (ÜF).

Beliebt – **Langi Langi:** Nungwi, Tel 0773 911 000, www.langilangizanzibar.com. 32 funktionelle Zimmer und Suiten, zwölf davon mit Blick aufs Meer, der Rest mit Blick auf den Pool oder den Garten. Tolles Panoramarestaurant mit Meerblick und großem Liegedeck. Typisch sansibarisches Hotel mit Ecken und Kanten. DZ mit Meerblick ab 180 US-$ (ÜF).

Sympathisch – **Flame Tree Cottages:** östl. von Nungwi, Tel. 0737 202 161, www.flametreecottages.com. 16 simple Zimmer und Cottages inmitten eines gepflegten Tropengartens. Der Hotelstrand liegt erhöht auf dem betonierten, mit Sand aufgeschütteten Kai. Pool mit Sichtschutz durch Bäume und Sträucher. Man bekommt, wofür man bezahlt hat – eine freundliche Mittelklasse-Anlage mit sansibarischem Mittelklasse-Service. DZ ab 170 US-$ (ÜF).

Simpel – **Warere Beach Hotel:** östlich von Nungwi, Tel. 0782 234 564, www.warere.com/beach. Weit weg vom Trubel Nungwis, mit schlichten Zimmern (fast alle mit Meerblick) inkl. Safe, AC und Veranda; Pool mit Blick aufs intensiv türkisblaue Meer. Das Hotel liegt auf Klippen und ist über den Strand nur bei Ebbe erreichbar. DZ ab 150 US-$ (ÜF).

Kendwa:

Mittlerweile handelt es sich bei den Strandhotels in der ersten Reihe fast ausnahmslos um Mega-Anlagen mit Klub-Atmosphäre.

Meerblick von überall – **Kilindi:** buchbar über Elewana, Tel. 0754 250 630, www.elewanacollection.com. Delikate Stoffe, afro-arabische Architektur, kunstvolle Glasornamente – mit seinen 15 hell getünchten Kuppelbauten mit offenen Badehäusern und Plunge-Pools schafft Kilindi mühelos den Spagat zwischen simpler Rustikalität und Eleganz. Großer Infinity-Pool mit Ozeanblick, Spa. Schwimmen im Meer ist nur bei Flut möglich. DZ 1300 US-$ (VP).

Klub-Urlaub I – **La Gemma dell'Est:** Planhotel Resorts & Hotels, Tel. 024 224 40 15, www.planhotel.com. Weitläufiges Resort mit 138 Zimmern, Spa, Sport- und Freizeitangeboten, mehrere Restaurants und Bars, allumfassender Service. In den Kaskazi-Monaten (Jan./Febr.) wird der Strand weggespült, dann muss man in den großen Salzwasser-Pool ausweichen. Seit vielen Jahren der Platzhirsch am Kendwa Beach. DZ ab 600 US-$ (all-inclusive).

Klub-Urlaub II – **Hideaway of Nungwi:** Tel. 0758 818 281, www.hideawaynungwi.com. Geschmackvolles Villen- und Bungalowresort, ebenfalls riesengroß und mit Klub-Charakter. Jünger und stilsicherer in der Ausstattung als das benachbarte La Gemma dell'Est. DZ ab 470 US-$ (all-inclusive).

Essen & Trinken

In den Hotelrestaurants wird überwiegend internationale Küche serviert. Viele Open-Air-Restaurants bieten typisch lokale Speisen, wie BBQ, Fisch und Hühnchen, z. B. **Mangi's Restaurant & Bar** (s. Abends & Nachts), **Baraka Beach Bungalows** (neben Cholo's), **Saturn, Blue Ocean Restaurant** oder **Wave's Restaurant** (alle nordöstlich vom Dorf). Mit westlichen Speisekarten aus der Reihe tanzen **Gerry's Bar** (Meeresfrüchte, Fisch) oder **L'Ombelico del Mondo** (italienisch).

Abends & Nachts

Full Moon Parties – Jeden Monat bei Vollmond geht am Kendwa Beach rund um das Kendwa Rocks und das Sunset Kendwa die Post ab. Von

der ganzen Insel kommen Feierlustige, gern suchen Beachboys hier Kontakt.
Zünftig – **Gerry's Bar:** östlich vom Dorf, neben dem Doubletree Hilton, tgl. von 10 Uhr bis spät. Gutes Essen, angenehmes Flair und gute Laune, das ist das Erfolgsrezept von Gerry. Karaoke, Musik, Partys – und das alles direkt am Strand.
Institutionen in Nungwi – **Mangi's Bar & Restaurant:** am Hauptstrand beim Z-Hotel, tgl. von früh bis spät. Essen direkt am Sandstrand, zünftige Abendunterhaltung bei starken Mixgetränken. **Cholo's:** nähe Paradise Beach Bungalows. Strandbar direkt im Sand, empfehlenswert für ein kaltes Bier oder einen Cocktail. Gut zum Chillen bei und nach Sonnenuntergang, je nach Saison Partys.

Aktiv

Tauchen – **Diving Poseidon:** bei den Baraka Beach Bungalows, Tel. 0777 720 270, www.divingposeidon.com. Persönliche Betreuung und Top-Qualität, deutschsprachige Betreiber. **East Africa Diving & Watersports Centers:** Headquarter bei den Jambo Brothers, weitere Niederlassungen in diversen Hotels, Tel. 0777 416 425, www.sansibar-tauchen.de. **Zanzibar Watersports:** im Paradise Beach Hotel und Kendwa Rocks, Tel. 0773 235 030, www.zanzibarwatersports.com.
Hochseeangeln – **Fishing Zanzibar:** neben dem Doubletree Hilton, Tel. 0773 875 231, www.fishingzanzibar.com.
Wassersport – **Zanzibar Parasailing:** am südlichen Ende von Kendwa, Tel. 0779 073 078, www.zanzibarparasailing.com. Alle erdenklichen Wassersportaktivitäten von Parasailing bis Wakeboarding.
Segeltörns – **Zanzibar Yacht Charter:** neben dem Doubletree Hilton, Tel. 0773 875 231, www.zanzibaryachtcharter.com. Jachtcharter für halbe oder ganze Tage bzw. für mehrtägige Ausfahrten mit Übernachtung an Bord, Sunset Cruises.
Kitesurfen – **Kiteboarding Zanzibar:** Nähe Jambo Brothers, www.kiteboardingzanzibar.com.
Yoga – **Zanzi Yoga:** Marisa van Vuuren, Tel. 0776 310 227, www.yogazanzibar.com.

Sansibars Ostküste

▶ 2, Q/R 17

Karte: S. 330

Nördlich der Chwaka Bay

Die große Bucht bei Chwaka teilt die Ostküste in zwei Hälften. An der nördlichen Ostküste liegen (von Nord nach Süd) die Orte **Matemwe 7, Kiwengwa, Pongwe** und **Uroa.** Obwohl der Großteil der Orte an der Ostküste Tropenstrände wie aus dem Bilderbuch für sich beanspruchen darf, ist jener von Matemwe herausragend. Dennoch ist der Strand auch hier vielerorts dicht verbaut und es gibt kaum noch Abschnitte, wo nicht mindestens eine kleinere oder größere Lodge steht. Zwischen Pwani Mchangani und Kiwengwa reiht sich ein gigantischer All-inclusive-Club an den nächsten, doch gute Reiseagenturen wissen, wo sich noch trubelfreie Strand-Lodges ohne Beachboys befinden, z. B. in Matemwe, Uroa oder Chwaka.

Wie an der übrigen Küste – mit Ausnahme von Nungwi und Kendwa – ist der Strand sehr flach, daher ist Schwimmen bei Ebbe nicht möglich. Bei Flut (alle zwölf Stunden) jedoch verwandeln sich die Ufer in paradiesische, schneeweiße Tropenstrände mit wunderbar türkisblauem Wasser und sanft plätschernden Wellen. Für die einheimischen Frauen ist die seichte Küste ein Segen. Sie pflanzen im lauwarmen Wasser, in abgesteckten Feldern, Seegras und Algen an, die bisweilen auch an den Strand gespült werden. In mühevoller Geduldsarbeit wird auf diese Weise ein wichtiger Rohstoff für die Kosmetikindustrie gezüchtet.

An vielen Strandabschnitten ist gerade die flache Küste die eigentliche Attraktion. Dort kann man an vielen Stellen lange Spaziergänge hinaus auf die Korallenbänke unternehmen, die von fantastischen Lebewesen besiedelt sind.

Übernachten, Essen & Trinken

Absoluter Luxus – **Matemwe Retreat:** Buchung über Asilia Südafrika, www.asiliaafrica.com. 4 Villen, die keine Wünsche offen lassen:

Insel Sansibar (Unguja)

luxuriöses arabisch-sansibarisches Interieur, private Cocktail-Bar, Dachgarten mit Pool, Butler-Service, Privatstrand und vieles mehr. Einzige Voraussetzung ist ein gut gefüllter Geldbeutel. DZ 1400 US-$ (all-inclusive).

Sehr romantisch – **Matemwe Lodge:** Buchung über Asilia Südafrika, www.asiliaafrica.com. Zwölf luftige, komfortabel ausgestattete Cottages auf Klippen (toller Meerblick!) in einer weitläufigen Anlage für gehobene Ansprüche. Exklusives, familiäres Hideaway mit zwei Pools, Spa und vielen Aktivitäten, z. B. Tauchen. DZ 848 US-$ (VP).

Luftig-elegant – **Hodi Hodi:** Matemwe, Tel. 0779 412 603, www.hodihodizanzibar.com. Wunderbar beschwingtes, persönlich geführtes Gästehaus im luftigen Zanzibari-Style mit Pool, gemütlichem Restaurant und sieben Zimmern in drei Häusern. Geschmackvolles Interieur, ideal zum Relaxen. DZ 290 US-$ (HP).

Für Ruhebedürftige – **Next Paradise:** Mpani Mchangani, Tel. 0773 822 206, www.next-paradise.com. Gut geführtes Beach Resort weit weg vom Trubel an einem traumhaft schönen Strand. Unterschiedliche Zimmer und Suiten (teils Meerblick). Ideal zum Entspannen. Wer im Urlaub auf viel Abwechslung und Action Wert legt, ist hier weniger richtig. DZ ab 270 € (HP).

Blütenweiß – **Pongwe Beach Hotel:** Pongwe, Tel. 0784 336 181, www.pongwe.com. Das ältere Resort im landestypischen, rustikalen Stil mit zweckmäßigen Zimmern und viel Lokalkolorit gehört zu den Klassikern auf Sansibar, die immer gut gebucht sind. Die wahre Sensation besteht im blütenweißen Puderzucker-Sandstrand, der in Pongwe noch weißer als anderswo strahlt. Nur für Reisende, die außer Sonnenbaden, Lesen oder Planschen im Pool keine weitere Aktivitäten geplant haben (ansonsten hohe Taxikosten). DZ ab 270 US-$ (HP).

Entspannt – **Sunshine Hotel:** Matemwe, Tel. 0774 388 662, www.sunshinezanzibar.com. Charmantes Hotel mit Chill-Out-Faktor am dicht verbauten Teil des Matemwe Beach. Zwölf stilvolle Zimmer mit Meerblick und Veranda und zwei absolut traumhafte Suiten direkt am Meer. Ein schöner Pool und ein gemütliches Restaurant mit Lounge im Obergeschoss komplettieren das Angebot. DZ ab 230 US-$ (inkl. Frühstück), März–Juni 170 US-$. Die Schwester-Lodge **Sunshine Marine Lodge** liegt nördlich von Matemwe nahe Muyuni Beach und bietet totale Ruhe sowie Tauchen (gleiches Preisniveau wie Sunshine Hotel).

Für Schlemmer – **Zanzibar Retreat:** Nähe Sunshine Hotel, Tel. 0776 108 379, www.zanzibarretreat.com. Familiäres, intimes Hotel mit zwölf sansibarisch dekorierten Zimmern im Hauptgebäude, die auf den recht großen Pool und den Garten schauen. Zwei Suiten haben Meerblick. Zimmer mit AC. Ausgezeichnete Küche! DZ ab 198 US-$ (ÜF).

Aktiv

Tauchen – **One Ocean:** Unterhält mehrere Tauchbasen, u. a. im Matemwe Beach Village, im Bluebay Beach oder im Ocean Paradise Resort, www.zanzibaroneocean.com. **Dive Point Zanzibar:** in der Sunshine Marine Lodge, Tel. 0778 870 101, www.divepointzanzibar.com. Liegt direkt gegenüber von Mnemba Island, also ideal für alle Tauchausflüge dorthin.

Kitesurfen – u. a. in Pwani Mchangani, www.kiteboardingzanzibar.com, oder in Kiwengwa.

Quadbiking – in Kiwengwa, www.zanzibarquadadventure.com.

Südlich der Chwaka Bay

Ähnlich wie an der nördlichen Ostküste prägen auch hier blütenweiße, feine Sandstrände und leuchtend türkisblaues Wasser die Szenerie. Zu den ursprünglichen Low-Budget-Gästehäusern haben sich in den letzten Jahren familiäre gehobenere Lodges und sogar intime Luxus-Hideaways gesellt. Trotzdem – ruhige Ferien ohne Klub-Animation und viel Nightlife sind hier abseits der großen Klubs noch immer garantiert. Teilweise sind die Strände allerdings sehr dicht bebaut, speziell um **Paje** und **Jambiani,** mittlerweile auch um **Bwejuu.**

Übernachten, Essen & Trinken

Top End – **Zawadi Hotel, The Palms, Baraza Resort, Breezes Beach Club:** Bwejuu, www.thezanzibarcollection.com. Sie gehören denselben Besitzern und alle vier zählen beständig zu den besten Resorts, die Sansibar zu

bieten hat: **Zawadi Hotel** und **The Palms,** beide exklusiv, sprechen ausschließlich Paare und Honeymooner an, das weitläufigere **Baraza Resort** bietet opulenten afro-sansibarischen Luxus der Extraklasse (für Paare, aber auch für Familien), während im nicht minder ausgezeichneten **Breezes Beach Club** Pauschaltouristen mit gehobenen Ansprüchen nächtigen. DZ mit HP ab 400 € (Breezes); Villa im Zawadi 940 €, im The Palms 950 € bzw im Baraza 880 €, jeweils inkl. VP und Getränke.

Intim – **Anna of Zanzibar:** Bwejuu, Tel. 0773 999 387, www.annaofzanzibar.com. Die fünf großen Privatvillas mit Holzveranda haben Blick aufs Meer und sind im eleganten Kolonialstil eingerichtet, der mit sansibarischen Elementen aufgepeppt ist. Schöner Garten, Pool, WLAN, Spa. DZ 650 € inkl. VP und Getränke.

Intim II – **Matlai:** Pingwe, Tel. 0777 300 012, www.hotelmatlai.com. Vier rustikal-elegante, geräumige Suiten (zwei oben, zwei unten) in einem luftigen Gebäude mit Pool, unterschiedlich dekorierte Zimmer mit Meerblick, großer Veranda und Spa-ähnlichem Badezimmer. Die Villa Kidosho nebenan mit zwei geschmackvollen Suiten ist ideal für Honeymooner oder Freunde/Familien, die unter sich bleiben wollen. Sehr gute Küche, WLAN. Direkt am weißen Sandstrand gelegen! DZ ab 470 US-$ (HP).

Schöne Sonnenuntergänge – **Michamvi Sunset Bay:** Michamvi, Tel. 0772 138 579, www.michamvi.com. Sympathisches Resort der guten Mittelklasse mit 20 Zimmern auf vier Häuser verteilt in einem Halbkreis um den Pool. Liegt an der Chwaka Bay, d. h. man sieht in der Ferne auf der anderen Seite die Dörfer der Bucht. Schöne Sonnenuntergänge durch die Ausrichtung nach Westen. Gut für aktive Paare, Freunde und Familien. Aufgrund der Überschaubarkeit der Anlage kommt man leicht mit anderen Gästen ins Gespräch. DZ ab 333 US-$ (HP).

Sehr schick – **Sharazad Boutique Hotel:** nördliches Jambiani, Tel. 0782 643 849, www.sharazadboutiquehotel.com. Sechs Zimmer in der Villa, U-förmig um einen Pool angeordnet, alle mit Veranda, drei davon mit Blick aufs Meer. Zusätzlich gibt es drei freistehende, zweistöckige Bungalows mit viel Raumangebot und eine Selbstversorger-Villa. Zwei Pools, WLAN, Spa. Klein, intim, für Individualisten. Ruhiger, wunderschöner Strandabschnitt. DZ ab 230 US-$ (ÜF).

Einmalige Location: Das Restaurant The Rock thront auf einem Felsen am Bwejuu Beach

Tipp

ROBINSON-FEELING

Wem Sansibar zu überlaufen ist, der wird **Fanjove Island** lieben, eine gänzlich unbewohnte Insel. Von den sechs Chalets der Öko-Lodge sind es nur Schritte ans Meer. In 20 Min. haben Gäste das Eiland zu Fuß umrundet, die Küste besteht zur Hälfte aus feinstem weißen Sandstrand. Es gibt nur das Meer – und viel Ruhe. Die lange Anreise erfolgt per Flug, Tuktuk und Boot. Empfohlener Mindestaufenthalt 3 Nächte, Buchung bei Essential Destinations, Tel. 022 260 17 47, www.ed.co.tz, DZ 700 US-$ (VP).

Originell – **Mwezi Boutique Resort:** nördliches Jambiani, Tel. 0778 067 510, www.mwezizanzibar.com. Ungewöhnlich gestaltete kleine Beach Lodge mit Chalets in unterschiedlichen Größen, jeweils mit rustikalem Flair, Ethno-Dekor in Braun und Schwarz und bunter Kunst. Pool, am blütenweißen breiten Sandstrand. DZ ab 130 US-$ (ÜF).

Gut und preiswert – **Blue Oyster Hotel:** Tel. 0783 04 57 96, www.zanzibar.de. Zweckmäßiges Gästehaus mit einfacher Ausstattung, aber einem guten Preis-Leistungs-Verhältnis. Die größeren, schöneren Zimmer haben Meerblick, die kleineren sind um den Innenhof gruppiert. Das Restaurant im Obergeschoss bietet herrliche Ausblicke auf den Ozean. Viele Aktivitäten. DZ ab 105 US-$.

Aktiv

Kitesurfen – **Kite Centre Zanzibar:** Paje, neben Kitete Beach Bungalows, www.kitecentre zanzibar.com. Renommierte Kitesurfschule.

Tauchen – **Buccaneer Diving:** Paje, neben Arabian Night Hotel, und am Strand von Jambiani, www.buccaneerdiving. com.

Wellenreiten und Kitesurfen – **Aquaholics:** Paje, neben Oceans Restaurant, www. aquaholics-zanzibar.com.

Stand Up Paddling – **Surf Zanzibar:** Paje, www.surfzanzibar.com. Mit SUP-Boards in die Mangrovenwälder der Chwaka Bay.

Radausflüge – **Bike Zanzibar:** Jambiani, www.bikezanzibar.com. Touren von wenigen Stunden bis zu kompletten Inselumrundungen, darunter ungewöhnliche Exkursionen wie die zur Jambiani Spiritual Cave.

Südlich von Stone Town

Karte: s. S. 330

Mbweni-Ruinen 8

In der südlichen Vorstadt **Mbweni,** einem beliebten Wohngebiet der in Stone Town ansässigen Ausländer, stehen die **Mbweni-Ruinen,** in deren Anlage heute das Mbweni Ruins Hotel Gäste beherbergt. In der ehemaligen Schuleach wurden nach Abschaffung der Sklaverei verwaiste Mädchen und die Töchter von befreiten Sklaven aufgenommen und zu Lehrerinnen ausgebildet.

Fumba Island und Chumbe Island Coral Park

Weiter südlich, auf einer Halbinsel, befinden sich die makellosen Strandbuchten von **Fumba Island 9**, ca. 6 km vor dem Festland sieht man den **Chumbe Island Coral Park 10**, ein privates Naturschutzgebiet mit Korallenriff und Waldreservat.

Jozani-Chwaka Bay National Park 11

Tgl. 7.30–17 Uhr, Eintritt 10 US-$

Der Weg in den Süden führt vorbei am **Jozani-Chwaka Bay National Park,** dem letzten Rest des tropischen Urwalds, der einst die ganze Insel bedeckte. Bis auf einen kleinen Rest fiel die Waldfläche den Gewürzplantagen zum Opfer, aber auch den Swahili-Türen, den Dhaus oder der Holzkohlenproduktion. Forscher gehen davon aus, dass es im Jozani Forest mindestens sieben endemische Tierarten gibt, darunter den Roten Sansibar-Stummelaffen oder den blauen Sykes-Affen. Ansonsten bietet das 10 km² große Areal Unterschlupf für 40 Vogelarten, kleine Antilopen, Buschschweine und Insekten, darunter viele exotische Schmetterlinge. Der scheue Sansibar-Leopard soll aber bereits ausgerottet sein.

Kizimkazi und Makunduchi

Wenn man sich auf dem Weg zur Ostküste, vorbei am Jozani-Chwaka Bay National Park, bei Kitongani geradeaus hält, gelangt man an die südlichste Spitze von Sansibar mit den beiden Hauptorten **Kizimkazi 12** und **Makunduchi 13**. Kizimkazi verdankt seine Bekanntheit den beliebten, aber alles andere als tierfreundlichen Delfintouren (s. Aktiv), doch bemerkenswerter ist seine historische Bedeutung: Bei der **Moschee von Kizimkazi Dimbani** soll es sich um die älteste Moschee der Shirazi auf Sansibar handeln. Sie wurde im frühen 12. Jh. errichtet und wird bis heute genutzt. Für Reisende, die ruhige Ferien abseits vom Trubel verbringen möchten, sind die südlichen Küstenabschnitte ideal.

Übernachten, Essen & Trinken

Öko-Lodge – **Chumbe Island Coral Park:** Tel. 024 223 10 40, www.chumbeisland.com. Preisgekrönte Öko-Lodge der ersten Stunde, die auf einer vorgelagerten Insel liegt. Im privat finanzierten Unterwasser- und Waldreservat hat sich das Korallenriff vollständig erholt, wie auch der Primärwald samt allen Spezies erhalten wurde. Die Unterbringung erfolgt in komfortablen, aber offen gestalteten Chalets aus natürlichen Materialien, die Gäste entspannen beim Schnorcheln, bei Vogelbeobachtung und Spaziergängen. Nur für Naturverbundene, die abseits vom Trubel urlauben wollen, nicht unter drei Nächten empfehlenswert wegen der aufwendigen Anreise. DZ 560 US-$ (VP).

Intim und romantisch – **Unguja Lodge:** Kizimkazi Mkunguni, Tel. 0774 477 477, www.ungujalodge.com. Elf riesengroße Villen mit Schlafzimmer, Loungebereich, Obergeschoss und Veranda in luftiger tropischer Bauweise. Exzellente kulinarische Gaumenfreuden, eigene Tauchbasis. Die Lodge liegt auf Klippen und die beiden Sandbuchten können nur bei Ebbe zum Sonnenbaden genutzt werden. Mit Pool. DZ ab 514 US-$ (HP).

Tolle Lage – **Mbweni Ruins Hotel:** 6 km südlich von Stone Town, Tel. 024 223 54 78, www.protea.marriott.com. Älteres Hotel mit 13 Zimmern im traditionellen sansibarischen Stil. Pool und erhöht gelegenes Restaurant mit Meerblick. Ruhig und doch nahe an Stone Town, ideal für einen Strand-Kurzurlaub. DZ ab 165 US-$.

Aktiv

Tauchen, Bootstouren – Tauchen muss über die Resorts arrangiert werden. Im Sinne des Tierschutzes ist von Delfintouren abzuraten, da die Bootsbetreiber und Guides nicht gerade zimperlich mit den empfindsamen Tieren umgehen. Sie werden quasi von den Motorbooten gejagt und wenn die Boote ganz nah an den Tieren sind, springen die Besucher sogar ins Wasser. Wer in der Menai Bay oder im Süden reguläre Bootsexkursionen unternimmt oder zum Schnorcheln und Tauchen fährt, wird auch ohne Treibjagd die hier lebenden Delfine beobachten können.

Pemba ▶ 2, R 15/16

Bekannt als ›grüne Insel‹ wegen ihrer dichten, tropischen Vegetation und dem Regenwald im Landesinneren, führt die 56 km vom Festland entfernt liegende Insel **Pemba** (407 000 Einw.) politisch wie touristisch ein Schattendasein neben ihrer berühmten Schwester Unguja. Zu der 68 km langen und zwischen 15 und 23 km breiten Insel gehören unzählige kleine, unbewohnte vorgelagerte Inseln – ideale Refugien zum Segeln, Tauchen und Sonnen. Auch wenn das Eiland das Potenzial hätte, Sansibar den Rang abzulaufen, hat die Welle des Massentourismus, die Sansibar erreicht hat, Pemba bis jetzt verschont. Es gibt wenig Infrastruktur, die muslimisch geprägte Gesellschaft steht den fremden Einflüssen des Tourismus ablehnend gegenüber. Für Erholungsuchende mit entsprechendem Budget, die nach einsamen Destinationen weit weg vom Trubel suchen, ist Pemba (oder Mafia, s. S. 336) also perfekt.

Die drei wichtigsten urbanen Zentren sind **Wete, Mkoani** und die Hauptstadt **Chake Chake.** 80 % der Nelkenproduktion des gesamten Archipels stammen noch immer von Pemba. Zur Erntezeit der Gewürznelken im September bietet sich dem Besucher ein prachtvolles Bild: die rotglänzenden Blütenknospen des Nelkenbaums werden per Hand gepflückt und dann am Straßenrand zum Trocknen ausgelegt. Der Duft hängt überall in der Luft.

Dass die Insel vor Jahrhunderten strategisch wesentlich wichtiger als heute war, belegen jede Menge verwahrloste Ruinen von Moscheen, Häusern oder Gräbern. Westlich von Chake Chake, auf einer Halbinsel, liegt beispielsweise **Ras Mkumbuu,** eine Festung, die die Shirazi um 1200 errichteten. Sie ist wohl die am besten erhaltene historische Stätte auf Pemba und nur per Boot zu erreichen, weil Straßen fehlen. Eine Moschee und 14 Gräber sind noch gut zu erkennen, von vielen Häusern steht allerdings nur noch das Fundament.

Herrliche Strände, z. B. auf **Misali Island** – das Juwel von Pemba –, lassen die Herzen höher schlagen. Grandiose Natur prägt die Insel aber nicht nur zu Lande, sondern vor allem zu Wasser. Pemba ist bekannt für seine Tauchgründe in den vorgelagerten Korallenriffen; die Sicht ist generell besser als auf Sansibar. Viele Tauchspots weisen starke Strömungen auf und sind nur für erfahrene Taucher geeignet. Die Meerenge zwischen Pemba und dem Festland, **Pemba Channel,** bietet optimale Möglichkeiten zum Fischen.

Übernachten, Essen & Trinken

Sämtliche Lodges auf Pemba haben von April bis Juni geschlossen.

Haus an Haus – **Constance Aiyana:** Makangale, Tel. 0777 006 341, www.constance

hotels.com. Luxusresort mit 30 beengt angeordneten Villen auf einem kleinen Grundstück, aber an einem sehr schönen Strandabschnitt. Schick, aber nicht sehr afrikanisch. Gehört zu einer Hotelkette aus Mauritius, was sich im Interieur spiegelt. Der Service ist erstklassig. Spa, Tauchbasis, Gym, WLAN. DZ ab 780 US-$ (all-inclusive).

Seele baumeln lassen – **Fundu Lagoon:** südlich von Chake Chake, zu buchen über Tel. +44 (0)7561 366 593, www.fundulagoon.com. Das exklusive kleine Resort mit Bungalows entweder weiter hinten (Hillside) oder direkt vorne am Ozean (Beachfront) sowie einer Reihe noch größerer Suiten liegt an einem einem Strand mit Mangroven. Es schafft den schwierigen Spagat zwischen geschmackvollem Luxus und naturverbundenem rustikalem Ambiente. Mit Pool, Tauchbasis (inkl. Schnorcheln), Bootsexkursionen, Hochseeangeln, Spa, WLAN. Ab 700 US-$ (inkl. VP, Getränken und mehr).

Über und unter Wasser – **The Manta Resort:** Nordpemba, Tel. 0776 718 852, www.themantaresort.com. Unterbringung in einfacheren und komfortableren Zimmern in zweiter Reihe sowie Seafront Villas. Highlight: die spektakuläre Unterwassersuite (ab 1200 US-$). Typisches rustikales Ambiente im luftigen Tropenstil. Tauchbasis, Spa, Boots- und Land-Exkursionen. DZ ab 620 US-$ (all-inclusive).

Aktiv

Sämtliche Aktivitäten sind über die Unterkünfte zu organisieren, angeboten werden u. a. Tauchen, Schnorcheln, Bootsexkursionen, Landausflüge zu Ruinen und Village Walks. Die Gebühren für den Pemba Marine Park sind meist in den Preisen inbegriffen.

Termine

Pemba Bull Fights (Sept.–Febr.): Die Portugiesen brachten die Stierkämpfe mit, aber im Gegensatz zu den spanischen fließt unter keinen Umständen Blut, zumal dies der Lehre des Islam wiederspricht. Die unregelmäßig stattfindenden Kämpfe *(mchezo ya ngombe)* haben Volksfestcharakter, der Hauptaustragungsort ist Chake Chake.

Verkehr

Flüge: Am zuverlässigsten ist die Anreise per Flugzeug (Pemba Airport in Chake Chake). Von Tanga oder Sansibar 113 US-$, von Dar-es-Salaam 158 US-$, z. B. mit Coastal Aviation.

Mafia ▶ 2, R 19/20

Kokospalmen und Cashewnusshaine, mangrovengesäumte Küsten und submarine Korallengärten – da wundert es nicht, dass man die 20 km lange und bis zu 8 km breite Insel *maafya,* ›einen gesunden Platz zum Leben‹, nannte. Im Mündungsdelta des Rufiji River, nur 25 km vom tansanischen Festland, war **Mafia** (46 000 Einw.) in vorangegangen Jahrhunderten wichtiger Handelsstützpunkt im Indischen Ozean, vor allem zwischen dem 11. und 13. Jh. Von der üppigen Vegetation überwachsen, schlummern einige Relikte aus vergangenen großen Zeiten, z. B. auf der Insel Chole, oder auf Juani Island die Kua-Ruinen.

Der Hauptort **Kilindoni** ist ein kleines verschlafenes Fischerdorf. Man empfängt Gäste hier allerdings viel überschwenglicher als auf Pemba. Von der Tourismusindustrie – vielleicht auch wegen der weniger spektakulären Strände – vernachlässigt, ist Mafia nach wie vor ein Geheimtipp, wenn auch nicht für Low-Budget-Reisende. Die Auswahl an entsprechenden Unterkünften ist beschränkt, und die Inlandsflüge vom Festland sind teurer als die nach Sansibar. Von Tomaten über Milch oder Bier muss restlos alles vom Festland eingeflogen werden.

Wer aber einmal in die Unterwassergründe des **Mafia Island Marine Park** abgetaucht ist, wird die enthusiastischen Berichte von Tauchern verstehen. Mit über 40 Arten von Korallen – durch den Status als Marine Park ist Dynamitfischen sowie gewerbliches Fischen verboten – und 460 Fischarten zählen die Tauchgebiete zu den vielfältigsten der Welt. Wissenschaftler haben bestätigt, dass es sich um eines der artenreichsten Gewässer im tropischen Raum handelt. Der Vergleich mit der Serengeti – nur unter Wasser – ist nicht zu weit hergeholt.

Begeisterte Taucher ziehen vor allem die **Walhaie** an, die sich von Oktober bis März an der Westküste zeigen. Leider ist es bis dato nur mangelhaft gelungen, die Beobachtung tierverträglich zu gestalten. Oft wird den Tieren mit den Booten nachgestellt und die Schnorchler springen aus dem fahrenden Boot mitten in die Walhai-Gruppen.

Eine weitere Besonderheit sind die **Flughunde** – wenn sich die Tropensonne in sattem Rosa-Orange zur Ruhe begibt, schwärmen sie zu Dutzenden aus. Zudem brüten an manchen Strandabschnitten **Meeresschildkröten.** Ihr sensibler Fortpflanzungsrhythmus wird auf Mafia offenbar nicht so sehr gestört wie anderswo.

Wie viele **Dugongs** noch vorhanden sind, eine seltene Seekuhart, ist hingegen unerforscht. Man schätzt, dass zurückgedrängt durch den Bevölkerungsdruck und aggressive Fischmethoden weniger als 100 Exemplare im Rufiji River Delta leben.

Übernachten, Essen & Trinken

Für alle Unterkünfte in Utende fallen direkt am Utende Gate zusätzlich Eintrittsgebühren für den Marine Park an (23,60 US-$ pro Person und Nacht). Alle Lodges auf Mafia sind im April und Mai geschlossen.

Utende:

Blick aufs Meer – **Pole Pole:** www.polepole.com. Schalten Sie ein paar Gänge runter und machen Sie ›pole pole‹ (›langsam‹ auf Swahili) im Urlaub! Sieben hübsche, geräumige Chalets (alle mit Meerblick) aus Naturmaterialien auf Stelzen. Pool, Massagen, das beste Essen in Mafia Island, hochwertigste Option auf der Insel. DZ 460 € (VP).

Baumhäuser – **Chole Mjini:** Chole Island, Tel. 0784 520 799, www.cholemjini.com. Nicht für jedermann sind die 7 offenen, rustikalen Baumhäuser mit Blick auf den Ozean, aber jeder, der hier war, will immer wieder zurück. Echte Öko-Lodge, eingebettet in alte Ruinen. Wegen der Mangrovenwälder gibt es keinen Sandstrand. DZ 400 US-$ (VP).

Öko-Lodge – **Shamba Kilole:** Tel. 0786 903 752, www.shambakilolelodge.com. Sympathische, gepflegte Lodge mit sechs komfortablen Bandas an einem Mangrovenwald, wo vor allem zwei Dinge zelebriert werden: Tauchen (hauseigene Tauchbasis) und gutes Essen. DZ 340 US-$ (VP).

Simpel – **Big Blue Mafia Island:** Tel. 0787 474 108, www.bigblumafia.com. Einfaches Gästehaus (Zelte und gemauerte Zimmer) direkt am schönsten Sandstrand von Utende. 3 Übernachtungen im DZ plus 4 Tauchgänge 395 US-$ pro Pers.

Kilindoni:

Sonnenuntergänge – **Butiama Beach:** Tel. 0787 474084, www. butiamabeach.com. Die bunten Farben in der intimen Anlage verbreiten gute Laune. Tolle Sonnenuntergänge, familiäre Betreuung. Pool, schmaler Strand. Liegt außerhalb des Marine Park, zum Tauchen muss man mit dem Auto fahren. Optimale Lage für Begegnungen mit Walhaien. DZ 300 US-$ (HP).

Aktiv

Tauchen – Mafia Island ist zwar ein Paradies für die Genießer unter den Tauchern, doch sind ausgerechnet jene Strände, an denen sich die zahlenmäßig recht bescheidene touristische Infrastruktur konzentriert, nicht sehr einladend. Grund: Die Mangrovenwälder, die nicht gerodet werden dürfen, überwuchern die Ufer der Küste. Aber zum Glück gibt es paradiesisch schöne, vorgelagerte Sandbänke. Es gibt mehrere PADI-Tauchbasen, die meist an Lodges gekoppelt sind. **Big Blu Diving:** Big Blue Mafia Diving Resort, Tel. 0787 474 108, www.bigbluemafia.com. Attraktive Tauch-Packages bei Übernachtung im Big Blu Resort. **Mafia Island Diving:** nahe Mafia Island Lodge, Tel. 0688 218 569, www.mafiaislanddiving.com.

Begegnungen mit Walhaien – **Kitu Kiblu:** Tel. 0784 520 799, www.kitukiblu.com. Leider nicht immer optimal tierfreundlich, aber besser als die meisten anderen Boote.

Verkehr

Flüge: Der Airstrip ist mittlerweile geteert, Anreise z. B. mit Coastal Aviation von Dar-es-Salaam 143 US-$ oder vom Selous Game Reserve 303 US-$, jeweils pro Pers. und für die einfache Strecke.

Lake Victoria
Serengeti NP
Kilimanjaro
5895 m
Arusha
Moshi

Kapitel 5

Tansanias Norden

Nicht weit von der Safarimetropole Arusha entfernt liegen der Tarangire National Park mit seiner rotbraunen Erde und der immergrüne Lake Manyara National Park. Weiter nördlich verblüfft der gigantische Ngorongoro Crater, der nicht umsonst als »größter Zoo der Welt« bezeichnet wird. Unmittelbar daran grenzt die weltberühmte Serengeti, die jedes Jahr zum Schauplatz eines einzigartigen Spektakels wird – der Migration, der großen Wanderung der Tierherden.

Im Norden Tansanias ragt auch der höchste Berg Afrikas in den Himmel, der 5895 m hohe Kilimanjaro, der in fünf bis sieben Tagen bestiegen werden kann. Unweit davon liegt der Mt. Meru, mit 4566 m der kleinere Bruder des Kilimanjaro, für dessen Besteigung vier Tage anberaumt werden müssen. Er befindet sich im Arusha National Park, einem selten besuchten Park zwischen Arusha und der sympathischen Kleinstadt Moshi am Fuß des Kilimanjaro.

Weiter südöstlich, auf dem Weg zur Küste, passiert man die ausgezeichneten Wandergebiete der schwer zugänglichen Pare Mountains und der lieblichen Usambara-Berge. Weiter im Norden, entlang dem Ostafrikanischen Grabenbruch, erhebt sich eine imposante Vulkanlandschaft mit atemberaubenden Gipfeln wie z. B. dem Ol Doinyo Lengai (2878 m) am Lake Natron. Für eine Besteigung sind mit Anfahrt mindestens vier Tage einzuplanen. Die beste Zeit zum Wandern ist der Sommer (Okt.–Febr.). Im Norden Tansanias kann es im Winter (Juni–Okt.) nachts auf unter 10 °C abkühlen. Eisig kann es vor allem am Kilimanjaro oder um den Ngorongoro Crater werden.

Obwohl eine Kilimanjaro-Besteigung technisch nicht allzu schwierig ist, erreicht nur die Hälfte der Aspiranten den Gipfel – die größte Herausforderung stellt die dünne Höhenluft dar

Auf einen Blick: Tansanias Norden

Sehenswert

Mt. Kilimanjaro: Die majestätische Pracht des höchsten frei stehenden Bergs der Welt begeistert immer wieder aufs Neue (s. S. 349).

Ngorongoro Crater: Geschützt durch die Kraterwand präsentiert sich die reichhaltige Wildtierpopulation auf dem Boden des Ngorongoro Crater wie in einem überdimensionalen Zoo (s. S. 386).

Serengeti National Park: Wenn sich mit Einsetzen der Trockenzeit Millionen Tiere auf die Suche nach nahrhaftem Gras und Wasser machen, wiederholt sich alljährlich das berühmteste Naturschauspiel der Welt (s. S. 392).

Schöne Routen

Von Boma Ng'ombe in die West Kilimanjaro Area: Auf der Piste nach Norden unterwegs, z. B. nach Olpopongi, zur Ndarakwai Ranch oder zum Londorossi Gate des Kilimanjaro, hat man links den Mt. Meru und rechts den Kilimanjaro vor Augen – wenn das Wetter mitspielt (s. S. 347).

Von Moshi zum Lake Chala: Von dem romantischen und absolut einsam gelegenen Kratersee bietet sich ein herrlicher Blick in Richtung Kenia und auf das »Hinterteil« des Kilimanjaro (s. S. 347).

Von Same über Gonja ins Dorf Mkomazi: Als reizvolle Alternative zu einer eintönigen Fahrt auf der Teerstraße bietet sich die knapp 100 km lange, teils holprige Piste durch Reis- und Maisfelder und vorbei an malerischen Hügelketten an (s. S. 357).

Meine Tipps

Kleine Migration im Tarangire National Park: Neben der Großen Migration in der Serengeti (s. S. 397) gehört sie zu den größten saisonalen Wanderbewegungen von Wildtieren in Tansania (s. S. 376).

Ol Doinyo Lengai und Lake Natron: Sand- und Geröllwüsten, soweit das Auge reicht, und doch fasziniert der Landstrich im äußersten Norden Tansanias. Mittendrin: staubgeplagte Masai mit ihren Viehherden und Abertausende Flamingos (s. S. 381).

Kraftort Lake Eyasi: Das Kisima Ngeda Camp hat die Lizenz zum Entspannen, herrliche Panoramen inklusive (s. S. 385).

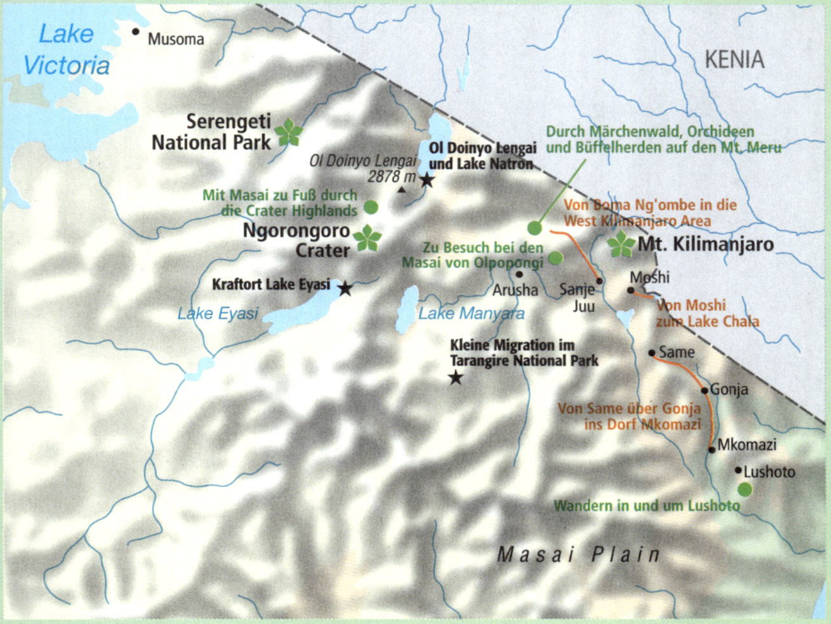

Aktiv

Zu Besuch bei den Masai von Olpopongi: Das Museumsdorf macht den Alltag der Masai auf anschauliche Weise nachvollziehbar. Besucher schlafen sogar wie die Masai in echten Bomas (s. S. 348).

Wandern in und um Lushoto: Durch tropische Regenwälder, vorbei an Wasserfällen bis zum »Ende der Welt« – hier kommen sowohl Genuss- als auch Fernwanderer auf ihre Kosten (s. S. 356).

Durch Märchenwald, Orchideen und Büffelherden auf den Mt. Meru: Beim Aufstieg fasziniert vor allem der grandiose Panoramablick auf den nur 80 km entfernten Kilimanjaro (s. S. 370).

Mit Masai zu Fuß durch die Crater Highlands: Vom Ngorongoro Crater bis zum Ol Doinyo Lengai führt der Mehrtagestreck durch das Masai-Land – mit Masai Guides als Begleitung (s. S. 388).

Nördliches Berg- und Hügelland

So stellt man sich wohl Afrika am allerwenigsten vor: schroffe Bergmassive, rauschende Wasserfälle, tiefgrüne Berghänge und ein Fernblick, der süchtig macht. Manche Landstriche erinnern frappant an Tiroler Berge, wenn da nicht Bananenhaine, Kaffeeplantagen und der bunte Alltag Afrikas wären.

Moshi ▶ 1, N 12

Cityplan: S. 344

In den Ausläufern des Kilimanjaro-Massivs, auf 830 m Höhe, liegt die sympathische Kleinstadt **Moshi.** Auch als Drehscheibe für den Kilimanjaro-Tourismus hat sie sich ihre Leichtigkeit und Freundlichkeit erhalten können. Moshi zieht Touristenscharen an, weil alle – wenn sie den Kilimanjaro schon nicht besteigen – wenigstens einen Blick auf das ›Dach Afrikas‹ werfen möchten. An zahlreichen Plätzen in der Stadt und ihrer Umgebung kann man seine atemberaubende Kulisse bestaunen, und die Menschen sind stolz darauf, dass der höchste Berg Afrikas (übrigens komplett) auf ihrem Land steht.

Man weiß nicht genau, ob der aus dem Kiswahili stammende Name Moshi (deutsch: Rauch) auf die letzte vulkanische Tätigkeit des Berges im 17. Jh. oder auf den Rauch der Dampfzüge zurückzuführen ist, die hier einst verkehrten. Was man hingegen genau weiß, ist, dass der relative Wohlstand der Gegend wohl nur durch die Kombination von deutschen Siedlern, britischer Verwaltung und den hier ansässigen geschäftstüchtigen Chagga zustandekommen konnte. Knapp 185 000 Menschen leben im erweiterten Stadtgebiet von Moshi, im Umland kommen noch an die 500 000 hinzu. Der größere Teil der Bevölkerung ist nach wie vor traditionell in der Landwirtschaft tätig. Dank des gemäßigten, niederschlagsreichen Klimas gehört das Gebiet zu den ertragreichsten Regionen in Tansania, dessen Produkte – u. a. Mais und Bananen – im ganzen Land verkauft werden. Ebenso wird Zuckerrohr in weitläufigen Plantagen kultiviert, Kaffee oder Sisal werden in großen Mengen exportiert.

Erst mit der Ankunft der Usambara-Eisenbahn 1912, die den Hafen Tanga mit dem Hinterland verbinden sollte, entwickelte sich Moshi zum wichtigen Geschäftszentrum. Dank des günstigen Hochlandklimas konnten Kaffeepflanzungen ideal gedeihen. Als Kaffee noch Tansanias Devisenbringer Nr. 1 war, zählte Moshi zu den reichsten Städten Ostafrikas. Nach dem Ausbau der Straße zwischen der Küste und Moshi/Arusha verlor die Eisenbahn an Bedeutung, im Gegenzug hat die Fernstraße der Stadt u. a. den Weg zum Tourismus geebnet.

Auch wer den Kilimanjaro nicht besteigen möchte, findet in der Umgebung von Moshi viele Möglichkeiten zu wandern und sich an der üppigen Vegetation und den spektakulären Naturwundern – z. B. Wasserfällen – zu erfreuen. Einen entscheidenden Vorteil hat Moshi überdies: Das allgemeine Preisniveau ist bedeutend niedriger als in Arusha.

Sehenswertes im Zentrum

Moshi bietet an sich wenig Sehenswertes, doch ist die Stadt ein angenehmer Aufenthaltsort, mit entspannter Atmosphäre und herrlich weitläufig. Breite, alleeartige Straßen, koloniale Häuserfronten und Wohnviertel, die markant voneinander getrennt sind, haben seinerzeit die britischen Kolonialherren angelegt. So ist das einstige Villenviertel der Kolonialherren, Shanty Town (auch heute noch beliebt als Siedlungsgebiet der besser situierten Einwohner) optisch deutlich vom Handelszentrum der Inder und den Wohngegenden der Afrikaner getrennt.

Auffällige Gebäude in der Innenstadt sind besonders die **Weiße Moschee** 1 und, weiter entlang der Nyerere/Mawenzi Road, ein bunter **Hindutempel** 2. Überhaupt sind über die ganze Stadt weitere Gotteshäuser – vor allem christliche – verteilt, z. B. die Christ The King Cathedral direkt am zentralen Kreisverkehr mit dem **Askari-Monument** 3.

Im Osten von Moshi, an der Ghala Road, befindet sich der **Bahnhof** 4, ein Relikt aus der deutschen Kolonialzeit, das nicht mehr in Betrieb ist. Ein Spaziergang durch die geschäftigen Gassen zwischen dem **Markt** 5 (Chagga Street) und dem Busbahnhof ist jedenfalls lohnend.

Infos

Es gibt keine offizielle Touristeninformation, auch wenn diverse Safariveranstalter dies mittels irreführenden Schildern glaubhaft machen wollen.

Banken: Bargeldabhebungen mit der Visa-Card bei der I & M Bank (Rindi Lane, neben Bristol Cottages), sowie Visa- und MasterCard/ Maestro bei der Stanbic (Boma Rd. oder Busbahnhof), Exim Bank (Old Moshi Rd.), Barclays (Nyerere/Mawenzi Rd. und ehem. Nakumatt Supermarket), NBC Bank (Clock Tower Roundabout, ATM im Leopard Hotel).

Geldwechsel: Jacobson Forex, Kibo Towers (Rindi Lane); Trast Bureau de Change (Chagga St./Nyerere Rd., neben Markt); weitere Wechselstuben Nähe Clocktower Roundabout.

Internet: WLAN gibt es mittlerweile in den meisten Unterkünften (teils gegen Aufpreis), weiterhin in Restaurants/Cafés wie der Kilimanjaro Coffee Lounge (gegenüber dem ehem. Nakumatt Supermarket) oder Fifi's Moshi, Ausfälle sind aber keine Seltenheit.

Übernachten, Essen & Trinken

In Flughafennähe – **Kia Lodge** 1: zu buchen über Moivaro, Tel. 027 250 63 15, www.moivaro.com. Für Reisende, die bei der Ankunft oder beim Rückflug in Flughafennähe übernachten wollen (34 km von Moshi), bietet die Lodge Dayrooms. Hat schon bessere Tage gesehen, ist aber das einzige Flughafenhotel. DZ ab 268 US-$ (HP).

Golfen auf einer Zuckerplantage – **TPC Club** 2: 20 km südlich von Moshi, Tel. 0687 585 489, www.tpc-club.co.tz. Wer zwei Nächte nach einer Safari entspannen und nicht unbedingt in der Stadt wohnen möchte, trifft mit dem TPC Club die richtige Wahl: Vögel beobachten (bis zu 640 Arten leben in der wasserreichen Gegend), Sundowner mit Blick auf den Kilimanjaro, ausgezeichnet speisen, wandern, joggen, Rad fahren oder einfach am Pool ausspannen. Lauschiges Planters Restaurant mit Blick auf den Garten und Pizza-Karte. DZ ab 125 US-$.

Großes Stadthotel – **Kilimanjaro Wonders Hotel** 3: Kigoma St., nahe Sekou Toure Way, Tel. 0752 201 886, www.kiliwonders.com. Neueres Stadthotel im ruhigeren und grünen Teil der Stadt. Alles wirkt weitläufig und überdimensioniert. Pool. DZ ab 120 US-$.

Guter Zweck – **Stella Maris Lodge** 4: am Highway auf dem Weg nach Arusha, Tel. 0686 663 244, www.stellamarislodge.com. Außerhalb von Moshi gelegen, bietet das Stella Maris landestypischen Komfort in geräumigen, sauberen Zimmern, herzliche Fürsorge, tolle Sicht auf den Kilimanjaro, und ganz nebenbei unterstützt man Schulprojekte. DZ 90 US-$.

Praktisch – **Parkview Inn** 5: Aga Khan Rd., Tel. 0754 052 000, www.pvim.com. Tadelloses Hotel mit 44 ordentlichen Zimmern (Klimaanlage, TV, WLAN) und recht gutem Preis-Leistungs-Verhältnis. Die 28 neuen Zimmer sind zu bevorzugen, Essen sollte man lieber auswärts. Pool mit Blick auf den Kilimanjaro, sicheres Parken. DZ ab 90 US-$.

Ökologisch und sozial – **Honey Badger Lodge** 6: Dar-Arusha Hwy., ca. 6 km vom Zentrum entfernt, Tel. 0767 551 190, www.honeybadgerlodge.com. Jenny und Joe betreiben die Honey Badger Lodge (anfangs noch als Campsite geführt) seit vielen Jahren mit einer Vision: ihren Gästen tansanische Kultur und den Alltag der Menschen zu vermitteln. Die Atmosphäre in der Lodge ist entspannt: 14 geräumige, einfache Zimmer in rustikaler Bauweise, am großen Pool kann man den ganzen Tag fau-

Moshi

Sehenswert

1 Weiße Moschee
2 Hindu-Tempel
3 Askari Monument
4 Bahnhof
5 Markt

Übernachten

1 Kia Lodge
2 TPC Club
3 Kilimanjaro Wonders Hotel
4 Stella Maris Lodge
5 Parkview Inn
6 Honey Badger Lodge
7 Bristol Cottages Kilimanjaro
8 Mountain Inn
9 The Hibiscus B & B
10 Tembotamu B & B
11 More Than A Drop B & B

Essen & Trinken

1 Peppers
2 El Rancho
3 Kilimanjaro Native Coffee Union Café
4 Mimosa
5 Milan's Restaurant
6 Pamoja Café
7 La Fuente Gardens

Einkaufen

1 i-Curio
2 Tahea Kili Gallery
3 Blue Zebra Art Studio
4 Chui Traders
5 Muungano Market

Abends & Nachts

1 Black Diamond
2 Malindi Club
3 Pub Alberto
4 Biker's Bar

Aktiv

1 Africa Scenic Safaris
2 Summit Expeditions & Nomadic Experience
3 Afromaxx
4 ZARA International
5 Pristine Trails
6 Gladys Adventure
7 Tanzania Journeys
8 Makao Farm

lenzen, und im Open-Air-Restaurant unter dem Makuti-Dach kommen die Gäste beim Essen miteinander ins Gespräch. Viele Kulturtourismus-Aktivitäten, Organisation von Safaris und Bergbesteigungen. DZ ab 90 US-$.

Grüne Oase – **Bristol Cottages Kilimanjaro** 7 **:** Rindi Lane/Aga Khan Rd., Tel. 027 275 50 83, www.bristolcottages.com. Das gepflegte Gästehaus liegt zentral in der Stadt. Die von viel Grün umgebenen 8 Cottages sind geräumig und heimelig, während die Zimmer im neuen Anbau kleiner und weniger charmant sind. WLAN. Nachts und an den Wochenenden kann es laut werden. Essen sollte man lieber auswärts. DZ ab 85 US-$.

Landestypisch – **Mountain Inn** 8 **:** am Highway auf dem Weg nach Osten, Tel. 0716 264 427, www.mountaininn.co.tz. Das Hotel gehört zum Tour Operator Shah Tours, der alle eigenen Kunden hier unterbringt. Gute landestypische Qualität, große Zimmer, recht ruhige Lage. Exzellente indische Küche. DZ ab 82 US-$.

Farbenfroh – **The Hibiscus B & B** 9 **:** Shanty Town nahe Arusha Hwy., www.thehibiscusmoshi.com, Tel. 0766 312 516. Hübsche kleine, kreativ gestaltete Pension etwas außerhalb des Zentrums mit 6 farbenfroh dekorierten Zimmern, WLAN, Essen auf Bestellung. Gemütliche Lounge und einladende Veranda zum Relaxen. Ausgesprochen gepflegter Garten. DZ 50 US-$.

Mit Familienanschluss – **Tembotamu B & B** 10 **:** Uru Rd., Tel. 0757 983 007, www.tembotamu.com. Wunderbare Option für Reisende, die gerne in einem familiären Umfeld urlauben. Einfache, aber nett gestaltete Zimmer, zwei im Haupthaus, zwei im Gästehaus, teilweise mit Gemeinschaftsbad, ein großes Zelt. Die Betreiber organisieren Safaris und Aktivitäten und sparen nicht mit erstklassigen Tipps. DZ 50 US-$.

Einfach mit sozialem Hintergrund – **More than a Drop B & B** 11 **:** Uru Rd., nahe Keys Hotel, Tel. 0766 851 004, www.morethanadrop.org. Einfaches, liebevoll gestaltetes B & B etwas außerhalb der Stadt im Grünen. Ausbildungszentrum einer Schweizer NGO für junge Frauen. Toller Kilimanjaro-Blick! DZ 40 US-$.

Essen & Trinken

Bester Inder – **Peppers** 1 **:** Ghala Rd., Tel. 0754 058 268, tgl. mittags und abends außer Mo. Der frühere Sikh Club ist für viele der beste Inder in Moshi, nicht ganz billig, aber ausgezeichnet, mit großer Auswahl an vegetarischen Gerichten. Halb Restaurant, halb Sports Bar – von der Terrasse blickt man auf einen Hockey-Platz. Ab 12 000 TSh.

Qualität variiert – **El Rancho** 2 **:** Ibra Line, Shanty Town, über Lema Rd. (nach dem Impala Hotel 2. Straße rechts), Tel. 0789 149 502, tgl. 12–23 Uhr. Guter Inder im Grünen mit besonderem Augenmerk auf vegetarischen Gerichten. Ab 10 000 TSh.

Restauriertes Kolonialgebäude – **Kilimanjaro Native Coffee Union Café** 3 **:** Arusha Rd./Ecke Selous St., Tel. 0784 590 184, tgl. 7.30–20.30 Uhr. Auf der luftigen Veranda des in Mintgrün und Weiß gehaltenen Hauses schmecken die Pizzas, Burger und Salate besonders gut. Guter Kaffee (aus der KNCU-Produktion), Snacks und leckere Kuchen. Beliebtester Treffpunkt aller in der Stadt stationierten Ausländer. Ab 8000 TSh.

Im Park – **Mimosa** 4 **:** Uhuru Park, Tel. 0765 352 826, Mi–Mo 11–22 Uhr. Fleischgerichte wie Burger und Steaks, aber auch Currys und Fish & Chips, die man in einem luftigen Open-Air-Restaurant isst. Luftiges, gemütliches Ambiente, mittleres Preisniveau.

Indisch – **Milan's Restaurant** 5 **:** Nyerere/Makinga Rd., Tel. 0754 269 802, tgl. mittags und abends. Im Restaurant mit pinkem Anstrich schmecken indische Currys und vegetarische Speisen doppelt so gut. Faire Preise, recht flotter Service. Ca. 6000–10 000 TSh

Beliebt – **Pamoja Café** 6 **:** New St., ums Eck vom Kindoroko Hotel, Tel. 0755 246 485, tgl. 8–22 Uhr. Beschwingter kleiner Coffeeshop mit Tischen und Bänken im Freien. Swahili-Style-Speisen wie Chapati Wraps, aber auch westliche Gerichte wie Burger und Vegetarisches. Ca. 4500–10 000 TSh.

Wie in Mexiko – **La Fuente Gardens** 7 **:** Shanty Town, Tel. 0764 177 648, Di–Sa 9–21 Uhr. Köstliche frische Salate, Nachos, Tacos, Guacamole und Co. im lauschigen Garten. Familienfreundlich. Faire Preise.

Mit Kilimanjaro-Blick – **More than a Drop School Restaurant** 11: More Than A Drop School, Di–Sa 18–22 Uhr. Italienische Küche von Bruschetta über Minestrone bis zu hausgemachter Pasta mit Kilimanjaro-Blick – serviert im hübschen Garten des Frauen-Ausbildungszentrums. Nach Vorbestellung wird auch ein Schweizer Fondue serviert. Freundlicher Service, moderate Preise.

Einkaufen

Kleinere **Souvenirläden** findet man in der ganzen Stadt verteilt. Sie alle verkaufen den landestypischen Trödel zu meist überzogenen Preisen, unbedingt handeln!

Souvenirs – **i-Curio** 1: Viwanda St. Relativ großes Sortiment. **Tahea Kili Gallery** 2: Hill St., gegenüber The Coffee Shop. Kleiner Containerladen mit Kilimanjaro-Devotionalien. **Blue Zebra Art Studio** 3: Kibo Towers. Einer der größten und bestsortierten Souvenirshops in Moshi, aber nicht billig. **Chui Traders** 4: Mawenzi Rd. Umfassendes Angebot an hochwertigen Souvenirs, u. a. Ledererzeugnisse oder Souvenirs aus Kuhhorn. **Muungano Market** 5: am Dar-Arusha-Hwy., schräg gegenüber vom YMCA. Makonde-Skulpturen, Holzschnitzereien, Tingatinga-Bilder. Je nach Saison nur ein paar wenige Verkaufsstände.

Abends & Nachts

In-Disco – **Black Diamond** 1: gegenüber von Pub Alberto, Di–So ab 22 Uhr. Nachtklub und Treffpunkt der Nachtschwärmer, gemischtes Publikum.

Mit lokalem Flair – **Malindi Club** 2: Rengua Rd., gegenüber von Tanesco. Beliebte Bar samt Restaurant mit Musik, Billardtischen und großen Leinwänden. An den Wochenenden Livemusik und Karaoke.

Zentral – **Pub Alberto** 3: Kibo Rd., am Clock Tower, Di–So ab 18 Uhr. Laute Discomusik, Billardtische; das Lokal wird gern von Prostituierten aufgesucht.

Angesagt – **Biker's Bar** 4: Nähe Moshi International School, tgl. mittags bis spät. Coole Bar mit originellem Ambiente und tollem Kilimanjaro-Blick in Shanty Town.

Aktiv

Jeder Veranstalter bietet Kulturtourismusprogramme oder Ausflüge in die Umgebung. Es gibt auch schöne kürzere Wanderungen rund um Moshi, man muss nicht zwangsläufig den Kilimanjaro besteigen. **Vorsicht:** Rund um den Busbahnhof oder auch in Marangu können die Flycatcher recht lästig werden. Grundsätzlich ist davon abzuraten, sich eine Bergbesteigung oder eine Safari von einem Straßenhändler aufschwatzen zu lassen.

Safaris, Bergbesteigungen – **Africa Scenic Safaris** 1: Shanty Town, Tel. 0783 080 239, www.africanscenicsafaris.com. Engagiertes Unternehmen mit karitativem Engagement und langjähriger Erfahrung. **Summit Expeditions & Nomadic Experience** 2: Shanty Town, Tel. 027 275 32 33, www.nomadicexperience.com. Nicht nur Kilimanjaro-Besteigungen und Safaris, sondern auch außergewöhnliche Wanderungen rund um den Berg sowie Radtouren vom Kilimanjaro zum Meer bietet der charismatische Ausnahmeathlet Simon Mtuy. Er organisiert den Kilimanjaro Stage Run, einen achttägigen Etappenlauf, der in 300 km rund um den Kilimanjaro führt. **Afromaxx** 3: Nkomo Ave., Nähe YMCA, Tel. 0684 450 458, www.afromaxx.com. Deutschsprachiges Unternehmen mit Kilimanjaro-Besteigungen im mittleren Preissegment. Angeboten werden auch maßgeschneiderte Safaris und Kulturtourismusaktivitäten. **ZARA International** 4: Springlands Hotel, Pembo Rd., Tel. 0754 451 000, www.zaratours.com. Großer Kilimanjaro-Anbieter, der die komplette Bandbreite abdeckt. Mittleres Preissegment. **Pristine Trails** 5: Boma Rd., Tel. 027 275 44 63, www.pristinetrails.com. Das junge tansanische Unternehmen bietet Standardtouren auf den Kilimanjaro und in die nördlichen Nationalparks. Zuverlässig und charmant, im günstigeren Preissegment. **Gladys Adventure** 6: Hill St., Tel. 0787 111 881, www.gladysadventure.com. Einer der preiswertesten Standardanbieter mit Einzel- und Gruppentouren auf den Kilimanjaro. Zuverlässig und professionell. **Tanzania Journeys** 7: Nähe Askari Monument Roundabout und Uru Rd., Tel. 0787 834 152, www.tanzaniajourneys.net. Kompetenter, zuverlässiger Veranstalter mit eigenen

Camps am Lake Natron und in der Serengeti, Zubucher-Safaris und -Bergbesteigungen. Mittleres Preissegment.

Reiten – **Makao Farm** **8**: Machame Rd., Tel. 0754 312 896, www.makoa-farm.com. Safaris auf dem Pferderücken.

Termine

Kilimanjaro-Marathon (Ende Febr./Anfang März): Das jährlich stattfindende Sport-Event kann zwar nicht mit Marathonläufen in westlichen Ländern verglichen werden, doch es werden ordentliche Preisgelder vergeben (www.kilimanjaromarathon.com).

Verkehr

Flüge: Inlandflüge von Coastal Aviation landen am lokalen Moshi Airport südlich des Stadtkerns, z. B. nach Arusha 103 US-$, Dar-es-Salaam 323 US-$, Seronera 328 US-$. Den internationalen Flughafen Kilimanjaro International Airport (KIA oder JRO; 34 km westlich von Moshi am Dar-Arusha Highway) teilen sich Moshi und Arusha. Auch lokale Linien wie Precision Air steuern ihn an, z. B. nach Sansibar 284 US-$ oder Mwanza 230 US-$.

Busse: Moshi ist mit Überlandbussen gut erreichbar. Der Busbahnhof liegt zentral mitten in der Stadt. Fast alle Ecken von Moshi und die meisten Ortschaften in der Umgebung kann man auch mit Dalladallas ansteuern.

Grenzverkehr: 34 km östlich von Moshi befindet sich der Grenzübergang Holili/Taveta nach Kenia (Voi, Mombasa). Auf dem Highway erreicht man Nairobi von Moshi aus innerhalb von 6 Std. Seit September 2015 darf man nur mit gültigem e-Visum nach Kenia einreisen (50 US-$, s. S. 80). An den Grenzübergängen ist erhöhte Aufmerksamkeit angebracht.

West Kilimanjaro Area

▶ 1, O 12

Obwohl sie gut erreichbar zwischen Moshi und Arusha liegt, scheint die **West Kilimanjaro Area** Lichtjahre von touristischer Vermarktung entfernt. Eine Abzweigung führt bei Boma Ng'ombe vom Dar-Arusha Highway Richtung Norden und nach Sanya Juu (beschildert). Nach 27 km ist Sanya Juu erreicht. 15 km weiter folgt eine Abzweigung nach links (zur Ndarakwai Ranch und Olpopongi), geradeaus kommt man zum Londorossi Gate. Sie lohnt den Abstecher: Die Teerstraße – später Piste – führt durch typische Dörfer, vorbei an Maisfeldern, Flammenbäumen und Kuhherden, die von Masai gehütet werden. Bei gutem Wetter ist die Kulisse eindrucksvoll – rechts im Osten erhebt sich der Kilimanjaro, links im Westen der Mt. Meru. Interessant ist die trockene Savannenlandschaft, weil aus dem Amboseli National Park (Kenia) im Norden viele Tiere kommen, besonders große Elefantenherden.

Übernachten, Essen & Trinken

Kili im Blick – **Shu'mata Camp:** Tel. 0752 553 456, www.shumatacamp.de. In nur wenigen Camps in Tansania erwacht man mit Blick auf den Kilimanjaro. Intimes, befestigtes Camp mit nur fünf luxuriösen Zelten im Stile Hemingways. In den passenden Monaten viele Elefanten. DZ 1160 US-$ (Safaris, VP).

Mit Herz und Aussicht – **Kambi ya Tembo:** Tel. 0785 069 944, www.twctanzania.com. Einfacheres Zelt-Camp im kargen Masai-Land mit Blick auf den Kilimanjaro und viel Lokalkolorit. Masai-Dorfbesuche, Tageswanderungen auf den Kili etc. DZ ab 460 US-$ (VP) zzgl. WMA-Gebühr (s. S. 117) 17,70 US-$.

Museumsdorf – **Olpopongi:** Tel. 027 275 10 06, www.olpopongi-maasai.com, s. S. 348. 125 US-$ pro Person (VP) ohne Transfer.

Von Moshi zum Lake Chala ▶ 1, O 12

Karte: S. 350

Eintritt 29,50 US-$ pro Tag bei Übernachtung, 11,80 US-$ für Tagesbesucher, Bezahlung am Gate in bar

Gottverlassen liegt der **Lake Chala,** ein tiefblauer Kratersee, jeweils zur Hälfte auf tansanischem und kenianischem Terrain. Das Kilimanjaro-Massiv mit Eiskappe und zerfranstem

Aktiv

ZU BESUCH BEI DEN MASAI VON OLPOPONGI

Tour-Infos

Start: Der Transport kann über www.olpopongi-maasai.com arrangiert werden. Das Ziel liegt in der Nähe der Ndarakwai Ranch bei Tinga Tinga Village.

Dauer: Tagestour oder Besuch mit Übernachtung

Kosten: Tagestour 169 US-$ inkl. Transport von Moshi, von Arusha 189 US-$, Übernachtung (samt Vollverpflegung) 209 US-$ inkl. Transport ab Moshi, mit Transport von Arusha 229 US-$. Übernachtung ohne Transport 125 US-$, jeweils pro Person.

Buchungen: bei Olpopongi (s. S. 347), bei Afromaxx (s. S. 346) oder einem Tour Operator in Moshi oder Arusha.

Wichtige Hinweise: In den Hütten gibt es keinen Strom, Taschen- und Stirnlampen werden ausgeliehen. Unbedingt Mückenschutzmittel mitnehmen.

Im Takt monotoner Gesänge hüpfen blau und rot gewandete Masai dem Eingangstor entgegen. Der heiße Wüstenwind wirbelt eine Windhose auf. Noch vor zwei Stunden, bei der Abfahrt von Moshi, konnte man sich von den ersten, fast mystischen Augenblicken noch kein Bild machen: Die sanften Hügel der West Kilimanjaro Area verschmelzen mit dem klimpernden Schmuck der Masai-Krieger und dem Geruch von Kuhdung zu einer Erfahrung für alle Sinne.

Nach dem tänzerischen Begrüßungsritual geleiten die Masai-Männer ihre Gäste am typischen Dornenzaun vorbei ins Dorf, den *kral*. Alles in Olpopongi ist echt, wenn auch für Besucher nachgebaut. Die Hütten *(engaji)* wurden nach traditioneller Art mit Ästen, Lehm, Kuhdung und Wasser errichtet. In Kreisform angeordnet stehen Bänke und Tische in der Mitte, wo die Masai normalerweise das Vieh hinter Dornenbegrenzungen untergebracht haben. Olpopongi ist zwar nicht das erste Dorf Tansanias, das sich Ausländern öffnet, aber es ist das erste, wo sie auch übernachten können. Geschlafen wird in den traditionellen Hütten, auf Gestellen aus Akazienholz, auf denen Kuhfelle und dünne Decken liegen. Trotz Isomatte, Schlafsack und Petroleumlampe wirkt die Bettstatt karg. Die Gemeinschaftstoiletten und -duschen liegen ein paar Schritte entfernt.

Die Zeit bei den Masai vergeht schnell. Zuerst führen sie die Besucher durch ihr Dorf und seine Hütten, erzählen vom traditionellen Hüttenbau, von der Arbeitsaufteilung, ihrer Medizin und ihren Traditionen und Zeremonien. Nach einem (fast) typisch tansanischen Mittagessen werden die Gäste mit auf die Jagd genommen, hinaus ins knochentrockene Masai-Land.

Eine Attraktion des Dorfbesuchs ist das Lagerfeuer am Abend, das ganz ohne Zündhölzer angefacht wird. Tansanische Spezialitäten, Gesänge und Tänze der Masai und Abermillionen Sterne hinterlassen intensive Eindrücke. Der nächste Morgen beginnt früh, die Rufe der Masai-Kinder wecken selbst Tiefschläfer auf. Bevor die Gluthitze kommt, werden die Gäste nach dem Frühstück mit Gesängen verabschiedet. Mehrere umliegende Dörfer sind am Projekt beteiligt und ihre Bewohner betreuen abwechselnd die Besucher, die Erlöse werden aufgeteilt. Das Projekt sichert den Masai Einkünfte, da dieser entlegene Landstrich ansonsten nicht vom Tourismus profitiert.

Mawenzi im Vordergrund dominiert die Szenerie westlich des Sees. Östlich davon, auf kenianischer Seite, fällt das staubtrockene Land sanft ab, hunderte Kilometer weit sieht man in die goldbraune Savanne. Das Gebiet ist nicht nur für Vogel- und Reptilienliebhaber interessant – auch Honigdachse, Servale, Ginsterkatzen, Leoparden, Hyänen sowie Dikdiks und Kudus sind oft gesehene Zaungäste. Entlang ihrer alten Migrationsrouten passieren große Elefantenherden in den Trockenmonaten den Lake Chala. Die Stumpfkrokodile sollen in den letzten Jahren alle von Fischern getötet worden sein, weil sie die Netze zerstörten. Daher kann man im See auch wieder bedenkenlos schwimmen. Den endemischen Chala-Tilapia wird man dabei kaum sehen, er steht auf der UN-Liste der gefährdeten Arten.

Das Gebiet ist wenig erforscht. Der See soll das Ergebnis der ersten vulkanischen Eruptionen vor 600 000 Jahren sein. Erst in den folgenden Jahrhunderten formierte sich das Kilimanjaro-Massiv mit seinen Gipfeln Shira, Mawenzi und Kibo. Man nimmt an, dass der See unterirdisch vom Kilimanjaro gespeist wird, da er weder Zu- noch Abfluss hat. Durch den Kilimanjaro als markante Wetterbarriere erhält das Gebiet wenig Niederschläge, aber dass sich das Wasserniveau in den letzten Jahren um über 2 m gesenkt hat, liegt eher daran, dass die Flüsse im Chala Basin landwirtschaftlich genutzt werden.

Nur ca. 1 Stunde (55 km) von Moshi entfernt liegt der See auf 900 m Seehöhe. Seine fast senkrechte Wände recken sich an die 100 m in die Höhe. Im Durchmesser misst der See knappe 3 km, er soll bis zu 90 m tief sein. Die schnellere Zufahrt erfolgt vom Holili/Taveta Highway aus (die zweite Zufahrt erfolgt über Marangu und Mamsera). Man passiert die Kreuzung von Himo (Abzweigung nach Marangu) sowie rechts die neue Teerstraße nach Tarakea und fährt weiter in Richtung Kenia. Ein paar hundert Meter hinter dem Kilometerstein ›Holili 6‹ folgt eine kleine Siedlung, wo links eine Piste abzweigt. Nach etwa 10 km führt an einer Kreuzung eine Piste nach rechts und nach weiteren 7 km ist der See erreicht (beschildert mit Lake Chala Camp). Zur Zeit der Recherche war die Piste in gutem Zustand. Das Gebiet rund um den Lake Chala lohnt sich für einen Tagesausflug und auch um hier zwei, drei Tage nach einer Safari zu verschnaufen.

Übernachten, Essen & Trinken

Mit Seeblick – **Lake Chala Safari Camp:** Tel. 0753 249 118, Reservierung über Hotelbuchungsportale. Das Zelt-Camp hätte das Potenzial, an Magie unüberbietbar zu sein: traumhafte Panoramen, viele Aktivitäten, komfortable Zelte, idyllische Lage abseits des Mainstream. Viele Aktivitäten wie Vogelbeobachtung, Kanutouren, Buschwanderungen, Reiten. Leider war das Camp zur Zeit der Recherche schlecht gemanagt: verschlafener Service, unbeteiligtes Management, armseliges Essen. Momentan ist ein Tagesausflug an den Lake Chala eher zu empfehlen. DZ 160 US-$.

Mt. Kilimanjaro

▶ 1, N/O 12

Karte: S. 350

Weithin sichtbar über das unendlich scheinende Buschland erhebt sich das »Dach Afrikas«, der 5895 m hohe **Kilimanjaro.** Er ist mit Sicherheit ein Höhepunkt einer Ostafrika-Reise, egal ob man ihn nun besteigt oder einfach aus der Ferne betrachtet. Menschen aus aller Welt reisen an, um sich von der dramatischen Kulisse in Bann ziehen zu lassen, und täglich aufs neue ist sein Anblick atemberaubend. Bereits 1973 erhielt der Kilimanjaro den Status eines Nationalparks und 1989 wurde er zum Weltnaturerbe der UNESCO erklärt. Der erloschene Vulkan mit seinem charakteristischen weißen Schneehäubchen ist bei klarem Wetter sowohl von Tansania als auch von Kenia aus zu sehen. So charakteristisch seine Eiskappe auch sein mag, sie wird, schenkt man den Aussagen der Wissenschaftler Glauben, vielleicht noch 15 bis 20 Jahre halten. Der einst mächtige Gletscher von teilweise über 100 m Dicke schmilzt heute im Rekordtempo von ei-

Mt. Kilimanjaro National Park

nem halben bis einem Meter pro Jahr. Dieses Phänomen konnte man schon seit Ende des 19. Jh. beobachten, beschleunigt wird es momentan natürlich durch die allgemein diskutierte und auch spürbare Erderwärmung. In den Legenden der Chagga, dem Volk des Kilimanjaro, finden sich nur wenige Hinweise auf die Entstehung des Namens. So gibt es zwar viele Vermutungen, aber wenig gesicherte Informationen darüber – am ehesten plausibel ist folgende Erklärung: *Kilemanjaare* (oder *kilemanyaro*) bedeutet in der Sprache der Chagga ›unmöglich für eine Karawane zu überqueren‹, in Anspielung auf die unbezwingbaren Höhen. Diese Bezeichnung wanderte mit den Karawanen, die Sklaven, Elfenbein und Edelsteine Richtung Küste transportierten, in das dort gesprochene Kiswahili. Dabei wurde die Bezeichnung sozusagen ›swahilisiert‹.

Drei Gipfel und ein besonderes Mikroklima

Bei näherer Betrachtung erkennt man deutlich, dass die Spitze des Kilimanjaro aus drei Gipfeln besteht, die alle durch vulkanische Aktivitäten im Ostafrikanischen Grabenbruch entstanden. Der westlichste Gipfel ist der 3962 m hohe **Shira.** Im Osten zieht das gezackte Profil des **Mawenzi** (5149 m) das Augenmerk auf sich. Im Zentrum – umgeben von ewigem Eis – ragt der Gipfel des **Kibo** (5895 m) heraus, dessen höchster Punkt übrigens **Uhuru Peak** (›Freiheits-Gipfel‹) genannt wird. Der Kibo ist die jüngste Formation, schwefelhaltige Gase im Kraterinneren deuten auf latente vulkanische Aktivität, wobei aber nicht davon auszugehen ist, dass er in der nächsten Zeit ausbricht.

Durch seine frei stehende Lage, seine imposante Höhe und letztendlich auch wegen seiner unzähligen unterirdischen Quellen erzeugt der Kilimanjaro in seiner Umgebung ein fruchtbares Mikroklima. Dichte Regenwälder sowie Bananen- und Kaffeeplantagen sind charakteristisch für das Gebiet um Moshi bis weithin nach Arusha.

Während die Ausläufer des Massivs mit dichtem Regenwald und üppiger Vegetation bedeckt sind, dominieren in höheren Regionen Hochmoorlandschaften mit Erika-Gewächsen und Senezien. Weiter oben folgt eine bizarre Mondlandschaft, die hinauf bis ans ewige Eis reicht. Der Kilimanjaro ist aber nicht nur Berg und Pflanzenraum, sondern auch Heimat vieler Tiere, darunter Elefanten, Büffel, Elenantilopen, Ducker, Leoparden und Paviane. In den dichten Regenwäldern leben auch hunderte Vogelarten.

Besteigung

Der höchste Berg Afrikas und zugleich höchster frei stehender Berg der Welt lockt seit Jahrzehnten Abenteurer und Bergsteiger an. Nach einigen Fehlversuchen gelang es dem deutschen Geografen Hans Meyer und dem erfahrenen österreichischen Alpinisten Ludwig Purtscheller 1889 erstmals, den Gipfel des Kibo zu bezwingen. Doch es sollte noch weitere 20 Jahre dauern, bis überhaupt die erste Route über Marangu angelegt wurde.

Heute gibt es mehrere Zugangsrouten, wobei **Marangu** und **Machame** die beliebtesten sind. Trecks von 5–6 Tagen Dauer sind der übliche Zeitrahmen für eine Besteigung. Neben den beiden genannten Routen führen weitere auf den Kilimanjaro, die jedoch aus verschiedenen Gründen weniger frequentiert werden, z. B. aufgrund höherer Anforderungen oder größerer Kosten. Die steile und gefährliche **Western Breach Wall** bestieg der Südtiroler Extrembergsteiger Reinhold Messner zum ersten Mal im Jahr 1978.

Risiken, Organisation und Kosten einer Besteigung

Leider musste der Kilimanjaro in den letzten Jahren einen Massenansturm an Bergsteigern hinnehmen, vor allem auch weil fälschlicherweise behauptet wird, der Aufstieg über die Marangu-Route sei nicht mehr als eine anspruchsvolle Bergwanderung in größerer Höhe. Durchschnittlich besteigen an die 55 000 Menschen den Kilimanjaro pro Jahr, statistisch gesehen sind also über 150 Menschen täglich am Berg.

Wenn man bedenkt, dass jede Gruppe aus mehreren Wanderern sowie doppelt so vielen Trägern und Guides besteht, kann man sich ausmalen, was dieser Massenansturm für die Tier- und Pflanzenwelt bedeutet. Natürlich ist eine Besteigung des höchsten Bergs von Afrika reizvoll. Viele Menschen benötigen dazu auch nur eine gute körperliche Verfassung sowie die Lust am Wandern. Das größte Hindernis für viele Bergsteiger ist nämlich weniger die technische Seite der Kilimanjaro-Besteigung als vielmehr der stetig abnehmende Sauerstoffgehalt der Luft.

Bis auf 3000 m Höhe gibt es gewöhnlich keine Probleme. Danach wird die Luft ›dünn‹, das Atmen fällt schwer und über 3000 m treten häufig Kopfschmerzen, Erbrechen oder Schwindelgefühl auf – die typischen Symptome der Berg- oder Höhenkrankheit. Grund dafür ist Sauerstoffmangel im Blut. Die meisten europäischen Bergsteiger leiden am Kilimanjaro das erste Mal an Höhenkrankheit, denn in Europa liegen die Gipfel im Durchschnitt um 3000 m Höhe. Die Höhenkrankheit ist der Hauptgrund, weshalb weniger als die Hälfte der Alpinisten tatsächlich bis zum Gipfel kommen. Nebenbei bemerkt erreichen statistisch gesehen weitaus mehr Frauen als Männer das Ziel. Deshalb sollte eine Kilimanjaro-Besteigung trotz der technischen Anspruchslosigkeit wohl überlegt sein, denn erfahrungsgemäß fällt es den meisten schwer, kurz vor dem Gipfel umzudrehen, vor allem auch wegen der hohen Kosten für dieses Unterfangen (ab 2000 US-$ bei 2 Personen in der Gruppe). Von den Behörden oder den Safariveranstaltern wird ungern dazu Stellung genommen, doch finden jedes Jahr einige Touristen am Kilimanjaro den Tod, weil sie den Berg unter- und sich selbst überschätzen.

Wer auch immer sich für eine Besteigung entscheidet, hat sicherzustellen, dass die Organisation professionell vonstatten geht. Es ist schwierig, dies aus der Ferne zu beurteilen, doch renommierte Unternehmen oder jene, die die Kili Porters Association (www.kiliporters.org) empfiehlt, sind zu bevorzugen. Allzu billige Anbieter müssen jedenfalls sparen, die

Akklimatisierung im Bergsteigercamp: Die Höhenkrankheit macht am Kilimanjaro manchem Gipfelstürmer einen Strich durch die Rechnung

> Tipp
>
> **MIT GUIDE WANDERN**
>
> Es ist nicht ratsam, Wanderungen am und um den Kilimanjaro auf eigene Faust zu unternehmen. Man wird permanent damit beschäftigt sein, selbst ernannte Guides abzuschütteln, die ihre Dienste anbieten, um ihre spärlichen Einkünfte aufzubessern. Wirklich gute, erfahrene Guides sind meist bei Touranbietern beschäftigt, die bei der Kilimanjaro Association of Tour Operators (KIATO) registriert sind. Sie sprechen passabel Englisch und haben ein Erste-Hilfe-Training absolviert.

Folgen sind eintöniges Essen, löcherige Zelte, mies bezahlte Führer und zu wenige, überbeladene Träger, fragwürdige Ausrüstung oder gar Unterschlagung von Eintrittsgeldern.

Den Löwenanteil an den **Kosten** machen die Eintrittsgebühren von 82,60 US-$ pro Tag aus, hinzu kommen 70,80 US-$ für eine Übernachtung in einer Berghütte bzw. 59 US-$ für das Campen. Weitere Posten sind der Rettungsbeitrag und die Eintrittsgebühren für die Crew. Ohne Löhne, Verpflegung und Transfers mit einzurechnen, belaufen sich die Kosten bei einer 5-Tages-Hütten-Besteigung bereits auf knapp 750 US-$ pro Person. Das ›Trinkgeld‹, das tatsächlich eine fest einzukalkulierende finanzielle Zusatzleistung für die Träger und Führer ist, vergessen viele in die Kosten einzubeziehen. Dafür rechnet man zusätzlich 500 US-$ pro Gruppe als Untergrenze, eher etwas mehr.

Klima und Reisezeit: Die beste Zeit für eine Besteigung des Mt. Kilimanjaro sind die Monate von Oktober bis Februar. Da mit zunehmender Höhe die Temperatur kontinuierlich abnimmt, wird es von März bis August eisig kalt in den Höhen, und aufgrund mangelhafter Ausrüstung kommt es bei vielen Bergsteigern zu Erfrierungen an Zehen oder Fingern.

Infos

Es gibt ausgezeichnete Literatur von erfahrenen Alpinisten, im Netz findet man unzählige Websites von Privatpersonen, u. a. www.mount-kilimanjaro.de, aber auch von kommerziellen Anbietern, wie www.kilimanjaro.at oder www.climbingkilimanjaro.com.

Machame Village

Zugang: Zahlstelle für den Zugang zum Kilimanjaro am Machame Gate (1800 m), Eintritt Erw. 82,60 US-$ pro Tag

Die beliebteste Besteigungsroute nimmt ihren Anfang in **Machame Village,** einem größeren Dorf an den Westhängen des Bergmassivs. Es ist bequem auf der Teerstraße von Moshi aus erreichbar, 12 km westlich führt der Abzweig 15 km Richtung Norden nach Machame. Das auf 1524 m gelegene Bergdorf eignet sich gut zum Akklimatisieren oder für Erkundungstouren durch die malerischen Ausläufer des Kilimanjaro. Besondere Merkmale des Aufstiegs über Machame: landschaftlich reizvollste Route, technisch anspruchsvoll und ideale Akklimatisierung.

Übernachten, Essen & Trinken

Bauhaus-Architektur – **Kaliwa Lodge:** Machame Rd., Tel. Tel. 0762 620 707, www.kaliwalodge.com. Die klaren Formen und das moderne funktionale Design lenken die Aufmerksamkeit auf die üppigen Bananenplantagen und den Regenwald rundherum. Geräumige Zimmer in Grasgrün, Kaffeebraun und Zementgrau. Mit Panoramaterrasse, von der mit etwas Glück der Kilimanjaro zu sehen ist. Insgesamt sehr angenehme Atmosphäre. DZ 198 US-$ (ÜF).

Alteingesessen – **Protea Hotel Aisha Machame:** Machame Rd., Tel. 0758 170 254, www.aishi-machame.com. Ältere Lodge mit 30 abgewohnten Zimmern. Schöner großer Pool, diverse Aktivitäten. Man ist auf Gruppen von Kili-Besteigern eingestellt. DZ ab 100 US-$.

Aktiv

Die genannten Hotels und Safariveranstalter organisieren Besteigungen jeder Preisklasse.

Reiten – **Makoa Farm:** Machame Rd., hinter der Rombo Primary School links, Tel. 0754 312 896, www.makoa-farm.com. Reitsafaris von wenigen Stunden bis zu acht Tagen führen u. a. in das Gebiet zwischen Kilimanjaro und Mt. Meru (West Kilimanjaro Wilderness), in den Arusha National Park oder nach South Amboseli in Kenia. Für passionierte Reiter (oder solche, die es werden wollen) ist das Erleben des weitgehend unberührten Naturraums Afrika und das Zusammentreffen mit den traditionell lebenden Menschen, z. B. den Masai, ein unvergessliches Erlebnis.

Kulturtourismus – **Nkweshoo Cultural Tourism Program:** im Nkweshoo Village, 3 km östlich von Machame Village, Tel. 0784 616 331, www.machameculturaltourism.com. Die vornehmlich von Frauen betriebene Initiative organisiert Wanderungen zu Wasserfällen und Höhlen, Besuche von Kirchen bzw. von Kaffeefarmen oder begleitet zum Dorfmarkt.

Verkehr

Busse: Dalladallas bzw. Minibusse (Coaster) fahren mehrmals tgl. von Moshi nach Machame und wieder zurück. Auch Überlandbusse lassen Reisende auf Wunsch an der Machame Junction aussteigen.

Marangu Village

Zugang: Am Marangu Gate befindet sich eine Zahlstelle für den Zugang zum Kilimanjaro, Eintritt Erw. 82,60 US-$ pro Tag

Am Marangu Gate (1860 m) beginnt die zweitbeliebteste (und einfachste) Besteigung des Kilimanjaro. Besondere Merkmale des Aufstiegs über **Marangu Village:** kürzeste und daher preiswerteste Aufstiegsroute, Übernachtung in Hütten, aber wegen des schnellen Aufstiegs hat die Route eine geringere Erfolgsquote. Nur 39 km von Moshi entfernt, ist Marangu Village auf guter Teerstraße erreichbar. Hier gilt auf alle Fälle die gleiche Devise wie für das Machame Gate: Nicht jeder Reisende muss den Kilimanjaro besteigen – ihn aus der Ferne zu betrachten ist genauso reizvoll.

Übernachten, Essen & Trinken

Für den gebotenen Standard sind alle Hotels völlig überteuert. Man kann aber direkt Kilimanjaro-Besteigungen bei ihnen buchen.

Komfortabel – **Kilimanjaro Mountain Resort:** 3 km westlich von Marangu, Tel. 027 275 89 50, www.kilimountresort.com. 42 geräumige Zimmer mit dunkler Holzvertäfelung und schweren ockergelben Vorhängen, Balkon. Pool, Sauna, auch Massagen werden angeboten. DZ 310 US-$ (VP).

Beliebt – **Marangu Hotel:** Marangu Rd., Tel. 0717 408 615, www.maranguhotel.com. Viel gebuchtes, alteingesessenes Hotel für anspruchslose Bergsteiger, die eine gut organisierte und faire Besteigung machen wollen. Das Anwesen besticht durch etwas verblassten Kolonialcharme. Pool, schöner Garten, toller Blick auf den Kilimanjaro. DZ ab 210 US-$ (VP).

Einfach, aber nett – **Babylon Lodge:** Rombo Rd., in Marangu Mtoni rechts halten, Tel. 0762 016 016, www.babylonlodge.com. Einige der zweckmäßigen, rustikal eingerichteten Zimmer wurden vor einigen Jahren renoviert und in bunten Farben gestrichen (vor Einzug prüfen). Terrassenförmig angelegtes Anwesen, freundlicher Empfang. Für Menschen, die sich Lokalkolorit wünschen. DZ ab 70 US-$.

Camping – **Coffee Tree Village Campsite:** 2 km vor dem Gate, Tel. 0754 691 433. Herzlicher Empfang, Camping 8 US-$/Pers. Bandas und einfache Chalets werden ebenso vermietet, 12 US-$/Pers. ohne Frühstück.

Kilimanjaro Mountain Resort: s. oben. Herrlich lauschiger Campingplatz in einer tropischen Gartenanlage mit ordentlichen Sanitäranlagen. 10 US-$/Pers., Frühstück bekommt man für 15 US-$.

Aktiv

Wandern – Die in Moshi und Arusha genannten Hotels und Safariveranstalter organisieren Kilimanjaro-Besteigungen in jeder Preisklasse. Kurze Wanderungen außerhalb des

Chamäleons können ihre Farbe ändern, Muster signalisieren Balzbereitschaft

Nationalparks können in den Unterkünften gebucht werden. Die Hotels sind gern bei der Buchung von lokalen Guides behilflich. Vorsicht vor unautorisierten Guides!

Verkehr

Busse: Dalladallas bzw. Minibusse (Coaster) pendeln zwischen Moshi und Marangu.

Durch das Hügelland südwärts ▶2, O/P 13–15

Während im Autorückspiegel noch das Kilimanjaro-Massiv aufragt, beginnt im Grenzland zu Kenia ein Landstrich der Gegensätze. Staubtrockenes Grasland zu Füßen der aufragenden Pare Mountains im Norden, ausgedehnte Sisalplantagen und landwirtschaftlich genutztes Land, je weiter man nach Süden vordringt. Die immergrünen, kühlen Usambara-Berge wirken wie eine Oase im allzu kargen Land.

Mkomazi National Park

Zugang: über Zange Gate, östlich von Same, Eintritt Erw. 35,40 US-$

Über den geteerten Dar-Arusha-Highway erreicht man von Moshi aus nach 105 km (ca. 1,5 Std.) bequem das größere Straßendorf **Same.** Von dort sind es ca. 7 km zum **Mkomazi National Park.** Abseits des Highway können die Sandpisten stellenweise schlecht, in der Regenzeit sogar unpassierbar sein.

Der Park, der als Reservat seit 1951 besteht, grenzt im Nordosten an den Tsavo West National Park in Kenia (s. S. 232) – Fauna und Flora sind sich sehr ähnlich. Auf 3245 km² tummeln sich in der goldgelben Savannen- und Hügellandschaft u. a. Giraffen, Elefanten, Büffel, Zebras, Grant-Gazellen, die seltenen Gerenuk-Antilopen, Oryxantilopen, Kuhantilopen und weitere Antilopenarten. Auch Löwen, Geparden und Leoparden leben und jagen im grenzüberschreitenden Tsavo-Ökosystem. Insgesamt wurden 78 Wildtierspezies und zusätzlich über 400 Vogelarten gezählt.

Aktiv

WANDERN IN UND UM LUSHOTO

Tour-Infos

Start: Lushoto
Dauer: von 5 Std. bis zu vier Tagen
Schwierigkeitsgrad: von einfach bis anstrengend
Wichtige Hinweise: Wanderungen nur mit Führer machen! Begleitpersonen vermitteln die Unterkünfte sowie die Kulturtourismusprogramme (s. S. 359).

Eine leichte Wanderung führt von Lushoto mitten durch kleine Dörfer zum grandiosen **Irente Viewpoint** und wieder zurück über die **Irente Farm,** wo man zu einer schmackhaften Jause einkehren kann. Dieser 1425 m hoch gelegene Aussichtspunkt bietet ein herrliches Panorama auf die Masai-Ebenen, das Städtchen Mazinde und die weitläufigen Sisalplantagen (4–5 Std., ca. 13 km, 35 US-$).

Ein etwas anstrengenderer Marsch, vor allem zu Anfang, wenn die ersten Kilometer steil bergauf durch Felder und Wiesen führen, führt in die Regenwälder des **Shume-Magamba Nature Reserve.** Dort passiert man das ›königliche Dorf‹ **Kwembago,** das in früheren Jahrhunderten den Herrschern der Region als Wohnsitz gedient hat, und trifft mit viel Glück auch auf schwarz-weiße Stummelaffen. Die Aussicht vom **Magamba Peak** (1845 m) ist märchenhaft schön; man blickt weit in die Täler der Usambara-Berge hinein (5–6 Std., ca. 13 km, 35 US-$). Wer nach dem Aufstieg im Regenwald noch Energie hat, kann den **Mkuzi-Wasserfällen** einen Besuch abstatten. Diese recht kräftezehrende Wanderung nimmt einen ganzen Tag in Anspruch, doch die üppige Fauna und Flora sind so faszinierend, dass die Zeit wie im Fluge vergeht (6–8 Std., 45 US-$). Reisende, die genug Zeit im Gepäck haben, werden im 65 km entfernten Bergdorf **Mtae** für die Strapazen der Viertagestour mehr als entschädigt (70 US-$ pro Tag inkl. Verpflegung und Übernachtung, Rückfahrt mit dem Bus). Genächtigt wird unterwegs in einfachen Unterkünften. Das kleine beschauliche Bergdorf liegt am äußersten westlichen Zipfel der West Usambara Mountains auf 1670 m Seehöhe und gewährt ein grandioses, kilometerweit reichendes Panorama in alle Richtungen, u. a. auf die Masai-Steppe, auf den Mkomazi National Park und auf die benachbarten Pare Mountains bis weit nach Kenia hinein. An klaren Tagen lugt sogar

der Kilimanjaro unter seiner Wolkendecke hervor. Romantische Sonnenuntergänge setzen dem Ganzen noch die Krone auf. Nicht umsonst trägt Mtae auch den Titel »The End of the World View Point« – »Aussichtspunkt am Ende der Welt«. Für Übernachtungen und Camping im abgeschiedenen Bergdorf Mtae eignet sich die Berglodge Mambo View Point (s. S. 359). In Mtae gibt es außer kleinen Obst- und Gemüseständen nicht viele Möglichkeiten, um sich selbst zu versorgen.
Weitere lohnende Touren führen zum **Mkuzu-Wasserfall** (5 Std., 40 US-$), zu **Tee-, Kaffee- und Gewürzplantagen** (Tagesausflug, 45 US-$) oder in das Städtchen **Lushoto** (Lushoto City Tour, max. 3 Std., 25 US-$).

Internationale Reputation unter Naturschützern erlangte das wenig besuchte Reservat durch seine Versuche, sowohl das in Tansania fast ausgerottete Spitzmaulnashorn als auch die gefährdeten Afrikanischen Wildhunde zu schützen und ihre Population wieder zu vermehren. In seiner Art in Tansania einzigartig ist das **Black Rhino Sanctuary.** Dorthin werden Spitzmaulnashörner über Luftbrücken, z. B. aus Südafrika oder Großbritannien, transportiert, um sie in den Mkomazi-Naturraum zu integrieren.

23 Nashörner lebten 2015 in dem eingezäunten und bewachten Schutzgehege. Vermutlich gibt es heute in Tansania nur noch 80 (!) Spitzmaulnashörner in freier Wildbahn. Die genauen Zahlen werden nicht genannt, um die Wilderer nicht anzulocken. Aufgrund des hohen Werts ihrer Hörner auf den internationalen Schwarzmärkten kann sich der Nashorn-Bestand nicht erholen. Selbst vor den gechipten Nashörnern machen die Wilderer nicht Halt (s. auch Thema S. 40).

Übernachten

Naturnah – **Babu's Camp:** 11 km nordöstlich des Zange Gate, Tel. 027 254 88 40, www.anasasafari.com. Idyllisches Camp mit 5 geräumigen, stilvollen Zelten, die weit auseinander stehen. Intim und unaufdringlich. DZ ab 645 US-$ (VP).

Einfach, aber o. k. – **Elephant Motel:** Same, Tel. 027 275 81 93, www.elephantmotel.com. Mittelklasseunterkunft am Highway, neuere Executive-Suiten und ältere Standardzimmer um einen Innenhof. DZ ab 58 US-$, Executive Suiten 78 US-$, Camping 10 $/Pers.

Nach Lushoto

Auf dem Weg vom Kilimanjaro in Richtung Süden passiert man zu linker Hand die Bergkette der **Pare Mountains,** die Reisende mit ausreichendem Zeitpolster wandernd erkunden können. Mehr Informationen gibt es u. a. beim Cultural Tourism Programme Kisangara nördlich von Same (Tel. 0784 536 457) oder bei einem Safariunternehmen in Moshi.

Als Alternative zur eintönigen Fahrt auf der Teerstraße hat die knapp 100 km lange Piste von Same über Gonja ins Dorf Mkomazi ihren Reiz. Ödland wechselt sich mit fruchtbaren Reis- und Maisfeldern ab, dabei hat man rechts die Pare Mountains und links die Usambara-Berge ständig im Blickfeld. Nach ca. 62 km ab dem Zange Gate tauchen die fruchtbaren Ebenen des Ndungu-Staudamms links Richtung Osten auf, die kurz danach wieder in trostloses Ödland übergehen. Die verschiedenen Vegetationszonen machen die Fahrt abwechslungsreich, wenn die Piste auch zwischendurch holpert. An der Kreuzung im Dörfchen **Mkomazi** hält man sich ostwärts (links), wenn man die steile Anfahrt nach **Mtae** in Angriff nehmen möchte (nur mit gutem 4WD zu empfehlen, vorher prüfen, ob die Strecke offen ist); rechts endet die Piste am Dar-Arusha-Highway.

Nach knapp 220 km ab Moshi auf dem Highway erreicht man den lebhaften Ort **Mombo,** von wo eine Teerstraße ins 33 km entfernte Lushoto abzweigt. Die Straße schlängelt sich nun durch die Berglandschaft hinauf, vorbei an Wasserfällen wie den **Soni Falls,** herrlichen Aussichten und üppiger Hochlandflora. Alle weiteren Straßen von Lushoto in die Berge sind mehr oder weniger gute Schotterpisten. Nur die Hauptpisten, z. B. von Lushoto nach Mtae, sind auch in den Regenmonaten passierbar.

Schon bei den deutschen Kolonialherren waren die Usambara-Berge als Sommerfrische beliebt. Das angenehme Klima, der Überfluss an Lebensmitteln und die liebliche hügelige Gegend erinnerten die Auslandsdeutschen an zu Hause. Kurzzeitig siedelten sie auch ihre Regierungsgeschäfte während der stickig-schwülen Sommermonate nach Wilhelmstal um, so der koloniale Name des auf ca. 1400 m Höhe gelegenen **Lushoto.** Überall in Lushoto und seiner Umgebung sind die kolonialen Relikte noch zu erkennen. Das ehemalige deutsche Bezirksamt steht linker Hand, bevor die Hauptstraße durch den Marktflecken nach der Post eine Rechtskurve macht. Es dient heute noch als Verwaltungssitz. Auch alte Wohnhäuser oder Kirchen tragen deutsche Handschrift.

Usambara Mountains

Bei einem Streifzug durch die Hügel der **Usambara-Berge** überrascht die Fruchtbarkeit der Gegend. Jedes Fleckchen wird für den Anbau von Lebensmitteln verwendet, bis zu dreimal pro Jahr können Gemüseernten eingefahren werden. Der Großteil der Ernte wird in die großen Ballungszentren des Landes verkauft, u. a. Mais, Kartoffeln, Bohnen, Avocados, aber auch Kaffee, Tee oder Kardamom. Außerdem werden Früchte kultiviert, die gemäßigtes Klima benötigen, u. a. Äpfel, Pflaumen oder Erdbeeren. Diese wichtige Rolle als landwirtschaftlich intensiv genutztes Gebiet erklärt z. T. auch die erstaunlich guten Straßenverhältnisse bis nach Lushoto. Neben dem Transport von Agrarerzeugnissen spielt aber auch der Umstand eine Rolle, dass der Altpräsident Mkapa unweit der Müller's Mountain Lodge wohnt.

Das gemäßigte Klima sowie die Abgeschiedenheit der Bergwelt haben dazu beigetragen, dass die Usambara-Berge wegen ihres enormen Pflanzenreichtums zu den botanisch interessantesten Gebieten weltweit zählen. Die abgeschiedene Region bietet einigen seltenen Pflanzen, aber auch ungewöhnlichen Amphibien, Reptilien, Insekten und Vögeln ein Refugium. Auch das bei uns als Zimmerpflanze beliebte violette Usambara-Veilchen stammt ursprünglich von hier. Für Wanderungen empfehlen sich die Sommermonate November bis April bei durchschnittlichen Tagestemperaturen von 25 °C. Von Juli bis September kann die Bergluft schneidend kalt werden.

Von Lushoto nach Mtae

Wer mit dem eigenen Fahrzeug unterwegs ist und zwei bis drei Tage erübrigen kann, sollte sich einen Ausflug von Lushoto nach **Mtae** (s. S. 356) gönnen. Auf dem Weg dorthin (ca. 60 km, 2 Std. Fahrzeit mit dem PKW, 3 Std. mit dem Bus) kommt man an fruchtbaren Tälern mit Obst- und Gemüsefeldern sowie an etlichen Maisäckern und Apfelplantagen vorbei.

Je weiter nordwärts man gelangt, desto holpriger wird zwar die Straße, aber auch umso atemberaubender die Aussichten! Mtae liegt am nordwestlichen Ende der West Usambara Mountains, wo die Inselberge schlagartig abfallen. An guten Tagen reicht die Fernsicht über die Pare Mountains und den hügeligen Mkomazi National Park bis zum Kilimanjaro. Der Ausflug nach Mtae lässt sich auch gut auf eigene Faust unternehmen, denn die Berglodge Mambo View Point arrangiert Transporte (s. Tipp S. 359).

Übernachten, Essen & Trinken

Alle Richtungsangaben beziehen sich auf die Anfahrt von Soni aus.

Idyllisch – **Muller's Mountain Lodge:** ca. 17 km nordöstlich von Lushoto, an der Kreuzung von Magamba rechts, Tel. 0782 315 666, www.mullersmountainlodge.co.tz. Eingebettet in die herrlichen Berge und Wälder des Mkuzu Forest Reserve liegt diese Unterkunft, die in den 1930er-Jahren im Stil eines englischen Landsitzes errichtet wurde. Das Haupthaus mit 4 Zimmern wird so weit es geht originalgetreu erhalten. Die restlichen, ebenso zweckmäßigen wie individuell dekorierten Zimmer befinden sich in Anbauten. Sehr schöner Garten. Wander-Guides werden vermittelt, Mountainbikes 20 US-$ pro Tag. DZ ab 70 US-$ (inkl. Frühstück).

Gut und günstig – **Kanaani Resthouse:** vor der Stadt beim Hospital links abbiegen, genaue Anfahrt vorher erfragen, Tel. 0756 189 123, 0713 734 460, www.kanaaniresthouse.de. Viel Qualität für wenig Geld! Familiäres Gästehaus mit 4 einfachen Zimmern oberhalb von Lushoto, schöner Panoramablick. Ausgezeichnetes Essen mit hausgemachten Spezialitäten. Betreiberin Sabine, seit fast 30 Jahren in Tansania lebend und hier verheiratet, bietet auch Safaris und Swahili-Sprachkurse an (s. Aktiv). DZ 68 € (VP).

Selbst gemachte Spezialitäten – **St. Eugene's Lodge:** 3 km vor Lushoto direkt an der Hauptstraße, Tel. 0784 512 909, www.usambara-st-eugene.com. Die von katholischen Schwestern geführte Unterkunft mit 14 Zimmern (fast alle sind Zweibett-Zimmer) ist gemütlich und sauber. Gute und preiswerte lokale Küche. DZ 50 US-$ (inkl. Frühstück). Ausgeschildert als Montessori Training Centre.

Köstlicher Farm Lunch – **Irente Farm Lodge:** Irente Viewpoint, vor Lushoto links abbiegen, Tel. 0788 503 002, www.irentefarmlodge.com, Mo–Fr 8–20 Uhr. Hier sollte man den Farm Lunch, bestehend aus exzellenten, selbst fabrizierten Speisen – u. a. Roggenbrot, Marmelade, Säfte, Käse – kosten. Preis: faire 12 000 TSh. Daneben gibt es warme Küche, tansanische Hausmannskost und mediterrane Köstlichkeiten (Pasta, Lasagne, Quiche). Backpacker-Zimmer 35 000 TSh inkl. Frühstück, Camping 15 000 TSh, Zimmer ab 95 000 TSh (HP).

Camping – **Irente Farm Lodge,** s. oben, 15 000 TSh/Pers., **Mambo View Lodge,** s. Tipp rechts, 10 US-$, **Muller's Mountain Lodge:** s. links, 10 US-$/Pers.

Tipp

TRAUMHAFTER BLICK

Kaum ein Ort in den Bergen von Tansania kann mit der Aussicht der **Mambo View Point Lodge** konkurrieren. Morgens um 6 Uhr, noch bevor sich die ersten Wolken bilden, reicht der Blick bis zum 160 km entfernten Kilimanjaro. Zahlreiche Wanderungen stehen zur Auswahl, z. B. für 2 Tage zum Ndungu Dam in der Ebene, auf den Kideghe Peak oder zu umliegenden Dörfern. Mountainbiketouren werden ebenfalls angeboten. Die Lodge mit einfachen Canvas-Zelten, gemauerten Cottages und Campingplatz operiert unter Einbindung der Dorfgemeinschaft und bietet Kulturtourismus unter ökologischen Gesichtspunkten. **Mambo View Point:** Mtae (gut ausgeschildert), Tel. 0785 272 150, www.mambo viewpoint.org, DZ im Cottage ab 96 US-$, im Zelt 66 US-$, Camping 10 US-$/Pers.

Aktiv

Wandern, Radeln, Kulturtourismus – **Friends of the Usambara Society:** vor der NMB Bank rechts abbiegen, Tel. 027 266 01 32, www.usambaratravels.com. Eines der ältesten und professionellsten Kulturtourismusprogramme in Tansania. Zum Angebot gehören Wanderungen, Radtouren und Autovermietung (100 US-$/Tag), allgemeine Informationen.

Tupande: beim Busbahnhof, Tel. 0783 908 597, www.tupandeusambara.wordpress.com. Engagiertes Kulturtourismusprogramm, z. B. Kaffeetour, Trommelworkshop, Kochkurse.

Swahili-Kurse – **Karibu Rafiki Language School:** Anfahrt siehe Kanaani Resthouse. Übernachten, Vollverpflegung sowie 21 Std. Sprachkurs für 260 €/Pers.

Verkehr

Busse: Busbahnhof neben dem Markt. Zwischen den einzelnen Orten in den Bergen verkehren unregelmäßig Dalladallas. In Lushoto und Mtae stoppen die täglich verkehrenden Überlandbusse aus Dar, Arusha und Tanga.

Safaris im Norden

Der Großteil aller Reisenden, die in Tansania auf Safari gehen, tun dies im Norden. Kein Wunder, liegen doch hier alle Attraktionen dicht beieinander und sind größtenteils bequem erreichbar. Große Namen wie Serengeti oder Ngorongoro Crater locken die Massen an. Da bleibt für die weniger bekannten Naturschutzgebiete mit ebenso viel atemberaubender Natur leider meist keine Zeit.

Es gibt in Afrika kaum eine Region, wo Safari-Highlights quasi Gate an Gate liegen, wie in Nord-Tansania. Durch die gut ausgebaute Teerstraße von Arusha bis zum Ngorongoro-Schutzgebiet sind vier tierreiche Nationalparks binnen vier Stunden erreichbar. Doch ihre große Anziehungskraft bringt für die Region auch zahlreiche Herausforderungen mit sich. Nach intensiver weltweiter Vermarktung in den letzten 15 Jahren sind die Besucher-

Masaifrauen bei der täglichen Arbeit

zahlen nun kontinuierlich steigend. Allerdings hat man bei der Ankurbelung des Tourismus wichtige Aspekte vernachlässigt. Zum einen hielt die Errichtung neuer Unterkünfte nicht mit der Entwicklung der Besucherzahlen Schritt, was zu langen Vorlaufzeiten in der Buchung und zu Überbuchungen führt. Zum anderen stellt sich die Frage, wie viel Tourismus die Natur verträgt, ohne dass das fragile ökologische Gleichgewicht gestört wird. Immer häufiger fühlen sich auch inzwischen auch Gäste um das erhoffte ›Jenseits-von-Afrika‹-Flair betrogen, denn überlaufene Lodges und Verkehrsstaus in den Nationalparks haben nur wenig mit romantischem ›Busch-Feeling‹ gemein. Zu manchen Zeiten reiht sich ein Landcruiser an den nächsten und bei interessanten Sichtungen scharen sich etliche Wagen um eine Stelle.

Der Großteil des Safariareals im Norden ist gut erschlossen und verfügt über ausreichende Infrastruktur. Vor Fahrten in den Süden des Tarangire National Park, zum Lake Natron oder in die Serengeti sollte man aber sicherstellen, dass man (als Individualtourist) ausreichend Lebensmittel, Wasser und Benzinvorräte dabei hat. Das Fahrzeug sollte in gutem Zustand sein, Sandblech, Schaufel und ähnliche Utensilien sind in diesen Gegenden ein Muss. Der asphaltierte Nairobi Highway (s. Grenzverkehr S. 369) stellt zudem die rasche Verbindung von Arusha bis zur kenianischen Grenze sicher.

Arusha ▶ 1, M 13

Cityplan: S. 363

Nicht zuletzt durch die kontinuierlich steigenden Touristenzahlen wuchs **Arusha** mit über 416 000 Einw. in den letzten zehn Jahren rapide zum zweitgrößten Ballungszentrum Tansanias an. Mit diesem Status gehen neben vielen positiven auch einige negative Entwicklungen einher: tägliche Verkehrskollapse zu den Stoßzeiten, eine hohe Luftverschmutzung sowie Müll- und Abwasserprobleme und Kriminalität sind die Kehrseite der vergleichsweise guten Infrastruktur.

Stadtgeschichte

Ursprünglich wurde Arusha als Garnisonsstadt der Deutschen gegründet. Mitte der 1880er-Jahre errichtete die Kolonialregierung ein Fort und legt damit den Grundstein für das allmähliche Wachstum des Örtchens. Benannt wurde der damalige Bezirksamtssitz nach den auch heute noch hier lebenden Waarusha, einer Volksgruppe, die sich in den 1850er-Jahren von den Masai abspaltete und sesshaft wurde. Von den ebenfalls in dieser Region ansässigen Wameru erhielt der Hausberg von Arusha, der Mt. Meru, seinen Namen.

Geschützt durch den 4566 m hohen Mt. Meru und selbst auf 1500 m Höhe gelegen, kommt der Großraum Arusha in den Genuss eines ganzjährig angenehmen Mikroklimas, mit trockenen Sommern sowie kühlen Abenden und Nächten nach der großen Regenzeit. Wer beispielsweise einen Abstecher nach Moshi unternimmt, dem schlägt eine um mehrere Grad wärmere Luft entgegen. So reich von der Natur gesegnet, vor allem auch mit einer fruchtbaren, vulkanischen Bodendecke, konnte sich die Landwirtschaft bestens entwickeln. Vor allem der Anbau von Kaffee, einst das wichtigste Ausfuhrprodukt Tansanias, ließ Arusha – Hand in Hand mit Moshi – in der ersten Hälfte des 20. Jh. boomen. Mit dem Bau der Usambara-Eisenbahn von Tanga nach Moshi und Arusha war der Zugang zum Meer und damit der Export nach Übersee gesichert.

Heute ist Arusha das größte Industriezentrum Nordtansanias. Schwerpunkte liegen noch immer auf der Rohstoffverarbeitung, z. B. von Kaffee, Zucker, Getreide, Sisal oder Kokosfasern, außerdem auf der Nahrungsmittelproduktion. So gibt es eine Brauerei und Molkereien sowie Fleischverarbeitungsbetriebe. Große Blumenfarmen östlich von Arusha, die Schnittblumen nach Europa exportieren, sind ebenso große Arbeitgeber wie die Insektizidindustrie und der Bergbau. Bei Weitem der wichtigste Arbeitgeber für die lokale Bevölkerung ist aber der Tourismus. Mehr als 300 Safariunternehmen

(manche davon illegal operierend). Hotels, Restaurants, Souvenirgeschäfte oder auch Autowerkstätten profitieren von geschätzten 1 235 000 Touristen (2016), von denen der Großteil Arusha passiert.

Sitz internationaler Organisationen

Spätestens seit 1995 war Arusha international bekannt als Standort des UN-Tribunals zur Verhandlung des Völkermords in Ruanda (www.unictr.org). Schauplatz der Gerichtsverhandlungen war das **Arusha International Conference Center** (AICC) 1. Das gigantische Konferenzzentrum wurde anlässlich des 1967 geschlossenen Wirtschaftsabkommens East African Community (EAC) gebaut.

Doch bevor das Mammutprojekt 1978 fertiggestellt werden konnte, war der Wirtschaftspakt nach dem Muster der EU auch schon wieder zerbrochen. Die EAC, der neben Tansania und Kenia auch Uganda, Ruanda, Burundi und Südsudan angehören, gibt es zwar seit 2000 wieder, doch das leer stehende Bauwerk musste in der Zwischenzeit anders genutzt werden. In den 1980er-Jahren zogen Safariunternehmen ein, seit 1995 bestritt die UN den Großteil der Mietkosten. Weil Arusha eine wichtige historische Rolle in der EAC einnimmt, entstand neben dem AICC das neue Hauptquartier, den Großteil der Baukosten übernahm Deutschland. Ende 2012 wurde es eröffnet.

Mit dem UN-Tribunal war 2014 Schluss. Es war mit enormen Kosten von insgesamt 2 Mrd. US-$ verbunden, obwohl in fast 20 Jah-

Arusha

Sehenswert
1 Arusha International Conference Center (AICC)
2 Clock Tower
3 Old German Boma
4 Colonial Quarter
5 Kilombero Market
6 Secondhand-Markt

Übernachten
1 Arusha Coffee Lodge
2 Onsea House Country Inn
3 The African Tulip
4 Meru House Lekisilai
5 Ilboru Safari Lodge
6 Planet Lodge
7 The Outpost
8 Korona Villa
9 Sinzia Villas
10 Masai Camp
11 Sakina Campsite
12 Meserani Snake Park

Essen & Trinken
1 Le Patio
2 George's Tavern
3 Blue Heron
4 Picasso's Cafe
5 Khan's BBQ
6 Africafé Coffee House

Einkaufen
1 Mount Meru Craft & Curio Market
2 Tanzanite Experience
3 TFA Shopping Complex
4 Sable Square

Abends & Nachts
1 Via Via Café
2 Empire Sports Bar
3 Johnny's Bar

Aktiv
1 Hoopoe Safaris
2 Bush2Beach
3 Good Earth Tours
4 Warrior Trails
5 Duma Explorer
6 Wayo Africa

---

ren nur knapp 50 Fälle verhandelt wurden. 61 Beschuldigte wurden verurteilt, 14 freigesprochen. Juristen weisen in diesem Zusammenhang gerne darauf hin, dass das Tribunal dazu diente, afrikaweit Exempel zu statuieren. Durchschnittlich waren über 1000 Personen direkt beim UN-Tribunal beschäftigt und Schätzungen zufolge hat es an die 30 Mio. US-Dollar jährlich in die regionale Wirtschaft gepumpt. Außerdem wurde es für die hohen Preise und Lebenshaltungskosten in Arusha mitverantwortlich gemacht.

Der Neubau des EAC-Hauptquartiers kompensiert zwar nicht die Verluste durch den Abzug des UN-Tribunals, aber Arusha kann erneut seiner Rolle als Vermittler und Friedensstifter gerecht werden. Als Konferenzstandort wird es sich sicherlich weiterhin bewähren – allein schon wegen der großen Anzahl an Konferenzhotels.

Sehenswertes

Arusha besitzt nur wenige Sehenswürdigkeiten, doch ein Bummel durch die Straßen rund um den kleinen **Clock Tower** 2 lohnt allemal. Doch Vorsicht ist angesagt: Flycatcher versuchen ihre angeblich günstigen Safaris zu verkaufen, Souvenirverkäufer können ganz schön dreist werden und Taschendiebe haben immer Hochsaison.

Old German Boma 3

Tgl. 8–18 Uhr, 6 US-$

Als Ausgangs- und Endpunkt eines Rundgangs bietet sich das **alte deutsche Fort,** auch **Boma** genannt, am Ende der Boma Road an, auch wegen des gemütlichen Cafés Via Via gleich nebenan, in dem man sich mit einer guten Tasse Kaffee oder einem leckeren Snack stärken kann. In der 1886 erbauten Festung ist heute das **Arusha National Natural History Museum** untergebracht. Hier wird in einfachen Schaukästen die Geschichte der menschlichen Evolution dargestellt, weitere Themen sind Tansanias Tierwelt und die deutsche Kolonialgeschichte.

Colonial Quarter 4

Das **alte koloniale Viertel** im Gebiet zwischen Sokoine Road, Goliondoi Road und Boma Road birgt zwar nur wenige architektonische Highlights, aber dafür umso mehr Souvenirshops, Edelsteinläden, Wechselstu-

Tipp

AUFPASSEN!

Mit Taschendieben und Gelegenheitsgaunern ist in Arusha zu rechnen. Auch Straßenkinder können zuweilen sehr dreist und fordernd sein. Am besten trägt man möglichst wenig Wertsachen mit sich herum und hält die Tasche gut fest (Rucksack vorn tragen!). Fahrzeuge werden häufig aufgebrochen, also entweder bewachen lassen oder Wertsachen ausräumen. Nächtliche Spaziergänge unbedingt vermeiden!

ben, Banken und die Post sowie etliche Filialen von Fluglinien. Ebenso haben hier Safariunternehmen ihre Büros.

Märkte

Westlich des Goliondoi River beginnen die typischeren afrikanischen Stadtteile, wo der Central Market und andere Märkte, landestypische Gästehäuser und viele Geschäfte, z. B. für Elektronik, Autoersatzteile oder den täglichen Bedarf zu finden sind. Der **Kilombero Market** 5 am Westende von Arusha bietet alles fürs tägliche Leben, einschließlich einer reichen Auswahl an *kitenges* und *kangas* (gegenüber dem ehem. Nakumatt-Einkaufszentrum, tgl. 6–18 Uhr).

Der **Mitumba Textile Market** 6 befindet sich in der Industrial Area neben dem alten Bahnhof. Das reichhaltige Sortiment auf diesem Markt besteht aus gebrauchter Kleidung aus westlichen Industrieländern.

Infos

Tanzania Tourist Board (TTB): Boma Rd., Tel. 027 250 38 42, www.tanzaniatourism.com, Mo–Fr 8–16, Sa 8.30–13 Uhr. Infos zu Kulturtourismusprogrammen, Busfahrplänen, Unterkünften und Safari-Veranstaltern, auch die sog. Blacklist der schwarzen Schafe in der Safari-Szene liegt hier aus. Vor allem in Bezug auf Safariveranstalter sollte man sich lieber selbst ein Bild machen.

Büro der Ngorongoro Conservation Area: Boma Rd., neben Africafé, Tel. 027 254 46 25, www.ngorongorocrater.org, Mo–Fr 8–17, Sa 8–13 Uhr. Alle Informationen bzgl. der Ngorongoro Conservation Area.

Tanzania National Parks Authority (TANAPA): Dodoma Rd., etwa 5 km westlich des Zentrums, Tel. 027 250 34 71, www.tanzaniaparks.go.tz, Mo–Fr 8–17 Uhr, Sa 8–13 Uhr. Broschüren und Landkarten ausgesuchter Parks sowie Reservierung und Bezahlung der Special Campsites (s. S. 86). Diese Campingplätze (ohne Sanitäranlagen; Übernachtung: 59 US-$/Pers.) in malerischer Lage sind zwar öffentlich zugänglich, doch oft von Safariveranstaltern schon Monate im Voraus gebucht. Detaillierte Ortsangaben müssen erfragt werden. Die angebotenen Resthouses sind zweckmäßig.

Banken: u. a. Barclays Bank (Serengeti Rd., südöstlich des Clock Tower, TFA Shopping Complex, Njiro Shopping Center), Stanbic (Sokoine Rd.) und Exim Bank (Goliondoi Rd.) für MasterCard-, Visa- und Maestro-Abhebungen, NBC Bank (Sokoine Rd., Njiro Shopping Centre) und Standard Chartered Bank (Goliondoi Rd.) für Visa-Abhebungen.

Geldwechsel: Die besten Kurse bieten die vier Sanya-Wechselstuben an der Sokoine Road, z. B. in der Nähe des Clock Tower oder gegenüber der großen Moschee.

Internet: Die meisten Unterkünfte und Cafés verfügen mittlerweile über WLAN. Manche verwenden den Provider Raha (gratis, nachdem man ein Benutzerkonto angelegt hat). Das Café Barrista in der Innenstadt (Sokoine Rd., nahe Clock Tower) hat seit Jahren das schnellste Internet.

Übernachten

Koloniales Ambiente – **Arusha Coffee Lodge** 1**:** ca. 4 km westlich von Arusha auf der Dodoma Rd. links, Nähe Flughafen, zu buchen über Elewana, Tel. 027 250 06 30, www.elewana.com. Die Lodge ist romantisch in eine noch bewirtschaftete Kaffeefarm eingebettet. Sie hat 30 weitläufige Zimmer mit Leuchtern aus Kristall, knarrenden Holzböden, Lounge und schöner Veranda. Pool, Spa. Ausgezeichnetes Restaurant, Dinner um 35 US-$. DZ ab 694 US-$.

Wie zu Hause – **Onsea House Country Inn** 2 **:** Dar-Arusha-Hwy., Abzweig nach Süden 5 km ab Simeon Rd. knapp hinter einer Brücke, Tel. 0784 833 207, www.onseahouse.com. Gästehaus mit 4 geräumigen Zimmern im zeitgemäßen Afrika-Design und mit persönlicher Betreuung. Die Zimmer rund um den Pool sind ruhiger und daher vorzuziehen. Internet, Jacuzzi. Beste Küche in Arusha. DZ ab 290 US-$. Das nebenan gelegene, ebenso schicke und hochgelobte **Machweo Retreat** mit 9 weiteren Suiten sowie einem Wellness-Center gehört den gleichen Betreibern. DZ ab 340 US-$

Stadthotel – **The African Tulip** 3 **:** Serengeti Rd., Tel. 027 254 30 04, www.theafricantulip.com. Gediegenes Stadthotel, das architektonisch das afrikanische Thema sehr strapaziert, mit 29 großen Zimmern und Suiten und allen erdenklichen Annehmlichkeiten: Flatscreen, WLAN, Pool, Souvenirshop und mehr. Angenehmes, elegantes Ambiente in Ruhelage und Spaziernähe zur Innenstadt (ca. 15 Min. Gehzeit). DZ 275 US-$.

Mit Familienanschluss – **Meru House Lekisilai** 4 **:** Ngaramtoni ya Chini, Tel. 0784 318 242, www.meruhouselekisilai.com. Eigenwillig ausgestattete Pension, versteckt in einer Kaffeeplantage am Westende Arushas mitten im Grünen, Pool. Mit viel Herz von einer deutsch-kolumbianischen Familie betrieben. Ein Genuss für alle Sinne. DZ ab 250 US-$.

Holprige Anfahrt – **Ilboru Safari Lodge** 5 **:** Mianzini, Tel. 0784 270 357, www.ilborusafarilodge.com. Ältere, einfache Lodge mit 38 farbenfroh gestalteten Zimmern in einem Wohngebiet, wo es an den Wochenenden lauter zugehen kann. Wunderschöner Garten, Restaurant im Obergeschoss mit Blick auf den riesengroßen Pool. Mit viel Lokalkolorit. DZ ab 140 US-$.

Mount Meru im Blick – **Planet Lodge** 6 **:** 6 km östlich vom Arusha Roundabout im Moshono Village, Tel. 0686 141 670, www.planet-lodges.com. 24 adrette Zimmer, die auf 12 Rundhäuser in einem großen, gepflegten Garten verteilt sind. Herrlicher Blick auf den Mt. Meru, ruhige Lage abseits der Stadt, aber lange Anfahrt ins Zentrum wegen der Verkehrsstaus. Ideal vor Abflügen und nach Ankünften am Kilimanjaro Airport (liegt an der Verbindungsstraße zum Highway) und für Besuche des Arusha National Park. Pool, WLAN. DZ ab 138 US-$.

Einfach, aber sauber – **The Outpost** 7 **:** Serengeti Rd., Tel. 027 254 84 05, www.outpost-lodge.com. Freundliche Unterkunft mit 28 geräumigen Zimmern in ruhiger und grüner Stadtlage, die neueren sind zu bevorzugen. Kleiner Pool, WLAN. DZ ab 90 US-$.

Außerhalb im Grünen – **Korona Villa** 8 **:** Njiro Kwa Msola, ca. 8 km vom Zentrum entfernt, südlich des Njiro Shopping Centre, Tel. 0687 666 808, www.koronavilla.com. Freundliche gepflegte Pension, gut geführt, im Grünen. Zwölf hübsche Zimmer, afrikanisch dekoriert, gute Ausstattung bei fairem Preis. Pool, WLAN, leckeres Frühstück. Organisiert Marktbesuche, Stadtrundgänge und Fahrradtouren. DZ ab 70 US-$.

Am Stadtrand – **Sinzia Villas** 9 **:** Raskazone Sakina, westlich des Sakina Supermarket, gegenüber der Arusha Modern School, Tel. 0689 658 552, sinziavillastz@gmail.com. Nettes Hostel in der Nähe des Highway nach Nairobi mit Garten und Gemeinschafts-Lounge. Sehr gutes Frühstück, auf Wunsch leckeres hausgemachtes Abendessen, hilfsbereiter Betreiber. DZ ab 40 US-$.

Camping – **Masai Camp** 10 **:** Old Moshi Rd. stadtauswärts. 10 US-$/Pers. **Sakina Campsite** 11 **:** am Nairobi Highway neben dem Lush Garden Hotel. 10 US-$/Pers. **Meserani Snake Park** 12 **:** 20 km westlich des Arusha Airport in Richtung Tarangire National Park. 10 US-$/Pers.

Essen & Trinken

In vielen Hotels kann man ausgezeichnet speisen, z. B. im **Onsea House Country Inn** oder in der **Arusha Coffee Lodge.**

Am Wochenende Party – **Le Patio** 1 **:** Haile Selassie Rd., tgl. ab Mittag. Internationale fleischlastige Küche, von allem ein bisschen, z. B. Shawarma Wraps, Chicken Burger, Beef Steak oder Lamm Kebab, aber auch Pizza und Salate. Großer Garten mit Tischen im Freien. Freitag oder Samstagabend Party und Musik. Hauptgerichte ab 15 000 TSh.

Griechisch – **George's Tavern** 2 **:** Haile Selassie Rd., tgl, 10–23 Uhr. George, ein freundlicher Grieche, ist die gute Seele des sympathischen Outdoor-Restaurants. Exzellente griechische und mediterrane Spezialitäten wie Moussaka und Souvlaki, aber auch Pizza, Sandwiches und Burger. Hauptgerichte ab 15 000 TSh.

Mit lauschigem Garten – **Blue Heron** 3 **:** Haille Selassie Rd., Mo–Do 8.30–17, Fr, Sa 8.30–22 Uhr. In der hübschen Lounge mit Dhau-Möbeln und dem gepflegten Garten samt Frangipani-Baum werden leckere ofenfrische Pizzen, hausgemachte Ravioli, Suppen, Salate und Beef Tenderloin serviert. Hauptgerichte ab 12 000 TSh.

Pizza, Pizza – **Picasso's Café** 4 **:** Simeon Rd., Nähe Impala Roundabout, tgl. 9–23 Uhr. Nettes Café-Restaurant, beliebt bei Pizza-Liebhabern. Gute Salate, Pasta, Sushi, Desserts, internationale Fleischgerichte. Ideal für ein kräftiges Frühstück bis 12 Uhr. Fr, Sa ab 20 Uhr oft Livemusik. Ab 10 000 TSh.

Institution – **Khan's BBQ** 5 **:** Mosque St., tgl. ab Sonnenuntergang. Indisches Street Food im wahrsten Sinne des Wortes – auf dem Gehsteig werden Tische, Bierbänke und der Grill aufgebaut. Gegrilltes Tandoori-Hühnchen mit Pommes Frites, Saucen, NaanBrot, Salaten und Säften (kein Alkoholausschank). Ab 10 000 TSh.

Oase im Stadtzentrum – **Africafé Coffee House** 6 **:** Boma Rd., Mo–Fr 7.30–21, Sa, So 8–21 Uhr. Einladendes Café und Restaurant direkt neben der Touristeninformation. Auf den wuchtigen, dunkelroten Lederbänken schmecken die Burger, Sandwiches, Salate und süßen Versuchungen (Muffins, hausgemachte Kuchen) wirklich wie in Amerika. Exzellenter Kaffee. Gratis-WLAN (nach dem Passwort fragen!). Hauptspeisen ab 10 000 TSh.

Einkaufen

Größte Auswahl an Souvenirs – **Mount Meru Craft & Curio Market** 1 **:** auch unter dem Namen Maasai Market bekannt, Fire Rd., tgl. 8–18 Uhr. Von Souvenirs aus Masai-Perlen über Holzschnitzereien und Textilien bis hin zu Ledererzeugnissen wird fast alles angeboten, was in Ostafrika an Souvenirs erhältlich ist. Die Preise sind teils überzogen, unbedingt hart verhandeln.

Glas, Schmuck, Dekoobjekte – **Shanga Shangaa** 1 **:** in der Arusha Coffee Lodge, www.shanga.org, tgl. 9–17 Uhr. Das Sozialprojekt Shanga schlägt zwei Fliegen mit einer Klappe: Es beschäftigt behinderte Menschen und recycelt Glas zu wunderschönen Deko-Objekten, Schmuck usw. Die soziale Gesinnung fordert aber ihren Preis. Führungen durch den Workshop auf Anfrage.

Kunsthandwerk – **Blue Heron** 3 **:** s. links, Mo–Sa 8.30–17 Uhr. Hochwertige, lokal erzeugte Waren, beispielsweise Kerzen, Dekorationsgegenstände, Kleidung, Weihnachtsschmuck.

Äußerst seltener Edelstein – **Tanzanite Experience** 2 **:** India St., Mo–Sa 8–17.30, So 10–15 Uhr. Der ausschließlich in Tansania vorkommende, blassblaue bis violette Tansanit (Tanzanite) ist bei uns völlig unbekannt. Da die einzige Abbaustätte Tansanias, nämlich Mererani, ganz in der Nähe liegt, ist Arusha zum Hauptumschlagplatz des Edelsteins avanciert. Doch Vorsicht beim Kauf: Arusha ist nämlich auch eine Hochburg der Herstellung von Tansanit-Imitaten! Hier existiert das einzige Labor Tansanias, das Echtheitszertifikate ausstellt. Man kann auch anderswo gekaufte Steine prüfen lassen. Mit Schauraum, Museum und kostenlosen Führungen.

Shoppingzentren – **TFA Shopping Complex** 3 **:** an der Dodoma Road stadtauswärts. Das größte Einkaufszentrum der Stadt mit mehreren Restaurants, Cafés, Safariveranstaltern, Galerien, Geldautomaten und vielen kleinen Läden. **Sable Square** 4 **:** Dodoma Rd., stadtauswärts hinter Arusha Airport. Liegt ideal auf dem Weg zu den Nationalparks. Man kann hier noch einmal Proviant auffüllen, Kaffee trinken oder das WC besuchen.

Abends & Nachts

Im Picasso's Café oder in Le Patio herrscht an den Wochenenden abends Partystimmung.

Im Grünen – **Via Via Café** [1]: Boma Rd., neben der Boma, Mo–Sa 9–23 Uhr. Gute Vibes, Do und Sa abends Konzerte, Party, Movie Nights etc.

Klassiker – **Empire Sports Bar** [2]: im Ostflügel des TFA Shopping Complex, hinter Stiggbucks. Beliebter Treffpunkt mit Tischen drinnen und auf der Terrasse, Billard-Tischen, Dancefloor und Live-Reggae-Konzerten am Freitag oder Samstag.

Im Grünen – **Johnny's Bar** [3]: TGT Club Arusha, westlich der Stadt, Mi, Do, Fr 16 Uhr bis spät, Sa, So 10–22 Uhr. Direkt am Fussballplatz in einem Sportzentrum gelegen. Ideal für einen Absacker nach dem Dinner oder um Freunde zu treffen.

Aktiv

Kulturtourismus – Ausführliche Informationen zum Kulturtourismus im Großraum Arusha erhält man in der Touristeninformation (TTB) Arusha (s. S. 364). Zahlreiche Initiativen bieten z. B. Dorf-, Markt- oder Schulbesuche, geführte Wanderungen zu Wasserfällen oder durch Kaffeeplantagen, Touren zu Medizinmännern und vieles mehr. Richtpreise pro Person: für Touren ohne Transport ab 35 000 TSh, für Gruppen mit mehr als 2 Pers. wird es preiswerter. Traditionelles Essen ca. 15 000 TSh, Transportkosten je nach Distanz. Wer nicht in Eigenregie unterwegs sein möchte, kann Touren auch über alle ansässigen Safariagenturen buchen.

Safaris – Wenig bekannt ist, dass die Safaripreise in den Regenmonaten (April–Mai) stark rabattiert bzw. verhandelbar sind, denn nur wenige Touristen verschlägt es zu dieser Zeit in die Nationalparks. Viele Straßen sind dann zwar nicht passierbar, doch wo die Verhältnisse es erlauben, wird man damit belohnt, eine Vielzahl von Wildtieren beobachten zu können. Solcherlei reduzierte Tarife – oft als Green Season Rates bezeichnet – können 30 bis 40 % günstiger sein. **Hoopoe Safaris** [1]: India St., Tel. 027 250 70 11, www.hoopoe.com. Erfahrener und zuverlässiger Tour Operator mit Verantwortung für Land und Leute. Arbeitet nach dem Prinzip der Nachhaltigkeit und bietet Safaris in allen Parks des Landes an sowie Bergbesteigungen und Kulturtourismusprogramme. **Bush2Beach** [2]: Olasiti, Tel. 0787 096 008, www.bush2beach.com. Verlässliche Top-Agentur für Individualisten mit sympathischem Management, bestens gewarteten Fahrzeugen und viel Fingerspitzengefühl. **Good Earth Tours** [3]: Moshono Area, Tel. 0732 972 655, www.goodearthtours.com. Für Reisende, die mehrere afrikanische Länder verbinden möchten, bietet Good Earth Tours günstige Touren. Beteiligt sich an zahlreichen Community-Projekten. Safaris und

Tipp

MARKTTAG BEI DEN MASAI

Wer Afrika oder Tansania unverfälscht kennenlernen möchte, muss unbedingt einen der zahlreichen Masai-Märkte besuchen! Die Märkte finden draußen im staubigen Masai-Land statt, ohne Ladentische oder Unterstände. Die Handelsware wird einfach auf dem Boden ausgebreitet und lautstark angepriesen. Selbst gelegentliche Windhosen beeinträchtigen das quirlige Treiben nicht. Masai-Märkte finden fast täglich irgendwo im Umland von Arusha statt, z. B. am Mittwoch in Kisongo (12 km westlich), donnerstags und sonntags in Ngaramtoni (12 km nordwestlich) oder dienstags und freitags in Meserani (15 km westlich). Unerlässlich ist das Anheuern eines Guides – so kann man dem Markttreiben gelassen zuschauen und sogar unbehelligt fotografieren. Anfragen an das TTB Arusha (s. S. 364) oder an die Kulturtourismusprogramme.

Den Wolken nahe ist man auf dem Viertausender Mt. Meru

Bergbesteigungen z. B. in Tansania, Kenia, Uganda, Ruanda und auch weiter südlich. **Warrior Trails** 4 : Levolosi Area, Tel. 0784 964 338, www.warriortrails.com. Effizienter Tour Operator im mittleren Preissegment mit Standard-Touren. **Duma Explorer** 5 : Ngara Mtoni ya Chini, Tel. 0787 079 127, www.dumaexplorer.com. Gute Reputation und starke Organisation für Safaris und Bergbesteigungen, preislich im günstigeren Segment, Zubucher-Safaris (unter Group Tours) online. Aktiv-Safaris – **Wayo Africa** 6 : Sekei Village Rd., Tel. 0784 203 000, www.wayoafrica.com. Neben den üblichen Safaris hat sich Wayo Africa auf Aktivsafaris spezialisiert, z. B. Wanderungen am Grabenbruch, Mountainbiking o. Ä. Ebenso hat das Unternehmen sich die Lizenzen für besondere Aktivitäten gesichert, die nur sie exklusiv anbieten dürfen: z. B. Walking Safaris in der Serengeti, Kanu-Safaris am Little Momela See oder dem Lake Duluti, Nachtpirschfahrten im Manyara Nationalpark etc. Speziell ausgebildete Guides, höchste Sicherheitsstandards. Viele Tour Operator kaufen ihre Leistungen zu.

Verkehr

Flüge: Kilimanjaro International Airport (rund 50 km entfernt, s. Moshi S. 347). Der Arusha Airport liegt 8 km westlich von Arusha, hier werden momentan nur Inlandsflüge abgewickelt. Umbauarbeiten sind aber im Gange. Von Dar-es-Salaam oder Sansibar, beide 323 US-$ (einfach) mit Coastal Aviation.

Busse: Kilimanjaro Express (nach Dar-es-Salaam) fährt in der Nähe des Florida Roundabout ab, Hood (nach Mbeya oder Dodoma) oder Dar Express (nach Dar-es-Salaam oder Nairobi) vom Selian Bus Terminal (neben Selian Town Clinic). Mtei Express (nach Babati, Kondoa oder Tanga) startet vom Kilombero Terminal. Vom Central Bus Stand gehen die restlichen (meist weniger sicheren) Busse ab. Die Preise sind staatlich geregelt. Mit den kleinen Dalladallas (mit Farbleitsystem) kommt man auf Kurzstrecken gut voran; gelbe fahren nach Sakina und Ngaramtoni, schwarze nach Njiro, rote nach Kijenge.

Mietwagen: Shaw Safaris, Usa River, Tel. 0768 945 735, www.shawsafaris.com; Fortes Tours & Safaris, Nairobi-Moshi Hwy., Tel. 027 250 60 94, www.fortescarhire.com.

Grenzverkehr: Von Arusha führt der Nairobi Highway nach Kenia, wo nach 109 km, im Dorf Namanga, der Grenzbalken steht. Seit September 2015 darf man ausschließlich mit gültigem e-Visum nach Kenia einreisen (50 US-$, s. S. 80). Erhöhte Konzentration auf die eigene Sicherheit ist empfehlenswert: Kameras, Uhren, Handys unter Verschluss halten und das gesamte Gepäck unter keinen Umständen aus den Augen lassen.

In der Umgebung von Arusha

Lake Duluti

Zugang: Gate nahe Duluti Camp, Eintritt für Spaziergänger 14 US-$ plus Ranger, 5 US-$ pro Gruppe

Malerisch eingebettet in Kaffeepflanzungen, wilde Blumenfelder und einen dichten Kranz von Bäumen liegt der Kratersee **Lake Duluti** etwa 14 km östlich von Arusha (in Tengeru bei den Schildern Duluti Camp und Duluti Secondary School nach Süden abbiegen). Scharen von Schmetterlingen und Vögel fühlen sich im Gehölz wohl, und ein schmaler Rundweg von ca. 5 km Länge bringt Besucher ganz nah an diese zarten Geschöpfe heran. Der See ist zum Schwimmen nicht geeignet, weil er mit Bilharziose-Erregern verseucht ist, aber Kanufahren ist möglich. Exkursionen zum Lake Duluti werden von den meisten Unterkünften und Safariagenturen oder vom Via Via Café (s. S. 367) organisiert (Halbtagesausflüge 50–70 US-$ inkl. Eintritt und Transport, je nach Gruppengröße). Wayo Africa (s. S. 368) führt auch Kanufahrten durch, die für Vogelliebhaber interessant sind (ca. 35 US-$/Pers. zzgl. Transfer).

Arusha National Park mit Mt. Meru

▶ 1, M/N 12/13

Zugang: Von Arusha aus ist das Ngongongare Gate am besten zu erreichen (7 km nördlich des Dar-Arusha Highway). Der zweite Zugang, Momela Gate (24 km vom Highway), liegt im Norden des Parks – dort hat auch die Parkverwaltung ihren Sitz (u. a. Vermittlung von Rangern), Eintritt Erw. 53,10 US-$

Kaum 30 km von Arusha entfernt, lockt der **Arusha National Park** bislang nur wenige Besucher an, obwohl der zweithöchste Berg Tansanias innerhalb der Parkgrenzen steht. Vielleicht liegt es daran, dass die Landschaft mehr an die Alpen zu Hause erinnert und das beliebteste Tier auf Safari, der Löwe, fehlt.

Auf nur knapp 300 km² findet eine artenreiche Flora Platz, die von Schatten- und Waldgewächsen über tropische Palmenarten bis zu alpiner Hochlandvegetation reicht. Hier existiert auch eine äußerst stimmenprächtige Vogelwelt von bis zu 600 Spezies. Zahlreiche Säugetiere, wenn auch nicht in großen Herden, sind heimisch, darunter Giraffen, Kaffernbüffel, Flusspferde, Zebras, Dikdiks, Wasser- und Buschböcke, Ducker und sogar Elefanten. Leoparden und Tüpfelhyänen können sich gut vom Wildbestand hier ernähren, nur Löwen fehlen, denn sie bevorzugen Beutetiere, die auf offenem Land grasen. In den dichten Bergwäldern tummeln sich neben den weit verbreiteten Anubispavianen auch Grüne Meerkatzen, Stummelaffen und Diademmeerkatzen. Die abwechslungsreiche, dichte Vegetation trägt zum besonderen Reiz des Parks bei, allerdings erschwert sie es auch bisweilen, Tiere zu beobachten.

Abseits von der Süd-Nord-Achse verlaufen genügend Pisten, die eine Erkundung des Nationalparks zulassen, Voraussetzung ist allerdings ein gutes allradbetriebenes Fahrzeug. Sämtliche Attraktionen sind während der Trockenzeit gut erreichbar, sogar bis zur Miriakamba Hut kann man dann notfalls mit dem Auto gelangen.

Aktiv

DURCH MÄRCHENWALD, ORCHIDEEN UND BÜFFELHERDEN AUF DEN MT. MERU

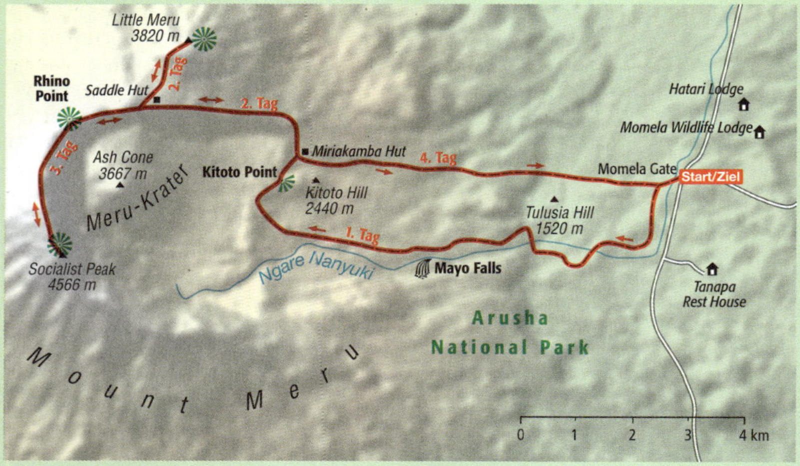

Tour-Infos

Start: Momela Gate (auch Ende)
Länge: 46 km hin und zurück
Dauer: 3–4 Tage
Schwierigkeitsgrad: sportlich anspruchsvoller als der Kilimanjaro
Anfahrt: über den Arusha National Park
Buchung/Kosten: bei allen Tourveranstaltern in Arusha und Moshi, 4 Tage ca. 1000 US-$/Pers. (bei einer Gruppe von 4–8 Pers.)
Wichtige Hinweise: Bei dieser Bergtour spielt die Höhenkrankheit kaum eine Rolle. Einzige Voraussetzungen sind körperliche Fitness, Trittsicherheit und Schwindelfreiheit.

Moosbedeckte Baumkronen, von Lianen umschlungene Urwaldriesen, zarte Orchideen und plätschernde Gewässer, z. B. der **Mayo-Wasserfall**, prägen die ersten Kilometer des sanften Anstiegs. Der mit einem Gewehr bewaffnete Ranger erinnert daran, dass man sich mitten in der Wildnis befindet.

Am **Kitoto Viewpoint** offenbaren sich zum ersten Mal herrliche Fernsichten – auf die Momela-Seen und den Kilimanjaro. Kurz nach Erreichen des Kraterbodens (mit gut 3,5 km Durchmesser) geht der erste Tag in der **Miriakamba Hut** (2514 m) zu Ende (1000 m Höhenunterschied, 4–5 Std.). In der Ferne trompeten Elefanten.

Die Hauptroute bahnt sich am zweiten Tag stetig ihren Weg bergauf durch märchenhaften Bergwald, streckenweise geht es über steile Holztreppen. Viele Lichtungen entlang dem serpentinenreichen Weg geben ungeahnte Panoramen frei. Der Blick reicht hinauf zum Kilimanjaro und zum Mt. Meru und hinab zu den Momela-Seen und dem darunter liegenden Kraterboden. Auch der **Ash Cone,** der von einer kleineren Eruption in den 1880er-Jahren herrührt, erscheint regelmäßig im Blickfeld (er kann in 4–6 Std. erklommen werden, der Weg ist aber durch den weichen Vulkansand stellenweise sehr kraftraubend).
Nach gut 3–5 Std. Aufstieg (1000 Höhenmeter) kommt man um die Mittagszeit bei der **Saddle Hut** (3570 m) an, dem zweiten Nachtlager – ausreichend Zeit also, um sich an den **Little Meru** (3820 m) zu wagen. Die steile Silhouette hat es in sich (1,5 Std. hin und zurück), die wunderbaren Lichtverhältnisse der langsam untergehenden Tropensonne, die den Grabenbruch bis nach Kenia hinein in samtweiches Licht taucht, entschädigen aber für die Anstrengung.
Früh beginnt die letzte Etappe zum Gipfel am dritten Tag. Wer zum Sonnenaufgang oben sein möchte, sollte bis spätestens 1 Uhr morgens aufbrechen. Aber auch Langschläfer kommen in den Genuss eines spektakulären Sonnenaufgangs, der sich vom 45 Min. entfernten **Rhino Point** (3800 m) bietet – der erwachende Kilimanjaro, der in oranges Licht getauchte Ash Cone oder der noch zu bezwingende Mt. Meru. Stetig aufwärts verläuft der Pfad, über lockeren schwarzen Lavasand und Geröll – auch für Trainierte ist diese Strecke eine Herausforderung. Eine letzte steile Felspassage noch, und der **Socialist Peak** auf 4566 m ist erklommen. Von den Crater Highlands rund um den Ngorongoro Crater bis zum 80 km entfernten Kilimanjaro reicht der gigantische Rundumblick.
Der Abstieg erst (nun bei Licht) gibt die wahren Dimensionen der Route frei, die teilweise dicht am steilen Abbruch der Kraterwand verläuft. Herrlich beeindruckend ist der Blick auf den Ash Cone, dem man von oben in den Schlot schaut, und die permanente Aussicht auf den Kilimanjaro in der Ferne. Bergfexe mit guter Kondition können den Berg noch am selben Tag verlassen, soweit es die Knie erlauben (was natürlich die Kosten senkt). Gemütlicher ist der Abstieg aber mit einer weiteren Übernachtung in der **Miriakamba Hut,** von wo man dann am vierten Tag ausgeruht zur kurzen Schlussetappe losmarschiert, vermutlich unter Begleitschutz von Büffeln oder Elefanten.

Ngurdoto Crater

Gleich 1 km hinter dem Gate geht von der Hauptpiste eine Abzweigung nach rechts zum **Ngurdoto Crater** ab. Die teilweise steile Piste schlängelt sich in vielen Kurven durch den Bergurwald, bis die ersten Aussichtspunkte auf den Kraterboden erreicht sind. Der ›Kleine Ngorongoro Crater‹, wie er bisweilen auch genannt wird, ist geologisch gesehen ein Nebenschlot des Mt. Meru, dessen Spitze vor etlichen tausend Jahren in sich zusammenfiel und eine Caldera bildete.

Neben weiteren Aussichtspunkten bietet der **Leitong** (1853 m) als höchster Punkt des Kraterrands herrliche Panoramablicke. Von hier aus sieht man auch die Seen der Momela Lakes in der Ferne schimmern. Bei klarem Wetter glänzt der Kilimanjaro im Hintergrund (je nachdem, wo man sich genau befindet) und macht die Idylle perfekt. An den Hängen gedeiht dichter Regenwald, die Vegetation besteht u. a. aus Wilden Mangos, Würgefeigen, Baumfarnen und wilden Dattelpalmen. Im Urwald leben u. a. Kaffernadler, Geierraben oder auch Wanderfalken – für Vogelliebhaber gibt es einiges zu entdecken. Der Kraterboden auf 1474 m Höhe – zum Großteil ist er saisonal bedingt versumpft – bietet Lebensraum für wildlebende Tiere wie Kaffernbüffel, Giraffen, Elefanten und Warzenschweine. Denn die im Durchmesser etwa 3 km breite Kraterschüssel kann aufgrund des sumpfigen Bodens nicht von Menschen betreten werden, stattdessen führen zwei holprige Pisten jeweils ein Stück weit rechts und links am Rand entlang. Eine komplette Umrundung des Kraters ist nur zu Fuß und in Begleitung eines Rangers möglich.

Momela Lakes

Am nördlichen Ende der Hauptpiste zweigt man rechts in den nordöstlichen Teil des Parks ab, wo sich die Vegetation schlagartig ändert. Sechs Seen durchziehen das hügelige, mit Akazien und Buschsavanne bewachsene Gelände (der siebte See ist mittlerweile ausgetrocknet). Durch vulkanische Eruptionen des Mt. Meru vor 250 000 Jahren flossen enorme Massen von glutheißem Material den Osthang hinab und bildeten Mulden. Durch das poröse, vulkanische Gestein konnte von unten Quellwasser eindringen und die Mulden füllen – auch heute werden die **Momela Lakes** so gespeist. Wegen der fehlenden Zu- und Abflüsse sind die Gewässer zum Großteil alkalisch und somit ein idealer Lebensraum für bestimmte Algenarten. Speziell der **Big Momela Lake** und der **Lake Rishateni** sind ideale Lebensräume für Zwergflamingos.

Auf dem kleineren **Little Momela Lake** finden Kanu-Safaris statt, bei denen man in Ufernähe Reiher, Kormorane, Kiebitze, Haubentaucher, Gänse und viele weitere Vogelarten beobachten kann. Viele machen nur Rast auf dem Weg von und nach Zentral- oder Südafrika. Sie teilen sich das Uferschilf mit Wasser- und Buschböcken, aber auch mit Büffeln und gar Giraffen, die bis zum Bauch im See waten. Flusspferde lugen vorsichtig aus dem Wasser und schnauben bei Bedrohung.

Mt. Meru

Westlich vom Momela Gate, dem Ausgangspunkt seiner Besteigung, liegt der **Mt. Meru,** mit 4566 m der vierthöchste Berg Afrikas. Ursprünglich war er höher als der Kilimanjaro, doch vor rund 250 000 Jahren sprengten gewaltige Ausbrüche den östlichen Kraterrand weg, wobei auch die Momela-Seen entstanden. So ist der Vulkankegel zur Ostseite hin offen. Forscher betrachten den Mt. Meru momentan als schlafend, die letzte kleinere Eruption wurde 1910 verzeichnet.

Übernachten, Essen & Trinken

Bis auf die Hatari Lodge liegen alle Unterkünfte südlich außerhalb des Parkgebiets. Camping ist auf den öffentlichen Campingplätzen im Park für 35,40 US-$/Pers. möglich. Für die Reservierung von Special Campsites s. TANAPA Arusha, S. 364.

Vintage-Schick – **Hatari Lodge:** Momela Rd., nördlich des Arusha National Park, zusätzlich zu den Übernachtungskosten fallen Parkgebühren und Concession Fees (47 US-$) an, Tel. 0752 553 456, www.hatarilodge.de. Exklu-

Tipp

HOCHSAISON FÜR VOGELLIEBHABER

Im tropischen Sommer (zwischen Dezember und April) kommen Vogelliebhaber in Nord-Tansania voll auf ihre Kosten. Der Arusha National Park, der Tarangire sowie das Gebiet des Lake Manyara National Park, aber auch Gebiete südlich von Moshi (s. S. 343, TPC Club) sind für ihre Vogelvielfalt inklusive endemischer Arten bekannt. Den leuchtend grün-gelb-orange-roten Fischer's Lovebird (dt. Pfirsichköpfchen) findet man nur hier, ebenso den sonnengelben Taveta Golden Weaver (Genickbandweber) oder den dunkelgrünen Hartlaub's Turaco (Seidenturako) mit schwarzer Haube. Außerdem sind uns bekannte Zugvögel wie auch ganz seltene Arten zu beobachten. Vogelinteressierte tun gut daran, einen Spezialveranstalter mit eigens geschulten Guides zu konsultieren.

sive Lodge mit deutschen Besitzern in herrlicher Lage und mit ungewöhnlichem Design. Zum Angebot gehören besondere Aktivitäten im Arusha National Park. DZ ab 590 US-$ (HP).
Zauberhaft – **Ngare Sero:** Dar-Arusha-Hwy., Abzweig nach Norden beim Schild zum Dik Dik Hotel, Tel. 0764 305 435, www.ngaresero-lodge.com. Die Lodge auf dem Areal einer ehemals deutschen Farm punktet mit Charme, exzellentem Essen, charaktervollem Ambiente und einem romantischen Garten samt Teich. Viele Aktivitäten (u. a. Vogelbeobachtung, Nature Walks, Angeln, Reiten), Spa. DZ ab 420 US-$ (VP).
Romantisch – **Rivertrees Country Inn:** Usa River, Tel. 0732 971 667, www.rivertrees.com. Lodge im rustikalen afrikanischen Landhausstil, mit viel Liebe zum Detail eingerichtet. Der Usa River plätschert durch die liebliche Landschaft des Anwesens. Ausgezeichnete Küche, Pool. 18 Zimmer, 2 Cottages und 1 River House, DZ ab 406 US-$ (VP).
Einfach und rustikal – **African View Lodge:** ca. 5 km nördlich der Kreuzung mit dem Highway links abbiegen, Tel. 0784 419 232, www.african-view.com. Familiäre gemütliche Unterkunft in herrlicher Ruhelage kurz vor dem Gate mit deutschen Betreibern. Pool, Internet. Bergbesteigungen und Safaris werden arrangiert. 20 Zimmer, DZ ab 220 US-$ (VP).

Aktiv

Besteigung des Mt. Meru – s. Aktiv unterwegs S. 370. Achtung: Wer die Eintrittsgebühren für den Arusha National Park für vier volle Tage bezahlt, sollte sich vom Tour Operator nicht abspeisen lassen – nach dem Abstieg vom Mt. Meru hat man noch mindestens einen halben Tag Zeit, um sich auch den restlichen Park in Ruhe anzuschauen!
Wanderungen, Walking Safaris – Gegen Aufpreis Walking Safaris (sind nur in Begleitung eines Rangers möglich), Kanufahrten auf dem Little Momela Lake mit Wayo Africa (s. S. 368). Die Hatari Lodge bietet für ihre Gäste ebenfalls ungewöhnliche Aktivitäten wie eine Wanderung durch den Ngurdoto Crater (150 US-$) oder Tagestouren auf den Mount Meru (150 US-$).

Verkehr

Busse: Öffentlicher Transport (von Arusha oder Usa River) existiert bis Ngare Nanyuki nördlich des Momela Gate (Eintritt ist beim Passieren zu bezahlen!).

Tarangire National Park ▶ 2, L/M 14

Zugang: Am Minjingu Gate gibt es ein Informationszentrum, beste Reisezeit für größere Tiere Juli–Okt., für Vögel Dez.–April, Eintritt Erw. 53,10 US-$

Tiefer und tiefer kommt man nun ins Masai-Land. Masai in ihren typischen Umhängen (*shuka*), hüten ihre Rinderherden. Da und dort gibt es kleine Wasserstellen, die von der tansanischen Regierung eigens für die Masai angelegt wurden. Die goldbraunen Grassavannen geben bereits einen Vorgeschmack darauf, was einen im **Tarangire National Park** erwartet. Ähnlich wie der Lake Manyara National Park (s. S. 377) wird der Tarangire National Park in die undankbare Rolle eines Lückenfüllers gedrängt: Die Mehrzahl der Touristen erleben ihn, zwischen Serengeti oder Ngorongoro Crater noch mit ins pralle Programm genommen, in allzu kurzer Zeit. Dabei bietet er auf seiner Fläche von 2600 km^2 (etwa die Größe des Staates Luxemburg) alles, was das Herz des Safarifans begehrt: stachelige Akazienwälder, endlos scheinende hügelige Weiten und unverfälschtes Busch-Feeling. Bereits früh, nämlich 1970, wurde das Gebiet zum Nationalpark erklärt. Einer der Gründe, warum es kaum Einwände gegen die Einrichtung des Schutzgebiets gab: Wegen der lästigen Tsetsefliege war das Areal seit jeher kein Weideland der Masai.

In rauen Mengen tummeln sich Dikdiks, Impalas, Wasserböcke, Warzenschweine, Honigdachse, Ginsterkatzen, Zibetkatzen, Mangusten, Paviane, Buschbabys (Galagos) und Grünmeerkatzen in allen Teilen des Parks. Insbesondere Giraffen lieben diesen Lebensraum, sie ernähren sich vorwiegend von den kleinen Blättern der Akazienbäume. Weit über 500 Vogelarten, einige davon sogar endemisch, wurden hier beobachtet. Elefanten fühlen sich besonders heimisch – das Gebiet zählt in Tansania zu den Regionen mit der höchsten Elefantendichte. Saisonal beeinflusst vergrößert sich der Tierbestand um Streifengnus und Steppenzebras, die wie die Elefanten dem Wasser folgen (s. ›kleine Migration‹, S. 376).

Bei **Minjingu** (ca. 100 km ab Arusha auf geteerter Straße) führt eine 7 km lange Allwetterpiste nach links bis zum Nordeingang des Nationalparks. Das Wegenetz im Schutzgebiet selbst ist dicht, vor allem im Norden, ohne Ortskenntnisse oder GPS-Gerät kann man sich allerdings leicht verirren. Der südliche Teil ist in der Regenzeit zu meiden.

Tarangire River

Seinen Namen verdankt der Park dem **Tarangire River,** der sich von Süden nach Norden durch den gesamten Park schlängelt und das ganze Jahr über Wasser führt (streckenweise unterirdisch und je nach Saison nicht sichtbar). Der Flusslauf – er entspringt im Süden in den Kondoa Hills und entwässert in den Lake Burunge – ist von Dhaum- sowie Borrassuspalmen und dichtem Galeriewald gesäumt, der vielen Vögeln Nistplätze bietet. Alle Tiere kommen irgendwann im Laufe eines Tages an den Fluss, wenn es nirgendwo anders mehr Wasser gibt, ein wenig Warten zahlt sich also aus.

Links und rechts vom Fluss erstreckt sich ein wenige Kilometer breiter Saum mit Grasland. Daran schließt sich die offene, zumeist knochentrockene Baumsavanne mit Akazienwäldern an. Das weitläufige, sanft hügelige Areal wirkt durch diese Vegetationszonen besonders weit und übersichtlich.

Nördlicher Parkbereich

Im **Nordteil des Parks,** also gleich nach dem Eingang, stechen Massen von ausladenden Baobabbäumen ins Auge. Manche von ihnen sehen mitgenommen aus: Elefanten können vom saftigen Holz des Affenbrotbaums nicht genug bekommen. Sie lieben es, am wasserspeichernden Gewebe zu nuckeln, obgleich die so aufgenommenen Wassermengen nicht ausreichen, um ihren täglichen Wasserbedarf von bis zu 200 l zu decken. Mit den Stoßzähnen brechen sie zunächst die Rinde auf und höhlen danach die riesigen Stämme richtiggehend aus. Nicht nur Elefanten, auch die fliegenden Bewohner der Region schätzen die knorrigen Giganten. Flughunde oder Fledermäuse suchen tagsüber Schatten in den ausgehöhlten Stämmen, Schleiereulen bevorzugen die

stabilen Äste als Nistplatz, und auch Nashornvögel leben gerne in ihnen. Bei vielen afrikanischen Stämmen gelten die Baobabs als heilig, vielleicht weil sie trotz karger Bedingungen eine solche Lebenskraft zeigen.

Südlicher Parkbereich

Den **südlichen Bereich des Parks** bekommen nur wenige Besucher zu Gesicht, da man dazu – wegen der Größe des Areals – mindestens eine zweitägige Safari einplanen müsste. Er versumpft saisonal, aber in der Trockenzeit von Juni bis November bieten die Sümpfe nahezu paradiesische Bedingungen für die Tierbeobachtung. Für Fahrzeuge kann der schwarze vulkanische Lehmboden, genannt *black cotton soil,* in den Regenmonaten heimtückisch sein. Wenn der Boden wegen kontinuierlicher Regenfälle kein Wasser mehr aufnehmen kann, verwandelt sich die Oberfläche in schlickigen, klebrigen

Das kostbare Nass des Tarangire River lockt Wildtiere von weither an

Sumpf, der aber in der Trockenzeit ebenso schnell wieder verschwindet und bis zu 2 m tiefe Trockennarben hinterlassen kann.

Die ›kleine Migration‹

Wie in der Serengeti bestimmt der alljährlich wiederkehrende Regen das Leben der Tiere. Im Juni und Juli wandern speziell Elefanten und die in Zweckgemeinschaft lebenden Streifengnus (Blue Wildebeest) und Steppenzebras (Burchell's Zebra) von den umliegenden Ökosystemen in den Tarangire National Park, weil der Tarangire River ganzjährig Wasser führt. Im August erreichen die Tiere, bei denen es sich um die größte Gnukonzentration außerhalb der Serengeti handelt, die Gursi Swamps im südlichen Teil. Mit ihnen treibt es die Löwen, Leoparden, Hyänen und andere Räuber in die Sümpfe. Vermehrt in den Trockenmonaten sind Kuhantilopen und Elenantilopen zu sehen, die Beisa-Oryx (Beisa-Antilope, Ostafrikanischer Spießbock) wurde in den letzten Jahren aufgrund des Bevölkerungsdrucks leider immer seltener.

Mit dem Einsetzen der ersten Regenfälle im November beginnen die wandernden Tiere wieder zurück in ihre angestammten Gebiete zu ziehen. Zu ihren Reisegefährten zählen die Elefanten, die teils abziehen und teils bleiben (speziell im nördlichen Sektor), um ihre Jungen aufzuziehen.

Übernachten, Essen & Trinken

Im Park:

Beste Camps – **Oliver's Camp:** Tel. 0736 500 515, www.asiliaafrica.com; **Nomad Kuro,** Tel. 0787 595 908, www.nomad-tanzania.com. Beide Camps liegen am weitesten südlich im Park und bieten daher Top-Bedingungen für buschnahe Tierbeobachtung ohne hohes Besucheraufkommen. In bester Zelt-Camp-Manier errichtet, exzellente Guides, vielfältige Aktivitäten wie Walking Safaris und Night Drives. DZ 1848 bzw. 1800 US-$ (all-inclusive), zzgl. Parkgebühren.

Sicht bis zum Lake Manyara – **Balloon Camp:** ca. 45 km südöstlich vom Gate, Tel. 0685 250 153, www.madahotels.com. Unweit der Sopa Lodge bietet die im Stil kenianischer Safari-Lodges erbaute Unterkunft tolle Fernsichten vom Pool und von den Zelten aus. Solide Qualität, kleine Anlage. DZ 660 US-$ (VP).

No Frills – **Angata Camp:** Nähe Kuro Airstrip, Tel. 0786 025 352, www.angatacamps.com. Simples Camp mit acht Zelten (darunter ein Familienzelt) in tierreicher Lage von Juni bis Oktober. Für anspruchslose Reisende, die naturnah nächtigen wollen. DZ 560 US-$ (VP).

Motel-Flair – **Tarangire Sopa Lodge:** ca. 32 km südöstlich des Gate, Tel. 027 250 06 30, www.sopalodges.com. Großes gemauertes Hotel mit 75 Zimmern in altbackener, massiver Bauweise, aber Reiseveranstaltern werden attraktive Preise geboten. Zentrale Lage, von der Lodge aus können sowohl der nördliche als auch der südliche Sektor angefahren werden. DZ 550 US-$ (VP).

Traditions-Camp – **Tarangire Safari Lodge:** 10 km hinter dem Gate, Tel. 027 254 47 52, www.tarangiresafarilodge. com. Einfaches größeres Camp mit typischen Safarizelten und Cottages auf einer Anhöhe. Herrliche Aussicht auf den Tarangire River. Pool. DZ ab 420 US-$ (VP) zzgl. Eintritt und Concession Fee.

Außerhalb des Parks in den Wildlife Management Areas:

Die Camps, die im Norden außerhalb des Hauptgate liegen, z. B. **Tarangire River Camp** oder **Kirurumu Tarangire Camp,** haben neben der langen Anfahrt den Nachteil, dass sich der Besucherverkehr in der Hauptsaison am Gate staut (Zeitverlust 1 Std.). Die Camps in den östlichen WMAs (s. S. 117), z. B. die **Tarangire Treetops Lodge,** haben mit den stetig wachsenden Masai-Siedlungen und ihrem Nutzvieh zu kämpfen, die Camps östlich, die teilweise das Sangaiwe Gate nutzen, z. B. **Lake Burunge Tented Camp** oder **Sangaiwe Tented Lodge,** haben eine sehr lange Anfahrt in die tierreichen Sektoren des Parks. Die Camps außerhalb sind zwar oft günstiger als jene im Park, aber man muss sich bei der Entscheidungsfindung der Nachteile bewusst sein.

Camping – **Public Campsite:** wenige Kilometer vom Nordtor entfernt im Park, Kostenpunkt: 35,40 US-$/Pers. Mehrere **Special Campsites** (59 US-$/Pers., Buchung über

TANAPA Arusha, S. 364). Weitere Campingmöglichkeiten (jeweils 10 US-$/Pers.) gibt es auf dem Weg zum Nord-Gate.

Aktiv

Außerhalb der Parkgrenzen werden vielfältige Aktivitäten von den Camps angeboten. Im Park haben nur wenige ausgewählte Veranstalter die Erlaubnis für Walking Safaris und Night Drives, u. a. **Oliver's Camp** und **Nomad Kuro.** Die **Tarangire Safari Lodge** bietet ebenfalls Walking Safaris (50 US-$) und Night Drives (80 US-$), jeweils zzgl. Eintrittsgebühren und Ranger.

Ballon-Safaris – **Adventures Aloft by Mada Hotels:** Tel. 0685 250 153, tarangire@madahotels.com, 450 US-$/Pers. Buchbar auch über die Touranbieter und Unterkünfte.

Verkehr

Flüge: Im Park gibt es ein kleines Flugfeld (Kuro), das z. B. Coastal Aviation von Arusha aus anfliegt (einfach 148 US-$).

Lake Manyara National Park ▶ 1/2, L 13

Zugang: Am Hauptgate im Norden gibt es eine Zahlstelle mit Informationszentrum, über das Gate im Süden fahren nur wenige Gäste ein, Eintritt Erw. 53,10 US-$

Mit seinen 330 km² Fläche (wovon der Lake Manyara ca. 220 km² einnimmt) kann der **Lake Manyara National Park** größenmäßig nicht mit seinen Nachbarn mithalten, punktet aber mit vielfältigen Lebensräumen und Tierreichtum auf kleinstem Raum.

Knapp 2,5 Std. Stunden Fahrzeit von Arusha (110 km) entfernt – das Gate befindet sich in der Nähe des Highway – liegt der Nationalpark am westlichen Ufer des **Lake Manyara** auf etwa 960 m Höhe, unterhalb der Bruchstufe des großartigen Ostafrikanischen Grabenbruchs. Von dieser zwischen 500 und 800 m hohen, dramatisch schönen Grabenwand stürzen mehrere Wasserfälle ins Tal und speisen die murmelnden Bäche,

Tipp

MIT DEM PFERD ODER ZU FUSS ZU DEN FLAMINGOS

Das Beste aus zwei Welten vereint sich im Naturschutzprojekt **Manyara Ranch Conservancy.** Östlich des Lake Manyara und des Ostafrikanischen Grabenbruchs und nördlich des Tarangire Nationalpark haben Privatleute Land gekauft und im Kwakuchinja Corridor eine Pufferzone eingerichtet, damit die Wildtiere unbehelligt zwischen den beiden Parks wandern können. Da es sich um keinen ausgewiesenen Nationalpark handelt, sind die Verhältnisse für Reisende fantastisch buschnah. Die Aktivitäten gehen weit über das hinaus, was in staatlichen Nationalparks möglich ist.

Basis für alle Aktivitäten ist das stilvolle, intime Buschcamp mit nur 6 Zelten, die unter ausladenden Akazien stehen. Früh am Morgen zieht man mit einem bewaffneten Ranger los, um zu Fuß durch die Wildnis zu streifen. Grasenden Zebras oder den scheuen Giraffen kommt man so wesentlich näher. Fröhliches Zwitschern von über 100 dokumentierten Vogelarten begleitet den Marsch. Die nachmittägliche Pirschfahrt wird bis in die Dunkelheit hinein verlängert, wo mit Scheinwerfern nachtaktive Tiere aufgespürt werden, wie z. B. Erdferkel *(aardvark)*, Galagos *(bush babies)* oder gar Leoparden, die in der Kühle der Nacht jagen. Weitere angebotene Aktivitäten: Masaidorf-Besuche, Picknicks im Busch oder Tierbeobachtung von geschützten Ausgucken aus.

Manyara Ranch Conservancy: Tel. 027 254 52 84, www.manyararanch.com, DZ ab 615 US-$/Pers. (all-inclusive).

die den Park durchziehen und sich schließlich im Manyara-See vereinen.

Zwei Drittel des gesamten Parkareals nimmt der leicht alkalische See Lake Manyara ein, wobei seine Größe je nach Jahreszeit variiert. Während der Trockenzeit, zwischen Juni und September, ist der See fast ausgetrocknet, aber in den Regenzeiten kann der Wasserpegel stark ansteigen.

Die ›Baumlöwen‹ haben den Park bekannt gemacht. Ihr atypisches Verhalten auf Ästen zu ruhen hat unterschiedliche Gründe. Zum einen bietet die erhöhte Lage Schutz, z. B. in der Regenzeit vor lästigen Insekten im Gras. Es wurde auch beobachtet, dass speziell weibliche Löwen in die Bäume gehen, u. a. wenn es der Nachwuchs zu bunt treibt. In den letzten Jahren ist die Sichtung der Baumlöwen aber generell zurückgegangen.

Der nördliche, dicht bewaldete Teil des Parks ist speziell bei Primaten beliebt. Große Familien von frechen Pavianen leben im Park, ebenso wie Grüne Meerkatzen und die selteneren Diademmeerkatzen. Auch Giraffen, Büffel, Impalas, Kudus, Gnus, Dikdiks, Warzenschweine, Schakale oder Zebras fühlen sich heimisch. An die 400 Vogelarten zieht es in den Park, weil der See ihnen einen vielfältigen Lebensraum bietet: Von Dezember bis Januar überwintern europäische Zugvögel, u. a. Bienenfresser, Blauracken oder Weißschwanzkiebitze. In diesen Monaten sehen Besucher auch Zwerg- und Rosa-Flamingos am Plankton- und Blaualgen produzierenden Wasser. Zwei Arten von Pelikanen machen von Februar bis Mai Zwischenstopp am See, insgesamt fünf Storchenarten fühlen sich hier wohl. Nimmersatt-Störche brüten von März bis Juli in den Maulbeer-Feigenbäumen in riesigen Nestkolonien und hinterlassen geruchsintensive Souvenirs. Auffällige Nashornvögel, tagaktive Greifvögel wie Palmgeier oder Habichtsadler, Enten, Störche, Kronenkraniche, Ibisse, Papageien und die hübschen Pfirsichköpfchen können das ganze Jahr über beobachtet werden.

Auch größere Tiere wie Giraffen, Büffel, Impalas, Dikdiks, Warzenschweine, Schakale oder Wasser- und Buschböcke und Leoparden fühlen sich heimisch. Zebras und Gnus wandern im Dezember zurück vom Tarangire Park, mit ihnen die großen Elefantenherden.

Im Großen und Ganzen sind die Schotterpisten in ausgezeichnetem Zustand und sogar in der Regenzeit befahrbar. Links und rechts zweigen von der Hauptroute immer wieder Rundwege (sog. *circuits*) ab, die alle zurück zur Hauptstraße führen. Es sind ausreichend Schilder vorhanden, verirren kann man sich eigentlich nicht.

Nördlicher Parkbereich

Gleich hinter dem Parkeingang beginnt die saftig grüne Zone, die ganzjährig von unterirdischen Quellen aus den Ngorongoro Highlands bewässert wird. Im dichten **Grundwasserwald,** der mit seinen unbekannten Geräuschen und exotischen Düften viel mehr an die Atmosphäre eines tropischen Regenwalds erinnert, finden sich verschiedenste Baumarten, darunter Wilde Feigenbäume, Tamarinden- und Pfefferku-

Tipp

FLUSSPFERD-PARADE

Die **Hippo Pools** wenige Kilometer hinter dem Eingang sind bevorzugter Aufenthaltsort einer Vielzahl sich suhlender Flusspferde. In der Ferne sieht man Büffel oder Zebras grasen, hinter den Schlammlöchern reicht der Blick bis zu den Hügeln des Tarangire-Parks. In der Dämmerung kommen die Flusspferde erstaunlich behände an Land, um sich am saftigen Gras zu laben. Erst bei Sonnenaufgang kehren sie ins kühle Wasser zurück. Wer bis kurz vor 18 Uhr oder frühmorgens (ab 6 Uhr) im Park ist, kann die leichtfüßigen Hippos erleben.

chenbäume, Baobab- und Mahagonibäume und – nicht zu vergessen – der lustig aussehende Leberwurstbaum. Auch die bei den Masai als *emanyara* bekannte Euphorbienart, eine genügsame Sukkulentenspezies, die mit ihren vielen dünnen Armen an einen Kaktus erinnert, wächst hier üppig. Die dichte Vegetation stellt ein regelrechtes Festessen für Elefanten dar, die saisonal (meist zwischen November und Mai) aus dem Tarangire Park migrieren. Aufgrund des Bevölkerungsdrucks in Seenähe wandern immer weniger Elefanten in den Manyara-Park und bleiben ganzjährig im Tarangire-Ökoystem.

Südlich des Grundwasserwalds

Wenige Kilometer nach dem Gate, auf der Hauptstraße in den Süden, gelangt man unvermutet an eine vollkommen andere Vegetationszone. Hier beginnt die für Afrika so typische Gras- und Akazienlandschaft. Am Escarpment, das an einigen Stellen steil aufragt, dominieren jahrhundertealte Baobabs die Szenerie, noch weiter südlich leisten Palmen und Feigenbäume den Akazien Gesellschaft. 5 km nach der Überquerung des Bagoyo River, wo die Piste immer näher an den Grabenbruch kommt, befinden sich unspektakuläre, ca. 40 °C warme Quellen (Maji Moto Ndogo). Noch weiter südlich, schon fast an der Grenze des Parks, sprudeln – ebensowenig spektakulär – größere Quellen (Maji Moto Kubwa), die über 60 °C heiß sind. Beide hängen stark vom Wasserpegel des Sees ab. Nach ca. 25 km ist der breite **Endabash River** erreicht, dessen Durchquerung der Pirschfahrt einen Hauch von Abenteuer verleiht. Jenseits des Flusses ebbt der Besucherandrang ab, die Tagesgäste, die nicht im Park nächtigen, bleiben im nördlichen Teil.

Übernachten, Essen & Trinken

Ultimativer Safari-Schick – **Lake Manyara Tree Lodge:** 45 km südlich vom Parkeingang, Tel. in Südafrika +27 11 809 4314, www.andbeyond.com. Besser geht's nicht … DZ ab 2680 US-$ (all-inclusive).

Rustikal – **Manyara Green Camp:** im südlichen Parkbereich, Tel. 0688 360 196, www.wayoafrica.com. Intimes, rustikales Buschcamp mit Camping-Charakter, aber wunderbar naturnah. DZ 700 US-$ (VP).

Camping – Die **Public Campsites** liegen in der Nähe des Haupteingangs, 35,40 US-$/Pers. **Special Campsites** 59 US-$/Pers.

Aktiv

Es ist vor Ort zu klären, ob der Wasserstand des Sees ausreichend hoch ist, um Kanuexkursionen durchzuführen. Zu buchen sind sie über die Lodges oder über das Cultural Tourism Programme Mto wa Mbu (s. S. 380).

Nachtpirschfahrten – **Wayo Africa:** s. S. 368, 50 US-$/Pers. (zzgl. Eintritt 53,10 US-$ und staatlicher Night Drive Fee 59 US-$). Nachtaktive Tiere können beobachtet werden, während die nächtliche Geräuschkulisse den Sternenhimmel erfüllt. Nachtpirschfahrten sind in Tansania selten und dürfen nur mit Sondergenehmigung durchgeführt werden.

Baumwipfelpfad – **Treetop Walkway:** hinter dem Gate, zu buchen über www.wayoafrica.com. Man läuft über eine Reihe von Hängebrücken bis zu 18 m hoch über dem Boden. 30 US-$/Pers. zzgl. Gebühren.

Mto wa Mbu

Mto wa Mbu hat sich in den letzten Jahren als Basis für den Besuch des Lake Manyara etabliert. Wortwörtlich übersetzt bedeutet der Name ›Fluss der Moskitos‹, und der Fluss macht seinem Namen alle Ehre – Moskitos gibt es dort nicht zu knapp.

Der Ort hat sich in den letzten 10 Jahren rasant entwickelt und den Wünschen der Touristen angepasst. Jede Menge Souvenirläden, neuere landestypische Gästehäuser und Mittelklasse-Unterkünfte sowie der alteingesessene Masai Central Market mit seinem bunten Warenangebot säumen die Straße.

Des Weiteren kann man sich in Mto wa Mbu gut mit Lebensmitteln, Obst, Gemüse, Wasser etc. eindecken. Der Ort ist bekannt für sein Angebot an verschiedenen Bananensorten, wobei z. B. die Rote Banane hier ganz typisch ist. Sie schmeckt süßer und buttriger als die üblichen Bananen.

Wenige Kilometer jenseits des Ortes Mto wa Mbu, nachdem sich das Fahrzeug die kurvige Straße auf die Bruchkante des Ostafrikanischen Grabenbruchs hinaufgeschraubt hat, befindet sich gleich hinter einer Rechtskurve ein größerer Parkplatz (mit Toiletten). Der grenzenlose Ausblick von der anderen Straßenseite auf den darunter liegenden Lake Manyara und den Nationalpark lohnt einen kurzen Halt. In den Wäldern kann man weiße Safarifahrzeuge ausmachen oder im See die rosa schimmernden Flamingos erkennen.

Übernachten

Tolles Panorama – **Lake Manyara Hotel, Lake Manyara Serena Safari Lodge:** Beide Großhotels, jeweils betrieben von internationalen Hotelketten, werden gerne von deutschen Veranstaltern gebucht, sind aber eher praktisch als besonders atmosphärisch. Lake Manyara Hotel DZ ab 460 US-$, Serena Lodge DZ ab 497 US-$.

Klassiker – **Kirurumu Manyara:** auf dem Escarpment rechts abzweigen, noch weitere 6 km nordwestlich, Tel. 027 250 24 17, www.kirurumu.net. Das sympathische Camp liegt auf der Bruchkante des Great Rift Valley (mit wunderbarem Blick auf den Manyara-See) inmitten stacheliger Akazienhaine. 29 einfachere Zelte und Cottages, zum Angebot gehören interessante Aktivitäten wie ethnobotanische Wanderungen und Mountainbiken. DZ ab 435 US-$ (VP).

Dschungelkulisse am Fluss – **Migunga Tented Camp:** im Ortszentrum nach Süden abzweigen, Tel. 027 250 63 15, www.moivaro.com. Rustikales Camp mit 20 Zelten in einem Wald von Fieberakazien und üppig grünem Bewuchs am Fluss Mto wa Mbu. Gemütliches Restaurant. Bird Walks, Mountainbiken, Dorf-Besuche. DZ ab 288 US-$ (VP).

Traumpanoramen – **Morona Hill Camp:** 7 km östlich von Mto wa Mbu, Tel. 0763 378 702, www.moronalodge.com. Anlage auf einem Hügel mit Lodge-Charakter, Pool vorhanden. Sehr komfortable Chalets mit tollen Fernsichten, die bezüglich der Anfahrt einen gewissen Aufwand erfordern: Die Lodge liegt ca. 30 Min. von der Teerstraße entfernt. DZ ab 278 US-$ (ÜF).

Beliebteste Budget-Unterkunft – **Twiga Campsite & Lodge:** mitten im Ort, Tel. 0758 510 000, www.twigalodgecampsite.com. Die Zauberformel lautet: 34 einfache Zimmer verschiedener Kategorien, schattiger Campingplatz samt Pool zu akzeptablen Preisen, nur Service und Essen haben Schwächen. Immer viel los. DZ ab 110 US-$ (ÜF).

Camping – **Twiga Campsite, Migunga Tented Camp** und **Panorama Camp:** Das Panorama Camp liegt oben auf der Bruchkante, wenige Kilometer hinter Mto wa Mbu, mit entsprechend weitem Blick, alle drei Campsites 10 US-$/Pers.

Essen & Trinken

Tansanische Küche – **Red Banana Café, Scorpion Pub, Makuru Pub:** alle direkt im Ort am Highway, tgl. durchgehend geöffnet. Einfache tansanische Gerichte – und zugleich Logenplätze, um das lebhafte Treiben im Ort zu beobachten. Ab 3000 TSh.

Einkaufen

Souvenirs – **Masai Central Market:** direkt am Highway, tgl. 8–18 Uhr. Alles Erdenkliche von Holzfiguren bis zu Masai-Tüchern ist auf dem Markt und in den umliegenden Verkaufsbuden erhältlich. Nahezu identische Ware zu Fantasie-Preisen. Unbedingt handeln!

Aktiv

Kulturtourismus – **Cultural Tourism Programme:** Basis im Red Banana Café, Tel. 0784 606 654. Geführte Dorfbesuche, Masai-Touren, Fahrradtouren durch das Umland, Mountainbiketouren und Wanderungen zum Grabenbruch, ab 30 US-$/Pers. Achtung: Unternehmungen sollten nur mit akkreditierten Führern des Projekts durchgeführt werden.

Naturexkursionen – **Wayo Africa:** kurz vor der Twiga Campsite & Lodge, tgl. 8.30–17.30 Uhr, www.wayoafrica.com. Wayo Africa ist bekannt für die besten Natur-Guides. Organisiert informative Nature Walks, Forest Hikes, Fahrradtouren, Wanderungen etc.

Verkehr

Flüge: In der Nähe der Lake Manyara Serena Lodge befindet sich ein Flugfeld. Linienflüge werden u. a. von von Air Exel oder Coastal Aviation angeboten. Flugpreis ab Arusha einfach 115 US-$.
Busse: Überlandbusse von und nach Arusha halten in Mto Wa Mbu. Weitertransport mit Dalladallas, die Lodges organisieren gerne die Abholung von der Bushaltestelle.

Ol Doinyo Lengai und Lake Natron ▶ 1, L/M 11

Es gibt drei offizielle ›Gates‹ auf dem Weg zum Lake Natron, an denen die Masai-Gemeinschaften Wegzoll erheben: Engaruka (10 US-$), Longido (10 US-$) und Engare Sero (15 US-$). Auch wenn die Masai mehr verlangen: Diese Preise sind offiziell abgesegnet. Zusätzlich passiert man ca. 8 km nach dem Highway das Wildlife-Management-Area-Gate (s. S. 117), hier werden Gebühren von 11,80 US-$ pro Pers. plus 14 160 TSh pro Pkw erhoben. Es ist ratsam, mit Tour Operator zum Lake Natron zu fahren, allein schon wegen der vielen Gates und der fehlenden Möglichkeit, am WMA-Gate bar zu bezahlen
Der äußerste Norden des Landes, geformt und geprägt von Vulkanen, ist ein Landstrich voller bizarrer Schönheiten: der aktive Vulkan **Ol Doinyo Lengai** (was übersetzt soviel wie ›Der Berg Gottes‹ heißt), der flimmernde **Lake Natron,** der zerfurchte Ostafrikanische Grabenbruch und die endlosen Sand- und Steinwüsten. Außer den Masai, ihren Rinder- und Ziegenherden und Abertausenden Flamingos scheint der glühend heiße Lebensraum zu feindselig für die meisten Lebewesen zu

Kein Schnee, sondern Natrokarbonatit – Blick in den Krater des Ol Doinyo Lengai

sein, auch für Touristen. In den Regenmonaten ist dieses Gebiet durch großflächige Überschwemmungen und Hochwasser führende Flüsse nicht erreichbar.

Die Pisten zum Lake Natron wurden in den letzten Jahren aber verbessert, vor allem wegen der zeitweilig geplanten Soda-Fabrik. Die Fahrt geht zuerst durch endlose Grassteppen, später durch karge Geröllwüsten und zwischen aufragenden Vulkangipfel nhindurch (105 km von Mto wa Mbu, 4–5 Std.). Die Zaungäste: Zebraherden, Gnus, Giraffen, Gazellen und Riesentrappen.

Ol Doinyo Lengai

Von allen Vulkanen entlang des Great Rift Valley, in den sogenannten Crater Highlands (s. S. 389), ist der **Ol Doinyo Lengai** der einzige, der noch aktiv ist. Der perfekt kegelförmige, heilige Berg der Masai (2960 m) brach zwischen 2006 und 2010 mehrmals aus und spuckte Asche sowie schwarze »kalte«, sehr dünnflüssige Lava. Je nach Intensität der vulkanischen Aktivität waren die umliegenden Masai-Dörfer bedroht.

Für Wissenschaftler ist der Ol Doinyo Lengai ungemein interessant, weil er eine geologische Besonderheit aufweist: Wie nur wenige andere Vulkane weltweit speit er Natrokarbonatit, ein Gemisch aus Natrium-, Kalium- und Kalzium-Karbonatiten. Gewöhnlicherweise kommt gelöstes Soda auch in Kreide oder Backpulver vor. Es hat die Eigenschaft, nicht nur binnen kurzer Zeit zu erhärten, sondern es verfärbt sich auch noch grauweißlich, was dem Vulkan das Aussehen eines schneebedeckten Gipfels verleiht. Zudem sind die Mineralien für die Säure im Lake Natron verantwortlich, die vom Regenwasser nach unten gewaschen wird.

Lake Natron

Der seichte sodahaltige **Lake Natron** (600 m Seehöhe) zu Füßen des Ol Doinyo Lengai verfügt über nur wenige Zuflüsse und keinen einzigen Abfluss. Während und nach den Regenzeiten speisen die gesamten umliegenden Hochländer den See, allen voran der Engare Sero River aus dem Ngorongoro-Hochland. Daher schwankt die Fläche des Sees zwischen über 1000 km^2 am Ende der Regenzeit und wenigen Quadratkilometern gegen Ende der Trockenzeit.

Oftmals trocknet der flache See gänzlich aus. Übrig bleiben Salzkristalle, die Schicht für Schicht weiße Krusten auf dem Lake Natron hinterlassen. Wenn diese in besonders regenarmen Jahren aufreißen, setzen sich in den Erdspalten Mineralien ab. Aus der Vogelperspektive erscheinen diese Risse dann wie eine gigantische Wabenfläche. Die Mineralien ziehen Purpurbakterien an, die sich von ihnen ernähren. Sie färben die Wasserflächen zwischen den Sodarändern blutrot – ein faszinierendes Naturspektakel.

Für die rosarote Färbung des Sees, die allerdings nur saisonal bedingt sichtbar ist, sind einzellige Algen, Spirulina-Arten, verantwortlich. Jenen Algen, die mit Purpurbakterien versetzt sind, ist die partielle Kolorierung des Sees zu verdanken, ebenso die charakteristische Färbung der Zwergflamingos, deren natürliches Habitat dieses ansonsten lebensfeindliche Milieu darstellt. Hier können sie ohne Angst vor natürlichen Feinden nisten und brüten, weshalb der Lake Natron auch zu einem der weltgrößten Brutgebiete für Zwergflamingos zählt.

Irrtümlicherweise wird oft angenommen, dass die Flamingos sich von Fischen ernähren, die allerdings im Sodawasser kaum Überlebenschancen hätten. Richtig ist vielmehr, dass sie das Wasser durch ihren siebähnlichen Schnabel seihen und so die darin enthaltenen Algen aussondern können. Da die Uferregion äußerst schlickig und matschig ist, kann man sich dem Ufer des Sees kaum nähern. Die Flamingos sind nur aus der Ferne auszumachen, ein Fernglas ist hier unbedingt erforderlich!

Übernachten, Essen & Trinken

Alle Unterkünfte kämpfen hier draußen mit den Urkräften der Natur – Sand, Wind, Hitze.

Bestes Camp am Lake Natron – **Lake Natron Camp:** Tel. 0784 522 090, www.lake-natroncamp.com. Ökologisch nachhaltiges Camp in Top-Lage, nur etwa 15 Min. von den Flamingos entfernt. Ein erfrischendes Bächlein plätschert durch das Anwesen, Baden ist möglich! Viele Aktivitäten, beste Adresse für Wanderungen und Besteigungen des Ol Doinyo Lengai. DZ 900 US-$ (VP plus viele Aktivitäten).

Einfach, aber gut – **Halisi Natron Camp:** Tel. 027 275 42 95, www.halisicamps.com. Nicht luxuriös, aber in der heißen, staubigen Geröllwüste freut man sich über eine heiße Dusche, gutes Essen und 10 einfache, gut ausgestattete Zelte. DZ ab 560 US-$ (VP).

Camping – **World View Campsite:** Der schönste Campingplatz, oben auf einem Hügel gelegen, begrünt und von Bäumen beschattet. 10 US-$/Pers.

Aktiv

Besteigung des Ol Doinyo Lengai – Vor einer Besteigung sind immer verlässliche Vor-Ort-Informationen einzuholen, eine Internet-Recherche ist ungenügend. Seit den letzten Ausbrüchen 2010 müssen zwei neue Routen gewählt werden. Bei der Nordroute steigt man ab Mitternacht auf, erlebt den Sonnenaufgang am Gipfel und ist mittags wieder im Camp. Bei der Süd-Ost-Route beginnt der Aufstieg am Nachmittag, man kampiert im Südkrater und steigt am nächsten Morgen wieder ab. Die Preise für die geführten Besteigungen werden vom Dorfrat festgelegt, momentan ist mit ca. 100–140 US-$ pro Gruppe von 2 Pers. zu rechnen. Dieser Preis sollte alle Gebühren (Village Fee, Guiding Fee etc.) beinhalten. Für die Übernachtung am Berg ist zusätzlich ein Träger anzuheuern (60 US-$ pro Träger für 2 Pers.). Beim Tourism Office (gleich links hinter dem Gate) wird Gästen aus einem Pool von 80 akkreditierten Guides einer zugeteilt, sodass alle zum Zug kommen.

Aktiv am Lake Natron – Gleich hinter dem Gate befindet sich das Tourism Office, wo die Aktivitäten und Guides zu fixen Preisen gebucht werden können: u. a. Lake Natron Shore Tour (ca. 6 km lange Wanderung, Rückfahrt per Auto), Fahrradtouren, Ausflüge zu Fußabdrücken von Hominiden, Besuch eines Masai-Dorfs, Wanderung zum Wasserfall oder Aufstieg auf das Escarpment, Preise jeweils 10 US-$ pro Pers. zzgl. 20 US-$ Guiding Fee pro Gruppe (ohne Transfers). Die Gebühren fließen direkt an die Masai-Gemeinschaft.

Verkehr

Busse: Öffentliche Verkehrsmittel (4WD-Taxis) fahren von Mto wa Mbu maximal bis Engaruka – und das nicht immer verlässlich.

Rund um den Ngorongoro Crater ▶ 1, K/L 12

Karatu

Nachdem man den Aufstieg auf die Bruchkante des Great Rift Valley überwunden hat, folgt eine sanft-hügelige Landschaft, die an heimische Gefilde erinnert. Riesige Mais- und Weizenfelder, Kaffeeplantagen oder gar Sonnenblumen wiegen sich im Fahrtwind der vielen Safarifahrzeuge. Auf dem Mbulu-Plateau, das auf durchschnittlich 2000 m Seehöhe liegt, machen die meisten Besucher in **Karatu,** etwa 25 km westlich von Mto wa Mbu, Halt. Als Tor zum Ngorongoro Crater hat es sich (146 km ab Arusha) zu einem wichtigen Stopover für Touristen entwickelt.

Während heute der Tourismus einen nicht unerheblichen Wirtschaftszweig darstellt, leben die meisten Iraqw, die hier ansässige Volksgruppe, nach wie vor von der Landwirtschaft. Das taten auch zahlreiche deutsche Siedler, die in den 1920er-Jahren hierher – vor allem in die Gegend von Oldeani – emigriert sind und im regenreichen Hochland große Farmen aufgebaut haben. Manche ehemaligen Farmen haben sich den neuen Gegebenheiten angepasst, weswegen es in dem Gebiet überdurchschnittlich viele ›Farm‹-Unterkünfte gibt.

Wenn auch anderes behauptet wird – das Gebiet ist nicht moskitofrei. Obwohl es in den höher gelegenen Bergregionen weniger Moskitos gibt (schon wegen der Kälte von Mai bis September), sollte man dennoch auf Vorsichtsmaßnahmen wie lange Hosen, leichte Jacken oder Anti-Moskito-Spray nicht verzichten.

Infos

Banken: NBC Bank und Exim Bank, beide für Visa-, Maestro- und MasterCard-Abhebungen, beide liegen am Highway.

Übernachten, Essen & Trinken

In den hoch gelegenen Regionen rund um Karatu (über 1500 m) ist es das ganze Jahr über kühl, besonders in den Nächten. Die Anfahrtsbeschreibungen zu den Unterkünften unten beziehen sich auf die Anreise von Arusha aus.

Erfreut alle Sinne – **Gibb's Farm:** Abzweigung rechts vor dem Ortskern, Tel. 027 253 43 97, www.gibbsfarm.net. 20 romantische Cottages im Landhausstil, köstliche Küche mit Zutaten aus der eigenen Produktion, paradiesischer Garten. Stimmungsvolles Ambiente, das Haupthaus mit Restaurant und Lounge stammt von 1929. Viele Aktivitäten rund um die Farm, u. a. Kaffee rösten oder Dorfbesuche, Wanderungen und Radtouren. Wohltuende Wellnessbehandlungen in der eigenen Suite. Fazit: Viel zu schade, um auf Safari zu gehen! DZ ab 960 US-$ (VP).

Wunderbarer Garten – **Plantation Lodge:** westlich von Karatu, Tel 0784-397444, www.plantation-lodge.com. In dem weitläufigen Anwesen mit gepflegtem Garten finden sich 22 geräumige, hochwertig und geschmackvoll ausgestattete Zimmer und Suiten. Mit Pool und einer der vorzüglichsten Küchen Tansanias. DZ ab 590 US-$ (VP).

Sympathisch – **Ngorongoro Farm House:** am westlichen Ortsende links, Tel. 0785 069 944, www.twctanzania.com. Sehr sympathische, effizient geführte Lodge mit 52 Zimmern auf einer Farm mit Blumen- und Gemüsegarten, Kaffeeplantagen und Feldern. Exzellente Küche, Pool. Führungen durch die Kaffeeplantage, Massagen, schönes Panorama. DZ ab 410 US-$ (VP).

Safarizelte mit Aussicht – **Rhotia Valley Tented Lodge:** vor Karatu rechts, Tel. 0784 446 579, www.rhotiavalley.com. 15 rustikale Safarizelte wurden auf Holzplattformen in den Hang gebaut und bescheren traumhafte Ausblicke auf das Rhotia Valley. Gutes Essen, Pool vorhanden, sozialer Hintergrund. DZ ab 360 US-$ (VP).

Gutes Preis-Leistungs-Verhältnis – **Endoro Lodge:** gleiche Anfahrt wie Gibb's Farm, Tel. 0767 190 009, www.endorolodge.com. 20 große, gemütliche Zimmer mit Kamin, Lounge-Area und allerlei Annehmlichkeiten. Man sollte gut zu Fuß sein, denn durch die Lage auf einem Hügel sind die gepflasterten Gehwege steil. DZ 353 US-$ (VP).

Funktional – **Bougainvillea Safari Lodge:** am westlichen Ortsausgang, Tel. 027 253 40 83, www.bougainvilleasafarilodge.com. 32 freundliche, geräumige Zimmer rund um den manikürten Garten. Gute Option für kostenbewusste Reisende! DZ ab 240 US-$ (VP). Das nebenan gelegene Schwesterhotel **Country Lodge** mit 22 Zimmern ist ähnlich in der Ausstattung wie im Preis.

Camping – **Kudu Lodge Campsite:** Mbulu Rd., Tel. 027 253 40 55, www.kuducamp.com. Schönes Areal zum Campen, 15 US-$/Pers., Poolbenutzung 10 US-$ pro Tag. **Happy Days Pub:** Mbulu Rd., vor der Kudu Lodge, 10 US-$/Pers.

Einkaufen

Souvenirs – Souvenirgeschäfte reihen sich entlang der Hauptstraße. Viele der überteuerten Shops haben immerhin den Vorteil, dass sie Kreditkarten akzeptieren (was im übrigen Tansania kaum der Fall ist). Mit Sicherheit lassen sich aber in etwas größeren Städten wie Arusha, Moshi oder Dar-es-Salaam eher echte Schnäppchen ergattern.

Aktiv

Touren und Wanderungen – Kulturtouren kann man über die Unterkünfte in und um Karatu buchen, z. B. in Iraqw-Dörfer, auf Kaffeefarmen, zu traditionellen Masai-Bomas oder zu Masai-Märkten. Auch kürzere Wanderungen in der Umgebung von Karatu werden arrangiert, beispielsweise zu Wasserfällen oder zu den Elephant Caves.

Verkehr

Flüge: Der nächstgelegene Airstrip ist der von Lake Manyara.

Busse: Karatu ist in 3,5 Std. (ab Arusha) mit Überland- und Minibussen (Coaster) erreichbar. Safaris sind nur mit Safariveranstaltern oder mit einem Mietwagen durchführbar.

Mietwagen: Die Unterkünfte organisieren auf Anfrage geländegängige Fahrzeuge. Mietwagen ab 150 US-$/Tag mit Fahrer und Benzin für den Ngorongoro-Krater, die Serengeti kostet mehr.

Ngorongoro Conservation Area

Zugang: Am Lodoare Gate, dem südlichen Zugang, gibt es ein bescheidenes Informationszentrum und eine Zahlstelle, weitere Zahlstellen: Naabi Hill Gate von der Serengeti-Seite, Headquarter im Ngorongoro Village, Infos auch online unter www.ngorongorocrater.org, Eintritt Erw. 71 US-$ plus 295 US-$ pro Fahrzeug für 12 Std. am Kraterboden

Das **Ngorongoro-Schutzgebiet** umfasst eine Gesamtfläche von 8300 km². Ein kleiner, wenn auch äußerst bedeutender, Teil davon ist der Ngorongoro Crater. Neben dem Krater selbst finden sich auf dem Areal, das so groß wie Kreta ist, botanische, paläontologische und nicht zuletzt geologische Attraktionen dicht beieinander.

Letztere, nämlich die hohen Gipfel, bilden für die vom Indischen Ozean kommende feuchte Luft eine markante Barriere. Die Ostseite der Ngorongoro Highlands erhält mehr Niederschlag. Rund um den Kraterrändern wuchert immergrüner, dichter Bergwald, saftig grüne Grasteppiche dominieren die Szenerie am Empakaai Crater oder rund um den Olmoti Crater. Im westlichen Teil hingegen, im Regenschatten, dominieren wüstenartige Grassavannen wie die Ausläufer der Serengeti, die knochentrockene Oldupai Gorge, die Ndutu Plains oder die Salei Plains nahe dem Lake Natron.

All diese Besonderheiten, die sich hier auf engstem Raum beisammen finden, waren im Jahr 1979 Grund genug für die UNESCO, das Ngorongoro-Schutzgebiet als Weltnaturerbe einzustufen. Zuvor aber gab es Dispute, denn die ansässigen Masai pochten auf ihr Recht zur Landnutzung. So trennte die Regierung die NCA vom Serengeti National Park ab – zuvor bildeten beide Gebiete eine Einheit – und stellte sie 1959 den Masai, diesmal als Conservation Area (und nicht als Nationalpark) wieder als Weideland zur Verfügung. Man vermutet, dass heute weit über 60 000 Masai in diesem Gebiet leben – und nur ihnen ist es erlaubt, sich in der Schutzzone anzusiedeln, mit Ausnahme des Kraters. Ihr Vieh allerdings dürfen sie zum Weiden auf den Kraterboden treiben.

Die Erhaltung dieses einzigartigen Naturschutzgebiets ist vor allem dem großen Engagement des bekannten damaligen Frankfurter Zoodirektors Professor Bernhard Grzimek (1909–1987) und seines Sohnes Michael zu verdanken. Sie leisteten Pionierarbeit bei der Erforschung und ebneten

Tipp

KRAFTORT LAKE EYASI

Nirgendwo sehen der Ostafrikanische Grabenbruch und die Vulkane der Crater Highlands malerischer aus als vom **Lake Eyasi** aus betrachtet. Hier lebt das Volk der Hadzabe, die als letzte echte Sammler und Jäger Tansanias gelten.

Obwohl es keine Großtiere zu beobachten gibt, ist das inspirierende Zelt-Camp **Kisima Ngeda** am Ufer des Sees ideal, um nach einer Safari ein paar Tage zu relaxen: faulenzen, im Pool schwimmen, spazierengehen und Kulturtourismus. Anfragen online unter www.kisimangeda.com oder bei lokalen Tour Operators. DZ 540 US-$ (VP).

Zebras zieht es in den Ngorongoro Crater, weil sie hier üppige Weidegründe finden

den Weg zum Schutz der Serengeti sowie der NCA. Der noch junge Michael kam bei den Dreharbeiten zu dem Film »Die Serengeti darf nicht sterben« im Jahr 1959 auf tragische Weise um, als ein Geier in den Propeller des Flugzeugs flog. Die Parkverwaltung setzte den Grzimeks ein Denkmal am Kraterrand, direkt an der Straße.

Ngorongoro Crater

Vom Lodoare Gate (166 km ab Arusha) im Süden führt eine Allwetterpiste im Halbkreis um den südlichen Teil des **Ngorongoro-Kraters.** An einigen Stellen erlaubt der dichte, üppige Bergwald einen spektakulären Blick in die überdimensionale Kraterschüssel. Oftmals kreuzen Wildtiere den Weg, weswegen man die Geschwindigkeit drosseln sollte (auch wenn dies die Fahrer der Safarifahrzeuge nur sehr widerwillig tun).

Drei offizielle Rampen verbinden den Kraterboden mit dem Kraterrand, der durchschnittlich auf 2300 m liegt. Sobald die Besucher den Boden des Kraters erreicht haben, können sie verstehen, warum Kenner vielfach vom ›Achten Weltwunder‹ sprechen: seelenruhig – vollkommen unbeirrt vom großen Safarizirkus um sie herum – leben 25 000 bis 30 000 Tiere, darunter auch die Big Five (s. S. 30), in diesem riesigen Amphitheater, das scheinbar nur ihnen zu Ehren

von der Natur erschaffen wurde. Der größte nicht mit Wasser gefüllte Krater der Erde misst 19,2 km im Durchmesser und besitzt eine Fläche von 304 km². Vom Kraterboden (auf ca. 1700 m Seehöhe) führen 600 m steile Wände hinauf zum Kraterrand.

Auf den ersten Blick sticht der bis zu 3 m tiefe **Lake Magadi** ins Auge, der die tiefste Stelle des Kraters bildet. Seine Größe wird von Regenfällen bestimmt, in der Trockenzeit ist er nur noch eine Pfütze. Wenn genügend Wasser vorhanden ist, lassen sich riesige Gnu- und Zebraherden, auch Gazellen, Elenantilopen, Wasserböcke, Marabus oder Warzenschweine beobachten. Löwen, Schakale oder Tüpfelhyänen liegen auf der Lauer nach Beute. Besonders Flamingos und andere Wasservögel bevorzugen das leicht sodahaltige Wasser.

Flankiert wird der See von zwei mehr oder weniger erkennbaren Sümpfen, den **Mandusi Swamps** im Norden und den **Gorigor Swamps** im Süden, Lebensraum massenhaft gefiederter Freunde und Wasserstellen der Tiere. Letzere beherbergen auch eine Vielzahl von Flusspferden. Entlang des Munge-Bächleins halten sich gerne Büffel und Elefanten auf. Außer einer bescheidenen Erhebung im Norden, dem **Engatiti Hill,** prägen flache, bräunlich-goldene Grassavannen das Bild des Kraterbodens in der Trockenzeit. Das macht es mitunter schwierig, Tiere im hohen Gras auszumachen. Spitzmaulnashörner (über ihre wahre Anzahl hält man sich bedeckt, aber es soll in ganz Tansania nur noch 80 geben), Riesentrappen, Strauße oder Kronenkraniche – sie alle verschmelzen farblich mit ihrem Lebensraum.

Dahingegen kann die einzige Grünfläche im Krater leicht schon aus der Ferne erkannt werden. Viele Besucher halten im **Lerai Forest,** um ihre Lunchbox zu leeren (der zweite öffentliche Picknickplatz befindet sich beim Gorigor-Sumpf im Osten, beide mit WC). Größtenteils Fieberakazien, die leicht an ihrer gelben Rinde zu erkennen sind, und Wilde Feigenbäume bieten sowohl Singvögeln als auch Greifvögeln ein ideales Zuhause. Außerdem leben im Lerai Forest Paviane, Servalkatzen, Elefanten und Büffel. Gerade gegen die Grünen Meerkatzen oder einige dreiste Vögel, beispielsweise die Schwarzmilane, muss man sein Mittagessen verteidigen. Sie nähern sich oft mit unerwarteter Schnelligkeit – und schnappen mit zielgenauer Sicherheit die leckeren Bissen aus der Hand. Vorsätzliche Tierfütterung ist übrigens strengstens untersagt. Giraffen, Impalas und Topis wird man im Krater umsonst suchen, denn entweder scheuen sie den steilen Auf- und Abstieg in den Krater oder ihnen schmecken die vorherrschenden Grasarten nicht. Auch wird man vergeblich nach Elefantendamen Ausschau halten, am Kraterboden leben ausschließlich Bullen.

Aktiv

MIT MASAI ZU FUSS DURCH DIE CRATER HIGHLANDS

Tour-Infos

Start: meist in Nainokanoka Village
Ende: Engare Sero, Lake Natron
Länge: insgesamt ca. 87 km, Fußdistanz ca. 44 km
Dauer: 4 Tage
Schwierigkeitsgrad: anstrengend
Anfahrt: über Ngorongoro Crater
Preis: s. S. 392 plus Eintritt für die NCA pro Pers./Tag 59 US-$
Wichtige Hinweise: Viele Touranbieter stellen ihre eigenen Routen zusammen. Im Folgenden wird eine der Standard-Varianten beschrieben.

Entlang des großartigen Großen Afrikanischen Grabenbruchs steht eine Reihe von Vulkanen, die aufgefädelt wie die Zinnsoldaten die sogenannten Crater Highlands formen. Sie in einem kräfteraubenden mehrtägigen Fußmarsch Seite an Seite mit den Masai und ihren Packeseln zu erwandern, ist nicht nur körperlich fordernd, sondern fast schon spirituell erleuchtend.

Tag 1: Ausgangspunkt der Wanderung ist das 3000 Einwohner zählende Dorf **Nainokanoka Village** auf 2640 m Höhe, ein etwas größeres Masai-Dorf an den Flanken des Olmoti-Kraters. Nach einer Nacht auf dem Campingplatz führt die erste Etappe zum Aufwärmen auf den Olmoti-Krater. Wie grüne Bänder durchziehen zahlreiche Wasserläufe den Kraterboden, weswegen die Masai ihr Vieh gern in die Tiefe zum Laben treiben. Danach geht es zurück ins Camp, wo ein stärkendes Frühstück wartet (5–6 km hin und zurück, ca. 2 Std. Gehzeit).
Mit dem Begleitfahrzeug geht es weiter auf staubigen Pisten durch die Embulbul Depression zum **Bulati Village** auf 2560 m Höhe (18 km, ca. 45 Min. Fahrzeit). Einige Veranstalter marschieren die Strecke (4–5 Std.) auch, aber die öde Graslandschaft durch die Senke gibt landschaftlich nur wenig her. Ab dem Bulati Village geht es definitiv zu Fuß weiter. Stetig bergauf verläuft die Wanderung und eröffnet bestechende Panoramen auf die umliegenden Crater Highlands.

7 km und 3 Std. später wird an der Campsite nahe am Kraterrand des **Empakaai Crater** das Nachtlager aufgeschlagen. Die erste Tagesetappe endet im Schatten von ausladenden Bäumen und bei einem lauwarmen Kilimanjaro-Bier.

Tag 2: In den frühen Morgenstunden des zweiten Tags geht es an die Abbruchkante des Empakaai Crater. Der taubenblaue Lake Empakaai tiefer unten glänzt im Licht der aufgehenden Sonne und mit ihm die Kolonien von Zwergflamingos, die in den flachen Uferregionen leben. Je nach Saison ist es möglich, auf den Kraterboden zu wandern, um die Flamingos ganz aus der Nähe zu betrachten (ca. 4 Std. hin und zurück). Der nordöstlich gelegene Ol Doinyo Lengai sieht mit seinem weißen Überzug wie schneebedeckt aus. Nach ausgiebigem Eintauchen in das Panorama gibt es im Camp erst einmal eine stärkende Mahlzeit, bevor es per pedes tiefer in die Crater Highlands geht. Entlang dem Krater führt ein Rundweg, der in nordöstlicher Richtung verlassen wird. Die Packesel laufen den stetig bergab verlaufenden Pfad voran. Mit geübtem Blick entdeckt ein Masai-Guide ein gut getarntes, grün-gelbes Chamäleon im Gras und hebt es auf. Es stellt sich stocksteif und wechselt womöglich die Farbe – aus Angst. Nach 10 km (2,5–3 Std.) wird in **Naiyobi** das Zeltlager aufgeschlagen. Mit etwas Glück findet in diesem Masai-Dorf gerade ein Markt statt, wo Perlen, Schmuck, Gehänge oder Alltagsgegenstände verkauft werden. An der Wasserstelle stellen sich die Masai-Frauen an, um das kostbare Nass in bunte Kübel zu füllen und nach Hause zu tragen.

Tag 3: Am nächsten Morgen wartet nach einem gemütlichen Frühstück noch eine weitere Stunde Fußmarsch (ca. 4 km) in nordöstlicher Richtung bis zur Abbruchkarte des Great Rift Valley auf die Wanderer. Selbst im kargen Niemandsland gibt es Dörfer, erkennbar an Hütten, dem kreisrunden Kral und den grasenden Viehherden. Unterwegs verkaufen Masai-Frauen Schmuck oder andere Souvenirs an die Touristen. Durch die offene Grassavanne, die langsam immer karger wird, geht es zum Acacia Forest. Im Schatten des großartigen Ol Doinyo Lengai, an seiner westlichen Flanke, wird das Nachtlager aufgeschlagen. Der Landstrich ist wegen der Wasserläufe voller Gelbrinden-Akazien, von den Siedlern früher *fever tree* genannt. In seiner Nähe trat Fieber vermehrt auf, und die Siedler glaubten, der Baum sei daran Schuld – nicht aber die malariaverseuchten Sümpfe. Mit einem dramatischen Sonnenuntergang geht ein anstrengender Tag zu Ende.

Tag 4: Die letzte Etappe beginnt früh und führt an diesem Tag bis zum **Lake Natron.** Zuerst führt der Pfad durch Sand- und Schotterwüste bis zur Bruchkante. Goldgelb leuchten die sanften Hügel und Kegel, in der Ferne glitzert der Lake Natron blassblau. Langsam bahnen sich Wanderer und Esel den steilen, herausfordernden Weg hinunter zur Talsohle – den Lake Natron stets im Blick. Nach rund 13 km (7 Std.) und mehr als 500 Höhenmetern steigen die erschöpften Wanderer ins Begleitfahrzeug und lassen sich den Rest des Wegs (ca. 1 Std.) bis nach **Engare Sero** chauffieren. Nach den staubig-braunen Landschaften der letzten Stunden fühlt es sich wie eine Oase an. Bäume, Sträucher, Vögel, kleinere Säugetiere, Affen, die Masai und ihre Rinderherden – sie alle verdanken dem Engare-Sero-Fluss ihr Überleben. Er entspringt weiter oben am Ostafrikanischen Grabenbruch und wird durch Regenfälle gespeist. Die kurze, aber ereignisreiche Wanderung zählt nicht nur wegen der Flamingos und faszinierenden Panoramen zu den Highlights eines Aufenthalts am Lake Natron.

Crater Highlands und Shifting Sands

Der Ngorongoro Crater, ein eingefallener Vulkankegel, gilt wohl als eindruckvollster Beweis für enorme vulkanische Urkräfte, die vor rund 10–15 Mio. Jahren walteten. Dadurch entstanden mehrere Vulkane, Erdrisse und Seen, die heute die landschaftliche Szenerie in der Ngorongoro-Schutzzone prägen. Zu den imposantesten Formationen zählen z. B. der üppig grüne **Olmoti** (3099 m), der **Lolmalasin** (3648 m) mit seinen herrlichen Fernsichten oder der **Empakaai** (3231 m), in dessen Caldera sich ein See gebildet hat, der wie ein Juwel im Sonnenlicht glänzt. Der geologisch

Tipp

LEMALA-ROUTE

Die meisten Safarifahrzeuge fahren über das Seneto Gate im Nordwesten in den Krater und verlassen ihn über den Lerai-Ausgang, beide sind nur in einer Richtung befahrbar. Seltener frequentiert, landschaftlich viel abwechslungsreicher und vor allem weniger steil ist der Zugang im Osten bei der Sopa Lodge, die sog. Lemala-Route. Wer hier in den Ngorongoro Crater fährt, weicht dem Safaristau (an Spitzentagen einige hundert Fahrzeuge) aus. Als Ausfahrt eignet sich aber trotzdem die Lerai-Route, wo sich um den Lake Magadi am späten Nachmittag gerne Löwen oder Geparden sehen lassen.

jüngste aller Vulkane ist der Ol Doinyo Lengai (s. S. 382) im Norden.

Dieser war mit seinen vorangegangenen Ausbrüchen auch Schuld daran, dass sich unweit der Oldupai-Schlucht eine Wanderdüne gebildet hat. Der feine Sand der Eruption wurde vom Wind hierher getragen und formierte sich in der offene Ebene zu einer sichelförmigen Düne, die vom ständig wehenden Wind bewegt wird, weshalb man ihr den Namen **Shifting Sands** gab. Um zu ihr zu gelangen, muss man die Oldupai-Schlucht durchwandern; sie liegt weit abseits der Hauptstraße und ihr Besuch setzt einen längeren Aufenthalt in der NCA voraus.

Oldupai-Schlucht

Das Zugangstor liegt ca. 5 km von der Hauptroute entfernt, tgl. 8–17 Uhr, Eintrittspreis 35 US-$/Pers., der Besuch der Schlucht in Begleitung eines Guides ist inbegriffen

Als paläontologisch bedeutsame Fundstelle wird die **Oldupai Gorge** (oder auch Olduvai Gorge, wie sie bis 2005 genannt wurde) gerne als ›Die Wiege der Menscheit‹ bezeichnet. Doch können auch andere Fundorte in Afrika, z. B. in Äthiopien oder im Tschad, dasselbe Prädikat für sich in Anspruch nehmen. Immerhin stießen Forscher hier auf primitive Steinwerkzeuge und hominide Funde, die über 3 Mio. Jahre alt sein dürften. Berühmt wurde die Schlucht als Fundort von uralten **menschlichen Fußabdrücken.**

Die schwer zugängliche, steile Schlucht von knapp 50 km Länge und im Durchschnitt 100 m Tiefe entstand, als sich der Oldupai River tief in die Landschaft einschnitt. Dabei legte er im Lauf der Jahrtausende unterschiedliche Schichten mit Spuren menschlicher Existenz frei.

Angesporn durch einen zufälligen Fund von fossilen Knochen machte sich das Archäologenpaar Mary und Louis Leakey 1931 auf eine Expedition in die Oldupai-Schlucht. Bereits nach einigen Stunden hatten sie prähistorische Steinwerkzeuge gefunden. Es sollten noch fast 30 Jahre vergehen, bis sie schließlich auf erste **menschliche Fossilien** stießen, den Schädel des Zinjanthropus, der heute Australopithecus boisei genannt wird. Dieser geschätzt 1,2 Mio. Jahre alte Schädel weist riesige Backenzähne auf, die darauf schließen lassen, dass die Spezies sich vegetarisch ernährte, was ihr auch den Spitznamen ›Nussknackermensch‹ einbrachte.

Ein Jahr später legten die Leakeys weitere Relikte frei, die dem Homo habilis, dem ›geschickten Menschen‹, zugeordnet werden (geschätztes Alter: 1,75 Mio. Jahre). 1978 machte das Team rund um Mary Leakey einen weiteren sensationellen Fund: Sie entdeckten Fußabdrücke von drei Menschen, die vor 3,7 Mio. Jahren in der Nähe der Schlucht – in Laetoli – offensichtlich aufrecht (Homo erectus) über frische Vulkanasche geschritten sind.

Man nimmt an, dass die Fußabdrücke in der weichen Ascheschicht eines soeben ausgebrochenen Vulkans durch die heiße Sonne erhärtete und dann von nachfolgenden Asche-Niederschlägen überdeckt wurde. So blieben die Abdrücke der Nachwelt erhalten. Ob es sich bei den Funden um die ältesten menschlichen Überreste handelt, mag die Zukunft zeigen. 2001 legte man Fossilien eines angeblich 7 Mio. Jahre alten Hominiden im Tschad frei, im Jahr zuvor entdeckten Forscher in Kenia den 6 Mio. Jahre alten ›Millenium-Menschen‹. Bewiesen ist mit den Funden aber, dass in der Entwicklung des Menschen verschiedene Stammformen parallel im gleichen Zeitraum lebten, von denen einige wieder ausstarben.

Die Ausgrabungen der Oldupai-Schlucht und von Laetoli werden in einem kleinen **Oldupai Gorge Museum,** das beim Oldupai Visitor Centre liegt, anschaulich dokumentiert. Vom Aussichtspunkt gleich neben dem Museum hat der Besucher einen ausgezeichneten Blick auf die Schlucht sowie auf die durch Verwitterung freigelegten sieben Gesteinsschichten *(beds)*. Das kleine, mit EU-Mitteln renovierte und 2017 neu eröffnete Museum bietet eine willkommene Pause auf der holprigen Fahrt in die Serengeti (Arusha Gate–Naabi Hill Gate: 270 km), obwohl man die wichtigsten Relikte, die Schädelfragmente des Australopithecus boisei (sie sind im National Museum in Dar-es-Salaam ausgestellt) nicht zu Gesicht bekommt. Man plant, im Rahmen eines 12 000 km² großen Geoparks die Laetoli Footprints zugänglich zu machen, jene Fußabdrücke, die im 60 km entfernten Laetoli entdeckt wurden. Interessant ist das Museum nur für historisch und anthropologisch interessierte Besucher, als ›Lückenfüller‹ eignet es sich aufgrund des hohen Eintrittspreises nicht mehr.

Übernachten, Essen & Trinken

Am Kraterrand:

Teurer Kraterblick – **Ngorongoro Crater Lodge:** am westlichen Kraterrand, Tel. in Südafrika +27 11 809 4314, www.andbeyond.com. Die Lodge hat 30 Zimmer, ist alles andere als dezent und bietet persönlichen Butler-Service. »Versailles meets Masai« kommentierten diverse Hochglanzmagazine für die »Oberen Zehntausend«. DZ 3550 US-$ (all-inclusive).

Zelt-Camp im Wald – **Lemala Ngorongoro:** an der Lemala Road, Tel. 0788 734 834, www.lemalacamp.com. Schönes Camp mit großen, gemütlichen Zelten im dicht gewachsenen Regenwald. Für all jene, die der Faszination von Zelt-Camps erlegen sind. Durch die Lage im Wald kann es von Juni bis Okt. frostig kalt sein. DZ ab 1458 US-$ (VP).

Etwas in die Jahre gekommen – **Ngorongoro Serena Lodge:** am westlichen Kraterrand, Tel. 027 254 55 55, www.serenahotels.com. Hausbackenes Interieur. Nicht die inspirierendste Lodge der Serena-Hotelkette, aber schöner Blick auf den Krater. 74 Zimmer. DZ ab 475 US-$ (VP).

Gut und günstig – **Rhino Lodge:** am Kraterrand Nähe NCA Headquarters, Tel. 0785 500 005, www.ngorongoro.cc. 25 einfache, saubere Zimmer in einer kasernenartigen Anlage, schön ist jedoch das Restaurant mit dem knisternden Kamin in der Mitte. Kein Kraterblick. DZ ab 388 US-$ (VP).

Camping – **Simba:** Einzige **Public Campsite** am Kraterrand mit Blick auf den Krater und rudimentären Sanitäranlagen, 35,40 US-$/Pers. Adressen der zahlreichen **Special Campsites** bekommt man von der Ngorongoro Touristeninformation in Arusha (s. S. 364). Achtung: Das Campen auf dem Kraterboden ist strengstens untersagt!

In der Ndutu Area:

Es gibt mittlerweile viele **mobile Camps,** die für die Migration (Dez.–März) in der Ndutu Area aufgebaut werden, s. S. 395.

Etwas abseits der Massen – **Lake Masek Tented Camp:** am Lake Masek, Tel. 0785 069 944, www.twctanzania.com. Schickes Camp der effizienten TWC-Gruppe mit großzügigen achteckigen Zelten auf Holzplattformen mit opulenter Ausstattung. DZ 1034 US-$ (all-inclusive).

Tiere en masse – **Ndutu Safari Lodge:** südlich des Lake Ndutu, Tel. 027 254 58 56, www.ndutu.com. 34 Stein-Cottages am Sodasee Lake Ndutu. Rustikales, gemütliches Ambiente zum attraktiven Preis. Im Vordergrund steht die Tierwelt: Von Dezember bis April spielt sich die Migration hier quasi vor der Haustür ab, das Gebiet ist zudem für seine vielen Großkatzen bekannt. DZ ab 492 US-$ (VP) zzgl. Parkgebühren.

Aktiv

Wandern – Es empfiehlt sich, Wanderungen in den Crater Highlands mit einem Safariveranstalter zu unternehmen. Alles ist möglich, von einfachen Tagestouren bis hin zu Sieben-Tage-Trecks über mehrere Gipfel. Wie auch bei Safaris ist dem Preis nach oben hin keine Grenze gesetzt. Die Trekking-Kosten beginnen bei 350–400 US-$ pro Pers. und Tag, bei größeren Gruppen wird es billiger. Tageswanderungen an den einen oder anderen Vulkan werden auch gerne von den hiesigen Lodges organisiert (s. S. 391). Fußsafaris sind in der NCA grundsätzlich nur mit einem bewaffneten Ranger (23,60 US-$/ Gruppe) erlaubt (bei den Unterkünften anfragen). Die dichten Wälder sind Heimat für Unmengen von Vögeln, an die 400 Arten wurden in der NCA identifiziert – Birdwatcher kommen voll auf ihre Kosten.

Verkehr

Flüge: Für Karatu oder den Ngorongoro-Krater wird der Manyara Airstrip angeflogen, z. B. von Arusha (113 US-$). Nach Ndutu 318 US-$ einfach mit Coastal Aviation.

Serengeti National Park ▶ 1, J/K 10–12

Zugang: Zahlstellen befinden sich am Naabi Hill Gate im Osten, am Ndabaka Gate im Westen, am Klein's Gate im Nordosten sowie am Ikoma Gate nördlich des Seronera Village, mehr Informationen auf der veralteten Website www.serengeti.org, Eintritt Erw. 71 US-$

Bei den Masai, die für ihre Rinder- und Ziegenherden jahrein, jahraus auf der Suche nach saftigem Weideland sind, ist die Serengeti als *siringet* bekannt, als ›große, endlose Weite‹. Und es sind genau jene unendlich scheinenden Grassavannen – bis zum goldenen Horizont –, die die einzigartige Faszination des **Serengeti National Park** ausmachen. Wenn unvorstellbar riesige Herden von Wildtieren je nach Jahreszeit den saftigen Gräsern und dem Wasservorkommen folgen und somit eine nie endende Wanderung im Uhrzeigersinn unternehmen, dann erst wird die wahre Bedeutung der Serengeti offenbar, nämlich als Schauplatz für die einzig verbliebene intakte Migration der Welt.

Als ›Welterbe der Menschheit‹ soll die Serengeti deshalb für die Nachwelt erhalten bleiben und wurde deshalb von der UNESCO unter besonderen Schutz gestellt. Für den Mythos in unserem Teil der Welt sind vor allem Walt Disneys Verfilmung »König der Löwen« und in den 1950er-Jahren Bernhard Grzimeks Film und Buch »Die Serengeti darf nicht sterben« verantwortlich, ganz zu schweigen von unzähligen Dokumentarfilmen, die das faszinierende Schauspiel einzufangen versuchen. Am besten aber erlebt man die Migration der Tierherden allerdings hautnah und live vor Ort.

Bedrohtes Ökosystem Serengeti

Im engeren Sinn erstreckt sich der Nationalpark über eine Fläche von 14 763 km², aber das komplette Ökosystem der Serengeti nimmt über 30 000 km² ein. Damit gehört sie neben dem Ruaha National Park (Tansania), dem Kruger Nationalpark (Südafrika) oder dem Ethosha National Park (Namibia) zu den größten Parks in Afrika.

Während im Norden die kenianische Masai Mara die natürliche Verlängerung darstellt, reicht die Serengeti im Osten bis ganz an die Ngorongoro Conservation Area und im Westen bis auf 8 km an den Viktoria-See. Um den Tieren weit weg vom Menschen genügend Naturraum entlang ihrer Migrationspfade zu lassen, hat man zusätzlich ausgedehnte Pufferzonen eingerichtet. Sie zählen zwar nicht direkt zur Serengeti, aber sie gehören zum Serengeti-Ökosystem, wie z. B. die **Loliondo Controlled Area** im Nordosten oder **Grumeti** und **Ikorongo** im Nordwesten. In diesen Gebieten kann man der unvergleichlichen Migration ebenso gut beiwohnen, weswegen sich hier (auch wegen weit weniger strenger gesetzlicher Auflagen) zahlreiche mobile Camps und Lodges (s. Übernachten S. 395) etablierten.

Bevor die Serengeti 1929 zum ersten Wildtierreservat Tansanias erklärt wurde, nutzten die Nomaden der Masai sie als Weidefläche für ihr Vieh. Von den 1890er-Jahren an bediente sich die weiße Oberschicht hemmungslos am unermesslichen Tierreichtum des elitären Jagdreviers. Bis zu 100 Tiere erlegten die Hobbyjäger bei einem einzelnen Jagdausflug, sodass schon bald mehr Löwen die Salonwände schmückten als die Wildnis. Glücklicherweise wurde die alarmierende Situation erkannt und 1929 das erwähnte Reservat eingerichtet; 1951 schließlich erklärte die Kolonialregierung die Serengeti zum ersten und größten Nationalpark des damaligen Tanganyika.

Das über mehrere Jahrzehnte schwelende Problem der Trophäenwilderei scheinen die Parkverantwortlichen sowie ihre Berater von der Zoologischen Gesellschaft Frankfurt (ZGF) heute gut im Griff zu haben. In den blutigen 1970er- und 1980er-Jahren wurden Großtiere gnadenlos gejagt und dabei fast ausgerottet (s. S. 40). Das dichte Netz der Patrouillen macht es heute für Wilderer schwieriger, Fallen zu stellen.

Laut einer Zählung von 2014 leben 7500 Elefanten und 61 900 Büffel im Serengeti-Mara-Ökosystem. Aus einer früheren Zählung geht hervor, dass 1300 Flusspferde, über 200 000 Zebras und 12 000 Giraffen die Serengeti bevölkern. Über die wahre Anzahl der Nashörner gibt es nur Spekulationen, aber angeblich sind es nur noch 80. Jene Tiere sind beispielsweise so empfindsam, dass sich die Safarifahrzeuge negativ auf ihr Fortpflanzungsverhalten auswirken, weil sie durch den Motorenlärm gestresst werden. Selbst beim von 2010 bis 2015 durchgeführten Rhino-Projekt, bei dem Spitzmaulnashörner mittels Luftbrücke aus Südafrika umgesiedelt wurden, gab es Verluste zu beklagen. Nicht einmal vor gechipten und gut bewachten Rhinos machen die Wilderer Halt.

Die Wilderei ist nach wie vor eine der größten Herausforderungen für die Serengeti. Einerseits richtet sich der Naturschutz, den die Zoologische Gesellschaft Frankfurt (ZGF) gemeinsam mit den Parkbehörden stemmt, gegen die Trophäenwilderer, die Hörner und Stoßzähne am Schwarzmarkt für viel Geld nach Asien verkaufen. Andererseits drängen das unaufhaltsame Bevölkerungswachstum und immer knapper werdende Ressourcen die Menschen an den Rand der Serengeti. Sie wildern Tiere, meist mit Drahtschlingen, um selbst nicht zu verhungern oder auch um das Fleisch zu verkaufen. Vom Tourismusboom profitieren die Anrainer überhaupt nicht. Sie beim Naturschutz mit ins Boot zu holen ist eine zentrale Strategie der ZGF.

Neben der Wilderei ist die Serengeti am meisten durch Wassermangel bedroht, be-

Tipp

WALKING SAFARIS

Ohne Motorengeräusche die Magie des Ortes spüren und die Wildnis ganz für sich allein haben – bei einer Fußsafari entsteht echtes »Out-of-Africa«-Feeling. Drei Anbieter sichern sich alljährlich für hohe Summen eigene Walking Zones, die sie exklusiv nutzen. Sie errichten Camps und ermöglichen ihren Gästen das in Tansania rare Vergnügen von Walking Safaris. Von dreistündigen Sternwanderungen bis zu mehrtägigen Trekkings samt Camping mit Leichtgewichtzelten ist alles möglich. Die rustikalen Walking Camps mit Glamping-Charakter werden CO2-neutral betrieben, mit Plumpsklo, Eimerdusche, Solarlicht und Solarstromaggregaten. Einziger Wermutstropfen: Die Kosten sind höher als bei Pirschfahrten im Auto. Empfohlene Mindestdauer: 2 Nächte. Infos und Buchungen unter www.africanenvironments.com, www.dorobosafaris.com und www.wayoafrica.com.

dingt durch den weltweiten Klimawandel und lokale Klimaveränderungen und nicht zuletzt durch die Bewässerung von landwirtschaftlichen Großflächen. Negative Auswirkungen sind auch von den Plänen für ein Wasserkraftwerk auf der kenianischen Seite des Mara-Flusses zu befürchten. Über 2 Mio. Tiere hängen während der Trockenzeit einzig und allein vom Wasser des Mara-Flusses ab – aber es gibt deutliche Anzeichen dafür, dass dieser zu versiegen droht.

Auch der unkontrollierte Tourismus bedroht das Ökosystem. Viel mehr Gäste als momentan würden die Balance aus dem Gleichgewicht bringen – ganz zu schweigen vom authentischen Busch-Feeling, um das die Gäste betrogen werden. Zur Hochsaison fahren die Landcruiser in Kolonne, 40, 50 Fahrzeuge jagen einen Löwen. Doch auch wenn die tansanische Regierung ständig beteuert, die Serengeti genieße obersten Schutz, so lässt der geplante Bau eines Highways durch das Schutzgebiet dies als bloße Lippenbekenntnisse erscheinen.

Viele Tansanier und die tansanische Politik erachten den Highway durch die Serengeti als unerlässlich, um den isolierten Nordwesten wirtschaftlich aufzuwerten und eine Transitstrecke von Ruanda, Burundi, Uganda und dem Osten Kongos bis zu den Häfen von Tanga und Dar-es-Salaam einzurichten. Andere wiederum, wie die Zoologische Gesellschaft Frankfurt und die internationale Gemeinschaft, befürchten die Zerstörung der letzten intakten Tiermigration der Welt und eines einzigartigen Lebensraums. Denn nicht nur die Serengeti, sondern auch die Zwergflamingos am Lake Natron sind bedroht, wenn der von der Regierung geplante Highway von Arusha über Mto wa Mbu und Lake Natron und weiter über den nördlichen Zipfel der Serengeti bis nach Musoma umgesetzt wird. Von der weit sinnvolleren Südroute über Makuyuni und Shinyanga durch dichter besiedeltes Land würden zwar viel mehr Menschen profitieren, dieser Vorschlag stieß jedoch auf Ablehnung. Kritiker befürchten, dass der tägliche Schwerverkehr Tiere tötet, zudem öffnet die Teerstraße der Wilderei Tür und Tor und gefährdet die Wasserversorgung der Tiere. Die weltweiten Proteste verhallten jedoch ungehört, 2017 wurde mit den Bauarbeiten begonnen. Die Fertigstellung des Highways ist für 2020 geplant.

Thomsongazellen gehören zu den zahlreichen Bewohnern der Serengeti

Übernachten, Essen & Trinken

Günstiger übernachten kann man außerhalb der Serengeti, z. B. am Ndabaka Gate im Westen. In der Serengeti selbst gibt es eine überschaubare Anzahl von Betten. Neben den permanenten Unterkünften (sie werden bei den einzelnen Korridoren jeweils genau beschrieben), installiert man auch mobile Camps, die entweder mit der Migrationsroute »mitwandern« oder für einige Monate nahe der Migration aufgebaut werden. Die Zahl dieser Camps in der Serengeti und den Pufferzonen steigt, um dem Touristenaufkommen Rechnung zu tragen. Mittlerweile gibt es Camps in allen Variationen – von funktionalen Camps bis hin zum ultimativen Bush Retreat. Zumeist orientieren sie sich an der Migration und wechseln ein- bis zweimal pro Jahr den Standort. Die Preise beginnen bei 450 US-$ pro Pers. und Nacht.

Idyllisch am See – **Speke Bay Lodge:** am Lake Victoria, ca. 15 km vom Gate, Tel. 028 262 12 36, www.spekebay.com. Es gibt 8 komfortable, weitläufige Bungalows direkt am See, außerdem kann man in 12 günstigeren, einfachen Zeltunterkünften (mit Gemeinschaftsbad) schlafen. Interessant für Vogelliebhaber mit 250 aufgezeichneten Gattungen. DZ ab 430/200 US-$ (VP).

Mobile Camps, einfach und Mittelklasse – **Tanganyika Wilderness Camps (TWC):** Tel. 0785 069 944, www.twctanzania.com. Mit mobilen Camps in der einfachen (**Kati Kati**) und in der Premium-Kategorie (**Under Canvas**). DZ zwischen 535 und 1013 US-$ (VP); **Chaka Camps:** Tel. 0756 024 293, www.chakacamps.com, in der Ndutu Area (Dez.–März) und in Kogatende (Juni–Okt.), DZ ab 820 US-$ (VP); **Kirurumu Camps:** Tel. 027 250 24 17, www.kirurumu.net, in der Ndutu Area (Dez.–März) und bei den Moru Kopjes (Juni–Okt.), DZ 840 US-$ (VP), in der Nord-Serengeti 895 US-$; **Angata Camps:** Tel. 0786 025 352, www.angatacamps.com, in der Ndutu Area (Dez.–März), in der Bolongoja Area (Jul.-Okt.) und in der Seronera Area (ganzjährig), DZ ab 680 US-$ (VP); **Halisi Camps:** Tel. 027 275 42 95, www.halisicamps.com, in der Ndutu Area (Dez.–März) und in der Seronera Area (Juni–Nov.), DZ 620 US-$ (VP); **Nasikia Camps:** Tel. 0732 930 833, www.nasikiatanzania.com, in der Ndutu Area (Dez.–März) und in der Nord-Serengeti (Juli–Okt.) DZ 560 US-$ (VP), ganzjährig in der Seronera Area DZ 500 US-$ (VP).

Mobile Luxus-Camps – **Nomad Tanzania:** www.nomad-tanzania.com, mehrere saisonale Camps in der Serengeti, DZ ab 1942 US-$ (VP); **Lemala Camps:** Tel. 0788 071 035, www.lemalacamp.com, in der Ndutu Area (Jan.–März) und der Nord-Serengeti (Juli–Okt.), DZ ab 1319 U$-$ (VP); **Asilia Camps:** Tel. 0736 500 515, www.asiliaafrica.com, mehrere Camps an wechselnden Standorten, DZ ab 1394 US-$ (VP).

Camping – Mehrere **Public Campsites** befinden sich in der Nähe des Seronera Visitor Center, bei Kirawira, am Ndabaka Gate oder auch in Lobo, 35,40 US-$/Pers. Für **Special Campsites** s. TANAPA Arusha, S. 364.

Aktiv

Ballonsafaris – **Serengeti Balloon Safaris:** Tel. 0732 972 308, www.balloonsafaris.com, 546,20 US-$/Pers. inkl. Sekttaufe und Buschpicknick. Buchbar auch über Tourveranstalter und über die Unterkünfte. Start und Landung in der Seronera Area und saisonal in der Süd- und West-Serengeti. Ballonfahrten zudem im Tarangire National Park (s. S. 373) und im Ruaha National Park (s. S. 429).

Verkehr

Flüge: Es existieren mehrere Flugfelder, die täglich angeflogen werden: u. a. Seronera, Grumeti, Kogatende, Lamai und Lobo, auch in den angrenzenden Pufferzonen gibt es Flugplätze, z. B. Fort Ikoma oder Sasakwa, z. B. mit Coastal Aviation (Arusha–Seronera 243 US-$/ Pers., Arusha–Lobo 318 US-$/ Pers., Dar–Seronera 508 US-$/Pers., jeweils einfache Strecke).
Grenzverkehr: Für den offiziellen Grenzverkehr zwischen Kenia und Tansania ist der Grenzposten **Isebania** nordwestlich der Serengeti geöffnet. Kenianische Tourveranstalter dürfen nicht nach Tansania fahren (und umgekehrt), am Grenzübergang muss man aus dem kenianischen Fahrzeug aussteigen und in ein tansanisches umsteigen.

Seit September 2015 darf man ausschließlich mit gültigem e-Visum nach Kenia einreisen (50 US-$, s. S. 80).

Pisten: Die Qualität der Pisten in der Serengeti hängt stark vom Wetter ab. Die Hauptdurchzugsroute vom Süden in den Westen zum Ndabaka Gate (vom Naabi Hill Gate ungefähr 200 km) sollte trotz Durchgangsverkehr (Busse, LKWs) in recht gutem Zustand sein. Die Qualität der Pisten variiert von Saison zu Saison.

Süd-Serengeti

Es hat sich bewährt, die Serengeti in vier große Korridore einzuteilen, um die Orientierung zu erleichtern – Southern, Central sowie Northern und Western Corridor. Von den goldbraunen baumlosen Grasebenen der **Serengeti Plains** im **Southern Corridor** rührt der Mythos der endlosen Weiten her. Die Plains gehen nahtlos in das Ngorongoro-Schutzgebiet über, sind durch kurzes, weiter nördlich durch langes, aber sehr nährstoffreiches Gras charakterisiert. In der Regenzeit leuchten sie saftig grün und bieten reichlich Futter für Elefanten, Büffel, Gazellen und andere Pflanzenfresser. In der Trockenzeit allerdings fängt das strohige Gras schnell Feuer und Brände verwandeln die Ebene in eine tiefschwarze, leblose Fläche. Schon bei den ersten Regentropfen beginnen aber wieder zartgrüne Sprosse zu gedeihen, nicht zuletzt dank der Asche, die wertvolle Mineralien für den Boden birgt.

Als einzige Unterbrechungen des endlosen Horizonts stechen kuriose Steinformationen ins Auge. **Kopjes** (niederländisch für ›kleines Köpfchen‹) sind Felsen aus Gneis und Granit, die wie kleine Steininseln aus dem Grasmeer auftauchen und in der gesamten Serengeti verstreut sind. Von Erosion und Witterung wurden sie im Laufe der Zeit freigelegt. Manche Steine spalteten sich, wenn kalter Regen auf die von der Sonne aufgeheizten Felsen fiel. So entstanden teilweise bizarre Gesteinsformationen. Die Felsen bieten hervorragenden Unterschlupf für Klein- und Kriechtiere wie Dikdiks, Klippschliefer (Hyrax), Klippspringer, Mangusten, aber auch Kobras, Puffottern sowie Siedler- und Fliederagamen, die durch ihre metallische blau-rosa-Färbung auffallen. Löwenrudel dösen ebenso gerne im Schatten der Felsen. Vielleicht haben früher Menschen in den Felsen Schutz gesucht, denn in den **Moru-Kopjes,** unweit vom Seronera Valley, wurden menschliche Spuren entdeckt: Felsmalereien, die den Masai zugeschrieben werden. Da man zur Besichtigung der Moru-Kopjes das Fahrzeug verlassen muss, dürfen sie aus Sicherheitsgründen nur in Begleitung eines Park Rangers besucht werden.

Übernachten, Essen & Trinken

Die meisten Camps in diesem Gebiet sind saisonal und werden in der NCA (Ndutu Area) aufgebaut.

Herrlich isolierte Lage – **Kusini Camp:** www.sanctuaryretreats.com. Bislang einziges permanentes Zelt-Camp (mit Fließwasser und gemauerten Strukturen) in der tiefen Süd-Serengeti. Unterbringung in zwölf sehr komfortablen Zelten, auf einer Anhöhe in einer von bizarren Felsformationen durchzogenen Buschlandschaft gelegen. Gute Lage in einem Gebiet mit vielen Großkatzen. Empfehlenswert Jan.–März. DZ ab 1068 US-$ (all-inclusive).

Zentral-Serengeti

Das gut besuchte **Zentrum des Parks** bildet das **Seronera Valley,** in dem sich auch der Hauptort der Serengeti, **Seronera Village,** mit einem Informationsbüro, einem Rangerposten und einer kleinen Tankstelle befindet. Die typische Savannenlandschaft, angereichert um stachelige Akazien, wird an den zahlreichen kleinen Flussläufen, die das Gebiet im Norden durchschlängeln, von Palmen und Leberwurstbäumen gesäumt.

Die Galeriewälder sowie die permanenten Gewässer sind Heimat vieler Tierarten. Die Wahrscheinlichkeit, Leoparden, Impalas, Schakale, Wasser- und Riedböcke sowie Paviane zu sichten, ist groß, ebenso wie die schwarzmähnigen Löwen, für die die Serone-

Die Große Wanderung der Gnus

Die Serengeti und die in Kenia angrenzende Masai Mara sind Schauplatz eines weltweit einzigartigen Naturspektakels: die Große Wanderung – the Great Migration. Auf der Suche nach Wasser und nährstoffreichem Gras ziehen riesige Herden von einem Weideplatz zum nächsten und verwandeln die Savanne in ein Meer von Tieren.

Jedes Jahr aufs Neue machen sich, wie schon viele Tiergenerationen zuvor, mehr als 2 Mio. Tiere auf den ungefähr 1000 km langen Rundkurs. 1,3 Mio. Weißbartgnus sind beim jährlichen Massenspektakel auf den Beinen, begleitet von 700 000 weiteren Tieren, darunter Zebras und Thomson-Gazellen.

Der Rundkurs – Jahr für Jahr in etwa dieselbe Route – beginnt in den Serengeti Plains im Süden, wo die Gnus in der Regenzeit zwischen Dezember und Mai für Nachwuchs gesorgt haben. Die Region bietet ihnen und ihren Jungen saftiges Gras und genügend Wasser. Wenn im Mai die Trockenzeit beginnt und die Jungen einigermaßen kräftig sind, zwingt Mutter Natur die Gnus, sich anderswo Nahrung zu suchen. Die Grasfresser machen sich also allmählich auf den Weg Richtung Nordwesten; zu ihnen gesellen sich weitere Tiere: Zebras, Thomson-Gazellen und Topis. Obwohl allesamt Grasfresser, kommen sich die verschiedenen Tierarten nicht ins Gehege, da sie das Nahrungsangebot in optimaler Weise nutzen: Zebras fressen längeres Gras, während Gnus das mittelhohe bevorzugen. ›Tommys‹ knabbern die bodennahen Halme ab, die die Gnus übrig lassen.

Der große Treck zieht ab Mai in den nun grasreichen Western Corridor der Serengeti, wo die erste Hürde – die Überquerung des Grumeti River – genommen werden muss. Von August bis Oktober geht es langsam nordwärts, wo der Zug die zweite Hürde, den Mara River, überwindet. Die 40 oder 50 km langen gigantischen Herden ziehen bis November in die kenianische Masai Mara weiter. Wenn hier das Gras abgeweidet ist und die ersten Regenfälle in der Serengeti einsetzen, schlagen sie den Rückweg ein, über den östlichen Flügel der Serengeti, um im Dezember oder Januar wieder im Süden der Serengeti anzukommen.

In der Zwischenzeit sind die Wasserläufe zu reißenden Flüssen angeschwollen, viele Tiere schaffen den Sprung über die Flüsse nicht mehr, ertrinken oder werden von Krokodilen gefressen. Die sonst so träge wirkenden Riesenechsen lauern den Huftieren auf, wuchten ihre messerscharfen Zähne um den Hals ihrer Opfer und ziehen sie blitzschnell unter Wasser, wo sie ersticken.

Ebenso wie Krokodile wittern andere Raubtiere wie Löwen, Geparden und Hyänen ihre Chance auf reiche Beute. Ihre Opfer sind vor allem langsame, kranke oder alte Tiere. Bei ihren Angriffen bringen sie die ganze Herde in Bewegung, dichte Staubwolken wirbeln auf – ein atemberaubendes Naturschauspiel, das die Gesetze der Natur auf fesselnde Weise demonstriert.

Tipp

GEPARDEN IN DER SÜDOST-SERENGETI

Während alle anderen Safarifahrzeuge die Hauptpiste nach Seronera entlangbrettern, zweigt der Landcruiser rechts ab. Zwei staubige Stunden später, nach einer endlos scheinenden Fahrt durch goldbraune Grassavanne, ist das **Namiri Plains Camp** erreicht. Interessant ist es aus mehreren Gründen: In einem Radius von zwei Stunden existieren keine anderen Camps, Gäste bleiben unter sich. Im Gebiet befand sich früher ein Gepardenaufzuchtprogramm, die Chancen für eine Sichtung der Raubkatzen sind also mehr als gut. Außerdem sind Walking Safaris und Buschpicknicks erlaubt. Buchung bei Asilia Africa, Tel. 0736 500 515, www.asiliaafrica.com, ab 1030 US-$ pro Pers. (all-inclusive).

ra bekannt ist. Auf dem Weg zum Ikoma Gate liegt der **Retima Hippo Pool:** Hier kühlen sich schnaubende Flusspferde ab. Viele kleine Rundwege *(circuits)* ermöglichen es, die Gegend optimal zu erkunden – auch wenn starkes Verkehrsaufkommen hier zuweilen weniger an den afrikanischen Busch erinnert.

Übernachten, Essen & Trinken

Etwas abseits von den Massen – **Kiota Camp:** Tel. 0756 024 293, www.chakacamps.com. Schickes Camp mit geräumigen Zelten auf einer Anhöhe in den Banagi Hills mit wunderschönen Fernsichten. Nicht luxuriös, aber stimmungsvoll und durchaus komfortabel. DZ 858 US-$ (VP).

Wunderbare Panoramen – **Kubu Kubu:** nördliche Seronera, Tel. 0785 069 944, www.twctanzania.com. Permanente Lodge der effizienten Tanganyika Wilderness Gruppe mit 20 hübschen Zelten auf Stelzen und Pool mit Panorama. DZ 801 US-$ (VP, Getränke).

Älteres Hotel I – **Sopa Lodge:** Nyarboro Hills, südwestlich von Seronera, Tel. 027 250 06 30, www.sopalodges.com. Massiv gebautes, farbenfrohes Hotel im traditionellen kenianischen Hotel-Stil mit 73 Zimmern. Pool. Empfehlenswert Jan.–März und Juni–Aug. DZ ab 550 US-$ (VP).

Älteres Hotel II – **Serengeti Serena Safari Lodge:** 25 km nordwestlich von Seronera, Tel. 027 254 55 55, www.serenahotels.com. Einer traditionellen afrikanischen Siedlung nachempfunden, liegt die weitläufige, sympathische Anlage mit 66 Zimmern erhöht auf einem Hügel. Von den Zimmern im Obergeschoss genießt man eine schöne Aussicht. Mit Pool. Empfehlenswert Jan.–März und Sept.–Dez. DZ ab 426 US-$.

Ikoma Area (Grumeti Reserve):
Die Ikoma Area ist besonders in den Monaten Mai–Juni/Juli und Nov.–Dez. empfehlenswert, da die Migration hier durchläuft.

Migration von oben – **Serengeti Simba Lodge:** Nähe Robanda Village, Tel. 027 275 30 01, www.simbaportfolio.com. Von den geräumigen Oktagon-Zelten mit Outdoor-Dusche in erhöhter Lage hat man eine wunderbare Sicht auf die Migration und die Serengeti Plains. DZ 600 US-$.

Ganz in Weiß – **Mapito Tented Camp:** in der Nähe des Ikoma Gate, Tel. 0732 975 210, www.mapito-camp-serengeti.com. Das komfortable Zelt-Camp verfügt über 13 geräumige Zelte mit Veranda und Outdoor-Duschen. DZ ab 310 US-$ (VP).

Nord-Serengeti

Ein paar Kilometer hinter dem Seronera Visitor Centre bei den Nyaraswiga Hills gabelt sich die Hauptpiste. Geradeaus erheben sich links von der Piste die ersten markanten Hügelketten, die Banagi Hills. Hier beginnt der **Northern Corridor,** der bis hinauf zur Grenze von Kenia reicht. Das Gesicht der Serengeti verändert sich: Hügellandschaften und Granitformationen wechseln sich mit Grasebenen und typischen Schirmakazien-Hainen ab. Der in der Regenzeit gefürchtete, aber sehr fruchtbare *black cotton soil* sorgt stellenweise für dichten Bewuchs. Viele Wasserläufe, darunter der wichtigste und größte, der **Mara River,** durchziehen das Gebiet. Ganz im Norden dominiert die markante Bruchstufe des Ostafrikanischen Grabenbruchs die Szenerie.

Mit der zunehmenden Zahl von permanenten und mobilen, saisonalen Camps hat sich der einstige Geheimtipp in puncto Migration und Tierbeobachtung zu einer fixen Größe im Safarizirkus entwickelt. Immerhin – der Großteil des Mara River fließt in Tansania und ist deshalb mindestens genauso attraktiv für die Migration wie die Masai Mara. Durch die isolierte Lage im Norden haben die Camps höhere Logistikkosten, weswegen sie noch teurer sind als z. B. in der Zentral-Serengeti.

Selbst wenn die Migration vorbei ist, zeichnet sich der Landstrich aufgrund der vielen Wasserläufe durch große, permanente Tierpopulationen aus (u. a. Löwen), sodass man hier von November bis Juni abseits der Haupttouristenströme feine, exklusive Safaris machen kann.

Übernachten, Essen & Trinken

Bei den meisten Unterkünften in der Nord-Serengeti handelt sich um mobile Camps, die nur zwischen Juni und November aufgebaut werden, Anbieter s. S. 395. Weitere permanente Luxuscamps buhlen um die Gunst der Gäste, wie das **Asilia Sayari Camp,** das **Lemala Kuria Hills,** das **Nomad Lamai Camp, Serengeti Bushtops, AndBeyond Klein's Camp, Serian Camps** oder das **Elewana Migration Camp,** DZ ab 1500 US-$.

West-Serengeti

Der **Western Corridor** endet wenige Kilometer östlich vom Viktoria-See. Die weiten Ebenen, versetzt mit leichten Hügeln, werden vor allem entlang des Grumeti River und am Fuß der Hügel von Wäldern durchzogen. Charakteristisch sind die beiden Flüsse, **Grumeti River** und **Mbalageti River,** die für die unzähligen Wasserlöcher, Sümpfe und den Schilfbewuchs sorgen. Während der Regenfälle (es regnet hier aufgrund der klimatischen Nähe zum Lake Victoria fast doppelt so viel wie im Osten der Serengeti) versumpft dieser unzugängliche Landstrich völlig; der schwarze Lehmboden, der *black cotton soil*, wird rutschig und glatt wie eine Eisfläche und ist dann auch für Geländewagen unpassierbar. Wenn die Pisten und das Wetter zusammenpassen, sind die Monate April bis Juli im Western Corridor geradezu perfekt für eine Safari, denn dann durchqueren Millionen Weißbartgnus den Grumeti River, ein unvergessliches Schauspiel.

Dieses Gebiet lohnt aber auch das restliche Jahr über einen Besuch, denn dank der beiden Flussläufe halten sich hier stets große Populationen von Tieren auf, die sich nicht auf Wanderschaft begeben: Giraffen, Büffel, Kuhantilopen, Elenantilopen, Impalas und Wasserböcke, weiterhin Leoparden. Träge grunzende Flusspferde und sonnenbadende Krokodile säumen die Flussufer. Besonders abenteuerlich ist es, die außergewöhnlich großen Krokodile am Grumeti-Fluss beim Beutefang zu beobachten. Das Krokodil überrascht sein Opfer, packt es mit seinen messerscharfen Zähnen, zieht es unter die Wasseroberfläche und erstickt es oder zerstückelt es gleich.

Übernachten, Essen & Trinken

Gediegen – **Kirawira Camp:** 100 km westlich von Seronera, Tel. 027 254 55 55, www.serenahotels.com. Hervorragender Ausblick auf den westlichen Korridor und den Grumeti River dank der Lage auf einer Anhöhe. 25 komfortable Zelte im viktorianischen Kolonialstil. Pool. DZ 1034 US-$ (VP).

Gute Option – **Mbalageti Tented Lodge:** Mwanyeni Hill, 80 km westlich von Seronera, Tel. 027 254 8632, www.mbalageti.com. Herrlich auf einer Anhöhe gelegene Lodge mit 26 Zimmern im rustikal-eleganten Design. Der Blick reicht über die Ebene und den Mbalageti River. Es gibt sowohl gemauerte Standardzimmer als auch komfortable Stein- und- Canvas-Chalets mit viel Atmosphäre. Exzellente Küche. Mit Pool und Internetzugang. DZ ab 385/580/790 US-$ (VP).

Lake Victoria
Mwanza
Kigoma
Lake Tanganyika
Dodoma
Morogoro
Ruaha NP
Selous Game Reserve
Lake Malawi

Kapitel 6

Tansanias Westen und Süden

Den Westen Tansanias formte der Große Afrikanische Grabenbruch – im Zuge seiner Entstehung wurden tiefe Löcher in die Erdkruste gerissen. Lake Victoria, der größte Süßwassersee Afrikas, ist bekannt für seine Buntbarsche. Die Hafenstadt Mwanza bietet beschauliches Kleinstadtflair, während der nahe Rubondo Island National Park es schwer mit der Serengeti und dem Northern Circuit aufnehmen kann.

Kigoma am Lake Tanganyika ist Startpunkt für den Western Circuit, an dem die Schimpansenparks Gombe Stream und Mahale Mountains National Park liegen. Das nahe Ujiji, einer der ältesten Marktflecken Ostafrikas, war einst wichtiger Transitpunkt der Sklavenrouten und Schauplatz der legendären Begegnung des Afrikapioniers David Livingstone mit Henry Morton Stanley. Nach weitgehend unberührte afrikanische Wildnis tut sich im schwer zugänglichen, aber schönen Katavi National Park auf. Dramatische Bergrücken verleihen dem herrlichen See Lake Malawi eine würdige Kulisse. Das Berg- und Hügelland um den See und bei Mbeya ist eine unberührte, idyllische Gegend für Naturliebhaber.

Den atemberaubenden Southern Circuit mit den größten Parks Selous Game Reserve und Ruaha National Park sehen viel zu wenige Besucher. Hier gibt es viele Möglichkeiten zum Wandern, beispielsweise in Morogoro oder in den Udzungwa Mountains.

Unvorstellbare Distanzen bestimmen das Reisen in Zentral-, West- und Südtansania auf nur wenigen Teerstraßen. Hat man ein begrenztes Zeitbudget, ist das einzig sinnvolle Transportmittel hier das Flugzeug.

Der Malawi-See punktet mit goldenen Sandstränden und glasklarem Wasser, in dem sich bunte Aquarienfische tummeln

Auf einen Blick: Tansanias Westen und Süden

Sehenswert

Selous Game Reserve: Hier muss man sich reißende Löwen oder grunzende Flusspferde mit kaum einer anderen Menschenseele teilen. Wildes, unbeschreiblich schönes Safariland (s. S. 419).

Ruaha National Park: Miombowälder, Baobabbäume und der facettenreiche Ruaha River sind nur Statisten – die wahren Attraktionen dieser Landschaft sind Wildtiere in rauen Mengen (s. S. 429).

Lake Malawi: Nur für Abenteurer – wenig Annehmlichkeiten und herausfordernde Straßen, doch so muss wohl das Paradies aussehen (s. S. 433).

Schöne Routen

Über die Uluguru-Berge nach Morogoro: Durch fruchtbares Sumpfgebiet mit wunderbaren Aussichten auf die Uluguru Mountains, dann in Serpentinen über die Berge – die Fahrt ist nur in der Trockenzeit und mit Allradfahrzeug machbar (s. S. 422).

Von Songea nach Mbamba Bay: Die kurvenreiche Route führt durch intensiv bewirtschaftetes Hügelland mit ausgedehnten Mais-, Reis- und Sonnenblumenfeldern, vorbei an geschäftigen Dörfern auf saftiger roter Erde. Im letzten Drittel glitzert der Lake Malawi am Horizont (s. S. 435).

Meine Tipps

Mahale Mountains National Park: Wer gut zu Fuß ist und Glück hat, kann in dem mit dichtem Urwald bewachsenen Schutzgebiet Schimpansen beobachten (s. S. 409).

Lake Shore Lodge in Kipili: Ideale Basis am Südufer des Lake Tanganyika, abseits der Touristenpfade. Hier bekommt man alles aus einer Hand: Baden, Tauchen und Schnorcheln, viele Aktivitäten und Safaris (s. S. 411).

Rubondo Island National Park: Wer nach einer Safari ein paar Tage Ruhe sucht, ist auf Rubondo Island goldrichtig. Schimpansen- und Vogelbeobachtung, Bootsexkursionen, Wanderungen, Pirschfahrten und Faulenzen stehen auf dem Programm (s. S. 417).

Wandern in den Uluguru Mountains: Gemütliche Tageswanderungen in der Bergkette bei Morogoro abseits des Tourismus (s. S. 423).

Aktiv

Fußsafari im Selous Game Reserve: Den Busch per pedes zu erleben heißt, ihn unmittelbar zu riechen, zu hören und zu spüren. Ein Fest für alle Sinne inmitten der afrikanischen Wildnis (s. S. 421).

Wanderung zu den Sanje-Wasserfällen in den Udzungwa Mountains: Eine Wanderung auf einem botanischen Lehrpfad zu idyllischen Wasserfällen mit Panoramablick über das Kilombero Valley (s. S. 426).

Schiffstour auf dem Malawi-See: Wer sich auf eine Schifffahrt ab dem Itungi Port bei Kyela einlässt, braucht viel Zeit und Nerven. Doch wunderbare Landschaften und lachendes Palavern mit Tansaniern lassen die Strapazen schnell vergessen (s. S. 434).

Lake Tanganyika und Lake Victoria

Glasklares Wasser, farbenprächtige Fische und idyllische Sandstrände charakterisieren die beiden größten Seen Afrikas. Wo es das Terrain erlaubt, sind die Ufer dicht besiedelt. Die Umgebung des Lake Tanganyika ist als Refugium für Schimpansen international bekannt. Beide Großräume sind aber für Touristen nur schwer zugänglich.

Von Arusha oder Dar-es-Salaam aus ist der äußerste Westen Tansanias sinnvollerweise nur mit dem Flugzeug zu erreichen. Wegen der großen Distanzen und der fehlenden Sehenswürdigkeiten wird auf Zentraltansania, z. B. Dodoma, Singida, Tabora oder Shinyanga, nicht explizit Bezug genommen.

Lake Tanganyika

Vornehmlich Experten für Primaten oder Fische verirren sich an den **Lake Tanganyika,** der als natürliche Grenze Tansania von Sambia, Burundi und Kongo trennt. Der zweitgrößte See Afrikas im ›Western Rift‹ des Ostafrikanischen Grabenbruchs ist unter Kennern für sein breites Spektrum an Zierfischen bekannt, die in alle Welt exportiert werden. Wie im nahen Malawi-See bevorzugen vor allem Buntbarsche das Gewässer, es gibt aber auch Nilhechte, Karpfenfische, Welse oder Afrikanische Lungenfische – allerdings nur bis in ca. 200 m Tiefe. 676 km lang, 50 km breit und bis zu 1470 m tief, so lauten die Rekordmaße des Sees, der laut IUCN (International Union for Conservation of Nature and Natural Resources) einst zu den artenreichsten Biotopen der Welt zählte. 2000 Spezies waren im Lake Tanganyika heimisch, über 40 % davon endemisch. Seit geraumer Zeit beobachten Forscher jedoch ein rasant voranschreitendes Artensterben, verursacht vermutlich durch den Klimawandel und die Überfischung. Angeblich werden jährlich 200 000 t Fisch (hauptsächlich Sardinen) aus dem See geerntet, teils illegal durch Piratenboote aus dem Kongo. Zudem sind die Ufer seit den 1990er-Jahren, als viele Flüchtlinge am Lake Tanganyika angesiedelt wurden, sehr dicht besiedelt. Wie in allen tansanischen Seen ist auch hier Bilharziose ein Problem (s. Tipp S. 405).

Kigoma ► 2, B 15

Wer sich für den Lake Tanganyika – übrigens auf 773 m Seehöhe gelegen – oder die Parks des Western Circuit interessiert, wird nicht umhin kommen, das Provinzstädtchen **Kigoma** anzusteuern, Drehscheibe des Handels zwischen Ost- und Zentralafrika. Wichtig geworden war Kigoma als Endpunkt der zentralen Eisenbahnlinie, der Central Line, quer durch Tansania nach Dar-es-Salaam. Heute hat es viel mehr Bedeutung als Hafenstadt, die den Handel für Burundi oder Kongo abwickelt – und in der letzten Dekade auch als Auffanglager für zentralafrikanische Flüchtlinge. Das Städtchen mit entspannter Atmosphäre, an einer Bucht und zu Füßen von sanften Hügeln gelegen, bietet kaum touristische Attraktionen. Hier und dort fallen imposante Gebäude auf, die unverkennbar den Stempel der deutschen Kolonialzeit tragen. Dazu gehören die Regionalverwaltung sowie der Bahnhof, der seine besten Zeiten allerdings lange hinter sich hat. Weniger die Touristen als vielmehr Geschäftsreisende und die Mitarbeiter der zahlreichen Hilfsorganisationen beleben die Straßen von Kigoma. Die Bevölkerung (215 000 Einw. im Großraum) lebt vornehmlich von der traditionellen Landwirtschaft und vom Fischfang.

Infos

Banken: NBC Bank und Exim Bank (beide für Master-/Visa-Card) sowie CRDB (alle Lumumba Rd.) für Visa-Abhebungen.

Übernachten, Essen

Hübsche Lage – **Kigoma Hilltop Hotel:** 3 km südwestlich der Bahnstation, Tel. 0739 978 879, www.mbalimbali.com. In Erinnerung bleibt vor allem das Panorama. Das ältere Hotel mit 30 Zimmern in zwei Kategorien liegt malerisch auf einem Felsvorsprung mit Blick auf die Bucht. Kein Alkoholausschank. WLAN. Riesiger Pool. Aktivitäten werden arrangiert. DZ ab 150 US-$.

Einfach – **Coast View Resort:** 2 km südwestlich der Stadt, Tel. 028 280 34 34, www.coastviewresort.co.tz. Einfache Pension mit dem landestypischen Standard, ohne Blick auf den See. DZ ab 30 US-$.

Für Selbstversorger – **Jakobsen Beach:** ca. 4,5 km südlich des Kigoma Hilltop Hotel, Mwamahunga Beach, Tel. 0789 231 215, www.kigomabeach.com. Unterbringung in unterschiedlichen Kategorien (Camping, Camping mit Mietzelt/Bettwäsche, Canvas-Zelte, Cottage) direkt am Strand. Kein Restaurant! 20 000 TSh/30 000 TSh/50 000 TSh/ab 60 000 TSh jeweils pro Person.

Aktiv

Bootsausflüge, Angeltouren oder auch Safaris organisieren vor allem die Unterkünfte. Beim Tour Operator Mbalimbali, den Betreibern des Kigoma Hilltop Hotel, können Komplettpakete gebucht werden.

Wassersport – **Jakobsen Beach:** Am Jakobsen Beach, bestehend aus zwei Buchten, kann man bedenkenlos baden, schnorcheln und sogar tauchen. Die Betreiber vermieten Schnorchelausrüstungen, Kajaks, Kanus und vermitteln einen erfahrenen Dive Master (Eintritt Erw. 7000 TSh).

Verkehr

Flüge: Es gibt einen kleinen Flughafen 3 km östlich von Kigoma. Fastjet bedient dreimal pro Woche (zurzeit Di, Do, Sa) die Strecke Kigoma–Dar-es-Salaam (405 US-$ einfach). Zantas Air (Mbali Mbali Lodges & Camps) bietet Charterflüge, die Kigoma mit Mahale, Katavi, Arusha und dem Northern Circuit verbinden (ab 840 US-$ einfach).

Züge: Zur Zeit der Recherche waren Modernisierungen der maroden, unzuverlässigen Linie im Gang. Vor Ort Auskünfte einholen, wie die neuen Abfahrtszeiten und Preise sind. Nur zu zweit reisen! Der Bahnhof liegt zentral.

Busse: Der Busbahnhof liegt ca. 4 km südöstlich des Zentrums. Wegen der schlechten Straßenverhältnisse nur wenige Verbindungen, u. a. tgl. via Shinyanga nach Mwanza und via Singida nach Dodoma.

Fähren: Die »MV Liemba«, der legendäre Dampfer »Graf von Götzen«, der von den Deutschen während des Ersten Weltkriegs mit der Bahn in Einzelteilen hertransportiert und am See zusammengebaut wurde, verkehrt noch immer, doch nur der Captain kennt den Fahrplan. Zurzeit (Mai 2018) wird das Boot generalüberholt. Zuvor schipperte es alle zwei Wochen eineinhalb Tage über den See nach Mpulungu (Sambia).

Tipp

GESUNDHEITSRISIKO BILHARZIOSE

Zwar ist der Lake Victoria am meisten betroffen, doch die allgemeine Unsicherheit in Bezug auf Bilharziose (engl.: Schistosomiasis) kann die Badefreuden in allen drei großen Seen Tansanias trüben. Am besten bei den Unterkünften nachfragen, die Auskünfte der Einheimischen sind nicht immer verlässlich. Im Zweifelsfall aufs Baden verzichten. Achtung: Schon beim Waten im Wasser können die Larven der Saugwürmer, die die Krankheit verursachen, in die Haut eindringen.

Mutige Abenteurer und gierige Kolonialmächte

Schon die alten Römer beschäftigten die Quellen des Nil, dessen Unterlauf ja in ihrem Reich lag. So wurde der Ausdruck »Caput Nili quaerere« (nach der Quelle des Nils fragen) für ein schier unlösbares Problem geprägt. Bis zum 19. Jh. wusste man nicht genau, wo der Nil entsprang. Die von Europa finanzierten Expeditionen sollten diese Frage – neben wirtschaftlichen und politischen Interessen – klären.

Nachdem vor allem die Araber schon seit Jahrhunderten handelspolitische Beziehungen mit Afrika gepflegt hatten, kamen ab dem 14. Jh. erstmals europäische Mächte ins Spiel. Während für die Italiener vor allem der Handel im Vordergrund stand, sicherten sich die Portugiesen im 16. Jh. als erste Vertreter der westlichen Welt eine Kolonie – sie besetzten das heutige Mosambik.

Federführend in der Afrikaerforschung waren zweifellos die Briten, deren Neugier (und Gier) auf fremde Ländereien durch die Gründung der Royal Geographic Society 1788 nachhaltige Impulse erhielt. Zuerst war man – wie schon die alten Römer – getrieben von der Suche nach den Ursprüngen der drei größten Flüsse – des Kongo, des Niger und des Nil. Aber bald überlagerten wirtschaftliche und politische Interessen die innerafrikanischen Forschungsreisen.

Als 1848 dann die Neuigkeit des deutschen Missionars Johannes Rebmann über Schnee am Äquator die Gemüter erregte, rückte auch Ostafrika ins Zentrum des Interesses. Nicht zuletzt Gerüchte um einzigartige Reichtümer ließen das wenig bekannte Ostafrika verlockend erscheinen. Von Wissensdurst, Handelsinteressen und Sendungsbewusstsein getrieben, wurden daraufhin Forschungsreisende nach Ostafrika entsandt. Sie sollten Licht in das bislang spärliche Wissen über den dunklen Kontinent bringen. Unter dem Deckmantel der Wissenschaft versuchten die Briten herauszufinden, welche nutzbaren Ressourcen sich im Landesinneren verbargen und welche politischen und wirtschaftlichen Möglichkeiten bestanden, sich diese anzueignen.

Zu den ersten Gesandten gehörten die Briten John Hanning Speke und Richard Burton. Ihr offizielles Ziel war es, die Quellen des Nil zu erkunden. Die beiden Forscher machten sich 1857 mit mehreren Dutzend Trägern, Köchen und Dolmetschern auf den Weg. Dabei folgten sie alten Karawanenrouten von Bagamoyo bis nach Ujiji am Tanganyika-See. Diese Wege wurden bereits seit Jahrhunderten von afrikanischen Händlern und arabischen Sklaventreibern genutzt, sodass von einer ›Entdeckung‹, zu der diese Reisen häufig hochstilisiert werden, nicht die Rede sein kann (was analog auch für alle anderen sog. ›Entdeckungsreisen‹ gilt). Am Lake Tanganyika erkrankte Burton schwer an der Malaria und Speke setzte die Reise ohne seinen Gefährten fort. Er erreichte schließlich den Viktoria-See und ortete ihn als Quelle des Nils, was 1862 bei einer erneuten Forschungsreise von Speke bestätigt wurde. Vier Jahre später stieß Samuel Baker weiter im Westen beim Albert-See (Uganda) auf die zweite Nilquelle.

1866 wurde der erfahrene Afrikaforscher, der schottische Missionar und Mediziner David Livingstone, nach Ostafrika entsandt; er landete in Sansibar. Von Mikindani aus trat er zu seiner letzten Expedition an, die sieben Jahre dauern sollte. Er ging zu Fuß zum Lake Malawi und anschließend bis nach Ujiji am Tanganyika-See. Heimtückische Krankheiten quälten ihn, er verlor

Der Entdeckungsreisende David Livingstone auf seiner letzten Reise am Tanganyika-See

nicht nur seine Zähne, sondern auch den Kontakt zu Europa. Welches von beidem schlimmer war, vermochte er nicht zu sagen, denn er war wiederholt Zeuge des brutalen Vorgehens der Sklavenfänger, die im Namen der Weißen handelten, und verdammte daraufhin die Ausbeutungspolitik der Europäer. Nachdem die westliche Welt lange nichts von ihrem verschollenen Forscher gehört hatte, schickte sie ihm Henry Morton Stanley auf die Fersen.

Stanley war eher ein sensationslüsterner Journalist als ein Forschungsreisender. 1871 traf er den vermissten Livingstone bei Ujiji (s. S. 409). Damit hatte er seine Aufgabe erfüllt und kehrte nach Europa zurück, wo seine Abenteuerberichte in Zeitungen und Büchern für Furore sorgten. Manche der Schilderungen befriedigten die Sensationslust der Leser, andere aber dienten durchaus als aufschlussreiche Quellen für Politiker, Händler und Missionare, die in der Folgezeit (ab etwa 1880) aus jeweils unterschiedlichen Motiven über den ostafrikanischen Kontinent herfielen. Die Kolonialmächte sahen eine Chance, ihr Imperium auszuweiten. Händler witterten neue Rohstoffquellen bzw. Absatzmärkte, und Missionare waren von dem Eifer getrieben, die ›wilden Gottlosen‹ zu bekehren.

Ujiji ▶ 2, B 15

Weit wichtiger als Kigoma war seit jeher **Ujiji,** 10 km südlich. Während des 19. Jh. marschierten die großen Sklaven- und Elfenbeinkarawanen auf dem Weg an die Küste hier durch, Endziel war Sansibar. Bis zu 1200 km Fußmarsch hatten die Gefangenen noch vor sich, viele überstanden die Strapazen nicht. An die wenig rühmliche Zeit erinnern einige Gebäude im typischen Swahili-Stil, erbaut von den damaligen Drahtziehern und Nutznießern der Sklaverei, den arabischen Händlern. Auch die Gesellschaft des Örtchens selbst scheint mehr Swahili-Kultur in sich zu tragen als das Umland: *kofias* oder *kanzus,* eher in Sansibar übliche Kleidungsstücke, werden viel getragen.

In Europa ist Ujiji eher durch den Forschungsreisenden David Livingstone ein Begriff. 1871 traf hier der Journalist Henry Morton Stanley auf den als verschollen geltenden Afrikaforscher. Nachdem Stanley sich seit Wochen durch den afrikanischen Busch geschlagen hatte und schließlich auf den einzigen Weißen im Umkreis von mehreren hundert Kilometern traf, brachte der Journalist nur ein trockenes »Doctor Livingstone, I presume« (»Dr. Livingstone, nehme ich an«) über die Lippen. Ein nüchternes Zitat, das in die Geschichtsbücher eingehen sollte. Stanley wollte den von Krankheit geschwächten Livingstone davon überzeugen, mit ihm nach Europa zurückzukehren. Doch Livingstones Herz hing an diesem Kontinent, und die Afrikapolitik der Europäer war ihm verhasst. Daher blieb Livingstone in Afrika, wo er am 1. Mai 1873 in Chitambo (Sambia) an der Ruhr starb. Sein Herz wurde dort an Ort und Stelle begraben, seinen einbalsamierten Körper schickte man nach England zurück.

Vor Livingstone hatten bereits 1858 die Forscher Richard Burton und John H. Speke den See auf den Landkarten vermerkt. Zwei Gedenksteine sowie ein kleines Museum, in dem ein lokaler Künstler die Geschichte in illustrierenden Gemälden nachzuempfinden versucht hat, halten die Erinnerung an die ersten europäischen Erkundungsreisenden wach. Das **Livingstone Museum** befindet sich in der Livingstone Street, kurz vor der kleinen Bootswerft (tgl. 8–18 Uhr, Erw. 20 000 TSh).

Baby-Schimpanse im Mahale Mountains National Park

Mahale Mountains National Park ▶ 2, B 17

Eintritt Erw. 94,40 US-$

Weit weg von jeglicher Zivilisation, ohne an das Straßennetz angebunden zu sein, ist der **Mahale Mountains National Park** seit jeher ein abgeschiedener und relativ gut geschützter Nationalpark – was ihn auch zum beeindruckendsten Ort in Afrika macht, um Schimpansen zu beobachten. 120 km südlich von Kigoma an den feinsandigen Ufern des Lake Tanganyika gelegen, ist er eine der Heimstätten der gefährdeten Primaten, die sich das 1613 km² große, bergige (höchste Erhebung: Mt. Nkungwe, 2462 m) und mit dichtem Urwald bewachsene Areal mit Buschschweinen, Buschböcken, Blauduckern, Ginsterkatzen, Leoparden, Elefanten und jeder Menge anderer Affen wie Steppenpavianen und Roten Stummelaffen teilen. Die Schimpansenpopulation im Mahale-Nationalpark soll mit etwa 1000 Tieren die weltweit größte sein, sie wird in Langzeitstudien von Wissenschaftlern der University of Kyoto überwacht. Bislang verirren sich weniger als 200 Besucher im Jahr hierher.

Gombe Stream National Park ▶ 2, B 15

Eintritt Erw. 118 US-$

Nur 16 km nördlich von Kigoma liegt der **Gombe Stream National Park,** der 1968 aufgrund der Bemühungen der weltberühmten Primatologin Jane Goodall eingerichtet wurde. Der 16 km schmale Landstreifen – ein bewaldetes Gebiet mit bis zu 1500 m hohen Bergkämmen und plätschernden Wasserläufen – reicht vom See bis zur Bruchkante des Großen Ostafrikanischen Grabenbruchs. Der mit knapp 50 km² Fläche kleinste aller tansanischen Parks bildet das Refugium für ca. 100 Schimpansen sowie für weitere Affenarten, wie Anubispaviane, Rote Stummelaffen, Diademmeerkatzen oder Grüne Meerkatzen. Jane Goodall setzte sich dafür ein, dass die Zahl der erlaubten Besucher im Park stark limitiert wurde, um den Schimpansen ein ungestörtes Leben zu garantieren.

Übernachten

Alle im Folgenden genannten Camps organisieren Schimpansen-Safaris. Es sind mindestens zwei Nächte einzuplanen, je nach verfügbaren Flügen auch länger, man sollte außerdem gut zu Fuß sein.

Robinson-Crusoe-Atmosphäre – **Greystoke Mahale:** am Kangwena Beach, www.nomad-tanzania.com. Vor der dramatischen Kulisse der Mahale-Berge direkt am Seeufer liegen die 6 rustikal-eleganten und geräumigen ›A-Bandas‹ mit Chill-out-Area im Obergeschoss. DZ 1544–2824 US-$ (all-inclusive, ohne Parkeintritt).

Auch am Sandstrand – **Kungwe Beach Lodge:** Mahale, Tel. 0739 978 879, www.mbalimbali.com. Abgeschieden gelegenes Safaricamp mit 10 komfortablen Zelten auf Holzplattformen. DZ ab 1330 US-$ (all-inclusive, ohne Parkeintritt).

Am Seeufer – **Gombe Forest Lodge:** Nordufer am Tanganyika-See, Tel. 0739 978 879, www.mbalimbali.com. Einziges Camp im Gombe Stream National Park, im dichten Wald direkt am Ufer, in typisch afrikanischer Zeltsafarimanier, familiär und rustikal. 7 Zimmer. DZ ab 1330 US-$ (all-inclusive, ohne Parkeintritt).

Camping – **TANAPA-Campingplatz:** buchbar beim Headquarter in Mahale. Nur für Selbstversorger. Ab 34,50 US-$/Pers.

Verkehr

Flüge: Gombe ist nur per Boot, Mahale per Flug erreichbar, es empfiehlt sich die Inanspruchnahme eines Tour Operators. Im Mahale Mountains National Park existiert ein Flugfeld, Charter- und Linienflüge, z. B. von Ruaha 690 US-$ mit Safari Airlink oder von Arusha 955 US-$ mit Zantas Air.

Pkw: Weder im Mahale Mountains noch im Gombe Stream National Park gibt es Straßen, auf Fußsafaris ist man in unmittelbarer Tuchfühlung mit der Natur.

Katavi National Park

► 2, D/E 18

Eintritt Erw. 35,40 US-$

Wer schon einmal in dieser abgelegenen Gegend reist, sollte auch das dritte große Highlight nicht versäumen, das man am besten kräfteschonend per Charterflug erreicht – bislang gibt es keinerleit Infrastruktur. Unentdeckte afrikanische Wildnis charakterisiert den **Katavi National Park,** der von drei Gewässern maßgeblich beeinflusst wird – im Norden vom **Lake Katavi** und seinem Grasland, im Südosten vom palmengesäumten **Lake Chada** sowie dem **Katuma River** und seinen Sumpflandschaften.

Die Gewässer sind Lebensraum von Flusspferden und Krokodilen, in den Miombowäldern und Akazienhainen tummeln sich riesige Büffelherden, Leoparden, aber auch Elefanten, Löwen, seltene Antilopenarten und Zebras. Jedes Tier, das üblicherweise zum Bild von Afrika gehört, existiert im Katavi-Park, ohne schädigende Einflüsse von Einheimischen (das verhinderte die Tsetse-Fliege) oder Touristen hinnehmen zu müssen. Der Park ist einer der wenigen Naturräume Tansanias, der (noch) größtenteils unerforscht ist – allerdings öffnet dies Tür und Tor für Wilderer, die dem Naturraum zusetzen.

Übernachten

Auf Plattformen – **Katuma Bush Lodge:** zentral gelegen, Tel. 0739 978 879, www.mbalimbali.com. Eine herrliche Lage (mit Blick auf die Katisunga Plains) und 10 komfortable Zelte machen das Safarierlebnis perfekt. DZ ab 1290 US-$ (all-inclusive, ohne Parkeintritt).

Einfach – **Katavi Wildlife Camp:** Katisunga Plains, Tel. 0713 237 422, www.foxessafaricamps.com. Das schnörkellose Camp mit 8 Zelten liegt in einer Gegend mit reichem Wildtierbestand. DZ ab 560 US-$ (VP, ohne Parkeintritt).

Verkehr

Flüge: In der Nähe des Katavi National Park gibt es ein kleines Flugfeld, auf dem ›Buschtaxis‹ landen, z. B. von Ruaha 2 x wöchentlich

Flüge mit Safari Airlink ca. 550 US-$, von Arusha Charterflüge mit Zantas Air ca. 955 US-$, jeweils pro Pers. und einfach.

Lake Victoria

Das Gewässer der Superlative in Tansania ist der **Lake Victoria,** das ›Mittelmeer Ostafrikas‹, der bekannteste und größte unter den Seen des Ostafrikanischen Grabenbruchs. Die Hälfte der Seefläche wird zu Tansania gerechnet, die beiden anderen Anrainerstaaten sind Kenia und Uganda. Seit jeher ranken sich Legenden um den zweitgrößten Süßwassersee der Welt, denn die Suche nach den Quellen des Nil hatte die Forscher und Entdecker jahrhundertelang in Atem gehalten. Heute weiß man, dass der See (er ist zweimal so groß wie die Niederlande!) in den Viktoria-Nil abfließt, der wiederum den Weißen Nil speist – sein Wasserstand hat somit letzten Endes dramatische Auswirkungen auf den Nil. Die Region um den See (auf 1135 m Seehöhe) ist geprägt von einem eigenen, äußerst niederschlagsreichen Mikroklima und infolgedessen einer spezifischen Flora und Fauna. Zudem ist sie ein fruchtbares Agrarland: Teepflanzungen, Bananen- und Zuckerrohrfelder hüllen das Hochplateau das ganze Jahr lang in saftiges Grün. 85 % des Seewassers stammt aus Niederschlägen! Kein Wunder also, dass das Seengebiet zu den besonders dicht besiedelten Gebieten Tansanias zählt. Wegen der dominierenden Stellung des Volkes der Sukuma spricht man auch öfter vom Sukuma-Land.

Neben der Landwirtschaft ist der See selbst die Haupterwerbsquelle für die Sukuma: Jährlich werden 500 000 t Fisch (Tilapia und Nilbarsch, s. S. 414) allein auf tansanischer Seite gefangen – und größtenteils exportiert. Bis zu 400 Mio. US-$ an Einnahmen soll der Lake Victoria der Region pro Jahr bescheren. Dem See ordnet man den Afrikanischen Lungenfisch zu, sozusagen ein lebendes Fossil, das über 300 Mio. Jahre alt sein soll. Er atmet durch die Lunge und nicht wie die überwiegende Mehrzahl der heute lebenden Fischarten über Kiemen. Wegen der Bilharziose-Erreger eignet sich das Gewässer nur an wenigen Stellen zum Baden. Überhaupt hat es mit vielen Problemen zu kämpfen: massive Überfischung, starke Wasserverschmutzung, bedingt durch die dichte Besiedlung, und die alles überwuchernde Wasserhyazinthe, die versehentlich eingeschleppt wurde und die Lebewesen im See beeinträchtigt.

Wer eine Reise zum Lake Victoria unternehmen will, dem bleibt kaum eine Alternative zum Flug, wenn er nicht große Unbequemlichkeit in Kauf nehmen möchte. Von Arusha führt der Weg nach Mwanza auf Teer über Singida, Nzega und Shinyanga, über Nairobi auf Teerstraßen (samt Visum für Kenia und zweitem Visum für Tansania), oder man reist von Uganda

Tipp

LAKE SHORE LODGE

Zugegeben, der Westen Tansanias ist wegen der großen Distanzen mühselig zu bereisen. Doch durch ihre strategische Lage bietet sich die **Lake Shore Lodge** am Südufer des Lake Tanganyika in Kipili als ideale Basis an. Sie lässt sich gut mit dem **Katavi National Park** kombinieren, der nur 4,5 Std. Straßentransfer entfernt liegt. Auch der Mahale National Park befindet sich nur 180 km weiter nördlich. In der Lake Shore Lodge selbst halten Tauchen, Schnorcheln, Kayaking, Sportfischen, Wasserski fahren, Mountainbiking oder Wanderungen die Besucher auf Trab. Für Entspannung sorgen Massagen. Auch Bootsfahrten mit der »MV Liemba« können von hier aus arrangiert werden. Bei der Anreise hilft Louise, die Besitzerin der Lodge, gerne weiter. Unterbringung in komfortablen Chalets oder einfacheren Zimmern. DZ 250–550 US-$ (VP), Tel. 0684 540 792, www.lakeshoretz.com.

über Bukoba (z.B. mit dem Schiff über den Lake Victoria) an. Von Kigoma nach Mwanza fährt theoretisch die Central Line, aber als Alternative zur teilweise unzumutbaren Piste kann die Schiene nicht betrachtet werden. Zur Zeit der Recherche war die Linie zwar in Betrieb, aber bis die angekündigte Revitalisierung der Bahnlinie durchgeführt wird, bleibt sie unzuverlässig (Dauer der Fahrt zwei Tage).

Mwanza ▶ 1, G 11

Der größte Binnenhafen Tansanias liegt in in der Mitte des Südufers. **Mwanza** ist eines der größten Ballungszentren des Landes. Das wirtschaftliche und industrielle Zentrum im Nordwesten Tansanias (363 000 Einw.) konnte sich erst durch die gute verkehrstechnische Anbindung entwickeln. Einerseits spielte der Frachthafen, wenige Kilometer vom Zentrum entfernt, eine wichtige Rolle, andererseits auch die Fortführung des Schienennetzes bis nach Mwanza. Wichtige Standbeine sind die Fischverarbeitung, die Baumwoll- und Textilproduktion sowie die Seifenherstellung. Zudem profitiert die Stadt von der größten Goldmine Tansanias in Geita und den zahlreichen Hilfsorganisationen, die im Umland angesiedelt sind. Für die meisten Touristen sind die Gates der Serengeti Endstation, nur wenige reisen von hier aus zum Viktoria-See weiter. Mwanza erstreckt sich über mehrere, von bizarren Granitfelsen übersäte Hügel, was der Stadt den Namen ›Rock City‹ eingebracht hat. Manche Häuser wurden sogar in diese Felsen hineingebaut. Über dem Stadtzentrum schwebt ein Hauch staubiger Wildwest-Atmosphäre. Kolonialarchitektur (z. B. der Bahnhof) sowie Gebäude mit großen Veranden, Säulen und Eckbauten prägen das Stadtbild.

Clock Tower Roundabout

Der Stadtrundgang beginnt am **Clock Tower Roundabout,** einem Synonym für den Status von Mwanza: So wie an diesem Ort drei wichtige Straßen zusammenlaufen, laufen in Mwanza die Fäden für Ost- und Zentralafrika zusammen.

Nordöstlich ist der **Isamilo Hill** zu sehen, heute ein beliebtes Wohngebiet. Den Sklavenrouten folgend, soll am 3. August des Jahres 1858 John Hanning Speke (s. S. 406) diesen Hügel erklommen haben und von dort aus im Lake Victoria die Quelle des Nils erkannt haben. Zu Ehren der damals in England herrschenden Monarchin Victoria taufte er den See nach ihr. Der Aussichtsturm auf dem Hügel war Teil einer Festung, die einst Sitz der Kolonialregierung war und heute vom Regional Commissioner okkupiert wird. Vor dort soll ein Geheimtunnel bis zum heutigen Nyamagana Stadion gegraben worden sein.

Das **Kriegerdenkmal** am Verkehrskreisel erinnert an den Ersten Weltkrieg, als die Briten von Uganda und Kenia aus kommend die Deutschen vertrieben, die sich nach Tabora und weiter in den Süden zurückzogen.

Kenyatta Road und Bismarck Rock

Mwanzas quirlige Hauptstraße ist die **Kenyatta Road,** deren Verlängerung nach Shinyanga führt. Bei einem Bummel entdeckt man hier und da alte Fassaden und Häuser. Gegenüber vom New Mwanza Hotel zweigt

Tipp

VORSICHT!

Auch wenn es auf den ersten Blick nicht so erscheinen mag: In Mwanza muss man wie in jeder größeren afrikanischen Stadt bestimmte Vorsichtsregeln beachten. Unter keinen Umständen sollte man sich nach Einbruch der Dunkelheit zu Fuß auf der Straße bewegen. Tagsüber ist an Plätzen mit viel Getriebe mit Taschendieben zu rechnen, insbesondere am Busbahnhof und auf dem Markt. Am besten lässt man Wertsachen im Hotel.

die Posta Street nach rechts ab, der man vorbei am Kamanga Ferry Port bis zum markanten **Bismarck Rock** folgt. Er verdankt seinen Namen einer Statue, die während der deutschen Kolonialära zu Ehren des Deutschen Reichskanzlers Otto von Bismarck angeblich auf dem Felsen gestanden hat. Für die zahlreichen Sonntagsausflügler ist der Park davor einfach ein lauschiger Ort am See.

Mwanza Train Station

Zurück auf der Kenyatta Road hält man sich rechts und folgt der frequentierten Straße bis zur nächsten Kreuzung, wo ein Schwenk nach rechts gemacht wird. Gleich zu Beginn der Station Road steht der schmucke **Bahnhof,** der von den deutschen Kolonialisten erbaut wurde, lang bevor die Bahn überhaupt nach Mwanza kam. 1905 begannen in Dar-es-Salaam die Arbeiten an den Gleisen, die 1914 bis Kigoma verlegt waren. Die Teilstrecke nach Mwanza war zwar schon zu deutscher Kolonialzeit geplant, wurde aber erst durch die Briten 1928 fertiggestellt.

Belmont Fairmount Hotel

Zurück auf der Kenyatta Road folgt man der Straße ein kleines Stück weiter stadtauswärts, bis man linker Hand das **Belmont Fairmount Hotel** erblickt. Die Dachterrasse bietet einen herrlichen Panoramablick auf See und Stadt. Von der nördlichen Brüstung fällt der Blick auf ein schönes Kolonialgebäude auf dem Hügel dahinter. Das Robert-Koch-Haus wurde kurz vor dem Ersten Weltrkieg gebaut, aber es war nie als Labor in Verwendung. Vielmehr diente es einige Jahrzehnte als Verwaltungsgebäude. Heute steht es leer, aber man hofft auf eine einträgliche, touristische Nutzung in den nächsten Jahren.

Indian Quarter

Auf der Kenyatte Road geht es nun zurück bis zum **Fish (Samaki) Roundabout,** wo man sich rechts hält und bei der Ampel – der einzigen von Mwanza – über die Straße geht. Hier, im Dreieck zwischen Posta Street, Uhuru Street und Clock Tower Roundabout liegt der alte Teil der Stadt, das **indische Viertel.** Niedrige alte, koloniale Gebäuden aus den 1930er- und 1940er-Jahren erinnern ein wenig an den Wilden Westen. Stattliche Villen, muslimische Moscheen und hinduistische Tempel sowie mächtige alte Verwaltungsgebäude reihen sich aneinander.

Gandhi Hall

Östlich vom Clock Tower Roundabout steht die **Gandhi Hall.** Sie wurde in den 1950er-Jahren von indischen Geschäftsleuten gestiftet. Bis heute befinden sich alle wichtigen Wirtschaftsbetriebe der Stadt – Hotels, fischverarbeitende Betriebe und Kleingewerbe – in den Händen der indischstämmigen Bevölkerung.

Umgebung von Mwanza

▶ 1, G 11

Etwa 19 km östlich von Mwanza bei **Kisesa** (an der Straße nach Musoma) lohnt sich der Besuch des **Sukuma Museum and Bujora Cultural Centre.** Die Sukuma, die in der Region rund um den Lake Victoria bis hinunter nach Shinyanga zu Hause sind, stellen mit etwa 15 % der Gesamtbevölkerung die größte Volksgruppe Tansanias. Ursprünglich von kanadischen Missionaren 1952 initiiert, dokumentiert das Museumsdorf die Geschichte und die Lebensweise der Sukuma.

So wird nicht nur der Alltag in traditionellen Hütten gezeigt, sondern auch ein Palast in der Art, wie sie früher von den Sukuma-Königen erbaut wurden. Artefakte wie Trommeln, Hausrat und Kunsthandwerk sind ausgestellt. Unregelmäßig, zumeist an Wochenenden während der Touristenhochsaison, finden Tanz- und Trommelvorführungen oder Pythonshows statt. Vorführungen werden auf Wunsch gegen Aufpreis gerne arrangiert (Mo–Sa 8–18, So 10–18 Uhr, Erw. 15 000 TSh).

Infos

Tourist Information: im New Mwanza Hotel, Posta St., Mo–Fr 8–16, Sa 8–13 Uhr.
Banken: Exim Bank (Kenyatta Rd.), CRDB Bank (u. a. Kenyatta Rd., Nyerere Rd.), Barclays (Pamba Rd. neben der Post), Stanbic (Uhuru Monument, Nyerere Rd.) sowie NBC

Der Lake Victoria und die Invasion der Nilbarsche

Berühmt ist der Lake Victoria nicht nur wegen seiner imposanten Größe, sondern vor allem wegen seiner vielfältigen Fischfauna. Im See sollen über 500 – vielfach endemische – Buntbarscharten vorkommen, von denen noch nicht einmal die Hälfte wissenschaftlich erfasst ist. Klingt, als handle es sich hier um ein kleines Paradies für Fische – doch gibt es einige eklatante Schönheitsfehler.

Das nährstoffreiche, warme und lichtdurchflutete Gewässer des Lake Victoria bot den Viktoriasee-Buntbarschen eine ideale Lebensgrundlage. Für die ansässige Bevölkerung stellte der zweitgrößte Süßwassersee der Welt nicht nur eine wichtige Nahrungs- und Erwerbsquelle dar, sondern auch das wichtigste Trinkwasserreservoir.

Doch folgenschwere menschliche Eingriffe haben das Ökosystem des Sees nachhaltig geschädigt. So wurden in den 1960er-Jahren zahlreiche Exemplare des bis zu 200 kg schweren Nilbarschs bewusst eingesetzt. Als kommerziell einträglicher Fisch sollte er die Fischernetze füllen. Doch die Ansiedlung erwies sich als Katastrophe, denn für die gefräßigen Raubfische eröffnete sich ein Schlaraffenland: Die viel kleineren Tilapia – so der zusammenfassende Name für die verschiedenen Buntbarscharten im Viktoria-See – hatten dem übermächtigen Feind nichts entgegenzusetzen. Während der Nilbarsch sich vermehrte, waren alle anderen Fischbestände in der Folge bald drastisch dezimiert – Experten sprechen davon, dass mittlerweile fast zwei Drittel der Buntbarscharten ausgerottet sein dürften.

Die erhofften Gewinne für die Kleinfischer blieben allerdings aus: Der als Viktoriabarsch gehandelte und weltweit äußerst beliebte Speisefisch erzielt auf dem Markt einen viel geringeren Preis als der Tilapia, gleichzeitig verlangt er höhere Investitionen.

Anders als der Tilapia kann er nicht in der Sonne getrocknet werden, sondern muss für die Konservierung geräuchert werden, was wiederum zur Brennholzgewinnung Rodungen notwendig und für das ökologische Gleichgewicht dringend notwendige Waldflächen zunichte macht. Außerdem benötigen die Fischer besonders starke und folglich teure Netze, die sich die kleinen Fischer nicht leisten können.

In den 1990er-Jahren erreichte der Hype um den Viktoriabarsch in Europa seinen Höhepunkt. Jeder Ernährungsexperte, der auf sich hielt, empfahl den Fisch wegen seiner wertvollen Omega-3-Fettsäuren. Das lukrative Geschäft mit dem Fisch rissen sich eine Handvoll Fisch verarbeitender Konzerne und korrupter Beamter unter den Nagel. Während die (indisch geführten) Fisch verarbeitenden Betriebe satte Gewinne schreiben, wurden die weit über 300 000 Fischer und weit über 1 Mio. indirekt Beschäftigten mit Almosen abgespeist. Anfangs ließen sich die Großfische fast von allein fangen, später musste man die hohen Fangquoten mit illegalen Fangmethoden aufrechterhalten.

Den Alltag der Fischer dokumentiert der Film »Darwin's Nightmare« des österreichischen Regisseurs Hubert Sauper eindrucksvoll. Ob die zweite These des Films auf Tatsachen beruht, nämlich dass im Handel mit den Viktoriabarschen statt Devisen Naturalien, und zwar Waffen, als Zahlungsmittel eingesetzt werden, ist bis heute umstritten.

Der Verkauf von Fischen ist die einzige Einkommensquelle für viele Frauen

Da mag es schon fast kleinlich klingen, dass auch noch eine Reihe von anderen Einflüssen das ökologische Gleichgewicht bedroht. Ohne ihre natürlichen Feinde, die Tilapia-Buntbarsche, konnten sich u. a. Wasserschnecken, die Zwischenwirte der Bilharziosewürmer, kräftig vermehren – mit dem Resultat, dass die für den Menschen gefährlichen Bilharzioseerreger heute im gesamten See vorkommen. Die Wurmparasiten befallen die inneren Organe, was zu schweren Schäden führen kann.

Neben der allgemeinen Verschmutzung des Sees, hervorgerufen durch die dichte Besiedlung der Küstenregionen, erwies sich auch die Verschleppung der Wasserhyazinthe in den 1980er-Jahren als gravierend: Buchstäblich beim Zuschauen überwuchert die auf dem Wasser schwimmende, in Mittel- und Südamerika heimische Pflanze die Buchten des Lake Victoria. Ihre Wuchsfreude ist immerns: Innerhalb von nur zwei Wochen kann sich das Ausmaß der von ihr bedeckten Wasserfläche verdoppeln! Über 90 % der ufernahen Gewässer sollen damit schon überwuchert sein. Dies hat für die ohnehin belastete Fischfauna zusätzlich verheerende Folgen: Durch den Lichtmangel sterben die heimischen Wasserpflanzen und die noch verbliebenen Buntbarsche. Neben anderen Folgeerscheinungen ist der Hyazinthenteppich außerdem eine Behinderung für die Schifffahrt und die Fischerei.

Um den See ist es derweil still geworden. Die Fischbestände sind wegen Überfischung und Verschmutzung fast nicht mehr existent, auf den Tellern der europäischen Konsumenten hat der Viktoriabarsch an Attraktivität verloren, die Korruption regiert und frisst die noch verbleibenden Einnahmen der Fischer. Die Regierungen der Anrainerländer schauen zu, zahlreiche hohe Funktionäre haben ohnehin alle Hände voll zu tun, ihre millionenschweren Pfründen in der Elefantenwilderei zu verteidigen. Momentan sieht es also nicht gut für den See aus.

Tipp

LUKUBA ISLAND

Nur 13 km vom Festland entfernt im Lake Victoria liegt **Lukuba Island** quasi vor den Toren der Serengeti. Vom Ndabaka Gate sind es nur mehr 92 km bis zum Bootsanlegesteg (der Bootstransfer wird von der Lodge arrangiert). Wer nach einer Safari ein paar Tage Ruhe sucht, ist hier goldrichtig. Faulenzen, im Pool schwimmen, Bootsexkursionen, Spaziergänge und Vogelbeobachtung. Zehn in die Jahre gekommene Bungalows und Zelte und nichts als grenzenlose Ruhe. **Lukuba Island Lodge,** www.eastafricacamps.com, DZ 386 US-$ (VP).

Bank (Kenyatta Rd. im NSSF Mafac House) sowohl für MasterCard- als auch für Visa-Card-Abhebungen.

Geldwechsel: bei den Banken, u. a. in der Equity Bank im New Mwanza Hotel (Posta St.).

Internet: Es gibt nur noch wenige Internetcafés, denn mittlerweile haben die meisten Hotels WLAN.

Übernachten

Entspannen im Dschungel – **Wag Hill Lodge:** 10 km südlich von Mwanza, Tel. 0683 342 288, www.waghill.co.tz. Die wohl ungewöhnlichste Unterkunft in Mwanza auf einer Halbinsel im See. Zelte im Safaristil auf Holzplattformen mit Blick aufs Wasser, außerdem Standardzimmer und Suiten, allesamt mit AC. Naturbelassenes, weitläufiges Areal, mit Pool und familienfreundlich, viele Aktivitäten. Ideal für Hobbyornithologen. Tagesausflüge möglich. DZ ab 140 US-$.

Lokalmatador – **Ryan's Bay Hotel:** Station Rd., Tel. 028 254 23 47, www.ryansbay.com. 50 freundliche große Zimmer samt Balkon, WLAN, AC und Flatscreen, in toller Lage direkt am Wasser. Pool. DZ ab 140 US-$.

Geschäftshotel – **Gold Crest Hotel:** Kenyatta Rd., Tel. 028 250 60 58. Großes Geschäftshotel in zentraler Lage mit WLAN, Restaurant, Bar, Lounge, Klub. Pool. DZ ab 125 US-$.

Alteingesessen – **Hotel Tilapia:** Capri Point, Tel. 028 250 06 17, www.hoteltilapia.com. Malerisch am Lake Victoria gelegen, gehört das ältere Mittelklassehaus noch immer zu den beliebtesten Hotels der Stadt. Besonderes Highlight: das zur Suite umfunktionierte Boot »Africa Queen«. WLAN, Pool, Spa. Ausgezeichnete Küche, netter Coffee Shop. DZ ab 120 US-$.

Blick auf den See – **Lahe Hotel:** nahe Mwaloni Fish Market, Tel. 0786 690 044, www.lahehotels.com. Nettes, einfaches Hotel etwas außerhalb der Stadt, auf einer Anhöhe mit Blick auf den See. DZ 70 US-$.

Zentrale Lage – **Midland Hotel:** Rwagasore Rd., Tel. 028 254 15 09. Das vielstöckige Geschäftshotel wartet mit vielen Angeboten (Internet, Beauty-Salon, Apotheke) auf. DZ ab 80 000 TSh.

Essen & Trinken

In den meisten Hotel-Restaurants, z. B. im **Hotel Tilapia,** im **Ryan's Bay Hotel** oder im **Malaika Beach Resort** (nördlich von Mwanza), kann man (zu gehobenen Preisen) gut essen.

Für Fleischtiger – **The Cask:** Rock City Mall, tgl. 9–22 Uhr. In das Open-Air-Restaurant neben der Mall kommen die Leute wegen der deftigen Fleischgerichte (gute Steaks – nicht ganz billig, aber ihren Preis wert) oder für einen Kaffee in der Shoppingpause.

Klassiker – **Pizzeria Kuleana:** Posta St., tgl. 9–21 Uhr. Leckere Pizzen, Sandwiches, frische Säfte, Kaffee und Kuchen – alles zu vernünftigen Preisen.

Abends & Nachts

Sundowner – In zahlreichen mehrgeschossigen Hotels in Ufernähe kann man gut den Sonnenuntergang bei einem Kaltgetränk beobachten, z. B. im **Tilapia Hotel, Gold Crest Hotel** oder im **Belmont Fairmount Hotel.**

Tanzen und Musik – Die angesagtesten Klubs finden sich in den besten Hotels der Stadt,

z. B. **Fusion Club** im New Mwanza Hotel, **Rock Bottom Club** im Gold Crest Hotel oder **Lips Club** in der Isamilo Lodge, alle mit Eintritt und meist Do–So ab 21 Uhr. Wie überall in Tansania wird gerne bis tief in die Nacht gefeiert und getanzt.

Aktiv

Das Wasser vor den einsamen Sandstränden von Ukerewe Island ist frei von Bilharziose-Erregern und lädt zum Baden ein. Regelmäßig verkehrende Autofähren setzen auf die nördliche Seite der Bucht über.

Safaris – **Shrike Safaris:** Banda St., Tel. 0623 549 367, www.shrikesafaris.org. Standard-Safaris in die Serengeti, Daytrips und andere Aktivitäten.

Verkehr

Flüge: Der Flughafen liegt 9 km außerhalb der Stadt, Verbindungen z. B. mit Coastal Aviation von der Seronera 223 US-$, von Arusha 453 US-$, jeweils pro Person und einfach.

Züge: Zur Zeit der Recherche waren Modernisierungen der maroden, unzuverlässigen Bahnlinie im Gang. Vor Ort Auskünfte zu den neuen Abfahrtszeiten und Preisen einholen. Der Bahnhof liegt südwestlich des Zentrums an der Station Rd.

Busse: Die allgemeine Bushaltestelle befindet sich zentral neben dem Markt, das Nyegezi Bus Terminal für die komfortableren Überlandbusse liegt 10 km südlich der Stadt. Tgl. von Dar-es-Salaam via Morogoro 50 000 TSh, von Arusha via Babati 40 000 TSh.

Mietwagen: Bei den meisten Safariagenturen können Fahrzeuge gemietet werden.

Fähren: Beim Bootsverkehr ändern sich Fahrpläne und Preise ständig; vor Ort erfragen. Passagierfähren nach Bukoba (3 x wöchentl. 21 Uhr, ca. 35 000 TSh, über Nacht), nach Ukerewe Island (2 x tgl., ca. 6000 TSh, Dauer 3–4 Std.) und Rubondo.

Grenzverkehr: 280 km nordöstlich von Mwanza liegt der Grenzübergang Isebania. Zur Serengeti (Ndabaka Gate bzw. Ikoma Gate) sind es ca. 160 km bzw. 240 km. Seit September 2015 darf man nur mit gültigem e-Visum nach Kenia einreisen (50 US-$, s. S. 80).

Rubondo Island National Park ▶ 1, E 11

Parkeintritt Erw. 35,40 US-$

Bestehend aus der Hauptinsel, elf kleineren Inseln und dem Gewässer, das sie umgibt, nimmt der **Rubondo Island National Park** 457 km^2 ein. Die Spezialität des größten Insel-Nationalparks Afrikas sind die grandiosen Urwaldlandschaften, durchzogen mit vielen kleinen Sümpfen. Man findet eine vielfältige Flora, z. B. 40 Orchideenarten, sowie herrliche Sandstrände am See. Doch auch die Fauna versetzt in Erstaunen: Über 200 Vogelspezies bevölkern den Park, darunter Schreiseeadler, Graupapageien und Paradiesschnäpper. Dass auch Säugetiere wie Ginsterkatzen, Diademmeerkatzen, Guereza-Affen, Buschböcke, Antilopen, Elefanten oder Giraffen hier heimisch sind, ist dem Zoologischen Institut Frankfurt zu verdanken, das die isolierte Insellage dazu nutzen wollte, bedrohte Tierarten zu retten und ihren Bestand auszuweiten. Mit der Einführung von Schimpansen versuchte man die Attraktivität des Parks zu erhöhen. Schon zuvor auf der Insel heimisch waren Flusspferde, Krokodile und die seltenen Sitatungas.

Übernachten, Essen & Trinken

Luxus-Abenteuer – **Rubondo Island Camp:** Tel. 0736 500 515, www.asiliaafrica.com. Luxuscamp mit 8 weitläufigen Zelte und Chalets aus rustikalen Materialien im Urwald, nur wenige Meter vom Strand entfernt. Pool. Herrlich abgeschieden! DZ ab 1695 US-$ (all-inclusive, ohne Parkeintritt).

Aktiv

Pirschfahrten, Bootssafaris, Fußsafaris, Schimpansen-Tracking, Vogelbeobachtung und Nilbarsch-Sportfischen, alle zu organisieren über das Camp.

Verkehr

Flüge: Charterflüge mit Auric Air von Mwanza, der Serengeti oder Arusha aus.

Pkw: Auf den unbewohnten Inseln des Nationalparks sind keine Fahrzeuge zugelassen, auf Safari geht es zu Fuß oder per Boot.

Safaris im Süden und die Southern Highlands

Off the beaten track, abseits der Touristenpfade – dieser Begriff beschreibt am besten Reisen in das südliche Tansania. Dabei hätte die Region alles, was Touristen sich wünschen: viel authentisches Busch-Feeling, riesige Herden von Tieren, für die der Anblick von Menschen noch nicht alltäglich ist, wunderbare Naturräume, grüne Hügelketten und endlose Ebenen.

Während der Tourismus als Einnahmequelle in diesem Teil von Tansania weniger eine Rolle spielt, sorgt die Agrarwirtschaft für das Auskommen der Menschen. Die Gebiete um Morogoro, Kilombero, Iringa, Mbeya (Southern Highlands), Njombe oder Songea sind bedeutende Anbaugebiete für unterschiedliche *cash crops,* u. a. Kaffee, Tee, Ölsamen, Reis, Tabak oder Pyrethrum. Darüber hinaus produziert die Region große Maisüberschüsse und deckt damit teilweise den Bedarf dieses wichtigsten Grundnahrungsmittels. Im Bergbau und bei der Gewinnung von Bodenschätzen wie Gold, Diamanten, Edelsteinen oder Uran liegt

Eine staubige Angelegenheit: Reisen auf ungeteerter Piste

die Förderung immer noch weit unter dem vorhandenen Potenzial – doch mehr und mehr Investoren wagen sich nach Tansania.

Die Verkehrsanbindung von Süd-Tansania ist für afrikanische Verhältnisse exzellent. Auf dem gut ausgebauten TANZAM Highway gelangt man von Dar-es-Salaam nach Mbeya und weiter nach Sambia. Er ist zentraler Teil der Überlandroute von Nairobi nach Kapstadt und wichtige Transportroute im panafrikanischen Güterverkehr. Hinzu kommt die TAZARA-Eisenbahnlinie, die den Hochseehafen von Dar-es-Salaam mit Sambia verbindet – mit vielen Stopps entlang der Strecke, z. B. im Selous Game Reserve, bei den Udzungwa Mountains oder in Mbeya.

Selous Game Reserve ▶ 2, O 20/21

Zugang: Es gibt zwei Gates, Matambwe Gate im Norden und Mtemere Gate im Osten, wobei letzteres mit dem Fahrzeug besser erreicht werden kann; Eintritt Erw. 59 US-$, bei Übernachtungen im Park müssen zusätzlich 29,50 US-$, bei Übernachtungen (in Camps) außerhalb 17,70 US-$ Conservation Fee bezahlt werden; weitere Gebühren: Boating Fee 5,90 US-$, Landing Fee (bei Landung auf dem Flugfeld) 11,80 US-$, Ranger 59 US-$ pro Gruppe

Abenteuerliche Bedingungen, einzigartige Landschaftsszenerie und ungestörte Tierbeobachtungen – das hört sich nach Selous an. Eine Safari im **Selous Game Reserve** unterscheidet sich ganz wesentlich von Safaris in den meisten anderen Naturschutzräumen. Zuallererst ist Selous (sprich: Selu) ein Wildreservat, und zwar das größte Afrikas – und kein Nationalpark. Das bedeutet, dass den naturverbundenen Gästen andere Arten der Tierbeobachtung, z. B. zu Fuß oder per Boot, zur Verfügung stehen. Zum zweiten mag zwar die Population von über 1 Mio. Wildtieren imposant klingen, doch auf einer Fläche, die fast viermal so groß ist wie die Serengeti, relativiert sich diese Zahl. Und drittens schlagen die Safari-Uhren im Selous langsamer: Unendliche Weiten prägen das Bild, es kann vorkommen, dass man auf einer Pirschfahrt keinem Menschen begegnet. Die wenigen Lodges sind familiär und nicht überlaufen, und die Hitze verlangt eine vollkommen andere Strukturierung eines Safaritages.

Gerade deswegen übt das Areal, das mit über 51 200 km² größer ist als die Schweiz, eine ungeheure Faszination aus – hier kann man sich weit intensiver mit der wilden Ursprünglichkeit verbunden fühlen. Schon 1905 ernannte die deutsche Kolonialregierung Teile des Gebiets zu Schutzzonen, 1982 wurde es zum UNESCO-Weltnaturerbe erklärt. Diese Maßnahmen kollidierten auch nicht mit den Interessen der einheimischen Bevölkerung, da in der Region die Tsetsefliege vorkommt, die nicht nur Rinder mit Seuchen infiziert, sondern auch die Schlafkrankheit auf Menschen übertragen kann, sodass die Region wirtschaftlich nicht nutzbar ist. Benannt wurde der Park nach dem britischen Großwildjäger, Naturliebhaber und Soldat Frederick Courtney Selous, der auf dem heutigen Parkgebiet im Ersten Weltkrieg bei Kämpfen gegen die Deutschen ums Leben kam.

Nur der kleinere, nordöstliche Teil des Reservats – das entspricht etwa 16 % des Areals – ist für Safaris zugelassen, während der Rest von Großwildjägern genutzt wird (nur etwas für gut gefüllte Geldbörsen). Große Herden von Gnus, Zebras, Antilopen sind das ideale Dinner für weit über 3500 Löwen, die hier ihre höchste Dichte in Tansania erreichen. Einzigartig in Tansania ist die große Population von Afrikanischen Wildhunden – 800 bis 1000 sollen hier leben, was die größte Dichte in Ostafrika darstellt. Überhaupt sind die meisten Tiere in schier unerschöpflichen Populationen vorhanden und theoretisch ist es möglich, jedes erdenkliche Wildtier – ausgenommen Nashörner – im Selous zu Gesicht zu bekommen.

Kein Safariparadies ist aber vollkommen. Wegen schlechter Erreichbarkeit kann der Großteil des Reservats nicht kontrolliert werden, was den Elfenbein-Wilderern und korrupten Angestellten des Reservats gelegen kommt. In den letzten Jahren war Selous wegen Elefanten-Wilderei international in die Schlagzeilen gelangt. Bei der Tierzählung 2013/14 stellte man fest, dass von den 45 000 Elefanten, die 2009 gezählt wurden, nur noch 15 000 am Leben waren. Seitdem haben auch die Behörden ihre Anstrengungen im Kampf gegen die Wilderei intensiviert – mit Erfolg. Die Wilderei konnte reduziert werden, viele Täter und internationale Drahtzieher wurden verhaftet. Mittlerweile sieht man wieder mehr Elefanten auf Pirschfahrten.

Bedroht wird das Naturerbe Selous auch durch die Industrie: 2012 hat die Regierung das Reservat mit Zustimmung der UNESCO um 345 km² verkleinert, um die Uranvorkommen in diesem Gebiet fördern zu können. Seit Jahren bohrt man, bis jetzt erfolglos, nach Öl und Gas, doch die Bemühungen gehen weiter. An der Stiegler's Gorge (s. rechts) soll bis 2020 ein gigantisches Wasserkraftwerk entstehen. Der Stausee flutet ein großes Gebiet und zerschneidet Wanderrouten, die nötige Infrastruktur verbraucht weitere Flächen und erleichtert es Wilderern, in das Reservat einzudringen.

Am Rufiji River

Der **Rufiji River** durchquert das Reservat, und der Fluss und seine zahlreichen Seitenarme prägen die Tier- und Pflanzenwelt nachhaltig. Aus der Vogelperspektive erinnert er ans Okavango-Delta in Botswana, denn er bildet große Seen und verzweigt sich wie ein Labyrinth in in viele Flussarme mit Inseln, Sandbänken und Lagunen. An deren Ufer sonnen sich so viele Krokodile wie sonst nirgends in Tansania, grunzende Hippos suhlen sich im schlammigen Wasser und unter den Borassuspalmen dösen stehend Elefantenfamilien. Nebenbei sind die Galeriewälder der zahlreichen Flussläufe Heimat für über 430 Vogelarten – und natürlich auch beliebter Aufenthaltsort weiterer Tiere. Da lohnt sich natürlich eine Bootssafari, die in fast jeder Lodge angeboten wird. Neben dem dicht bewachsenen Flussufer ist die Landschaft von weiten, offenen Savannenflächen, Miombotrockenwäldern, Borassuspalmenhainen und Buschsavanne mit Akazienhainen geprägt. Man kann stundenlang durch das größtenteils flache, mancherorts auch sanft hügelige Gebiet fahren, und trotzdem verliert die Landschaft niemals an Faszination. Ein besonders spektakulärer Aussichtspunkt auf dem Wasserweg ist die 100 m tiefe **Stiegler's Gorge** im Nordwesten – eine atemberaubende Schlucht, in der sich der Fluss staut und vielen Tieren als Tränke dient.

Unterwegs im Selous

Das Wegesystem ist kaum ausgebaut, außer einer Hauptpiste, die schnurstracks durch den nordöstlichen Sektor läuft. Aufgrund der Größe des Gebiets kommen die Besucher größtenteils per Flugzeug. Während der großen Regenzeit von März bis Mai, wenn die Flüsse zu reißenden Strömen werden und sich über ihr Flussbett hinaus ausdehnen, bleiben alle Unterkünfte geschlossen. Die beste Reisezeit ist zwischen Juni und September, dann kann man zudem die in Ostafrika sonst kaum zu beobachtende Laubfärbung an den Miombobäumen erleben. Innerhalb von Tagen durchlaufen die Blätter den Herbst im Zeitraffer – man kann beinahe zusehen, wie sich das Laub erst gelb, dann rot und schließlich braun färbt, um für den Rest des Jahres grün zu bleiben.

Die kürzeste Anreise mit Fahrzeug erfolgt über den Osten (über Kibiti, 280 km, 6 Std.), zuerst auf Asphalt, ab Kibiti auf Sandpiste. Die spektakuläre Anfahrt von Morogoro über die Uluguru-Berge (ca. 155 km, 6–8 Std.) ist nur sinnvoll für Unterkünfte im Westteil.

Übernachten, Essen & Trinken

Die Camps sind in den Monaten April und Mai geschlossen.

Im Park:

Luxus pur – **Beho Beho:** 70 km südöstlich des Matambwe Gate, Tel. +44 1 932 260 618, www.behobeho.com. Die Lodge besteht aus acht luxuriösen Stein-Cottages im eleganten Kolonialstil, einer Familien-Villa und einem Baumhaus. Bekannt für exzellente Guides und Walking Safaris in einem Gebiet ohne hohes Besucheraufkommen. Bootssafaris am Lake Tagalala. Pool. DZ 2120 US-$ (all-inclusive,

Aktiv

SAFARI ZU FUSS IM SELOUS GAME RESERVE

Tour-Infos

Start: bei jedem Camp im und um das Selous Game Reserve

Dauer: meist 2 Std. in den frühen Morgenstunden in Begleitung eines bewaffneten Rangers

Buchungen: direkt bei den Camps. Viele Camps berechnen Walking Safaris extra, ca. 30–50 US-$ pro Person. Verboten für Kinder unter 16 Jahren.

Ausrüstung: geschlossenes Schuhwerk mit dicker Sohle, lange Hosen, Kopfbedeckung, Mückenschutzmittel, Kamera

Wichtige Hinweise: Den Instruktionen der Guides und Rangers ist unbedingt Folge zu leisten. Immer hintereinander gehen, niemals nebeneinander. Sprechen vermeiden. Die Auslösegeräusche der Kamera müssen auf lautlos gestellt sein. Keinen Abfall in der Natur hinterlassen.

Die Morgenstunden, wenn die schräg einfallenden Sonnenstrahlen den Busch in warme Goldtöne tauchen, sind ideal für Fußsafaris. Dem bewaffneten Guide im Gänsemarsch folgend, hält man Augen und Ohren offen – es knackt und raschelt im Busch. Ein paar Impalas machen sich aus dem Unterholz mit grazilen Sprüngen auf und davon. Flüsternd weist der Führer auf Vögel und kleinere Tiere im Dickicht, die nur ein geschultes Auge erkennen kann.
Im ausgetrockneten, sandigen Flussbett versucht der Guide, die zahlreichen Tierspuren zu deuten – die riesigen Dunghügel von Elefanten, die wie gepresste Grasballen aussehen, sind nicht zu übersehen; die Spuren der kleinen Dikdiks sind da bei Weitem subtiler. Ein wenig weiter haben es sich Flusspferde im übel riechenden, schlammigen Wasserloch bequem gemacht, doch die Anwesenheit von Zaungästen macht sie nervös. Einige tauchen für wenige Minuten unter. Obwohl sie tagsüber im Wasser leben, um die Haut feucht zu halten, können sie nicht besonders gut tauchen oder schwimmen.
In der Ferne schnauben Zebras – sie signalisieren ihren Artgenossen Alarm. Ein neugieriges Warzenschwein lässt sich scheinbar von der unbekannten Spezies nicht beirren und hält inne. Nach 2–3 Stunden retour im Camp ist man sich bei einer Tasse dampfendem Kaffee einig – die Wildnis per pedes zu erfahren ist berührend. Die Vorfreude auf die Bootssafari am Nachmittag steigt, auch wenn ein mulmiges Gefühl bleibt. So nah kommt man der Wildnis nur selten.

ohne Parkeintritt). Ein weiteres Luxuscamp in ähnlich isolierter Lage ist das **Sand Rivers Camp** (mit seitlich offenen Chalets), DZ ab 1450 US-$ (all-inclusive, ohne Parkeintritt).
Klassiker – **Siwandu Camp:** am Lake Nzerakera, Tel. 022 212 84 85, www.selous.com. Herrliche Lage am Wasser; zehn große elegante Safarizelte, charmante Lounge auf Stelzen mit Blick auf den See, Pool. Exzellente Tierbeobachtung. DZ ab 1410 US-$ (all-inclusive, ohne Parkeintritt).
Old Safari Style – **Selous Impala Camp:** 15 km nordwestlich des Mtemere Gate, www.selousimpalacamp.com. Acht Zelte auf Holz-

plattformen (mit Blick auf den Fluss). Pool. Exzellente Möglichkeiten für Tierbeobachtungen in einem wildreichen Gebiet, familiäre Atmosphäre. DZ ab 1360 US-$ (inkl. Safaris und VP, ohne Parkeintritt und Walking Safaris).

Einfach – **Rufiji River Camp:** Zufahrt über Mtemere Gate, Tel. 0713 237 422, www.rufijirivercamp.com. 14 geräumige, behindertengerechte Zelte direkt am Fluss. Liegt im verkehrsreichen Korridor nahe der Hauptpiste und dem Gate. Pool. DZ ab 720 US-$ (inkl. Safaris, ohne Parkeintritt).

Naturnah – **Lake Manze Tented Camp:** 44 km nordwestlich des Mtemere Gate, Tel. 022 260 17 47, www.ed.co.tz. Das rustikale Zelt-Camp am See mit zwölf Zelten wird gut von diversen Tieren frequentiert. Pirschfahrten, Walking Safaris, Bootsfahrten auf dem Lake Manze, Angelausflüge. DZ ab 624 US-$ (inkl. VP und Safaris, ohne Parkeintritt).

Außerhalb des Parks:

Die Camps außerhalb sind einfacher (und daher billiger), aber viele Besucher empfinden die langen Transferfahrten und das Passieren des Gate als unangenehm.

Bergauf, bergab – **Sable Mountain Lodge:** vor dem Matambwe Gate, Tel. 0713 323 318, www.tentwithaview.com. Rustikale Lodge mit gemauerten Chalets, Zelt-Bandas und zwei Suiten inmitten von Hügeln und dichten Wäldern. Pool. Anreise per Zug möglich. DZ ab 630 US-$ (inkl. Safaris und VP, ohne Parkeintritt).

Beste Budget-Option – **Selous River Camp:** Mloka, Tel. 0784 237 525, www.selousrivercamp.com. Beste Budget-Option in Mloka. Preisgünstige Unterbringung entweder in hübschen Lehmhütten oder günstigeren Safari-Zelten mit Gemeinschaftsbad, direkt am Fluss. Hübsche Lounge im Sand, mit bunten Kissen und Blick auf den Fluss. Safari-Packages werden angeboten. DZ 392–560 US-$ (inkl. VP und Safaris, ohne Parkeintritt).

Camping – **Public Campsites:** Lake Tagalala ist der schönste Campingplatz im Reservat, eine weitere Option ist der Platz bei der Beho-Beho-Brücke. Man bezahlt den Parkeintritt und den obligatorischen Ranger (59 US-$) und für beide Plätze 35,40 US-$/Pers. Anzumelden bei den Gates.

Verkehr

Flüge: Flugfelder gibt es in der Nähe der meisten Zelt-Camps und an beiden Gates. Tgl. Linienflüge, z. B. Coastal, Zanair, Airlink. Von Dar-es-Salaam 180 US-$/Pers. (einfach), von Arusha 435 US-$ mit Coastal Aviation.

Züge: Die Bahn verkehrt von Dar-es-Salaam in Richtung Mbeya, die Abholung vom Matambwe Halt oder dem Kisaki Bahnhof muss vorher bei den Camps, z. B. der Sable Mountain Lodge, gebucht werden. Momentan fährt der Zug Di und Fr, jeweils am Nachmittag ab Dar-es-Salaam. Er braucht 5–6 Std. bis nach Kisaki. Die Fahrpläne ändern sich laufend, Details sind vor Ort zu erfragen. Wenn einer der Züge um die Mittagszeit von Dar-es-Salaam abfährt, kann man vom Zug aus Wildtiere beobachten.

Uluguru Mountains und Morogoro ▶ 2, O 18

Vom Matambwe Gate und Kisaki (bzw. der TAZARA-Bahnstation Kisaki) führt eine Allwetterpiste nach Morogoro, die größtenteils in gutem Zustand ist. Nachdem man die Grenzen des Selous Game Reserve hinter sich gelassen hat, hält man sich bei **Kisaki** rechts. Die Piste führt zuerst – teilweise schnurgerade – durch Sumpfgebiet und fruchtbare Ebenen, wo Mais, Reis und viele Feldfrüchte gedeihen. Es gibt zwar nur wenige Dörfer – doch trotzdem sind die Straßen voller Menschen: in bunten Tüchern, lachende Kinder, die gelbe Kübel voll Wasser nach Hause tragen oder Männer auf ihren Fahrrädern. Hier bieten sich wunderbare Aussichten auf die malerischen **Uluguru Mountains.**

Später beginnt die Piste stetig zu steigen und man fährt in zahlreichen Serpentinen über die Uluguru-Berge. Dichter Baumbewuchs, teilweise haarsträubende Kurven und spärliche, typisch afrikanische Siedlungen begleiten die Fahrt. Hinter dem Dorf **Mkuyuni** (ca. 120 km ab dem Gate) muss man sich bei der Kreuzung rechts halten. Wer die Abzweigung versäumt hat, wird schließlich auf einer abenteuerlichen Gebirgsstraße das Dorf Kinole erreichen und hier umdrehen müssen, da die Piste zu Ende ist. Nach der Abzweigung bei Mkuyuni beginnt die Straße bald sanft zu fallen und die in der Sonne glitzernden Dächer von **Morogoro** und den umliegenden Dörfern werden sichtbar. Die letzten Kilometer geben wunderbare Panoramablicke auf Morogoro und die dahinter liegenden Ebenen frei.

Morogoro und Umgebung ▶ 2, O 18

Malerisch liegt **Morogoro** zu Füßen der Uluguru-Berge auf einer Höhe von 500 m, gesegnet mit mildem Klima. Heute erinnert nichts mehr daran, dass dieser Ort früher Umschlagplatz für arabische Handelskarawanen war.

Wirtschaftlich ist Morogoro (316 000 Einw.) heute eines der führenden Agrar- und Bildungszentren Tansanias, mit wichtigen Einrichtungen wie z. B. der Sokoine University of Agriculture. Große Tabakfelder an den fruchtbaren Berghängen der Uluguru Mountains, wo sich regelmäßig die Wolken abregnen, und eine Reihe von Tabakfabriken prägen die Stadt. Neben der Tabakindustrie ziehen die zahlreichen Wohlfahrtsorganisationen und nicht zuletzt die hohe Dichte an kirchlichen Organisationen viele Weiße in die Stadt. Bereits die deutschen Kolonialisten wussten, dass man in Morogoro gut leben kann, wie die heute wenig ansehnlichen Kolonialbauten, beispielsweise der Bahnhof, die alte Boma oder das ehemalige Edelweiß-Gasthaus in den Bergen, zeigen.

Die meisten Reisenden nutzen Morogoro nur als Durchgangsstation, doch auch ein Zwischenstopp ist lohnend. Empfehlenswert sind Wanderungen in den schönen **Uluguru-Bergen** (s. Tipp rechts) mit Gipfeln bis 2646 m.

Infos

Banken: NBC Bank und CRDB Bank (beide in der Old Dar-es-Salaam Rd.), Exim Bank (Lumumba Rd.) und Barclays (Madaraka Rd. und Lumumba Rd.), alle für Master- und Visa-Card-Abhebungen.

Internet: Die meisten Unterkünfte haben WLAN. Im Posta Internet Café gibt es Computer mit Internetzugang.

Übernachten, Essen & Trinken

Urlaub auf dem Bauernhof – **Mbuyuni Farm Retreat:** am Kingolwira Village in Richtung Norden abbiegen, Tel. 0784 601 220, www.kimango.com. Charmante, geräumi-

Tipp

WANDERN IN DEN ULUGURU MOUNTAINS

Viele der geführten Wanderungen des engagierten Chilunga-Cultural-Tourism-Programms verbinden körperliche Betätigung mit kulturellem Erlebnis. So führt die **Mbete Village Tour** in ein Dorf, wo Frauen aus Erde genießbare Kuchen backen, und beinhaltet lokales Essen sowie Schwimmen im Morogoro River. Viel anstrengender ist die **Lupanga Peak Tour,** wobei der 2150 m hohe gleichnamige Gipfel in 6–7 Std. erklommen wird oder die mehrtägige **Kinole-Tour** durch die Uluguru-Berge.

Weitere Wander- und Kulturtouren führen zu traditionellen Heilern, Wasserfällen oder dem ehemaligen Edelweiß-Gasthaus (heute bekannt als Morningside). Die Preise variieren je nach Länge, eingeschlossenen Leistungen (Essen & Schlafen), Gruppengröße und an die Dörfer zu zahlenden Gebühren, durchschnittlich 30–50 US-$/Pers.

Chilunga Cultural Tourism: Rwegasore Rd., gegenüber vom Morogor Hospital, Tel. 0754 477 582, www.chilunga.or.tz.

ge Familiencottages mit Blick auf die Uluguru Mountains und den blühenden Garten. Köstliches Frühstück mit ausgefallenen Kreationen. Abends kocht Simone raffinierte Hausmannskost mit Produkten aus dem eigenen Garten. Pool. DZ 230 US-$ (HP).

Verstecktes Juwel – **Simbamwenni Lodge & Camping:** Anfahrt über Iringa Rd., bei der Petrol Station mit Ampel in Richtung Norden abbiegen, dann links, 1,5 km weiter, Tel. 0753 884 496, www.simbamwenni.com. Stein-Cottages (mit eigenem Bad/WC) und Zelte (mit Gemeinschaftsbad) in einem gepflegten, weitläufigen Garten mit altem Baumbestand, familiäre Atmosphäre, gute Küche. Camping 10 US-$, DZ 50–80 US-$.

Zentral, zweckmäßig – **Antique Legacy Hotel:** westlich des Zentrums, Tel. 0784 885 555, www.antiquelegacyhotel.com. Neueres Mittelklasse-Geschäftshotel mit unterschiedlichen Zimmerkategorien in Zentrumslage, noch sehr gepflegt, einige Zimmer haben Blick auf die Berge. DZ ab 45 US-$.

Essen & Trinken

Pizza und Gegrilltes – **Dragonaire's:** Old Dar es Salaam Rd., Tel 0713 622 262, Di–Fr 15–23, Sa, So 11–24 Uhr. Open-Air-Restaurant mit italienischer und chinesischer Küche sowie deftigen Fleischgerichten. Ab 8000 TSh.

Indisch – **Red Chilli Restaurant:** Station Rd., Tel. 0784 498 874, Mo–Sa 11–23, So bis 14 Uhr. Fantastische indische Gerichte, Grillhähnchen. Ab 7000 TSh.

Unscheinbar gut – **Ricky's Café:** Old Dar es Salaam Rd., in der Oryx-Tankstelle, tgl. 7–16.30 Uhr. Hähnchen, Currys, Sandwiches, Suppen, Salate, hausgemachter Kuchen und Eiscreme, dazu Cappuccino und Shakes. Schattige Terrasse. Ab 5000 TSh.

Verkehr

Züge: Der Bahnhof der Central Line befindet sich in der Station Rd. Fahrplan s. Dar-es-Salaam s. S. 292.

Busse: Die Überlandbusse halten im 4 km nördlich der Stadt gelegenen Bus Terminal Msamvu (direkt am Highway). Taxis in die Stadt kosten 5000 TSh.

Mikumi National Park

► 2, N 19

Eintritt Erw. 35,40 US-$

Gut auf dem TANZAM Highway erreichbar liegt der drittgrößte Nationalpark des Landes, nur 300 km westlich von Dar-es-Salaam. Weil er von allen Parks im Süden am schnellsten, nämlich in knapp vier Stunden, von der Metropole aus erreichbar ist, wird er gerne als Naherholungsgebiet von den Großstädtern genützt. Der **Mikumi National Park** ist zwar kein Park der Superlative, doch landschaftlich und in Bezug auf die Tierpopulation ist die typisch afrikanische Baum- und Grassavanne ein lohnendes Ziel. Als Teil des riesigen Ökosystems des Selous Game Reserve vermittelt er einen guten Eindruck von der afrikanischen Tierwelt, z. B. mit Elefanten, Büffeln, Giraffen, Zebras, Gnus. Auch Löwen, Leoparden und Flusspferde sind häufig gesehene Besucher der Wasserlöcher. Die Abendpirsch wird von dramatischen Sonnenuntergängen begleitet, die die Buschlandschaft in stimmungsvolle Farben tauchen. In der abendlichen Stille kann man das Heulen der Afrikanischen Wildhunde vernehmen, die zu den bedrohten Tierarten zählen, hier allerdings noch in größeren Rudeln vorkommen.

Übernachten, Essen & Trinken

Im Park:

Auf dem Hügel mit Rundumblick – **Stanley's Kopje:** 26 km nördlich des Gates, Tel. 0713 237 422, www.stanleyskopje.com. Das familiäre Camp gehört der buscherfahrenen Foxes-Familie. Zwölf komfortable Zelte auf Plattformen mit wunderbaren Panoramen. Pool. Liegt in Hörweite des Highway, was aber nicht stört. DZ ab 340 US-$ (VP).

Camping im Park – Es stehen zwei **Public Campsites** zur Verfügung. Die Übernachtung kostet 35,40 US-$/Pers. Die etwas teureren **Special Campsites** (59 US-$/Pers.) kann man bei der Parkverwaltung erfragen.

Außerhalb des Parks:

Einfaches Gästehaus – **Tan-Swiss Lodge:** am Highway in Mikumi Village, Tel. 0755 191 827, www.tan-swiss.com. Nettes Gästehaus mit lauschigem Garten und simplen, sauberen Zimmern und Bungalows (mit AC). Großer Pool vorhanden. DZ 80–100 US-$.

Camping – **Camp Bastian:** östlich von Mikumi Village, www.campbastian.com. Im Vergleich zu den Campingplätzen im Park hat man es auf dem Platz der Tan-Swiss Lodge viel bequemer und lauschiger. Auch das Essen überzeugt. 15 US-$ mit Frühstück pro Pers. Es gibt auch Cottages, DZ ab 70 US-$.

Aktiv

Touren – Bei den Unterkünften kann man Pirschfahrten (ca. 250 US-$/Pers.) oder Tagesausflüge in die Udzungwa Mountains buchen (z. B. 165 US-$/Pers. bei Stanley's Kopje).

Verkehr

Flüge: Linienflüge, z. B. von Airlink, von Dar-es-Salaam 185 US-$, vom Selous 275 US-$ (einfach). Airstrip in der Nähe des Kikoboga Headquarter.

Züge: s. u. Udzungwa Mountains, Verkehr.

Udzungwa Mountains National Park ▶ 2, M/N 19

Zugang: Mangula Gate, Eintritt Erw. 35,40 US-$

Hauptattraktion des zweitjüngsten Nationalparks von Tansania (seit 1992) sind die endemischen Pflanzen und Tiere. Die **Udzungwa Mountains** sind Teil der 25 Mio. Jahre alten Eastern Arc Mountains, die einst von der Küste Südkenias bis nach Südtansania reichten und denen im Übrigen auch die artenreichen Usambara-Berge angehören. Die höchsten Gipfel reichen bis auf 2579 m. Dieser Umstand macht das Schutzgebiet zu einem hervorragenden Wander- und Klettergebiet. Allerdings sollten Reisende reichlich Pioniergeist und Naturverbundenheit mitbringen, denn man wandert im lebendigen Bergurwald mit über 2500 Pflanzen, über 250 Vogelarten, anmutigen Schmetterlingen und zahlreichen Säugetieren. Durch die Unerreichbarkeit des Gebiets und die Jahrmillionen andauernde Isolation konnten sich in der überwältigenden Bergszenerie überdurchschnittlich viele endemische Spezies entwickeln.

Erst 2005 entdeckten Forscher im dichten Dschungel eine neue Primatenspezies, den Kipunjii-Affen. Man nimmt an, dass eine Population von ca. 1000 Tieren existiert. Zwischen Wasserfällen, Felsen und dichtem Primärwald tummeln sich Vertreter von elf Primatengattungen, neben Grünen Meerkatzen, Weißkehlmeerkatzen und Guereza-Affen auch weitere endemische Arten wie die Sanje-Mangabe, außerdem Elefanten, Büffel, Busch- oder Wasserböcke, diverse Antilopen und Leoparden.

Die Anreise per Fahrzeug ist ebenso einfach wie in den Mikumi National Park, man braucht nur dem TANZAM Highway in Richtung Mbeya zu folgen, biegt dann am Ortsende von Mikumi nach Süden ab und folgt der Piste bis zum Parkeingang (65 km). Das Parkareal selbst kann nur zu Fuß und im Rahmen geführter Wanderungen erkundet werden, auf Pfaden durch den Regenwald und zum 2150 m hohen Mwanihana, dem zweithöchsten Berg des Parks. Guides können problemlos in Eigenregie am Gate organisiert werden (23,60 US-$ pro Gruppe).

Übernachten

Zu Füßen der Udzungwa-Berge – **Hondo Hondo:** an der Hauptstraße von Mangula, Tel. 0758 844 228, www.udzungwaforest camp.com. Komfortables, naturverbundenes Zelt-Camp in einem saftig grünen Garten mit toller Atmosphäre. Als Community Project konzipiert, bezieht es die lokale Bevölkerung erfolgreich ein. Zahlreiche Aktivitäten wie Mountainbiketouren, Trommelworkshops, Dorfbesuche etc. Camping 10 US-$, DZ 280 US-$ (VP).

Verkehr

Flüge: Der nächstgelegene Airstrip liegt bei Mikumi (s. o. Mikumi National Park, Verkehr).

Züge: Die TAZARA hält in Mangula, Abfahrtszeiten s. Dar-es-Salaam, S. 292. Die Abholung von der Bahn ist vorab mit den Unterkünften zu klären.

Aktiv

WANDERUNG ZU DEN SANJE-WASSERFÄLLEN IN DEN UDZUNGWA MOUNTAINS

Tour-Infos

Start: Sanje Village, nördlich von Mangula
Länge: 12 km hin und zurück
Dauer: 3–4 Std.
Schwierigkeitsgrad: herausfordernd, da es steil bergauf und wieder bergab geht
Buchung: Bei Hondo Hondo (s. S. 425) oder bei einem der empfohlenen Safarianbieter in Dar-es-Salaam (s. S. 291). Zusätzlich zum Parkeintritt muss die Gebühr für den begleitenden Ranger-Guide bezahlt werden (23,60 US-$/Gruppe).
Wichtige Hinweise: Ausreichend Trinkflüssigkeit, Sonnenschutz und -creme sowie Mückenschutzmittel mitnehmen.

Die ersten Höhenmeter steigen die Wanderer durch das Dorf Sanje, vorbei an gackernden Hühnern und Hütten. Der schmale Pfad schlängelt sich steil in die Höhe, bis die ersten Schautafeln erreicht sind. Die Parkverwaltung hat den für seine vielfältige Fauna und Flora berühmten Sanje-Trail mit Schautafeln zu interessanten endemischen Gewächsen versehen, zu denen gute Guides einige erläuternde Worte sagen. Es handelt sich teilweise um Arten mit einem besonderen Nutzen. Einige Gattungen stehen leider auch auf der Roten Liste bedrohter Tier- und Pflanzenarten der Weltnaturschutzunion IUCN. In den 15 bis 20 m hohen Baumwipfeln turnen schwarz-weiße Stummelaffen und Vogelgezwitscher erfüllt die Lüfte. Von den Lichtungen sieht man auf die Zuckerrohrfelder der Kilombero-Ebene.
Vor dem Marula Tree hält der Guide an. Die goldgelben Früchte des sogenannten Elefantenbaums, an dem sich auch Affen gern berauschen, werden in Südafrika zu Amarula-Likör verarbeitet, den es als eines der wenigen tatsächlich afrikanischen Getränke an jeder Lodge-Bar gibt. Nach ein paar Minuten kommt man zu einem Langfäden-Baum *(combretum molle)*, der wegen seiner anticancerogenen Wirkung im Kampf gegen Tumore eingesetzt wird. In seiner Rinde finden sich Antioxidantien, die jenen des Granatapfels ähneln. In unmittelbarer Nähe erklärt der Wanderguide, dass die Rinde des Ficus sur in Tansania aufgebrüht wird, um Beschwerden des Verdauungsapparates zu lindern. Etwa 15 Minuten weiter oben gelangt man zu zwei Bäumen, deren Blätter in früherer Zeit zur Betäubung von Tieren verwendet wurden. Insbesondere die Blätter des *Antiaris toxicaria* wurden für die Jagd genutzt, während der *Dichapetalum stuhlmannii* bei übermäßiger Dosierung die Tiere sogar töten konnte.
Ein spitzer Schrei schallt durch die Wälder, es raschelt im Geäst. Dass es sich um einen Elefanten oder Löwen handelt, ist unwahrscheinlich, obwohl diese bei Trockenheit in die Dörfer kommen, um Wasser oder Nahrung zu finden. Auch ein *Iringa Red Colobus Monkey* mit markantem rotem Schopf oder der graue, schlanke Kipunji-Affe wird es wohl nicht gewesen sein, denn die stehen auf der Roten Liste bedrohter Tierarten. Vielleicht war es der in dieser Gegend weit verbreitete *Hondo Hondo,* der Nashornvogel *(hornbill).*

25 Minuten nach dem Start ist der überdachte Sanje Waterfall View Point erreicht, der den 183 m hohen Wasserfall in seiner ganzen Pracht zeigt. Das Wasser des Sanje River, der den Wasserfall speist, fließt zu 75 % in die Stromproduktion des nahe liegenden Kidatu Power Plant. An der nächsten Abzweigung hält man sich für den Abstecher zum unteren Ende des Wasserfalls links. Ein *Harvey's Red Duiker* (Harvey-Rotducker) – auf der Roten Liste – huscht durch den Wald, bevor die nächsten Schautafeln auftauchen. Die Rinde des *Euclea divinorum* (Swahili *mdaa*, engl. *magic gwarra*) wird in Tansania im Mörser zerstampft, überbrüht und mit dem Sud spült man den Mund aus, um Zahnfleischbluten zu verringern.
Nach etwa 2,5 Stunden ist der untere Wasserfall erreicht. Hier kann man aufatmen und ausruhen, der steile Pfad und die schwülen Temperaturen unter dem Blätterdach verlangen nach vielen Wasserpausen. Der Blick schweift über das fruchtbare Kilombero Valley mit seinen Zuckerrohr- und Kokosplantagen. Weiter in der Distanz sind die Uluguru Mountains und am Horizont die Ebenen des Selous Game Reserve zu sehen. Je nach Wasserstand erfrischt ein Bad in den Pools.
Der zweite Wasserfall »Thelathini« (Swahili für ›dreißig‹) liegt 15 Min. entfernt. Seine Pools sind nur bedingt zum Schwimmen geeignet, da wegen unterirdischer Höhlen starke Strömungen vorherrschen. Es gibt noch weitere Wasserfälle, doch die meisten Guides drehen hier um.
Der Rückweg verläuft ohne große Anstrengungen durchgehend bergab. Noch vor der Mittagshitze hat man den Talboden wieder erreicht – gerade richtig, um sich an den Mangos oder Ananas zu laben, die die Dorffrauen am Straßenrand feilbieten. Ein aufmerksamer Führer entdeckt möglicherweise eine winzig kleine *Elephant Shrew,* die Elefantenrüsselmaus, im Unterholz, die wegen ihrer langen, spitzen Nase so genannt wird.
Für die Wanderung zum Sanje Fall genügt ein halber Tag. Naturliebhaber können am Headquarter aber auch für Camping bezahlen (35,40 US-$) und im Urwald nahe den Wasserfällen nächtigen. Der Lohn: ein Buschfrühstück mit Blick über das Kilombero Valley, das von Rufen des Hondo Hondo oder knackenden Ästen begleitet wird.

Iringa und Isamila

▶ 2, L 19/20

190 km westlich hinter dem Ort Mikumi und kontinuierlich ansteigender Strecke liegt, 3 km nördlich des Highway, auf einem Felsplateau das malerische, entspannte Städtchen **Iringa.** Der Blick geht auf die Tabak- und Maisfelder der Ebene. Iringa liegt auf 1600 m Höhe inmitten blauer Jacaranda-Alleen; diese Lage verspricht moderate Temperaturen. Im Südwesten fällt das Plateau fast senkrecht zum Flusstal des Little Ruaha River ab. Wegen der strategisch günstigen Lage errichteten die Deutschen hier 1896 ein großes **Fort,** Keimzelle der Stadt. Es sollte einst als Verteidigungsposten gegen die aufständischen Hehe dienen, die gegen Ende des 19. Jh. der deutschen Kolonialregierung erbitterten Widerstand leisteten.

Rund um die stattliche Markthalle stehen Relikte längst vergangener Kolonialtage, wie die Boma oder einige Gebäude entlang der belebten Einkaufsstraße. Auch die Markthalle selbst stammt aus dieser Zeit. Hier werden die bekannten Korbwaren von Iringa verkauft, ebenso wie auf dem Highway, wo Männer und Frauen am Straßenrand ihre Ware den vorbeirasenden Fahrzeugen anpreisen. Abgesehen davon lebt das charmante Städtchen vor allem durch den kontrastreichen Mix verschiedener Kulturen – hier die Bauten hinduistischer Inder, dort die Moscheen der muslimisch-afrikanischen Bevölkerung.

Historisch spektakulär sind die Steinzeitfunde bei **Isamila** nur 20 km südwestlich von Iringa. Der Fundort liegt ein wenig abseits von der Hauptstraße. Seit Ende der 1960er-Jahre wurden hier tausende Objekte freigelegt, hauptsächlich Steinkeile und Äxte, die aus der Zeit des Acheuléen (Alts-

Stark erodierte Sandsteinfelsen prägen die Schlucht von Isamila bei Iringa

teinzeit) vor 270 000 Jahren stammen sollen. Damit gehören sie zu den ältesten Steinzeitfunden. Zudem entdeckte man Fossilien längst ausgestorbener Tierarten, z. B. eines archaischen Flusspferds oder einer Giraffe mit kurzem Hals. Im Gegensatz zu den Steinwerkzeugen sind diese Funde aber für Besucher nicht zugänglich.

Naturverbundene werden am eineinhalbstündigen Spaziergang (feste Schuhe und Sonnenschutz!) durch die Isamila-Schlucht Gefallen finden, mit ihren bizarren 15 m hohen Säulen sieht sie wie eine Miniaturausgabe des Bryce Canyon in Utah (USA) aus. Die Präsentation der Werkzeuge im Museum ist aber bescheiden (tgl. geöffnet, Erw. 20 000 TSh)

Infos

Banken: NBC Bank, CRDB Bank, Barclays (alle in der Uhuru Rd.), Exim Bank in der Jamat St., alle für Master- und Visa-Card-Abhebungen.

Übernachten

Zu schade für eine Nacht – **The Old Farm House Kisolanza:** 36 km südwestlich von Iringa, Tel. 0754 306 144, www.kisolanza.com. Die beste Wahl in diesem Teil von Tansania. Unterbringung in Cottages und Zimmern in mehreren Kategorien im charmanten Afro-Landhausstil. Fair geführter Betrieb, dessen britische Besitzer in Tansania aufgewachsen sind. Unbedingt rechtzeitig reservieren. Exzellente Küche! Selbstversor-

ger-Chalets 60 US-$, Camping 10 US-$/Pers., Luxury Suite 200 US-$ (HP).

Backsteinhaus – **Zakinn Gangilonga Hotel:** Old Dodoma Rd., Tel. 0763 454 525, www.zaki.co.tz. Acht nette Zimmer mit grazilen schmiedeeisernen Möbeln und Himmelbetten in einem roten Backsteinhaus in zentraler Lage. DZ ab 45 US-$.

Essen & Trinken

Pizza und mehr – **Mama Iringa's Pizzeria:** ca. 3 km nordwestlich der Stadt, Nähe Danish School. Wohl der beste Italiener des Südens mit Original-Pizza und Pasta, Bruschetta und sonstigen grün-weiß-roten Köstlichkeiten. Schwer zu finden. Taxi ca. 10 000 TSh.

Café und Souvenirshop – **Neema Crafts Café:** Hakimu St. Unterstützenswerte Initiative, wo körperbehinderte und hörgeschädigte Menschen Ausbildung, Arbeit und Anerkennung finden. Swahili-Gerichte, Currys, Pizzas, Panini. Auch WLAN. Hauptgerichte ab 4000 TSh.

✿ Ruaha National Park

▶ 2, K 19

Zugang: Der einzige Zugang mit der Zahlstelle befindet sich am Msembe Gate im Süden, Eintritt Erw. 35,40 US-$

Seit 2008 die Pufferzonen ins Nationalparkgebiet aufgenommen wurden, ist der **Ruaha National Park** mit 22 226 km^2 der größte ausgewiesene Park Tansanias. Obwohl er schon 1910 gegründet wurde, setzen die Tourismusverantwortlichen erst jetzt große Hoffnungen in diesen ›Park der Zukunft‹. Noch ist es nicht gelungen, den Strom der Besucher in den Süden umzulenken, obwohl der Ruaha alles bietet, womit die bekannten Nationalparks des Nordens locken können – eben außer einem Verkehrsstau auf der Piste. Dabei ist der Ruaha Nationalpark auf guten Straßen und Pisten (500 km auf Teer bis Iringa, 120 km Piste bis zum Gate) oder per Buschflugzeug von Dar-es-Salaam aus leicht erreichbar.

Quer durch den Ruaha National Park verläuft eine auffällige, etwa 100 m hohe Bruchstufe, die den Park in zwei Teile trennt: Südlich, im zugänglichen Teil des Parks, befindet sich auf ca. 900 m Seehöhe das Tal, nördlich ein Plateau mit bis zu 1800 m hohen Bergen, wo Besucher keinen Zutritt haben. Besonders während der Regenzeit schießen Bachläufe die Bruchstufe hinunter, und graben sich Jahr für Jahr tiefer ins Gestein – gut zu sehen bei der Mdonya Gorge. Die Höhenlage und das hügelige Terrain sorgen nicht nur für eine abwechslungsreiche Landschaft, sondern auch für ein angenehmes Klima.

Ähnlich wie im Selous schlägt das Herz des Parks entlang des Great Ruaha River, der zugleich im Osten die natürliche Grenze mar-

Tipp

WALKING SAFARIS IN DEN KICHAKA CAMPS

Zugegeben, ein Schnäppchen sind die Walking Safaris in den **Kichaka Camps** nicht gerade, aber jede Sekunde hier wird zum Safarigenuss. Andrew Molinari, einen in Kenia aufgewachsenen Briten mit Universitätsabschluss in Zoologie, hat es 2005 in den Süden Tansanias verschlagen, wo er seine Passion für Fußsafaris ausleben und perfektionieren konnte. Das Ergebnis sind zwei Camps im isolierten östlichen Teil des Ruaha National Park, die er mit seiner Frau Noelle betreibt: Das eine ist dauerhaft und wird als luxuriöse Basis für Walking-Abenteuer aller Art genutzt, das andere hat mehr Busch-Glamping-Charakter und dient wie ein Flycamp als Etappenziel auf einem längeren Walk. **Kichaka Camps,** Tel. 0766 965 627, www.kichakaexpeditions.com, ab 851 US-$ pro Person und Tag (all-inclusive), günstigere Packages für 3 oder 5 Tage.

kiert. In den Trockenmonaten konzentriert sich die Tierwelt entlang dem Fluss, und zieht sich mit Einsetzen des Regens in nicht zugängliche Teile des Refugiums zurück. Der Great Ruaha River mündet im Selous Game Reserve in den Rufiji. Daneben gibt es eine Reihe von kleineren Flussläufen, die in den Regenmonaten März bis Mai als reißende Ströme viele Pisten überschwemmen, um danach für neun Monate unter ihrem Flussbett zu schlummern. Die ›Sand-Flüsse‹ scheinen ausgetrocknet zu sein, doch zwischen hartem Granitstein im Unterboden und der Sandschicht darüber verbergen sich unterirdische Rinnsale, die während der Trockenzeit vielen Tieren als Tränke dienen. Am Mwagusi und Mdonya Sand River kann man oft Elefanten dabei beobachten, wie sie mit ihrem Rüssel Wasserlöcher bohren.

Wie alle Gewässer in Tansania hat der Ruaha River auch mit dem Rückgang der Wassermassen zu kämpfen, vor allem durch den Wasserverbrauch im Reisanbau und die intensive Rinderhaltung flussaufwärts. 1993 trocknete der Fluss das erste Mal seit Menschengedenken aus, und seitdem werden die Trockenperioden kontinuierlich länger.

Das herrliche Flusstal des Ruaha-Flusses bildet die Kulisse für beeindruckende Tierbeobachtungen. Der Fluss zwängt sich durch Stromschnellen, bildet tiefe Becken – hier faulenzen die gewichtigen Flusspferde –, spaltet sich auf und bildet eine Insel zwischen den Flussarmen, wo Impalas, Wasserböcke oder Riedböcke grasen. Das Wasser hinterlässt große Sandbänke – Logenplätze für Krokodile. Vor die Linse bekommen Besucher Herden von weit über 100 Kaffernbüffeln, Giraffen, Löwen, Leoparden – und die seltenen Afrikanischen Wildhunde, die auch im Selous und Mikumi leben. Nur die Elefantenpopulation ist in den letzten Jahren wegen der erstarkten Wilderei dezimiert worden. Lange gab es kein gesichertes Datenmaterial über den Rückgang, doch der Internet-Milliardär und Philanthrop Paul G. Allen finanzierte 2016 eine afrikaweite Elefanten-Zählung, die bestätigte, dass über 60 % der Elefanten in Tansania in den vergangenen fünf Jahren getötet wurden. Ähnliches gilt vermutlich auch für den Ruaha National Park, da der Selous mit dem Ruaha und Tarangire über Korridore verbunden ist.

Seltener beobachtet man die bis zu 270 kg schweren Pferdeantilopen, Rappenantilopen oder Große Kudus. Ornithologen werden von über 500 Vogelarten begeistert sein, vom Zwergeisvogel über Kaffernhornraben bis zum mächtigen Schreiseeadler. In manchen Teilen des Parks gibt es Tsetsefliegen, allerdings braucht man sie nicht zu fürchten, denn sie übertragen hier nicht die Schlafkrankheit auf den Menschen. Miombowälder und Baumsavanne sind typische Vegetationsformen für den Ruaha-Park. Majestätische, alte Baobabs bilden dazu attraktive Kontraste, einige haben unter den Elefanten schon sehr gelitten. Durch den lockeren Bewuchs lassen sich die Wildtiere im gesamten zugänglichen Areal verhältnismäßig gut beobachten.

Übernachten, Essen & Trinken

Die Camps sind in den Monaten April und Mai geschlossen.

In bester Buschcamp-Manier – **Nomad Kigelia:** Tel. 0787 595 908, www.nomad-tanzania.com. Hochwertiges, detailreich gestaltetes Buschcamp direkt an einem Sandfluss. Unterbringung in sechs relativ kleinen, simpel ausgestatteten Zelten mit viel rustikalem Busch-Schick. DZ ab 1498 US-$ (all-inclusive, ohne Parkeintritt).

Traumhafte Panoramen – **Ikuka Camp:** Tel. 0769 079 287, www.ikukasafaricamp.com. Auf dem Mwagusi Escarpment gelegen, bietet das Camp mit die schönsten Panoramen im Park. Die überdachten Tented Chalets (in Beige- und Creme-Tönen gehalten) sind geräumig und an der Seite offen. Pool mit Fernsicht. DZ ab 1050 US-$ (inkl. VP, Pirschfahrten und Getränke).

Old Style Camp – **Mwagusi Safari Camp:** Tel. +44 1 822 615 721, www.mwagusicamp.com. Das aus Naturmaterialien erbaute Camp mit Lodge-Charakter an einem Sandfluss verschmilzt auf wunderbare Weise mit dem Busch: Tierknochen fungieren als Toilettenpapierhalter, interessant geformtes Treibholz wurde zu Lampen verarbeitet. Die geräumigen, überdachten Zelte verfügen über eine große Veranda und Sitzecken. DZ ab 890 US-$ (all-inclusive, ohne Parkeintritt).

Am Fluss – **Ruaha River Lodge:** im Park, 18 km südwestlich des Gate, Tel. 0713 237 422, www.ruahariverlodge.com. Die ältere gemütliche Lodge mit 29 gut ausgestatteten Stein-Cottages liegt reizvoll am Great Ruaha River. Weitläufige Anlage mit zwei Panoramarestaurants und Pool. DZ ab 640 US-$ (VP und Pirschfahrten).

Safari pur – **Mdonya Old River Camp:** im Park, 43 km westlich des Gate, www.ed.co.tz. Einfaches familiäres Busch-Camp ohne viel Firlefanz, mit Fokus auf Naturerlebnis und Tieren. Liegt weitab von den restlichen Camps und hat noch weniger Safari-Verkehr. DZ ab 576 US-$ (VP und Pirschfahrten).

Elefanten-Spielplatz – **Tandala Tented Camp:** außerhalb des Parks, kurz vor dem Gate, Tel. 0755 680 220, www.tandalacamp.com. Komfortable geräumige Zelte auf Stelzen mit Veranden vermitteln rustikales Busch-Feeling. Pirschfahrten, Aktivitäten, Unterstützung bei Reisearrangements. Pool. DZ ab 430 US-$ (VP).

Camping – Beim Msembe Headquarter im Park gibt es eine **Public Campsite** für Selbstversorger, die auch über einfache Bandas verfügt (Camping 35,40 US-$/Pers.). Übernachtungen auf den **Special Campsites** müssen bei der Parkverwaltung angemeldet werden (59 US-$/Pers.).

Aktiv

Pirschfahrten, Walking Safaris – Alle Camps haben gewöhnliche Pirschfahrten mit Guides im Programm. Walking Safaris müssen in manchen Camps separat gebucht und bezahlt werden. Außerhalb des Parks gibt es u. a. auch Besuche in Masai-Dörfern.

Verkehr

Flüge: Linienflüge bieten Coastal Aviation und Safari Airlink an, von Dar-es-Salaam 390 US-$ (einfach), von Tarangire 550 US-$ (einfach). Die beiden Airstrips befinden sich beim Msembe Gate und in der Nähe des Jongomero Camps.

Mbeya und Umgebung

▶ 2, H 21

In den 1920er-Jahren stießen Feldarbeiter bei der Ortschaft Lupa auf Gold. Daraufhin wurde 1927 die heutige Provinzhauptstadt **Mbeya** im Hochland des tansanischen Zentralplateaus (durchschnittlich auf 1700 m Seehöhe) gegründet. Heute vermutet man im 70 km nördlich gelegenen Chunya die größten Goldvorkommen des Landes.

Mit der guten Verkehrsanbindung nach Dar-es-Salaam durch den TANZAM Highway

(Distanz: 860 km) sowie durch die Eisenbahnverbindung zwischen Mbeya, Dar und Lusaka, der Hauptstadt von Sambia, erfreuen sich die 385 000 Bewohner von Mbeya einer guten Infrastruktur. Die Nähe zu Malawi und Sambia verleiht Mbeya eine tragende Funktion im grenzüberschreitenden Güterverkehr, noch heute ist Mbeya das Tor ins südliche Afrika. Nach einigen Korruptionsskandalen um die Errichtung eines internationalen Flughafens in Songwe westlich von Ifisi ist dieser 2012 endlich eröffnet worden. Wer nicht nach Sambia oder Malawi weiterreisen möchte, kann via Tunduma (116 km westlich) über Sumbawanga und Mpanda entlang der kargen Mbizi Mountains nach Kigoma fahren (789 km auf größtenteils geteerter Straße).

Besonders beim Anbau von Arabica-Kaffee hat sich Mbeya in den letzten Jahren einen guten Ruf erworben, etliche ertragreiche Kaffeefarmen sind entstanden. Größter Arbeitgeber der Region ist eine Zementfabrik, deren dampfende Schlote weithin sichtbar sind.

Mbeya selbst hat touristisch wenig zu bieten, dafür ist die umgebende Landschaft eine wahre Augenweide. Pinien-, Eukalyptus- und Bambuswälder überziehen die Gebirgszüge der saftig-grünen **Mbeya Range,** deren höchste Erhebung der Mbeya Peak mit 2834 m ist. Mbeya ist ein geeigneter Ausgangspunkt für einige ansprechende Ausflüge ins Umland, beispielsweise zum sodahaltigen **Rukwa-See,** zum **Mbozi-Meteoriten,** zum Kratersee **Ngozi Crater Lake** oder zur Natursteinbrücke **Daraja la Mungu** über den Kiwira River.

Außer für Ausflüge ist das Bergland auch bestens für Wanderungen geeignet. Der relativ steile **Mbeya Peak** kann in einer Tagestour bezwungen werden, ebenso wie der **Loleza Peak** (2656 m). Anfragen bei den Unterkünften und bei Sisi Kwa Sisi.

Infos

Banken: NBC Bank, CRDB Bank, Stanbic (alle Karume Ave.), Exim Bank und Barclays (beide am TANZAM Highway, alle Banken für Visa- und MasterCard-Abhebungen.

Übernachten, Essen & Trinken

Malerische Lage – **Utengule Coffee Lodge:** 11 km westlich von Mbeya, weitere 8 km nördlich von Mbalizi, Tel. 0753 020 901, www.utengule.com. Älteres beliebtes Landhotel mit funktionell eingerichteten Zimmern in unterschiedlichen Kategorien. Großer Pool, WLAN. Bestes Restaurant in der Gegend. Viele Aktivitäten. DZ ab 120 US-$.

Auf einem Hügel mit Blick – **Hill View Hotel:** Kaunda Ave., Tel. 025-2502766, www.hillview-hotel.com. Bestes Businesshotel der Stadt zum stolzen Preis. DZ ab 120 US-$.

Geschäftshotel – **Beaco Resort:** TANZAM Hwy., gegenüber Kadege Bus Stop, Tel. 025 250 44 41, www.beacoresort.com. Liegt etwas zurückversetzt vom Highway und zählt zu den besseren Geschäftshotels der Stadt. DZ ab 40 US-$.

Zwischen Mbeya und Flughafen – **Ifisi Community Center (ICC):** am Tanzam-Highway, 16 km westlich von Mbeya, Tel. 0753 011 622, www.mec-tanzania.ch/icc. Wer mit dem eigenen Fahrzeug unterwegs ist, sollte den Weg nach Ifisi nicht scheuen. Das einfache, saubere Gästehaus liegt herrlich ruhig in einer riesigen Grünanlage mit Blick auf die Mbeya Range. Airport Shuttle (nur 6 km vor dem Songwe Airport). Sehr gute Küche zum fairen Preis. DZ ab 50 000 TSh.

Aktiv

Kulturtourismus – **Sisi Kwa Sisi:** Mbalizi Rd., beim kleinen Kreisel, Tel. 0754 463 471, sisikwasisitours@hotmail.com. Das lokale Kulturtourismusprogramm bietet Touren zu den Sehenswürdigkeiten der Umgebung an. Tagestouren 25–35 US-$/Pers. plus Eintrittsgebühren, je nach Ziel und Gruppengröße.

Verkehr

Züge: Die TAZARA verkehrt nach Dar-es-Salaam. Abfahrt zzt. Mi und Sa ca. 13–15 Uhr, max. 40 000 TSh in der 1. Klasse, Fahrtdauer ca. 24 Std. Der Bahnhof liegt 5 km außerhalb des Zentrums am TANZAM Highway. Taxis in die Stadt kosten max. 10 000 TSh.

Busse: Der große Busbahnhof von Mbeya befindet sich an der Mbalizi Rd., ein Stück südlich des Zentrums, die Busse halten auch am Nane Nane Bus Terminal am Tanzam-Highway (6 km östlich der Kreuzung mit der Karume Rd.). Tgl. fahren Busse nach Dar-es-Salaam, 40 000 TSh im Luxury Bus.

✿ Lake Malawi

▶ 2, H/J 22–25

Den drittgrößten See Afrikas (29 600 km²) teilen sich Tansania, Malawi und Mosambik, doch nur Malawi nützt ihn einträglich, einerseits durch den Export von Zierfischen (sog. Cichliden oder Buntbarsche), andererseits durch Tourismus. Im Süden auf malawischer Seite stehen viele kleine Lodges, Tauchbasen, Segelklubs und Fischereizentren an den feinsandigen Stränden und Buchten des glasklaren Süßwassersees. In Tansania dagegen ist der **Lake Malawi** der verschlafenste unter den drei großen Grabenbruchseen, obwohl viele ihn für den beeindruckendsten halten. Schlechte Straßen und die fehlende Verkehrsanbindung haben bislang jeglichen Fortschritt verhindert. Einige wenige Wagemutige haben sich von der Schönheit der Gegend verzaubern lassen, bescheidene Lodges erbaut – und viele sind gescheitert. Eher bieten Gästehäuser von Geistlichen und Campingplätze Unterkunft. Doch vielleicht gerade deshalb ist der Lake Malawi (474 m Seehöhe) so zauberhaft. Die steilen, faltigen und dunkelgrünen Livingstone Mountains (bis zu 2488 m hoch) rahmen weiße feinsandige Strände mit glasklarem Wasser. Je weiter südlich man kommt, desto mehr stechen bizarre Steinformationen ins Auge. Man sieht sie aber nur bei einer abenteuerlichen Schiffsreise auf der »MV Songea«.

Infos

Bargeldbeschaffung: Es ist unerlässlich, in dieser abgelegenen Region ausreichend Bargeld in Landeswährung mit sich zu führen. Die nächste Möglichkeit, Geld zu wechseln bzw. abzuheben (Kreditkarte), bietet sich in Mbeya oder Songea.

Nordstrand mit Matema Bay

Das typisch afrikanische Fischerdorf **Matema** liegt herrlich idyllisch in den Ausläufern der Livingstone Mountains. Es wurde zwar 2012 ans Stromnetz angeschlossen, aber dennoch fühlt man sich hier wie am Ende der Welt. Einzige Geräuschkulisse: der unaufhörlich sanfte Wellenschlag des Malawi-Sees – und möglicherweise einige Moskitos, denn das Gebiet ist für Fälle von Malaria Tropica bekannt. Für Wanderungen in die unberührten Berghänge sollte man einen ortskundigen Führer suchen, denn bislang gibt es keine Wanderwege.

Die Anreise ab Mbeya führt zuerst durch regenreiches, fruchtbares Hügelland mit Tee- und Maisfeldern, wo Engelstrompeten wachsen und manches an die Schweizer Alpen erinnert. Die letzten 40 km ab Kyela (ca. 1,5 Std. Fahrzeit) führen vorbei an Reisfeldern durch dichte Bananenhaine und tropischen Dschungel. Die 112 km von Mbeya bis Kyela sind auf guter Teerstraße zu fahren, dann, nach Abzweigung 2 km vor Kyela links, legt man noch 40 km Wegstrecke auf holpriger Allwetterstraße zurück. Die Gesamtfahrtzeit beträgt 4–5 Std.

Übernachten, Essen & Trinken

Öko-Camp – **Blue Canoe Lodge & Campsite:** 3 km westlich von Matema, Tel. 0783 575 451, www.bluecanoelodge.com. Wunderschöne, geräumige Bungalows aus Naturmaterialien, eingerichtet mit viel Liebe zum Detail, in der ersten Reihe am Strand sowie weiter hinten im Garten. Nachhaltigkeit wird gelebt, z. B. mit Trockentoilette, Solarstrom und Insektenbekämpfung durch ätherische Öle. Internet und Geldwechsel. Gut sortierte Beach Bar, schmackhafte Gerichte und viele Aktivitäten, Transfers werden arrangiert. DZ im Luxury Bungalow 90 US-$, DZ im Standard Bungalow 60 US-$.

Zweckmäßig – **Matema Lake Shore Resort:** 1,5 km westlich von Matema, Tel. 0782 179 444, www.mec-tanzania.ch. Gut geführtes Gästehaus der Mbalizi Evangelistic Church

Aktiv

SCHIFFSTOUR AUF DEM MALAWI-SEE

Tour-Infos

Start: Do mittags, alle zwei Wochen, Itungi Port (11 km südöstlich von Kyela)

Anreise: Von Kyela zum Schiffsanlegeplatz fahren günstige Share-Taxis (3000 TSh) und Dalladallas (2000 TSh). Übernachtung in Kyela im Sativa Midland Hotel oder im Jonad Blue Sky (DZ 25 000 TSh). Selbstfahrer finden einen sicheren gebührenpflichtigen Autoabstellplatz bei den Unterkünften in Matema, z. B. Blue Canoe Lodge and Campsite. Man kann dann auch in Matema (Nähe Markthalle) zusteigen.

Dauer: Die Schiffstour dauert 22–24 Std.

Tickets: 25 000 TSh/Pers. (Kabine 1. Klasse), die anderen Klassen sind zu meiden.

Wichtige Hinweise: Die »MV Songea« ist ein altes, klappriges Schiff, d. h. ihre Dienste sind sehr unzuverlässig. Es ist vor Ort zu klären, wann und ob die »MV Songea« überhaupt fährt. Vor der Fahrt sollte man ebenfalls Erkundigungen dazu einholen, wie weit das Boot fährt, möglicherweise nur nach Liuli und nicht nach Mbamba Bay.

Die Überfahrt von **Itungi Port** – oder bei niedrigem Wasserstand einem nahe gelegenen Schiffsanlegeplatz direkt in einer Bucht ohne Pier – beginnt, wie sie enden wird: mit Verspätung. Doch Zeit spielt ohnehin nur eine untergeordnete Rolle am ›Ende der Welt‹ und so lässt man sich am besten von Wind, Wogen und der Liebenswürdigkeit der Menschen treiben.

Die kleine, teilweise verrostete »MV Songea« befördert – momentan im zweiwöchentlichen Rhythmus – neben Passagieren allerlei Waren wie Mehl, Zucker, Reis, Matratzen, Fahrräder und, natürlich, Coca-Cola, denn für die Fischerdörfer entlang dem tansanischen Ufer stellt die Fährverbindung die einzige Versorgungsmöglichkeit dar. Voller Erwartung wird das Schiff begrüßt (ob zur Tages- oder Nachtzeit), werden die Waren ausgeladen, Frauen verkaufen *chai* (Tee), *chapati* (eine Art Crêpe, aber ungesüßt), Obst und getrocknete Fische an die hungrigen Passagiere, und die Kinder winken dem Spektakel aufgeregt zu.

An Bord geht es – außer bei den sechs geschäftigen Stopps – gemütlich zu. Die Bordküche bietet lokale Gerichte, man schenkt warmes Kilimanjaro-Bier und kohlensäurehaltige Limonaden aus, und einem Plausch ist keiner der Passagiere abgeneigt – immerhin sind bis nach Mbamba Bay mindestens 22 Std. zu überbrücken.
Einen würdigen Rahmen bildet die imposante Szenerie der **Livingstone Mountains,** die herrlich weiße Sandbuchten im See bilden – übertrumpft nur vom glasklaren Wasser und den kleinen Fischerdörfern in Sichtweite. Geschlafen wird später, auch wenn man eine der sechs Schlafkabinen ergattert hat – viel zu zauberhaft ist der Himmel mit Abertausenden leuchtenden Sternen. Einsame Siedlungen an der Küste und in den Bergen erscheinen als Lichtpunkte am Horizont. Das verräterische Tuckern des Bootes kündigt schon weit vor dem Sichtkontakt die Ankunft von Waren-Nachschub, Verwandten und Zerstreuung an.
Fernab von Teerstraßen, Elektrizität und Touristen darf man nicht erwarten, dass Englisch gesprochen wird. Ein paar Brocken Swahili tun hier not, ebenso wie reichlich Zeit, Gelassenheit und eine Portion Abenteuergeist. Viel zu kurz ist der Aufenthalt im friedlichen **Mbamba Bay,** denn am Samstag oder Sonntag geht es wieder zurück, die genauen Abfahrtszeiten sind jeweils vor Ort zu erfragen. Wer länger bleiben möchte, muss entweder gleich zwei ganze Wochen ausharren oder nimmt einen Bus oder ein Pick-up-Taxi nach Songea, was jedoch nur in der Trockenzeit empfehlenswert ist. Ob und wann der Kapitän weiter nach Nkhata Bay in Malawi fährt, hängt von seiner Stimmung – nicht vom Fahrplan – ab.

mit Bungalows und Zimmern direkt am See, nur der Strand wirkt etwas steril durch wenig Bepflanzung. Landestypisches Essen auf Bestellung. DZ ab 60 000 TSh ohne Frühstück (zubuchbar für 5000 TSh).

Südstrand mit Mbamba Bay

Dank der neuen Allwetterpiste kann man **Mbamba Bay** nun das ganze Jahr über mit dem Fahrzeug erreichen (von Songea aus 162 km, ca. 4 Std.), eine spektakuläre Fahrt durch Berg- und Hügelland und fruchtbares Gebiet mit Kaffeeplantagen, Mais- und Sonnenblumenfeldern sowie riesigen Reisanbauflächen. Bis **Mbinga** fährt man auf Teer, dahinter wird aus der Straße eine kurvenreiche Allwetterpiste. Teilweise geht es entlang steil abfallender Hänge, volle Konzentration beim Fahren ist daher angebracht. Belohnt wird man mit herrlichen Panoramen, schon von Weitem sieht man ständig das Glitzern des Lake Malawi, bevor man ihn erst viele kurvenreiche Kilometer weiter erreicht. In Mbamba Bay gibt es zwar keine Elektrizität, dafür aber idyllische Buchten, reizvolle Steinformationen im Wasser und überaus freundliche Menschen.

In der Kolonialzeit hatte man Großes vor mit der Ortschaft – Mtwara am Indischen Ozean und Mbamba Bay sollten durch eine Bahnlinie verbunden werden, um von Malawi Kohle und andere Bodenschätze per Schiff befördern zu können. Die Pläne liegen heute noch in der Schublade, von Zeit zu Zeit werden sie von den Regierungsverantwortlichen wieder hervorgeholt und neu überdacht, aber bislang ist alles beim Alten geblieben.

Übernachten, Essen & Trinken

Direkt am Strand – **Bio Camp:** 10 Min. hinter Mbamba Bay, www.mbambabay-biocamp.com. An einem breiten Strand mit feinen Kieseln stehen mehrere individuell gestaltete Stein-Cottages und – die preiswertere Option – Canvas-Zelte. Ursprüngliches, rustikales Ambiente, ökologischer Ansatz mit Biokläranlage, Solarstrom und Lebensmitteln aus eigener Produktion. Es werden viele Aktivitäten angeboten, man kann aber auch einfach entspannen und die Seele baumeln lassen. DZ im Stein-Cottage 85 000 TSh, DZ im Canvas-Zelt 40 000 TSh.

Kulinarisches Lexikon

Im Restaurant

Bringen Sie mir bitte…	*Tafadhali, letee …*
Die Speisekarte, bitte!	*Letee menu, tafadhali!*
Ich möchte … essen.	*Tafadhali, ninataka kula ….*
Ich möchte … trinken.	*Tafadhali, ninataka kunywa ….*
Guten Appetit!	*Karibu chakula!*
Es ist lecker/es schmeckt gut.	*Ni tamu.*
Die Rechnung, bitte.	*Niletee cheti, tafadhali.*
Frühstück	*chai ya asubuhi*
Mittagessen	*chakula cha mchana*
Abendessen	*chakula cha usiku*
Essen	*chakula*
Teller	*sahani*
Messer	*kisu*
Gabel	*uma*
Löffel (Tee-)	*kijiko*
Löffel (Suppen-)	*kijiko cha supu*
Tasse	*kikombe*
Glas	*bilauri/glasi*
Flasche	*chupa*
Brot	*mkate*
Butter	*siagi*
Salz/Pfeffer	*chumvi/pilipili*
Zucker	*sukari*
Herr Ober	*Bwana!*

Zubereitung/Spezialitäten

adias	frittierte Bällchen aus Linsenmehl
chapati	Fladenbrot
githeri	Eintopf aus Bohnen und Mais
irio	Eintopf aus Bohnen, Mais oder Maniok
kababu	eine Art Fischstäbchen
kachori	Kartoffel- oder Maismehlbällchen
karanga	frittiert
kassava	Maniok
kuku na wali	Huhn mit Reis
mandazi	süßes Krapfengebäck
maharagwe	Rote Bohnen (Mus)
mahindi	Mais (oft als Maiskolben an Garküchen)
matumbo	Innereien
mayai	Eier
mayai ya kuchemsha	gekochte Eier
mayai ya kukaanga	Spiegeleier
mayai ya kukoroga	Rühreier
mchuzi	allgemein für Soße
mihogo	Kassava (oft Püree)
mishkaki	Fleisch-Bratspieße
nduzi na nyama	Kochbananen (schmecken wie Kartoffeln) mit Fleisch
nyama choma	gegrilltes Fleisch (Rind, Ziege, Huhn), oft am Spieß
nyama haijapikwa kabisa,	(Fleisch) blutig, nicht durchgebraten
nyama imepikwa kabisa	(Fleisch) durchgebraten, well done
nyama ya mbuzi	Ziegenfleisch
nyama ya ng'ombe	Rindfleisch
pilau	kräftig gewürztes Reisgericht
samosa	dreieckige Teigtaschen mit herzhafter Füllung
supu ya kuku	Hühnersuppe
tandoori	indisches Gericht (in Joghurt und Gewürzen eingelegtes Fleisch, im Tandoor-Ofen gegart
sukuma wiki	spinatähnliches Gemüse
uji	Hirse- oder Maisbrei (als Frühstück)
ugali	Mais-, Hirse- oder Kassavabrei
viazi vitamu	Süßkartoffeln
wali	Reis

wali na maharagwe	Reis mit Bohnen
wali na nyama	Reis mit Fleisch

Fisch und Fleisch

buta	Fischfilet
kamba (mdogo)	Shrimp
kamba kubwa	Hummer
kuku	Huhn
nyama ya kondoo	Hammelfleisch
nyama ya mbuzi	Ziegenfleisch
nyama ya ng'ombe	Rindfleisch
nyama ya nguruwe	Schweinefleisch
omena	kleine sonnengetrocknete Fischchen
papa	Haifisch
samaki	Fisch
tewa	eine Barschart
tilapia	Viktoriaseebarsch

Gemüse

kabichi	Kohl
karoti	Möhre
kunde	Erbsen
mboga	Gemüse
mahindi	Mais
malenge	Kürbis
matango	Gurke
mchicha	Spinat
nyanya	Tomaten
pilipili hoho	(grüner) Paprika
pilipili kali	Peperoni (scharf)
viazi	Kartoffeln
viazi vikuu	Süßkartoffel
vitunguu	Zwiebeln
zeituni	Oliven

Obst

ananasi	Ananas
limau	Zitrone
machenza	Mandarinen
machungwa	Orangen (oft mit grüner Schale)
madanzi	Grapefruit
maembe	Mangos
matunda	Obst
mapera	Guave
miwa	Zuckerrohr
nazi	Kokosnuss (reif)
ndafu	Kokosnuss (unreif, für Kokosmilch)
ndimu	Zitrone
ndizi	Banane
papai	Papaya
pasheni	Passionsfrucht
stafeli	ähnlich wie Cherimoya
tende	Datteln
tikiti oder tango	Wassermelone
tofaa	Apfel
zabibu	Weintrauben

Gewürze, Kräuter und Nüsse

basibasi	Muskatnuss
dalasini	Zimt
dhania	Koriander
iliki	Kardamom
jozi	Nuss
karafuu	Gewürznelken
kitungu	Knoblauch
korosho	Cashewnüsse
nyugu	Erdnüsse

Getränke

bia	Bier
chai	Tee
chai masala	gewürzter Tee
divai	Wein
kahawa	Kaffee
konyagi	Gin
maji	Wasser
maji ya machungwa	Orangensaft
maji ya maembe	Mangosaft
maji ya matunda	Saft
maziwa	Milch
maziwa ya kopo	Kondensmilch (stets gezuckert!)
pombe	selbst gebrautes Bier
soda	Softgetränk
tangawizi	Ingwerbier (mit echtem Ingwer, scharf!)

Sprachführer Kiswahili

Aussprache und Betonung

Die Aussprache von Kiswahili entspricht etwa der Schreibweise. Besonderheiten: dh oder th wie das englische ›th‹, gh wie ›ch‹ in Bach, j wie ›dj‹ in Job, z wie stimmhaftes ›s‹ in Summe, s wie ›ss‹ in Klasse, sh wie ›sch‹ in Schule, y wie ›j‹ in Jaguar. Betont wird die vorletzte Silbe.

Allgemeines

ich (bin)	mimi (ni)
du (bist)	wewe (ni)
er, sie es (ist)	yeye (ni)
wir (sind)	sisi (ni)
ihr (seid)	nyinyi (ni)
sie (sind)	wao (ni)
ich habe	nina
du hast, er/sie/es hat	u-na, a-na
wir haben, ihr habt	tu-na, m-na
sie haben	wa-na
ja	ndiyo
nein	siyo/hapana
klein/ein wenig	kidogo
groß	kubwa
und	na
sehr	sana
mehr	zaidi
gut/schön	nzuri
schlecht	mbaya
hier	hapa
Entschuldigung	samahani oder: pole
Vielen Dank!	asante sana!
Bitte!	tafadhali!
Wann?	Lini?
Wie?	Vipi?
o.k.	sawa

Auf Safari

Auf geht's!	Twende safari!
Gute Reise!	Safari njema!
Komm!	Njoo!
Geh!	Enda!
Elefant	tembo
Flusspferd	kiboko
Gazelle	swala
Giraffe	twiga
Hyäne	fisi

Unterwegs

Haltestelle	stesheni
Bus	basi
Auto	gari
Flugzeug	ndege
Tankstelle	kituo cha petroli
Benzin	petroli
links	kulia
rechts	kushoto
geradeaus	moja kwa moja
Auskunft	maelezo
Telefon	simu
Postamt	posta
Flughafen	uwanja wa ndege
Stadtplan	ramani ya mji
Eingang(stür)	(mlango wa) kuingia
(Es ist) geöffnet.	imefungua.
(Es ist) geschlossen.	imefunga.

Zeit

jetzt	sasa
heute	leo
morgen	kesho
gestern	jana
morgens	asubuhi
mittags	adhuhuri
abends	jioni
nachts	usiku
langsam	pole pole
schnell	haraka, haraka
Wie viel Uhr ist es?	Saa ngapi?

Notfall

Hilf mir!	Nisaidie!
Polizei	polisi
Arzt	daktari/mganga
Ich bin krank.	Mimi ni mgonjwa.
Ich habe Probleme mit …	Nina shida na …
Ich habe Fieber.	Nina homa.
… eine Entzündung.	… harara.
Apotheke	duka la madawa

Übernachten

Hotel/Guesthouse	mahali pa kulala
Einzelzimmer	chumba cha mtu moja
Doppelzimmer	chumba cha watu wawili
mit zwei Betten	na vitanda viwili
mit/ohne Bad	na/bila chumba cha kuogea
Toilette	choo
Dusche	bomba la mvua
mit Frühstück	na chakula cha asubuhi
Halbpension	na chakula cha asubuhi na chakula cha jioni
Gepäck	mzigo
Rechnung	bili

Einkaufen

Geschäft	duka
Markt	soko
Lebensmittel	chakula
Geld	pesa
teuer/ billig	ghali/ rahisi
Ich möchte bezahlen.	Nataka kulipa.

Zahlen

0	sifaru	17	kumi na saba
1	moja	18	kumi na nane
2	mbili	19	kumi na tisa
3	tatu	20	ishirini
4	nne	21	ishirini na moja
5	tano	30	thelathini
6	sita	40	arobaini
7	saba	50	hamsini
8	nane	60	sitini
9	tisa	70	sabini
10	kumi	80	themanini
11	kumi na moja	90	tisini
12	kumi na mbili	100	mia
13	kumi na tatu	150	mianahamsini
14	kumi na nne	1000	elfu
15	kumi na tano		
16	kumi na sita		

Die wichtigsten Sätze

Allgemeines

Verstehen Sie …	*Unafahamu …*
… Deutsch?/	*… Kijerumani ?*
… Englisch?	*… Kingereza?*
Ich verstehe nicht.	*Sikufahamu.*
Sprich bitte langsam.	*Sema pole pole, ta fadhali.*
Ich möchte …	*Napenda …*
Ich möchte nicht …	*Sipendi …*
Wie heißen Sie?	*Jina lako gani?*
Ich heiße …	*Jina langu …*
Wie geht es dir/Ihnen?	*Jambo! (auch Hujambo!)*
Mir geht es gut.	*Jambo. (Sijambo.)*
Kein Problem!	*Hakuna matata!*
Willkommen!	*Karibu*
Auf Wiedersehen!	*Kwaheri!*
Bis bald!	*Tutaonana (baadaye)!*

Unterwegs

Ich möchte nach …	*Nataka kwenda …*
Wo ist bitte …?	*… iko wapi?*
Könnten Sie mir bitte … zeigen?	*Je, unaweze kunionyesha …?*

Notfall

Bitte helfen Sie mir!	*Tafadhali unanisaidie!*
Rufen Sie einen Arzt!	*Umwite daktari!*
Gefahr	*hatari*
Wo ist ein Krankenhaus?	*Hospitali iko wapi?*
Hier tut es weh.	*Inaumwa sana hapa.*
Wo ist die Toilette?	*Choo kiko wapi?*

Einkaufen

Was ist das?	*Ni nini?*
Wie viel kostet das?	*Shillingi ngapi?*
Ich brauche …	*Nahitaji …*

Glossar

Airstrip (engl.)	Flugfeld für kleinere Maschinen
askari	Wachmann, Soldat
Banda	Chalet im lokalen Stil mit Makuti-Dach (s. S. 441)
Beachboys (engl.)	Strandverkäufer in den von Touristen viel frequentierten Küstenorten (s. S. 271)
boma	erste Bedeutung: traditionelle Behausung; zweite Bedeutung: ehem. deutsches Kolonialhauptquartier
bui-bui	von muslimischen Frauen auf der Straße über der Kleidung getragener schwarzer Umhang
chai	Tee, aber in Kenia auch Schmiergeld
Dalladalla	in Tansania gebräuchlicher Ausdruck für *Matatu* (s. S. 441)
Dhau (engl.: dhow)	an der Küste verbreiteter Typ von Segelboot
duka	(jede Art) Kiosk oder Geschäftslokal
expat (engl.)	kurz für *expatriate* (Ausländer)
flycatcher (engl.)	jemand, der Safaris oder Ausflüge auf der Straße verkauft; solchen Angeboten sollte man tunlichst widerstehen
fundi	Arbeiter
game drive (engl.)	Pirschfahrt, Tierbeobachtungsfahrt
hela	umgangssprachlich: Geld (abgeleitet von dt. ›Heller‹)
hoteli	sehr einfache Speisegaststätte (s. auch S. 88)
jua kali	Bezeichnung für den informellen Sektor der Wirtschaft, z. B. Straßenhändler, Marktleute
kanga	bunt bedrucktes Baumwolltuch, vielseitiges Kleidungsstück der Frauen (s. S. 305)
kaskazi	Nordostmonsun; s. auch *kuzi*
Kenya cowboy	Nachkomme weißer Siedler in Kenia

kikoi	von Männern um die Hüfte getragenes Baumwolltuch
kitenge	Baumwolltuch (ähnlich wie *kanga*)
kofia	von muslimischen Männern getragene Kopfbedeckung
kuzi	Südostmonsun; s. auch *kaskazi* und S. 110
Makuti-Dach	meist steiles Dach aus getrockneten Kokospalmblättern
manyatta	traditionelle Häuser der Masai und Samburu
Matatu	Kleinbus oder Pick-Up, das wichtigste Transportmittel im Nahverkehr; in Tansania auch *Dalladalla* genannt (s. S. 440)
mira'a	Blätter eines Baums, die als Stimulans gekaut werden
mitumba	Secondhand-Kleidung
mzungu (Singular)	Weiße(r)
safari	(jede Art von) Reise (z. B. heißt *safari njema!* Gute Reise!)
shamba	kleines Feld, auf dem Gemüse für den Eigenbedarf angebaut wird
shillingi	Geld; abgeleitet von der Landeswährung Kenyan Shilling (KSh) bzw. Tanzanian Shilling (TSh)
shuka	Umhang der Samburu
soko	Markt
Sundowner (engl.)	der kleine Drink zum Sonnenuntergang, oft gekoppelt an eine Pirsch oder eine Bootsfahrt
Tilapia	im Viktoria-See heimische Buntbarsche
Tingatinga	naive Malkunst, die man häufig in Tansania findet
TukTuk	Moped mit überdachter Sitzbank für zwei Personen
wabenzi	Angehöriger der High Society (von: ›Mercedes-Benz-Fahrer‹)
wazungu (Plural)	Weiße (s. *mzungu*)

Register

Register

Register

Abbildungsnachweis/Impressum

Abbildungsnachweis

AWL Images, Whitchurch (GB): S. 338 (Hicks); 77 (Outram); 178, 305 (Pavitt)
Karin Bergmann, Leibnitz: S. 9 o. li.
FAN, Hamburg: S. 73, 214 (Kreder)
Getty Images, München: Umschlagrückseite o. (Vetta)
Glow Images, München: S. 126/127 (White)
Huber Images, Garmisch-Partenkirchen: S. 76, 311 (4Corners/Evangelista); 17, 279, 314 (Cozzi); 79 o. (Huber); 322 (Remanz); 11, 79 M., 89, 167, 326 (Ripani); 79 u. (Tremolada)
iStock.com, Calgary (Kanada): S. 27 (Trdina); 122 (WanderingNomad)
Sabine Jorke, Potsdam: S. 47, 67, 83, 138, 155, 254, 415, Umschlagrückseite u.
Kurt Kaube, Graz: S. 307, 355, 360, 368
Steffi Kordy, Miami: S. 9 o. re., 182, 188/189
laif, Köln: S. 50 (Butzmann); 374/375 (hemis. fr); 287 (Jonkmanns); 121 (Le Figaro Magazine/Martin); 217, 223 (Le Figaro Magazine/Ripani); 400 (Oberholzer); 174 (Polaris/Selander); 98 (Redux/VWPics/Vallecillos); 21 (Rigaud); 119, 135 (Torfinn)
Look, München: S. 332, Umschlagrückseite M. (robertharding); 150 (Strasnik)
Mauritius Images, Mittenwald: S. 236 (age); 68, 90, 103, 115, 147, 161, 210, 243, 298 (Alamy); 352 (Alamy/Ekins); 164 (Alamy/Images of Africa Photobank); 262 (Alamy/Levit); 319 (Alamy/Ritterbach); 202 (Alamy/Vernon); 74 (Axiom Photographic); 290 (Axiom Photographic/Bowman); 220 (Bloom); 36/37, 397 (Boelter); Umschlagklappe vorn (Flüeler); 109 (imagebroker/Auth); 32 (imagebroker/Doering); 59 (imagebroker/Jakob); 205 (imagebroker/Kuzmin); 313 (imagebroker/Moxter); 31 (imagebroker/Skrzypczak); 181, 198 (imagebroker/Wolf); 53 (Kempf-Seifried); 41, 408 (Minden Pictures); 386/387 (nature picture library); 95 o. (Science Faction); 407 (United Archives); 85, 95 u., 225, 276, 381, 428/429 (Warburton-Lee); 231 (Warburton-Lee/Pavitt); 418 (Warburton-Lee/Van Gijn)
Harald Mielke, Sachsenried: S. 234/235, 268/269, 271, 394
plainpicture, Hamburg: Titel (Cultura/Lost Horizon Images)
Diana Schreiber, Nairobi (Kenia): S. 9 u.
Wikimedia Commons: S. 60 (CC-PD)

Kartografie

DuMont Reisekartografie, Fürstenfeldbruck

Umschlagfotos

Titelbild: Masai-Hirte mit Viehherde in der Masai Mara
Umschlagrückseite oben: grasende Elefanten in der Masai Mara
Umschlagklappe vorn: Stone Town (Sansibar)

Hinweis: Autorinnen und Verlag haben alle Informationen mit größtmöglicher Sorgfalt geprüft. Gleichwohl sind Fehler nicht vollständig auszuschließen. Alle Angaben erfolgen ohne Gewähr. Bitte schreiben Sie uns! Über Ihre Rückmeldung zum Buch und über Ihre Verbesserungsvorschläge freuen sich die Autorinnen und der Verlag: **DuMont Reiseverlag,** Postfach 3151, 73751 Ostfildern, E-Mail: info@dumontreise.de

4., aktualisierte Auflage 2019

Autorinnen: Daniela Eiletz-Kaube, Steffi Kordy, Diana Schreiber, mit Beiträgen von Sabine Jorke
Lektorat: Anja Lehner; Bildredaktion: Susanne Troll
Grafisches Konzept: Groschwitz/Tempel, Hamburg
Printed in China

FSC www.fsc.org MIX Papier aus verantwortungsvollen Quellen FSC® C124385